中国改革开放史料丛书

商品与要素市场改革

王 微 王 青 主编

中国工人出版社

"中国改革开放史料丛书"
编委会

总序

铭记改革开放历史
奋进新时代新征程

历史是一面镜子，也是一部教科书。重视历史，研究历史，借鉴历史，是中华几千年文明的一个优良传统。当代中国是历史中国的延续和发展，书写着中国人民和中华民族不懈奋斗的宏伟篇章。历史的无穷魅力在于包含了大量丰富的史料。史料是保存历史、记述历史、再现历史的基本素材和重要依据。重视历史的学习、研究和传承，必须重视史料的收集、整理、汇辑。

改革开放是中国人民和中华民族发展史上一次伟大革命，正是这场伟大革命推动了中国特色社会主义事业的伟大飞跃。1978 年底，中国共产党召开具有重大历史意义的十一届三中全会，开启了改革开放历史新时期。从那时以来，中国共产党带领全国人民以一往无前的进取精神和波澜壮阔的创新实践，谱写了壮丽史诗。改革开放 40 多年来，从农村到城市，从生产到投资、流通、分配、消费，从所有制结构到企业形式，从经济领域到生产关系和上层建筑的某些环节，都进行了系统和全面改革，成功实现了从高度集中的计划经济体制到充满活力的社会主义市场经济体制的伟大历史性转变；对外开放从建立经济特区到沿海、沿江、沿边，从东部到中西部地区，再到加入世界贸易组织，从大规模“引进来”到大踏步“走出去”，成功实现了从封闭半封闭到全方位开放的伟大历史性转变。我们在深化经济体制改革的同时，不断深化政治体制、文化体制、社会体制、生态文明体制改革和其他领域改革，不断推进国家治理体系和治理能力现代化。在改革开放推动下，我国经济和社会发展取得了举世瞩目的辉煌成就，实现了人民生活由温饱不足到小康宽裕的伟大历史性转变。事实雄辩地证明，改革开放是决定当代中国前途命运的关键一招，是当代中国发展进步的动力之源，是大踏步赶上时代前进步伐的重要法宝，为实现中华民族伟大复兴提供了充满新活力的体制保障和快速发展的物质条件，中华民族迎来了从站起来、富起来到强起来的伟大飞跃。

现在，我国在广袤大地上全面建成小康社会，正阔步迈向全面建设社会主义现代化国家的新征程。在庆祝中国共产党成立 100 周年大会上，习近平总书记强调，“以史为鉴，可以知兴替。我们要用历史映照现实、远观未来，从中国共产党的百年奋斗中看清楚过去我们为什么能够成功、弄明白未来我们怎样才能继续成功，从而在新的征程上更加坚定、更加自觉地牢记初心使命、开创美好未来”。改革开放以来的岁月将彪炳于中华民族发展的壮丽史册。40 多年来，中国共产党从理论到实践的伟大创造，探索和积累的宝贵经验是党和人民弥足珍贵的精神财富，对于新时代坚持和发展中国特色社会主义有着极为重要的指导意义，应当倍加珍惜。

2022年，党的二十大召开。“中国改革开放史料丛书”的出版，为了铭记改革开放以来的光辉历史过程，收集、保存、传承40多年的宝贵历史资料，也为了以实际行动落实党中央关于加强改革开放史教育的部署要求，展示改革开放历史的史料价值。

这套丛书共有20卷。分别是：《中国特色社会主义市场经济体制形成与发展》《计划投资体制改革》《农业农村改革》《对外开放》《行政体制改革》《财政税收体制改革》《价格体制改革》《经济特区发展》《城市改革与发展》《国有企业改革》《金融体制改革》《教育体制改革》《收入分配改革》《科技体制改革》《外贸体制改革》《商品与要素市场改革》《就业体制改革》《社会保障体制改革》《民营经济发展》《改革开放大事记》，力求从不同领域、不同角度，全面、系统、客观记录我国改革开放40多年的历史进程，重点收录具有重要价值的史料，特别是历史文献、重要人物和事件、实物和口述史料，以期在服务全面深化改革开放事业、加强改革开放史研究和教育中提供参考、发挥作用。

这套丛书的各卷主编和参与者大多是相关领域知名的专家学者，也是我国改革开放的亲历者、见证者。丛书集结了他们长期亲历和研究我国改革开放的重要成果，凝聚了他们对改革开放伟大事业的深厚情怀和责任担当。中国工人出版社对这套丛书的出版给予了大力支持，集全社之力，不舍昼夜，为本书如期付梓出版不辞辛劳；中国（海南）改革发展研究院作为30多年如一日勇立改革开放潮头、以建言改革为己任的改革智库，为此书的策划、组织和出版作出了重要贡献，彰显出改革智库记录好、传播好改革开放历史的初心使命。我作为这套丛书的编委会主任，在此向为本套丛书付出艰辛努力的各位编委会成员、作者，对中国工人出版社的领导、编辑表示由衷的敬意和感谢！

这套丛书内容时间跨度大，涉及领域多，涵盖方面广，力图史料全面、翔实、准确，任务艰巨。由于时间较紧，难免有不足之处，恳请读者批评指正。

魏礼群

2024年3月

前言

改革开放是决定中国命运的关键一招，深刻地改变了中国经济社会发展的进程。改革开放释放出的巨大活力，推动中国特色社会主义社会主义市场经济体制形成和不断完善，市场经济不断发展壮大，综合国力持续增强，人民生活水平显著提高，成为人类经济发展历史上的壮举。

经过 40 多年的努力，中国市场体系发展经历了从无到有、从小到大、从商品到要素、从封闭到开放的一系列重要转变，包括商品市场和要素市场的现代市场体系基本形成，成为社会主义市场经济体制的重要组成部分，为市场在资源配置中发挥基础性作用提供了坚实的基础。党的十八届三中全会提出“使市场在资源配置中起决定性作用和更好发挥政府作用”的重大论断，有力促进了 10 年来我国经济体制改革的全面深化，破除了一系列体制机制弊端，为经济实力实现历史性跃升提供了重要的制度保障。

当前，我国进入全面建设社会主义现代化国家的新阶段。党的二十大报告从实现第二个百年奋斗目标、建设社会主义现代化国家的历史任务出发，强调“坚持社会主义市场经济改革方向”，做出“构建高水平社会主义市场经济体制”的重大战略部署，将构建全国统一大市场、建设高标准市场体系推向了新高度。

我所在的市场经济研究所，是国务院发展研究中心内历史最为悠久的研究部门，长期致力于围绕中国市场经济改革和现代市场体系发展中的全局性、战略性、前瞻性、长期性以及热点、难点问题，进行相关政策研究和开展重大政策评估及解读，为党中央、国务院提供政策建议和咨询意见，对市场经济改革及建立现代市场体系做出了诸多开创性的历史贡献。

自1994年以来，市场经济研究所对我国改革开放进程中市场体系建设和发展进行了持续的跟踪研究，并且与时俱进，在市场体系研究中取得了许多高质量的政策研究成果，提出了一系列有价值的政策咨询建议。同时，市场所组织本所研究人员和有关部门与机构的专家学者，于1994—2003年连续十年撰写并出版了《中国市场发展报告》，并于2008年组织撰写了《建立市场体系——30年市场化改革进程》，于2018年组织撰写了《改革开放40年：市场体系建立、发展与展望》，力图真实、客观地描绘我国市场体系发展的足迹，为改革开放伟大事业留下忠实的记录。

受中国（海南）改革发展研究院和中国工人出版社邀请，我们与市场经济研究所及相关部门和研究机构的专家学者一道，对改革开放以来特别是党的十八大以来我国市场体系建设及改革过程中的重要史料和标志性事件进行梳理。在各位编者的辛勤努力下，这些研究成果得以集中、完整地呈现给广大读者。

本书包括1个总论和17个专题，涵盖批发市场、消费品市场、电子商务市场、土地市场、劳动力市场、金融市场、技术市场、产权市场、期货市场、房地产市场、价格机制、竞争机制、专业服务市场、信用市场、法律体系以及数据市场和碳市场。

由于市场体系涉及面广，加上我国的具体国情以及各区域间、城市间市场体系发展不平衡诸多因素，市场体系的建设和完善是一项长期而艰巨的任务，各种新市场、新业态、新服务不断创新涌现，新问题、新挑战、新思路也会不断出现。因此本书的研究和认识难免有局限，也真诚地欢迎各位读者批评指正。今后，我们还将以高度的责任感和使命感，继续加强对我国建设现代市场体系的研究，为推进我国改革开放的伟大事业尽绵薄之力。

感谢本书的编写者，他们分别是：任兴洲、陈丽芬、黄雨婷、王青、李汉卿、邵挺、王瑞民、龙婷玉、陈云、黄千员、雷庆西、陈彦、邓志雄、何亚斌、吴汝川、陈志祥、苗伟、刘闻、廖英敏、王立坤、邓郁松、牛三元、赵勇、漆云兰、张英杰、何亚斌、刘茜、陈亮、刘兵、尚珂、高泉、王念、苏诺雅、刘馨。黄千员为本书编撰做了大量联系协调及文字编辑工作。全书框架由王微设计，王微、王青总撰统稿。

最后，非常感谢中国（海南）改革发展研究院和中国工人出版邀请我撰写本书。感谢中国工人出版社各位编辑人员的辛勤努力，使得本书得以尽快与读者见面。

王微

2024年1月29日

目录

第一部分
历程篇

第二部分

史料篇

CHINA'S REFORM AND OPENING UP

第一部分

历程篇

总　论

党领导建立中国特色社会主义市场经济的伟大改革

▼

纵观40多年来中国特色社会主义市场经济体制的改革历程，从起步改革到加快改革，再到全面深化改革，处理好政府和市场关系始终是经济体制改革的核心问题，是把中国特色社会主义市场经济不断向纵深推进的基本遵循，体现着党对市场经济体制改革的核心领导作用和引领创新的导航作用。

一、党对政府与市场关系的认识不断深入

1978年12月，党的十一届三中全会实现伟大历史转折，正式拉开我国改革开放伟大事业的序幕。1984年10月，党的十二届三中全会通过《关于经济体制改革的决定》，提出我国社会主义经济是在公有制基础上的有计划的商品经济，明确“国家调节市场，市场引导企业”，对政府与市场的关系有了初步的认识。自此，市场开始在资源配置中发挥作用。

1992年初，邓小平南方谈话深刻指出，“计划经济不等于社会主义，资本主义也有计划；市场经济不等于资本主义，社会主义也

有市场”[①]。这一论断不仅打破传统意识形态和认识上的桎梏，而且成为指引改革开放实践的思想利器，推动改革开放又一个春天的到来。同年 10 月，党的十四大明确提出，中国经济体制改革的目标是建立社会主义市场经济体制，明确使市场对资源配置起基础性作用。党的十四届三中全会进一步提出建立全国统一开放的市场体系。这不仅反映出我党对政府和市场关系的认识有了质的飞跃，也成为社会主义市场经济理论的一次重大突破。

2012 年 11 月召开的党的十八大开启中国社会主义市场经济建设的新征程。在中国改革开放事业取得巨大成就的基础上，面对中国经济社会发展的新任务、新要求和新环境，特别是面对深入推进改革开放的新旧问题和矛盾，2013 年 11 月党的十八届三中全会召开，明确我国经济体制改革的方向，是使市场在资源配置中起决定性作用和更好发挥政府作用。这次市场的作用由“基础性”升级为“决定性”，不仅是党对政府和市场关系在理论认识上的又一次重要升华，也是有效发挥市场和政府作用的根本之道。

中国发展的实践表明，国家前途和命运的转折无不源于思想的不断解放、认识的不断升华，以及巨大的理论创新勇气。正因如此，中国共产党才能解除把计划经济和市场经济看作属于社会基本制度范畴的思想束缚，成功找到中国特色社会主义经济发展道路，建立和完善社会主义市场经济体制的探索之路。理论的突破和认识的深化，不仅是党中央对市场经济发展规律的正确把握，也是对时代发展要求的积极回应，因而可以有效引导改革开放实践的发展。

---

① 邓小平：《在武昌、深圳、珠海、上海等地的谈话要点》，《邓小平文选》（第三卷），北京：人民出版社，1993 年版，第 373 页。

二、理论创新引领市场经济体制的伟大实践

改革开放以来，随着我们党对市场与政府关系的认识不断深化，围绕让市场发挥作用和政府转变职能，一系列改革方案和重大措施的陆续出台，推动着经济体制全方位、根本性变革，实现从高度集中的计划经济体制向社会主义市场经济体制的转型。

让市场发挥作用，首要问题就是培育和发展壮大市场主体。为此，在逐步消减指令性生产计划的同时，国家逐步放开了对个人、集体、私营经济乃至外资的市场准入，大量城乡个体工商户、乡镇企业、民营企业和外商投资企业得以迅猛发展；与此同时，通过放开经营自主权、承包经营、股份制改造、兼并重组等一系列措施，推动国有企业改革和走向市场，逐步形成了公有制为主体、多种所有制经济共同发展的多元化市场主体格局。

同样，建立和发展市场体系也是让市场机制发挥作用的一项重大改革任务。我国市场体系建设从商品市场起步，经历了从无到有、从小到大、从商品到要素、从封闭到开放的一系列重要转变，市场规模不断扩大，已经形成位居全球前列的零售市场、证券市场、保险市场、劳动力市场等，为市场在资源配置中发挥决定性作用提供了坚实的基础。

随着市场在资源配置中的作用日益增强，政府的作用也在发生着巨大的转变，对资源的直接配置已大幅度减少，更多转向宏观调控、社会保障、法律规范及公共服务等方面。特别是党的十八大以来，简政放权改革取得了明显成效。与此同时，继续深化价格改革，我国已经基本放开了商品和服务价格，政府作用的转变和市场的作用不断升级。

三、把社会主义市场经济体制改革不断向纵深推进

经济社会发展无止境，改革开放无止境，解放思想也无止境，改革永远在路上。我国已经进入新阶段，正在开启全面建设社会主义现代化国家的新征程。这对加快完善社会主义市场体制、建设高标准市场体系提出更高要求。

为此，党的十九届四中全会通过的《中共中央关于坚持和完善中国特色社会主义制度推进国家治理体系和治理能力现代化若干重大问题的决定》，首次提出建设高标准市场体系，并将其作为坚持和完善社会主义基本经济制度、加快完善社会主义市场经济体制的一项重要内容。党的十九届五中全会从构建新发展格局、加快建设现代化国家的战略高度，进一步提出建设高标准市场体系的战略部署，充分展现了我们党根据新时代社会主要矛盾变化实现共同富裕根本目的、建设社会主义现代化国家的新要求，勇于创新的精神和坚定不移推进改革开放的决心和信心。建设高标准市场体系，是习近平新时代中国特色社会主义思想的全面贯彻实践，是中国特色社会主义理论体系的又一重大创新发展。

为此，我国要以全面完善产权保护制度为重点，夯实市场经济的基础制度。坚定不移地坚持和完善公有制为主体、多种所有制经济共同发展的基本经济制度，进一步培育充满活力的多元化市场主体。习近平总书记在民营企业座谈会上的重要讲话是我党关于民营经济地位和作用的重大的理论创新，是马克思主义所有制理论的最新成果。“三个没有变”的承诺斩钉截铁、振聋发聩，这是党和国家的承诺，是党和国家的坚定意志。非公经济和民企的健康发展，既需要政府一视同仁、公平对待、优化环境，也需要各类市场主体

苦练内功，克服发展中的困难，不断提高企业在市场中的竞争力。

我国进一步加大市场体系改革和建设的力度，使市场真正对要素资源配置起决定性作用，以要素市场化改革为重点，促进要素资源高效配置，形成统一开放的要素市场。建立公平开放透明的市场规则，实行统一的市场准入制度，在制度负面清单基础上，各类市场主体可依法平等进入清单之外领域，实现“法无禁止即可为”；实行统一的市场监管，清理和废除妨碍全国统一市场和公平竞争的各种规定和做法；健全优胜劣汰的市场化退出机制；对价格体系改革，强调提出凡是能由市场形成价格的都交给市场，政府不进行不当干预，价格要能反映供需、能体现成本、能及时调整、能引导资源的优化；进一步加快金融、土地、劳动力、技术、产权等要素市场的改革进度，让市场能更加高效地配置要素和资源，能更加有力地促进创新创业，能更加有效地服务实体经济。

同时，进一步简政放权、转变政府职能，为市场在资源配置中起决定性作用创造更好条件。我们要在总结以往改革成果和经验基础上，坚持以习近平新时代中国特色社会主义思想为指导，以更大决心、更强力度、更实举措深化行政体制改革，特别要抓住政府职能转变这个“牛鼻子”，在打造简政放权“升级版”、提升市场主体获得感上取得更大的进展。

四、坚持党的领导，为市场经济发展提供强大政治保障

社会主义市场经济体制是社会主义基本经济制度的重要组成部分，是中国特色社会主义的重大理论和实践创新。坚持党的领导，

是中国特色社会主义市场经济体制不断发展完善的根本政治保证，是中国特色社会主义市场经济体制具有强大生命力的政治制度根源。改革开放 40 多年来的实践表明，社会主义市场经济体制之所以不断完善发展，根本原因在于始终坚持和加强党的领导，发挥好党总揽全局、协调各方的领导核心作用，把党领导经济工作的制度优势转化为治理效能，强化改革落地见效，从而推动经济体制改革不断走深走实，未来也将使我们在更高起点、更高层次、更高目标上推进经济体制改革，构建更加系统完备、更加成熟定型的高水平社会主义市场经济体制。

更为重要的是，只有坚持党的领导，才能确保社会主义市场经济沿着正确方向、充满活力地发展。没有离开经济的政治，也没有离开政治的经济。在坚持党的领导的前提下发展社会主义市场经济，这是中国改革开放取得成功的奥秘之一。新时代加快完善社会主义市场经济体制，要继续发挥好党的领导这一定海神针作用。党的性质和宗旨决定社会主义市场经济的方向。党的领导使社会主义市场经济始终有顶层设计和贯穿于深化经济体制改革全过程的保障，贯穿于谋划改革思路、制定改革方案、推进改革实施等各环节，可以确保改革始终沿着正确方向前进，不走回头路，不走邪路，也不走弯路。此外，党的领导也是最强有力的监督，不断排除影响市场经济的各种消极因素。

改革开放使我国的经济社会面貌发生了翻天覆地的变化，未来改革开放再持续、深化 40 多年，我们的国家必将发生今天难以预想的巨变。

第一章
商品市场发展与改革

▼

改革开放以来，我国商品市场逐步发展壮大，从小规模零售市场到大型批发交易市场，从地方性市场到区域性市场、全国性市场乃至国际市场，呈现出由小到大、由弱到强的良好发展势头。商品市场的迅速发展加快了商品流转，促进了市场繁荣，成为中国流通体系的重要组成部分。

第一节　消费品市场改革历程

改革开放 40 多年来，消费品市场逐渐成为市场化程度最高、对经济增长贡献巨大、就业吸纳能力最强的市场领域。消费品市场作为我国市场化改革开放的前沿和引领，经历了从无到有、从小到大、从开始发育到逐步成熟、从封闭状态到全面开放、从追赶到领跑的历史转变，在促进我国经济稳定运行、引领消费变革中起到了“压舱石”和“推进器”的作用。

我国消费品市场改革开放以增强市场活力为主线持续向纵深推进，围绕现代化商品市场流通体系的建立、市场的开放、市场主体的激活、体制机制改革等关键环节展开，其历史进程可分为四个阶段：1978—1991 年，是市场发育与起步发展阶段；1992—2000 年，是全面改革与市场快速发展阶段；2001—2012 年，是市场开放与转型创新阶段；2012 年之后，是全面创新与高质量发展阶段。

一、商品零售市场的建设与发展

（一）市场发育与起步发展阶段（1978—1991 年）

1．计划经济为主，市场调节为辅

随着改革开放的推进和市场经济体制的建立，消费品供应短缺局面得以迅速扭转，消费需求急剧扩大，买方市场逐渐形成，企业竞争日趋激烈，影响和决定了零售产业整体格局的变化，也为探索业态演进的影响因素和发展规律注入现实动力。

1978 年 12 月，党的十一届三中全会作出了我国进行经济体制改革的决定。“计划经济为主，市场调节为辅”的认识突破了计划经济与市场不相容的传统观念。在这样的思想指导下，零售市场率先开始得到恢复。1982 年 9 月，党的十二大报告更加明确地指出，“我国在公有制基础上实行计划经济。有计划的生产和流通，是我国国民经济的主体”①。同时，允许对于部分产品的生产和流通不作计划，由市场来调节。即根据不同时期的具体情况，由国家统一计划出一定范围，由价值规律自发地起调节作用。1984 年

① 胡耀邦：《全面开创社会主义现代化建设的新局面——在中国共产党第十二次全国代表大会上的报告》，北京：人民出版社，1982 年版，第 18 页。

10月，党的十二届三中全会通过的《关于经济体制改革的决定》（以下简称《决定》），首次对社会主义有计划商品经济的理论进行阐述，这是我国关于社会主义经济体制问题认识的重大突破。《决定》指出，“改革计划体制，首先要突破把计划经济同商品经济对立起来的传统观念，明确认识社会主义计划经济必须自觉依据和运用价值规律，是在公有制基础上的有计划的商品经济。商品经济的充分发展，是社会经济发展的不可逾越的阶段，是实现我国经济现代化的必要条件”[①]。

我国社会主义有计划的商品经济的基本点可概括为：（1）从全局来看，我国确立的是计划经济体制，也就是有计划的商品经济，但并非是完全由市场调节的市场经济体制；（2）部分农副产品、日用小商品和服务修理行业的劳务活动等，是完全由市场调节的生产和交换，因为它们在国民经济中起辅助的作用，但却是不可缺少的；（3）我国实行有计划的商品经济，不等于以指令性计划为主，从某种意义上说，指令性计划和指导性计划都可以为计划经济服务；（4）实现指导性计划主要依靠运用经济手段的作用，指令性计划是必须执行的，但也必须借助于价值规律。

2.“计划调节”与“市场调节”并重

商品流通体制改革进入“计划调节”与“市场调节”并重的阶段，为零售市场发育和起步发展打开了制度空间。在这一阶段，国家进行了以下几个方面的改革。

第一，培育多元化市场主体。《决定》明确指出，“要使企业真

① 《中共中央关于经济体制改革的决定》，北京：人民出版社，1984年版，第17页。

正成为相对独立的经济实体，成为自主经营、自负盈亏的社会主义商品生产者和经营者，具有自我改造和自我发展的能力，成为具有一定权利和义务的法人”[①]。这一规定，确定了我国国有企业改革的基本思路，即国有企业的改革，采取所有权与经营权“两权分离”的模式。同时，推行经营责任制和承包制，在小型国营商业企业和供销社推行“官办”改“民办”、“国营”转“集体经营”或“个人租赁经营”，恢复发展集体和个体商业，初步形成包括国营、集体、个体及合营在内的多元化市场主体。在普遍实行利改税和全面推行企业经营承包责任制的基础上，在国营大中型商业企业中进一步推进转换企业经营机制，实行经营、价格、分配、用工“四放开”，给予企业自主经营权力，逐步确立企业自主经营的市场主体地位。与此同时，继续放开小型国营商业企业，在“改、转、租”的基础上试行拍卖和兼并，加快所有权和经营权转换；明确允许个体、私营企业从事商业及居民服务业。

第二，改革消费品的计划管理和流通体制。国家撤销商业部、粮食部、中华全国供销合作总社，组建新的商业部，成为负责全国消费品流通和零售市场发展的政府主管部门。同时，为了使企业的经营自主权和新增收益的部分所有权落到实处，国家开始对生产资料和消费资料统购包销的流通形式进行改革。一方面，大幅度减少由原商业部管理的消费品种类，从 1978 年的 274 种，减少到 1984 年的 60 种，并取消了日用消费品统购包销制度，实行统购包销、

① 《中共中央关于经济体制改革的决定》，北京：人民出版社，1984 年版，第 13 页。

计划收购、订购和选购等多种购销形式。[①] 另一方面，将工业消费品按城乡分工的管理与流通体制，改为按商品分工、城乡通开的体制。用“开放式、多渠道、少环节”的商业流通体系替代“条条分割、层层调拨、块块管理”的僵化流通渠道。

第三，培育零售市场体系。1982 年，工业消费品的流通从按城乡分工的管理与流通体制改为按商品分工、城乡通开、归口经营、城乡统管的新体制，统筹安排城乡市场。从 1985 年起，计划分配物资的品种、数量和范围进一步缩小，国家同时建立了多种形式不同规模的生产资料经营网点。[②] 20 世纪 80 年代，我国经济体制正处于计划经济体制与市场经济体制并存的双轨制阶段，零售业领域实行多条流通渠道、多种经济成分并存，百货业在我国经济双轨制阶段扮演了零售业态主体的角色。随着百货业绩效的普遍提高，大型百货在零售产业竞争中的优势日益凸显，成为投资热点，并带动零售产业向大型化和综合化方向发展。仅 1986—1990 年，商场数量由 16.4 万家发展到 17.4 万家，从业人数由 109.2 万人增加到 212 万人。[③]

综上所述，党中央强调有计划的商品经济理论，抛弃了把社会主义和商品经济对立起来的传统观念，对我国的市场化改革起到了巨大的推动作用。

---

① 赵德馨：《中国近现代经济史（1949—1991）》，郑州：河南人民出版社，2003 年版，第 344 页。

② 林毅夫、蔡昉、李周：《中国的奇迹：发展战略与经济改革》，上海：上海三联书店、上海人民出版社，1994 年版，第 135–136 页。

③ 李飞、王高等：《中国零售业发展历程（1981—2005）》，北京：社会科学文献出版社，2006 年版，第 47–48 页。

（二）全面改革与市场快速发展阶段（1992—2000年）

1992年，邓小平南方谈话和党的十四大之后，我国确立社会主义市场经济体制的改革目标，提出建立“统一开放、竞争有序的市场体系”的改革任务，推开了真正意义上流通领域的市场化改革，为商品市场体系的大发展提供了政策和制度保障。以市场化为取向的改革进程加快，为我国零售产业迎来全新发展的制度环境，传统零售业态的变革与新兴零售业态的发展双轮驱动，促使多业态零售产业体系逐步形成。

1．深化国有流通企业体制改革

通过在流通企业中建立现代企业制度、实行股份制改造、完善承包经营责任制，使大中型流通企业经营活力进一步提升；通过在小型国有商业企业中实行“改、转、租、包、卖、并”等多种方式，使一批国有资本退出了流通领域，促进民营、私营及各种所有制流通企业的快速发展，促进零售市场多元化竞争格局的加快形成。1994年，《中华人民共和国公司法》颁布施行，预示着国企改革步入了以“产权清晰、权责明确、政企分开、管理科学”为特征的确立现代企业制度的新阶段。1995年，全国选择了100家试点企业按《公司法》进行制度创新。通过试点，初步建立起现代企业制度的基本框架，变国家对企业的无限责任为有限责任，形成了企业法人治理结构。同时，国有企业股份制改造步伐加快。

2．逐步推进零售领域对外开放的试点

1992年，我国开始进行商业零售领域对外开放的试点，在北京、上海、天津、广州、大连、青岛和五个经济特区各试办一至两个外商投资商业企业。继续加大对外贸易体制改革的力度，整合对外贸易经济合作政策，增加法规和政策的透明度。特别是在“九五”期间，国家再次提高部分出口商品的退税率，进一步下放了外贸进出口经营权。具体来讲，先是允许国有大中型生产企业、商业企业和科研院所对其进出口经营权采取登记备案制，之后批准达到一定标准的私营生产企业也享有了进出口经营权。国家起草并出台《指导外商投资方向暂行规定》和《外商投资产业指导目录》，对外商投资企业采取低税收优惠政策，并对鼓励投资的行业、地区也给予一系列优惠政策。1999 年 6 月，在试点取得经验的基础上，由原国家经济贸易委员会和对外贸易经济合作部联合发布了《外商投资商业企业试点办法》，以加强规范各地商业领域吸收外资的试点工作，并将设立中外合营商业零售企业的试点地区扩大到所有省会城市、自治区首府、直辖市、计划单列市和经济特区。①

随着经济体制改革措施的逐步出台，我国从放权、让利、分散到推行外贸承包制和放开经营以及按照社会主义市场经济体制的要求逐步建立对外经济贸易新体制，取得突破性进展。

3．市场管理体制进一步变革

在机构改革的过程中，国家撤销原商业部和物资部，组建了新的国内贸易部，成为主管全国商品流通的职能部门，开启发展大市场、大流通和大贸易的宽广之路。同时，国家建立商品储备制度和价格监测制度，积极推进价格市场法制化建设进程，为初步建立的社会主义市场体制构建起科学法制的管理体系。除少数涉及国计民生商品仍由国家计划管理外，计划管理的消费品种类进一步缩减至

① 《外商投资商业企业试点办法》，《中华人民共和国国务院公报》，1999 年 26 期。

12 种，各地消费品定量供应的票证陆续停止使用和取消，市场调节价格在全社会消费品零售总额中的比重已达 93.2%。最为重要的是，这一阶段，我国全面放开粮食购销价格，实现粮食的市场化经营，结束长达 40 多年的粮食统购统销制度。中央通过不断下放定价权，使得除少数商品价格由政府决定，绝大多数商品及服务的价格都由市场供求决定，初步建立了社会主义市场体制。

4．消费品市场建设掀起新高潮

20 世纪 90 年代初期，国内百货单体店迅速发展壮大。据统计，1991—1995 年，大型百货商场的新增速度远远超过社会消费品零售总额及城市居民生活消费支出的增长速度，这一膨胀式的盲目扩张导致了百货业的过度发展。其中，1991 年全国共有 94 家年销售额在 1.2 亿元以上的大型百货商场，1993—1995 年分别达到 291 家、488 家、624 家。1992—1993 年，年销售额在 10 亿元以上的大型百货商场分别为 2 家、7 家、10 家和 21 家。大型百货商场的网店总数和从业人员总数在传统零售业态中均排第二位。[①] 全国各种商业、服务业网点建设速度加快，大多数城市结合城市规划，对商业街区进行了大规模的改造，兴建了一大批现代化的大型商场、饭店和购物中心。仅 1992 年全国市场建设资金就突破百亿元大关，超过 1986—1991 年的投资总和。以连锁超市为代表的连锁经营快速发展。这一时期，我国零售业作为终端产品的销售商在市场中的地位逐步形成，连锁经营逐渐发展成为最具竞争力的零售组织形态。连锁经营强调以规范管理为基础，传统业态的连锁经营方

① 孙在国：《成熟行业存在隐患战略思路应有更新——大型百货业路犹在》，《中国商贸》，1998 年 02 期。

式在价格和服务上获得单体店不可比拟的优势。新兴业态单体店快速兴起。仓储式商场、便利店、购物中心等新兴业态的单体店在全国逐渐涌现。

总体来看，我国这一阶段的消费市场的改革与发展，无论在深度上、广度上和速度上都是前所未有的，使得消费市场成为我国市场体系改革与建设的重要引领。

（三）市场开放与转型创新阶段（2001—2012年）

党的十六大指出，“健全现代市场体系，加强和完善宏观调控。在更大程度上发挥市场在资源配置中的基础性作用，健全统一、开放、竞争、有序的现代市场体系。……深化流通体制改革，发展现代流通方式”[①]。党的十六届三中全会通过《关于完善社会主义市场经济体制若干问题的决定》，对形成完善的社会主义市场经济体制提出全面要求。以此为标志，改革围绕完善社会主义市场经济体制的核心任务，表现出统筹性、制度化和以人为本的基本特点。

1．形成全面对外开放的新格局

2001年底，我国加入世贸组织，在零售业领域开放方面做出承诺，除化肥和汽车零售业，在5年之内取消全部限制之外，其他地域、控股等方面的限制在未来3年内取消。2002年11月，党的十六大提出，“坚持‘引进来’和‘走出去’相结合，全面提高对外开放水平。适应经济全球化和加入世贸组织的新形势，在更大范围、更广领域和更高层次上参与国际经济技术合作和竞争，充分利

---

① 江泽民：《全面建设小康社会 开创中国特色社会主义事业新局面——在中国共产党第十六次全国代表大会上的报告》，北京：人民出版社，2002年版，第27页。

用国际国内两个市场，优化资源配置，拓宽发展空间，以开放促改革促发展”①。党的十六届五中全会通过的关于国民经济和社会发展的第十一个五年规划进一步阐述了实施“互利共赢”的开放战略。

在国务院进行的机构改革过程中，调整政府职能部门设置，撤销国家经济贸易委员会、对外贸易经济合作部，组建商务部，同时管理国内贸易和对外贸易。至此，国家从行政管理体制上结束了内外贸分割的状态，为推进内外贸一体化进程奠定了基础。同时，强调转变政府职能，重点发挥政府的服务职能和引导监督职能。截至2004年底，零售行业基本实现了全面对外开放。2006年，商务部下放外商投资商业领域的部分审批权至省级商务主管部门；同年，国家6部委出台《关于外国投资者并购境内企业的规定》，进一步放宽并购门槛。行政审批权的下放和并购门槛的放宽为外资零售业进入我国零售市场提供了更加便利的条件和法律法规依据。这一时期，我国零售领域的外商投资规模大幅度增加、开店速度明显加快、并购活动更加频繁。

2．零售业现代化发展不断加速

进入21世纪，我国经济运行从计划主导型全面转向市场主导型，国民经济整体实力大幅提高，城乡居民的物质和精神文化消费需求日益丰富，同时社会消费品供给明显增加，从而缓解了国内消费品供求的结构性矛盾，并释放出中高收入群体消费购买力的部分存量。伴随零售市场的全面开放和城乡居民消费的升级，超市、百货、购物中心、折扣店、便利店、专业店、专卖店、无店铺销售等

---

① 江泽民：《全面建设小康社会 开创中国特色社会主义事业新局面——在中国共产党第十六次全国代表大会上的报告》，北京：人民出版社，2002年版，第29页。

现代零售业态相继进入我国零售市场，并带动了连锁经营、电子商务、物流配送等现代流通组织方式和运营模式的快速发展，也促进现代化商业设施的大规模建设和POS系统等现代零售技术装备的广泛应用，基本形成业态类别齐全、连锁化、规模化、现代化发展的态势。

中国“入世”后，仅用10年时间迅速走完了国外零售业态150年的发展历程，总体来看，这一阶段各种业态的发展水平差异明显，多业态互补共存。特别是2004年底中国零售市场全面开放，多业态的综合化发展和无店铺新兴业态的兴起备受关注。

3．“互联网+”流通创新开始起步

在我国，互联网提供的在线销售模式为消费者提供了新的购物方式选择。利用互联网，企业完成了产品全方面的展示，使产品的供应信息得以透明化、公开化；同时，消费者根据相对完整的产品展示信息进行购物，自身需求得到满足。互联网与零售业的融合使原有产业链渠道改变，产品成本减少，消费者能够得到更优质的服务。

以云计算、物联网、移动通信网络为代表的新信息技术为改变信息的闭塞与孤立提供可能。在这一时期，互联网已经展开了与传统产业的联合，并取得了一定成果。“互联网+”作为外推力，有利于互联网与传统产业的深度结合。随着现代信息技术和互联网在我国的快速普及，零售市场领域的电子商务应用取得了飞速发展。特别是2003年以来，阿里巴巴集团的淘宝网、京东公司等相继成立，国内出现了大量互联网电商企业进军网上零售市场的发展热潮，推出了B2B、B2C、C2C等新商业模式和支付宝等新支付方式，创造出全新的互联网零售生态，推动了我国网上零售市场进入高速发展时期，2008—2012年，我国网络零售市场年均增速超过

50%，涌现出一批世界级的互联网领先企业。

4．继续推进流通改革

专业连锁成为这一时期的重要业态。与此同时，国家大力推进国有流通企业改组、改制，推进现代企业制度在国有流通企业的建立；鼓励企业跨行业、跨地区、跨所有制的资产重组，鼓励多种资本参与国有流通企业的改组。培育大型商贸流通企业，鼓励和支持中小商贸流通企业发展。鼓励有竞争力的大型流通企业通过参股、控股、兼并、收购等多种方式进行市场扩张，金融机构在扶持流通企业做大做强方面给予充分的资金支持。2004 年 5 月，国家商务部发布《流通业改革发展纲要》（以下简称《纲要》），《纲要》提出，“随着我国流通领域加入WTO的过渡期将基本结束，外资进入的力度、方式和领域等都将呈现新的特点，市场竞争日趋激烈”，必须“进一步深化流通体制改革，完善市场体系，促进流通业结构调整和流通现代化”[①]。这一时期，国家高度重视农村现代流通业的发展，颁布一系列政策措施鼓励农村流通业发展，以搞活农村流通业发展、开拓农村零售市场。深化粮食流通体制改革进展顺利，完全由市场调节的棉花流通体制已经形成。2005 年，商务部启动“万村千乡市场工程”，通过安排财政补贴引导城市流通企业向农村延伸，发展“农家店”。同时，商务部会同国家开发银行印发了《关于进一步支持农村市场体系建设的通知》，在国家开发银行对流通业提供的 500 亿元政策性贷款中，专项安排 100 亿元用于支持农村市场体系建设。2007 年推动“家电下乡”计划试点。2008 年，财

① 《流通业改革发展纲要》，《国际商报》，2004 年 6 月 2 日。

政部、商务部、工业和信息化部印发了《关于全国推广家电下乡工作的通知》，推广试点范围。上述政策的出台极大地激活了农村消费市场，推进了城乡流通业一体化发展进程。

综上所述，我国这一阶段消费品零售产业发展步入转型升级的战略机遇期。经济增长方式转变、居民收入增长、科学技术变革、城市化加速推进、消费结构升级、制度保障等，为零售业态演进带来重要的发展机遇。

（四）全面创新与高质量发展阶段（2012 年迄今）

党的十八大以来，我国经济发展进入增速放缓、动力转换及结构调整的转型阶段，从高速增长转向高质量发展的特征开始显现，对加快完善社会主义市场经济体制提出了更为迫切的要求。由此，我国市场经济发展进入全面深化改革的新阶段，并开启现代化市场体系市场建设和高质量发展的新征程。

1．确立建设现代化市场体系的新目标

党中央一直把市场体系建设摆在突出位置。党的十八届三中全会通过《关于全面深化改革若干重大问题的决定》，明确提出“建设统一开放、竞争有序的市场体系，是使市场在资源配置中起决定性作用的基础”[①]。党的十九大进一步提出“全面实施市场准入负面清单制度，清理废除妨碍统一市场和公平竞争的各种规定和做法，

① 《中共中央关于全面深化改革若干重大问题的决定》，北京：人民出版社，2013 年版，第 11 页。

支持民营企业发展，激发各类市场主体活力”[①]。为新时代我国加快包括零售市场在内的现代市场体系建设明确了改革和发展的新目标。

2．加快建立公平开放透明的市场规则和法治化营商环境

2018年，习近平总书记在中共中央政治局第三次集体学习时发表重要讲话，明确把建设现代市场体系作为现代化经济体系的六大体系之一，强调“建设统一开放、竞争有序的市场体系”[②]。党的十九届五中全会明确提出建设高标准市场体系的目标任务，更加强调制度的完备性，更加强调公平竞争和发挥市场在资源配置中的决定性作用，更加强调发挥好政府作用，维护市场秩序弥补市场失灵，将市场经济与社会主义充分结合，推动有效市场和有为政府更好结合，强化市场立规建制能力，积极对接和影响国际市场规则，全面提升市场规则的吸引力和竞争力。

在自贸区和部分地区试点探索的基础上，自2017年起，我国全面实施市场准入负面清单制度，放宽市场准入限制，深化以“放管服”为主要内容的商事制度改革，推进国内贸易流通体制改革，建设法治化营商环境，激发各类市场主体活力。

3．创新驱动发展格局加快形成

国家积极支持“大众创业、万众创新”，特别是在消费领域的加快应用，在零售市场领域催生了一系列新业态、新行业、新商业模式，带动传统零售行业加快技术应用和创新，为零售市场发展注

① 习近平：《决胜全面建成小康社会 夺取新时代中国特色社会主义伟大胜利——在中国共产党第十九次全国代表大会上的报告》，北京：人民出版社，2017年版，第33–34页。

②《习近平：正确发挥市场作用和政府作用 推动经济社会持续健康发展》，《人民日报》，2014年5月28日。

入资本、数据和高层次创新人才等创新要素，形成零售市场创新驱动发展的新格局。科技创新坚持“四个面向”*，形成了支撑发展和保障安全的科技创新发展新的战略格局。面向经济主战场，以高质量的科技供给带动产业迈向中高端，保障产业链供应链安全稳定；超级计算、人工智能、大数据、区块链等新兴技术加快应用，推动数字经济等新产业新业态蓬勃发展。

* “四个面向”指面向世界科技前沿、面向经济主战场、面向国家重大需求、面向人民生命健康。

4．改革市场监管体系

2013 年 11 月，党的十八届三中全会通过《中共中央关于全面深化改革若干重大问题的决定》，明确提出“市场决定资源配置是市场经济的一般规律，健全社会主义市场经济体制必须遵循这条规律，着力解决市场体系不完善、政府干预过多和监管不到位问题”[①]。2014 年，习近平总书记在主持中央政治局第十五次集体学习时指出，“各级政府一定要严格依法行政，切实履行职责，该管的事一定要管好、管到位，该放的权一定要放足、放到位，坚决克服政府职能错位、越位、缺位现象”[②]。同时，国家实行统一的市场监管，清理和废除妨碍全国统一市场和公平竞争的各种规定和做法，严禁和惩处各类违法实行优惠政策行为，反对地方保护，反对垄断和不正当竞争。强化对知识产权和消费者权益的保护力度；建立健全社会征信体系；健全优胜劣汰市场化退出机制。

综上所述，在外部风险与挑战增加、经济全球化遭遇逆流冲

① 《中共中央关于全面深化改革若干重大问题的决定》，北京：人民出版社，2013 年版，第 5–6 页。
② 《习近平：正确发挥市场作用和政府作用 推动经济社会持续健康发展》，《人民日报》，2014 年 5 月 28 日。

击的大背景下，我国经济依旧稳健前行。随着消费不断升级，市场上出现越来越多的优质商品，市场也在创造新的符号意义和精神价值。

二、商品批发市场改革与发展历程

在我国改革开放的历程中，商品批发市场的产生、发展和变革成为社会主义市场经济体系的重要组成部分，在推动经济社会发展和市场体系建设中发挥了独特的功能和作用。在我国进入全面建设社会主义现代化国家的新时期，随着国内外发展环境的变化，商品批发市场也面临转型升级、创新发展的迫切要求。商品批发市场是改革开放的产物，也是我国批发流通的重要载体，关系国民经济发展和居民的日常生活，成为极具中国特色的流通形态。

（一）商品批发市场初步发育阶段（1979—1991 年）

1. 商品批发市场初步发育和发展

1978 年 12 月，党的十一届三中全会召开，拉开了中国经济体制改革的大幕。全会决定把全党工作重心转移到社会主义现代化建设上来，“要求大幅度地提高生产力，也就必然要求多方面地改变同生产力发展不适应的生产关系和上层建筑，改变一切不适应的管理方式、活动方式和思想方式，因而是一场广泛、深刻的革命”[①]。

改革率先从农村起步。20 世纪 80 年代初，随着农村经济体制

① 《中国共产党第十一届中央委员会第三次全体会议公报》，北京：人民出版社，1978 年版，第 5 页。

改革的推进和联产承包责任制的实施，极大地释放了农村生产力，农副产品产量明显增长，商品化率不断提高，带动了城乡关系的重大调整。一方面，随着农产品的丰富，一些农民开始批量出售自产和从周边贩运的农产品，全国城乡农贸市场得到恢复和发展；另一方面，联产承包责任制的实施，使大量农村剩余劳动力开始从事部分商品流通活动。

改革开放后，各类商品流通渠道发生了共同变化：在流通主体上增加了个体私营等非公有经济成分的经销商，在组织形式和交易方式上发展了各种类型的批发市场和贸易中心，放开了城乡集市贸易。随着计划管理的逐步放开，在全国各地逐渐建立起许多批发市场和贸易中心，有全国性的，有区域性的，有综合性的，也有专业性的。批发市场是生产者、商人从事商品买卖的场所，其显著特点是买卖双方在场内自由交易，价格随行就市，由供需双方协商确定。

这一时期，随着体制改革的开启，一些地方探索突破传统计划流通体制的管制和束缚，有限度地允许个体进行长途贩运并经营日用小商品，一些地方小商品市场开始发育。1979 年，100 多位经营户在武汉汉正街摆摊设点经营日用小商品，汉正街小商品市场逐步发育。浙江义乌农民自发在镇上摆摊设点，出售针线、纽扣、小玩具等小商品，县工商局开始发证允许个体经营。1982 年，义乌县委、县政府正式发出通告，允许农民经商，允许多渠道竞争。义乌第一代小商品市场应运而生。

2．价格改革和乡镇企业崛起促进“前店后厂”型批发市场发育

1984 年 10 月，党的十二届三中全会通过了《关于经济体制改革的决定》，改革重心从农村转入城市，经济体制改革全面展开。随着体制改革和价格改革不断推进，传统高度计划经济的商业流通体制的改革首当其冲，对高度集权、独家经营、调拨分配、三级批发的传统流通体制进行改革，随着体制内的工业生产领域“放权松绑”，传统商品批发体系被打破，工业品统购包销制度不断改革，企业探索多种购销形式和经营方式。

1985年，试行生产资料价格“双轨制”，计划外生产的产品允许企业自行按市场价格批发销售，进一步推动了批发体制改革。这一时期，随着政策的放宽，乡镇企业快速崛起，生产规模持续扩大，其产品迫切需要寻找与之匹配的市场分销渠道，初期以“前店后厂”为主要方式的初级批发市场逐步发育起来。批发市场集聚了大量的买者和卖者，产销迅速对接，信息快速传递，商品价格和质量直接比较，在价格发现、信息传播，降低交易成本，以及提供综合服务等方面显示出特有的功能和作用，为众多乡镇企业的大量商品经销商提供了有效的分销渠道和交易的平台，进而形成了共享流通规模效益的有效载体。批发市场以摊位制和个体经营为特点，交易量不断增大。例如，温州桥头纽扣市场、浙江乐清低压电器市场、常熟招商城市场等都是伴随乡镇企业发展起步和发育的。这时的批发市场多处于自发、粗放的初步发展阶段。

3．区域特色产业集群催进专业批发市场发展

20世纪80年代末到90年代初，随着改革开放不断推进，中国特色的工业发展模式进一步凸显。“一村一品”、“一镇一业”的“块状经济”促使一些区域特色产业集群形成，在周边催生出一批为产业集群提供产前、产中、产后综合服务，并实现商品快速分销流通的专业批发市场，形成极具中国特色的产业制造和市场分销服务相结合，产业集群+专业市场“双轮驱动”的发展模式。例如，浙江绍兴柯桥轻纺城市场、江苏吴江盛泽东方丝绸城市场、广东顺德乐从家具市场、福建石狮服装市场、广东中山古镇灯具批发市场、广东南海西樵纺织批发市场、辽宁海城西柳服装批发市场等都是紧紧依托周边产业集群而产生，“产地型”市场特色明显，往往辐射本区域乃至全国。

我国的商品市场特别是专业批发市场的快速扩张，与这一时期乡镇企业数量的剧增密不可分。众多专业化中小企业是“块状经济”的主体，浙江、广东、江苏等省份是“块状经济”发展最多最快的地区。乡镇企业由于资金缺乏，设备简陋，技术力量薄弱，只能以进入门槛低和技术含量低的轻纺工业产品生产为首选，生产企业的最大困难是产品的销售问题。由于专业批发市场是乡镇企业产品销售的一条主要渠道，乡镇企业的发展离不开专业批发市场的相应发展，两者互为因果，互相依存。我国乡镇企业的蓬勃发展，必然伴随着专业批发市场的快速扩张。

（二）商品批发市场加速发展阶段（1992—2001 年）

1．改革目标的确立加快批发市场发展步伐

1992 年初，邓小平南方谈话推动我国改革开放进一步深化。同年 10 月，党的十四大召开，明确提出我国经济体制改革的目标是建立社会主义市场经济体制，并强调“建立社会主义市场经济体制，涉及到我国经济基础和上层建筑的许多领域，需要有一系列相应的体制改革和政策调整，必须抓紧制定总体规划，有计划、有步

骤地实施”[①]。1993 年 11 月，党的十四届三中全会明确提出“加快建设全国统一市场。强化市场的统一性，是建设现代市场体系的重要任务”[②]，进一步指明我国市场体系建设和发展的方向，促使 20 世纪 90 年代全国市场体系建设迎来新的热潮。

1992 年，国家工商局提出，工商行政管理机关可以在当地政府统一领导下，自行组织开办一批生产资料的集中交易场所，由此开启了各地工商部门“管办结合”的批发市场建设和管理模式。这一时期，全国批发市场发展呈现出以下新特点：

（1）市场数量增加较快，市场交易规模迅速扩张。截至 2000 年，全国亿元以上批发市场 3807 个，总交易额超过 1.5 万亿元。一大批重点骨干市场迅速成长起来。

（2）批发市场类型更加丰富，除“产地型”市场快速发展之外，以大中城市为主的“销地型”批发市场较快发展，批发经营的商品涵盖范围扩大。例如，北京市动物园批发市场、大红门服装批发市场、新发地农产品批发市场，上海七浦路服装批发市场，沈阳五爱市场，广州白马市场、中大布料市场，杭州四季青市场以及各城市多种形式的建材装饰、家具批发市场等“销地型”市场发展起来。与此同时，如山东临沂商品批发市场、苏州蠡口家具批发市场、义乌小商品城突出了“集散地型”市场的特点。

（3）批发市场辐射范围持续扩大，在更大范围内配置资源，连

① 江泽民：《加快改革开放和现代化建设步伐 夺取有中国特色社会主义事业的更大胜利——在中国共产党第十四次全国代表大会上的报告》，北京：人民出版社，1992 年版，第 25 页。

② 《中共中央关于建立社会主义市场经济体制若干问题的决定》，北京：人民出版社，1993 年版，第 19 页。

接产需、深购远销，货畅其流。

（4）多种成分开办市场的格局已经形成。本着“谁投资，谁受益”的原则，多元主体投资开办市场，其中，民营经济主体占比最高。

（5）地方政府积极推动和政策支持成为批发市场迅速扩张的助推器。政府以批发市场为抓手，通过低准入门槛、低税收（大多采取定额税制）、土地支持等政策“放水养鱼”，以带动地方经济发展，吸纳大量人员就业。

2．世纪之交批发市场在调整中发展

（1）在亚洲金融危机影响下批发市场进入调整期。1998 年，亚洲金融危机的爆发给亚洲各国经济带来巨大冲击，从多个方面给中国经济发展也带来很大影响，经济增速趋缓，资本市场受到扰动，商品批发市场也随之进入调整期，主要表现为市场交易规模下降，辐射范围收缩，部分市场进入低迷期。与此同时，一些批发市场开始注重强化内部管理能力的提升，完善市场规则和制度。

（2）中国特色商品批发市场体系初步建立。21 世纪初，我国已经基本建立了遍布城乡、多层次、多门类、广覆盖的商品批发市场体系；形成了包括专业市场和综合市场，农产品、生活消费品、工业品和生产资料市场在内的多样化批发市场格局；形成了多种所有制主体共同发展的态势，民营经济主体成为投资兴建批发市场的主力军。市场的交易、流通、信息传播、物流和综合服务功能得到进一步发挥，一大批全国大型骨干市场发展起来。这一时期，各地批发市场的硬件设施水平得到普遍提升，信息系统和农产品检测系统、可追溯体系开始建立。市场软硬件设施不断迭代。义乌已经进入第三代、第四代市场的建设。政府主管部门建立重点市场联系制度，进一步推动市场规范发展。

（3）工商部门实行“管办脱钩”进一步激发市场主体活力。2001 年 10 月，国务院办公厅转发国家工商总局《关于工商行政管理机关限期与所办市场彻底脱钩有关问题的意见》，要求“按照党中央、国务院的要求，工商行政管理机关必须与所办市场彻底脱钩”，并“须于 2001 年 12 月中旬以前完成市场办管彻底脱钩任务”[①]。工商部门管市场和建市场彻底脱钩，是确保市场监管执法公正廉洁高效，规范市场经济秩序的重要保证，有利于进一步激发市场主体活力，促进了批发市场的规范发展。

（三）商品批发市场扩大开放和提档升级时期（2002—2012 年）

1. 商品批发市场对外开放显著扩大

2000 年 10 月，党的十五届五中全会通过《中共中央关于制定国民经济和社会发展第十个五年计划的建议》（以下简称《建议》），将“走出去”战略列为今后五年我国经济发展的重要战略。《建议》中列举了未来五年我国对外投资的主要类型，即境外加工贸易、资源开发和对外承包工程等，同时还指出，“应进一步扩大经济技术合作的领域、途径和方式，强调应在信贷、保险方面给予对外投资相应的政策支持，并加强对外投资的监管机制，以及境外企业管理和投资业务的协调工作，从而为今后五年我国对外投资活动的发展

① 《关于工商行政管理机关限期与所办市场彻底脱钩有关问题的意见》，《中华人民共和国国务院公报》，2001 年 35 期。

指明了方向，并创造了良好的政策环境”[①]。党的十六大报告再次明确坚持“引进来”和“走出去”相结合，“鼓励和支持有比较优势的各种所有制企业对外投资，带动商品和劳务出口，形成一批有实力的跨国企业和著名品牌”[②]。

2001 年 12 月，中国正式加入WTO，标志着体制改革和对外开放进入新阶段，中国的贸易制度、规则和交易方式与国际接轨的步伐明显加快，也推动商品批发市场对外开放显著扩大，一些大型批发市场的外向度明显提高。例如，义乌小商品市场从“卖全国”进入“卖全球”阶段，已经发展成为全球小商品采购中心，大量国外采购商在义乌常年采购经营，商品销往世界各地。一些批发市场扩大商品外销规模；一些市场探索“走出去”，在海外建立批发市场。

2．积极探索和试点市场采购贸易方式

2008 年，在应对全球金融危机的过程中，我国批发市场扩大外贸出口和对外开放步伐进一步加快。经过多年探索，2011 年 3 月，国务院批复浙江义乌在转变国际贸易发展方式上先行先试，可进行“市场采购贸易方式”*试点，政府在市场采购贸易国际化方面给予支持和鼓励。旨在开拓国际市场，推动内外贸一体化发展。改革试点给义乌市场带来了新的发展契机，据统计，开始试点的 2011 年，义乌中国小商品城成交额突破了 500 亿元大关，同比增长了 12.95%。

* 市场采购贸易方式指由符合条件的经营者在经国家商务主管部门认定的市场集聚区内采购的、单票报关单商品货值 15 万（含 15 万）美元以下的，并在采购地办理出口商品通关手续的贸易方式。

① 《中共中央关于制定国民经济和社会发展第十个五年计划的建议》，《人民日报》，2000 年 10 月 19 日。

② 江泽民：《全面建设小康社会　开创中国特色社会主义事业新局面——在中国共产党第十六次全国代表大会上的报告》，北京：人民出版社，2002 年版，第 29 页。

在市场采购贸易方式上，国家允许外商设立合伙企业在商务局备案，从事外贸经营。试行市场采购以后，通过外贸主体备案制度，实现了异地外贸公司本地化，市场采购贸易经营行为诚信度明显提高。2013 年，商务部、国家发展改革委等八部委联合出台了《关于同意在浙江省义乌市试行市场采购贸易方式的函》，同意自 2013 年 4 月 18 日起，在义乌试行市场采购贸易方式。这是专业市场在国际化发展实践中形成的一种对外贸易形式。主要是专业市场“多品种、多批次、小批量”外贸交易所创设，具有通关快、便利化、免征增值税等特点。到 2020 年，经商务部等部门批准，通过五次扩围，全国市场采购贸易方式试点批发市场已达 31 家。试点推动了传统商品市场转型升级和扩大开放，也利于形成国内国际双循环相互促进的新发展格局。2021 年 11 月，国务院办公厅印发《关于促进内外贸一体化发展的意见》（以下简称《意见》），就促进内外贸一体化，形成强大国内市场，畅通国内国际双循环作出部署。《意见》从 4 个方面提出 15 条工作措施。强调完善内外贸一体化制度体系，增强内外贸一体化发展能力，创新内外贸融合发展模式，加快内外贸融合发展。

3．一大批市场进入设施更新和功能提升阶段

2004 年 5 月，商务部发布《全国商品市场体系建设纲要》，明确提出“按照建立统一开放竞争有序的现代市场体系的要求，到 2010 年，初步形成布局合理、结构优化、功能齐备、制度完善、现代化水平较高的商品市场体系，进一步提高商品市场在国民经济中的地位和作用”，同时“加强对生产资料现货批发市场的规范，引导交易方式和交易手段的升级”[①]。2005 年 4 月，商务部、国家认监委发出《关于进一步推动绿色市场建设有关问题的通知》，要求“以推进绿色市场认证为切入点，把促进农副产品批发、零售市场标准化建设和完善质量管理体系有机结合起来。……为绿色市场认证工作顺利开展创造条件”[②]。2006 年 8 月，商务部印发《国内贸易发展“十一五”规划》，强调“促进商品交易市场升级。传统商品交易市场要通过升级改造，规范市场内部交易秩序，逐步向现代流通方式发展”[③]。通过一系列政策鼓励，各地多数市场加强信息化建设，促进商流、物流、信息流和资金流的结合。全国批发市场数量扩张有所放缓，但在市场创新方面的步伐明显加快。一些市场开始采取新型市场组织形式和交易方式，运用互联网和电子商务进行网上批发交易，创新批发模式，促进了大宗商品的分销和流通。

这一阶段，信息化建设是对市场管理模式、组织结构、思维方式进行的一场“自上而下”的创新和变革。通过信息化建设，可使市场迅速提高管理水平，促进管理现代化，转换经营机制，建立现代企业制度，有效降低成本，加快技术进步，增强市场竞争力，提高经济效益。随着网络经济、信息社会的到来，一大批市场已进入设施更新和功能提升阶段。改革的经验和实践表明，信息化建设是市场趋于成熟的关键。

① 《商务部：全国商品市场体系建设纲要（全文）》，商务部网站，2004 年 6 月 10 日。

② 《商务部、国家认监委关于进一步推动绿色市场建设有关问题的通知》，商务部网站，2005 年 4 月 4 日。

③ 《国内贸易发展“十一五”规划（上）》，《中国市场》，2006 年 34 期。

（四）党的十八大以来商品批发市场进入新发展时期（2012年迄今）

1．党的十八大在市场经济理论和认识上实现重大突破

（1）市场经济理论和认识的进一步规范和完善。2012年11月，党的十八大提出全面建成小康社会的目标和主要任务，中国特色社会主义发展进入新阶段。2013年，党的十八届三中全会通过了《关于全面深化改革若干重大问题的决定》，明确“建设统一开放、竞争有序的市场体系，是使市场在资源配置中起决定性作用的基础。必须加快形成企业自主经营、公平竞争，消费者自由选择、自主消费，商品和要素自由流动、平等交换的现代市场体系”①。市场配置资源从发挥基础性作用到发挥决定性作用，这是市场经济理论的重大突破。党的十八大精神促进市场体系进一步规范和完善。

（2）经济新常态和供给侧改革对完善市场体系提出迫切要求。进入“十二五”时期后，在国内外多种因素的综合作用下，我国经济增速逐年放缓，经济下行压力不断加大，中央提出经济发展进入新常态，我国经济从高速增长阶段进入中高速度增长阶段。商品批发市场面临发展环境的变化和新的挑战。一方面，居民消费能力进一步提升，市场需求总量、结构和消费方式都发生重要变化；另一方面，供给侧结构性问题日益突出，市场需求与供给结构失衡有所加剧。与此同时，互联网和电子商务的快速发展和商业模式创新，对传统商品批发市场带来较大冲击，迫切要求批发市场体系完善和

① 《中共中央关于全面深化改革若干重大问题的决定》，北京：人民出版社，2013年版，第11–12页。

模式重构。加上国际贸易形势有所恶化，贸易保护主义增强，对中国部分出口商品加征高关税，使外贸面临更大压力。另外，城市化进程加快和城市定位的调整，对城市发展提出了新的要求。在这样的背景下，商品批发市场进入转型升级、优化创新发展的新阶段。

2．各地积极探索批发市场转型升级新方式和新路径

2014年10月，国务院办公厅发布《关于促进内贸流通健康发展的若干意见》，在推进现代流通方式发展、加强流通基础设施建设、深化流通领域改革创新、着力改善营商环境等方面提出了具体指导意见。面对国内外形势和环境变化的新要求，各地商品批发市场纷纷探索转型升级发展的新方式和新路径。

（1）通过市场软硬件设施改造更新实现提档升级。例如，为全面改善物流系统，提升物流功能，浙江绍兴轻纺城完成国际物流中心监控系统改造等重大项目；广州白马服装市场投资千万余元完善市场基础设施，优化市场交易环境。

（2）加快市场品牌化、标准化和连锁化发展。如广州一些服装批发市场强化品牌孵化功能，加强市场的品牌策划、设计包装、孵化运营、宣传推广等功能，增强了广州商品品牌培育与运营能力，提升了批发市场经营商品的品牌化、特色化水平。

（3）通过"商旅文创"相结合促进批发市场转型升级。如浙江舟山国际水产城探索"互联网+水产市场+商贸旅游"的模式，以打造大型批发旅游文化产业综合体为目标带动市场转型，成为全国首家以水产品批发贸易和旅游休闲为基础的4A级景区。广州服装批发市场将购物与旅游相结合，吸引消费者。并对标国际时尚之都的发展方式，以大力促进时尚产业为主线，以科技创新为动力，以设计原创为抓手，构建国际时尚产业之都，增强了广州服装批发市场的品牌化、国际化功能。

3．推进“互联网＋批发市场”，线上线下融合发展

2015年5月，商务部办公厅发出《关于建立百家百亿市场联系制度的通知》，提出“随着互联网、云计算等新技术的广泛应用，商品交易市场亟待转型升级。建立百家百亿市场联系制度，……加强市场信息分析，逐步积累和完善商务大数据，……在联系制度基础上，进一步研究市场发展需求，可以更好地促进产销衔接和内外贸融合，为构建完善、高效的流通骨干网络奠定基础”[①]。同时，商务部推出《“互联网+流通”行动计划》，明确提出“进一步推进信息技术与现代流通的结合，促进电子商务的规范发展。打造安全高效、统一开放、竞争有序的流通产业升级版，实现流通方式的不断创新、流通效率的大幅提升以及流通环境的进一步完善”[②]。2015年7月，国务院发布《关于积极推进“互联网+”行动的指导意见》，强调“互联网与经济社会各领域的融合发展进一步深化，基于互联网的新业态成为新的经济增长动力”。要求“积极利用电子商务平台优化采购、分销体系，提升企业经营效率。推动各类专业市场线上转型，引导传统商贸流通企业与电子商务企业整合资源”[③]。具体来讲，一些专业批发市场积极探索通过多种路径和方式实现“市场+互联网”。

（1）批发市场自建电子商务平台。依托市场的经营户和商品资

① 《商务部办公厅关于建立百家百亿市场联系制度的通知》，商务部网站，2015年5月6日。
② 《商务部制定发布〈“互联网+流通”行动计划〉》，《商业经济研究》，2015年18期。
③ 《国务院关于积极推进“互联网+”行动的指导意见》，《中华人民共和国国务院公报》，2015年20期。

源，将实体商铺与线上网店有效连接，为商户提供线上展示、导流，开展网上交易。如一些农产品批发市场自建电商平台，引导批发商户入驻，在网上提供优质、可溯源的农产品，并提供全方位服务，实现优质农产品与市场需求精准对接。依托义乌小商品城建立的"义乌购"平台，实现义乌市场实体店铺全部进入"义乌购"平台，监管部门核准平台网商执照，商户在平台上展示和发布商品信息、管理订单，实现全天候在线交易，实现市场商户与国内批发、采购和零售商户对接，形成线上线下、有形和无形市场的融合。

（2）实体批发市场与大型电商平台合作，探索线上批发新业态。运用"互联网+专业市场"的模式，通过大数据优势促进市场和商家线上连接，实现市场转型。例如，阿里巴巴 1688 网是全球B类用户采购批发平台之一。一些杭州四季青服装市场等大型专业批发市场合作，积极探索"互联网+批发市场"新模式。

（3）"批发市场+直播基地"方式较快发展。随着互联网的发展，以互联网等现代信息技术为支撑的直播带货快速发展起来。消费类批发市场成为直播的首选地。一些批发市场主动打造直播基地，为商户直播提供软硬件设施和综合服务的支持。批发市场货品齐全，产品迭代快，能够提供真实的体验场景。因此，依托市场的直播活动非常活跃，也使批发市场增加了新的功能。

（4）平台经济规范发展。2019 年 8 月，国务院办公厅发布了《关于促进平台经济规范健康发展的指导意见》，提出要"鼓励发展平台经济新业态，加快培育新的增长点"[①]。针对平台经济发展出

---

① 《国务院办公厅关于促进平台经济规范健康发展的指导意见》，《中华人民共和国国务院公报》，2019 年 23 期。

现一些垄断和不正当竞争等行为，2022 年 1 月，国家发展改革委等 9 部门联合发布《关于推动平台经济规范健康持续发展的若干意见》，旨在推动平台经济规范健康发展。随着国内平台经济发展步伐加快，一些大宗商品交易平台发展起来，如北京铁矿石交易中心、上海钢联、找钢网、无锡不锈钢电子交易中心、江苏物润船联网络货运平台等，促进了所在行业的产销高效对接和畅通了上下游产业链供应链，促进了大宗商品批发流通方式和流通模式的探索和创新。

4．市场内外贸融合发展及“走出去”取得新突破

2020 年 10 月，党的十九届五中全会通过的《中共中央关于制定国民经济和社会发展第十四个五年规划和二〇三五年远景目标的建议》中，将“高标准市场体系基本建成”作为“十四五”时期的目标任务之一。2021 年 1 月，中共中央办公厅、国务院办公厅印发《建设高标准市场体系行动方案》，提出 51 项具体措施，明确了高标准市场体系建设的五年行动方案，要求“通过 5 年左右的努力，基本建成统一开放、竞争有序、制度完备、治理完善的高标准市场体系”[①]。一些商品批发市场开始探索向内外贸融合发展方式转型。

（1）以批发市场为主体，组织场内商户和企业与国外、境外专业市场和相关机构建立常态化交流机制。如广州白马市场与韩国东大门市场协会建立交流机制，组织商户参与国外交流。江苏盛泽东方丝绸市场组织商户参加国外专业展会，推介国内商品。

① 《中共中央办公厅 国务院办公厅印发〈建设高标准市场体系行动方案〉》，《中华人民共和国国务院公报》，2021 年 05 期。

（2）以批发市场为主体整合多种资源，积极参与“一带一路”建设。如新疆华凌商贸城市场整合国内外资源，在格鲁吉亚首都第比利斯市建设集批发零售和国际贸易于一体的国际商贸广场。

（3）通过举办国际贸易洽谈会增加国际采购规模。如辽宁海城西柳批发市场连续几年举办“进出口商品交易会”和“中国西柳国际棉服采购节”，每年吸引 20 多个国家和地区的参展商、采购经销商参加，为市场开拓国际贸易搭建平台。

（4）一批大型批发市场积极采用“市场采购贸易方式”扩大外贸出口。2013—2020 年，经国务院批准，商务部会同有关部门先后批准 31 家批发市场开展市场采购贸易方式试点。特别是 2020 年，面对新冠疫情的冲击，为进一步做好稳外贸稳外资工作，加快培育新业态新贸易模式，新增 17 家市场采购贸易方式的试点市场。市场采购贸易方式是根据批发市场多品种、多批次、小批量的外贸特点量身定制的新型对外贸易方式。有利于解决中小企业出口难题，提升外贸便利化水平，在外贸创新发展方面取得了积极成效。

5．城镇化空间布局调整中促进批发市场转型升级

2017 年，我国城镇化率达 58.52%，户籍人口城镇化率达到 42.35%。随着城市的发展和城市规模的扩大，以及全国中心城市和城市群的形成，很多城市空间规划布局进一步调整，使得一些城市内批发市场外迁成为必然趋势。

（1）城镇化持续推进，城市形态和外延不断扩大，一些批发市场所在地已经变为主城区，加上新型交通网络格局的变化，已不适应城市空间布局的新要求。（2）大城市病凸显，亟须功能优化调整、疏解城市非核心功能。（3）城市化带动土地价值不断攀升，传统批发市场难以承受不断上升的租金压力。（4）城市节能环保要求提高，对传统批发市场物流运输及排放约束增强。

同时，区域经济一体化、城市群的协同发展、城市定位调整，以及在更大范围内配置资源的内在动力，都对城市传统批发市场的空间布局调整和功能疏解提出迫切要求。2015 年 4 月，中央政治局会议审议通过《京津冀协同发展规划纲要》，提出调整疏解北京非首都核心功能的任务。北京批发市场的外迁和疏解取得突破性进展，北京动物园批发市场、大红门服装市场、天意小商品市场、官园市场等批发市场全部关闭，一些市场向外疏解。[①] 到 2021 年 1 月，北京市已基本完成批发市场大规模疏解任务。

第二节　专业服务市场改革历程

专业服务业是随着社会发展和科技进步从第三产业分离出来的新兴服务业，具有产业关联度高、知识密集度强、资源消耗少、附加值高等特征，是现代服务业的重要组成部分。改革开放 40 多年来，我国专业服务市场的建立和发展，经历了从无到有、从小到大、从封闭到开放的一系列历史性转变，基本形成市场化为主的专业服务市场体系，以及适合我国国情的专业服务的理论、方法和技术标准，并建立起相应的管理制度和相关的法律法规体系，拥有一定规模的专业服务队伍（专业人员和机构）。在维护良好的市场秩序，保证公平公正的市场竞争，加快转变经济发展方式，推进经济

① 《京津冀协同发展规划纲要（全文）》，国土资源部网站，2016 年 12 月 23 日。

结构战略性调整，促进社会经济的发展等方面发挥了重要作用。

一、专业服务市场体系改革的发展阶段

以党的十一届三中全会为标志，中国拉开经济体制改革的大幕，并由此推动市场体系的建立和发展。中国专业服务市场作为现代服务市场的重要组成部分，在 40 多年的改革开放大潮中，通过渐进式改革和有序开放，先后经历了初步恢复建立、快速发展、全面开放加快发展和深化改革高质量发展四个阶段。

（一）初步恢复建立阶段（1978—1990 年）

1978 年 12 月，党的十一届三中全会明确提出“公有制基础上有计划的商品经济”的改革方向。由于实行“对外开放、对内搞活”方针，商品经济得到迅速发展，为会计审计、法律、资产评估、工程服务等专业服务市场的恢复重建创造了客观条件。这一阶段专业服务业的主要特点体现在以下几个方面。

1．传统专业服务率先恢复，法规制度开始建立

改革开放之初，我国专业服务业的恢复发展首先是从会计审计、法律、公证、资产评估、信用评级等传统专业服务的恢复建设开始的。党的十一届三中全会以来，我国实行了对外开放政策。1979 年 7 月，五届人大第二次会议通过并发布《中华人民共和国中外合资经营企业法》以后，我国对外经济合作、外商来华投资有了较大的发展。有关法律也对上述公司业务作出必须由中国注册会计师执行的规定。随着 1980 年底财政部发布《关于成立会计顾问处的暂行规定》，我国注册会计师制度开始起步。1986 年 7 月，《中华

人民共和国注册会计师条例》颁布，第一次确立了注册会计师法律地位，标志着我国注册会计师制度恢复重建。1982年8月，国务院下发《关于建立审计机关的通知》，决定在全国建立审计事务所。1983年9月，国家审计署成立。1988年，国务院颁布了《审计条例》，规定了社会审计组织的法律地位和业务范围。

2．以政府推动为主，市场化程度较低

20世纪80年代初，由政府强力推动创办的市场调查和咨询服务业发展迅速，主要集中在投资、科技和财务资讯领域。如，由国家计划委员会系统在全国建立的投资咨询和建设工程咨询公司，原国家科委和中国科协系统在全国扶持的科技咨询公司，国家财政系统在各地建立的财务会计咨询公司和会计师事务所，这些专业服务市场主体主要是依托政府主管背景而生存，而非市场化主体。

这一阶段的专业服务市场主体大都由政府主管的企事业单位转型而来。以律师事务所为例，从1980年《中华人民共和国律师暂行条例》颁布，直到1988年初，第一家合作制律师事务所才在河北省保定市成立，1988年6月深圳才出现全国第一家个体律师事务所——李全禄律师事务所。1989年，国家国有资产管理局颁布了《在国有资产产权变动时必须进行资产评估的若干暂行规定》，要求凡是占用国有资产的单位（以下简称为占用单位），在涉及资产产权主体变动或经营、使用资产的主体发生变动的经济行为中，必须进行资产评估工作。[①] 1990年，国家国有资产管理局批准组建资产评估中心，负责全国的国有资产评估工作。1988年成立的上

① 《国家国有资产管理局颁发〈在国有资产产权变动时必须进行资产评估的若干暂行规定〉》，《注册会计师通讯》，1990年04期。

海远东资信评级公司成为我国第一家独立于银行体系之外的地方性信用评级机构。

3．市场规模较小，发展水平较低

1981 年 1 月 1 日，上海市成立了注册会计师制度恢复重建后全国第一家会计师事务所——上海会计师事务所。截至 1988 年底，全国有注册会计师 3000 人、会计师事务所 250 家，主要业务是对外商投资企业进行审计并提供会计咨询服务；截至 1990 年，全国仅有审计事务所 2322 家，注册审计师 7273 人。

这一阶段，我国服务业的改革开放总体滞后于制造业，市场化程度相对较低，专业服务门类较少，发展水平较低，专业服务市场建立处于初始恢复发展阶段。但政府已经开始认识到应重视服务业的发展、改革和对外开放，为之后更大力度和广度的服务业改革开放奠定了基础。

（二）快速发展阶段（1991—2001 年）

随着经济体制改革的深入，党的十四大正式确定“中国经济体制改革目标是建立社会主义市场经济体制”，党的十五大提出“有步骤地推进服务业的对外开放”，市场经济不断推进。1992 年，党中央、国务院发布《关于加快发展第三产业的决定》（以下简称《决定》），《决定》明确提出加快发展第三产业，“争取用十年左右或更长一些时间，逐步建立起适合我国国情的社会主义统一市场体系、城乡社会化综合服务体系和社会保障体系”[①]。党的十五大提出

① 《中共中央 国务院关于加快发展第三产业的决定》，《中华人民共和国国务院公报》，1992 年 18 期。

“有步骤地推进服务业的对外开放”，从根本上确定了服务业的经济属性和市场化改革方向。

在这一时期，我国改革开放的深入和市场经济的发展，有力地推动了专业服务业的发展。我国专业服务业进入快速发展阶段，专业服务市场的规模和范围迅速拓展，注册会计师、注册评估师、注册税务师事务所等经济鉴证类市场中介组织合并趋势加快，国际合作不断加深。这一阶段的突出特点是：

1．专业服务加快推进，服务门类和范围不断拓展

随着法规制度的不断完善以及对内搞活经济对外开放方针的深入贯彻，专业服务在从业人员规模、服务内容和范围等方面发展迅速。众多经济行为需要由职业会计师去承担。1993 年 10 月，八届全国人大常委会四次会议通过《注册会计师法》，注册会计师行业在法律化轨道上进一步走向成熟。1994 年，中国注册会计师协会起草《独立审计准则》，服务范围拓展到鉴证业务，大量国际会计师事务所在国内开展审计业务。初步形成了分布比较合理，覆盖面比较广的格局，基本满足了服务于社会主义市场经济体制的需要和及时解决经济民事纠纷的要求。1999 年，全国会计师事务所业务收入突破 60 亿元。截至 2000 年底，中国有律师事务所 9300 多家，律师从业人员数为 109276 人，其中专职律师 63152 人，兼职律师 15908 人，特邀律师 5922 人。1999 年，中国主要经济鉴证类专业服务业达到 14 种*。与此同时，专业服务的范围也不断拓展。截至 2001 年底，全国有会计师事务所 4804 家，注册会计师人数为 5.8 万人，非执业注册会计师会员为 7.5 万人；各级公证机构达 3192 个，注册公证员 1.3 万人，业务范围已扩大到 200 多项；全国大中城市已经成立的仲裁委员会 160 家。

* 这 14 种专业服务业为：注册会计师、注册资产评估师、注册税务师、房地产估价师、土地估价师、造价工程师、价格鉴证师、乡镇企业资产估价师、农村集体资产估价师、律师、公证机构、基层法律服务机构、专利代理、商标代理行业。

2．管理模式不断完善，市场化步伐加快

改革开放的深入和市场经济的发展有力地推动了专业服务向适应市场经济和服务市场经济的方向发展。1993 年 12 月，中国资产评估协会正式成立，中国资产评估行业已逐步从政府直接管理向行业自律管理过渡，评估对象也由国有资产向各类所有制性质的资产扩展。一部分按照市场化运作的信息咨询公司不断涌现。如：零点调查、盖洛普（中国）咨询、慧聪信息等信息咨询和市场调查咨询服务迅速发展。再以注册会计和注册审计服务为例，会计师事务所、审计师事务所“两所”实现顺利合并。1995 年 6 月 19 日，中国注册会计师协会与中国注册审计师协会实现联合，组成新的中国注册会计师协会。1996 年，在国务院的督办下，财政、审计等部门联手开始实施注册会计师、审计师“两师”、“两所”的合并工作，从而使注册会计师事业市场化步伐大大加快。到了 1997 年底，“两师”、“两所”合并工作基本完成。2000 年 3 月，中国注册会计师协会与中国资产评估协会完成合并。律师事务所发展迅速，法律服务市场在体制、机制、规模上开始朝着新兴产业目标迈进，形成了国有律师事务所、合作所、合伙所和个人所并存的格局。截至 2000 年底，我国国内的 9300 多家律师事务所中，合伙所 3098 家、合作所 933 家、国资所 5216 家，其他类型所 134 家。

3．对外开放进一步扩大，国际交流日益密切

这一时期，国际会计师事务所大举抢滩中国市场，1995 年 3 月，中国资产评估协会代表中国评估行业加入了国际评估准则委员会。随着我国市场经济的日趋完善，市场竞争日趋激烈，国外管理咨询公司大批进入中国，北京、上海等地出现了一部分优秀的国内管理公司，中国管理咨询服务业起步发展。截至 1996 年 12 月底，已有15家国际知名会计师事务所在北京、上海、福州、广州、深圳、沈阳、大连等7个城市设立了36家常驻代表处；我国批准成立安达信华强会计师事务所、毕马威华振会计师事务所等9家中外合作会计师事务所。中国会计师行业组织国际合作步伐不断加快。1996年10月，中国注册会计师协会加入亚洲及太平洋地区会计师联合会，1997年5月加入国际会计师联合会，同时成为国际会计准则委员会的成员。律师业对外开放的步伐加快。截至1999年底，经中国司法部批准，已经有美国、英国、法国、澳大利亚、意大利、日本、荷兰、瑞典、新加坡和约旦等10个国家的81家外国律师事务所和26家中国香港特别行政区的律师事务所在中国的北京、上海、天津、广州、深圳、海口、苏州、青岛等地设立了办事处。全世界最大的50家律师事务所绝大多数已在中国设立了办事处。此外，中国已有18家律师事务所在美国、中国香港、德国、澳大利亚、日本、新加坡等国家和地区设立了分支机构。这一阶段，随着我国经济体制改革的推进和市场经济的日趋完善，专业服务业开始进入市场化、规范化的快速发展轨道，专业服务市场的规模、范围持续扩大，发展水平不断提高，专业服务市场体系逐步建立完善。

（三）全面开放加快发展阶段（2002—2012年）

以中国加入WTO为标志，我国专业服务市场进入以开放促改革、加快发展阶段。为服务业全面开放的过渡阶段，我国承诺“入世”后3至5年内逐步放开服务业市场准入限制，外国投资者进入相关领域享受国民待遇。自此，我国专业服务业开放的广度和深度逐步递增，并开始实质性地履行入世协议的承诺。“入世”承诺的履行有力地促进了专业服务市场体系的现代化、国际化、规范化发展，并推动我国专业服务业向全面对外开放和创新发展过渡。这一阶段的突出特点具体包括：

1．对外开放和国际合作进一步加强

我国加入WTO后，对WTO成员国进一步开放专业性服务市场，如会计、律师、税务、管理咨询等服务领域，允许设立独资或外资控股执业机构；放宽有执照的专业人员进入中国市场的限制，并在操作过程中遵守透明程序。由于开放程度加大，境外专业机构进入中国执业更为便利。因此，我国加入WTO后，国内包括中小机构在内的涉外机构呈增加趋势；同时境内机构在积极寻求国际合作发展，境外机构在中国会计市场谋取更大利益的驱动下，中外合作性质的涉外机构也呈快速发展趋势。2007 年 3 月，国务院颁布《关于加快发展服务业的若干意见》，提出中国服务业进一步扩大开放的战略任务和要求，“尽快建立科学、统一、全面、协调的服务业统计调查制度和信息管理制度，完善服务业统计调查方法和指标体系，充实服务业统计力量，增加经费投入”[①]。2004 年，中国还批准了 14 家国际会计公司成员所。值得注意的是，国际会计师事务所一进入中国会计市场，就显示出了强大的竞争力。据不完全统计，仅占中国内地会计师事务所数量 0.2%的“四大”国际会计公司，占有中国国内会计服务业 20%的营业额和 30%的利润。中国发行B股、H股公司的审计鉴证业务，及跨国公司在华分支机构的业务，几乎被以“四大”为首的国际会计公司包揽。截至 2007

① 《国务院关于加快发展服务业的若干意见》，《中华人民共和国国务院公报》，2007 年 14 期。

年底，20 多家世界排名前列的国际会计公司进入了中国市场，先后在中国各大城市设立了 22 个代表处，创办了 7 家中外合作会计师事务所。

2．专业服务业创新步伐加快，新兴专业服务不断涌现

国内科技中介组织发展势头良好。截至 2002 年底，在我国大中城市共有各类科技中介组织（包括技术贸易机构）6 万多个，从业人员约 110 万人。各类科技企业孵化器已发展到 460 多家（其中国家级创业服务中心 72 家，大学科技园 22 家），在孵企业近 1.5 万家，累计育成企业近 4000 家（已有 32 家企业成为上市公司）。各类科技咨询机构有 1.3 万家，从业人员近 30 万人。各种技术市场、技术产权交易所、科技条件市场、人才市场等，已成为转移、扩散科技成果和有效配置科技资源的重要渠道。科技情报信息机构已发展到 400 多家，拥有 2 万多名职工和一批优秀的专业人才。在北京、上海、天津、江苏、四川、湖南等地，还建立了科技咨询协会，制定了较为完善的行业管理制度，科技咨询机构亮证上岗，咨询师持证上岗。继金融、科技、房产等经纪人之后，医疗经纪人、体育经纪人悄然出现。2003 年，北京市、上海市和黑龙江省哈尔滨市等城市先后出现医疗经纪人。台湾顶尖健康咨询服务有限公司“安杏”在上海登陆，并成功注册商务咨询服务有限公司，首批推出了 17 位医疗经纪人。商标代理组织发展迅速。到了 2003 年底，共有 717 家新设立的商标代理组织到国家工商行政管理总局申请备案。2007 年，有 1300 多家商标代理组织运营。广告业发展势头强劲。

这一阶段的对外开放和创新发展，有效促进了中国专业服务市场的快速发展和日益完善，在融入全球市场的同时，逐渐在规则、标准等方面实现了与国际接轨，提升和丰富了我国专业服务市场的水平和服务内容。

（四）深化改革高质量发展阶段（2013—2021 年）

以党的十八大和十八届三中全会为标志，这一阶段加快转变经济发展方式，推进经济结构战略性调整，构建开放性新体制，促进战略性新兴产业健康发展，推动服务业特别是现代服务业发展壮大，并将进一步推进服务领域有序开放、放宽投资准入作为构建开放性经济新体制的重要内容。这一阶段的突出特点具体包括：

1．专业服务对外开放步伐进一步加快

党的十八届三中全会明确提出，使市场在资源配置中起决定性作用和更好发挥政府作用，“放开育幼养老、建筑设计、会计审计、商贸物流、电子商务等服务业领域外资准入限制”[①]。党的十九大继续强调“推动形成全面开放新格局”，“实行高水平的贸易和投资自由化便利化政策，全面实行准入前国民待遇加负面清单管理制度，大幅度放宽市场准入，扩大服务业对外开放，保护外商投资合法权益”[②]，进一步为服务业的开放指明了方向。

自 2017 年 7 月起，我国施行《外商投资产业指导目录（2017 年修订）》，积极主动扩大开放，逐年修订外商投资准入负面清单，同时积极履行入世承诺，进一步加快对外开放。根据我国加入 WTO时所签署的协议，我国于 2018 年 12 月 31 日前全面开放会计

① 《中共中央关于全面深化改革若干重大问题的决定》，北京：人民出版社，2013 年版，第 26 页。

② 习近平：《决胜全面建成小康社会 夺取新时代中国特色社会主义伟大胜利——在中国共产党第十九次全国代表大会上的报告》，北京：人民出版社，2017 年版，第 34–35 页。

服务市场。2018年初，财政部对会计师事务所的设立作了新的规定，标志着中国会计服务市场全面对外开放。

2．加快推进专业服务业做优做强

我国专业服务业经过40多年的发展，基本建立多元化、多层次的专业市场服务体系，市场化程度得到极大提升，但有限的总体竞争力制约和影响着我国专业服务市场的发展，也降低了市场对专业服务机构的信任度。进入新时代，全面提高我国专业服务业服务于经济社会发展的能力，优化结构，提升行业整体质量，提升全球竞争力，是我国实现经济高质量发展和制造业转型升级的必然要求，也是稳定社会就业的重要措施。2018年5月26日，中国注册会计师协会正式发布《关于推动会计师事务所做大做强的意见》和《会计师事务所内部治理指南》，成为注册会计师行业全面启动“做大做强”战略、加快进军国际市场的标志性起点。2018年10月，为适应加快完善我国社会主义市场经济体制的要求，中国注册会计师协会提出了《关于规范和发展中小会计师事务所的意见》，对推动我国会计服务业做大做强走出去，为适应加快完善我国社会主义市场经济体制的要求，全面提高注册会计师行业服务于经济社会发展的能力起到积极的指导作用。

二、中国专业服务体系发展的主要成效

40多年来，我国专业服务体系建设取得显著成就。基本形成多层次、多元化市场体系，发展水平得到极大提升，市场化程度显著提高，对外开放程度不断扩大，市场体系日益规范化，专业服务体系对维护社会经济秩序、保证市场竞争公平公正、促进市场经济

发展起重要的支撑作用。

（一）专业服务体系基本建立，发展水平大幅提升

随着我国社会主义市场经济的建立和发展，政府职能向服务型政府转变，专业服务逐步从政府监管职能中分离出来，为专业服务的迅猛发展提供了历史性机遇。专业人员和机构数量规模扩大，服务能力显著增强。专业人才是专业服务业发展的基本支撑，专业服务机构是载体。经过 40 多年的发展，我国已拥有一批包括法律、会计、审计、咨询、知识产权评估、产权交易等专业人才队伍和符合市场准入的专业服务机构，具有中国特色的专业服务体系和服务标准逐步完善。

律师专业服务的快速发展是我国改革开放法治化进程的重要表现之一。1979 年 12 月，全国仅有律师 212 名，律师业务仅限于刑事辩护、民事代理、代写法律文书、法律咨询等简单传统项目。截至 2020 年底，全国共有会计师事务所 8600 余家（不含分所），行业年度业务收入超过 1000 亿元，为 4000 多家上市公司、1 万多家新三板企业和 420 多万家企事业单位提供审计鉴证和其他专业服务，并深度参与国家“一带一路”建设，为 1.1 万家中国企业在全球 200 多个国家和地区设点布局提供强有力的专业支持。法治化进程也带来了会计、审计、评估、公证等专业服务的发展。截至 2020 年底，全国注册会计师行业共有高端人才 555 人、从业人员超 40 万人，在提升会计信息质量和经济效率、维护资本市场秩序和社会公众利益方面发挥了不可或缺的重要作用，日益成为党和国家信赖和倚重的一支专业力量，同期，全国有资产评估师 40625 人，评估企业 5455 家，年营业收入近 300 亿元。

（二）市场结构加快调整，多样化多层次市场体系加快形成

专业服务范围不断扩大，内容日益丰富完善。从专业服务类别看，改革开放之初，我国专业服务主要是从法律、会计、审计、资产评估等传统服务开始，服务内容较为单一。截至 1999 年底，中国主要经济鉴证类专业服务就已达到 14 种，主要是：注册会计师、注册资产评估师、注册税务师、房地产估价师、土地估价师、造价工程师、价格鉴证师、乡镇企业资产估价师、农村集体资产估价师、律师、公证机构、基层法律服务机构、专利代理、商标代理等行业。专业服务的范围也不断拓展。

进入 21 世纪，随着对外开放的扩大和创新发展能力的增强，一些新兴专业服务不断涌现。科技中介组织发展势头良好，各种技术市场、技术产权交易所、科技条件市场、人才市场等，已成为转移、扩散科技成果和有效配置科技资源的重要渠道，商标等知识产权代理组织发展迅速。从服务内容看，也不断向纵深发展。以律师服务为例，服务内容不断扩大，内容不断丰富。从改革开放之初仅限于刑事辩护、民事代理、代写法律文书、法律咨询等简单传统项目服务向更多领域渗透。公证业务已经不仅局限于《公证暂行条例》所规定的 14 项业务，房地产、金融、证券、票据、婚前财产转让、土地使用权转让等新型公证业务不断扩展。

多层次多样化专业服务体系基本形成。40 多年来，我国包括法律、会计审计、公证、仲裁、资产评估、市场信息服务等在内的多样化专业服务行业得到迅速发展，基本上形成了市场化为主导的专业服务体系，在服务市场体系运行、维护市场秩序、促进公平竞争等方面发挥了不可或缺的作用。在会计审计服务领域，改革开放

初期，主要是为“三资企业”* 提供验资、查账和清算等审计服务。

（三）市场化程度显著提高，市场机制作用增强

多元化市场主体活跃。随着专业服务市场准入的放开和改革不断深入，我国专业服务市场主体通过清理整顿、脱钩改制、行业大检等一系列措施，专业服务机构已成为依法执业、自担风险、自负盈亏的独立市场主体，执业质量逐步提高，一批综合实力较强的专业服务机构在市场竞争中脱颖而出。我国律师服务市场在体制、机制、规模上开始朝着新兴产业目标迈进，形成了国有律师事务所、合作所、合伙所和个人所并存的格局。根据 2000 年国务院《关于深化公证工作改革的方案》的规定，现行行政体制的公证处要尽快改为事业体制。改制的公证处应成为执行国家公证职能、自主开展业务、独立承担责任，按市场规律和自律机制运行的公益性、非营利的事业法人。大多数的公证处已经按照事业单位模式运作，在一些省（区、市）个别地区公证处还进行合作制、合伙公证处等多种形式的尝试。自 1993 年起，中国国际经济贸易仲裁委员会（CIETAC）连续 14 年受理案件数居世界首位。CIETAC以其独立、快速、公正、高效的特点在世界上享有盛誉，成为世界上最著名的仲裁机构之一，也是世界上最为繁忙的国际仲裁中心之一。

专业服务价格逐步放开。除了一些与国计民生关系重大的服务项目及少数垄断行业外，其余价格已经全面放开，价格基本实现全面市场化，部分专业服务领域由于其专业性强、与国计民生关系重大等特点，实行政府定价或是政府指导价。为落实党的十八届三中全会精神，充分发挥市场在资源配置中的决定作用，2014 年，国家发改委发布《关于放开部分专业服务收费标准有关问题的通

* 三资企业即在中国境内设立的中外合资经营企业、中外合作经营企业、外商独资经营企业三类外商投资企业。

知》，决定放开部分目前实现政府定价或者政府指导价的专业服务收费标准，其中包括放开专利代理服务、报关服务、自愿性产品认证、质量（环境）体系认证、航危天气报服务、煤炭地质勘探、金银饰品委托检验、回国人员科研启动基金评审、涉外收养服务、红十字卫生救护培训等 10 项服务收费标准。[①] 这标志着我国专业服务领域市场机制作用进一步增强。

（四）对外开放水平不断提高，国际化进程加快推进

我国专业服务领域的对外开放采取的是渐进式推进战略，开放水平不断提高。在改革开放初期，服务业对外开放相对滞后，但随着中国“入世”以及经济服务化趋势基本形成后，服务业对外开放越来越受到关注，并成为改革开放的重点和焦点。我国专业服务业的对外开放经历了对外开放初始期、对外开放迅速推进期、全面开放过渡期和全面开放新格局期四个阶段：

1978—1990 年为初始期，我国专业服务业对外开放总体滞后于制造业，开放程度较低，开放时间较晚，限制很多，总体开放水平较低；1991—2001 年为迅速推进期，党的十四大正式确定“中国经济体制改革的目标是建立社会主义市场经济体制”，党的十五大又提出“有步骤地推进服务业的对外开放”，2001 年中国接受了《服务贸易总协定》，并作出了服务贸易具体承诺表，承诺“入世”后 3~5 年内逐步开放服务业市场，放开服务业的市场准入限制，并给予外国投资者国民待遇。这一时期，基于政府政策激励、

① 《国家发展改革委关于放开部分专业服务收费标准有关问题的通知》，国家发改委网站，2014 年 7 月 18 日。

中国市场的良好前景以及入世承诺，外资进入中国市场的力度显著增大，进入服务业领域明显拓宽，专业服务对外开放迅速推进。2002—2006年为全面开放过渡期，按照“入世”协议，我国要打破服务业垄断和壁垒，逐步开放服务业市场，且开放的广度和深度逐年递增。以往开放程度较低的律师、会计审计、资产评估等专业服务业逐步开放，带动了国内专业服务业的发展，优化的服务结构，提高了服务技术含量。进入2007年，我国专业服务业进入全面开放新格局期，对外开放迈入新阶段，开放的范围不断扩大，开放质量显著提升，特别是党的十九大报告明确提出“推动形成全面开放新格局”，全面实行准入前国民待遇加负面清单管理制度，大幅度放宽市场准入，扩大服务业对外开放，我国专业服务业对外开放向纵深发展，进入全面开放新阶段。

2017年5月，习近平主席在“一带一路”国际合作高峰论坛上，深刻阐释了以和平合作、开放包容、互学互鉴、互利共赢为核心的丝路精神，为经济鉴证类服务国际化提供了新的历史机遇。在全球经济一体化的大背景下，在构建符合中国国情的经济鉴证服务体系的同时，经济鉴证服务也不断与国际对接，这既是提升对外开放水平的要求，也是全面实现行业国际化发展的需要。一是服务标准与国际准则对接。2006年，中国注册会计师协会正式发布48项审计准则，建立起一套适应市场经济发展要求、顺应国际趋同大势的新审计准则体系，实现了我国审计准则与国际准则的趋同。在此基础上，中国审计准则与发达市场经济国家和地区准则的互认工作不断推进，率先实现与中国香港审计准则的等效互认，为中国注册会计师职业国际化发展提供有力的技术支持。二是专业服务人才的国际化特征更加显著。资产评估行业在规范境外并购市场经济秩序、引导资源全球范围内的合理配置、服务境外国有资本管理、维护公共利益等方面发挥重要的作用。越来越多的资产评估人才更加熟悉国际商务规则，更加适应国际资产评估工作需要。此外，在部分专业服务领域与境外职业组织做出考试科目互免，更多的中国经济鉴证类从业人员取得境外认可的职业资格。更加开放的行业后备人才培养机制形成，国内院校相关专业教学中也不断增加国际化内容，大力培养国际化后备人才。三是专业服务机构正在“走出去”。为了满足国内企业集团服务需求，以及应对日益激烈的国际竞争的需要，2006 年，中国注册会计师协会发布《关于推动会计师事务所做大做强的意见》，其中提出大力发展能够服务于中国企业“走出去”战略，提供跨国经营综合服务的国际化事务所。[①] 同年，国务院九部委联合发布《关于支持会计师事务所扩大服务出口的若干意见》，支持有条件事务所积极走出去，建立国际化服务网络，树立国际化品牌，服务中国企业“走出去”战略。[②] 在专业服务企业做大做强战略的指导下，国内大型专业服务机构展开了强强联合和走向国际的步伐，在设立境外执业机构、开拓境外业务方面取得阶段性成果。

（五）法规制度环境不断完善，市场秩序日益规范

国内各专业服务领域法律规章相继出台，为专业服务发展提供

① 《中国注册会计师协会关于推动会计师事务所做大做强的意见》，《中国财经报》，2006 年 9 月 26 日。

② 《商务部 公安部 财政部 人民银行 国资委 海关总署 税务总局 证监会 外汇局 关于支持会计师事务所扩大服务出口的若干意见》，《中国注册会计师》，2008 年 02 期。

更加规范的路径。在会计审计服务领域，1980年颁布的《中外合资经营企业所得税法施行细则》规定，合营企业向税务机关报送所得税申报表和会计决算报表时，应附送注册会计师查账报告。[①]同年12月，财政部发布《关于成立会计顾问处的暂行规定》，是我国注册会计师制度恢复重建的重要标志。1993年10月，八届全国人大四次会议通过《注册会计师法》，对注册会计师资格取得、会计师事务所设立、业务范围、执业准则、法律责任以及注册会计师协会职责作出系统规定，全面规范注册会计师行业的建设发展。在律师领域，1993年6月，国务院批准司法部《关于进一步深化律师工作改革的方案》，对律师体制进行了一次重大改革，律师不再是国家行政干部，成为社会提供法律服务的执业人员；律师事务所也不再是国家行政机关，成为社会主义市场经济条件下的法律服务机构。1996年，八届人大常委会第十九次会议通过了新中国第一部《律师法》，2007年《律师法》修订后，国家又相继出台《律师置业管理办法》《律师事务所管理办法》等一系列法律法规。在资产评估领域，1991年国务院颁布《国有资产评估管理办法》，使资产评估进入有法可依的阶段。2003年《国务院办公厅转发财政部关于加强和规范评估行业管理意见的通知》，针对企业改制、资产重组、中外合资与合作、产权交易，以及出租、抵押、保险等重大经济活动面临的新形势，提出严格评估专业资格设置管理，加强评估行业行政和自律性管理。[②]2016年，国家颁布《资产评估法》，

① 《中外合资经营企业所得税法施行细则》，《中华人民共和国国务院公报》，1980年20期。
② 《国务院办公厅转发财政部关于加强和规范评估行业管理意见的通知》，《中华人民共和国国务院公报》，2004年05期。

对于规范资产评估行为，保护资产评估当事人合法权益和公共利益，促进资产评估行业健康发展，维护社会主义市场经济秩序发挥了重要作用。

在重点领域开展专项规范工作，市场秩序日益规范。由于经济鉴证类专业服务发展初期，出现了一些“乱办、乱管、乱执业”等问题。2000 年，国务院办公厅转发《关于经济鉴证类社会中介机构与政府部门实行脱钩改制意见的通知》，明确要求经济鉴证类机构必须与挂靠单位在人员、财务，包括资金、实物、财产权利等业务、名称等方面彻底脱钩。这项专项规范工作大大推动了与社会主义市场经济相适应的经济鉴证类机构管理体制建设，形成了更加符合市场经济要求的自律性运行机制，进一步促进经济鉴证类中介机构独立、客观、公正地执业，使这些机构真正成为自主经营、自担风险、自我约束、自我发展、平等竞争的经济组织。[①]

第三节　电子商务与房地产市场改革历程

一、电子商务市场体系改革历程

我国电子商务市场发展起步于 20 世纪 90 年代，已成为引领中国消费及商业模式创新的重要支撑。电子商务已经从零售业逐步拓

① 《国务院办公厅转发国务院清理整顿经济鉴证类社会中介机构领导小组关于经济鉴证类社会中介机构与政府部门实行脱钩改制意见的通知》，《中华人民共和国国务院公报》，2000 年 26 期。

展到出行、旅游、餐饮等服务消费领域，在制造业和流通业数字化智能化转型方面，发挥出日益明显的带动作用。

20世纪90年代，腾讯、阿里巴巴等中国电子商务企业相继成立。随着线上支付应用场景日益成熟，移动网络支付加快发展，以淘宝、拼多多、京东为代表的网购平台发展迅速。线上线下跨界融合的盒马鲜生、7FRESH等消费新模式新业态不断涌现。字节跳动、美团、携程等企业在服务消费领域成长为超级服务平台。电子商务从消费向生产、制造等领域延伸，数据要素市场方兴未艾，大宗商品交易平台、工业互联网成为新电子商务创新发展的新方向。

总体来看，我国电子商务发展在市场具备较大规模和发展能力后，处于普及期向稳定期的过渡阶段，商业模式和制度转换成熟后，数字产业化和产业数字化将为中国电子商务发展注入新的动力。

（一）电子商务市场体系起步阶段（1990—1999年）

1995年，美国亚马逊和易贝相继成立，中国开始了对电子商务的初步认识，并意识到电子商务将对流通和消费市场产生巨大影响。1994年，全球电子商务销售额仅为12亿美元，到1998年达到500亿美元，市场规模是1994年的42倍。自1994年中国正式接入国际互联网开始，电子商务市场从无到有，进入起步和培育阶段。1997年12月，中国化工网（英文版）上线，成为国内第一家B2B电子商务网站。1998—1999年，腾讯、阿里巴巴、易趣网、中国网、当当网等公司相继注册成立。在当时，由于社会和消费者对电子商务普遍缺乏了解和认识，加之电子支付和社会信用体系不完善，我国电子商务企业和市场发展滞后于全球发展水平。

（二）电子商务市场体系初步建立阶段（2000—2005 年）

2000 年，欧美资本市场出现网络经济泡沫，当年美国纳斯达克指数上涨了 17 倍。在随后经历泡沫破灭之后，全球资本市场对网络科技公司进行了重新估值，大量公司破产裁员，一定程度上也促使中国电子商务市场主体进行市场整合和价值重构。1999 年中国诞生了 370 家B2C的电子商务公司，到 2001 年市场上有一定市场规模和竞争力的电子商务企业只剩下 3~4 家。①

尽管如此，随着居民网上消费习惯的逐步形成，中国电子商务市场依然得到了一定发展。特别是在 2003 年“非典”疫情暴发后，越来越多的消费者主动转向网上购物，上网人数从 2000 年的 890 万人，增长到 2005 年的 10300 万人，参与网上购物与销售人数占上网人数比例也从 2000 年的 7.7%快速上升到 2005 年的 26.2%。这一阶段的标志性事件是淘宝、京东等电商平台的相继成立。2003 年，阿里巴巴集团成立淘宝网，进军C2C市场。同年，阿里巴巴推出支付宝，解决了困扰电子商务零售市场的信用和支付难题，彻底改变了整个产业生态、商业模式和支付方式，将电子商务从B2B向C2C和B2C普及。2004 年京东也开始上线电子商务平台。此后，B2B、B2C、C2C等各种电商模式开始出现快速发展。

2004 年 8 月，十届全国人大常委会十一次会议表决通过了《中华人民共和国电子签名法》，于 2005 年 4 月 1 日起施行。《电子签名法》首次赋予可靠电子签名与手写签名或盖章同等的法律效力，

---

① 建彬：《中国电子商务发展史话》，《阿里商业评论》，2015 年 07 期。

并明确了电子认证服务的市场准入制度。[①] 2005 年 1 月，国务院办公厅下发《关于加快电子商务发展的若干意见》，明确提出发展电子商务是党中央、国务院作出的完善社会主义市场经济体制、加速国民经济和社会信息化进程、提高国民经济运行质量和效率的战略决策，要求各地区、各部门充分认识发展电子商务的重要性和紧迫性，积极发挥职能作用，密切协同配合，制定并不断完善加快电子商务发展的具体政策措施，推进我国电子商务健康发展。[②] 2005 年 10 月，中国人民银行发布了《电子支付指引（第一号）》，意在规范电子支付业务，规范支付风险，保证资金安全，维护银行及其客户在电子支付活动中的合法权益，促进电子支付业务健康发展。

（三）电子商务市场体系快速发展阶段（2006—2011 年）

从 2006 年开始，线上支付应用日益成熟，支付宝与银行的合作继续深化，通过绑定银行卡和支付宝账户，使非网银用户实现了网上购物，网络购物方式得到了社会普遍认可，消费群体高速扩张，电子商务市场规模加速增长。2006 年，淘宝网发展成为亚洲最大的购物网站，每天有近 900 万人上淘宝网购物。2007 年，淘宝网成为亚洲最大的网络零售商，全年成交额突破 400 亿元。2009—2011 年，我国电子商务交易规模分别为 3.6 万亿元、4.8 万亿元和 7.0 万亿元，网络零售额占社会消费品零售总额比重从 2008 年的 1.13%，快速提升到 2011 年的 4.06%。

---

① 《中华人民共和国电子签名法》，《人民日报》，2004 年 9 月 1 日。
② 《国务院办公厅关于加快电子商务发展的若干意见》，《中华人民共和国国务院公报》，2005 年 08 期。

2006年3月，十届全国人大四次会议批准通过的《中华人民共和国国民经济和社会发展第十一个五年规划纲要》，将“积极发展电子商务”作为一项重要的任务提出来。强调“建立健全电子商务基础设施、法律环境、信用和安全认证体系，建设安全、便捷的在线支付服务平台”[①]。

2007年6月，国家发展和改革委员会、国务院信息化工作办公室联合发布我国首部《电子商务发展“十一五”规划》。同年12月，商务部公布《关于促进电子商务规范发展的意见》，为促进电子商务规范发展，引导交易参与方规范各类市场行为，防范市场风险、化解交易矛盾、促进电子商务健康发展提供了积极的政策指导。

2008年4月，中共中央办公厅、国务院办公厅印发《国民经济和社会发展信息化“十一五”规划》，提出“要放宽市场准入，加强政策引导，鼓励社会资金参与信息化建设。营造良好的财税政策环境，鼓励社会资金投向信息资源公益性开发以及公共信息服务平台建设。进一步完善对信息服务领域的各项扶持政策”[②]。同时，商务部起草并发布《电子商务模式规范》《网络购物服务规范》等一系列文件，为促进电子商务持续健康发展提供了政策依据。

---

① 《中华人民共和国国民经济和社会发展第十一个五年规划纲要》，北京：人民出版社，2006年版，第31页。

② 《〈国民经济和社会发展信息化“十一五”规划〉正式印发》，《中国科技投资》，2008年06期。

（四）现代市场体系建设阶段（2012 年迄今）

随着网络购物的进一步发展，线上线下融合互动成为商业模式创新的新趋势。2012 年 2 月 6 日，国家发展改革委、财政部、商务部、人民银行、海关总署、税务总局、工商总局、质检总局联合发布《关于促进电子商务健康快速发展有关工作的通知》，从电子支付、信用体系、网络发票、交易监管、跨境电商等方面作出规划。同年，以线下业务为主的苏宁、国美分别上线“苏宁易购”和“国美在线”网购业务，成为线上线下融合发展的标志性事件。自 2014 年起，阿里巴巴先后投资、收购了三江购物、高鑫零售、银泰商业等线下零售企业。随着移动互联网的发展，2015 年移动端交易规模占比首次超过 50%，成为网购市场的主流交易方式，消费场景极大丰富。文体娱乐、旅游休闲、交通出行、餐饮服务等服务消费领域的线上业务出现快速发展。2017 年，阿里巴巴、永辉超市、京东集团分别布局盒马鲜生、超级物种、7-fresh等新零售项目，互联网平台企业开始大规模布局线下业务。2013—2020 年，中国电子商务交易额从 10.40 万亿元增长到 37.21 万亿元；2020 年中国网络零售额*11.76 万亿元，其中实物商品网络零售额占社会消费品零售总额比重达 24.9%。

* 网络零售额是指交易双方以互联网为媒介进行的商品或服务消费。

2016 年 10 月，国务院办公厅发布《关于印发互联网金融风险专项整治工作实施方案的通知》，规范各类互联网金融业态，优化市场竞争环境，扭转互联网金融某些业态偏离正确创新方向的局面，遏制互联网金融风险案件高发频发势头，提高投资者风险防范意识，建立和完善适应互联网金融发展特点的监管长效机制，促进互联网金融健康可持续发展，切实发挥互联网金融支持大众创业、万众创新的积极作用。[1] 2017 年 11 月，《国务院关于深化"互联网+先进制造业"发展工业互联网的指导意见》发布，构建网络、平台、安全三大功能体系，增强工业互联网产业供给能力。

2019 年，中国人均GDP突破 1 万美元，达到 10276 美元，居民消费从"有没有"转向"好不好"。服务消费需求快速扩张，网约车交易规模突破 3000 亿元，网络餐饮用户规模达到 4.2 亿人，在网上预订过机票、酒店、火车票或购买过旅游度假产品的网民规模突破 4 亿人；直播电商市场规模近 1 万亿元。

2020 年，电子商务企业总融资额达到 1174 亿元，电子商务园区数量超过 1000 个，全国电子商务仓储超过 4000 万平方米。亚洲的电商"独角兽"企业达到 43 家，占全球电商类"独角兽"企业总数的一半，其中有 30 家来自中国大陆地区。我国已发展成为全球领先的数字技术投资大国，在大数据、人工智能、自动驾驶、3D打印等数字技术领域的风险投资均进入全球前三位。

随着加速融入全球消费市场，中国正在成为全球经济和电子商务发展的新动力。2019 年，中国跨境电商零售进出口额达到 1862.1 亿元人民币，是 2015 年的 5 倍，年均增速 49.5%。菜鸟网络建成覆盖全球 224 个国家和地区的智慧物流网络，把中国到主要国家的跨境物流时效从平均 70 天提升到 10 天以内。

新一代信息技术在带动产业形态、制造模式和组织方式发生深刻变革的同时，促进了新业态、新模式和新产业发展，对产业链转型升级的引领作用也日益增强。生产组织方式向网络化、平台化和

① 《国务院办公厅关于印发互联网金融风险专项整治工作实施方案的通知》，《中华人民共和国国务院公报》，2016 年 30 期。

扁平化发展。在工业领域，以化工、建材、钢铁、能源为主的大宗商品交易平台发展较快，在加速产业融合、促进产销衔接、优化资源配置、帮助产业链的中小企业提升效率等方面发挥了重要作用。例如，找钢网已合作钢厂超 110 家，合作大型供应商超 8500 家，提供超过 40 万种不同规格型号的钢材产品，日均可售库存超过 400 万吨，注册企业达 14 万家。

中国企业开始将大数据、云计算等新技术应用于生产、管理、营销、供应链等环节，通过云平台进行生产运营。2020 年，中国信息技术服务实现收入 49868 亿元。其中，电子商务平台技术服务收入 9095 亿元，云服务、大数据服务共实现收入 4116 亿元，信息安全产品和服务实现收入 1498 亿元。中国已初步建成 208 个具有较高水平的数字化车间。通过管理数字化，企业实现了从低附加值的加工生产环节向营销、品牌等高附加值环节延伸。据工信部统计，制造业智能化改造项目生产效率平均提升 37.6%，能源利用率平均提升 16.1%，运营成本平均降低 21.2%，产品研制周期平均缩短 30.8%，产品不良率平均降低 25.6%。

二、房地产市场体系改革历程

改革开放 40 多年来，我国的房地产市场体系建设与改革取得显著成效，人民群众居住水平明显改善，房地产市场的发展也成为中国经济增长的重要动力。我国房地产市场自公用住房改革以来一直是国家社会所关注的焦点，房地产市场的市场化体制不断演进，房地产市场的商品化进程迅速，成为我国市场经济发展中的关键力量，成为国民经济的支柱型行业。

改革开放以来，随着我国市场体制改革进程的不断推进，我国房地产政策经历了从传统的福利分房政策到房地产市场化的转向性改革，在这个过程中，政府为了控制好这样一个市场化的改革进程，制定了一系列的政策，形成了包括土地政策、财政政策、货币政策、市场供给调控在内的政策体系，为房地产业的市场化改革提供了一定程度上的制度保障。

中国在改革开放后，房地产市场的发展经历了两个主要的阶段：1978—1997 年的城镇住房制度改革的起步探索阶段、1998 年之后的住房市场化阶段。

（一）城镇住房制度改革的起步探索阶段（1978—1997 年）

1978 年后，全国经济各行业都亟待发展，在国民经济的振兴中，房地产业作为经济发展的支柱型产业，其发展得到了中央政府和地方政府的高度重视。1982 年，我国选择四个城市进行试点，开展新建住房补贴出售，拉开了中国城镇住房制度改革的序幕。从试点实践来看，由于当时的住房租金价格太低，租买比价不合理，个人缺乏买房的动力，效果并不理想。因此，1985 年停止了这一做法。中国房地产政策发生了方向性的变革，由计划分配体制逐步转向了市场体制，然而由于计划体制根深蒂固，现有的市场化改革还是建立在政府补贴基础上的带有分房实际意义的改革，原有的体制没有发生根本的变化，在实施中也因人们对“买房”缺少概念性的意识，这个阶段参与购房的职工并不多，政策效果并不明显。但正是这一时期的政策引导，使得中国房地产市场得以成立并慢慢成长起来，一批有远见的城市居民开始抛弃原有的分房观念，在政策的支持和引导下拥有了自己的商品住房。

1986 年 1 月，国家成立国务院住房制度改革领导小组，主要负责指导全国范围内的住房制度改革推进工作。这一阶段首先采取的措施的创新之处是大幅度提高城镇租房的价格，以租房价格的提高来带动人们购房的热情，从而推动住房市场化改革。中央选定烟台等三个城市试行“提租补贴、租售结合、以租促售、配套改革”的方案。1988 年 2 月，在试点取得经验的基础上，国务院发布《关于在全国城镇分期分批推行住房制度改革实施方案的通知》（以下简称《通知》），《通知》明确提出“提租补贴”的方案，从改革公有住房低租金制度着手，将实物分配逐步转变为货币分配。

1991 年 6 月，国务院发布《关于继续积极稳妥地进行城镇住房制度改革的通知》，其主要措施包括提高公有住房租金和出售公有住房。1994 年 7 月，国务院发布《关于深化城镇住房制度改革的决定》，明确提出“把住房建设投资由国家、单位统包的体制改变为国家、单位、个人三者合理负担的体制；把各单位建设、分配、维修、管理住房的体制改变为社会化、专业化运行的体制；把住房实物福利分配的方式改变为以按劳分配为主的货币工资分配方式；建立以中低收入家庭为对象、具有社会保障性质的经济适用住房供应体系和以高收入家庭为对象的商品房供应体系；建立住房公积金制度；发展住房金融和住房保险，建立政策性和商业性并存的住房信贷体系；建立规范化的房地产交易市场和发展社会化的房屋维修、管理市场，逐步实现住房资金投入产出的良性循环，促进房地产业和相关产业的发展”①。同年 11 月，建设部公布《城市商品

① 《国务院关于深化城镇住房制度改革的决定》，《中国房地产》，1994 年 10 期。

房预售管理办法》(以下简称《办法》)，商品房预售制正式确立。此后，商品住房得到较快发展，城镇住房自有率开始提高，城镇居民的住房条件快速改善。

从1993年开始，党中央和国务院开始大力推进房地产业的发展，推进房地产业市场化的进程，以加快我国的住房制度改革，逐渐取消原有的福利分房制度，住房商品化的进程大大加快了。

(二)城镇住房制度改革的深入推进阶段(1998—2011年)

1. 深化城镇住房制度改革，鼓励住房消费(1998—2002年)

在总结前期城镇住房制度改革经验基础上，1998年7月，国务院发布《关于进一步深化城镇住房制度改革加快住房建设的通知》，决定“停止住房实物分配，逐步实行住房分配货币化；建立和完善以经济适用住房为主的多层次城镇住房供应体系；继续推进现有公有住房改革，培育和规范住房交易市场；发展住房金融，扩大个人住房贷款的发放范围，所有商业银行在所有城镇均可发放个人住房贷款。取消对个人住房贷款的规模限制”[①]。上述通知的发布标志着中国城镇住房制度改革出现重大突破，住房市场化的制度框架正式确立，房地产市场从此进入快速发展时期。此后，城镇住房制度改革快速推进，银行信贷等配套政策相继出台，鼓励住房消费的政策框架初步形成。这一时期，住房政策的设计主要体现在三个方面：

(1)1998年下半年开始停止住房实物分配，逐步实行住房分

---

① 《国务院关于进一步深化城镇住房制度改革加快住房建设的通知》，《中华人民共和国国务院公报》，1998年17期。

配货币化，为住房市场化和扩大住房消费奠定了制度基础。

（2）建立和完善了以经济适用住房为主的住房供应体系，对不同收入家庭实行不同的住房供应政策。最低收入家庭可以租赁由政府或单位提供的廉租住房；中低收入家庭购买经济适用住房；其他收入高的家庭以市场价购买、租赁商品住房。

（3）建立了住房金融制度，包括全面推行住房公积金制度，并出台了住房信贷政策。消费信贷政策的出台使居民可以在只支付首付款的情况下购买住房，居民购买住房的进程由此大大加快。

经过这个阶段的政策推动，中国城镇住房制度改革取得了突破性的发展，中华人民共和国成立以来的计划分配的住房体制逐步走向了住房市场商品化的方向，为未来中国住房市场化的发展奠定了政策基础。

国有土地使用权招标拍卖制度也在这一阶段形成。国有土地使用权招标拍卖，是政府供应土地的重要形式，集中体现了公开、公平、公正的市场原则，有利于充分发挥市场优化配置土地资源的作用。1999 年，国土资源部下发《关于进一步推行招标拍卖出让国有土地使用权的通知》。2001 年，国务院发布《关于加强国有土地资产管理的通知》，国有土地使用权招标拍卖从东南沿海向中西部地区逐步推开。据不完全统计，2001 年国家开展土地使用权招标拍卖的省份超过了 90%，已有 1435 个市（县）实行了土地使用权招标拍卖，15 个省（区、市）明确规定出让经营性用地必须招标拍卖。在全系统共同努力下，土地招标拍卖工作取得了明显进展。据不完全统计，1999 年、2000 年和 2001 年全国招标拍卖出让国有土地使用权价款分别为 114 亿元、346 亿元和 492 亿元。但从国内情况看，国有土地招标拍卖出让尚未形成制度，缺乏统一的法规，各地对土地招标拍卖的范围、组织实施程序等仍缺乏明确的规定，在一定程度上影响了全国土地招标拍卖工作的规范运作，亟待出台统一规范的国有土地使用权招标拍卖挂牌出让规定。2002 年 7 月，国土资源部下发的《招标拍卖挂牌出让国有土地使用权规定》（以下简称《规定》）开始实行。该《规定》以《城市房地产管理法》《土地管理法》和《〈土地管理法〉实施条例》等法律法规为依据，建立和完善了以下三个方面的制度：一是经营性土地使用权的招标拍卖挂牌出让制度；二是公开、公平、公正的国有土地使用权招标拍卖挂牌出让组织实施程序制度；三是严格的法律制度。《规定》明确了招标拍卖挂牌出让国有土地使用权的组织实施程序，包括拟订计划、编制出让文件、发布公告的方式和内容、标底和低价的确定、投标开标程序、拍卖会和挂牌的程序等。针对实践中普遍存在的以协议出让方式取代或规避招标拍卖挂牌方式出让国有土地使用权的问题，对应当以招标拍卖挂牌方式出让国有土地使用权而擅自采用协议方式出让的，规定了严格的法律责任，即对直接负责的主管人员和其他直接责任人员依法给予行政处分。同时，《规定》还对土地行政主管部门自身的违法行为规定了严格的法律责任，即“土地行政主管部门工作人员在招标拍卖挂牌出让活动中玩忽职守、滥用职权、徇私舞弊的，依法给予行政处分；构成犯罪的，依法追究刑事责任”[①]。

---

① 《招标拍卖挂牌出让国有土地使用权规定》，《中华人民共和国国务院公报》，2003 年 05 期。

2．促进房地产市场持续健康发展，住房保障制度的加快推进（2003—2007年）

2003年以后，为进一步促进房地产市场持续健康发展，鼓励居民扩大住房消费，并解决一些地区住房供求的结构性矛盾较为突出，房地产价格和投资增长过快等问题。2003年8月，国务院发布了《关于促进房地产市场持续健康发展的通知》（以下简称《通知》）。为鼓励居民扩大住房消费，培育新的经济增长点，加强宏观调控，努力实现房地产价格基本稳定等目标，建设部等相关部委就土地、住房信贷支持等方面出台了一系列具体政策：一是更加明确提出住房市场化的改革方向，并强调要搞活住房二级市场。二是加强土地市场的调控。三是实施进一步扩大住房需求的政策，包括进一步加大住房信贷支持，加快落实住房补贴等政策。[①]

《通知》及相关意见出台后，房地产投资过快增长势头得到了一定控制。但是，一些地方住房价格上涨过快的问题仍很突出。为抑制住房价格过快上涨、促进房地产市场健康发展，2004年8月，国土资源部、监察部联合下发了《关于继续开展经营性土地使用权招标拍卖挂牌出让情况执法监察工作的通知》（以下简称《通知》）。《通知》要求：除原划拨土地使用权人不改变原土地用途申请补办出让手续和按国家有关政策规定属于历史遗留问题之外，商业、旅游、娱乐和商品住宅等经营性用地供应必须严格按规定采用招标拍卖挂牌方式；国有土地使用权出让计划、招标拍卖挂牌和协议出让公告、出让申请条件和出让结果等必须按规定向社会

---

① 《国务院关于促进房地产市场持续健康发展的通知》，《人民日报》，2003年9月1日。

公开。[①]

这一时期虽然依旧有一定数量的福利房存在，但在我国延续40多年的福利分房制度告一段落，新的房地产市场化制度开始实行。中国政府为了防止经济发展放缓、通货紧缩出现，通过了一系列的促进房地产市场化的消费政策、宽松的货币政策和积极的财政政策使得中国经济依然保持了高速的发展。在经济高速增长、人们收入不断提高的情况下，政府又大力推进房地产市场化、商品化改革，使得房地产市场空前的繁荣。

从2005年开始，国家通过收缩银根、限制土地供应、限制贷款、减少投资性支出的方法对国内买房者和房地产生产商的市场行为进行了限制，同时通过限制外国投资者在中国购房的政策限制了国外热钱的涌入，在一定程度上稳定了中国房地产市场。

2005年3月，国务院办公厅下发《关于切实稳定住房价格的通知》，要求地方政府和各部门高度重视稳定住房价格工作。同年4月，国务院常务会议提出加强房地产市场引导和调控的八条措施。一是强化规划调控，改善商品房结构。各地区要尽快明确今明两年普通商品住房和经济适用住房建设规模、项目布局以及进度安排，并向社会公布。二是加大土地供应调控力度，严格土地管理。各地区要在严格执行土地利用总体规划和土地利用计划的前提下，对居住用地土地价格、住房价格上涨过快的城市，适当增加中低价位普通商品住房和经济适用住房建设用地供应量。依法制止炒买炒卖土地行为。三是加强对普通商品住房和经济适用住房价格的调

① 《国土资源部、监察部关于继续开展经营性土地使用权招标拍卖挂牌出让情况执法监察工作的通知》，自然资源部网站，2017年2月6日。

控，保证中低价位、中小户型住房的有效供应。经济适用住房价格要严格实行政府指导价。四是完善城镇廉租住房制度，保障最低收入家庭基本住房需求。着力扩大廉租住房制度覆盖面，城镇廉租住房制度建设情况要纳入省级政府对市（区）、县政府工作的目标责任制管理。五是运用税收等经济手段调控房地产市场，特别要加大对房地产交易行为的调节力度。六是加强金融监管。各商业银行要加强对房地产贷款和个人住房抵押贷款的信贷管理，防范贷款风险。七是切实整顿和规范市场秩序。强化法治，严肃查处违法违规销售行为。八是加强市场监测，完善市场信息披露制度。加强舆论引导，增强政策透明度。①

此后有关部门相继出台了一系列以稳定住房价格为目标的政策。

一是开始将税收政策作为房地产调控的政策选择。自 2005 年 6 月 1 日起，对个人购买住房不足 2 年转手交易的，销售时按其取得的售房收入全额征收营业税。为进一步抑制投资投机性需求，从 2006 年 6 月 1 日起，将住房转让环节营业税免征期限由 2 年提高到 5 年。二是调整住房供应结构。明确新建住房结构比例，要求套型建筑面积 90 平方米以下住房（含经济适用住房）面积所占比重，必须达到开发建设总面积的 70%以上。三是调整金融政策，有区别地适度调整住房消费信贷政策，提高个人住房按揭贷款首付款比例，并从 2007 年 9 月 27 日起要求对第二套（含）以上住房的贷款首付款比例不得低于 40%，贷款利率不得低于中国人民银行公布

① 刘维新：《细数中国房地产宏观调控——从“国八条”到“国六条”再到“九部委意见”》，《中国房地产信息》，2006 年 08 期。

的同期同档次基准利率的 1.1 倍，而且贷款首付款比例和利率水平应随套数增加而大幅度提高。四是解决城市低收入家庭住房困难问题。2007 年 8 月，国务院发布了《关于解决城市低收入家庭住房困难的若干意见》，提出“加快建立健全以廉租住房制度为重点、多渠道解决城市低收入家庭住房困难的政策体系”[①]。

3．以保增长、鼓励住房消费为目标（2008—2009 年）

2008 年全球金融危机之后，中国的住房政策更加重视完善住房保障制度，显著加大了保障体系建设力度，对包括公共租赁住房、棚户区改造在内的多种保障性安居工程建设提供资金、土地、基础设施配套等方面的支持。

2008 年 8 月，中国人民银行、银监会联合下发《关于金融促进节约集约用地的通知》，要求严格建设项目贷款管理，金融机构禁止向房地产开发企业发放专门用于缴纳土地出让价款的贷款，土地储备贷款采取抵押方式的，应具有合法的土地使用证，抵押率最高不得超过抵押物评估价值的 70%，贷款期限原则上不超过 2 年。对利用农村集体土地开发商业性房地产的，不得发放任何形式的贷款。对购买农村集体土地上建设的住房的城镇居民，不得发放住房贷款。[②]同年 12 月，为应对国际金融危机和国内房地产市场销量大幅下降的情况，国务院办公厅出台《关于促进房地产市场健康发展的若干意见》，在加大保障性住房建设力度，鼓励住房消费，

① 《国务院关于解决城市低收入家庭住房困难的若干意见》，《人民日报》，2007 年 8 月 14 日。

② 《中国人民银行 中国银行业监督管理委员会关于金融促进节约集约用地的通知》，《中国人民银行文告》，2008 年 08 期。

促进房地产市场健康发展等方面提出一系列政策措施。这一时期，最主要的政策调整主要来自三方面：

一是加大保障性住房建设力度，强调主要以实物方式、结合发放租赁补贴解决城市低收入住房困难家庭的住房问题。二是加大对自住型和改善型住房消费的信贷支持力度，对自住型购房贷款利率实行七折优惠，五年期以上贷款利率的实际水平处在住房制度改革以来的最低水平，这大大提高了购房者的购买力。公积金贷款政策也在降低首付比、上调贷款限额，延长贷款期限方面进行了调整。三是对住房转让环节营业税暂定一年实行减免政策。对个人首次购买 90 平方米及以下普通住房的，契税税率暂统一下调到 1%，免征印花税、土地增值税。

我国从 2008 年 9 月开始，通过连续降低存贷款利率、银行准备金率以及推行银行按揭贷款利率打折的政策，以房地产业发展为动力带动整个国民经济的发展。“特别是 4 万亿经济振兴规划的实施，房地产市场的价格的下降和低位运行仅仅维持了几个月的时间，在政府强有力的调控下，房地产价格出现了反常的V形反转，并于 2010 年达到房地产价格的历史高点”[①]。

4．遏制房价上涨，加大保障性安居工程建设力度（2010—2011 年）

针对 2009 年以来房地产市场快速回升过程中，一些城市出现的房价上涨过快等问题。2009 年 12 月 14 日国务院常务会议决定，继续综合运用土地、金融、税收等手段，加强和改善对房地产

① 刘维新：《中国房地产市场宏观调控的回顾与展望》，《中国房地产金融》，2010 年 07 期。

市场的调控，遏制部分城市房价过快上涨的势头。2010年后，国务院及有关部委和地方政府多次出台了相关调控政策，特别是《国务院办公厅关于促进房地产市场平稳健康发展的通知》《国务院关于坚决遏制部分城市房价过快上涨的通知》《国务院办公厅关于进一步做好房地产市场调控工作有关问题的通知》以及《国务院办公厅关于继续做好房地产市场调控工作的通知》，明确了房地产调控以遏制房价上涨和加大保障房建设、增加普通商品住房供给为主要目标。具体措施包括：

（1）部分城市开始实行限购政策。2010年4月《国务院关于坚决遏制部分城市房价过快上涨的通知》出台后，北京等一些房价过高的城市相继颁布限制家庭购房套数的政策。2013年2月20日，国务院常务会议研究部署继续做好房地产调控工作，强调要严格执行商品住房限购措施。

（2）更加重视税收政策的调控作用。营业税免征年限从2年恢复到5年，并在上海和重庆两市进行了房产税试点。

（3）更加重视差别化的信贷政策。自2010年10月1日起，各商业银行暂停发放居民家庭购买第三套及以上住房贷款；对不能提供一年以上当地纳税证明或社会保险缴纳证明的非本地居民停发购房贷款；商品住房，首付款比例调整到30%及以上；第二套住房的家庭，严格执行首付款比例不低于50%、贷款利率不低于基准利率1.1倍的规定。2013年2月20日，国务院常务会议强调要严格实施差别化住房信贷政策。

（4）更加重视加快保障房建设。2010—2012年，三年共开工建设了2400万套保障房。为鼓励保障房建设，在土地、金融政策上给予了积极支持。2013年2月20日，国务院常务会议强调要加快保障性安居工程规划建设，全面落实 2013 年城镇保障性安居工程基本建成 470 万套、新开工 630 万套的任务。

（5）更加强调土地调控的作用。增加普通商品住房的有效供给。适当增加中低价位、中小套型普通商品住房和公共租赁房用地供应，提高土地供应和使用效率。

2011 年，由于房价的持续性走高，国家政策方向上延续了 2010 年的调控政策。在年初的国务院常务会议上提出了 8 项房地产调控政策，并提出了地方政府控制房价的目标责任制和差别化住房信贷制，同时，房产税在上海、深圳、重庆开始试运行。更为强硬的调控措施是对 38 个城市提出了“限购令”，限制了购房者购房的资格，以抑制投机性买房带来房价的非理性上涨。同时，在金融政策上，政府逐渐收紧信贷和市场上资金的流动性，先后两次加息、3 次提高银行存款准备金率——使得大型银行的存款准备金率达到历史最高的 20.5%，可见政府对抑制房价非理性上涨、促使房地产市场理性回归的决心。

（三）党的十八大以来房地产市场体系发展（2012 年迄今）

2009 年下半年以后，部分城市出现房价上涨过快、投机性购房活跃等问题，社会反响强烈。针对这些问题，国务院和各部门出台一系列文件，要求各地做好住房保障工作、从严调整住房限购政策、加快建立房地产市场的长效机制，投机投资性购房需求得到一定程度控制，房地产市场运行总体平稳。

2013 年 2 月，国务院办公厅发布《关于继续做好房地产市场调控工作的通知》，具体包括六条细则：一是完善稳定房价工作责任制；二是坚决抑制投机投资性购房，继续严格执行商品住房限购措施，严格实施差别化住房信贷政策，对出售自有住房应依法严格按转让所得的20%计征个人所得税；三是增加普通商品住房及用地供应，住房供需矛盾突出、房价上涨压力较大的部分热点城市和区域中心城市，以及前两年住房用地供应计划完成率偏低的城市，要进一步增加年度住房用地供应总量，提高其占年度土地供应计划的比例；四是加快保障性安居工程规划建设，全面落实2013年城镇保障性安居工程基本建成470万套、新开工630万套的任务；五是加强市场监管和预期管理，提高商品房预售门槛；六是加快建立和完善引导房地产市场健康发展的长效机制。[①] 同年10月，中共中央政治局就加快推进住房保障体系和供应体系建设进行第十次集体学习。习近平总书记在主持学习时强调，加快推进住房保障和供应体系建设，是满足群众基本住房需求、实现全体人民住有所居目标的重要任务，是促进社会公平正义、保证人民群众共享改革发展成果的必然要求。各级党委和政府要加强组织领导，落实各项目标任务和政策措施，努力把住房保障和供应体系建设办成一项经得起实践、人民、历史检验的德政工程。[②]

2018年5月，住建部印发《关于进一步做好房地产市场调控工作有关问题的通知》(以下简称《通知》)。《通知》要求：一是坚持调控目标不动摇、力度不放松，认真落实“稳房价、控租金、降杠杆、防风险、调结构、稳预期”的目标任务；二是加快制定实

① 《国务院办公厅关于继续做好房地产市场调控工作的通知》，中国政府网，2013年3月4日。

② 《习近平主持中共中央政治局第十次集体学习并讲话》，中国政府网，2018年11月26日。

施住房发展规划；三是抓紧调整住房和用地供应结构，热点城市要提高住房用地比例，住房用地占城市建设用地的比例建议按不低于25%安排，要大幅增加租赁住房、共有产权住房用地供应，确保公租房用地供应，力争用3~5年时间，公租房、租赁住房、共有产权住房用地在新增住房用地供应中的比例达到50%以上；四是切实加强资金管控，严格落实企业购地只能用自有资金的规定，加强住房用地购地资金来源审查，严控购地加杠杆行为；五是大力整顿规范房地产市场秩序；六是加强舆论引导和预期管理；七是进一步落实地方调控主体责任。[①]

2020年8月，住建部、央行召开重点房地产企业座谈会，12家房企出席会议。会上提出三个监管要求，即“三道红线”：剔除预收款的资产负债率不得大于70%、净负债率不得大于100%、现金短债比不得小于1倍。根据“三道红线”踩线的条数，监管部门将房企分成“红、橙、黄、绿”四档管理，每降低一档，有息负债规模增速上限增加5%，即使是处于绿档位置的房企，有息负债年增幅也不得超过15%。而“踩线”数量越多，房地产企业面临的降杠杆压力越大。按照监管要求，从2020年1月1日起，房企正式进入降杠杆测试期。到2023年6月底，12家试点房企的“三道红线”指标必须全部达标，2023年底所有房企实现达标。

2021年3月，十三届全国人大四次会议表决通过《中华人民共和国国民经济和社会发展第十四个五年规划和2035年远景目标纲要》，提出“要完善住房市场体系和住房保障体系。坚持房子是

① 《住房城乡建设部关于进一步做好房地产市场调控工作有关问题的通知》，中国政府网，2018年5月22日。

用来住的、不是用来炒的定位，加快建立多主体供给、多渠道保障、租购并举的住房制度，让全体人民住有所居、职住平衡。坚持因地制宜、多措并举，夯实城市政府主体责任，稳定地价、房价和预期。建立住房和土地联动机制，加强房地产金融调控，发挥住房税收调节作用，支持合理自住需求，遏制投资投机性需求。加快培育和发展住房租赁市场，有效盘活存量住房资源，有力有序扩大城市租赁住房供给，完善长租房政策，逐步使租购住房在享受公共服务上具有同等权利”[①]。

1．化解房地产库存，促进房地产业可持续发展

2014年以后，我国住房市场形势出现重大变化，住房销售面积和新开工面积开始明显下降，库存快速增加。针对住房市场形势的新变化，住房相关政策再次进行了调整，并逐渐将政策目标聚焦在去库存上面。

（1）大部分实行限购的城市开始取消限购政策。随着住房市场环境的变化，2014年下半年以来，绝大部分实行限购的城市相继取消了限购政策，只有北京等少数一线城市仍继续实施限购政策。

（2）住房金融政策再次调整。贷款利率持续下调，并积极支持居民家庭合理的住房贷款需求。基于宏观经济和物价形势的变动情况，中国人民银行从2014年11月22日到2015年底连续6次下调存贷款基准利率，中长期贷款基准利率从6.55%下调到4.9%。2014年9月，中国人民银行、银监会发布《关于进一步做好住房金融服务工作的通知》，明确“积极支持居民家庭合理的住房贷款

① 《中华人民共和国国民经济和社会发展第十四个五年规划和2035年远景目标纲要》，北京：人民出版社，2021年版，第47页。

需求，对于贷款购买首套普通自住房的家庭，贷款最低首付比例为30%，贷款利率下限为贷款基准利率的0.7倍，具体由银行业金融机构根据风险情况自主决定。对拥有一套住房并已结清相应购房贷款的家庭，为改善居住条件再次申请贷款购买普通商品住房，银行业金融机构执行首套房贷政策”。同时强调“增强金融机构个人住房贷款投放能力”①。

（3）再次调整税收政策。2015年3月，《财政部 国家税务总局关于调整个人住房转让营业税政策的通知》正式发布，提出“个人将购买不足2年的住房对外销售的，全额征收营业税；个人将购买2年以上（含2年）的非普通住房对外销售的，按照其销售收入减去购买房屋的价款后的差额征收营业税”②。2016年2月，财政部、国家税务总局、住房和城乡建设部发布《关于调整房地产交易环节契税营业税优惠政策的通知》，决定“对个人购买家庭唯一住房（家庭成员范围包括购房人、配偶以及未成年子女，下同），面积为90平方米及以下的，减按1%的税率征收契税；面积为90平方米以上的，减按1.5%的税率征收契税。对个人购买家庭第二套改善性住房，面积为90平方米及以下的，减按1%的税率征收契税；面积为90平方米以上的，减按2%的税率征收契税”。“个人将购买不足2年的住房对外销售的，全额征收营业税；个人将购买

---

①《中国人民银行 中国银行业监督管理委员会关于进一步做好住房金融服务工作的通知》，中国政府网，2014年9月30日。

②《财政部 国家税务总局关于调整个人住房转让营业税政策的通知》，《中华人民共和国财政部文告》，2015年09期。

2年以上（含2年）的住房对外销售的，免征营业税”①。

（4）对住房保障方式进行了适当调整。保障房建设的重点开始从公租房转向棚户区改造，2015年后，国家更加重视提高棚户区改造中货币补偿的比例。

2．完善住房保障体系

党的十八大以来，住房保障这项重大民生举措快步推进。为解决困难群众的住房问题，党中央、国务院出台了一系列支持和指导政策，大力推进公租房、共有产权住房、政策性租赁住房、棚户区改造、老旧小区改造等。

在公共租赁住房方面，完成了与廉租住房的并轨运行，保障范围、分配方式和运营管理方面政策进一步完善。2013年，住房城乡建设部、财政部、国家发改委要求公共租赁住房和廉租住房并轨运行，从2014年起各地廉租住房建设计划调整并入公共租赁住房年度建设计划。2017年9月和2018年9月，住建部等部门多次在提高房源配置效率、推行政府购买公租房运营管理服务的试点等方面进行具体指导，以实现精准保障，提升管理和服务能力。2019年5月，住建部等四部门联合印发《关于进一步规范发展公租房的意见》，要求各地规范发展公租房，加大对新就业无房职工、城镇稳定就业外来务工人员的保障力度，加强公租房建设运营管理，落实各项支持政策。②

---

①《财政部 国家税务总局 住房城乡建设部关于调整房地产交易环节契税营业税优惠政策的通知》，《中华人民共和国财政部文告》，2016年03期。

②《住房和城乡建设部 国家发展改革委 财政部 自然资源部关于进一步规范发展公租房的意见》，《住宅产业》，2019年09期。

在共有产权住房方面，党的十八大以来，我国积极进行探索和试点，逐渐成为中国城镇住房供应体系的重要组成部分，有利于解决中低收入家庭的住房问题，填补了经济适用住房停止供应后产权型保障住房的空白。2014 年 4 月，住建部确定北京、上海、深圳、成都、黄石、淮安 6 市为共有产权住房的全国试点城市。2017 年 9 月，住建部印发《关于支持北京市、上海市开展共有产权住房试点的意见》，鼓励两市以制度创新为核心，在共有产权建设模式、产权划分等方面进行大胆探索。此外，南京、青岛等城市也结合当地实际，积极推进共有产权住房建设。[①]

保障性租赁住房是我国在住房保障领域的创新，旨在以解决新市民住房问题为出发点，政府给予政策优惠，企业市场化运作，在大中城市特别是人口净流入量大、房价较高的城市，提供小户型、低租金住房。2019 年 12 月，全国住房和城乡建设工作会议首次提到，重点发展政策性租赁住房，探索政策性租赁住房的规范标准和运行机制。2022 年 2 月，央行和银保监会发布《关于保障性租赁住房有关贷款不纳入房地产贷款集中度管理的通知》，规定银行业金融机构向持有保障性租赁住房项目认定书的保障性租赁住房项目发放的有关贷款不纳入房地产贷款集中度管理范围。2022 年 2 月，银保监会、住建部发布《关于银行保险机构支持保障性租赁住房发展的指导意见》，要求各类银行保险机构发挥机构优势，把握保障性租赁住房融资需求特点，提供针对性金融产品和服务。[②]

---

① 《住建部：支持北京、上海开展共有产权住房试点》，《中国房地产》，2017 年 28 期。

② 《中国银保监会、住房和城乡建设部发布〈关于银行保险机构支持保障性租赁住房发展的指导意见〉》，中国政府网，2022 年 2 月 27 日。

在改造计划的指引下有序推进，改造规模和货币化安置比例根据需求和住房市场情况进行调整，对改善棚户区居民居住条件和去库存等起到重要支撑作用。2013年国务院出台《关于加快棚户区改造工作的意见》，提出2013年至2017年改造各类棚户区1000万户。[①]此后一段时间，棚户区改造成为中国住房保障的重点工作。2015年，国务院制定城镇棚户区和城乡危房改造及配套基础设施建设三年计划（2015—2017年），计划三年共改造1800万套棚户区住房。2015年以后，通过推动棚改货币化安置，对降低三四线城市房地产库存起到积极作用。结合住房市场情况，自2018年下半年开始，要求各地因地制宜调整完善棚改货币化安置政策，不再将提高棚改货币化安置比例作为目标。随着改造任务的不断完成，中国棚改计划规模逐步减少。2019年全国棚改计划新开工289万套，目标较上年减少一半。

在城镇老旧小区改造方面，经历了从改革试点到全面推进的转变。2017年底，住房和城乡建设部在厦门、广州等15个城市启动了城镇老旧小区改造试点，截至2018年底，试点城市共改造老旧小区106个，惠及5.9万户居民，形成了一批可复制可推广的经验。2020年7月，国务院办公厅出台《关于全面推进城镇老旧小区改造工作的指导意见》，标志着中国城镇老旧小区工作全面展开。2019—2021年，全国累计开工改造了城镇老旧小区11.5万个，惠及居民超过2000万户。在各地改造过程中，共提升和规整水电气热信等各类管线15万公里，加装电梯5.1万部，增设养老等各类社区服务设施

① 《国务院关于加快棚户区改造工作的意见》，中国政府网，2013年7月12日。

3 万多个。

在住房公积金方面，重点在指导专项督查、放宽使用范围、推进平台建设方面取得进展。2014 年 7 月和 2018 年 5 月，住房和城乡建设部等部门要求通过开展专项督查等，构筑方便快捷的住房公积金管理服务体系，治理违规提取住房公积金等行为，全面提升服务质量。为改进住房公积金提取机制，提高制度有效性和公平性，促进住房租赁市场发展，2015 年 1 月，住房和城乡建设部、财政部和人民银行要求各地明确租房提取条件，规范租房提取额度，简化租房提取要件，提高提取审核效率。为推进平台建设，住建部多次发文进行指导，并出台《住房公积金信息化建设导则》，推进各地住房公积金综合服务平台建设。2019 年 3 月，新的《住房公积金管理条例》修订并发布，对涉及办理主体需到现场办理事项或提交纸质材料等内容进行了修改。

3．提出并落实“房住不炒”的定位

2016 年，中央经济工作会议首次提出“房子是用来住的、不是用来炒的”的定位。[1] 此后，“房住不炒”的定位又多次出现在中央经济工作会议、政府工作报告、中央政治局会议等重要会议报告中，展现出坚决遏制投机炒房、保障合理住房需求的决心。

根据党中央部署，各部门和各地积极出台相应政策，落实“房住不炒”的定位。2016 年以来住房城乡建设部召开的四次全国住房城乡建设工作会议均提到要坚持“房住不炒”的定位，并通过制定印发《关于进一步做好房地产市场调控工作有关问题的通知》等

---

① 《中央经济工作会议明确：房子是用来住的，不是用来炒的》，新华网，2016 年 12 月 17 日。

一系列文件进一步落实。此外，自然资源部、财政部、中央人民银行等部门也纷纷出台落实政策，“房住不炒”的定位成为各部门制定住房相关政策必须贯彻的重要原则。这些政策既抑制房地产泡沫，又防止房价大起大落，有利于当前和未来一段时期中国房地产市场平稳健康发展。此外，各地也积极出台政策文件，贯彻落实“房住不炒”的定位。

4．推进“租购并举”的住房制度建设

党的十八大以来，住房租赁制度进一步完善，重点放在人口净流入的大中城市，通过推动租赁服务平台建设、发展租赁经营机构、探索住房租赁用地和融资创新、整顿租赁市场秩序等举措，有力促进了中国住房租赁市场的发展。

（1）以人口净流入的大中城市为重点发展住房租赁市场。

2015—2016 年，住建部、国务院办公厅先后发文，要求各地加快培育和发展住房租赁市场，积极推进租赁服务平台建设，大力发展住房租赁经营机构，提出到 2020 年基本形成供应主体多元、经营服务规范、租赁关系稳定的住房租赁市场体系。2017 年 7 月，住建部等九部门联合印发《关于在人口净流入的大中城市加快发展住房租赁市场的通知》，要求在人口净流入的大中城市，加快发展住房租赁市场。[①] 2019 年 7 月，财政部、住房城乡建设部组织评审出北京、长春等 16 座城市，试点开展中央财政支持住房租赁市场发展。

（2）积极探索集体建设用地建设租赁住房和住房租赁资产证

① 《〈关于在人口净流入的大中城市加快发展住房租赁市场的通知〉全文》，国家发改委网站，2017 年 7 月 24 日。

券化。

2017 年 8 月，国土资源部、建设部发布《利用集体建设用地建设租赁住房试点方案》，在北京等 13 个城市开展试点工作。2018 年 4 月，证监会、住建部联合发布《关于推进住房租赁资产证券化相关工作的通知》，支持住房租赁资产证券化发展。

（3）整顿和规范住房租赁市场秩序。

2019 年 12 月，住建部等 6 部门印发《关于整顿规范住房租赁市场秩序的意见》，要求规范住房租赁市场主体经营行为，保障住房租赁各方特别是承租人的合法权益。①

此外，党的十八大以来，在绿色建筑、物业服务等住房相关领域出台的一系列政策，有力推进了城镇居民居住品质的提升。在绿色建筑方面，2013 年住建部发文要求各地在保障性住房建设中推进实施绿色建筑行动，符合相应条件的保障性住房至少要达到绿色建筑一星级标准，保障性住房也正式步入绿色建筑“星级”行列。2019 年住建部发文推进建筑业重点领域改革，强调要开展钢结构装配式住宅建设试点，在试点地区保障性住房、装配式住宅建设和农村危房改造、易地扶贫搬迁中，明确一定比例的工程项目采用钢结构装配式建造方式。在物业服务方面，党的十八大以来，中国物业服务进入转型升级阶段。在国家“放管服”改革的大背景下，2017 年、2018 年物业服务师资格、物业服务企业资质相继取消。各地在物业服务制度建设上不断完善，上海、沈阳等地相继修订了地方物业服务条例，还在物业服务收费管理、社区治理等方面进行

① 《六部门关于整顿规范住房租赁市场秩序的意见》，住建部网站，2019 年 12 月 25 日。

了有益探索。2019 年 1 月，河南省开始开展物业星级住宅评定，并完善“质价相符”的物业服务收费制度。2019 年 10 月，《北京市物业管理条例（草案）》征求意见，物业服务纳入社区治理体系，建立健全社区党建引领，居（村）民委员会、业主委员会或者物业服务人、业主等共同参与的治理架构。

5．建立实施房地产市场平稳健康发展长效机制

关于“长效机制”的提法和内涵不断改进完善，从 2013 年政府工作报告提出“健全房地产市场稳定健康发展长效机制”，到 2019 年 1 月习近平总书记在省部级主要领导干部坚持底线思维着力防范化解重大风险专题研讨班讲话指出“要稳妥实施房地产市场平稳健康发展长效机制方案”，表明房地产市场长效机制已有方案，并进入稳妥实施阶段。2019 年 12 月，中央经济工作会议提出，“全面落实因城施策，稳地价、稳房价、稳预期的长效管理调控机制”[①]。

在因城施策方面，重点从“分类调控”和“差别化调控”到“分类指导”，再到“一城一策”，反映出中央层面政策的角色将由直接调控，逐渐转变为间接指导，以及政策越来越能体现各个城市的独特性。房地产调控政策不搞“一刀切”，在保证房地产市场平稳的大前提下，会根据城市的不同情况提供差别化的指导。

在主体责任方面，从“落实地方政府主体责任”到“分清中央和地方事权”再到“夯实城市政府主体责任”，反映出维护房地产市场健康发展的责任主体更加具体明确。城市负主体责任，可根据当地的房地产情况进行适度政策调整，并接受中央的监督检查和考

---

① 《中央经济工作会议：全面落实因城施策，稳地价、稳房价、稳预期的长效管理调控机制》，人民网，2019 年 12 月 12 日。

核问责。这一阶段，部分城市出台地方性房地产调控政策，在一定程度上说明城市在应对房地产市场变化中的主动性正在提高、政策空间正在拓展，有效提高了政策的针对性和科学性。2010 年 1 月，国务院办公厅下发《关于建立房地产市场平稳健康发展城市主体责任制的通知》，对“城市主体责任制”进行了进一步明确。

6．促进房地产业良性循环、探索新发展模式

从 2021 年下半年以后，受多种因素影响，房地产企业相关风险，尤其是流动性风险持续暴露，传统的“高杠杆、高周转、高收益”的房地产业发展模式弊病频出，推进房地产行业发展模式转型成为政策关注的重点。2021 年 12 月，中央政治局会议提出，“要推进保障性住房建设，支持商品房市场更好满足购房者的合理住房需求，促进房地产业健康发展和良性循环”①。

（四）房地产市场发展取得的成就

1998 年的中国城镇住房制度改革，为房地产市场体系建设奠定了制度基础，促进了房地产市场发展，扩大了住房消费，带动了经济持续较快增长。当前，城镇住房供需基本平衡，居民住房条件明显改善，房地产投资快速增长。

1．城镇住房供需实现基本平衡

由于中国尚未进行住房普查，没有准确的住房存量数据。作者以第六次全国人口普查数据为基础，通过估算 2011 年到 2020 年新建和灭失住房面积数据，对 2020 年的存量住房规模进行了估算。

---

①《中共中央政治局召开会议分析研究 2022 年经济工作等 习近平主持会议》，中国政府网，2021 年 12 月 6 日。

据测算，2020年中国城镇住房存量约为3.8亿套、357.9亿平方米。根据第七次全国人口普查数据，全国家庭户均规模为2.6人，以此推算2020年中国城镇常住人口家庭约3.4亿户，户均住房套数约为1.1套，中国城镇住房供需已实现基本平衡。

2．城镇居民居住条件显著改善

城镇住房制度改革以来，特别是1998年以来住房投资持续较快增长，住房供给显著增加。1998—2021年，全国城镇商品住宅销售面积从1.08亿平方米增加到15.7亿平方米，年均增长12.3%，累计销售面积达到198.2亿平方米。随着住宅供给的持续较快增长，城镇居民住房条件改善明显。1998—2019年，中国城镇人均住宅建筑面积从18.7平方米提高到39.8平方米。

3．房地产投资持续较快增长

1998年，实施城镇住房制度改革以来，住宅投资快速增长。1998—2021年，中国城镇房地产开发投资额由3614亿元增加到147602亿元，年均增长17.5%。其中，住宅投资额由2082亿元增加到111173亿元，年均增长18.9%。这一时期，房地产开发投资完成额占城镇固定资产投资完成额的比重保持在20%左右，成为中国经济持续较快增长的重要带动力。住房市场的快速发展还对冶金、家电、金融、物业管理、经纪等诸多行业都产生较为明显的带动作用。

第二章
要素市场发展与改革

▼

改革开放 40 多年来，中国经济社会发生了巨大的变化，要素市场作为其中的一部分，它的变迁与演进被深深地打上了时代烙印。对外开放和体制转轨对中国要素市场的发展产生了重要影响。随着我国市场化程度的提高，市场自身的双重效应在要素市场中也逐步显现。

第一节　土地市场与劳动力市场改革历程

一、土地市场体系发展历程

改革开放以来，我国坚持从国情出发，借鉴国外有益做法，经过多年探索，在土地公有制（城镇土地国有、农村土地集体所有）的基础上，以严格保护耕地和节约集约用地为目标，以平等保护各类土地产权、在用途管制基础上土地要素的市场化配置为主要内容的中国特色土地制度框架基本形成。作为一项基础性、全局性制度，土地制度在各发展阶段中始终坚持创新发展，不断增强与我国社会主义初级阶段基本国情和中国特色社会主义经济体制的适应性。

（一）国有土地有偿使用与城乡二元土地制度形成（1978—1988年）

1．城镇国有土地配置从行政划拨向有偿使用转变

改革开放前，中国城镇国有土地配置实行的是行政划拨制度。国家将征用的土地无偿、无限期提供给用地者，土地使用权不允许转让、出租、抵押，完全排斥了市场配置土地的功能。

1979年7月，国家颁布《中外合资经营企业法》，开国有土地有偿使用的先河，打破了新中国成立以来国有土地无偿划拨制度。其中规定：中国合营者的投资可包括为合营企业经营期间提供的场地使用权。如果场地使用权未作为中国合营者投资的一部分，合营企业应向中国政府缴纳使用费。1980年初，国家开始允许对城市国有土地收取土地使用费，国有土地的使用从无偿到有偿，使国家对国有土地的所有权在经济上有所体现。1986年12月，深圳市政府探索国有土地使用权作为特殊商品进入市场。1987年9月，国家将五块土地30~50年不等的使用期，分别以协议、招标或拍卖方式出让，第一次真正突破传统国有建设用地无偿、无限制使用制度，迈出了通过市场机制配置国有建设用地的第一步。1988年4月，《宪法》将原来的“任何组织或者个人不得侵犯、买卖、出租或者以其他形式非法转让土地”中的“出租”一词删去，增加了“土地的使用权可以依照法律的规定转让”，正式承认了国有土地使用权的转让功能。同年《土地管理法》也作了相应修订。这两部法律的修改为城市国有土地市场化改革提供了法律依据。城市土地使用权有偿出让迅即从沿海经济开放区向内地城市展开。到1990年

底，我国已有 10 个省市、38 个城市、19 个县先后实行国有土地使用权的有偿出让和转让。

2．农用地转非农用地实行征地制度

1978 年，《宪法》规定：“国家可以依照法律规定的条件，对土地实行征购、征用或收归国有。”1982 年修订《宪法》时，将此条款修改为“国家为了公共利益的需要，可以依照法律规定对土地实行征用”。鉴于当时城市多种土地所有制并存的状况，修订《宪法》时对土地国有的范围进行了框定，即“城市的土地属于国家所有”，这意味着当时城市范围内约 4%的集体所有土地和私有宅基地要变为国有，但对以后进入城市范围内的土地是否也必须转为国有这一问题未作明确规定。1982 年出台的《国家建设征用土地条例》规定“国家进行经济、文化、国防建设以及兴办社会公共事业”，可以“征用集体所有的土地”。同时也排除了用地单位以其他方式获得土地，“禁止任何单位直接向农村社队购地、租地或变相购地、租地”[①]。1985 年，中共中央、国务院发布的《关于进一步活跃农村经济的十项政策》规定：“允许农村地区性合作经济组织按规划建成店房及服务设施自主经营或出租。[②]”

3．城乡二元土地所有制形成

1986 年《土地管理法》修订，奠定了“城乡二元土地所有制”的基础，沿用至今，影响深远。一为国有制（城市土地属于全民所

---

① 《国家建设征用土地条例　一九八二年五月十四日国务院公布》，《中华人民共和国国务院公报》，1982 年 10 期。

② 《中共中央、国务院关于进一步活跃农村经济的十项政策》，《中华人民共和国国务院公报》，1985 年 09 期。

有）；二为集体所有（农村和城市近郊的土地属于集体所有，农民的宅基地、自留地、自留山属于集体所有）。尽管中国的所有制结构发生巨大变化，非国有经济成分占半壁江山，大量的经济建设活动已非国家建设也非公益目的的建设。但是，在土地转用市场上，只要土地转为非农使用，就要实行征用；只要进入城市范围，就要实行土地国有。形成和强化了工业化城市化进程的发展中土地通过征用变为国有化的趋势。

1988 年 9 月，国家发布《城镇土地使用税暂行条例》（以下简称《条例》），在全国城镇范围内普遍收取土地使用费（税）。《条例》规定："在城市、县城、建制镇、工矿区范围内使用土地的单位和个人，为城镇土地使用税（以下简称土地使用税）的纳税义务人（以下简称纳税人），应当依照本条例的规定缴纳土地使用税。[①]"

4．集体土地进入市场通道打开

在城乡二元土地制度格局下，直到 20 世纪 80 年代中期以后，全国范围内集体建设用地进入市场的通道一直还是开着的。改革初期，随着"包产到户"政策的推行，特别是 1984 年城市体制改革后，农村剩余劳动力大量显化，国家政策鼓励农民大力发展乡镇企业，进行结构变革来增加农民收入和非农就业。1978 年，全国乡镇企业用地估计 235.5 万亩，到 1985 年估计约 844.5 万亩，用地规模扩大了 2.6 倍。1978—1979 年，全国农村建房约 4 亿平方米，1980 年约 5 亿平方米，1981—1985 年，新建农民住宅平均每年在 6 亿平方米以上。当时的建设部统计，1985 年全国农民建房占用耕

① 《中华人民共和国城镇土地使用税暂行条例》，《中华人民共和国国务院公报》，1988 年 22 期。

地 6.03 万公顷，全国集镇用地 197.7 万公顷。1985 年，中央还允许农村地区性合作经济组织以土地入股方式参与（小城镇）建设，分享收益或者建成店房及服务设施自主经营或出租。1986 年国家修订的《土地管理法》中，农村土地进入非农建设还保留三个通道：第一，只要符合乡（镇）村建设规划，得到县级人民政府审批，就可以从事“农村居民住宅建设，乡（镇）村企业建设，乡（镇）村公共设施、公益事业建设等乡（镇）村建设”。第二，当全民所有制企业、城市集体所有制企业同农业集体经济组织共同投资举办联营企业，需要使用集体所有的土地时，“可以按照国家建设征用土地的规定实行征用，也可以由农业集体经济组织按照协议将土地的使用权作为联营条件”。第三，城镇非农业户口居民在经县级人民政府批准后，可以使用集体所有的土地建住宅。[①]

（二）国有土地供应双轨制与集体土地入市通道受限（1988—2002 年）

1．国有土地供应行政划拨与有偿使用双轨并行

1990 年 5 月，国务院发布《中华人民共和国城镇国有土地使用权出让和转让暂行条例》，对城镇国有土地行政划拨的有偿出让、转让作了规范性的法律规定。但是对行政划拨的范围并未作出明确界定，造成大多数出让的土地没有进入市场配置，形成行政划拨与出让并存的双轨制。除此之外，也未对有偿出让的土地中哪些应该实行协议出让、哪些应该实行招拍挂作出明确规定，又形成有

① 《中华人民共和国土地管理法》，《中华人民共和国国务院公报》，1986 年 17 期。

偿出让土地中以协议出让为主的局面。双轨制的并存以及大量土地以协议方式出让，不仅导致土地利用不集约，也出现土地寻租等问题。

为此，中央政府出台一系列措施来规范土地市场发展。1992年，中共中央、国务院发布《关于当前经济情况和加强宏观调控的意见》，要求严格执行土地审批制度；对出让土地进行集中管理，由政府统一规划、统一征地、统一开发、统一出让、统一管理，由政府垄断土地出让市场；扩大土地使用权的出让范围，增强市场竞争机制，规定除国家拨款的党政机关、行政事业单位、军事设施、公共公益事业、福利住房和按产业政策应予支持的能源、交通行业内非经营性用地仍采取行政划拨外，其他建设项目一律以出让方式供地。[①] 1995 年 6 月，国家土地管理局下发《协议出让国有土地使用权最低价确定办法》，堵塞协议出让价格漏洞。2001 年 5 月，国务院下发《关于加强国有土地资产管理的通知》，明确提出为体现市场经济原则，确保土地使用权交易的公开、公平、公正，各地要大力推行土地使用权招标、拍卖，成为经营性土地由非市场配置向市场配置转变的分水岭。[②] 2001 年，国土资源部下发《关于整顿和规范土地市场秩序的通知》，实行建设用地供应总量制度、城市建设用地集中供应制度和土地使用权公开交易制度。2001 年 10 月，国家发布《划拨用地目录》，规定对不符合划拨目录的建设用地必

① 《中共中央、国务院关于当前经济情况和加强宏观调控的意见》，新华网，2007 年 6 月 7 日。

② 《国务院关于加强国有土地资产管理的通知》，《中华人民共和国国务院公报》，2001 年 19 期。

须有偿使用。2002年，国土资源部出台《招标拍卖挂牌出让国有土地使用权规定》，明确规定商业、旅游、娱乐和商品住宅等各类经营性用地，必须以招标、拍卖或挂牌方式出让。[①] 2003年6月11日出台的《协议出让国有土地使用权规定》规定，不符合招标拍卖挂牌出让条件的国有土地，方可协议出让。至此，国有土地划拨使用的范围进一步明确，招拍挂制度初步确立，国有土地协议出让行为进一步规范。

2．集体建设用地进入市场通道受限

国家在规范国有土地市场的同时，集体建设用地进入市场的通路逐步受限。1992年，中共中央、国务院出台《关于当前经济情况和加强宏观调控的意见》，对集体建设用地采取了关闭市场的态度，包括集体土地必须先征为国有后出让才能作为建设用地；集体土地作价入股兴办联营企业的，其土地股份不得转让。[②] 1998年修订的新《土地管理法》，对农村土地进入非农集体建设使用的口子就大大缩紧了，农民使用集体土地从事建设在该法第四十三条已变成任何单位只能使用国有土地的除外："兴办乡镇企业和村民建设住宅经依法批准使用本集体经济组织农民集体所有的土地的，或者乡（镇）村公共设施和公益事业建设经依法批准使用农民集体所有的土地的除外。"明确提出了"农民集体所有的土地的使用权不得出让、转让或者出租用于非农业建设"，但"农村集体经济组织以

① 《招标拍卖挂牌出让国有土地使用权规定》，《中华人民共和国国务院公报》，2003年05期。

② 《中共中央、国务院关于当前经济情况和加强宏观调控的意见》，新华网，2007年6月7日。

土地使用权入股、联营等形式与其他单位、个人共同举办企业”这一条仍予保留。提出了农村村民一户只能拥有一处宅基地，农村村民出卖、出租住房后，再申请宅基地的，不予批准。[①] 1999 年，国务院办公厅下发《关于加强土地转让管理严禁炒卖土地的通知》，规定“农村居民点要严格控制规模和范围，新建房屋要按照规划审批用地，逐步向中心村和小城镇集中；乡镇企业用地要严格限制在土地利用总体规划确定的城市和村庄、集镇建设用地范围内；农民的住宅不得向城市居民出售，也不得批准城市居民占用农民集体土地建住宅”[②]。

我国的城乡二元土地制度给地方政府获取巨额土地出让收入提供了制度条件。1994 年分税制改革前，国有土地出让规模不大、收入也不高，土地的使用主要还是满足“招商引资”、“办乡镇企业”的用地需求。1990 年和 1991 年，全国的土地出让金分别只有 10.5 亿元和 11.3 亿元。1992 年初，邓小平南方谈话后，全国土地出让规模急剧扩大，1992 年土地出让金快速提高到 525 亿元。但 1993 年以后出让金收入又快速下降，直到 1998 年才逐步上升到 508 亿元。

---

① 《中华人民共和国土地管理法》，《中华人民共和国全国人民代表大会常务委员会公报》，1998 年 04 期。

② 《国务院办公厅关于加强土地转让管理严禁炒卖土地的通知》，《中华人民共和国国务院公报》，1999 年 17 期。

（三）土地政策参与宏观调控（2003—2012 年）

1．严格土地管理，严把土地闸门

国家正式提出运用土地政策参与宏观调控始于 2003 年，是以土地政策参与房地产市场、稳定住房价格作为重点而展开的。2003 年 2 月，国土资源部发布《关于清理各类园区用地加强土地供应调控的紧急通知》，明确提出“严禁任何单位和个人使用农民集体土地进行商品房开发、严格控制土地供应总量特别是住宅和写字楼用地的供应量，停止别墅类用地的土地供应，防止楼市动荡带来风险”[①]。2004 年 10 月，国务院发布《关于深化改革严格土地管理的决定》（以下简称《决定》），《决定》提出，“必须正确处理保障经济社会发展与保护土地资源的关系，严格控制建设用地增量，努力盘活土地存量，强化节约利用土地”，“进一步完善符合我国国情的最严格的土地管理制度”[②]。《决定》还系统提出了禁止非法压低地价招商、推进土地资源的市场化配置等一系列措施，并明确要求“探索建立国有土地收益基金，遏制片面追求土地收益的短期行为”[③]。

2006 年，针对土地调控中出现的新动向、新问题，主要是建设用地总量增长过快和低成本工业用地过度扩张，严把土地“闸门”任务仍然十分艰巨，国务院发布《关于加强土地调控有关问题的通知》，这是单独针对“土地调控”出台的第一个国务院文件，

① 《关于清理各类园区用地加强土地供应调控的紧急通知》，《中华人民共和国国务院公报》，2003 年 20 期。

② 《国务院关于深化改革严格土地管理的决定》，《人民日报》，2004 年 12 月 25 日。

③ 《国务院关于深化改革严格土地管理的决定》，《人民日报》，2004 年 12 月 25 日。

提出“建立工业用地出让最低价标准统一公布制度”、“禁止通过‘以租代征’等方式使用农民集体所有农用地进行非农业建设，擅自扩大建设用地规模等，把严把土地闸门始终贯穿于土地调控政策”[①]。

2．城乡建设用地增减挂钩制度

将农村建设用地减少与城镇建设用地增加相挂钩，是国土资源部推行的重大制度创新。自2006年启动城乡建设用地增减挂钩改革试点以来，相关法规制度逐步出台，国土资源部与各省市联动，探索了一套将农民新村建设、保护耕地和解决小城镇建设用地指标相结合的工作方法，对小城镇建设和县域经济发展发挥了积极作用。增减挂钩制度下，农村闲置、废弃建设用地得到了有效的盘活利用，城镇建设得到了新增建设用地指标，农民也得到了一些好处。

借鉴城乡建设用地增减挂钩的制度原理，考虑到重庆农村大面积存在闲置、废弃建设用地的现实情况，总结、提炼增减挂钩改革试点经验，重庆开展了更进一步的制度创新。2008年，重庆市提出了设立农村土地交易所、开展地票改革试验，用市场化方式发现农村土地价格、开辟城市反哺农村新途径的构想。2009年1月，国务院发布《关于推进重庆市统筹城乡改革和发展的若干意见》，明确“设立重庆农村土地交易所，开展土地实物交易和指标交易试验，逐步建立城乡统一的建设用地市场，通过统一有形的土地市场、以公开规范的方式转让土地使用权，率先探索完善配套政策法

① 《国务院关于加强土地调控有关问题的通知》，《人民日报》，2006年9月6日。

规”[①]。自此，重庆农村土地交易所和地票改革试验拉开了帷幕。农民在参与建设用地复垦和地票交易的过程中，其土地财产权利得到显化，价值显著提升。首先，农民直接得到地票价款收入，按照85：15分配原则，当前农民最低可获得每亩12万元，比在传统模式下宅基地使用权流转获得的收益高出数倍。以2011年以来农户实得地票价款为例，2011—2017年，地票交易价格稳定在21万元/亩左右，扣除复垦成本及集体收益，农民可获收益为14万~15万元/亩。

自2008年第三季度起，国际金融危机对我国出口和经济的影响逐步显现。为完成“扩内需”、“保增长”任务，国土资源部等部门发布《关于切实做好扩大内需促进经济平稳较快发展的用地保障和管理的通知》，要求“各省（区、市）国土资源管理部门要重点做好今年新增1000亿元投资切块下达地方项目用地的安排，同时抓紧分析明年扩大内需的用地情况，确保所需的计划指标”[②]。2009年6月，国土资源部发出《关于在保增长保红线行动中加快处理批而未用土地等工作的通知》，其中要求“在全面清理、摸清底数的基础上，及时制订批而未征、征而未供、供而未用、用而未尽土地的处理意见和整改方案，并认真抓好落实”[③]。2010年，国土资源部印发《保发展保红线工程——2010年行动方案》，稳步推

---

①《国务院关于推进重庆市统筹城乡改革和发展的若干意见》，《重庆市人民政府公报》，2009年03期。

②《国土资源部 发展改革委 教育部 环境保护部 住房城乡建设部 交通运输部 铁道部 水利部 文化部 能源局 民航局 关于切实做好扩大内需促进经济平稳较快发展的用地保障和管理的通知》，《中国自然资源报》，2008年12月31日。

③《关于在保增长保红线行动中加快处理批而未用土地等工作的通知》，《国土资源通讯》，2009年12期。

进土地管理制度改革，保障土地调控政策到位。

3．土地政策作为房地产调控的重要工具

2010年全国热点城市房价大幅上涨后，土地政策成为国家实施房地产调控的重要工具。为增强土地政策参与房地产市场宏观调控的针对性、灵活性、有效性，持续推进国务院关于房地产市场调控政策措施的贯彻落实，2010年12月，国土资源部出台《关于严格落实房地产用地调控政策促进土地市场健康发展有关问题的通知》，提出“控制住房用地供应总量，把握供地节奏和时序，优化供地结构，调整供地方式，坚决抑制地价过快上涨”[①]。2011年和2012年又相继印发《保发展保红线工程——2011年行动方案》《关于做好2012年房地产用地管理和调控重点工作的通知》《关于进一步严格房地产用地管理巩固房地产市场调控成果的紧急通知》等文件，开始尝试调整土地出让方式来防控地价过快上涨，规定对预判成交价创历史总价最高，或单价最高，或溢价率超过50%的房地产用地，包括商服、住宅或商住综合，要及时调整出让方案，采用“限房价、竞地价”或配建保障房、公共设施等办法出让土地。

从土地出让情况看，2003—2011年是土地出让面积和出让金额增长最快的时期。2003年，全国出让土地面积18.68万公顷，土地出让总收入5421亿元，比2000年的595亿元增长了8倍多。截至2011年，全国出让国有建设用地面积33.39万公顷，出让合同价款3.15万亿元。全国通过招拍挂方式出让的土地面积占比从2003年的28%迅速提升到2011年的91.3%。

① 《国土资源部关于严格落实房地产用地调控政策促进土地市场健康发展有关问题的通知》，《中国国土资源报》，2010年12月20日。

2012年以来，房地产市场波动较大，加大了土地出让收入的不稳定性。从自然资源部公布的土地出让签订合同总价款来看，2012年出让总价款为2.69万亿元，2013年迅速上升至4.2万亿元，2014年和2015年分别回落至3.34万亿元和2.98万亿元，2016年大幅上升至3.56万亿元，2017年更是达到4.99万亿元的历史最高点。

（四）党的十八大以来土地市场体系的改革（2012年迄今）

党的十八大以来，适应我国经济进入新常态后的发展新要求，深入推进土地供给制度改革，土地供给对新产业、新业态等需求新变化的适应性和灵活性增强，农村承包地和宅基地不断探索完善“三权分置”改革，城乡一体建设用地市场建设取得新突破。

1．农地市场体系：农地确权与三权分置

改革开放后，农村土地集体所有权和农户承包经营权“两权”分离，实行“土地集体所有、家庭承包经营”的双层体制，对激发农民积极性和提高农业生产量起重要作用。但也出现了与新发展阶段不相适应的地方，比如许多承包家庭成员向城镇迁移，承包地“抛荒”现象严重，受限于农村土地承包采取农村经济组织内部的家庭承包方式，只有集体经济组织成员才有资格承包土地，“两权”分离制将土地承包权和经营权连在一起，承包者就是经营者，全国户均耕地7.5亩、5.7块，农业生产效率难以提升，土地资源配置效率低下。

党的十八大以来，为增强土地作为生产要素在城乡市场的流动性，适应农业经营方式多样化，推动农业生产经营集约化、专业化、组织化、社会化发展，开始探索土地承包经营权分为承包权和经营权，实行“三权分置”。2016年，习近平总书记主持审定下发

《关于完善农村土地所有权承包权经营权分置办法的意见》，对各地区各有关部门充分认识“三权分置”的重要意义，妥善处理“三权”的相互关系，正确运用“三权分置”理论指导改革实践，不断探索和丰富“三权分置”的具体实现形式具有积极的指导意义。

“三权分置”改革取得一系列新的成就。一是推动土地经营权流转。截至2017年11月底，全国流转土地的农户超过7000万户，占全国2.3亿农户数量的30%。耕地流转面积达到4.6亿亩，占承包地的三分之一，经营耕地50亩以上的规模经营农户超过350万户，农民合作社达到190万个。二是壮大新型职工农民群体。“三权分置”吸引了社会群体参与土地经营，解决了农村“谁来种地”的问题。据不完全统计，各类新型经营主体达到270万家，新型职业农民超过1200万人。三是大幅提升土地经营规模和产出效率。“三权分置”实施后，土地入股、土地托管等多种形式规模经营发展迅猛，农业机械化加快推进，主要农作物耕种收综合机械化水平超过65%。

2．农地转用：集体经营性建设用地进入市场

2013年11月，党的十八届三中全会明确了深化农村土地制度改革的方向、重点和要求，提出“建立城乡统一的建设用地市场、农村集体经营性建设用地实行与国有土地同等入市、同权同价”[①]。经过多年探索，我国城市建设用地市场发展迅速，制度框架和政策体系比较健全。但农村集体经营性建设用地市场发展长期滞缓，城乡土地市场的长期割裂，成为城乡统筹发展和新市民参与新型城

① 《中共中央关于全面深化改革若干重大问题的决定》，北京：人民出版社，2013年版，第13页。

镇化甚至现代化进程的重要阻碍。2013年，国土资源部开始部署开展“集体经营性建设用地流转指导意见”的研究工作，希望就土地利用规划城镇建设用地范围以外的经营性集体建设用地的有偿出让、交易方式、收益分配方式等方面做出具体规定。2014年12月，中央深改组审议通过《关于农村土地征收、集体经营性建设用地入市、宅基地制度改革试点工作的意见》，33个试点地区分别承担上述三项改革任务。2017年，作为年度一号文件，《中共中央 国务院关于深入推进农业供给侧结构性改革 加快培育农业农村发展新动能的若干意见》提出，将征地制度改革和集体经营性建设用地入市改革的试点范围扩至33个县。[①] 2017年初，国土资源部印发《关于完善建设用地使用权转让、出租、抵押二级市场的试点方案》。上述文件和政策的出台，为探索最终建立城乡统一的建设用地市场提供了体制机制和政策依据。

2018年12月，自然资源部提请全国人大常委会审议的《土地管理法》《城市房地产管理法》（修正案）草案，删去了现行《土地管理法》关于从事非农业建设使用土地的，必须使用国有土地或者征为国有的原集体土地的规定；对土地利用总体规划确定为工业、商业等经营性用途，并经依法登记的集体建设用地，允许土地所有权人通过出让、出租等方式交由单位或者个人使用。现行《城市房地产管理法》关于城市规划区内的集体土地必须先征收为国有后才能出让的规定，新增加一句“法律另有规定的除外”，以衔接《土地管理法》修改，扫清集体经营性建设用地入市的法律障碍。

---

① 《中共中央 国务院关于深入推进农业供给侧结构性改革 加快培育农业农村发展新动能的若干意见》，《中华人民共和国国务院公报》，2017年06期。

3. 城市土地市场体系：探索适应新发展阶段的土地供应

（1）完善节约集约用地制度框架

建立节约集约用地制度，主要从“盘活存量”和“控制增量”两方面着手。在盘活存量方面，建立城镇低效用地再开发激励机制，鼓励利用和改造旧厂房、旧工矿和“城中村”用于养老、文化创意、旅游等新业态。加快已出让土地的供应速度，形成有效供应。截至2017年第二季度，全国近5年平均供地率达65.9%（比2012年同期提升12.3个百分点）。此外，依法依规处置闲置土地的力度持续加大。全国2015年专项督察发现的105万亩闲置土地中，截至2017年底，已处置完毕近100万亩，处置比例达95%。

在控制增量方面，调整完善土地利用总体规划，改革土地利用计划管理制度，实行建设用地总量和强度双控行动，建立“人地挂钩”制度，城镇建设用地增加指标的规模同吸纳农业转移人口落户数量相挂钩，“土地城镇化”与“人口城镇化”速度相匹配。严格落实“十三五”规划中的单位用地GDP最低产出目标和能源下降目标，严格控制建设用地总规模，提升土地利用强度，建设用地占用耕地比重由2013年末的40.6%下降到2017年末的38.9%。为更好监测和评估土地节约集约利用情况，经过多年试点，已建立起比较完善的全国城市建设用地节约集约利用评价体系，已覆盖全国80%地级市和60%县级市、500余个国家级开发区和1100多个省级开发区。

（2）探索适应新时代住房制度要求的土地供给体系

党的十九大后，国家继续坚持“房子是用来住的、不是用来炒的”定位，加快建立多主体供给、多渠道保障、租购并举的住房制度。土地制度是住房基础性制度，完善土地供给体系是房地产市场稳定健康发展长效机制的重要组成部分。一是出台住宅用地供应中期规划和三年滚动计划，完善中长期土地供应体系。打破过去“工业用地40多年、商业用地50年、居住用地70年”的单一出让模式，在工业用地供应上率先实行“先租后让、租让结合”和“弹性年期出让”。二是建设“租购并举”住房体系，启动集体土地建设租赁住房试点，在租赁住房用地上探索直接出让、配套建设等新方式，支持土地租赁和作价出资（入股）。

（3）探索城市住宅用地“双集中”供应

2021年2月，为了提高土地市场的公开透明度、增加土地供应、平稳市场预期以及降低地价，自然资源部要求22个重点城市住宅用地供应实行集中供应，即集中发布出让公告、集中组织出让活动，且2021年发布住宅用地公告不能超过三次。全国22城集中供地土拍规则总体为四类，分别是摇号类（地价达上限后摇号）、竞自持类（地价达上限后竞自持比例）、直接竞价类（无上限地价或者达上限后竞配建、竞无偿移交）和一二级联动类等。

“双集中”供地引起房企焦虑性抢地。虽然“双集中”工地的初衷是提高土地市场透明度，减少信息不对称对市场预期的影响，但实施效果却不尽如人意。从已经完成第一轮集中供地的城市来看，这一政策抬高了地价预期，特别是热点城市优质地块的地价预期。房地产企业的资金高周转模式，决定了其“手里有地，才能心中不慌”，房地产企业焦虑性抢地现象较为普遍。不少房地产企业为增大拿地概率，注册多个“马甲”公司参与地块摇号、围标，或者多个房企合作拿地。甚至出现担心在核心城市“抢”不到地，先拿周边中小城市的地块作为保底的现象。

二、劳动力市场改革与发展历程

改革开放以来，我国的劳动力市场建设不断破除计划经济体制障碍。在逐步建立和完善中国特色社会主义市场经济体制的总体进程，劳动力市场与其他经济社会体制变革紧密关联计划用工。改革初期，我国实施“三结合”就业方针，推行劳动合同制市场用工，推进劳动力市场价格机制改革，改革企业用工制度，实施再就业工程，启动富余职工和失业职工再就业，实施“两个确保”。在国有企业改革和应对各类经济社会危机中，国家提出实施就业优先战略，逐步建立起积极就业政策体系，培育发展城乡一体化人力资源市场，推进城乡统筹就业，建立就业服务体系和社会保障配套政策。进入新时代，党中央又创新性地提出“劳动者自主就业、市场调节就业、政府促进就业和鼓励创业”的就业工作新方针。为了适应新时代社会主要矛盾转换、经济转型升级和新型开放型经济建设，党中央逐步实现更高质量和更充分就业，进一步丰富提升、积极就业政策，加快推进统一公平高效的劳动力市场建设。

纵观改革开放以来我国劳动力市场的历程，实现了劳动就业制度由“统包统配”向市场化导向转变，推动我国劳动就业工作取得历史性成就，就业局势维持稳定。从业人员规模不断扩大，劳动者就业结构不断优化，劳动就业政策与服务体系日趋丰富完善，走出了一条中国特色的劳动力市场体系改革发展道路。

（一）改革开放初期劳动力市场的突破与初步发展

1978 年开始的改革开放引领中国走向一个新的历史转折，党的十一届三中全会确立了中国特色的社会主义道路，劳动就业工作更是在城乡经济改革中取得突破。

1．改革初期的就业压力和“三结合”就业方针

改革开放初期，我国再次面临巨大的就业压力，突出表现在几个方面：一是人口增长，劳动就业的总量压力巨大。20 世纪 60 年代初期生育高峰形成的新成长劳动力成为巨大的压力。1980 年全国劳动就业工作会议指出，尽管前三年全国城镇已经安置 2000 万劳动力就业，但当时预计 1980 年至 1985 年仍将有 3700 万人需要就业。二是农村土地制度改革后，农村生产率提高，大量富余劳动力需要转移到新兴的城镇和中小企业就业。三是城镇上山下乡青年需要回城就业，除此之外，还有要求回城和复职的人员等其他几类人员。四是改革发展需要对旧经济部门进行改造，科学技术的发展和改革可能造成失业风险，企业改组和国家机关的改革，使得相当一部分工作人员要转做别的工作。

这一时期，工作重心从社会主义计划经济向有计划的商品经济转变。在理论上，相关部门也对劳动力商品、劳动价值论、失业和隐性失业等问题进行了研讨，在思想认识和理论上逐步打破了社会主义计划经济体制下的一些思想和认识界限。在经济制度上开辟新的经济领域，做到容纳更多的劳动力，通过对社会主义基本经济制度的再认识，大力推动经济体制改革，通过发展多种所有制经济，促进经济的全面发展。在农村，一方面通过农村土地制度改革，实行土地承包制，实施多种经营，激发农民生产积极性，促进农业快速发展，同时释放大量富余农村劳动力；另一方面发展乡镇企业，吸纳农村劳动力向非农领域转移就业。在城镇，发展个体工商经济和私营经济，鼓励多种经营，推动低效的国有和集体企业改制改组，重新建立有效的生产体系，提高企业生产经营效率，建立可持续发展的经济体系，保障劳动者的稳定就业，解决隐性失业问题。

在城乡关系上，认识到实行城乡分割的劳动力管理体制和引导城镇劳动者进入农村也不能有效解决就业问题。1978 年 12 月，全国知识青年上山下乡工作会议召开，中共中央批转了会议纪要和《国务院关于知识青年上山下乡若干问题的试行规定》。会议提出，还要坚持上山下乡，是为了条件成熟时不再上山下乡；要逐步缩小范围，有条件安置的城市不再动员下乡；尚需动员下乡的不再插队，要因地制宜举办知青场队，国家给予优惠政策；已在农村插队的知青，要逐步给予回城解决，其中老知青要限期解决；城镇要积极开辟新领域、新行业扩大就业门路。这次会议基本扭转了我国 20 世纪 60 年代以来形成的城市劳动力大规模到农村就业的政策。在这样的思想指导下，从接收知识青年返城开始，逐步打开了城市劳动力市场的大门，也为后来农村改革后农村劳动力转移就业提供了基础。

在宏观经济体制变革基础下，反思计划体制下的劳动就业政策思路，指出计划体制下的统包统配是造成就业问题的重要原因。1980 年 8 月，中共中央召开全国劳动就业工作会议，指出多年来由于压制乃至取消个体经济，加上在劳动制度上对所有城镇劳动力采取了由国家包下来统一分配的办法，造成了连年有大批需要就业的人等着国家分配。全国劳动就业会议明确提出在解决劳动就业问题上，要打破劳动力全部由国家包下来的范畴，实行在国家统筹规划和指导下，劳动部门介绍就业、自愿组织起来和自谋职业相结合的“三结合”就业方针，并提出了具体的“6 条门路”：大力扶持兴办各种类型的自筹资金、自负盈亏的合作社和合作小组，支持待业青年办独立核算的合作社；在城镇郊区发展以知识青年为主的集体所有制场（厂）、队或农工商联合企业；鼓励和扶持个体经济适当发展；某些行业或工种可以改革用工制度和工时制度；发展职业技术教育；建立劳动服务公司，担负介绍就业，输送临时工，组织生产、服务，进行职业教育等项任务。[①] 1981 年底，国务院知青办并入国家劳动局，历时 20 余年的城镇知识青年上山下乡在无声无息中画上句号。

2．推行劳动合同制用工走出劳动力市场化改革关键一步

1983 年 2 月，劳动人事部颁布了《关于招工考核择优录用的暂行规定》，特别强调招收新工人，应在当地劳动部门确定的范围内公开招收。除中共中央、国务院有规定的以外，不得“内招本单位职工子女”[②]。1986 年 7 月，经全国省长会议讨论修改和国务院常务会议通过发布《国营企业实行劳动合同制暂行规定》《国营企业招用工人暂行规定》《国营企业辞退违纪职工暂行规定》和《国营企业职工待业保险暂行规定》等四个暂行规定，进一步为建设工人阶级队伍，以适应社会主义现代化建设的需要提供政策保证。1987 年 9 月，劳动人事部召开全国搞活固定工制度试点工作会议，会议提出劳动制度改革的目标模式，将使以固定工为主体的用工制度逐步改变为多种用工形式并存的劳动合同制，无论是长期工、短期工、季节工、临时工都必须与企业签订合同，实现企业和职工的相互选择，把职工队伍的相对稳定和合理流动统一起来，建

---

① 《解放思想 放宽政策 发展生产 广开就业门路——中共中央召开全国劳动就业会议》，《劳动工作》，1980 年 09 期。

② 《劳动人事部关于招工考核择优录用的暂行规定》，《中华人民共和国国务院公报》，1983 年 06 期。

立有中国特色的社会主义劳动制度体系。与此同时，国家也开始对科技人员和技术工人等最初实现计划调配的人员实施促进其流动的政策。针对一些部门和单位科技人员严重不足，而另一些部门和单位却存在科技人员积压或用非所学、用非所长的现象，1983年7月，国务院颁布《关于科技人员合理流动的若干规定》（以下简称《规定》），《规定》对科技人员的流动方向及有关政策作出了明确规定。1987年，经国务院批准，劳动人事部颁布《全民所有制单位技术工人合理流动暂行规定》，对技术工人的合理流动做出了政策规定。1989年3月，国家教委发布《高等学校毕业生分配制度改革方案》，提出根据经济体制、政治体制和教育体制改革的要求，逐步把竞争机制正确地引入高等教育，通过招生、毕业生分配制度改革这一重要环节，增强高等学校主动适应经济与社会发展的能力，更好地为社会主义物质文明和精神文明建设服务。[①] 自此，我国拉开了改革大学生毕业分配制度的帷幕。

1980年的劳动就业工作会议本身是为解决就业燃眉之急的，但其解决问题的思路、方法成为我国今后一段时期内劳动就业工作的基础，构成了劳动就业的基本政策框架，突破了劳动力资源完全计划配置的机制，为以后的市场就业机制的形成奠定了基础。城镇劳动就业制度的松动，为1984年以后的几次下海大潮提供了政策基础。由此，个体户以及之后的私营企业主等一些新的社会成员和身份相继出现，同时推动了社会分工的复杂化，职业的多样化以及居民经济收入结构的多样化。在社会组织和社会关系方面，推动了

① 《国务院批转国家教委关于改革高等学校毕业生分配制度报告的通知》，《中华人民共和国国务院公报》，1989年12期。

去组织化、去单位化的进程，为单位体制的解体和之后的国有企业改革奠定了社会基础。对社会成员与社会组织和国家之间的关系产生深刻影响，也为后来新时期就业方针的提出创造了条件。

（二）建立和完善社会主义市场经济中的劳动力市场

1993年11月，党的十四届三中全会作出《关于建立社会主义市场经济体制若干问题的决定》，在市场经济体制建设过程中，我国劳动力市场改革发展的经济社会背景、面临的挑战和任务发生变化，劳动力市场制度和政策改革取得新进展。新的“三结合”就业方针应运而生，市场就业机制逐步确立和快速发展，通过实施再就业工程、建立下岗职工基本生活保障制度、推进农村劳动力的有序流动等，劳动力市场建设取得了突破性进展。

1．明确市场取向的新时期就业方针，劳动力市场机制逐步建立

1992年，国务院颁布《全民所有制工业企业转换经营机制条例》，规定国有工业企业用人不受时间和数量的限制，进一步推动国有企业进入劳动力市场。[①]党的十四届三中全会正式提出培育和发展“劳动力市场”的目标。1994年，国家公布《中华人民共和国劳动法》，从法律上根本改变了用人单位劳动用人依靠行政手段分配的计划管理体制，使用人单位和劳动者双方真正成为劳动关系的主体。

随着社会主义市场经济进入国有企业改革攻坚阶段，1997年9月，党中央决定用3年左右的时间，使大多数国有大中型亏损企

---

①《全民所有制工业企业转换经营机制条例》，《中华人民共和国国务院公报》，1992年22期。

业摆脱困境，并且明确实行鼓励兼并、规范破产、下岗分流、减员增效和再就业工程，形成企业优胜劣汰的竞争机制。在进一步赋予企业用工自主权的同时，也推进了劳动者就业的市场化进程。1998年6月，中共中央、国务院下发《关于切实做好国有企业下岗职工基本生活保障和再就业工作的通知》，提出“劳动者自主择业、市场调节就业、政府促进就业”的新时期就业方针。[①] 这一方针的指导思想就是发挥市场调节就业的基础作用，明确政府在市场经济条件下促进就业的作用。

2．积极就业政策体系建立，劳动力市场化机制逐步完善

为了应对国有企业下岗职工出再就业中心安置问题，从根本上解决其就业问题，2002年9月中共中央和国务院召开再就业工作会议。这是改革开放以来召开的就业方面规格最高的会议。当年，党中央、国务院下发《关于进一步做好下岗失业人员再就业工作的通知》，推出一系列促进就业再就业的政策，确立了我国积极就业政策的基本框架。积极的就业政策体系即围绕劳动者自谋职业自主创业，用人单位吸纳扩大就业，政府提供公益岗位安排就业，企业主辅分离分流转移就业的四条主要就业途径，提出10项促进困难群体再就业的系列鼓励办法和扶持措施。积极就业政策的实施，使2800多万下岗失业人员实现再就业。[②] 2005年11月，《国务院关于进一步加强就业再就业工作的通知》下发，进一步总结、扩展、调

---

① 《中共中央国务院关于切实做好国有企业下岗职工基本生活保障和再就业工作的通知》，《光明日报》，1998年6月23日。

② 《中共中央 国务院关于进一步做好下岗失业人员再就业工作的通知》，《劳动保障通讯》，2003年02期。

整、充实了积极就业政策。调整后的新一轮积极就业政策进一步丰富了政策对象。同时国有企业下岗职工再就业问题也逐步得到解决，计划经济体制下的企业用工制度向市场经济体制下的劳动用工制度过渡基本顺利完成。[①]从“市场就业”的思想和原则到国家有关政策制度，也逐步为社会大众所接受和遵循。劳动者找工作实现了从“找市长”向“找市场”的转变。

3．劳动力市场体系建设的法制化

2007年，国家颁布《就业促进法》，将不断发展丰富起来的积极就业政策体系纳入法制化轨道,《就业促进法》规定坚持经济发展同扩大就业良性互动，实现社会和谐稳定；国家把扩大就业放在经济社会发展的突出位置，实施积极的就业政策，坚持劳动者自主择业、市场调节就业、政府促进就业的方针，多渠道扩大就业，逐步实现社会就业比较充分的目标。《就业促进法》第二十条确定了“国家实行城乡统筹的就业政策，建立平等就业的制度”的目标。第二十二条明确了政府统筹城乡就业的职责和工作范围。要求各级人民政府统筹做好城镇新增劳动力就业、农业富余劳动力转移就业和失业人员就业工作。第三十一条赋予农村劳动者进城就业享有与城镇劳动者平等的劳动权利，不得对农村劳动者进城就业设置歧视性限制。农民工作为我国劳动力资源构成的重要部分，在劳动力市场中成为最重要的力量之一。同年,《劳动合同法》颁布，这是对劳动合同制度的进一步完善，扩大了《劳动法》的适用范围，增加了民办非企业单位等组织及其劳动者，规定引起劳动关系产生的基本法

---

① 《国务院关于进一步加强就业再就业工作的通知》,《人民日报》，2005年11月9日。

律事实是用工，而不是订立劳动合同，规定劳动合同应当具备的必备条款等。这是对劳动力市场法律关系的进一步明确和规范。对推进我国劳动力市场建设的规范化、法制化产生重大而积极的影响。

4．实施更加积极的就业政策，应对金融危机对劳动力市场的冲击

2008年下半年，国际金融危机爆发，也引发了全球就业危机。我国的就业同样无法幸免，2008年下半年城镇新增就业急速下滑，平均每月新增79万人，比上半年月均人数大幅减少近30万人，12月当月仅增加38万人。城镇登记失业率快速攀升，2009年前三季度达到4.3%，为2004年以来最高值。农民工就业受到严重冲击，1200多万农民工失去工作岗位。为应对金融危机的严重冲击，中央审时度势，及时出台了一揽子政策计划。在就业方面，从2008年9月底到2009年2月初，短短不到半年时间，国务院连续出台了4份就业文件，出台了一系列政策措施，帮助企业和劳动者渡过危机，由此形成了更加积极的就业政策体系。在政策推动和各方努力下，我国劳动力市场波动很快得到平抑，就业率先走出困境，2009年下半年就业状况已基本恢复到金融危机前的水平。更加积极的就业政策的实施，为我们在应对诸如金融危机等重大经济波动对劳动力市场冲击方面，积累了经验。

5．从城乡分割到城乡统筹的劳动力市场建设

在推动城镇企业职工进入市场流动的同时，政府对80年代以来的大量农村劳动力流动所形成的民工潮及其所带来的问题也给予了更多的关注和重视，逐步采取了一系列措施，试图对农村劳动力的流动加以规范。1994年11月，劳动部颁布《农村劳动力跨省流动就业管理暂行规定》，对于用人单位跨省招用农村劳动力的条件、方式等做出了规定。1995年5月，劳动部进一步发出《关于抓紧落实流动就业凭证管理制度的通知》，要求尽快在全国范围内建立和完善统一的流动就业凭证管理制度。但是在实际操作中，这种制度增加了政府行政对劳动力市场的干预程度，也在一定程度上增加了农村劳动者的流动成本，限制了农村劳动者的就业机会。从2000年开始，中央政府的有关文件表现出对农村劳动力流动的积极支持和鼓励，明确提出改革城乡分割体制，取消对农民进城就业的不合理限制的指导性思路。包括取消对企业使用农民工的行政审批，取消对农民进城务工就业的职业工种限制，不干涉企业自主合法使用农民工；在办理农民进城务工就业和企业用工的手续时，除按照国务院有关规定收取证书工本费外，不得收取其他费用；切实解决拖欠和克扣农民工工资问题；做好农民工培训工作；改善农民工的生产生活条件，高度重视农民工的生产安全和职业病防治问题，做好将农民工纳入工伤保险范围等。2006年，国务院颁布《关于解决农民工问题的若干意见》，提出“着力完善政策和管理，推进体制改革和制度创新，逐步建立城乡统一的劳动力市场和公平竞争的就业制度，建立保障农民工合法权益的政策体系和执法监督机制，建立惠及农民工的城乡公共服务体制和制度，拓宽农村劳动力转移就业渠道，保护和调动农民工的积极性，促进城乡经济繁荣和社会全面进步，推动社会主义新农村建设和中国特色的工业化、城镇化、现代化健康发展”的指导思想。并提出五项基本原则：一是公平对待，一视同仁；二是强化服务，完善管理；三是统筹规划，合理引导；四是因地制宜，分类指导；五是立足当前，着眼长远。在此基础上，国务院成立农民工工作办公室，作为专门统筹管理协调农民工问题的机构。随着我国城乡区域经济结构的进一步调整，统筹城乡就业、建立城乡统一的劳动力市场纳入国家政策规划。[①] 2017年，我国农民工总量达到28652万人，占城镇从业人员总数的六成以上。

纵览改革开放以来，我国劳动力市场体系建设发展，发生了历史性变革、取得了历史性成就，打破统包统配就业制度，从“三结合”就业方针，到“新时期”就业方针，再到“新时代”就业方针，建立了适应社会主义市场经济体系的劳动就业体制。党的十八大以来，在“劳动者自主就业、市场调节就业、政府促进就业和鼓励创业”的新时代就业方针的指引下，我国以实现更高质量和更加充分就业为目标，实施就业优先战略和更加积极的就业政策，就业创业工作取得显著成效，成为民生改善的坚实基础、经济发展的基本支撑、社会和谐稳定的“压舱石”。2017年，全国就业人员达到77640万人，比上年末增加37万人；其中城镇就业人员42462万人，比上年末增加1034万人。全国就业人员中，第一产业就业人员占比27.0%；第二产业就业人员占比28.1%；第三产业就业人员占比44.9%。2017年全国农民工总量28652万人，比上年增加481万人，其中外出农民工17185万人。

（三）新时代劳动力市场建设的新进展

经过改革开放以来的发展，我国社会主义建设取得历史性进步，经济社会的方方面面发生了翻天覆地的变化。党的十九大报告做出了中国特色社会主义发展进入新时代的重大论断，指出“我国

① 《国务院关于解决农民工问题的若干意见》，《人民日报》，2006年3月28日。

社会主要矛盾已经转化为人民日益增长的美好生活需要和不平衡不充分的发展之间的矛盾”[①]。这种时代性变化与社会主要矛盾转换，同样在就业领域得到明显体现。在新的经济社会发展阶段，我国劳动力市场供求条件发生新的变化，劳动力市场建设面临新的形势、新的机遇和挑战。

进入新时代，面对新形势，习近平总书记针对就业问题发表了一系列重要讲话，指导政策创新和实践，提出了新时期就业工作的新目标、新方针、新任务，进一步完善就业优先战略和积极就业政策。坚持发挥市场在促进就业中的决定性作用，推动统一开放、竞争有序的人力资源市场体系建设，支持鼓励大众创业、万众创新，以创新创业带动就业。稳步推进劳动力市场化改革，有力促进人力资源合理流动和有效配置，促进人力资源充分开发和有效利用，与经济产业结构转型升级，实现高质量发展相适应相匹配。

1．明确“实现更高质量和更充分就业”的新目标

我国有 14.1 亿人口、9 亿多劳动力，就业总量压力和结构性矛盾将长期存在，解决好就业问题是我们长期面临的一项重大战略任务。习近平总书记在 2018 年中央经济工作会议上强调，就业是最大的民生工程、民心工程、根基工程，是社会稳定的重要保障，必须抓紧抓实抓好。[②]党的十八大报告提出要“推动实现更高质量的就业”，之后的“十三五”促进就业规划明确要“推动实现比较充分和高质量的就业”。党的十九大报告再次提出要“实现更高质量

① 习近平：《决胜全面建成小康社会 夺取新时代中国特色社会主义伟大胜利——在中国共产党第十九次全国代表大会上的报告》，北京：人民出版社，2017 年版，第 11 页。
② 《抓好就业这项最大民生工程》，《人民日报》，2019 年 3 月 4 日。

和更充分就业”，更加强调“更高质量”，从质和量两个方面提出了要求，且更加注重就业质量。这种目标任务的变化和我国社会主要矛盾的转换是相适应的，劳动者对更好就业的向往要求，经济发展从规模型向质量型发展，都要求更加注重就业质量问题。劳动力市场是社会主义市场经济的重要组成部分，是重要的要素市场。要更好发挥市场在促进就业中的作用，要依靠市场力量，根据市场需求，落实好积极就业政策，促进就业创业和人力资源开发配置。针对人力资源市场领域发展不平衡不充分问题，亟须促进人力资源优化配置，注重解决结构性就业矛盾，推动“人口红利”向“人才红利”转变，推动“放管服”改革向纵深发展，深化劳动力市场管理体制机制改革，破除妨碍劳动力、人才社会性流动的体制机制弊端，使人人都有通过辛勤劳动实现自身发展的机会。

2．坚持市场导向的就业改革不动摇，发挥好市场和政府作用

我国是人口大国，要实现充分就业，必须发挥市场机制在劳动力资源配置中的决定性作用，推动统一开放、竞争有序的人力资源市场体系建设，支持鼓励大众创业、万众创新，以创新创业带动就业，形成供求双向选择、劳动者自主就业创业新格局。党的十八届三中全会提出，“经济体制改革是全面深化改革的重点，核心问题是处理好政府和市场的关系，使市场在资源配置中起决定性作用和更好发挥政府作用。市场决定资源配置是市场经济的一般规律，健全社会主义市场经济体制必须遵循这条规律，着力解决市场体系不完善、政府干预过多和监管不到位问题”[①]。同时，需要指出的是，

①《中共中央关于全面深化改革若干重大问题的决定》，北京：人民出版社，2013年版，第5–6页。

在发挥好市场和政府两只手作用的同时，习近平总书记还突出强调在全面深化改革过程当中，要坚持和发展我们的政治优势，以政治优势来引领和推进改革，调动各方面积极性。

3．坚持劳动力市场改革与其他市场要素改革协同推进

历史经验表明，劳动力市场改革发展与国家经济社会其他领域和市场要素改革密不可分。进入新时代，更加重视和突出在经济社会整体改革发展规划中，坚持实施就业优先战略，建立劳动力市场政策与经济社会发展战略相互调适机制，解决劳动力市场内部结构问题以及劳动力市场与经济社会发展不适应问题，都需要将劳动力市场改革与其他要素改革协同推进，推进实现更加充分更高质量就业目标。

同时，建立创新生产融资的市场化渠道，完善政府支持创新生产活动的服务机制。进一步推进我国利率市场化进程，在中央银行基准利率的基础上，通过货币市场的传导，在市场供求关系下，由金融机构决定其资源的配置与使用。政府部门进一步营造良好的制度环境，鼓励和支持金融部门通过市场机制为创新生产项目进行融资，在充分发挥市场机制作用的基础上，构建税收、信贷优惠等方面的政府服务机制，更好地发挥政府在创新生产过程中的服务职能。

国家不断完善区域创新环境，健全创新生产活动的支撑机制。构建集企业、高校、科研机构、政府、金融中介等主体于一体的协同创新平台，完善产学研协同创新的体制机制，推动科技与经济的深度融合，促进科技成果向现实生产力的转化，在提升自主创新能力的同时，进一步提高对外开放水平，提升外资引进质量，完善外资引进结构，促进外资企业与本土企业的深入交流与互动，并通过技术溢出和竞争激励等途径，促进本土企业开展创新生产活动，这对提升我国创新生产效率具有重要推动作用。

4．进一步消除体制障碍，提高各类劳动力资源配置效率

围绕更好发挥市场促进就业作用，建立健全人力资源市场体系。在全国范围内建立健全人力资源市场法规体系和健全人力资源市场监管体系，持续推进人力资源服务机构诚信体系建设，加强人力资源服务标准化建设。具体来讲，国家进一步推动户籍制度改革，建立高素质人才流动的市场化机制。虽然我国户籍制度改革正在逐步推进，劳动力流动规模也在不断扩大。但不可否认的是，阻碍中国劳动力资源自由流动的因素广泛存在，劳动力要素市场扭曲问题依然严重，这势必也会阻碍创新人才技能的发挥和边际价值的释放，也在整体上抑制了其配置效率的提升。因此，我国逐步探索多元化的城市人口政策，在有效控制城市规模的基础上，合理引导劳动力资源的进入。在此基础上，发挥市场机制在创新人才配置方面的决定性作用，通过竞争和供求等机制促进创新人才的优化配置，更好地释放这些创新人才的知识与技能，从而降低劳动力要素市场扭曲对创新生产活动的不利影响。进一步打破长期以来形成的户籍、地域、行业等劳动力市场分割；破除体制内外的编制、人事、收入、社保和福利壁垒；加快完善社会保障体系，提高养老医疗等社会保险统筹层次，完善养老保险关系转移接续和医疗保险异地结算体系，提高社会保障的制度公平性和服务便捷性；逐步缩小行业、地区和部门之间的收入差距；消除各种各样的就业歧视；形成更加统一、公平、有序、高效的劳动力市场，提高市场人岗匹配效率，最大限度开发人力资源潜在红利。围绕贯彻深化人才发展体制机制改革要求，建立健全人才顺畅流动配置机制。引导人才向经济社会发展急需领域流动，优化人才资源配置，为推动经济协同发展提供人才支撑。创造公平就业环境，破除劳动力流动障碍，加强人力资源市场监管，维护劳动者合法权益。

5．加快城乡就业融合发展，优化劳动力城乡区域配置

国家加快农村转移劳动力市民化。着力解决进城农村转移劳动力面临的教育、医疗、社会保障等公共服务难题，推进农民工市民化，实现在城镇稳定就业。加大对现有农村劳动力转移的挖潜力度，结合乡村振兴战略，推进“资本下乡”，在产业转移、公共服务、技能培训等方面大力加强对返乡创业农民工和就地就近转移就业大龄农村劳动力的政策支持和服务。加强区域经济发展规划，立足区域比较优势，促进经济合理布局、协调发展。调整区域产业结构，缓解人力资源供需之间的结构性矛盾，促进各地区之间均衡协调发展。

党的十九大提出实施乡村振兴战略，正式拉开了乡村振兴大幕。以“工农互促、城乡互补、全面融合、共同繁荣”为典型特征，代表新型城乡关系的“城乡融合”理念也随之提出。2019 年 5 月，中共中央、国务院印发《关于建立健全城乡融合发展体制机制和政策体系的意见》，从城乡要素合理配置、城乡基本公共服务普惠共享、城乡基础设施一体化发展、乡村经济多元化发展、农民收入持续增长五方面提出了建立健全城乡融合发展体制机制和政策体系的意见。[①]

6．持续推进“大众创业、万众创新”，激发劳动力市场活力

2012 年，党的十八大报告明确“要贯彻劳动者自主就业、市场调节就业、政府促进就业和鼓励创业的方针”，强调“实施就业

---

① 《中共中央 国务院关于建立健全城乡融合发展体制机制和政策体系的意见》，《中华人民共和国国务院公报》，2019 年 14 期。

优先战略和更加积极的就业政策。引导劳动者转变就业观念，鼓励多渠道多形式就业，促进创业带动就业，做好以高校毕业生为重点的青年就业工作和农村转移劳动力、城镇困难人员、退役军人就业工作”[①]。将“鼓励创业”作为就业工作方针的重要内容，这是对新时期就业工作的重大理论创新。要使我国发展从过度依赖自然资源转向更多依靠人力资源。我国拥有世界上规模最大的人力人才资源，这是创新发展的最大“富矿”。“创业带动就业”是以人民为中心的发展的本质要求，体现“人力资源作为第一资源”主体价值的就业理论，是对市场就业机制的创新与完善。它改变了以往适应岗位的被动就业模式，而是充分发挥人力资源作为第一资源的主体性作用，通过以人力资源为主导因素来配置其他资源以创造岗位的主动就业模式，这一新的就业模式实现从“以物为中心”的资源配置方式，向“以人为中心”的资源配置方式的转变。“创业带动就业”就是要建立从源头上创造就业的机制，表明我国的就业机制正在发生积极的变化，对实施就业优先战略，完善就业促进长效机制，形成劳动力市场新格局具有深远意义。我国政府高度重视创业创新，将推动大众创业、万众创新作为实现经济发展的“双引擎”之一，作为实现两个“中高”目标的重要动力，同时也是劳动者实现个人梦想的重要途径。为此，习近平明确要求，“各级党委和政府要关心和爱护广大劳动群众，切实把党和国家相关政策措施落实到位，不断推进相关领域改革创新，坚决扫除制约广大劳动群众就

---

① 胡锦涛：《坚定不移沿着中国特色社会主义道路前进 为全面建成小康社会而奋斗——在中国共产党第十八次全国代表大会上的报告》，北京：人民出版社，2012 年版，第 35 页。

业创业的体制机制和政策障碍，不断完善就业创业扶持政策、降低就业创业成本，支持广大劳动群众积极就业、大胆创业”[①]。

7. 加快完善劳动力市场服务体系

劳动力市场已经成为劳动力流动配置的重要手段，是高校毕业生、农民工等重点群体实现就业的主要载体。改革开放40多年来，党中央、国务院高度重视劳动力市场服务机构和体系建设，制定出台了一系列政策措施，健全完善市场机制，加强市场监管，提高服务水平，推进统一规范、竞争有序的劳动力市场体系建设。2018年，人力资源社会保障部、国家发展改革委和财政部出台《关于推进全方位公共就业服务的指导意见》，强调“以全方位公共就业服务促进就业增长，以就业增长支撑经济发展和民生改善”[②]。对于建立完善全方位公共就业服务体系提出了总体要求和具体的政策措施，为加强公共部门市场服务提供了发展方向和政策支撑。同年，国务院发布《人力资源市场暂行条例》，对发展人力资源服务业和市场机构作出法制规范。2021年，人社部等五部门又联合出台《关于推进新时代人力资源服务业高质量发展的意见》（以下简称《意见》），《意见》“以提高人力资源要素配置效率为导向，推动行业向专业化和价值链高端延伸；以培育壮大人力资源服务力量为抓手，进一步形成发展新动能；以建设高标准人力资源市场体系为目标，打造多层次、多元化的人力资源市场格局”[③]。为推动人力

---

① 《在知识分子、劳动模范、青年代表座谈会上的讲话》，新华网，2016年4月30日。

② 《三部门印发〈关于推进全方位公共就业服务的指导意见〉》，人社部网站，2018年12月6日。

③ 《人社部等五部门关于推进新时代人力资源服务业高质量发展的意见》，《中国人力资源社会保障》，2021年12期。

资源服务业发展，丰富完善劳动力市场服务体系提供了政策支撑。截至2021年底，全国共有各类人力资源服务机构5.91万家，从业人员103.15万人，年营业收入2.46万亿元，比2020年分别增长29.08%、22.31%、20.89%，人力资源服务业保持良好发展态势。全国共建成24个国家级人力资源服务产业园，集聚人力资源服务企业4120家，入驻园区企业年营收4063亿元。全国共建立4.9万个固定招聘场所、2万个招聘网站。2021年，人力资源服务行业为3.04亿人次劳动者提供了各类就业服务，为5099万家次用人单位提供了专业支持。2021年全国共举办各类招聘会28.6万场，网络招聘发布岗位信息8.45亿条，培训劳动者2662.22万人次，推荐高端人才141.04万人，管理流动人员人事档案9584.02万份，有力促进了就业大局稳定和人力资源顺畅流动配置。

第二节 技术市场与数据市场改革历程

一、技术市场改革历程

技术市场是我国市场体系建设中最早改革和形成的重要生产要素市场。作为科技体制改革的突破口，技术市场的建立和深入发展深刻改变了我国的科技投入产出结构，加速了技术的商品化、市场化进程，进一步加快科技成果的转化速度，为促进我国科技体制改革和优化科技资源配置，促进科技与经济结合发挥了重大作用。我国技术市场的发展历程，大致可分为初步创立、突破发展、平稳运行、创新发展四个阶段。

（一）技术市场体系初步创立阶段（1978—1984年）

1978年3月18日举行的全国科学大会是我国科学史上一次空前的盛会，在中国科技发展史上具有里程碑式意义，成为科技界改革开放的先声。邓小平在全国科技大会开幕式上明确提出“科学技术就是第一生产力”的重要论断，为中国今后科技体制改革和技术的商品化、市场化道路指明了方向。同年12月，党的十一届三中全会召开，改革开放就此拉开序幕。1980年10月，国务院颁布《关于开展和保护社会主义竞争的暂行规定》，首次提出“对创造发明的重要成果要实行有偿转让”，使技术的商品化属性初步得到确立。[①]实践证明，社会主义商品经济发展不可逾越。此后，党中央一系列改革开放的方针政策推动了我国经济体制的深刻变革，也为萌生技术市场铺平了道路。在国家迎来经济建设工作为中心的时期，技术成果、技术信息、技术服务以商品形态进行买卖交易的技术市场应运而生，并显示出勃勃生机。1980年，沈阳市率先成立了全国第一家技术服务公司，探索开展有偿技术买卖和相关服务。紧随其后，武汉、北京等地也成立了专营技术买卖的机构，形成了最早的交易服务场所和中国技术市场的发源地。

1982年10月，全国科学技术奖励大会提出“经济建设必须依靠科学技术，科学技术工作必须面向经济建设”的战略方针，提出“四个转移”，为初期的技术市场活动指明方向。同年11月，国务院第51次常务会议做出了“加速技术成果商品化、开放技术

① 《国务院关于开展和保护社会主义竞争的暂行规定》，《中华人民共和国国务院公报》，1980年16期。

市场”的重要决定，提出技术市场是科技体制改革的突破口。同年12月，由国家科委组织召开全国技术市场工作座谈会，会上《关于开放技术市场几点意见的报告》指出，在社会主义商品经济条件下，技术也是商品，国家决定广泛开放技术市场，繁荣技术贸易。其后，经国务院批准，国家成立由国家科委等多部委参与组成的“全国技术市场协调指导小组”，并成立国家科委技术市场管理办公室（后明确为中国技术市场管理促进中心代行其职能），为中国技术市场起航提供了组织保障。1985年1月，国务院下发的《关于技术转让的暂行规定》首次对技术转让的行为做出规定，为最先怀抱科技成果迈入市场，尝试以有偿方式进行技术交易的科技人员和科研机构提供了有力的政策依据，确立其在经济活动中的合法性，点燃了中国技术市场发展的星星之火，技术成果的应用实现从无偿到有偿的突破。[①] 据不完全统计，1984年全国技术合同成交额为7.2亿元。

（二）技术市场体系突破发展阶段（1985—1998年）

1985年3月，中共中央发布《关于科学技术体制改革的决定》，指出“技术市场是我国社会主义商品市场的重要组成部分”，开启了我国科研经费拨款制度的改革，确立了“稳住一头，放开一片”的改革方针（对科研机构在充分保证基础性研究的基础上，放宽和推动应用性技术研发的市场化渠道）。[②] 1985年4月1日，全国人大颁行首部《中华人民共和国专利法》（以下简称《专利法》），

---

① 《国务院关于技术转让的暂行规定》，《中华人民共和国国务院公报》，1985年03期。
② 《中共中央关于科学技术体制改革的决定》，《中华人民共和国国务院公报》，1985年09期。

为维护知识产权，促进技术商品化和入市交易奠定了法律基础。

改革决定极大地激发了科研院所和广大科研人员参与技术市场活动的积极性，此后，技术市场成为科研院所走向新生的一片蓝海，来自市场合作的横向收入比例逐年增高，面向市场、面向企业、面向生产需求的动力越来越强。同年5月，由国家科委、国家经委、国防科工委和北京市人民政府在北京联合举办的“首届全国科技成果交易会”大获成功。紧接着全国各地就举办了18场技术交易会，洽谈交易涉及的技术成果3万多项、金额96亿元。

1985年5月，国家科委批准成立“中国技术市场开发中心”（后更名为中国技术市场管理促进中心），具体落实指导协调全国技术市场组织建设和大型技术交易活动。1986年3月，全国技术市场工作会议在北京召开，全面研究部署全国技术市场的建设工作。同年12月，全国技术市场协调指导小组颁布了《技术市场管理暂行办法》，提出“开放、搞活、扶植、引导”的八字方针，指出技术市场的业务范围是技术转让、技术服务、技术咨询、技术培训、技术承包、技术入股和技术出口等。[1]与此同时，各地陆续建立国家级高新技术产业开发试验区，吸引了大批科研院所技术成果和创业人才入驻。技术市场的进一步开放，为科研院所面向经济建设主战场提供了广阔空间，为科研院所转制、加速技术成果商品化和高新技术产业化提供了重要的制度保障和实施路径。1987年12月，一部独具特色的《中华人民共和国技术合同法》（以下简称《技术合同法》）及其配套法规正式施行，为促进科研机构的市场化改

---

① 《技术市场管理暂行办法[本办法由全国技术市场协调指导小组颁发]》，《科技信息》，1987年07期。

革和技术成果迅速进入国民经济主战场发挥了巨大作用，也使技术市场自此开始走上法制化轨道。10月，党的十三大召开，指出“社会主义市场体系，不仅包括消费品和生产资料等商品市场，而且应当包括资金、劳务、技术、信息和房地产等生产要素市场”。1988年2月，国务院明确由国家科委归口管理全国技术市场工作。中国技术市场管理促进中心同时作为“国家科委技术市场管理办公室”，行使管理全国技术市场的职能。1990年7月，国家科委出台《技术合同认定登记管理办法》，实施与《技术合同法》配套的技术合同认定登记管理制度，对认定登记的技术合同国家在信贷、税收和奖励等方面给予优惠政策。1991年4月召开的全国技术市场工作会议，设立了“全国技术市场金桥奖”，首次表彰在开拓和发展技术市场、推动科技成果转化中成效突出的集体和个人。1992年10月中国技术市场协会成立。

1993年5月，经国家科委批准，全国首家国家级技术交易服务场所“上海技术交易所”成立。同年7月，全国人大常委会审议通过的《中华人民共和国科技进步法》，以法律形式规定国家建立和发展技术市场，推动科学技术成果的商品化。同年11月，党的十四届三中全会做出《关于建立社会主义市场经济体制若干问题的决定》，其中强调“进一步发展技术、信息市场。……实现技术产品和信息商品化、产业化”[①]。1994年3月，财政部、国家税务总局发布《关于企业所得税若干优惠政策的通知》，对科研单位的“四技”活动（技术转让、技术咨询、技术开发、技术服务）、对为农

① 《中共中央关于建立社会主义市场经济体制若干问题的决定》，北京：人民出版社，1993年版，第12页。

业生产提供技术服务或劳务及从事咨询业、信息业等工作，明确免征有关税收。同年4月，国家科委、国家体改委印发《关于进一步培育和发展技术市场的若干意见》，提出进一步发展技术市场的方针、政策和措施。1996年5月，国家颁布《中华人民共和国促进科技成果转化法》（以下简称《促进科技成果转化法》），提出从事技术交易的场所或机构，可以进行推动科技成果转化的活动，以及在技术交易中从事代理或居间等有偿服务。[①] 同年10月，国家科委发布《"九五"全国技术市场发展纲要》，以加速科技成果转化为核心，部署"九五"期间我国技术市场的发展战略。1997年9月，国家科委发布《技术经纪资格认定暂行办法》《全国技术经纪人培训大纲》及其培训教程，加强对技术经纪资质的规范管理和专业素质要求，组织了全国骨干培训示范，推动全国范围技术经纪人培训和资质认定工作。

这一阶段，政府机构职能改革中，技术市场管理的重点工作转变为完善技术市场政策、培育技术市场环境，我国技术市场取得突破性进展。以《技术合同法》《专利法》《科技进步法》《促进科技成果转化法》及相关政策措施为核心，构成技术市场的法制化体系；活跃于市场的技术买、卖和中介三方的主体基本形成；技术市场职业化、专业化人才培养提上日程；其间国家科委已组织四届"全国技术市场金桥奖"，240个单位和180名个人获奖，褒扬技术市场优秀人才；规模化的技术交易和相关服务活动在各地兴起；国家、省市、县级技术市场管理机构和遍布全国的以促进转化服务为

---

① 《中华人民共和国促进科技成果转化法》，《中华人民共和国全国人民代表大会常务委员会公报》，1996年04期。

主营的经营体系逐步形成。技术市场的出现，为经济体制的深入改革，蓬勃兴起的广大乡镇企业和农村经济、国有企业改制和技术创新提供了技术资源，注入了巨大活力。全社会尊重知识、尊重人才的风气得以弘扬，科教兴国的理念开始深入人心。1998 年，全国技术合同成交额达到 435.8 亿元。

（三）技术市场体系平稳运行阶段（1999—2011 年）

为适应我国社会主义市场经济发展和市场体系的法制建设的需要，经过反复酝酿，全国人大于 1999 年 10 月 1 日正式颁布实施《中华人民共和国合同法》（以下简称《合同法》），将原《技术合同法》与《中华人民共和国经济合同法》（以下简称《经济合同法》）、《中华人民共和国涉外经济合同法》（以下简称《涉外合同法》）三法合一。新法保留了《技术合同法》的精华和基本原则，提升了技术交易的法律地位，为技术市场依法有序运行、规范交易提供了重要法律保障。同年 8 月，中共中央、国务院发布《关于加强技术创新，发展高科技，实现产业化的决定》，提出“深化科技体制改革，促进高新技术成果商品化、产业化”[①]。同年 12 月，国内首家技术和资本相结合的上海技术产权交易所成立，在我国率先实现了技术市场、金融市场和产权市场的资源整合，探索技术转移的资本化模式。这一期间，科技部、财政部和国家税务总局印发新的《技术合同认定登记管理办法》、科技部印发《技术合同认定规则》《技术合同示范文本》，这一系列政策文件进一步规范了技术

① 《中共中央 国务院关于加强技术创新，发展高科技，实现产业化的决定》，《中华人民共和国国务院公报》，1999 年 31 期。

合同认定登记工作，促进了科技成果的流通和转化。在此阶段，技术市场实践，顺应我国经济发展进程，进入一个平稳和深入的市场化进程。在中共中央和国务院召开技术创新大会之后，按照中央提出的“深化科技体制改革，促进高新技术成果商品化、产业化”的要求，加强在技术市场流通服务环节中对高新技术成果的交易服务功能的提升和改进，组织对高新技术商品价值评估方法进行研究，利用最新的网络技术提高成果传输筛选功能以及借鉴国际技术市场运营服务的规则等，拓宽高新技术成果向市场转化的途径，努力提高交易和转化工作效率。

1999 年 10 月，由科技部、国家外经委、国家发改委、信产部（后为工信部）、农业部（后为农业农村部）、国家知识产权局、中国科学院、中国工程院、深圳市人民政府等部门共同主办的首届“中国国际高新技术成果交易会”在深圳市举办。这是国内规模最大、国际化程度最高、参与交易高新技术成果最多的技术展示和交易盛会，集中展示了全国高校、科研院所、新兴科技型企业的高新技术成果，来自国际多国组团参展。首届展会即成交 1459 项技术成果，成交金额 64.94 亿美元，其中高新技术成果交易占 80%以上。此会每年一届，交易规模逐年扩大，与之后在北京定期举办的北京国际科技博览会，引领全国此起彼伏的各类技术交易会，成为南北地区规模、影响最大的技术交易服务平台。为探索利用网络技术强化技术成果的信息传输与交易服务的新功能，2002 年 10 月，省部共建的“中国浙江网上技术市场”启动运行。

1999 年底，为响应国家西部大开发战略，全国支持西部开发的工作如火如荼开展，中国技术市场管理促进中心组织实施了东西部技术对接示范工程，在云南、贵州、四川、新疆、西藏、青海、甘肃、陕西等省（自治区）选定试点示范地区，组织基层部门，培育技术服务组织，结合地方生产实际、调查技术需求，与京津沪、长三角、珠三角等发达地区技术供应方对接洽谈，建立起长期紧密的技术市场合作渠道。2002 年，为引导科技中介机构提高服务能力，推动科技中介行业发展，科技部出台《关于大力发展科技中介机构的意见》，并开展“科技中介年”活动。2006 年，科技部印发《关于加快发展技术市场的意见》，提出新时期发展技术市场的新八字方针：“培育、引导、规范、提高”和总体建设目标。[①] 同年 12 月，新修订的《科技进步法》出台，进一步规范培育和发展技术市场机构，鼓励创办从事技术评估、技术经纪等活动的中介服务机构，引导建立社会化、专业化和网络化的技术交易服务体系，推动技术成果的推广和应用。2009 年 8 月，中国技术交易所在北京中关村科技园挂牌成立，探索以新的综合服务功能打造技术与资本对接服务的平台，探索技术转移模式的重大创新。为积极借鉴欧洲国际技术转移服务机制和经验，科技部火炬中心牵头组织的中国创新驿站试点工作启动，探索搭建跨地区、跨行业、跨领域技术转移服务体系。7 月，科技部印发《关于进一步加强火炬工作促进高新技术产业化的指导意见》《科技服务体系火炬创新工程实施方案（试行）》和《科技创新服务体系建设试点工作指引》，推动科技服务体系火炬创新工程和创新型产业集群建设工程开展，进一步促进高新技术成果进入技术市场和加速转化。

这一阶段，我国技术市场法制环境进一步优化，技术市场逐步

① 《高举自主创新旗帜 大力发展技术市场 科技部出台〈关于加快发展技术市场的意见〉》，《中国新技术新产品精选》，2006 年 02 期。

开始与人才、资本等要素市场对接和融合；通过对国家技术转移示范机构的评定与和规范化管理，技术市场中介服务组织优胜劣汰，结构性调整步伐加快，国有成分的服务机构深入改革。同时，民营和股份制等新体制的服务机构比例有所增加；京津冀、环渤海、长三角、珠三角等区域性技术转移协作联盟陆续成立，技术交易方式、内容逐渐扩展并呈现多元化发展态势；技术市场体系逐步发展完善，技术交易规模不断扩大；带动了我国技术转移环境优化，为进一步发挥市场在配置科技资源方面的决定性作用奠定了良好基础，技术市场对经济社会发展的支撑作用开始充分显现。2011年，全国技术合同成交额达到4763.6亿元。

（四）技术市场体系创新发展阶段（2012年迄今）

2012年7月，党中央、国务院印发《关于深化科技体制改革加快国家创新体系建设的意见》，部署深化科技体制改革战略，强化企业技术创新主体地位、推进科研院所和高校科研体制机制改革、完善国家创新体系、改革科技管理体制、完善人才发展机制和优化创新环境，实现2020年进入创新型国家行列的发展目标。[①] 同年11月，党的十八大提出实施创新驱动发展战略，充分发挥市场在资源配置中的决定性作用，同时更好地发挥政府作用。技术市场迎来创新发展的新阶段。2013年11月，党的十八届三中全会提出，“发展技术市场，健全技术转移机制，改善科技型中小企业融资条件，完善风险投资机制，创新商业模式，促进科技成果资本化、产

---

① 《深化科技体制改革 加快国家创新体系建设》，《人民日报》，2012年7月24日。

业化”[①]。其间，科技部印发《技术市场“十二五”发展规划》，指出技术市场是国家创新体系中至关重要的组成部分。科技部、北京市政府共同建设“国家技术转移集聚区”，启动“2+N”全国技术转移一体化顶层设计，陆续在深圳、武汉、西安、成都等科教资源丰富、技术交易活跃、创新创业活力较强的地区布局国家技术转移区域中心。2014 年 12 月，科技部召开中国技术市场 30 周年工作座谈会，总结回顾技术市场 30 年发展历程、成就与经验，研究技术市场发展目标、发展思路和工作重点。同年，国家颁布《深入实施国家知识产权战略行动计划（2014—2020）》，进一步加大对知识产权的保护力度，提出了“努力建设知识产权强国”的新目标。

2015 年新修订的《促进科技成果转化法》《实施〈中华人民共和国促进科技成果转化法〉若干规定》，以及国务院办公厅印发的《促进科技成果转移转化行动方案》，共同构成了促进科技成果转化的“三部曲”，明确规定了对科技成果转让、许可和科技成果作价投资不低于 50%的成果转化奖励，成果转化收入全部留归单位，极大地调动了科研人员转移转化的热情。国务院有关部门、地方政府纷纷出台促进科技成果转化的指导意见等政策性文件，给技术市场带来了新的发展机遇和空间。其后，国家级相关政策密集出台：《关于加强高等学校科技成果转移转化工作的若干意见》《中国科学院关于新时期加快促进科技成果转移转化指导意见》，推动高校加快科技成果转移转化和提升中国科学院科技成果转移转化能力。2018 年，财政部、国家税务总局、科技部联合印发了《关于

① 《中共中央关于全面深化改革若干重大问题的决定》，北京：人民出版社，2013 年版，第 15 页。

科技人员取得职务科技成果转化现金奖励有关个人所得税政策的通知》，依法批准设立的非营利性研究开发机构和高等学校根据《促进科技成果转化法》规定，从职务科技成果转化收入中给予科技人员的现金奖励，可减按50%计入科技人员当月工资、薪金所得，依法缴纳个人所得税。[①] 2019年3月，财政部出台《事业单位国有资产管理暂行办法》，增加了“国家设立的研究开发机构、高等院校对其持有的科技成果，可以自主决定转让、许可或者作价投资，无须报主管部门、财政部门审批或者备案，并通过协议定价、在技术交易市场挂牌交易、拍卖等方式确定价格”等内容。[②] 办法的修订解决了长期困扰高校院所科技成果转化审批环节多、周期长的问题，进一步下放了高校院所科技成果转化的自主权。

这一期间，国务院印发《国家技术转移体系建设方案》，从基础架构、转移通道、支撑保障三方面指明了发展方向，提出了国家技术转移体系建设的“四梁八柱”。[③] 国家质检总局、国家标准委发布《技术转移服务规范》推荐性国家标准，进一步明确了技术转移概念，规定了七类技术转移服务类型，为技术转移服务规范化发展提供了行业标准，服务业态进一步成熟，向着组织网络化、功能社会化、服务产业化的发展目标迈进。

在技术市场发展战略方面，2017年5月，科技部印发《“十三五”

---

① 《财政部 税务总局 科技部关于科技人员取得职务科技成果转化现金奖励有关个人所得税政策的通知》，《中华人民共和国财政部文告》，2018年06期。

② 《中华人民共和国财政部令第100号 财政部关于修改〈事业单位国有资产管理暂行办法〉的决定》，《中华人民共和国财政部文告》，2020年01期。

③ 《国务院关于印发国家技术转移体系建设方案的通知》，《中华人民共和国国务院公报》，2017年28期。

技术市场发展专项规划》和《关于技术市场发展的若干意见》，明确提出“十三五”时期技术市场的发展思路、发展目标、重点任务和保障措施，以加快落实国家技术转移体系建设为核心，部署新时期技术市场发展的目标任务。2020年3月，中共中央、国务院印发《关于构建更加完善的要素市场化配置体制机制的意见》，对于形成生产要素从低质低效领域向优质高效领域流动的机制，提高要素质量和配置效率，引导各类要素协同向先进生产力集聚，加快完善社会主义市场经济体制具有重大指导意义。该文件将技术与土地、资本、人才、数据并列为我国五大生产要素，从中央层面再次强调了技术要素市场对我国建设现代化市场经济体系的重要作用，明确了新时期发展技术要素市场的核心任务，使发展完善技术要素市场体系成为“十四五”时期我国科技与经济结合的重要使命。[①]同年5月，中共中央、国务院印发《关于新时代加快完善社会主义市场经济体制的意见》，对新时代加快完善社会主义市场经济体制的目标、方向、任务和举措进行系统设计，为在更高起点、更高层次、更高目标上推进经济体制改革提供了行动指南。同月，为创新促进科技成果转化机制，进一步提升高校科技成果转移转化能力，科技部、教育部研究制定《关于进一步推进高等学校专业化技术转移机构建设发展的实施意见》，提出赋予高校技术转移机构管理和转化科技成果的权利，设立技术转移办公室、技术转移中心等内设机构或高校全资拥有的技术转移公司、知识产权管理公司等，高校技术经理人、技术经纪人比例不低于70%，为高校建立专业化技术转

① 《中共中央 国务院关于构建更加完善的要素市场化配置体制机制的意见》，《中华人民共和国国务院公报》，2020年11期。

移机构和高效率运行指明了方向。[①] 2020 年 10 月，全球技术转移大会（INNO-MATCH EXPO）在上海举行，活动由科技部、上海市政府指导，科技部成果转化与区域创新司、科技部火炬高技术产业开发中心、上海市科委等单位共同主办，展会通过线上与线下融合的方式举办，着力突出云属性和全域直播推送，构建了集图文、视频、专题、云展等为一体的融媒体聚合平台。国家重大成果Tech-top、企业创新需求对接Tech-need、世界桥梁Tech-world、中小企业创新产品首发Tech-new四大板块和特设展区（主宾国、主宾省），集中展示了全国 1 万余项技术创新需求，500 余项国际国内待转化成果，200 余项中小企业创新产品，100 项共性需求解决方案，50 余家科技服务机构。同期，上海技术交易所开市鸣锣，启动转制改企工作，从政府支持运营走向完全市场化运营。

2021 年 1 月，中共中央办公厅、国务院办公厅印发了《建设高标准市场体系行动方案》，对构建更加成熟、更加定型的高水平社会主义市场经济体制，进一步激发各类市场主体活力，加快构建以国内大循环为主体、国内国际双循环相互促进的新发展格局具有重要意义。为此，人力资源和社会保障部、财政部、科技部于 2021 年 2 月印发《关于事业单位科研人员职务科技成果转化现金奖励纳入绩效工资管理有关问题的通知》，明确了科研人员在职务科技成果转化工作中开展的技术开发、技术咨询、技术服务，经当地科技主管部门认定登记为技术开发、技术咨询、技术服务合同的，可按规定对完成、转化该项科技成果作出重要贡献的人员给予

---

① 《科技部 教育部印发〈关于进一步推进高等学校专业化技术转移机构建设发展的实施意见〉的通知》，《中华人民共和国国务院公报》，2020 年 21 期。

现金奖励。该文件细化了《促进科技成果转化法》中对于科研人员给予科技成果转化奖励的相关内容，进一步激发了广大科研人员的科研生产积极性。[①] 同年3月，科技部、国家发改委、教育部、工信部、财政部等九部门印发《〈赋予科研人员职务科技成果所有权或长期使用权试点实施方案〉的通知》，在国家设立的高等院校和科研机构开展赋予科研人员职务科技成果所有权和长期使用权试点。随后，九部门共同确定了试点名单，北京、辽宁、上海、江苏、浙江等9个省市，以及教育部、工信部、中科院等部委共40个单位入选，将试点建立赋予科研人员职务科技成果所有权或长期使用权的机制和模式，形成可复制、可推广的经验和做法，促进科技成果转移转化，试点期为3年。[②]

这一阶段，我国技术市场进入创新发展阶段，技术市场发展的重点任务由技术成果商品化及市场化转为促进技术资本化和产业化。全社会再次掀起促进技术转移和成果转化的热潮，成果转化的法律法规随着改革的深化做出重大调整，新修订的《促进科技成果转化法》及其配套政策相继出台，科技成果处置、使用、收益权下放力度加大，所有权改革试点开始起步，高校院所科技成果供给增加，国家技术转移体系逐步健全，技术转移新机制、新模式大量涌现，服务手段多样化，金融资本对高水平科技成果的关注度显著提高，技术要素与其他各类要素的融通不断加强，技术交易的服务机

① 《关于事业单位科研人员职务科技成果转化现金奖励纳入绩效工资管理有关问题的通知》，财政部网站，2021年3月31日。
② 《〈赋予科研人员职务科技成果所有权或长期使用权试点实施方案〉的通知》，中国政府网，2020年5月9日。

构十分活跃。技术市场再次迎来了新的发展机遇和发展空间，为发挥市场在配置资源中的决定性作用、支撑经济社会高质量发展奠定了坚实基础。2021 年，全国技术市场合同成交额突飞猛进，达到 3.73 万亿元。

二、数据市场发展历程

（一）数据市场的基本概念和发展数据市场的重大意义

1. 数据市场的基本概念和构成要件

数据生产要素（简称数据）是数据要素市场最基本的构成元素和主要交易对象。国际数据管理协会（DAMA）将数据定义为“以文字、数字、图形、图像、声音和视频等格式对事实进行表现”，国际标准化组织（ISO）将数据定义为“对事实、概念或指令的一种形式化表示”，我国通常采用“所有能够输入计算机程序处理、反映一定事实、具有一定意义的符号介质的总称”这一定义。数据要实现可交易、进而进入现代经济系统发挥生产要素价值，需以清晰的产权界定为前提，即由个人或企业拥有或者控制的，能够为个人或企业带来经济利益的，以物理或电子的方式记录的数据资源才能成为数据要素。

数据市场基本制度安排和新型数据基础设施保障数据要素的交易和流通。数据市场的基础性制度包括数据产权制度、交易机制、定价机制、收益分配机制、监管制度体系等，当前全球尚未形成公认的制度体系，我国相关制度建设进展较快但仍处于创新完善过程中，需要根据数字经济创新发展实践不断调整和完善制度体系。另外，数据要素的交易流通需要新型数据基础设施支撑，其中比较重要的包括数据采集技术、数据存储设施、数据加工和分析技术、数据应用开发技术等，多项技术具有通用目的性质，因此具备基础设施特征。

数据市场的参与主体主要包括政府部门、企业、个人和平台。政府部门制定数据市场制度体系和政策、实施市场监管和维护国家数据安全等职能，同时掌握大量公共数据，在一定程度上通过数据开放为市场主体提供公共服务。企业是数据的主要生产者和需求方，企业的生产经营活动、创新研发活动离不开数据要素支撑。个人主要是数据的提供者，也对公共数据、部分商业数据有一定需求。平台是数字经济时代的市场枢纽，联通个人和企业、汇集海量数据要素，拥有采集、储存、加工分析、应用开发多种功能，兼具交易主体、市场组织、基础设施提供等功能。

2．数据市场的重要意义

（1）建立数据市场是促进数据价值有效利用的必然选择

我国拥有的数据量居世界第一，主要数据基本掌握在大型数字经济企业以及政府部门手中。政府数据作为一种公共资源有多种管理方式，需要相关法规促进其开放。各类数字经济企业累积的大量互联网、物联网数据大多处于互相割裂、难以流动、无法打通的“数据孤岛”状态，数据的价值难以被最大化地开发出来。必须培育发展数据要素市场，使掌握大数据的企业有动力、无风险地将数据资源有偿开放共享，实现数据资源的优化配置。

（2）建立数据市场是建设高标准市场体系的内在要求

改革开放以来，我国经历了从计划经济体制到社会主义市场经济体制的伟大转变，确立以市场定价为主的价格形成机制，市场经济发展取得巨大成就。随着市场机制作用范围不断扩大，市场体系框架不断完善，市场规模位居世界前列，市场主体大幅增加，市场规则逐步确立，市场竞争程度日益激烈。进入新时代，数据要素及依托其价值形成的一系列新技术、新业态、新模式，正在快速的创新实践中不断突破原有市场体系规则的边界和内涵，一系列新的生产要素、市场主体、交易方式不断涌现并呼吁新时代的市场体系。建设高标准市场体系是适应数字经济时代发展的内在要求，需要通过不断探索和完善数据要素产权规则制度和市场价格决定机制，使市场能够在资源配置中发挥决定性作用。

（3）建立数据市场是服务支撑高质量发展的有效途径

数据市场支撑数字经济潜能持续释放，为数字经济市场主体创新发展提供要素支撑，进而带动经济数字化转型和实现高质量发展。高质量的数据市场，能提高数据要素的流通效率、激发市场活力，发挥数据要素对土地、劳动力、资本等其他各类要素效率的倍增作用，数据要素成为支撑高质量发展新引擎新动能。数据市场帮助数据要素深度融入经济价值创造过程中，吸引数据利益相关方参与数据价值创造，形成新型数据生产关系，带动产业实现更快速度、更高效率的转型升级，不断释放更加高质量的数据生产力。合理有序自由流通的数据要素是数字经济时代提升企业生产经营效率、实现价值创造能力倍增、增加消费者福利、支撑高质量发展的最关键的微观基础。

（4）建立数据市场是重塑数字经济时代我国国际竞争新优势的战略选择

经济全球化带来数据全球化，数据要素成为继土地、劳动力、资本、技术后全球竞争的新赛道、资源争夺的新战场，各国都将抢占数字经济制高点和提升数据要素配置能力作为国家发展战略并开展一系列前瞻性布局。习近平总书记在2013年就提出，“大数据是工业社会的‘自由’资源，谁掌握了数据，谁就掌握了主动权”[①]。当前具备全球数字经济竞争实力的经济体主要包括美国、欧盟、日本，《欧洲数据战略》《美国联邦大数据研发战略计划》等战略规划的发布实施，加速推进了美日欧跨境数据流通，促使全球数据竞争格局越发激烈。加快培育数据要素市场，是抢抓机遇窗口的重要抓手，有助于破除数据价值释放的体制机制障碍，协同各方共同挖掘数据价值，加快占领全球数据要素市场培育的制高点，重塑数字经济时代我国国际竞争新优势。

（二）我国数据市场发展现状和主要特点

1．我国已经形成规模大、成长快的数据市场

（1）我国数据要素市场处于高速发展阶段

根据国家工信安全中心测算数据，2020年我国数据要素市场规模达到545亿元，“十三五”期间市场规模复合增速超过30%；“十四五”期间，这一数值将突破1749亿元，其中以数据采集、数据储存、数据加工、数据流通等环节为核心的数据要素市场增长尤为迅速。2021年8月IDC发布的全球大数据分析支出报告显示，2021年全球大数据及分析市场规模将达到2157亿美元，未来五年复合年均增速预计为12.8%，我国份额近年来提升很快，已经达到5.5%。

① 《国家大数据战略——习近平与“十三五”十四大战略》，新华网，2015年11月12日。

（2）各地积极开展数据市场建设探索

2015 年 4 月，贵州省人民政府批准成立了全国第一家大数据交易所——贵阳大数据交易所。在之后的几年中，武汉、哈尔滨、江苏、西安、广州、青岛、上海、浙江、沈阳、安徽、成都等地纷纷建立大数据交易所或交易中心，提供数据交易服务。经过多年发展和探索，我国数据要素市场的区域分工协作发展格局正在逐渐形成。其中，北京、杭州、深圳、上海、广州等具有技术和人才资源优势的核心城市，主要发展数据交易和技术研发等附加值较高的服务，中西部地区依托人力资源、电力资源、土地资源丰富和成本较低等优势，主要发展数据标注、数据清洗、数据储存等基础数据服务。

2．制度体系不断完善，法律框架加快健全

（1）顶层设计引领制度和政策体系不断健全

2014 年，“大数据”第一次写入政府工作报告，标志着我国数据市场的产业基础“大数据产业”的顶层设计正式开启。“十三五”期间，数据市场和大数据相关的政策文件密集出台，为数据作为生产要素在市场中进行配置，提供了政策土壤，也推动了我国大数据产业发展和基础设施不断完善。其中具有标志意义的是 2019 年 10 月党的十九届四中全会通过的《中共中央关于坚持和完善中国特色社会主义制度推进国家治理体系和治理能力现代化若干重大问题的决定》提出：“健全劳动、资本、土地、知识、技术、管理、数据等生产要素由市场评价贡献、按贡献决定报酬的机制。”这是中央文件第一次将数据确立为一种生产要素。2020 年 3 月，中共中央、国务院印发《关于构建更加完善的要素市场化配置体制机制的意见》，将数据正式纳入主要生产要素范畴，与传统的土地、技术、劳动力、资本等并列，并明确提出了数据要素市场制度建设的方向和重点改革任务。[①] 2020 年 5 月，中共中央、国务院发布了《关于新时代加快完善社会主义市场经济体制的意见》，再次提出“加快培育发展数据要素市场，建立数据资源清单管理机制，完善数据权属界定、开放共享、交易流通等标准和措施，发挥社会数据资源价值”[②]。

（2）法律框架体系加快建立和完善

我国加快统一的公民信息安全保护立法，通过建立个人信息的合理使用制度、侵害补偿和惩罚机制，设置监督机构等方式，为个人信息上了一道“保险锁”。对公民个人信息的采集、使用和保密等问题制定详细规定。在信息采集的源头方面，对采集主体设定门槛，规定必须事先履行核准和登记程序等。同时，实行群防群治，完善举报机制，强化惩戒措施，提高违法成本。我国陆续颁布《中华人民共和国国家情报法》《中华人民共和国国家安全法》《中华人民共和国反恐怖主义法》《中华人民共和国网络安全法》《中华人民共和国数据安全法》以及《中华人民共和国个人信息保护法》等法律。

3．在实践探索中形成了丰富多元市场交易和定价模式

（1）数据撮合交易模式

数据交易是指数据买卖双方就数据所有权进行交易，类似传统的商品集市，通过构建数据交易平台形成数据交易市场，撮合数据

---

① 《中共中央 国务院关于构建更加完善的要素市场化配置体制机制的意见》，《中华人民共和国国务院公报》，2020 年 11 期。
② 《中共中央 国务院关于新时代加快完善社会主义市场经济体制的意见》，《中华人民共和国国务院公报》，2020 年 15 期。

供给者和数据需求者发生数据所有权交易，平台获取交易的服务费。数据交易机构以交易粗加工的原始数据为主，不对数据进行任何预处理或深度的信息挖掘分析，仅经过收集和整合数据资源便直接出售。尽管我国大数据存储和挖掘技术已经逐步成熟，但数据孤岛的大量存在，制约了数据的流通和变现。在大数据时代实现商业价值变现，平台化运营成为满足这一产业需求的必要条件。我国逐步将数据进行合理定价，出现数据交易市场、交易指数，带动数据产业的繁荣。

（2）数据增值服务模式

数据交易机构根据不同用户需求，围绕大数据基础资源进行清洗、分析、建模、可视化等操作，形成定制化的数据产品后出售。以API技术服务为例，利用API接口技术，通过程序对元数据进行隔离，在用户发出数据使用请求后，由程序从元数据中抽取、调用数据反馈给用户。这一模式相对数据撮合交易模式，安全性更高、技术更加成熟、使用门槛较低，市场主体发展比较成熟，某头部企业日调用次数达 3 亿次，合作客户逾 120 万家，涵盖智能制造、人工智能、5G应用等领域。

（3）数据开放共享模式

这类交易模式主要针对具有公共属性和公益性质的政府数据，包括政府内部共享和对社会公开。内部共享主要是各级政府以及政府部门之间的数据共享机制，例如依托“国家电子政务网站”，接入中央部门和相关单位共计 162 家，接入全国政务部门共计约 25.2 万家，31 个国务院部门在国家共享平台注册发布实时数据共享接口 1153 个，约 1.1 万个数据项，涵盖个人身份、出生、教育、婚姻、社保等自然人相关信息，企业基本信息、信用信息、资质信息等法人相关信息。

（4）数据要素市场定价机制

我国主要存在数据所有权交易定价和数据使用权交易定价两大类。所有权定价如第三方平台预定价模式，由平台根据数据质量评价指标估出价格区间，作为数据卖方的交易参考；又如拍卖定价模式、协议定价模式等。使用权交易定价如按次计价，数据买方每调用一次数据就付费一次；又如实时定价机制，依据数据的样本量和单一的数据指标项价值，通过交易系统自动定价，价格实时浮动。

4．产业生态体系加速构建和基础设施支撑

随着国家基础设施投入加大和引导社会投资大量涌入，5G、数据中心、人工智能等新型数据基础设施日益完善，成为数据市场安全高效运行的重要基础支撑。例如，5G特有的高传输、低延时、光连接特性，与新一代信息技术、传统农业、制造业和服务业、新型生产和消费终端的融合逐步加深，促使数据生产和积累量急剧增长，车联网、可穿戴设备、无人机、远程医疗、在线教育、智能制造等应用场景不断丰富。又如，数据中心汇集数据储存、清洗、算法、分析、算力等功能于一体，为海量数据提供综合型的增值服务，又为各类场景优化提供数据应用服务，成为海量数据的“图书馆”、海量算力的“发动机”、海量服务的“发射器”。

我国已经初步形成包括数据采集、清洗、储存、流通、加工和应用等环节的产业链。数据交易服务商数量多，多数集中在产业链前端，数据业务以买卖和撮合数据为主，应用场景虽多，但丰富度和深度有待提升。2021 年，经营业务范围涉及大数据的企业数量约有 70 万家。在海量数据供给、活跃创新生态和巨大市场需求的多重作用下，大数据领域创新创业活跃，具有创新力和发展潜力的大数据“独角兽”企业增长势头强劲。截至2021年7月，在全球28家大数据“独角兽”企业当中，中国企业有三家，2020年国内金融数据服务商东方财富、同花顺、大智慧年收入分别为82亿元、28亿元、7亿元。

5．数据市场成为新一轮全球数字规则竞争博弈的焦点

建立和完善数据市场基础制度，是全球数字经济合作和数字贸易制度框架的基础内容，是国际贸易领域重要的新兴议题，也是各国对WTO改革最关切的议题之一。我国在数据市场建设中，正在围绕跨境数据流动、数据（设施）本地化、数字贸易市场准入、数字知识产权保护、数据市场壁垒（包括跨境电商便利化）等核心议题不断完善法律和制度体系。以数据跨境流动为例，根据美国著名智库布鲁金斯学会的相关研究，过去十年间全球数据跨境流动对全球经济增长贡献度超过10%，建立健全法律法规和监管机制对增强我国数据市场对全球影响力和促进安全前提下的合理数据跨境流动十分重要。我国已在近年陆续颁布了《中华人民共和国电子商务法》《中华人民共和国网络安全法》《中华人民共和国数据安全法》以及最新的《中华人民共和国个人信息保护法》等法律，跨境数据流动规则的法律规制初具体系，并在北京、上海、海南、雄安新区等地开展试点。但总体来看，在全球数据跨境规则竞争中，我国仍未占据战略主动。

（三）当前数据市场发展存在的主要问题和障碍

1．数据交易范围仍需加快明确

数据产权归属难以界定是全球数据市场发展面临的共同问题。

各国实际上都没有采取传统交易中“先明晰产权，后交易”的模式，而是通过规范数据采集、处理、隐私和安全保护等行为，为数据交易提供合法合规空间。我国《个人信息保护法》《网络空间安全法》《数据安全法》为我国数据市场发展明确了交易范畴和原则。但从数据交易的实践来看，数据分类使用标准缺失，数据交易的底线不明晰，试点探索与规范发展的动态促进机制尚未形成，不利于稳定数据服务商发展预期，促进数据产业创新。

2．数据交易机制有待进一步探索

一是数据要素理论还在发展中，市场交易机制缺乏足够理论职称，现有数据交易设计不少套用传统商品和资本市场交易逻辑。二是定价单位和定价方式有待明确。传统大宗商品，如煤炭、原油的交易单位、品质标准已相对明晰，而从不同行业、学科产生的多元数据的标准化过程仍在探索之中。不同类型数据的存储格式、交换方式存在差异，不同数据需求对数据粒度、及时性、算法融合等方面的要求也存在较大差异。这些情况导致的数据交易单位难确定是制约数据市场发展的原因之一。在定价单位无法明确的基础上，数据交易的定价机制尚未达成共识，同一类型、相似体量的数据在不同交易主体、不同平台间的成交差价较大。

3．数据市场培育机制有待完善

在数据市场发展的初期，主要通过地方政府发起设立大数据交易所的方式引导市场发展。到 2022 年 3 月，全国由地方政府发起、主导并获得批复的大数据交易所（或交易中心）达到 39 家，部分城市甚至有多个数据交易平台。交易所数量众多，但商业模式未明确，交易规模增长并不乐观。以贵阳大数据交易所为例，成立时设立的目标是 3~5 年后日交易额达到 100 亿元，2019 年实际交易规模不足1000万元，2020年交易不足500万元。[①]一些交易所能力建设停留在数据录入、清洗层面，未构建完成数据脱敏、分析、建模等能力，无法支撑业务的有效开展，无法吸引有数据供给能力和使用需求的企业在平台进行交易。政府机构的参与方式、责任义务相对模糊，政府数据自身的开放共享建设相对缓慢。以应用促数据市场发展的机制尚未建立。拥有大量数据的国有企业、平台企业的积极性未充分调动。各地交易所间定位重复，不同交易市场间的数据融合机制不健全，数据难以高效流通和利用。2021年后，北上广深获批建立数据交易所，开启新一轮探索，有望以人才、技术、需求等方面优势，推动数据交易模式的创新发展，但仍需加快研究和实践。

4．参与国际数据市场的主动性不高

《网络安全法》规定，以数据本地化为原则，对数据跨境传输采取安全评估措施，数据跨境审核周期长，不利于国内数据市场和市场主体加强与国际市场的交流互动。全球已有超过100个国家和地区参与了数据跨境流动相关的多边贸易协议，但我国仅在RCEP中做出原则性承诺。企业“走出去”的合规成本和运营风险提升，研发、数据中心等关键资源也可能被迫设立在海外。

5．数据确权争议长期未得到解决

我国对数据权力的界定仍处于初步探索期，权力归属相对模糊，界定主体较为明确，明显阻碍数据市场发展界定。政府数据一般默认为公共资源，但政府和公众对数据的权利和责任不明确，导致公共数据开放推进相对缓慢。现行法律体系为部分商业数据提供

---

① 《理想很丰满，现实很骨感！贵阳大数据交易所这六年》，《证券时报》，2021年7月12日。

财产权利保护，但商业数据的权利不明确。个人信息受法律保护，但自然人对自身数据的权益并未被定义为绝对权。

6．数字服务生态缺乏有竞争力的企业

我国数据服务商数量庞大，但大量企业服务能力不强。数据服务能力停留在采集、清洗、储存等方面，低质竞争严重。数据相关商业活动主要集中在买卖和撮合层面。基于企业自身能力建设和研发技术探索，提供更加多元、专业的数据服务的能力不足。金融数据服务是国内发展步伐较快的行业，但领先服务商的服务规模、收入和专业化程度与国际服务商仍有较大距离。例如，2021 年国内领先的金融数据服务商东方财富的营业收入为 130 亿元人民币，而金融数据和信息公司彭博社 2018 年营收已达到 100 亿美元。另外欧美等国在农业、旅游推荐、证券投资、数据管理等领域均有一定数量、规模的“独角兽”企业，而我国数据服务的场景和创新能力仍较为局限。

第三节　金融市场改革历程

一、金融市场体系改革历程

（一）中国金融体系逐步恢复（1978—1983 年）

1978 年，党的十一届三中全会作出把工作重心转移到经济建设上来的战略决策，经济改革促使国民经济各部门对资金和金融服务需求增加，迫切需要尽快恢复和建立金融机构体系，金融体制改革拉开序幕。

1．恢复和确立中央银行制度

随着经济管理权限下放、经济主体更加多元化、国民经济部门间联系的日益紧密，加快构建中央银行和商业银行相分离的双层银行体系成为金融市场发展迫切要求。1978 年 1 月，中国人民银行从财政部分离出来，独立办公。各省、自治区、直辖市下的银行机构逐步完成了与财政部分设工作，1978 年末，中国人民银行统一体制全面恢复。1983 年 9 月，国务院发布《关于中国人民银行专门行使中央银行职能的决定》，正式确立中央银行制度，中国人民银行承担起制定和实施金融政策，加强信贷总量控制，调节金融机构资金余缺，维持货币币值稳定等中央银行职责。[①]

2．专业银行及非银行金融机构相继建立

1979 年 2 月，国务院决定将中国银行从中国人民银行中独立出来，成为外汇专业银行，中国农业银行恢复设立，成为农村金融业务专业银行，农村信用社成为中国农业银行基层机构。1979 年 8 月，中国人民建设银行从财政部独立出来，成为固定资产投资贷款专业银行。1984 年 1 月，中国工商银行成立，成为工商企业信贷和城市储蓄业务专业银行。除专业银行以外，该阶段也开始建立多种形式的银行和非银行金融机构。1979 年 11 月 19 日，国务院决定恢复国内保险业务，中国人民保险公司开始逐步恢复保险业务，1980 年底恢复了全国除西藏以外的省级分支机构。1979 年 10 月 4 日，在邓小平的倡导和批准下，中国国际信托投资公司正式成立，

---

① 《国务院关于中国人民银行专门行使中央银行职能的决定》，《中华人民共和国国务院公报》，1983 年 21 期。

荣毅仁担任董事长兼总经理，开展金融、实业和其他服务业。

在这一阶段，初步形成了以中国人民银行为中央银行，中国银行、中国农业银行、中国建设银行、中国工商银行为专业银行，中国人民保险公司和中国国际信托投资公司为辅的金融机构体系。

3．信贷市场在改革中得到发展

随着专业银行的逐步建立，1979年银行资金“统存统贷”计划管理体制逐步改为“统一计划、分级管理、存贷挂钩、差额控制”，1981年再改为“统一计划、分级管理、存贷挂钩、差额包干”。同时，国家对基建投资、国营企业固定资金和定额流动资金由财政无偿拨款逐步改为由专业银行贷款供应。国家预算内基本建设投资由财政拨款改为由中国建设银行发放贷款，按期付息，分年还款。从1983年6月起，国营企业流动资金的不足部分由银行贷款供应。企业投资来自预算的份额逐步降低，来自银行信贷的份额大量增加，国有企业固定资产投资来自国家预算的比重由1979年以前约占三分之二，下降到20世纪80年代中期的四分之一。[①]

4．货币市场和债券市场开始恢复

各专业银行在1980—1984年期间开始开办商业票据贴现业务。1981年2月，中国人民银行上海市分行先后试办同城商业承兑汇票贴现和异地银行承兑汇票贴现业务，并不断扩大试点，很好地降低了企业间赊销，解决资金相互拖欠的问题。1981年起，财政部恢复发行国债，筹集建设资金，突破长期存在的“既无内债又无外债”的观念束缚。从1984年开始，部分企业开始自发地向内

---

① 吴敬琏:《当代中国经济改革教程》，上海：上海远东出版社，2010年版，第199页。

部职工筹资或者向社会公开发行企业债券，但公开发行的次数和范围都有限。

（二）金融体系初步建立（1984—1991 年）

1984 年，党的十二届三中全会将中国经济体制改革的目标确立为建立以公有制为基础的有计划的商品经济，相应的金融体系改革也开始启动。这一阶段为中国金融体系的扩张阶段。

1．金融机构多元化改革持续推进

为打破国有专业银行垄断地位，提升国内银行业整体竞争力和服务水平，1987 年，股份制银行相继开业。1987 年 4 月 1 日，交通银行重新组建后对外营业，成为中国第一家全国性质的国有股份制商业银行。4 月 8 日，招商银行在深圳特区成立。中信实业银行（2005 年更名为中信银行）、深圳发展银行（2012 年更名为平安银行）、福建兴业银行（2003 年更名为兴业银行）、广东发展银行（2011 年更名为广发银行）等一批股份制银行陆续成立，打破了专业银行对信贷市场的垄断。这一时期，随着改革开放的推进，包括信托投资公司、金融租赁公司、企业集团财务公司等在内的非银行金融机构获得快速发展，进一步满足了市场主体对多元化金融服务的需求。专门从事国债、股票承销和交易业务的证券公司开始发展。1985 年 11 月 1 日，深圳经济特区证券公司成立。1986 年，经上海人民银行批准，中国工商银行上海静安信托投资分公司成为第一个证券交易营业部。1985 年 3 月 3 日，国务院颁布《保险企业管理暂行条例》，国有保险公司、股份制保险公司、外资保险公司等各类型保险机构也相继成立并开展业务，国内保险市场逐步形成并开始商业化、规范化运作，保险资金的风险保障功能逐渐得以发挥。

2．货币市场初步建立

1985 年，人民银行开始实行“统一计划、划分资金、实存实贷、相互融通”的信贷资金管理体制，允许专业银行之间跨地区、跨系统拆借资金，解决各专业银行之间的横向资金调剂和融通难题，国内同业拆借市场开始起步。1986 年 1 月，国务院发布《中华人民共和国银行管理暂行条例》，其中，第三十九条明确规定，“专业银行之间的资金可以相互拆借”[①]。从此，国内同业拆借市场正式启动。1987 年，在武汉、广州、重庆、沈阳、成都等核心城市建立有形同业拆借市场的基础上，全国（除西藏外）各省（区、市）均成立了同业拆借市场，形成由中国人民银行、专业银行和其他类型金融机构参与的多样化、多层次拆借市场体系。

在部分城市试点银行承兑汇票贴现业务的基础上，自 1985 年起，中国人民银行决定在全国推行商业票据承兑和贴现业务。1988 年，中国人民银行对银行结算制度进行了改革，允许银行承兑汇票进行一次背书转让，银行承兑汇票再贴现业务开始试点，为进一步拓宽企业融资渠道、缓解企业临时性资金短缺困难提供了方便。

3．资本市场发展初具雏形

债券发行和交易市场获得初步发展。在前期恢复国债发行的基础上，1988 年上海、沈阳、深圳、广州等 7 个城市开始国债流通转让市场试点，国债交易二级市场不断发展。为提高国债的流动性和发行效率，1990 年 12 月，全国证券交易自动报价系统（STAQ）

① 《中华人民共和国银行管理暂行条例》，《中华人民共和国国务院公报》，1986 年 01 期。

正式开始运行，率先推出国债回购业务试点。随后，证券交易所和地方证券交易中心也相继推出国债回购业务，国债回购交易量快速增加。与此同时，伴随国内企业改革的推进，企业债券发行开始提速，有力支持了国家重点建设项目和重点企业的资金需求。金融债券市场也得到相应发展，金融机构通过发行金融债券加大了对在建项目的资金支持力度，确保了相关项目的顺利完成。

股票市场诞生并获得稳步发展。20 世纪 80 年代初，国内企业股份制改革试点的推行为股票市场的诞生和发展提供了内在动力，部分企业通过向社会公众公开发行股票的方式筹集资金，为企业开辟了新的资金渠道。为配合企业股份制改造、满足股票交易流通需求，从 1987 年开始，中国人民银行和财政部相继批准组建了一批证券公司，并陆续开办股票经纪业务，股票交易OTC市场获得快速发展。随后，国内陆续成立了多家区域性证券交易所，股票二级市场逐步形成。1990 年 12 月 19 日，上海证券交易所开业。1990 年 12 月 1 日，深圳证券交易所成立，1991 年 7 月 3 日正式开业。沪深交易所的成立标志着全国集中统一的证券市场随之形成。国内证券市场确立了场外柜台市场和场内交易所市场并行的发展模式，证券市场的流动性不断提高，证券发行和交易规模持续扩大，为企业直接融资提供了重要渠道。

4．外汇市场获得积极发展

随着国内对外开放的推进和境内主体用汇限制的放宽，境内企业和居民产生了调剂外汇的需求。1988 年，在上海、深圳试点推进外汇调剂市场改革的基础上，全国外汇调剂中心和各省（区、市）及沿海主要开放城市的地方外汇调剂中心相继成立，分别负责办理中央部门所属企业和本地区各类企业之间的外汇额度和现汇调剂业务，在确保官方汇率稳定和国家外汇安全的前提下，较好地满足了市场主体的用汇需求，也促进了对外贸易与国际合作。随后，上海等部分外汇调剂中心通过放开外汇调剂市场汇率，引入会员制、公开竞价交易和集中清算等制度，建立了区域性外汇调剂公开市场，开始了外汇体制市场化改革的早期探索，但也导致官方汇率与市场汇率并存的问题，成为今后人民币汇率改革的重要内容和方向。

（三）金融市场化改革起步及向纵深推进（1992—2011 年）

1992 年 10 月，党的十四大确定了建立社会主义市场经济的体制改革目标，中国金融体系正式迈入市场化改革阶段。随着社会主义市场经济体制改革的不断深化，以及中国加入世界贸易组织，更快地融入经济全球化过程，金融体制改革不断推进，金融市场体系改革逐步形成并不断向纵深推进，金融市场对外开放的程度显著提高。我国金融市场为国内经济发展提供了有力的资金支持和多元化的金融服务。

1．中央银行制度进一步完善

1995 年 3 月 18 日，第八届全国人民代表大会第三次会议通过《中华人民共和国中国人民银行法》，2003 年进行了修订，从法律上确定了中国人民银行作为中央银行的地位和基本职权。自 1993 年开始，中国人民银行对国家计划安排的投资项目和计划内留存的资金缺口，不再安排固定资产贷款规模，同时强化专业银行信贷投放的资本金约束，在降低信贷风险的同时也提高了资金的使用效率。1994 年和 1995 年，中国人民银行相继停止了向财政部透支和借款，不直接认购、包销国债和其他政府债券，切断向财政供应基础货币的渠道。2003 年 3 月，中国人民银行将对银行业金融机构的监管职责转交给新设立的中国银行业监督管理委员会（2018 年 3 月撤销），同时强化了制定和执行货币政策、维护金融稳定、提供金融服务三大职能，正式确立现代中央银行货币政策框架体系和金融监管体制。2008 年全球金融危机以来，中国人民银行通过积极构建并不断完善宏观审慎政策框架、加强国内国际监管协调与合作等途径，使宏观调控能力和系统性金融风险防范能力得到稳步提高。

2．金融机构体系改革加快推进，金融机构体系进一步完善

我国设立三大政策性银行推进专业银行政策性金融和商业性金融分离。1994 年设立国家开发银行、中国进出口银行、中国农业发展银行三大政策性银行，在支持国家基础设施、基础产业和支柱产业、扩大机电产品、成套设备和高新技术产品出口、发放农业政策性信贷资金等方面发挥了积极作用。

银行业金融机构推进商业化和股份制改革。1995 年 5 月 10 日，《中华人民共和国商业银行法》颁布，于同年 7 月 1 日正式实施，由此确立了四大国有独资商业银行的法律地位。1998 年，中国人民银行取消对商业银行贷款限额控制，国有独资商业银行开始实行贷款政策指导下的全面资产负债比例管理。进入 21 世纪，我国的商业银行股份制改革全面推进。大型商业银行通过稳步推进国家注资、剥离处置不良资产、设立股份公司、引进境内外战略投资者、在境内和我国香港上市等途径，不断规范公司治理架构，资本充足率显著提高，资产质量、盈利能力、风险防控等方面不断改善。中小商业银行，开发性、政策性金融机构改革不断深化。2003 年 6 月，国务院印发《深化农村信用社改革试点方案》，农村信用社改革加快推进。

保险业改革和开放加快推进，竞争力不断提高。1992年，国务院决定在上海率先开展保险业对外开放试点，陆续批准设立多家外商独资和合资寿险公司，并引入境外保险营销体制，推动了保险产品创新的步伐。1995年6月30日，《保险法》颁布实施，实现了产险与寿险的分业经营。中国出口信用保险公司、中国再保险股份公司等新型保险公司组建并开展业务，保险市场初步形成了以国有公司和股份制公司为主体、政策性公司为补充、中外公司并存和竞争发展的新格局。保险监管改革也取得突破。1998年11月，中国保险监督管理委员会成立，集中对全国保险市场的发展进行管理，保险市场进入规范发展的新阶段。

3．货币市场在治理中持续完善

为治理国内乱集资、乱拆借等问题，自1993年开始，中国人民银行对银行间同业拆借市场进行整顿和规范。1996年，中国人民银行放开同业拆借利率上限管制，由市场主体根据市场供需情况自行决定，16家商业银行总行之间形成全国统一的拆借市场。1997年，在全国银行间同业拆借中心基础上，中国人民银行建立了银行间债券市场，以债券现货交易和债券回购为主要交易方式。

这一阶段，我国不断进行产品创新和完善相关制度，提高债券市场流动性，丰富债券回购业务品种。2004年5月，在质押式回购基础上推出了买断式债券回购业务。2006年11月，全国银行间债券市场推出债券借贷业务。2010年12月28日，超短期融资券（SCP）首次在银行间市场挂牌交易。为规范交易所债券回购业务，提高相关资金的安全性，自2003年起，银监会、证监会和证券交易所相继整顿交易所债券回购业务，并于2006年制定实施新的交易所质押式回购制度。

为适应市场经济发展需要，国内票据市场进入规范化发展阶段，票据市场改革稳步推进。1994 年，中国人民银行先后发布《商业汇票办法》《再贴现办法》等一系列规范性文件，通过统一商业汇票操作流程、给予再贴现支持等措施积极推广商业汇票业务。1995 年 5 月 10 日，《票据法》正式颁布。进入新世纪以后，人民银行逐步取消部分票据业务的行政限制，不再将票据融资计入金融机构存贷比考核范围，取消商业银行办理银行承兑汇票业务总量控制以及办理转贴现、再贴现业务时对票据交易材料真实性审查要求，极大提高了商业银行办理票据承兑业务的积极性和业务处理的效率。

4．多层次资本市场稳步发展

股票市场制度建设取得积极进展。1992 年 10 月，成立中国证券监督管理委员会，加强对全国证券市场的统一管理，并在股票市场采取了股票发行的核准制。1999 年 7 月 1 日，《证券法》正式施行，为推动资本市场改革与稳定发展提供了法律保障。自 2001 年以来，证监会先后取消股票发行额度、发行指标等行政性限制，实现新股发行由审批制改为核准制，确立以强制性信息披露为核心的市场化约束机制和发行监管法规体系。2005 年 4 月 29 日，中国证监会发布《关于上市公司股权分置改革试点有关问题的通知》，启动股权分置改革，中国股票市场进入全流通时代。2007 年，国家启动上市公司债券发行试点，2010 年启动融资融券业务试点。2004 年 6 月 25 日，深圳证券交易所开通中小板，首批 8 家公司挂牌。2009 年 10 月 30 日，深圳证券交易所开通了创业板市场。2013 年 1 月 16 日，全国中小企业股份转让系统正式投入运营，标志着“新三板”市场的起步。

5．利率市场化改革取得积极进展

1994 年，汇率并轨改革取得成功。1996 年之后，我国先后取消同业拆借利率上限，放开银行间债券回购利率、政策性金融债和国债发行利率以及现券交易价格，并按照“先外币、后本币，先贷款、后存款，先长期大额、后短期小额”的步骤，稳步推进存贷款利率的市场化。1996 年，我国实现人民币经常项目可兑换。1999 年，国家放开长期大额协议存款利率，2000 年，放开外币贷款利率和大额外币存款利率。2005 年，我国确立以市场供求为基础、参考一篮子货币进行调节、管理的浮动汇率制度。2007 年 1 月 4 日，上海银行间同业拆放利率* 正式运行，逐步形成一套完整的短期市场利率定价参考体系。以Shibor和国债收益率曲线为核心的中国基准利率体系初步形成。

6．金融市场对外开放步伐加快

中国自加入世界贸易组织以来，积极履行相关承诺，金融市场对外开放步伐呈现加快态势。境内主要金融机构相继完成股份制改造并在境外挂牌上市，外资参股境内金融机构数量显著增加，持股比例上限不断提高，业务准入范围不断拓展，金融机构“走出去”与“引进来”获得快速发展。资本市场开放取得积极进展。2003 年 7 月 9 日，推出合格境外机构投资者**。2006 年，为满足境内机构和个人对外证券投资和资产配置的需求，合格境内机构投资者制度推出，在资本项目尚未完全开放前提下，为境内外投资者实现跨境资本市场投资提供了渠道。2010 年，为满足境外人民币回流境内投资的需求，人民银行允许三类境外机构投资银行间债券市场。2011 年 8 月 17 日推出人民币合格境外机构投资者制度，允许以人民币合格境外机构投资者的身份投资境内证券市场。

* 上海银行间同业拆放利率(Shibor)是由信用等级较高的银行自主报出的人民币同业拆出利率计算确定的算术平均利率，是单利、无担保、批发性利率。

** 合格境外机构投资者（QFII）指一国在货币没有实现完全可自由兑换、资本项目尚未开放的情况下，有限度地引进外资、开放资本市场的一项过渡性的制度。

（四）现代金融市场体系不断完善（2012 年迄今）

在新一届中央政府的领导下，国内金融市场总体运行平稳，市场化改革持续推进，金融市场双向开放水平进一步提高，市场制度建设和基础设施建设不断完善，防范化解系统性金融风险的能力稳步提高，在推动供给侧结构性改革、更好地服务实体经济等方面发挥了日益重要的作用。

1．金融监管专业化水平不断提高

为防范金融业综合经营背景下跨市场、交叉性金融业务的潜在风险，2013 年 8 月，中国人民银行牵头建立金融监管协调部际联席会议制度，通过加强货币政策与金融监管政策的协调，不断提升防范化解区域性、系统性金融风险和维护金融稳定的能力。2015 年 7 月，中国人民银行等十部委联合印发《关于促进互联网金融健康发展的指导意见》，鼓励金融创新的同时，明确监管责任，规范市场秩序，以促进金融健康发展。[①] 2017 年 11 月，经党中央、国务院批准，成立国务院金融稳定发展委员会。2018 年 3 月 13 日，国务院机构改革方案公布，确立中国人民银行、中国证监会和中国银保监会“一行两会”的金融监管体制框架。同时，分离发展与监管职能、分离监管规制与执行，将拟订银行业和保险业重要法律法规草案和审慎监管基本制度的职责划归人民银行。

2．利率和汇率市场化改革取得实质性进展

2013 年 7 月，中国人民银行全面放开金融机构贷款利率管

---

① 《人民银行等十部门发布〈关于促进互联网金融健康发展的指导意见〉》，中国人民银行网站，2015 年 7 月 18 日。

制。2015 年 10 月，中国人民银行对商业银行和农村合作金融机构等不再设置存款利率浮动上限，利率管制基本放开。与此同时，积极推动货币市场基准利率体系建设，持续优化Shibor报价生成机制，不断扩大其应用范围，促进相关产品创新，完善以利率债为质押的回购交易利率和国债收益率曲线，为金融产品定价、交易、清算和货币政策传导等提供重要依据，逐步确立了以中央银行基准利率为基础，以货币市场利率为中介，由市场供求决定金融机构存贷款利率的市场利率体系和利率形成机制。人民币汇率形成机制改革持续深化。2015 年 8 月和 2017 年 5 月，中国人民银行对人民币兑美元中间报价机制进行了改革，确立了“上日收盘价+一篮子货币汇率变化+逆周期调节因子”的人民币汇率中间价定价模式，使得人民币兑美元汇率中间价能更好地反映外汇市场供求变化，对规范外汇市场顺周期行为、维护人民币汇率在合理均衡水平上的基本稳定发挥了积极作用。人民币国际化步伐稳步推进。2016 年 10 月 1 日，人民币正式加入国际货币基金组织的特别提款权（SDR）货币篮子，人民币作为国际计价货币和储备货币的地位也得到不断提升。自 2012 年以来，通过不断扩大人民币汇率浮动区间、增强汇率双向浮动弹性，为跨境资本流动管理与金融市场进一步开放奠定良好的基础。

3．货币市场创新和制度建设不断推进

（1）积极推动同业存单市场建设

为提高银行间市场资金使用效率，优化金融资源配置，有效应对线下同业拆借市场存在的信息不透明、恶性竞争等乱象，2013 年 12 月，中国人民银行发布《同业存单管理暂行办法》，指导同业拆借中心提供同业存单的发行、交易和信息服务。采取市场化方式确定发行价格和发行利率，研究制定同业存单存续期管理办法，推动线上同业存单市场建设，规范同业拆借市场的发展。2016年6月，中国人民银行降低个人投资认购大额存单起点金额，积极推进大额存单二级市场转让交易，在拓宽金融机构负债产品市场化定价范围、提高金融机构自主定价能力、健全市场化利率形成和传导机制等方面发挥了积极作用。2017年9月，中国人民银行发布公告，缩短同业存单业务最长期限要求，引导其回归调剂金融体系内部短期资金余缺、加大金融支持实体经济的属性。

（2）票据市场制度和基础设施建设不断完善

针对票据市场割裂和信息不对称等问题，中国人民银行于2016年成立上海票据交易所，建成全国统一的票据交易平台，采取纸质票据电子化交易、无纸化托收、券款兑付等交易结算机制，并对票据承兑、贴现、质押、保证等信息进行集中登记，使得票据交易效率大幅提高，交易成本和风险明显下降。2016年12月5日《票据交易管理办法》公布实施，强调“票据市场基础设施按照金融市场基础设施建设有关标准进行系统建设与管理”[①]。对票据交易管理制度和票据市场参与者交易行为进行规范和完善。此外，在引入多元化市场参与主体、创新交易机制、强化市场监管、提升票据市场透明度、规范性和监管效率等方面进行了一系列改革，票据市场在增强中小企业融资能力、支持实体经济发展、优化商业银行资产负债结构等方面的作用得到进一步提升。

①《票据交易管理办法》,《中华人民共和国国务院公报》，2017年21期。

4．债券市场创新和规范化发展成效显著

（1）债券市场创新提速

2013 年，国务院常务会议决定进一步扩大信贷资产证券化试点，不断完善发行管理体制和信息披露机制，有效推动了银行间债券市场资产证券化产品的创新和发展。中国人民银行指导北京金融资产交易所建立起非金融机构合格投资人交易平台，银行间债券市场基础设施框架进一步完善。2015 年 3 月，上海清算所正式推出债券净额清算业务，涵盖债券现券交易、质押式回购和买断式回购，通过代理分层机制实现为更多市场机构提供净额清算服务。随着中国人民银行第二代支付系统的上线，债券市场结算系统建设提速，结算效率大幅提高，银行间债券市场的全部债券交易均须通过全国银行间同业拆借中心系统以券款兑付结算方式实现。2016 年 9 月，银行市场推出信用违约互换、信用联结票据等创新产品，完善了信用风险分担机制和信用风险价格形成机制。2018 年，中国人民银行对金融机构发行资本补充债券予以规范，允许金融机构发行无固定期限债券和新兴资本补充债券，有效提高了金融机构的损失吸收能力。

（2）进一步完善债券发行定价机制

2014 年 12 月，中国人民银行印发《全国银行间债券市场债券预发行业务管理办法》（以下简称《办法》），开始在银行间债券市场推出债券预发行交易，对预发行券种范围、交易和结算方式等做出要求。《办法》提出相应的风险控制措施。同时，调整非金融企业使用招标系统发行债券的门槛要求，为鼓励非金融企业招标发行债券提供制度支持。[①] 2017 年，中国人民银行配合财政部正式启动国债做市支持机制，通过提高国债二级市场流动性，进一步完善国债收益率曲线。2018 年 9 月，中国人民银行、证监会联合发布公告，逐步统一银行间债券市场和交易所债券市场评级业务资质，通过完善信用评级机构内部制度、统一评级标准等方式，强化对信用评级机构的监管，提高评级质量，为债券发行定价提供重要依据。

（3）继续推动银行间债券市场对外开放

2013 年以来，中国人民银行进一步放宽境外机构投资银行间债券市场的范围，并逐步简化管理流程，取消额度限制。2014 年以来，境外非金融企业、外国政府和国际机构在国内银行间债券市场相继发行首只人民币境外非金融企业债券、首只外国政府人民币主权债券和首只以SDR计价并使用人民币结算的债券，通过债券市场投融资主体的多元化改革，有力推动了债券市场对外开放和人民币国际化步伐。2016 年，对境外机构投资银行间债券市场实行外汇登记管理，不设行政许可和单家机构限额或总限额，资金汇出汇入无须核准、不设锁定期和汇出比例等限制。2017 年 7 月，推出内地与香港债券市场互联互通合作的“债券通”业务，丰富了境外投资者投资渠道，推动了银行间债券市场的对外开放。

5．证券市场相关监管制度建设不断完善

2013 年 11 月，启动新股发行体制改革，突出以信息披露为中心的监管理念，切实保护中小投资者权益，按照市场化和法制化原则，理顺和加强新股发行、定价和配售等环节的市场化约束机

① 《央行发布银行间债券预发行管理办法》，证券时报网，2014 年 12 月 18 日。

制。2014年，进一步放宽QFII和RQFII投资范围，正式推出新三板做市商制度。2014年8月，中国证监会出台《私募投资基金监督管理暂行办法》，强化对私募基金募资和投资运作行为的监管；同年9月，发布《关于进一步推进期货经营机构创新发展的意见》，推动期货业创新发展，更好地发挥期货在服务实体经济、促进经济结构转型升级等方面的作用。2015年1月，中国证监会发布《股票期权交易试点管理办法》，启动股票期权交易试点，通过不断完善资本市场风险管理功能和价格发现机制，推动资本市场平稳健康发展。[①]同时，国家修订《证券公司融资融券业务管理办法》，发挥融资融券业务逆周期调节机制的作用。2015年11月，恢复新股发行并不断完善新股发行制度改革。2015年12月，中国证监会发布《货币市场基金监督管理办法》，强调"货币市场基金应当采取稳健、适当的会计核算和估值方法。在确保基金资产净值能够公允地反映基金投资组合价值的前提下，可采用摊余成本法对持有的投资组合进行会计核算，但应当在基金合同、基金招募说明书中披露该核算方法及其可能对基金净值波动带来的影响"[②]，进一步完善货币市场基金投资运作、流动性管理等系统性制度安排。2018年4月，中国人民银行等四部门联合发布《关于规范金融机构资产管理业务的指导意见》，加快统一资产管理业务监管标准，保障金融市场稳定运行。

---

① 《股票期权交易试点管理办法》,《中华人民共和国国务院公报》，2015年09期。
② 《货币市场基金监督管理办法》,《中华人民共和国国务院公报》，2016年04期。

6．金融市场对外开放与互联互通加快推进

（1）资本市场互联互通机制不断完善

2014年以来，国家相继开启“沪港通”、“深港通”、“债券通”、“沪伦通”，内地与香港证券投资基金跨境发行销售机制推出，资本项目可兑换实现新突破。相关制度安排也在稳步推进。境外再融资审核制度持续优化，2019年11月，中国证监会发布《中国证监会全面推开H股“全流通”改革》，启动H股全流通试点。2017年6月21日，明晟公司宣布从2018年6月开始，将A股纳入MSCI新兴市场指数和MSCI、ACWI全球指数。资本市场产品供给不断增加，研究推出股票市场存托凭证（CDR）、衍生品市场商品期货等多个资本市场相关产品，积极推动通过更多商品期货和金融期货引入境外交易者。

（2）合格境外机构投资者制度不断健全

国家持续完善QFII/RQFII投资境内资本市场相关管理规定，分步骤取消其投资境内银行间债券市场的额度限制和汇入期要求，不断简化外汇登记和资金汇出管理流程，投资境内证券市场相关管理规定在取消资金汇出比例和本金锁定期要求、允许开展外汇套期保值业务等方面取得积极进展，资本市场对外开放稳步推进。不断优化QDII/RQDII相关管理制度，提升跨境证券投资便利化程度，有效满足了境内市场主体跨境资产配置的需求。2016年，国家进一步改革RQFII管理制度，取消QFII和RQFII额度上限和汇入期要求，进一步提高境外机构投资中国资本市场的便利化程度。

金融机构通过跨境合作积极参与国际金融市场。积极支持境内外金融机构在同业融资、贸易融资、银团贷款、清算服务等领域开展同业合作加快推进境内交易所和证券期货经营机构“走出去”步

伐。中欧国际交易所在法兰克福成立，上海证券交易所与莫斯科交易所签署战略合作协议，上海证券交易所与哈萨克斯坦阿斯塔纳国际金融中心管理局将共同投资建设阿斯塔纳国际交易所。上海证券交易所、中国金融期货交易所、深圳证券交易所先后收购巴基斯坦证券交易所30%股权和孟加拉国达卡证券交易所25%股权，在交易技术、市场培育、产品开发等重点领域开展跨境金融合作，共同参与和支持“一带一路”建设，为相关企业提供更加便利的投融资和风险管理服务。金融领域逐步实施外商投资准入前国民待遇加负面清单管理，国内金融市场双向开放步伐全面加速。

7．保险市场发展和基础性制度建设持续推进

从2013年开始，国家适度放开保险公司单一股东持股比例限制，加强对保险资金运用的监管。2013年9月，中国保险资产管理业协会成立，加强保险行业自律管理。2014年7月，国家在部分城市开展老年人住房反向抵押养老保险试点。2016年5月，在全国范围内推出城乡居民住宅地震巨灾保险。2016年6月12日，上海保险交易所正式揭牌，重点推动和拓展国际再保险、国际航运保险、大宗保险项目招投标和特种风险分散等业务。加快推进保险费率市场化改革，相继启动万能型和分红型人身险费率改革和商业车险费率改革试点。不断加强和改进保险监管。2014年，国家全面实施并不断完善第二代偿付能力技术标准和监管要求。持续规范互联网平台保证保险业务，强化信用保证保险监管。修订《保险公司股权管理办法》，建立健全保险机构独立董事制度运行机制，规范保险销售行为，改进保险理赔。2015年2月，保监会发布中国风险导向偿付能力体系监管规则并采用“三支柱”框架。2018年，国家出台一系列涉及个人税收递延型商业养老保险监管规则，对保险机构经营资质、产品开发等方面予以明确规范。2019 年 5 月 28 日，财政部、国家税务总局发布《关于保险企业手续费及佣金支出税前扣除政策的公告》，保险企业手续费佣金支出税前扣除比例提至 18%。[①]

二、期货市场改革历程

中国期货市场是在中国经济体制改革进程中，适应社会主义市场经济体制的建立和经济发展的需要而诞生的，是在理论研究和借鉴国际经验的基础上试点起步的。在改革开放的大潮中，中国期货市场从无到有、从小到大，历经风雨，逐步规范，伴随着经济体制改革的深化而发展，为促进中国经济的快速发展和社会主义市场经济体制的完善发挥了重要作用。

（一）起步和探索阶段（1988—1993 年）

1．改革开放为期货市场的诞生创造了条件

中国期货市场的出现不是偶然现象，而是中国经济体制由计划经济迈向市场经济的必然产物，是中国经济发展实践的内在要求。

1978 年 12 月，党的十一届三中全会做出了经济体制改革的决定，拉开了中国市场化进程的序幕。1984 年党的十二届三中全会通过了《中共中央关于经济体制改革的决定》，改革的目标进一步深化，开始了从农村到城市，逐步推进市场化的全面改革。1987 年，

① 《关于保险企业手续费及佣金支出税前扣除政策的公告》，财政部网站，2019 年 5 月 28 日。

大部分农副产品价格已经放开，生产资料实行双轨制，市场机制逐步发挥作用，随之而来的市场价格风险也在加大。尤其是农副产品，价格暴涨暴跌，伤害了农民的生产积极性，损害了消费者利益。

如何形成统一的基准价格来反映供求和指导产销，成为商品市场发展中亟待破解的制度难题。针对现货市场的缺陷，国外专家向当时的国家领导人提出了发展期货市场的建议，即利用期货市场的价格发现功能，提供未来价格的变动趋势，引导生产；利用期货市场的套期保值功能，帮助生产者和消费者规避价格波动风险。这一建议受到中央和国务院领导的重视。

经过两年的不懈努力，期货市场在我国终于从理论准备进入试点实施阶段。1990 年 10 月 12 日，作为第一家期货市场的改革试点，中国郑州粮食批发市场正式开业。该市场首先从现货交易入手，引入部分期货交易机制，再逐步向期货市场转变，从此开启了中国期货市场的发展历程。

2．较快发展带来的问题

1992 年，尤其是在党的十四大以后，期货市场发展速度加快。1992 年 5 月 28 日，上海金属交易所开业。1992 年 6 月 10 日，深圳有色金属交易所成立，并在 1992 年 10 月正式推出第一个标准化期货合约。截至 1993 年底，国内期货交易所就达到 50 多家，期货经纪公司 300 多家，银行、证券公司、信托公司等期货兼营机构 2000 多家，交易品种 100 多个；期货从业人员从 1992 年的不足万人猛增至 1993 年底的 13.5 万人；期货市场成交金额从 1992 年的不足 500 亿元快速膨胀，到 1993 年底达到 5000 多亿元，一年时间翻了 10 倍。期货市场的盲目发展，暴露出一系列问题：交易品种高度重复，过度投机，市场操纵频发；盲目发展境外期货，地下交易盛行；

期货经营机构运作不规范，经济纠纷和风险频发；市场监管无法可依，管理多头政策混乱，尤其是监管主体不明确，等等。试点探索阶段出现的上述问题亟待整顿和规范。

（二）治理整顿、夯实基础阶段（1994—2002 年）

从 1993 年底开始，国务院及有关部门陆续出台一系列监管措施，期货市场进入治理整顿阶段。

1．明确监管机构

1994 年 5 月，国务院办公厅转发国务院证券委员会《关于坚决制止期货市场盲目发展若干意见请示的通知》，提出发展期货市场必须“规范起步，加强立法，一切经过试验和严格控制”的原则，明确期货市场试点工作由国务院证券委员会负责，具体工作由中国证监会执行。[①]

2．整顿市场主体

在中国证监会的组织下，1994 年先后审批 15 家交易所为试点；重新审批注册期货经纪公司；并从严控制国有企业、事业单位参与期货交易；1994 年初暂停了期货外盘交易。1998 年，中国证监会开始对期货经纪机构的业务准入、资质和经营范围等方面严格限制，力图从中介渠道规范市场秩序。不符合条件的机构全部被撤销、合并，期货兼营机构全部退出代理业务。到 1998 年，期货经纪公司减少为 180 家左右。1998 年 8 月，国务院下发《关于进一步整顿和规范期货市场的通知》，15 家交易所被压缩合并为 3 家——上海

① 《国务院办公厅转发国务院证券委员会关于坚决制止期货市场盲目发展若干意见请示的通知》，《中华人民共和国国务院公报》，1994 年 13 期。

期货交易所、大连商品交易所和郑州商品交易所，从而奠定了我国现有的商品期货交易所格局。

3．清理交易品种

在1993年关停10多个交易品种的基础上，1998年全国期货交易品种进一步由35个削减为12个。被保留的12个交易品种在保证金方面采取“扶大限小”的政策，即对铜、铝、大豆等表现稳定的品种继续收取5%的保证金，其他9个品种的保证金水平提高至10%，以稳定不同期货品种的市场交易。

4．制定法律法规

在总结经验的基础上，1999年6月，国务院颁布《期货交易管理暂行条例》(以下简称《期货暂行条例》)，对期货交易所、期货经纪公司、投资者等不同市场主体的职责和权限及具体运作方式做了规定。如禁止金融机构参与期货交易，严禁国有企业违规参与期货交易，严禁信贷资金、财政资金以任何形式流入期货市场，金融机构不得为期货交易提供融资或担保等。此外，还明确了期货市场的监管由中国证监会集中统一负责。[①]随后，证监会相应发布了《期货交易所管理办法》等四个配套文件。《期货暂行条例》及配套文件的出台，标志着期货市场从“无法可依”的无序发展阶段进入“有法可依”的规范发展阶段。

5．组建行业自律组织

在构建期货市场监管体系的同时，中国证监会也借鉴国际经验，加强了期货行业自律管理。2000年12月29日，中国期货业协

① 《期货交易管理暂行条例》,《中华人民共和国国务院公报》，1999年21期。

会在北京成立。作为非营利性的团体法人，在行业自律、从业人员管理、服务会员、宣传教育、内部建设等方面做了大量工作，为建立有效的自律管理体系和推动期货市场稳步发展做出了积极贡献。

通过整顿规范，中国期货市场的非理性发展得到了有效遏制，期货监管体系基本建立，期货市场法律法规初步形成，市场布局和产品结构得到调整，期货交易所的管理制度逐步完善、风险防控能力显著提高，期货代理业得到规范发展，市场秩序逐步恢复。通过十年左右的治理，期货市场进入了规范化发展阶段，制度基础也进一步夯实，为期货市场的持续发展创造了条件。

（三）稳步推进阶段（2003—2012 年）

2001 年加入WTO标志着我国对外开放、经济发展进入一个全新阶段。与全球经济贸易规则接轨、融入国际市场等对金融等要素市场发展提出了更高的要求。同时，加入WTO使中国经济迈入了新一轮快速增长阶段，经济规模迅速扩大，制造业的快速崛起加大了资源型商品对国际的依赖程度。在此背景下，我国迫切需要发展与之相适应的期货市场体系。这一时期，在“建立现代金融企业、大力发展直接融资、建设多层次资本市场”的思路下，期货市场进入稳步发展时期。

1．政策上得到肯定与支持

2003 年 10 月，党的十六届三中全会审议通过的《关于完善社会主义市场经济体制若干问题的决定》明确提出，要稳步发展期货市场。2004 年，国务院发布《关于推进资本市场改革开放和稳定发展的若干意见》（简称“老国九条”），“老国九条”提到，“在严格控制风险的前提下，逐步推出为大宗商品生产者和消费者提供发现价格和套期保值功能的商品期货品种；要建立以市场为主导的品种创新机制，研究开发与股票和债券相关的新品种及其衍生品”[1]。这一文件的出台，为期货市场稳步发展和创新奠定了政策基调。

2．新的期货品种陆续上市

2004 年 6 月，经国务院同意，中国证监会批准郑州商品交易所上市棉花期货品种，这是自 1993 年期货市场治理整顿 10 年来，首个上市的新品种，表明新品种上市机制对期货市场发展的约束被打破。随后，各期货交易所陆续推出并成功运行燃料油、螺纹钢、玉米、白糖、黄金等关系国计民生的交易品种，期货市场品种序列不断丰富。

3．中国金融期货交易所成立

2006 年 9 月，经国务院同意、中国证监会批准，由郑州商品交易所、大连商品交易所、上海期货交易所、上海证券交易所和深圳证券交易所共同发起的中国金融期货交易所成立，并于 2010 年 4 月，成功推出首个金融期货产品“沪深 300 指数期货”，标志着中国期货市场的服务范围，由商品领域扩展到金融领域。

4．完善期货监管体系

为及时防范和化解重大风险事件，期货市场在制度和机构安排上进一步创新。2006 年 5 月，作为期货保证金安全存管机构，中国期货保证金监控中心（2015 年更名为中国期货市场监控中心，以下简称“监控中心”）正式成立。其基本职能是及时发现并报告期货保证金被挪用的风险状况，配合期货监管部门处置保证金风险

---

① 《国务院关于推进资本市场改革开放和稳定发展的若干意见》,《中华人民共和国国务院公报》, 2004 年 09 期。

事件。此外，监控中心还依托数据集中优势，从实名制开户、市场及期货经营机构监控等多个角度对期货市场实施全方位监测，及时防范个体风险和系统性风险，市场监管能力得到有效提升。

5．进一步完善法律法规

2007 年 4 月，在总结期货市场多年发展实践的基础上，国务院对 1999 年的《期货交易管理暂行条例》进行全面修订，正式施行《期货交易管理条例》，对期货市场的监督管理更加完善，在新品种上市、市场服务范围、期货公司定位上，给予期货市场、期货相关业务许多新的突破，并留有更多拓展空间，为期货市场进一步规范与发展提供了制度保障。2012 年，国务院再次修改《期货交易管理条例》，允许外国人参与境内特定期货品种交易。这为国际化的原油期货上市及铁矿石等大宗商品期货的国际化发展创造了条件。

（四）创新发展阶段（2013 年迄今）

党的十八大以来，我国期货市场进入创新发展的新阶段。新的品种、新的衍生品工具加快推出，期货公司新的业务模式不断涌现，期货交易所的国际化战略也迈出实质性步伐，期货市场的发展越发成熟、稳健，服务实体经济能力显著增强。

1．期货市场品种上市步伐加快

2021 年以后，在短短 9 年时间里，我国期货市场新上市期货、期权品种达 65 个，是之前 20 多年上市品种总和的 2 倍多。不仅先后上市了油菜籽、鸡蛋、玉米淀粉、动力煤、锡、镍等传统的农产品和工业品，还创新性地推出了全球首个苹果、铁矿石期货。这体现出期货市场更加紧密地与我国产业和实体经济发展相融合，不仅有助于稳定和提高农民收入、促进相关产业的规范化和标准化发展，还充分体现出我国期货市场在历经多年稳健发展后的成熟与自信。这一阶段，金融期货发展步伐加快，股指期货品种体系进一步完善，增加了上证 50 和中证 500 股指期货两个品种；国债期货市场起步，推出了 2 年期、5 年期和 10 年期国债期货三个品种。场内期权实现“零”的突破，2015 年，上市了首个金融期权——上证 50ETF（交易型开放式指数基金）期权；豆粕、白糖、铜期货期权等场内商品期权也于 2017—2018 年先后上市。

2．迈出国际化步伐

中国商品期货市场在推进国际化方面不断创新。2014 年起，推出期货公司代理境内客户参与境外期货交易的试点。2018 年 3 月，原油期货成功上市，以“国际平台、净价交易、保税交割、人民币计价”的模式向境外开放，境外投资者可自由参与该品种的交易；随后，铁矿石、PTA、棕榈油、国际铜、低硫燃料油、20 号标胶等品种先后向境外投资者开放；2018 年 8 月，《外商投资期货管理办法》正式颁布，期货行业对外开放的政策正式落地，外商持有境内期货公司股比不超过 51%的限制，于 2021 年解除。

3．期货公司加快创新发展

2014 年 9 月，中国证监会发布《关于进一步推进期货及衍生品行业创新发展的意见》，明确界定期货经营机构为“衍生品服务提供商”，具有“风险管理”和“资产定价”两项基本职能。同时，提出加快推出集合资产管理业务和期货公司代理境内客户参与境外期货交易的试点，进一步扩大期货公司设立风险管理子公司试点范围，支持期货经营机构自主创设场外衍生品合约，并鼓励有条件的期货公司开展集团化经营，努力打造一批具有国际竞争力、以风险管理和资产定价为核心业务的衍生品服务集团。[1]自此，期货公司不断创新服务模式，通过多种业务为实体经济提供风险管理服务，朝着集团化、规模化、多产品、多服务的综合经营商方向发展。尤其值得一提的是，截至2018年9月底，期货公司中共有79家成立风险管理子公司，为实体经济提供基差交易、合作套保、场外期权等多种风险管理产品和服务。多家期货公司与保险公司、交易所合作，推出“期货+保险”业务，通过农民投保、保险公司和期货公司合作将相关风险向期货市场转移的方式，减少农产品价格波动对农民的影响，为稳定农民收入提供了新的市场化保障。

4．法治化进程提速，《期货和衍生品法》获得通过

2022年4月，全国人大常委会第34次会议表决通过了《中华人民共和国期货和衍生品法》（以下简称《期货法》）。《期货法》的颁布，将彻底解决《期货交易管理条例》和有关部门的规章、规范性文件以及期货交易场所、行业协会的自律规则等构成的相关法规制度体系法律位阶不高的问题，有效填补我国资本市场特别是期货市场法治建设的空白，有利于稳定交易者预期，规范和促进期货市场健康发展，并与国际市场更好衔接。

从涵盖范围来看，《期货法》从市场实际情况出发，统筹考虑期货和衍生品两个市场。一方面，系统规定了期货交易及其结算与交割等期货市场基本制度，确立交易者保护体系，规范期货经营机构、期货交易场所、期货结算机构和期货服务机构等市场主体的运行，明确期货市场的监督管理等。另一方面，将衍生品交易纳入法

① 《证监会：正研究起草支持期货及衍生品行业创新发展意见》，《证券日报》，2014年7月12日。

律调整范围，吸收二十国集团在全球金融危机后达成的加强衍生品监管的共识，借鉴国际成熟市场经验，确立了单一主协议、终止净额结算、交易报告库等衍生品交易基础制度，并授权国务院制定具体管理办法，使衍生品市场的发展“有法可依”。

从内容上看，《期货法》较好地平衡了制度稳定和改革创新的关系。一方面，总结期货市场30多年的发展经验，将实践中运行良好、成熟可行的期货交易、结算与交割、金融市场基础设施运行监管等制度和做法在法律层面予以肯定，将保证金监控、账户实名制等具有中国特色的监管制度确定下来，以稳定市场预期，适应现阶段市场发展特征。另一方面，顺应市场发展趋势，破除期货市场发展的体制机制障碍，在品种上市机制、期货公司业务范围、保证金多样化等方面作出了创新性安排，发挥立法前瞻性和先导性作用，为市场改革创新提供支持。

第四节　产权市场改革历程

一、产权市场体系改革历程

产权市场作为广大非上市企业产权交易的主平台，已成为我国资本市场高效配置资源的重要载体。自诞生以来，它始终肩负着国有资产公开、阳光交易的重任，为国有资产优化配置和保值增值提供高效平台，是我国建立健全惩治和预防腐败体系的重要抓手。改革开放40多年来，产权市场服务范围已从最初的企业国有产权转让，逐步拓展到股权、债权、知识产权、数据要素、自然资源等各类要素的有序流转和优化配置，展现出了旺盛的生命力和创造力。党的十九大报告提出“经济体制改革必须以完善产权制度和要素市场化配置为重点”，随后中央出台多个文件，对该政策进行深化、细化，为产权市场进一步打开了广阔的发展空间。中国产权市场的建设和发展，是中国在非标准化资产交易领域的重大制度创新，它与证券市场一起，构成了中国复合资本市场体系的基础框架，有效推动了产权制度改革，为我国坚持和完善社会主义市场经济体制发挥了重要作用，为世界其他国家和地区建设现代市场体系提供了中国智慧和方案。

1978 年，党的十一届三中全会召开，正式拉开了我国改革开放的序幕，为适应国有企业改革发展的需要，以服务国有企业兼并重组为主的中国产权市场逐步萌芽和诞生。随后，伴随着我国社会主义市场经济体制不断发展完善和国有企业持续的深化改革，中国产权市场实现快速发展壮大，现已成为我国多层次资本市场的重要组成部分。回首过去，中国产权市场从无到有、从小到大，根据重大标志性事件的时间节点，可将其划分为以下两个阶段。

（一）产权市场萌芽起步阶段（1978—2011 年）

1．萌芽兴起（1978—1993 年）

党的十一届三中全会后，国有经济变革进程开始伴随改革开放战略同步进行。中国经济体制改革的大幕开启后，从尊重经济规律办事，到计划经济为主、市场调节为辅，到实行有计划的社会主义商品经济，再到计划与市场的内在统一，当时体制僵化的国有企业，亟须推进改制重组以适应新的市场环境。中国产权市场正是在这种背景下破土发芽。1984 年 10 月，党的十二届三中全会通过《中共中央关于经济体制改革的决定》，改革从农村走向城市，国企所有权和经营权解绑，这使得新的企业经营形式开始浮现。同年，石家庄造纸厂的经营权被转让给厂长马胜利，这是“两权分离”概念提出后的首次产权交易。1988 年 5 月，武汉市体改委批准设立“武汉市企业兼并市场事务所”，中国第一家完全意义上的产权交易机构就此诞生。之后，昆明、深圳、山东、江西、山西、北京、上海、南京、乐山等地产权交易机构如雨后春笋般出现。1992 年 10 月，党的十四大提出建立社会主义市场经济，各地推进企业股份制改革，全国掀起了建立产权交易所的热潮。1993 年 11 月，党的十四届三中全会通过《中共中央关于建立社会主义市场经济体制若干问题的决定》，要求建立“产权清晰、权责明确、政企分开、管理科学”的现代企业制度，首次提出实行“产权流动和重组”。之后，企业改制重组和并购活动空前活跃，为国有企业“盘活国有资产存量”服务，成为产权交易市场发展的强大动力。截至 1993 年底，全国共成立产权交易机构 170 多家，形成了中国产权市场发展的第一次高潮。

2．**艰难探索**（1994—2002 年）

中国产权市场发展之初，尽管国家和一些省市政府出台了一些支持和规范企业产权交易的政策措施，但由于市场缺乏必要的监管体系，少数产权交易机构擅自开展非上市公司股权等额拆分和连续交易，即所谓一级半市场，当时成都的红庙子、武汉的汉柜、淄博的SDK，一度都很红火。这种游离于证券监管之外开展证券交易，引发了市场风险。鉴于此，1994 年 4 月，国务院办公厅发出《关于加强国有企业产权交易管理的通知》，要求暂停产权交易市场活动。1997 年 5 月，受亚洲金融风暴的影响，国务院为掌握场外交易市场情况，组织证券委员会、证监会、中国人民银行、体改委、国资局等5部委成立联合调研组，到山东、河北专题调研。同年11月，全国金融工作会议召开，讨论形成清理整顿意见。12月，中共中央、国务院下发《关于深化金融改革整顿金融秩序防范金融风险的通知》，为落实文件精神，1998年3月，国务院办公厅转发中国证监会《关于清理整顿场外非法股票交易方案的通知》，要求“彻底清理和纠正各类证券交易中心和报价系统非法进行的股票、基金等上市交易活动，严禁各地产权交易机构变相进行股票上市交易”。因此，乐山、淄博、成都、武汉等一批不规范的柜台交易机构被关停，全国只留下上海、北京、天津、深圳等地少量规范的产权交易机构，市场发展态势低迷。直到1999年，伴随国家大力推进高新技术企业发展，技术产权流转存在巨大需求，催生了技术产权交易市场的建设和发展，给处于困境的中国产权市场注入了新动力，产权市场有所复苏。

3．**规范发展**（2003—2011年）

如果说我国产权市场诞生和发展的前15年，主要特征是孕育、探索和试错，那么2003年以后，在中央纪委和国务院国资委的推动下，中国产权市场开始进入规范发展的轨道，随之迎来全国产权交易机构快速发展的黄金时期。

2002年初，十五届中纪委第七次全会明确提出“各地区、各部门都要实行经营性土地使用权出让招标拍卖、建设工程项目公开招标投标、政府采购、产权交易进入市场等四项制度”，这是中国产权市场实行全面规范发展的制度起源。2002年11月，党的十六大提出“健全统一、开放、竞争、有序的现代市场体系。推进资本市场的改革开放和稳定发展。发展产权、土地、劳动力和技术等市场"[①]。2003年3月24日，国家设立企业国有资产监督管理委员会（以下简称国务院国资委），对中央企业实行管人管事管资产相结合、权利责任义务相统一的监管制度。之后，各省区市和设区的市也先后设立国资委。从此，企业国有产权有了统一的出资人代表。2003年10月，党的十六届三中全会通过《中共中央关于完善社会主义市场经济体制若干问题的决定》，进一步提出建立"归属清晰、权责明确、保护严格、流转顺畅"的现代产权制度，提出"要依法保护各类产权，健全产权交易规则和监管制度，推动产权有序流转"[②]。同年12月31日，国务院国资委和财政部联合颁布《企业国有产权转让管理暂行办法》，从解决"进场交易"这个关键出发，建立了企业国有产权进场交易制度。之后，国务院国资委指导各地出台法规和政策，就如何选择产权交易机构、做好进场交易准备、交易信息披露、场内竞价交易、买方与价格确认、交易价款结算、产权关系变更、交易过程监管等环节，制定了一整套严密的企业国有产权转让交易规则，明确了转让各环节具体的工作程序和操作细则。从此，我国产权市场进入规范快速发展阶段。

2007年10月，党的十七大报告提出"优化资本市场结构，多渠道提高直接融资比重"[③]。此后，各地开始探索利用产权市场为企业增资扩股服务。产权市场为企业提供了一个新的融资平台，为资

---

① 江泽民：《全面建设小康社会 开创中国特色社会主义事业新局面——在中国共产党第十六次全国代表大会上的报告》，北京：人民出版社，2002年版，第27页。

② 《中共中央关于完善社会主义市场经济体制若干问题的决定》，北京：人民出版社，2003年版，第15页。

③ 胡锦涛：《高举中国特色社会主义伟大旗帜 为夺取全面建设小康社会新胜利而奋斗——在中国共产党第十七次全国代表大会上的报告》，北京：人民出版社，2007年版，第26页。

本提供了一个可以进退的渠道。产权市场不但弥补了市场平台的缺失，而且门槛低，约束条件少，操作灵活，融资量大，综合成本远低于企业自己寻找交易对象。

2009年5月1日，《企业国有资产法》开始施行，其中第五十四条规定：国有资产转让应当遵循等价有偿和公开、公平、公正的原则。除按照国家规定可以直接协议转让的以外，国有资产转让应当在依法设立的产权交易场所公开进行。“依法设立的产权交易场所”和企业国有资产进场交易的原则被正式写入法律，有了法律保障。2010年5月，国务院出台《关于鼓励和引导民间投资健康发展的若干意见》，提出“鼓励民营企业借助产权市场，整合民间资本，加速产权合理流转，开展跨地区、跨行业兼并重组”[①]。在这一阶段，按照国务院国资委提出的关于企业国有资产“应进必进、能进则进、进则规范、操作透明”的原则，企业国有产权转让行为在全国范围实现强制进场，中国产权市场全面复兴，且交易行为的规范性大为增强，市场效率逐步提升。以此为引领，中国产权市场立足规范，不断拓展服务范围，企业增资扩股、资产转让、行政事业单位资产转让、诉讼资产转让等各类国有及非国有资产，以及技术、林权、环境权益、金融资产等各类生产要素也陆续通过产权市场这一阳光化、市场化平台交易，交易规模和市场影响力持续放大。

随着产权市场的快速发展，社会上一些机构再次出现打着产权交易所旗号开展证券市场外的拆细连续交易的行为。2011年11月，国务院发布《关于清理整顿各类交易场所切实防范金融风险

① 《国务院关于鼓励和引导民间投资健康发展的若干意见》，《人民日报》，2010年5月15日。

的决定》，要求“按照属地管理原则，对本地区各类交易场所，进行一次集中清理整顿，其中重点是坚决纠正违法证券期货交易活动”①。为此，国务院成立由证监会牵头的“清理整顿各类交易场所部际联席会议”，开始对全国范围内从事产权交易、文化艺术品交易和大宗商品中远期交易等各类交易场所进行清理整顿。

2010 年 12 月 23 日，民政部向国务院国资委回函，批复同意成立“中国企业国有产权交易机构协会”，属于全国性、行业性、非营利性社会组织，业务主管单位是国务院国资委。翌年 2 月 15 日协会在北京挂牌，4 月 25 日协会一届一次常务理事会通过成立秘书处，正式开始组建运作。

（二）产权市场体系高质量发展阶段（2012 年迄今）

党的十八大以后，中国特色社会主义进入新时代。2013 年 11 月，党的十八届三中全会拉开了新一轮全面深化改革的序幕。2016 年 10 月，习近平总书记出席全国国有企业党的建设工作会议并发表重要讲话，为推进新时期国有企业改革指明方向。新一轮改革特别是经济体制改革的浪潮，赋予了产权市场新使命和新要求，中国产权市场也开启了新的历史方位，进入高质量发展的新阶段。

1．新时期产权市场迈入发展新纪元的纲领性文件

（1）党的十八届三中全会和党的十九大明确新时代产权市场新的使命任务

党的十八届三中全会通过《中共中央关于全面深化改革若干

---

①《国务院关于清理整顿各类交易场所切实防范金融风险的决定》，中国政府网，2011 年 11 月 24 日。

重大问题的决定》，历史性地提出“使市场在资源配置中起决定性作用和更好发挥政府作用”，强调要“大幅度减少政府对资源的直接配置，推动资源配置依据市场规则、市场价格、市场竞争实现效益最大化和效率最优化”①。2017 年 10 月，党的十九大报告提出，“经济体制改革必须以完善产权制度和要素市场化配置为重点，实现产权有效激励、要素自由流动、价格反应灵活、竞争公平有序、企业优胜劣汰”②，标明了产权市场在新时代的发展方向，也赋予了产权市场新的使命和任务。

（2）国企改革“1+N”文件明确产权市场在深化国企改革中的职能定位

2015 年 8 月，中共中央、国务院出台《关于深化国有企业改革的指导意见》（以下简称《意见》），连同后续出台的系列配套文件形成“1+N”制度体系，搭建起新一轮国企改革的“四梁八柱”。《意见》提出，“支持企业依法合规通过证券交易、产权交易等资本市场，以市场公允价格处置企业资产，实现国有资本形态转换，变现的国有资本用于更需要的领域和行业”③，首次将产权市场与证券市场平行纳入资本市场范畴，进一步明确了产权市场在推动国有资本合理流动优化配置、推进国有企业混合所有制改革中的作用，产权市场成为国有经济布局和结构调整的重要平台。同年 9 月，国务

① 《中共中央关于全面深化改革若干重大问题的决定》，北京：人民出版社，2013 年版，第 6 页。

② 习近平：《决胜全面建成小康社会 夺取新时代中国特色社会主义伟大胜利——在中国共产党第十九次全国代表大会上的报告》，北京：人民出版社，2017 年版，第 33 页。

③ 《中共中央 国务院关于深化国有企业改革的指导意见》，《中华人民共和国国务院公报》，2015 年 27 期。

院印发《关于国有企业发展混合所有制经济的意见》，明确了产权市场在规范混改依法合规操作、完善国有资产定价、防止利益输送方面的重要作用，强调“国有企业产权和股权转让、增资扩股、上市公司增发等，应在产权、股权、证券市场公开披露信息，公开择优确定投资人，达成交易意向后应及时公开交易对象、交易价格、关联交易等信息”，“通过产权、股权、证券市场发现和合理确定资产价格”[①]。10月，国家发改委、财政部、人社部、国务院国资委等四部门联合印发《关于鼓励和规范国有企业投资项目引入非国有资本的指导意见》（以下简称《意见》），明确了产权市场在其中的职责定位。《意见》指出，以股权转让方式引入非国有资本的，除重要行业和关键领域有特殊要求的以外，“国有产权转让一律进入产权市场公开挂牌，实行竞价交易”，“以增资扩股方式引入非国有资本的，应参照产权转让管理方式，通过产权市场公开透明地选择投资人并决定对价”[②]。

2019年10月，国务院国资委印发《中央企业混合所有制改革操作指引》（以下简称《操作指引》），进一步强调，“拟混改企业引进非公有资本投资者，主要通过产权市场、股票市场等市场化平台，以公开、公平、公正的方式进行”，同时明确“通过产权市场引进非公有资本投资者，主要方式包括增资扩股和转让部分国有股

① 《国务院关于国有企业发展混合所有制经济的意见》，《中华人民共和国国务院公报》，2015年29期。
② 《国家发展和改革委员会等四部委〈关于印发《关于鼓励和规范国有企业投资项目引入非国有资本的指导意见》的通知〉》，国家发改委网站，2015年10月15日。

权”[①]。《操作指引》进一步明确了央企通过产权市场实施混合所有制改革的产权交易机构选择、信息披露、投资人遴选、重点关注事项等要求。

（3）《企业国有资产交易监督管理办法》奠定产权市场体系的基本制度框架

在《企业国有资产法》以立法形式规定国有资产转让的方式、确立产权市场的法定地位的基础上，2016年11月27日，中共中央、国务院印发《关于完善产权保护制度依法保护产权的意见》，首次以中央名义出台产权保护制度，为产权市场的规范化发展提供了顶层设计。2016年7月，国务院国资委会同财政部发布《企业国有资产交易监督管理办法》（以下简称《办法》），明确将企业国有产权转让、增资扩股、资产转让行为一并纳入产权市场公开交易，在资产交易、流转的基础上，赋予了产权市场产股权融资功能，健全完善了产权市场的资本市场定位。[②]《办法》的出台，为全国产权市场体系的功能完善打下了良好基础，进一步推动了全国产权市场在交易流程、交易规则、交易监管上的规范和统一。

2020年10月，财政部印发《规范产权交易机构开展金融企业国有产权交易管理暂行规定》，专门对产权交易机构开展金融企业国有产权交易作出规范。2021年11月，财政部印发《关于规范国有金融机构资产转让有关事项的通知》，规定在2009年5月1日起施行的财政部《金融企业国有资产转让管理办法》基础上，就规

① 《国资委关于印发〈中央企业混合所有制改革操作指引〉的通知》，国务院国资委网站，2019年11月10日。

② 《企业国有资产交易监督管理办法》，《中华人民共和国国务院公报》，2016年28期。

范国有金融机构资产转让作出进一步规定。①

2．新时期产权市场发展成就

党的十八大以来，中国特色的产权市场与推动新一轮国企改革同频共振，在助推国有经济布局结构调整、混合所有制改革等重点改革任务纵深发展的同时，自身也不断实现高质量发展。

（1）产权市场交易额持续快速增长

2012 年后，产权市场实现跨越式发展，据中国企业国有产权交易机构协会（以下简称中国产权交易协会）统计，2012—2021 年累计交易额达到 91.08 万亿元，年均复合增长率达 29%。其中，2021 年产权交易资本市场 5 大类业务共实现交易额 22.3 万亿元，首次突破 20 万亿元关口，创下历史新高。

（2）进一步助推重点改革任务完成

党的十八大以来，产权市场围绕国资国企改革，主动融入国家发展战略，借助平台在信息集散、资源集聚、资本集中、服务集成、成本集约等方面的优势，引领带动各类社会中介机构服务国资国企改革，助推混合所有制改革等重点改革任务有效推进。2021 年，产权市场助力各类所有制企业完成混改项目 1594 宗，交易额 2755 亿元。其中国有企业以股权转让方式完成的混改项目，引入社会资本 729.7 亿元；以增资方式完成的混改项目，引入社会资本 345 亿元。合计引入社会资本 1074.7 亿元。产权交易资本市场已成为助力国有企业推动混合所有制经济发展的重要操作平台。

---

①《关于规范国有金融机构资产转让有关事项的通知》，财政部网站，2021 年 12 月 8 日。

（3）产权交易资本市场服务功能不断放大

2012年，国务院国资委出台《关于国有企业改制重组中积极引入民间投资的指导意见》指出，从事国有产权转让的产权交易机构，应当积极发挥市场配置资源功能，有序聚集和组合民间资本，参与受让企业国有产权。[①] 2016年3月全国两会期间，习近平总书记在看望参加全国政协十二届四次会议的民建、工商联委员时指出，“要着力引导民营企业利用产权市场组合民间资本，开展跨地区、跨行业兼并重组，培育一批特色突出、竞争力强的大企业集团”[②]。产权市场长尾市场的特性不断显现，各类市场主体，如民营企业、集体企业、外资企业等不同程度地利用产权市场开展资本交易、要素转化，产权市场在中国特色市场经济体制中发挥的作用也得到广泛认可。

（4）交易品种不断增多

党的十八大以后，产权市场围绕交易业务不断延伸服务链条，创新交易品种，业务范围已由传统的国有资产交易扩展至资产股权类、金融资产类、自然资源类、环境权益类和招标采购类共五大类、26个具体业务种类。以不良金融资产交易和金融产品交易为代表的金融资产类交易额逐年攀升，2018—2021年连续四年超过10万亿元。2016年12月，国务院发布《关于全民所有自然资源资产有偿使用制度改革的指导意见》，强调“以市场配置、完善规则为重点，以开展试点、健全法制为路径，以创新方式、加强

① 《关于印发〈关于国有企业改制重组中积极引入民间投资的指导意见〉的通知》，国资委网站，2012年5月25日。

② 《加大改革力度促国企民企共同发展》，《经济参考报》，2018年1月26日。

监管为保障，加快建立健全全民所有自然资源资产有偿使用制度，努力提升自然资源保护和合理利用水平，切实维护国家所有者权益，为建设美丽中国提供重要制度保障”[①]。将全民所有自然资源资产交易流转逐步纳入统一的公共资源交易平台，进一步拓宽产权交易机构以市场化方式配置要素资源的业务边界。2021年7月16日，全国碳市场线上交易正式启动，产权市场在服务绿色低碳国家战略，利用市场机制控制和减少温室气体排放方面，正发挥着举足轻重的基础性支撑作用。招标采购类业务已经拓展至工程建设项目招标投标、机电产品国际招标投标、政府采购、医药卫生材料采购、企业采购等多项具体业务种类，业务规模增长迅速，2021年招标采购类业务年交易额达2.24万亿元，相比2020年（1.2万亿元）增长86.7%。助力采购方节约资金1331.5亿元，相比2020年（936.2亿元）增长42.2%。

（5）服务资源要素市场化配置功能不断深化

产权市场在服务资源要素市场化配置领域发挥越来越重要的作用，通过产权市场要素转化、资本交易功能，各类要素资源通过市场发现自身价值、发现投资者，使广大的国有企业、非上市公司、中小企业等微观主体通过资本市场直接融资获得了可能。2017年9月，山东兖矿科澳铝业有限公司14万吨电解铝产能指标通过产权市场公开转让，挂牌2.1亿元的产能指标吸引了包括东方希望、信发集团、魏桥集团等电解铝龙头企业在内的十多家机构参与，并最终以14.02亿元成交，增值11.92亿元，创造了产能指标转让价格

① 《国务院关于全民所有自然资源资产有偿使用制度改革的指导意见》，《中华人民共和国国务院公报》，2017年04期。

新标杆的同时，帮助企业实现资源要素直接融资 14 亿元。

二、碳排放权交易市场发展历程

（一）试点探索阶段（2011—2016 年）

2011 年 10 月，国家发展改革委印发《关于开展碳排放权交易试点工作的通知》，标志着我国正式启动碳排放权交易试点建设工作。这一阶段，首批 7 个试点地区根据自身特点积极探索碳排放权交易市场（以下简称碳市场）建设，陆续开启交易，并确立了建设全国统一市场的计划。

1．试点构建多层次政策法规体系

政策法规是碳市场运行的基础保障，各试点地区出台地方法规、政府文件、实施细则等，形成了多层次的政策法规体系。一是市场建立基础文件，深圳和北京分别于 2012 年和 2013 年通过人大立法出台地方法规，上海、广东、湖北由政府出台地方政府规章，天津和重庆由政府办公厅出台规范性文件，为碳市场的建立奠定法制基础。二是市场管理办法，7 个试点省市政府发布碳排放权交易管理暂行办法，对市场制度设计的基本方案和原则进行规定，统筹市场建设。三是市场实施细则文件，7 个试点市场的主管部门出台若干项政策文件，详细规定了配额管理、监测报告核查、交易平台管理等方面的细则，具体指导碳市场建设，规范交易行为。此时各地处于探索阶段，政策法规体系的立法层级不高，主要为政策文件且不断调整，有待进一步完善。

2．试点地区建设碳市场基础设施

各试点地区积极推动碳排放权交易相关基础设施的建设，为交易市场的启动奠定基础。我国在建设碳排放权交易试点之前，已参与清洁发展机制项目的国际交易，在此背景下，北京、上海、天津等省市成立环境交易所，开始探索建立碳排放权交易平台。2011年，北京、上海、广州、深圳、天津、重庆、湖北被批准开展碳排放交易试点后，各试点省市依托环境交易所或新成立的交易中心，建立本地区的碳排放权交易平台。同时，各试点建立了注册登记系统、数据报送系统等，支撑开展碳排放权交易。

3．形成多样化区域碳市场

7个试点结合本地区经济发展和产业结构特征，在覆盖范围、配额管理、市场调控、市场监管等规则制度设计上进行了探索，形成了适应本地的碳排放权交易市场机制。

从覆盖范围来看，各试点基于自身的产业结构和能源消费，确定碳市场的覆盖行业和准入门槛，覆盖行业不断扩展，准入门槛降低。7个试点按照“抓大放小”的原则，均优先将电力、钢铁、化工、水泥等部分高耗能行业纳入碳市场。另外，北京、上海、深圳第三产业比重高，高耗能行业较少，纳入行业数量相对较多。北京将所有工业行业、服务业纳入碳市场，2016年又将城市轨道交通、公共电汽车客运纳入；上海将所有高耗能行业、机场、港口、商场纳入碳市场，2016年新增加建筑业；深圳将所有工业企业和公共建筑纳入碳市场。天津、重庆、广东将数据基础好的行业优先纳入碳市场。各试点设置的控排主体准入门槛也有所差异，天津、上海、重庆、广东将控排主体准入门槛设为年碳排放量2万吨以上，北京、深圳由于第二产业规模小，准入门槛较低，初期年碳排放量分别为 5000 吨和 3000 吨以上，湖北工业占比高且经济发展水平相对较低，为避免对中小企业发展造成影响，准入门槛较高，为年综合能耗 6 万吨标准煤。

从配额管理方式来看，各试点多采用“自上而下”、“自下而上”或两者结合的方式设定配额总量，采用免费分配，或免费分配为主、有偿分配为辅的方式进行分配，配额分配方法与行业、存量或是新增设备等因素相关。北京、湖北、广东、深圳采用免费分配和有偿分配相结合的方式，有偿分配包括固定价格出售和拍卖，2014 年四省市拍卖的比例分别为 5%、2.4%、3%、3%；其他地区在初期均采用免费分配的方式。碳市场成立初期，北京的火电、供热企业的既有设施采用历史强度法，其他行业的既有设施采用历史排放法，新增设施全部按照基准线法；天津的电力、热力行业采用基准线法，钢铁、化工、石化、油气开采等行业采用历史法；上海的工业（除电力）、商场、宾馆、商务办公等建筑采用历史法，电力、航空、港口、机场等采用基准线法；重庆采用企业配额自主申报的方式；广东电力、水泥和钢铁行业大部分生产流程（或机组、产品）使用基准线法，石化行业和电力、水泥、钢铁行业部分生产流程（或机组、产品）的既有企业采用历史法，新建企业采用能耗法；湖北的电力行业采用半数历史法和半数基准线法结合的方式进行分配，其他行业采用历史法；深圳的公共建筑和单一产品工业行业采用基准线法进行分配，制造业采用重复博弈的方式进行分配。随着碳市场的运行，各试点也在不断调整分配方式，提高有偿分配比例，更多行业采用基准线法进行分配。

从市场调控机制来看，为避免政策设计不完善、经济周期波动等造成市场的剧烈波动，各试点主要通过调控配额数量的方式调控碳价。如上海、深圳在履约截止前进行配额拍卖，帮助企业履约；天津、上海、湖北、深圳等为避免成本较低的国家核证自愿减排量（CCER）大量进入碳市场，发布针对抵消机制的管理办法，对可用于履约的抵消机制类型、来源和流程做出规定；北京和湖北制定了配额投放和回购机制，北京在日加权平均价连续10个交易日高于150元/吨时，将向市场投放不超过年度配额总量5%的配额，在日加权平均价连续10个交易日低于20元/吨时，使用财政专项资金回购配额。湖北在连续20个交易日内有6个交易日的收盘价达到日议价区间最高价时，将向市场投放不超过年度预留配额量的配额，在连续10个交易日内有6个交易日的收盘价达到日议价区间最低价时，将由风险调控资金回购配额。

从市场监管来看，各试点地区建立监测、报告和核查（MRV）制度等，培育第三方核查机构，保障市场有效运行。深圳和北京率先推进第三方核查市场化，由企业出资自主选择核查机构，核查机构数量相对较多，2014年分别有21家、19家；其他试点采用政府出资直接分配核查机构，机构数量相对较少，特别是天津和湖北，2014年核查机构不足5家。同时，为规范核查机构，部分试点地区建立了对核查机构、核查员的评估制度，对核查机构形成了一定的约束，以提高碳排放权数据的质量。如上海、广东建立了核查工作的抽查复查制度，广东对核查机构的工作完成情况进行考核评价。

4．区域碳市场开始运行并明确建设全国碳市场

2013年6月—2014年6月，首批7个试点碳市场先后上线交易，2016年12月，四川和福建碳市场先后开市，其中四川市场只交易CCER，为自愿碳市场，其他8个区域市场为强制碳市场。区域碳市场建立之初的交易主体以控排企业为主，其中北京、深圳由于准入门槛较低，控排企业数量较多，部分区域碳市场降低准入门槛，推动交易主体多元化，如湖北、深圳允许机构和个人投资者参与交易，有效促进了市场活跃。各区域碳市场交易产品主要为各地的碳排放配额和CCER，北京、天津还包括林业碳汇、节能项目的减排量等产品。

区域碳市场规模持续增大，各试点市场呈现不同特点。截至2016年底，七省市试点市场配额累计成交1.16亿吨，成交总额25亿元。各区域碳市场各有特色，广东和湖北碳市场的配额总额较多，交易量高，两个市场的线上成交量占所有碳市场的60%以上，其中湖北自开市以来交易活跃，除2014年外每年交易量均超过1000万吨，广东碳市场交易量在这一阶段快速增加，从2014年的约100万吨上升至2016年的2200万吨；北京和深圳的配额总量最少，市场主体多，交易活跃，换手率高，北京的成交均价保持在高位，深圳成交均价自2015年开始有所下降；上海碳市场的换手率、成交均价均处于平均水平；重庆和天津的交易不活跃，换手率低，成交价格较低。

全国碳市场建设提上日程。2014年12月，国家发展改革委发布《碳排放权交易管理暂行办法》，规范全国碳市场建设工作，并先后分三批公布24个行业的温室气体排放核算方法与报告指南。2015年9月，习近平主席在《中美元首气候变化联合声明》中提出“计划于2017年启动全国碳排放交易体系”，“十三五”规划中也提出推动建设全国统一的碳排放交易市场。2016年1月，国家发展改革委发布《关于切实做好全国碳排放权交易市场启动重点工作的通知》，部署全国统一碳市场启动前的重点准备工作。同年10月，国务院印发《“十三五”控制温室气体排放工作方案》，进一步明确建设和运行全国碳市场，提出建立全国碳排放权交易制度、启动运行全国碳排放权交易市场、强化全国碳排放权交易基础支撑能力。[①]

（二）统一市场启动建设阶段（2017—2020 年）

2017 年 12 月，国家发展改革委组织召开全国碳排放交易体系启动工作电视电话会议，并印发《全国碳排放权交易市场建设方案（发电行业）》，全国统一碳市场建设正式启动。这一阶段，新接管碳市场的生态环境部注重制度设计，加强能力建设，同时区域市场的实践不断丰富，为全国统一碳市场的建设提供借鉴。

1. 区域市场实践日益丰富

各试点碳市场在运行过程中不断完善市场规则，促进市场平稳发展，区域碳市场制度体系更加完善，创新实践不断涌现，为全国碳市场的建设提供借鉴。一是交易产品日益丰富。区域碳市场积极开发碳配额远期、掉期、期权等衍生品，其中碳配额远期较为活跃，碳掉期、碳期权的实践较少。广东、湖北、上海均推出碳远期产品，其中广州碳排放权交易所的碳远期为非标准化的场外交易，湖北和上海的碳远期为标准化协议，采取线上交易。2017 年 1 月，上海碳配额远期上线，由上海环境能源交易所提供交易平台，组织报价和交易，上海清算所提供中央对手清算服务，上线之初交易活跃，2017 年下半年开始交易逐渐减少。上线以来截至 2020 年底，远期产品累计交易量 433.1 万吨，累计交易额 1.6 亿元，其

① 《国务院关于印发“十三五”控制温室气体排放工作方案的通知》，《中华人民共和国国务院公报》，2016 年 33 期。

中2017年交易量和交易额占比均超过90%。二是交易主体多元化，投资者参与度不断提高。随着区域碳市场建设的不断推进，个人、机构投资者等非控排市场主体越来越多地参与市场交易。以广东碳市场为例，2018履约年度广东碳市场中交易量排名前十位的交易主体均为机构投资者。机构和个人投资者的交易量同比增加199.1%，占总交易量的79.5%，较上年提高9.3个百分点。而且，区域碳市场在更多环节允许投资者参与，如2020年上海碳市场在配额非履约有偿竞价发放中引入机构投资者。投资者的广泛参与，提高了市场活跃度。另外，监管体系更加完善。区域碳市场不断优化完善监测、报告和核查制度设计，引入更多第三方核查机构，同时加强对第三方核查机构的监管。以北京为例，碳排放权交易第三方核查机构数量由最初的21家增加至35家，并进行专项监察，提高数据质量，保障碳市场运行。

2．持续推进统一市场的制度体系建设

2018年4月，应对气候变化工作职责由国家发展改革委调整至新组建的生态环境部，随之生态环境部成为碳市场的主管部门，按照《全国碳排放权交易市场建设方案》的要求，持续推进相关制度体系建设，为碳市场上线运行做准备。一是推动出台行政法规，为市场建设奠定法律基础。生态环境部起草完善《碳排放权交易管理暂行条例》（征求意见稿），向社会公开征求意见，积极推动条例出台。二是推动出台管理办法，规范碳排放权交易及其相关活动。[①] 生态环境部起草《全国碳排放权交易管理办法（试行）》（征

① 向家莹：《生态环境部：推动〈碳排放权交易管理暂行条例〉尽快出台》，《经济参考报》，2021年8月19日。

求意见稿）和《全国碳排放权登记交易结算管理办法（试行）》（征求意见稿），2020 年 11 月公开征求意见。三是制定相关配套制度体系，为碳市场的正常运行奠定基础。如技术规范、重点排放单位温室气体排放报告管理办法、核查管理办法、交易市场监督管理办法等制度性文件。四是出台具体实施方案，明确碳市场运行规则。如 2020 年底生态环境部出台的《2019—2020 年全国碳排放权交易配额总量设定与分配实施方案（发电行业）》，明确 2019—2020 年配额实行全部免费分配，并采用基准线法核算重点排放单位所拥有机组的配额量。

3．建立统一市场基础设施

基础设施是市场运行的基础，这一阶段主管部门积极推进排放数据报送系统、注册登记系统、交易系统等建设和完善工作。生态环境部依托全国排污许可证管理信息平台，优化完善碳排放数据报送系统；湖北省碳排放权交易中心牵头与其他试点共同承建注册登记系统，包括组建全国碳排放权登记结算服务机构、开发注册登记系统等，为全国碳市场提供碳资产确权、登记、结算等；上海环境能源交易所有限公司牵头承担建设交易系统，同时推动交易制度建设、交易机构建设等，2020 年基本完成主体建设。另外，国务院在中国（北京）自由贸易试验区总体方案中提出，支持设立全国自愿减排等碳交易中心。

4．加强基础能力建设

碳市场建设是个系统工程，多数企业和机构对碳排放权交易较为陌生，专业人才短缺，加强相关人员能力建设是碳市场建设的重要基础性工作。2018 年以来，生态环境部持续开展全国碳排放权交易市场能力建设，组织编制系列培训教材，建立报告核查的技术问询平台，对省级生态环境主管部门、相关机构及企业开展能力建设培训，支持相关省市碳市场能力建设培训中心，并对配额管理等重点问题开展专题培训，为碳市场启动打好基础。2019 年 10—12 月，生态环境部组织相关支撑单位举办了 8 期 17 场次碳市场配额分配和管理系列培训活动，就配额分配有关内容对省级生态环境主管部门和发电行业企业开展培训，参训人数超过 6000 人次。

（三）正式运行阶段（2021 年迄今）

2020 年 9 月，习近平主席在联合国大会上宣布中国“二氧化碳排放力争于 2030 年前达到峰值，努力争取 2060 年前实现碳中和”的目标。在碳达峰碳中和目标的引领下，全国碳市场建设加速。经过上一阶段的准备，2021 年 7 月，全国碳市场正式上线运行。

1．全国碳市场基本框架初步建成

经过几年的准备，全国碳市场的基本框架初步建成，在制度方面，注重顶层设计，生态环境部积极推动碳交易立法工作，修订《碳排放权交易管理暂行条例》，2021 年 3 月公布草案修改稿再次公开征求意见，将《碳排放权交易管理暂行条例》列入国务院 2021 年度立法工作计划。同时，生态环境部 2021 年 1 月修订印发《全国碳排放权交易管理办法（试行）》，规范碳排放权交易及相关活动，统领碳市场的建设和发展，进一步印发《碳排放权登记管理规则（试行）》《碳排放权交易管理规则（试行）》和《碳排放权结算管理规则（试行）》等管理规则，以及《企业温室气体排放报告核查指南》等技术规范，全国碳市场的基本制度框架初步形成。基础设施方面，湖北和上海分别牵头建设的全国碳排放权注册登记系统和交易系统均于 2021 年 6 月通过系统功能和性能验收，为全国碳市场启动上线交易奠定了基础。

2．全国碳市场正式上线交易

2021年7月16日，全国碳市场正式启动上线交易。2021年末，第一个履约期顺利结束，履约率达到99.5%。第一个履约期内全国碳市场仅覆盖电力行业，将年度温室气体排放量达到2.6万吨二氧化碳当量的重点排放单位纳入，共计2162家，年覆盖温室气体排放量约45亿吨，成为全球规模最大的碳市场。截至2021年12月31日，碳排放配额累计成交量1.8亿吨，累计成交额76.6亿元，成交均价42.6元/吨。

首个履约期，全国碳市场仅允许重点排放单位参与交易，且交易产品仅为配额现货，交易活跃度较低，导致碳市场的价格发现功能未能充分发挥。2021年，碳排放权交易以大宗协议交易为主，占比超过80%；换手率仅约2%，低于试点5%的平均水平，远低于成熟的欧盟市场400%~500%的水平。交易主要集中于履约最后期限，除启动交易首日成交量达410万吨外，在11月之前单日交易量一直很低，12月交易量激增，单月成交量占整体交易量的76%。

第三章
市场支持体系建设与改革

▼

我国经济体制改革的目标是建立社会主义市场经济体制。市场经济通过其本身的经营活动强化了包括商品和服务在内的各种供给在价格、质量、市场经济技术水平等方面的竞争。而社会信用体系的建立和完善以相对完善的法律体系为基础，是我国社会主义市场经济不断走向成熟的重要标志之一。

第一节　价格形成机制与市场竞争政策的改革历程

一、价格形成机制的改革历程

价格形成机制是市场经济体制的核心，市场机制配置资源的作用是通过市场的价格信号完成的，价格形成机制改革的深度，将充分反映我国市场化的程度。改革开放 40 多年来，价格改革作为我国经济体制改革的突破口、建立社会主义市场经济体制的核心，始终坚持以建立市场形成价格为主的改革方向，不断探索、逐步向前推进。价格改革经历了模拟市场、调整价格（1978—1984 年），价格调放结合，生产资料实施“价格双轨制”（1985—1988 年），探索建立价格调控体系（1989—1991 年），价格改革以放开为主（1992—2012 年）等阶段，逐步实现由政府定价为主向经营者根据市场供求自主定价为主的转变。尤其是党的十八大以后，市场配置资源的地位和作用不断提升，价格改革也随之向纵深推进，紧紧围绕新时期转变增长方式和供给侧结构性改革这条主线，价格改革在农产品、资源、环境、服务等重点领域全面推开，并取得突破性进展。市场决定价格的机制已经基本确立，价格改革取得了伟大的成就，为建立中国社会主义市场经济体制奠定了坚实的基础。随着 40 多年的改革开放，中国特色社会主义已经进入新时代，对深化价格改革提出了更高的需求。要求克服价格领域存在的问题和短板，明确新时代价格改革的方向和目标，准确把握新时代价格改革新任务，更好为实体经济服务。

（一）价格形成机制改革初步探索

价格形成机制改革相伴经济体制改革步步深入，历经从计划经济到商品经济再到市场经济的探索，价格改革由完善计划价格机制转变为建立和完善市场价格机制，实现由政府定价为主向经营者根据市场供求自主定价为主的转变，逐步建立以市场形成价格为主的价格形成机制，并不断进行完善。

1．模拟市场、调整价格（1978—1984 年）

党的十一届三中全会拉开了中国经济体制改革的序幕，会议决定全党工作的重点要转移到社会主义现代化建设上来。强调要注意解决国民经济重大比例失调，搞好综合平衡；坚决实行按经济规律办事，重视价值规律的作用，解决突出不合理的价格等问题。从此，开启了价格改革的历程。这一阶段的价格改革，仍然在计划价格框架下，以调整价格为主、放开价格为辅。1979 年，国家提高了粮食等 18 种农副产品收购价格、牛奶等 8 种主要副食品和以其为主要原料的消费品的销售价格，同时给职工以副食品价格补贴；对三类农副产品价格实行议购议销。1981 年，国家决定成立国务院价格研究中心，进行理论价格测算，模拟市场，制定价格改革和调整方案，力图调整扭曲的价格结构，理顺价格体系。同年，我国提高烟酒价格，降低涤纶布价格；两年后，又对纺织品进行了有升有降的调整，并降低部分轻工业品价格；同时，提高统配煤厂销价格，提高铁路货物运价和水运客货价格；放开了 160 种小商品价格，对部分机电产品试行浮动价格等。逐步改善计划体制形成的严重扭曲的价格结构。

2. 价格调放结合，生产资料实施“价格双轨制”（1985—1988 年）

1984 年 10 月，在党的十二届三中全会《中共中央关于经济体制改革的决定》中指出，“社会主义经济是公有制基础上的有计划的商品经济”；“要有步骤地适当缩小指令性计划的范围，适当扩大指导性计划的范围”。同时强调“价格体系的不合理，同价格管理体制的不合理有密切的关系。在调整价格的同时，必须改革过分集中的价格管理体制”[①]。中国的价格改革由调整价格体系为主转向调放结合、转换价格形成机制的新时期。1985 年取消农产品统购制度和统购价格；除少数重要农产品和少数经济作物之外，其他农副产品价格放开；1986 年 8 月下旬开始放开自行车、黑白电视

---

① 《中共中央关于经济体制改革的决定》，北京：人民出版社，1984 年版，第 20 页。

机、电冰箱等7种工业消费品价格，11月全面放开包括日用杂品等24个大类749种百货、文化小商品等价格；提高城市主要副食品售价，理顺粮食价格关系；工业生产资料取消对超产自销的加价幅度不得高于国家定价20%的限制，实行了计划内平价、计划外议价的价格双轨制；将进出口商品价格与国际市场挂钩。1987年9月11日，国务院发布了《中华人民共和国价格管理条例》，明确规定了国家现行的3种价格形式，即国家定价、国家指导价和市场调节价，并规定企业在价格管理方面享有的权利，让企业也对一部分价格有定价权。价格关系逐步理顺，市场形成价格的比例大幅度增加，市场机制开始发挥作用，市场活力逐步增强。

3．探索建立价格调控体系（1989—1991年）

随着价格调整的步伐加大，物价上涨的幅度过快，1988年开始国民经济治理整顿，价格改革转移到建立和完善价格调控体系；注重在调控中改革，相机调放。在这一阶段，初步建立健全了价格总水平的监测与调控体系以及某些重要商品的储备制度、价格调节基金制度。同时，在宏观经济压力缓解的情况下，有计划有步骤地调整了粮、棉、糖料，统配煤，原油，客货物运输等5大类20多个系列的产品价格。

（二）市场化价格形成机制逐步确立

1．发挥市场配置资源的基础性作用

1992年邓小平南方谈话开启了市场化改革的进程。同年，党的十四大报告明确指出，“我们要建立的社会主义市场经济体制，就是要使市场在社会主义国家宏观调控下对资源配置起基础性作用，使经济活动遵循价值规律的要求，适应供求关系的变化；通过价格杠杆和竞争机制的功能，把资源配置到效益较好的环节中去”[①]。并且强调，“价格改革是市场发育和经济体制改革的关键，应当根据各方面的承受能力，加快改革步伐，积极理顺价格关系，建立起以市场形成价格为主的价格机制”[②]。

2．价格改革进入以放为主的阶段

1992年，国家重新修订《中央管理价格目录》，将管理价格和收费由原来的近800种大幅度缩减至141种。1993年，在前几年连续大力度价格改革的基础上，放开了粮食、钢铁产品及部分统配煤炭的价格；大中城市先后放开和多次调整肉、禽、蛋、菜和调味品等基本生活必需品价格，以及日用品和服务项目价格；生产资料双轨价格逐渐向市场价并轨；各地也择机疏导了城市公共交通、房租、教育等多年积累的价格矛盾，基础产业和公共产品定价偏低的状况有所改善。与此同时，价格管理体制也相应进行改革。1993年国务院机构改革，撤销国家物价局，在国家计划委员会设立价格管理司和价格监督检查司，负责价格调控、管理和价格检查的职能。1998年国家颁布《价格法》，自此，以法律形式确立了由市场价格形成为主的价格形成机制。

3．市场体系建设逐步完善

为了更好地发挥市场机制配置资源作用，市场体系建设得到了

① 江泽民：《加快改革开放和现代化建设步伐 夺取有中国特色社会主义事业的更大胜利——在中国共产党第十四次全国代表大会上的报告》，北京：人民出版社，1992年版，第23页。

② 江泽民：《加快改革开放和现代化建设步伐 夺取有中国特色社会主义事业的更大胜利——在中国共产党第十四次全国代表大会上的报告》，北京：人民出版社，1992年版，第26页。

重视。党的十四大报告中指出：加快市场体系的培育，大力发展全国的统一市场，进一步扩大市场的作用。各地集贸市场和商品现货批发市场蓬勃发展，为市场形成价格奠定了基础。1992 年 10 月，为适应市场化改革中减少价格波动风险的需要，经过四五年研究和准备，郑州粮食批发市场（郑州商品交易所的前身）成立并运行，借鉴国际期货交易的经验，引入期货机制，提供价格发现和规避市场风险的功能，以完善现货市场功能不足的缺陷。

（三）党的十八大以来我国价格形成机制改革的主要进展

党的十八大以后，改革开放和经济发展进入新的历史阶段。2013 年 11 月，党的十八届三中全会通过了《中共中央关于全面深化改革若干重大问题的决定》（以下简称《决定》），明确指出，“紧紧围绕使市场在资源配置中发挥决定性作用深化经济体制改革”。从市场配置资源的基础性作用到决定性作用，是一个不断深化认识和完善改革的过程，市场配置资源的地位和作用不断提升，价格改革也随之向纵深推进，在农产品、资源、环境、服务等重点领域全面推开，并取得了突破性进展。

1．对新时期价格改革做出顶层设计和纲领性指引

2015 年 10 月，中共中央、国务院印发《关于推进价格机制改革的若干意见》，明确新时期推进价格机制改革的指导思想、基本原则、总体目标和重点任务，成为新时期指导深化价格改革的纲领性文件。在此基础上，2017 年 11 月，国家发展改革委发布的《关于全面深化价格机制改革的意见》中明确价格改革目标：到 2020 年，市场决定价格机制基本完善，以“准许成本+合理收益”为核心的政府定价制度基本建立，促进绿色发展的价格政策体系基本确

立，低收入群体价格保障机制更加健全，市场价格监管和反垄断执法体系更加完善，要素自由流动、价格反应灵活、竞争公平有序、企业优胜劣汰的市场价格环境基本形成。进一步推动和引导重点领域的价格改革陆续展开。[①]

2．农产品和粮食领域价格全部放开并持续深化

党的十八大以后，决定深化农产品价格改革，完善粮食等重要农产品价格形成机制，探索运用市场化方式推动农业生产。2013年，国家全面放开种子、桑蚕茧、食盐、烟叶等价格；并逐步完善玉米、棉花、大豆价格形成机制。一是开展目标价格试点。自2014年起，在新疆、东北地区和内蒙古分别开展棉花、大豆目标价格改革试点。二是完善收储制度。2016年初，按照“市场定价、价补分离”的原则对东北地区和内蒙古玉米收储制度进行改革，玉米由市场主体自主收购，价格由市场形成，供求关系靠市场调节，政府给予生产者一定的补贴，探索农产品价格主要由市场供求形成、价格与政府补贴脱钩的新路子。三是试点农产品价格“保险+期货”。在部分地区，对玉米、棉花等品种进行了“保险+期货”的试点，分散农产品价格的风险，保证农民的收入。至2017年秋收获季节，改革已初见成效，反映市场供求的玉米、棉花价格，理顺了生产与消费、上下游和国内外的价格关系，引导农民合理安排生产，种植业结构得到优化调整。

在建立农产品价格形成机制的同时，国家完善对农业的支持政策。2015年，我国在连续7年提高稻谷、小麦最低收购价之后，

---

① 《发展改革委关于全面深化价格机制改革的意见》，国家发改委网站，2017年11月11日。

首次保持稳定，2016 年早籼稻最低收购价首次下调，2017 年稻谷最低收购价全面小幅下调，2019 年小麦最低收购价每斤微降 3 分。最低收购价政策调整顺应国内外农产品市场形势变化，向社会释放明确的改革信号，引导种植结构调整，有效缓解了国内稻谷、小麦库存持续增长，国内外价格倒挂，市场活力减弱的问题。

3．深化资源领域价格改革

党的十八届三中全会《决定》指出，“凡是能由市场形成价格的都交给市场，政府不进行不当干预。推进水、石油、天然气、电力、交通、电信等领域价格改革，放开竞争性环节价格”[①]。根据资源性产品的特点，开启深化资源领域价格改革的进程。一是逐步放开竞争环节价格。明确跨省跨区送电由送受电双方平等协商或通过市场化交易方式确定电量和价格，完善煤电价格联动机制。两次下调燃煤标杆上网电价合计每千瓦时 5 分；完善天然气发电、水电及抽水蓄能电站、核电价格形成机制；先后放开页岩气、煤层气、煤制气、液化气、直供用户用气，以及进入交易市场公开交易的天然气价格，并在上海和重庆建立石油天然气交易中心。二是进一步完善资源性产品的定价方法。完成了省级电网输配电价改革，初步建立“准许成本+合理收益”的电网输配电价监管框架，强化了垄断行业成本约束；基本构建起天然气长输、短输、配气等垄断环节全产业链价格监管制度框架；推进农业水价综合改革，建立健全农业水价形成机制，建立精准补贴和节水奖励机制，促进农业用水方式向集约化转变。三是进一步完善价格调整机制。分三步实现非居民

① 《中共中央关于全面深化改革若干重大问题的决定》，北京：人民出版社，2013 年版，第 12–13 页。

存量气与增量气价格并轨，建立了与可替代能源价格挂钩的动态调整机制，建立了与国际市场接轨的成品油价格市场化调整机制。使资源性产品价格的调整能够及时反映市场供求等方面的变化，充分发挥市场机制在价格形成中的作用。

4．完善生态环保价格机制

充分运用收费的杠杆作用，努力防止生态环境恶化，促进绿色发展，完善污水处理收费制度。一是明确污水处理费管理规则。2015 年，财政部、国家发展改革委、住房城乡建设部印发的《污水处理费征收使用管理办法》，规定污水处理费属于政府非税收入，全额上缴地方国库，纳入地方政府性基金预算管理，实行专款专用。二是明确污水处理收费标准。[①]2015 年之后，有关部门多次下发文件，明确污水处理收费标准应按照“污染付费、公平负担、补偿成本、合理盈利”原则，探索建立政府向污水处理企业拨付的处理服务费用与污水处理效果挂钩调整机制。三是完善污水处理费形成机制。2018 年，国家发展改革委发布《关于创新和完善促进绿色发展价格机制的意见》，提出关于完善污水处理收费政策的要求，加快构建覆盖污水处理和污泥处置成本并合理盈利的价格机制，推进污水处理服务费形成市场化，逐步实现城镇污水处理费基本覆盖。2018 年 1 月，我国首个绿色税制主体税种——环境保护税正式实施，以排污费改税为主线标志着实施 40 多年的排污收费制度终止。环保税在征税对象、税额标准、计税依据方面与现行排污费具有较高的一致性，但又不完全相同，在进行税负平移的同时尽量弥补排污费

① 《财政部 发展改革委 住房城乡建设部关于印发〈污水处理费征收使用管理办法〉的通知》，《中华人民共和国国务院公报》，2015 年 11 期。

本身的设计缺陷。推进碳排放、排污权等生态产品交易市场建设。

5．深化服务领域价格改革

服务领域价格涉及国计民生，是政府定价和管理的重点领域，也是深化价格改革的难点。党的十八大以后，加大市场化改革力度，在多方面有所突破。一是推进医疗服务和药品价格改革。2014年，放开了非公立医疗机构医疗服务价格，运用价格杠杆鼓励社会办医；2015年6月，除部分药品外，取消政府定价，药品实际交易价格主要由市场竞争形成；2016年7月，进一步放开医疗服务价格，实行市场调节价；从2017年4月起，《北京市医药分开综合改革实施方案》全面实施，医疗机构取消药品加成并设立医疗服务费，规范医疗服务价格[①]。二是改革交通领域价格。在连续提高铁路货运价格的基础上，2014年，将铁路货运价格由政府定价改为政府指导价；2015年，建立货运价格上下浮动机制，增强运价弹性，先后放开了社会投资的铁路货物运价；2016年起进一步放开铁路客票价格；2013年以来，进一步深化民航旅客票价市场化改革。三是深化公用事业和公益性服务价格改革。探索建立科学合理的养老服务定价机制；推行居民用电、用水和用气阶梯价格制度。四是从2014年5月，对所有电信业务资费实行市场调节价，企业可自主确定资费结构、标准和计费方式。

6．要素领域价格改革加快推进

（1）完善土地价格体系和调控手段

一是构建城乡一体化的土地市场，探索集体土地入市和集体土

---

① 《北京市人民政府关于印发〈医药分开综合改革实施方案〉的通知》，《北京市人民政府公报》，2017年14期。

地价格形成机制。二是探索利用土地价格调控手段参与国家宏观调控。近年来，地价政策成为宏观经济调控、区域和产业发展政策和房地产市场调控的重要手段。

（2）加速推进利率市场化改革

一是存贷款利率全面放开。2013 年 7 月，中国人民银行全面放开金融机构贷款利率管制，2015 年 10 月对商业银行和农村合作金融机构等不再设置存款利率浮动上限。二是积极推动货币市场基准利率体系建设。持续优化Shibor报价生成机制，不断扩大其应用范围，促进相关产品创新，完善以利率债为质押的回购交易利率和国债收益率曲线，逐步确立了以中央银行基准利率为基础，以货币市场利率为中介，由市场供求决定金融机构存贷款利率的市场利率体系和利率形成机制。

（3）持续深化人民币汇率形成机制改革

一是 2015 年 8 月至 2017 年 5 月，中国人民银行确立了“上日外汇收盘价+一篮子货币汇率变化+逆周期调节因子”的人民币汇率中间价定价模式。二是加速推进人民币国际化。2016 年 10 月人民币正式加入国际货币基金组织的特别提款权（SDR）货币篮子，人民币作为国际计价货币和储备货币的地位不断提升。

（4）完善工资制度改革

一是推动深化收入分配制度改革。2013 年，国务院转批印发《关于深化收入分配制度改革的若干意见》，全面推动建立市场化劳动力工资形成机制，全面推行工资协商制度和最低工资制度。[1]

---

① 《关于深化收入分配制度改革的若干意见》，《新华每日电讯》，2013 年 2 月 7 日。

二是加快推进国有企业薪酬制度改革。2014 年，中央政治局会议审议通过《中央管理企业负责人薪酬制度改革方案》，2018 年国务院印发《关于改革国有企业工资决定机制的意见》，明确国有企业工资决定机制和增长机制。三是深化事业单位科研技术人员工资制度改革。2016 年陆续出台《关于实行以增加知识价值为导向分配政策的若干意见》《关于进一步完善中央财政科研项目资金管理等政策的若干意见》等文件，明确收入分配机制和中央财政科研项目资金管理办法。

7．价格监管体系持续优化

（1）加快建设监测体系

对国计民生关系重大的商品和服务，部分省市加快建设价格监测体系，制定完善市场价格行为规则，建立全方位、多层次的市场价格行为监管制度，维护良好市场秩序。

（2）加强监管能力建设

价格主管部门不断创新价格监管方式方法，逐步形成了以价格监测、成本调查、价格调研、价格培训、价格信息和价格认证、鉴定、听证、评估为主要内容的价格监管体系，价格监管水平不断提高，有效维护了人民群众的合法价格权益。

（3）积极研究监管规则创新

适应“互联网+”，积极研究互联网平台等新行业、新业态的市场价格行为规则。

8．价格法治建设不断夯实

（1）加快完善相关法律法规

在加快推进价格修法工作的同时，结合价格改革最新进展，进一步加快建章立制步伐，将改革成果以法律法规形式巩固下来，系统梳理并修订相关法律法规中与改革要求不相适应的条款，建立健全政府定价程序制度等。

（2）全面建立目录清单制度

先后完成了定价目录、权责清单、行政审批目录和收费目录的制定修订工作并对外公布，显著提高透明度，接受社会监督。

（3）全面清理价格规章规范性文件

2015—2016年，全国价格主管部门共废止约1.6万件价格规章规范性文件，2017年，再次清理中央层面价格规章规范性文件，已于2017年7月废止133件。

（四）全面深化价格机制改革

党的十九大对新时代中国特色社会主义建设进行全面部署，作出我国社会主要矛盾转化的重大判断，要求价格领域适应新形势发展的需要，全面深化价格机制改革，着力建立健全与现代化经济体系相适应的反应灵活、调控有度的价格形成机制。价格改革准确把握新时代的特点，围绕充分发挥市场决定价格作用，聚焦重点、难点领域，着力解决发展不平衡不充分的问题，更好满足人民日益增长的美好生活需要，逐步向纵深推进。

1．新时代价格形成机制改革面临的新形势

当前和今后一个时期，我国发展仍然处于重要战略机遇期，但机遇和挑战都有新的发展变化。

（1）面临进一步建设高标准市场体系新要求

经过40多年的改革开放，我国已经进入具有中国特色社会主义新时代，社会主要矛盾发生变化，经济已由高速增长阶段转向高质量发展阶段，要求进一步完善市场形成价格机制，充分发挥市场在资源配置中的决定性作用，推动有效市场和有为政府更好结合，建设高标准市场体系，加快完善社会主义市场经济体制，筑牢社会主义市场经济有效运行的体制基础，以更好地适应我国经济高质量发展和国际经贸规则重构的需要。

（2）价格形成的环境出现新变化

随着经济社会飞速发展和科学技术不断进步，新时代价格形成的环境发生了很大变化。一是随着经济发展、社会进步，形成价格的范围不断扩大。为贯彻新发展理念，走生态优化、绿色低碳发展道路，助力碳达峰碳中和“双碳”的目标实现，控制有害气体排放，碳排放权具有了经济价值并进入交易市场；伴随着数字经济的发展，信息、数据成为要素的组成部分，具有了交易价值。二是随着互联网技术的快速发展，形成价格的环境发生了变化，不仅仅依靠面对面的有型市场，各种网络交易平台层出不穷，无形市场突破了时间和空间的界限，为价格形成提供了更方便的环境。三是随着通信技术的不断进步，形成价格的条件逐步提升，市场供求信息的传播更加迅速且范围更广，在促进价格形成更加透明、公平的同时，对价格监督管理提出了新的挑战。

（3）新时代价格形成机制改革面临新问题

面对我国社会主要矛盾变化带来的新特征新要求，价格形成机制改革也面临新的问题。制约资源要素自由流动的价格机制障碍还没有完全消除，资源环境成本在价格形成中还没有充分体现，公平竞争的市场价格环境还不够完善，企业反映突出的价格收费问题还需着力有效解决，民生产品价格稳定长效机制还不够健全，损害群众利益的价格违法行为还时有发生，价格形成环境新的变化带来新的挑战。这些问题都需要通过进一步深化价格形成机制改革加以解决。

2. 新时代价格形成机制改革方向与目标

适应建设现代化经济体系新要求，价格形成机制改革要立足新发展阶段，贯彻新发展理念，构建新发展格局，坚持稳中求进工作总基调，以推动高质量发展为主题，以深化供给侧结构性改革为主线，以改革创新为根本动力，以满足人民日益增长的美好生活需要为根本目的，统筹发展和安全，坚持市场化方向，坚持系统观念，重点围绕助力“碳达峰碳中和”目标实现，促进资源节约和环境保护，提升公共服务供给质量，更好保障和改善民生，深入推进价格改革，完善价格调控机制，提升价格治理能力，确保价格总水平在合理区间运行。

力争到2025年，竞争性领域和环节价格主要由市场决定，网络型自然垄断环节科学定价机制全面确立，能源资源价格形成机制进一步完善，重要民生商品价格调控机制更加健全，公共服务价格政策基本完善，适应高质量发展要求的价格政策体系基本建立。

二、市场竞争政策演变历程

公平竞争是市场经济的基本原则，是市场机制高效运行的重要基础。竞争政策应市场经济对保护竞争的需求而生，包括了体现市场经济体制和市场体系内在要求的一整套理念、标准和工具，其核心是保护和促进竞争，促进资源有效配置，实现社会福利最大化。[①] 随着中国市场化改革的推进，竞争政策经历了从逐步引入、

① 彭森：《强化竞争政策基础性地位 全面推进改革事业发展》，《中国市场监管研究》，2021年07期。

初步建立、基本完善到初步确立基础性地位几个阶段。竞争政策处于基础性地位强化阶段，进一步全面完善公平竞争制度，增强公平竞争审查制度刚性约束，健全公平竞争审查机制，不断强化竞争政策的基础性地位，对于建设统一开放、竞争有序的市场体系，使市场在资源配置中起决定性作用具有重要意义。

中国经济体制改革的过程，既是逐步引入市场竞争的过程，也是逐步完善竞争政策的过程。与我国市场经济和市场体系的发展历程基本相一致，改革开放以来，我国竞争政策的演变大致经历了竞争政策引入、竞争政策初步建立、竞争政策基本完善、竞争政策基础性地位确立四个阶段。

（一）竞争政策引入阶段（1978—1991 年）

1978 年中国开启市场化改革后，市场逐渐活跃起来，针对与之伴随出现的不正当竞争行为，初步出台了一系列规范市场竞争行为的暂时性政策规定。1980 年，国务院发布《关于开展和保护社会主义竞争的暂行规定》（以下简称《规定》），对开展和保护社会主义竞争的必要性、打破地区封锁和行业垄断、采取合法手段进行竞争等做出原则性规定。《规定》指出，“在经济活动中，除国家指定由有关部门和单位专门经营的产品以外，其余的不得进行垄断、搞独家经营”[①]。开展竞争必须打破地区封锁和部门分割。任何地区和部门都不准封锁市场，不得禁止外地商品在本地区、本部门销售。1982 年，国务院颁发《广告管理暂行条例》，规定禁止广告的

① 《国务院关于开展和保护社会主义竞争的暂行规定》，《中华人民共和国国务院公报》，1980 年 16 期。

垄断和不正当竞争。1982 年 4 月 10 日，国务院发布《关于在工业品购销中禁止封锁的通知》，要求在国家计划许可的范围内，在经济合理的原则下企业事业单位和供销部门有权到外地区外部门择优选购各种工业品，任何地区部门和个人不得加以限制和阻挠。①

1984 年，党的十二届三中全会突破计划经济与商品经济对立的传统观念、明确提出“公有制基础上有计划的商品经济”的改革方向之后，市场交易更加活跃，市场中的不正当竞争行为日益突显。针对市场中的不正当竞争行为，武汉、上海、江西等一些地方政府通过制定制止不正当竞争的暂行规定或试行办法来保护和促进竞争。在地方政府实施制止不正当竞争政策规定的基础上，国家层面出台相关政策规定来进一步规范竞争行为。1986 年，国务院颁布《关于深化企业改革增强企业活力的若干规定》（以下简称《规定》），《规定》指出，在同一行业中，一般不搞独家垄断的企业集团，以利于开展竞争，促进技术进步。② 1987 年 9 月起开始实施的《价格管理条例》规定，国家对价格管理采取直接管理和间接控制相结合的原则，采取国家定价、国家指导价和市场调节价三种价格形式，以保障经济体制改革的顺利进行。③ 1987 年 10 月，国务院颁发《广告管理条例》，规定在广告经营活动中禁止垄断和不正当竞争行为。1987 年 12 月，国家体改委、国家经委印发的《关于组建和发展企业集团的几点意见》，要求组建企业集团必须遵循鼓励

---

① 《国务院关于在工业品购销中禁止封锁的通知》，《中华人民共和国国务院公报》，1982 年 08 期。

② 《关于深化企业改革增强企业活力的若干规定》，《中国经济体制改革》，1987 年 02 期。

③ 《中华人民共和国价格管理条例》，《中华人民共和国国务院公报》，1987 年 23 期。

竞争，防止垄断的原则。[①] 1988 年，国务院发布《重要生产资料和交通运输价格管理暂行规定》进一步指出，国家禁止企业、行业垄断市场价格。1989 年，国家体改委、国家计委等联合发布《关于企业兼并的暂行办法》，要求企业兼并既要促进规模经济效益，又要防止形成垄断，以有利于企业之间形成竞争。[②]

此外，针对地区之间市场封锁、商品流通不畅等突出问题，国务院专门出台相关政策规定加以规范。1990 年 11 月，国务院发布《关于打破地区间市场封锁进一步搞活商品流通的通知》，要求维护企业的生产、经营自主权，工业、商业、物资等部门的企业，有权在全国范围内自行选购所需要的商品，任何地区和部门不得设置障碍。严格执行国家财政、税收管理制度，各地区、各部门不得对外地产品或经销、使用外地产品的企业擅自增加税费、变动税率，不得制定封锁市场的惩罚性规定，也不得超越权限擅自对经销本地产品的企业减免税收。各地银行在信贷上要对经销外地产品与经销本地产品的企业一视同仁。[③]

总的来看，市场化改革初期主要针对放开价格、搞活市场过程中出现的不正当竞争和地区间市场封锁等问题，初步出台了规范市场竞争行为的暂时性政策规定，有效维护了市场竞争秩序，较好地促进了市场竞争。

---

① 《国家体改委、国家经委印发〈关于组建和发展企业集团的几点意见〉的通知》，《中华人民共和国国务院公报》，1988 年 08 期。

② 《关于企业兼并的暂行办法》，《中国经济体制改革》，1989 年 04 期。

③ 《国务院关于打破地区间市场封锁进一步搞活商品流通的通知》，《中华人民共和国国务院公报》，1990 年 26 期。

（二）竞争政策初步建立阶段（1992—2001 年）

1992 年，党的十四大正式确立社会主义市场经济体制改革目标，要求发挥市场机制在资源配置中的基础性作用，通过价格杠杆和竞争机制把资源配置到效益较好的环节中去，把企业推向市场，使企业真正成为市场竞争的主体，“加强市场制度和法规建设，坚决打破条条块块的分割、封锁和垄断，促进和保护公平竞争”[①]。1993 年，党的十四届三中全会进一步提出，“发挥市场机制在资源配置中的基础性作用，必须培育和发展市场体系。……创造平等竞争的环境，形成统一、开放、竞争、有序的大市场”[②]。1993 年，第八届全国人大第一次会议通过了《宪法》修正案，明确提出“国家实行社会主义市场经济”。

在上述背景和要求下，一系列与市场体系形成发展相关的重要法律法规出台，通过法律形式来规范市场竞争行为、维护市场竞争秩序。自 1993 年 12 月起实施的《反不正当竞争法》，旨在鼓励和保护公平竞争，制止不正当竞争行为，保护经营者和消费者的合法权益。《反不正当竞争法》对经营者不得采取的不正当竞争行为进行了限制，还对政府及其所属部门不得滥用行政权力的行为做出了明确规定。[③] 自 1994 年 1 月起实施的《消费者权益保护法》，对消费者权利、经营者义务以及国家对消费者合法权益的保护等做出了明确的规定，从保护消费者权益的角度对经营者的市场竞争行为

---

① 江泽民：《加快改革开放和现代化建设步伐 夺取有中国特色社会主义事业的更大胜利——在中国共产党第十四次全国代表大会上的报告》，北京：人民出版社，1992 年版，第 26 页。

② 《中共中央关于建立社会主义市场经济体制若干问题的决定》，北京：人民出版社，1993 年版，第 10 页。

③ 《中华人民共和国反不正当竞争法》，《中华人民共和国最高人民法院公报》，1993 年 03 期。

进行了规范。自 1998 年 5 月起实施的《价格法》旨在规范价格行为，保护消费者和经营者的合法权益。《价格法》对经营者的价格行为、政府的定价行为、价格总水平调控、价格监督检查等做出了规定，其中明确了操纵市场价格、以低于成本的价格倾销、哄抬价格、价格歧视等对经营者不得有的 8 种不正当价格行为。[①] 自 2000 年起实施的《招标投标法》则对串通招投标的行为做出了具体规定。

1997 年，党的十五大进一步提出要尽快建成统一开放、竞争有序的市场体系。在此背景下，针对地方政府区域竞争中出现的地方保护、地区封锁等新问题和新现象，国家层面出台相关政策规定，旨在建立和完善全国统一、公平竞争、规范有序的市场体系，维护社会主义市场经济秩序。2001 年，国务院出台《关于禁止在市场经济活动中实行地区封锁的规定》，要求禁止各种形式的地区封锁行为，明确规定地方政府不得实行的 8 种地区封锁行为。[②] 针对市场经济运行中出现的市场秩序混乱等突出问题，2001 年，国务院出台《关于整顿和规范市场经济秩序的决定》，明确“十五”时期整顿和规范市场经济秩序的八大主要内容，具体包括打击制售假冒伪劣商品、偷税、骗税、骗汇、走私、制贩假币等违法犯罪活动，整顿建筑市场，整顿和规范金融秩序，严肃财经纪律，规范中介机构的行为，推进文化和旅游市场整顿，打破地区封锁和部门、行业垄断，强化安全生产管理和安全监察。[③]

---

① 《中华人民共和国价格法》，《中华人民共和国最高人民检察院公报》，1997 年 05 期。
② 《国务院关于禁止在市场经济活动中实行地区封锁的规定》，《中华人民共和国国务院公报》，2001 年 19 期。
③ 《国务院关于整顿和规范市场经济秩序的决定》，《中华人民共和国国务院公报》，2001 年 18 期。

这一时期，与竞争政策相关的法律开始出台实施，以法律来规范市场竞争行为，特别是《反不正当竞争法》的出台，为实施竞争政策和规范竞争行为提供了法律保障，标志着竞争政策的初步建立。

（三）竞争政策基本完善阶段（2002—2011 年）

2002 年，党的十六大提出到 2020 年建成完善的社会主义市场经济体制的改革目标，要求“在更大程度上发挥市场在资源配置中的基础性作用，健全统一、开放、竞争、有序的现代市场体系”[①]。党的十六届三中全会通过《关于完善社会主义市场经济体制若干问题的决定》（以下简称《决定》），对建设完善的社会主义市场经济体制做出全面部署。《决定》要求，清理和修订限制非公有制经济发展的法律法规和政策，消除体制性障碍，放宽市场准入；促进商品和各种要素在全国范围自由流动和充分竞争；废止妨碍公平竞争、设置行政壁垒等规定，打破行业垄断和地区封锁。[②]

在这一背景和要求下，我国出台实施《反垄断法》及相关配套规定，进一步规范市场竞争。2007 年，全国人大审议通过并颁布了《反垄断法》，为使《反垄断法》更具可操作性，我国还颁布了一系列配套规定。2008 年，国务院发布《关于经营者集中申报标准的规定》，明确了经营者集中的主要情形和申报标准，随后，商务部发布一系列相关规定，细化经营者集中申报及处理办法。此

---

① 江泽民：《全面建设小康社会　开创中国特色社会主义事业新局面——在中国共产党第十六次全国代表大会上的报告》，北京：人民出版社，2002 年版，第 27 页。

②《中共中央关于完善社会主义市场经济体制若干问题的决定》，北京：人民出版社，2003 年版，第 19 页。

后，反垄断执法机构出台《经营者集中审查办法》《反价格垄断规定》《禁止垄断协议行为的规定》《禁止滥用市场支配地位行为的规定》《制止滥用行政权力排除、限制竞争行为的规定》等 12 件部门规章、3 件规范性文件、10 件办事指南和指导意见，切实提高了法律的可操作性，推动反垄断工作全面纳入法治轨道，为法律的有效实施和依法行政提供了制度保障。国务院反垄断委员会颁布了《关于相关市场界定的指南》《关于知识产权领域的反垄断指南》等 5 部指南，给予经营者更加清晰的指引。

同时，针对不同所有制之间存在的市场准入限制、不公平竞争等一系列问题，清理和修订相关法律法规和政策性规定，大幅放宽非公有制经济的市场准入条件和准入领域。2005 年，国务院发布《关于鼓励支持和引导个体私营等非公有制经济发展的若干意见》（以下简称《意见》），旨在消除影响非公有制经济发展的体制性障碍，确立平等的市场主体地位，实现公平竞争。《意见》明确要求，要放宽非公有制经济市场准入，贯彻平等准入、公平待遇原则，允许非公有资本进入垄断行业和领域、公用事业和基础设施、社会事业、金融服务业、国防科技工业建设领域，鼓励非公有制经济参与国有经济结构调整和国有企业重组。[①] 在上述意见基础上，为了进一步鼓励和引导民间投资，2010 年，国务院发布《关于鼓励和引导民间投资健康发展的若干意见》（以下简称《意见》），《意见》要求，进一步拓宽民间投资的领域和范围，鼓励和引导民间资本进入法律法规未明确禁止准入的行业和领域；规范设置投资准入

---

① 《国务院关于鼓励支持和引导个体私营等非公有制经济发展的若干意见》，《人民日报》，2005 年 2 月 25 日。

门槛，创造公平竞争、平等准入的市场环境；市场准入标准和优惠扶持政策要公开透明，对各类投资主体同等对待，不得单对民间资本设置附加条件。[①]

总的来看，《反垄断法》及相关部门规章、规范性文件、指南和指导意见等的出台，使得竞争政策体系更加完善，弥补了竞争政策体系的不足，成为竞争政策基本完善的重要标志。

（四）竞争政策基础性地位确立阶段（2012 年迄今）

党的十八大召开之后，中国改革进入新时代。2013 年，党的十八届三中全会通过《中共中央关于全面深化改革若干重大问题的决定》，确立了“市场在资源配置中起决定性作用和更好发挥政府作用”的原则。在上述背景和要求下，这一阶段重点围绕建立市场准入负面清单制度、公平竞争审查制度、确立竞争政策的基础性地位等方面，制定出台了一系列政策规定。

按照《中共中央关于全面深化改革若干重大问题的决定》要求和国务院决策部署，2015 年 10 月，国务院发布《关于实行市场准入负面清单制度的意见》（以下简称《意见》）。《意见》要求，加快构建市场开放公平、规范有序，企业自主决策、平等竞争，政府权责清晰、监管有力的市场准入管理新体制，营造与市场准入负面清单制度相适应的公平交易、平等竞争的市场环境。[②] 2016 年，在天津、上海、福建、广东四省市先行试点市场准入负面清单制度，

① 《国务院关于鼓励和引导民间投资健康发展的若干意见》，《人民日报》，2010 年 5 月 15 日。
② 《国务院关于实行市场准入负面清单制度的意见》，《人民日报》，2015 年 10 月 20 日。

2017年，试点范围扩大到15个省市。同年，党的十九大进一步明确要求，全面实施市场准入负面清单制度。在此背景下，2018年国家发改委、商务部印发《市场准入负面清单（2018年版）》，清单共计151个事项、581条具体管理措施，之后每年进行修订，清单不断缩短。2019年，国务院《政府工作报告》中提出要进一步放宽市场准入，缩减市场准入负面清单及外资准入负面清单，推动“非禁即入”普遍落实。

在这一阶段，更具有标志性意义的是推动建立竞争审查制度、确立竞争政策的基础性地位。2015年3月，中共中央、国务院《关于深化体制机制改革加快实施创新驱动发展战略的若干意见》中指出，发挥市场竞争激励创新的根本性作用，营造公平、开放、透明的市场环境，强化竞争政策和产业政策对创新的引导，打破制约创新的行业垄断和市场分割。打破地方保护，清理和废除妨碍全国统一市场的规定和做法，纠正地方政府不当补贴或利用行政权力限制、排除竞争的行为，探索实施公平竞争审查制度。①同年5月，国务院批转国家发改委《关于2015年深化经济体制改革重点工作的意见》，将“促进产业政策和竞争政策有效协调，建立和规范产业政策的公平性、竞争性审查机制”作为改革工作的重点。同年6月，国务院印发《关于大力推进大众创业万众创新若干政策措施的意见》，要求“加快出台公平竞争审查制度，建立统一透明、有序规范的市场环境”，并明确由国家发改委、国务院法制办牵头制定公平竞争审查制度。同年10月，《中共中央国务院关于推进价格机

① 《中共中央 国务院关于深化体制机制改革加快实施创新驱动发展战略的若干意见》，《中华人民共和国国务院公报》，2015年10期。

制改革的若干意见》提出，逐步确立竞争政策的基础性地位，加快建立竞争政策与产业、投资等政策的协调机制，实施公平竞争审查制度，促进统一开放、竞争有序的市场体系建设。2016年3月公布的《国民经济和社会发展第十三个五年规划纲要》中明确提出，清理废除妨碍统一市场和公平竞争的各种规定和做法，实施公平竞争审查制度。

在前期充分准备基础上，2016年6月，国务院出台《关于在市场体系建设中建立公平竞争审查制度的意见》（以下简称《意见》），旨在规范政府有关行为，防止出台排除、限制竞争的政策措施，逐步清理废除妨碍全国统一市场和公平竞争的规定和做法。《意见》要求，科学建立公平竞争审查制度，对审查对象、审查方式和审查标准做出明确规定，从2016年7月起政策制定机关出台涉及市场经济活动的政策措施，必须进行公平竞争审查。[①] 2017年，国家发改委等发布《公平竞争审查制度实施细则（暂行）》，从审查机制和程序、审查标准、例外规定、社会监督、责任追究等方面予以细化，督促和指导政策制定机关切实开展公平竞争审查工作。2020年5月，《市场监管总局等四部门关于进一步推进公平竞争审查工作的通知》要求，通过健全审查规则、完善工作机制、加强组织保障，更高质量、更大力度地推进公平竞争审查工作。2021年1月，中共中央办公厅、国务院办公厅印发《建设高标准市场体系行动方案》，进一步要求全面完善公平竞争制度，增强公平竞争审查制度刚性约束，健全公平竞争审查机制，进一步明确和细化纳

① 《国务院关于在市场体系建设中建立公平竞争审查制度的意见》，《中华人民共和国国务院公报》，2016年18期。

入审查范围的政策措施类别，出台公平竞争审查例外规定适用指南，研究制定行业性审查规则，进一步细化认定标准。[1]

同时，这一阶段围绕电子商务、数字经济、平台经济、共享经济等新经济领域出现的突出问题，国家加快出台相关政策规定，规范市场竞争行为。2018年8月，第十三届全国人大常委会第五次会议表决通过《电子商务法》，自2019年1月1日起施行。《电子商务法》对涉及电子商务经营主体、经营行为、合同、快递物流、电子支付等，以及电子商务发展中比较典型的问题，都做了比较明确具体的规定。2019年8月，国务院办公厅印发《关于促进平台经济规范健康发展的指导意见》（以下简称《意见》），旨在推动建立健全适应平台经济发展特点的新型监管机制，着力营造公平竞争市场环境，促进平台经济规范健康发展。《意见》要求，优化完善市场准入条件，降低企业合规成本，创新监管理念和方式，实行包容审慎监管。[2] 2020年发布的《反垄断法》修订草案（公开征求意见稿）（2020），增加了互联网领域经营者市场支配地位认定的额外考量因素。

此外，为了适应对外开放需要，国家积极参与国际竞争规则的谈判和调整，推动国际竞争规则相互衔接与融合。在已签署的与哥斯达黎加、冰岛、瑞士、澳大利亚、韩国、格鲁吉亚、智利等7个自贸协定以及欧亚经济联盟经贸合作协议中设立竞争政策与反垄断专章。实质性结束区域全面经济伙伴关系协定以及与新加坡、海湾

---

① 《中共中央办公厅　国务院办公厅印发〈建设高标准市场体系行动方案〉》，《中华人民共和国国务院公报》，2021年05期。

② 《国务院办公厅关于促进平台经济规范健康发展的指导意见》，《中华人民共和国国务院公报》，2019年23期。

阿拉伯国家合作委员会自贸协定竞争政策与反垄断执法议题谈判，积极推动中日韩以及挪威、巴拿马、毛里求斯、摩尔多瓦、新西兰等6个自贸协定竞争政策与反垄断议题谈判，推动与哥伦比亚、加拿大、孟加拉、巴勒斯坦自贸协定，与秘鲁、瑞士自贸协定升级版的可行性研究。与美国、欧盟、澳大利亚等28个国家和地区反垄断执法机构商签55个竞争政策与反垄断执法合作文件，推动金砖国家开展竞争合作，就重大跨国案件开展合作，共同维护国际市场公平竞争。①

这一阶段涉及反垄断的政策规定和规则也得到进一步完善。国务院反垄断委员会相继发布实施《关于知识产权领域的反垄断指南》《关于平台经济领域的反垄断指南》《经营者反垄断合规指南》等6部指南，相关领域的反垄断监管规则不断健全，反垄断法律体系逐步完善。2019年，国家市场监督管理总局制定出台《禁止垄断协议暂行规定》《禁止滥用市场支配地位行为暂行规定》和《制止滥用行政权力排除、限制竞争行为暂行规定》3部部门规章，修订了经营者集中审查有关规则，统一了反垄断执法的程序、标准和尺度。上述规定、指南的出台，明确和细化了反垄断有关制度规范，给市场主体提供了更加清晰明确的行为指引，使反垄断执法进一步制度化、规范化。

总的来看，反不正当竞争法、反垄断法和公平竞争审查制度，共同构成了竞争政策体系的主要支柱，特别是公平竞争审查制度的实施，为预防各级政府利用行政权力排除和限制竞争提供了制度保

① 吴振国：《加强反垄断执法 保护市场公平竞争》，《竞争政策研究》，2019年05期。

障和有力的工具，标志着竞争政策的基础性地位初步确立。

第二节　社会信用与市场经济法律体系的建设与发展

一、社会信用体系建设发展历程

随着市场经济的发展，中国经济交往日益频繁，范围逐步扩大，交易双方的信用水平受到考验，由此而来的信用需求与治理和信用供给的矛盾日益显现。新中国成立以来，社会信用体系建设不断推进。本文根据国家对社会信用体系建设顶层设计陆续出台情况，各部委、地方政府在条线和区域上具体实施规章、细则的陆续出台与落实情况，同时考虑社会信用行业的发展情况和社会信用体系的发展阶段，将我国社会信用行业的发展历程大致分为起步、初步发展、快速发展、全面推进及高质量发展等五个阶段。

（一）社会信用体系建设起步阶段（20 世纪 80 年代末—1999 年）

改革开放前，中国实行计划经济体制，一切经济活动都是在指令性计划下进行，信用管理服务市场几乎不存在。社会信用行业尚未萌芽，基本上是以国家信用替代市场信用。改革开放后，非公有制经济的活力得以释放，货币资金需求量日益膨胀，但是此时的投融资行为缺乏可靠的信息渠道和安全性保障，受发达国家信用体系的正面影响，社会信用体系在中国开始发展，其最初起源于金融领域，起步于信贷征信。[①] 信用评级业务则最早开始于债券评级。1986 年国家允许地方企业发行债券。为加强统一管理，1987 年 3 月，《国务院关于印发〈企业债券管理暂行条例〉的通知》，要求发债企业公布债券还本付息方式及风险责任。

为了对贷款企业进行信用水平评估，一些省市相继建立了信用评级机构，最多时曾有 90 多家，但这些机构多为中国人民银行各地分行的下属公司。1988 年北京召开信用评级问题研讨会之后，中国工商银行调查信息部和中国农业银行信息部等单位分别制定了《企业信用评估试行办法》和《企业信用等级评定试行办法》。

1990 年 3 月，国务院发布的《关于在全国范围内开展清理“三角债”工作的通知》提出，“由于市场疲软，产成品积压，工业生产中流动资金不足的矛盾很尖锐，企业、单位之间互相拖欠货款和前清后欠的情况十分严重，已成为影响当前生产正常进行的突出问题，也损害了社会信用”[②]。这是在国务院文件中第一次出现“社会信用”一词。

1993 年 8 月，国务院对 1987 年出台的《企业债券管理暂行条例》作出修订，去掉“暂行”二字，以第 121 号令发布施行了《企业债券管理条例》，规定“企业发行企业债券，可以向经认可的债券评信机构申请信用评级”[③]。1996 年 4 月 1 日，中国人民银行制定的《贷款证管理办法》正式开始实施，该办法将企业资信等级记

① 中国人民银行征信管理局:《现代征信学》，北京：中国金融出版社，2015 年版，第 394 页。
② 《国务院关于在全国范围内开展清理“三角债”工作的通知》,《中华人民共和国国务院公报》，1990 年 07 期。
③ 《企业债券管理条例》,《中华人民共和国国务院公报》，1993 年 16 期。

录作为贷款证的内容之一，并规定“资信评估机构对企业所作资信评定结论，可作为金融机构向企业提供贷款的参考依据”。1996 年 5 月，上海和深圳证券交易所各自发布《企业债券上市管理规则》，规定申请债券上市的公司（企业）须经过交易所认可的信用评估机构评估，且债券信用等级不低于A。

1999 年，中国人民银行开始建设个人信用信息基础数据库。这一阶段社会信用建设主要以国家层面的制度建设为发端，并集中在金融领域。

这一阶段，我国对“社会信用建设”没有形成系统的法规制度安排，其推进呈现“两端点状”模式，信用服务市场主体多是根据自身的需求开展信用活动和业务，且主要是在金融领域发挥作用，呈现社会信用体系建设起步阶段的特征。但这一时期金融信用对经济发展的“催化剂”功能被市场所理解并认可，人们也开始认识到信用体系在社会建设领域中的积极作用，社会信用行业的发展迫在眉睫。

（二）社会信用体系建设初步发展阶段（2000—2006 年）

2000 年 8 月，国务院办公厅转发《国家经贸委关于鼓励和促进中小企业发展若干政策意见的通知》，其中第五部分加快建立信用担保体系，第十四条要求建立信用担保体系，“建立和完善担保机构的准入制度、资金资助制度、信用评估和风险控制制度、行业协调与自律制度”。第十五条要求建立再担保服务。[①] 以此为标志，

① 《国务院办公厅转发国家经贸委关于鼓励和促进中小企业发展若干政策意见的通知》，《中华人民共和国国务院公报》，2000 年 31 期。

社会信用体系建设进入初步发展阶段。

2001 年 3 月，第九届全国人民代表大会第四次会议通过《国民经济和社会发展第十个五年计划纲要》(以下简称《纲要》),《纲要》提及广泛应用信息技术，“加快电子认证体系、现代支付系统和信用制度建设，大力发展电子商务”[①]。2001 年 4 月，国家经贸委、国家工商总局等十部委联合下发《关于加强中小企业信用管理工作的若干意见》，提出“信用是市场经济的重要基础，规范有序的市场经济活动需要建立一个能够有效调动社会资源和规范市场交易的信用制度”[②]。这是国家多个部委级机关首次对信用和信用制度的地位做出很高的表述。2002 年 11 月，党的十六大报告提出“整顿和规范市场经济秩序，建立健全现代市场经济的社会信用体系”的目标。这是党中央第一次提出“社会信用体系”这个概念。2003 年 10 月，党的十六届三中全会通过《关于完善社会主义市场经济体制若干问题的决定》，权威地解读了这一概念：“建立健全社会信用体系。形成以道德为支撑、产权为基础、法律为保障的社会信用制度，是建设现代化市场体系的必要条件，也是规范市场经济秩序的治本之策。[③]”

2005 年 8 月，中国人民银行出台《个人信用信息基础数据库管理暂行办法》，同年 10 月 1 日起施行。该办法第二条规定：中

① 朱镕基:《关于国民经济和社会发展第十个五年计划纲要的报告——2001 年 3 月 5 日在第九届全国人民代表大会第四次会议上》，北京：人民出版社，2001 年版，第 47 页。
②《关于加强中小企业信用管理工作的若干意见》,《中华人民共和国国务院公报》，2002 年 08 期。
③《中共中央关于完善社会主义市场经济体制若干问题的决定》，北京：人民出版社，2003 年版，第 17 页。

国人民银行负责组织商业银行建立个人信用信息基础数据库（以下简称个人信用数据库），并负责设立征信服务中心，承担个人信用数据库的日常运行和管理。第四条规定：本办法所称个人信用信息包括个人基本信息、个人信贷交易信息以及反映个人信用状况的其他信息。①

2005 年 11 月，全国整顿和规范市场经济秩序领导小组办公室会同国务院国资委联合发布《商会协会行业信用建设工作指导意见》，对全国范围行业内信用建设的原则、目标和工作任务提出了明确要求。2006 年 4—6 月，又先后发布《开展行业信用评价试点工作实施办法》和《关于开展首批行业信用评价试点工作的通知》，对行业信用评价工作进行了全面部署。

这一阶段，政府部门开始推动信用信息系统的建设，归集行业信用信息。财政部、国家工商总局、海关总署、国家质检总局等部门，依托“金财工程”、“金信工程”、“金关工程”、“金质工程”等建设，加大本部门信用信息系统的建设力度，推动纳税诚信、产品质量诚信、企业信用监管的建设。在此阶段社会信用建设呈现了“条线体系”推进特征：（1）在制度层面，提出了企业信用体系建设的专项规划；（2）以政府部门为主体的信用信息披露体系和市场第三方中介为主体的信用体系开始起步并不断推进；（3）社会信用建设从“两端点状”的模式发展为从中央、地方到行业的“条线体系”建设治理模式。

---

① 《个人信用信息基础数据库管理暂行办法》，《中华人民共和国国务院公报》，2006 年 23 期。

（三）社会信用体系建设快速发展阶段（2007—2013年）

2007年3月，国务院办公厅为落实中共十六大和十六届三中全会关于社会信用体系建设的任务，出台了《关于社会信用体系建设的若干意见》（以下简称《意见》），以此为标志，全国社会信用体系建设进入快速发展阶段。

《意见》首先论述了加快推进社会信用体系建设的重要性和紧迫性，接着比较系统地提出了社会信用体系建设的指导思想、目标、基本原则和推进的重要内容，这是我国政府第一个关于社会信用体系建设的专门文件。文件涵盖四方面内容：推进行业信用建设，加快信贷征信体系建设，培育信用服务市场，完善（信用）法律法规，并没有就"社会信用体系"建设的三大主体即政府信用建设、企业信用建设和个人信用建设做出部署。[①] 为了执行这一文件，同年4月，国务院办公厅发布《关于建立国务院社会信用体系建设部际联席会议制度的通知》，明确建立国务院社会信用体系建设部际联席会议制度，其职责为负责统筹协调社会信用体系建设工作，研究拟订重大政策措施；协调解决推进社会信用体系建设工作中的重大问题；指导、督促、检查有关政策措施的落实，从而建立起了推进这项全局工作的组织抓手。[②] 2009年4月，《中国人民银行关于推进农村信用体系建设工作的指导意见》，阐述了农村信用体系建设的重要性，提出农村信用体系建设的原则、目标、工作任

① 《国务院办公厅关于社会信用体系建设的若干意见》，《中华人民共和国国务院公报》，2007年14期。

② 《国务院办公厅关于建立国务院社会信用体系建设部际联席会议制度的通知》，《中华人民共和国国务院公报》，2007年16期。

务与要求，标志着农村信用体系建设在全国范围全面推开。

2010 年 10 月，《国务院关于加强法治政府建设的意见》(以下简称《意见》)出台。《意见》强调加强法治政府建设的重要性、紧迫性和总体要求，全面推进政务公开，严格规范公正文明执法，坚持依法科学民主决策，加强和改进制度建设，在新形势下深入贯彻落实依法治国基本方略，全面推进依法行政。

2011 年 10 月，党的十七届六中全会审议通过《中共中央关于深化文化体制改革推动社会主义文化大发展大繁荣若干重大问题的决定》，对社会信用体系建设的论述大幅提升了高度。文件提出，一方面，“把诚信建设摆在突出位置，大力推进政务诚信、商务诚信、社会诚信和司法公信建设，抓紧建立健全覆盖全社会的征信系统，加大对失信行为惩戒力度，在全社会广泛形成守信光荣、失信可耻的氛围”[①]。这是首次提出上述四大领域诚信建设任务。会议强调，“十二五”期间要以社会成员信用信息的记录、整合和应用为重点，建立健全覆盖全社会的征信系统。另一方面，国务院完善了社会信用体系建设的推进机制部际联席会议制度。2012 年 7 月 17 日国务院批复，同意调整社会信用体系建设部际联席会议成员单位和主要职责，明确发展改革委、中国人民银行“双牵头”，成员单位从 18 家增加到 35 家。

国务院《征信业管理条例》于 2013 年 3 月 15 日起施行。随后，2013 年 11 月 15 日，中国人民银行正式发布《征信机构管理办法》，对征信机构的市场准入、备案条件进行细化和明确。由此，在这一

① 《中共中央关于深化文化体制改革推动社会主义文化大发展大繁荣若干重大问题的决定》,《人民日报》, 2011 年 10 月 26 日。

阶段，我国社会产业发展呈现出“条线协调”推进的特征：（1）部际联席会议明确由国家发改委、中国人民银行双牵头，构建了金融领域信用与非金融领域信用体系框架，协同推进能力加强；（2）在制度层面上，社会信用体系建设的法规框架初步建立，失信惩戒机制逐渐形成；（3）信用服务机构不断发展壮大，信用市场逐渐规范。[①]

（四）社会信用体系建设全面推进阶段（2014—2020年）

2014年6月14日，国务院印发《〈社会信用体系建设规划纲要（2014—2020年）〉的通知》（以下简称《纲要》），标志着我国社会信用体系建设工作进入全面推进阶段。这是我国政府第一个关于整个社会信用体系建设的顶层设计，是国家级专项规划。《纲要》第一次就全面推进政务诚信、商务诚信、社会诚信和司法公信四大领域的信用建设做出顶层设计，并就政府信用建设、企业信用建设和个人信用建设工作任务做了全面安排。[②]

这一阶段国家信用政策建设方面的主要成果表现为四大类型。第一类，国家社会信用体系建设制度已具雏形。2016年，中央深化改革领导小组办公室先后通过《国务院关于建立完善守信联合激励和失信联合惩戒制度加快推进社会诚信建设的指导意见》《关于加快推进失信被执行人信用监督、警示和惩戒机制建设的意见》《关于加强政务诚信建设的指导意见》《关于加强个人诚信体系建设

---

① 《征信业管理条例》，《人民日报》，2013年2月21日。
② 《〈社会信用体系建设规划纲要（2014—2020年）〉的通知》，中国政府网，2014年6月27日。

的指导意见》《关于全面加强电子商务领域诚信建设的指导意见》《中共中央办公厅 国务院办公厅印发〈关于进一步健全相关领域实名登记制度的总体方案〉的通知》6个对信用建设具有顶层设计意义的改革性文件，分别以国务院、中办和国办、国家发改委和中国人民银行的名义出台执行。第二类，联合奖惩政策体系填补了空白。2017—2018年，《关于加强和规范守信联合激励和失信联合惩戒对象名单管理工作的指导意见》《关于做好〈关于加强和规范守信联合激励和失信联合惩戒对象名单管理工作的指导意见〉贯彻落实工作的通知》《关于对失信主体加强信用监管的通知》3个文件相继出台，使信用联合奖惩制度的落实有了政策基础，国家联合奖惩体系逐步健全。第三类，通过强化信用约束机制不断优化营商环境。2018年6月6日，国务院会议确定进一步建设和完善社会信用体系建设措施，一是围绕优化营商环境加快构建以信用为核心的监管机制，推广告知承诺制。二是建立黑名单制度，强化信用约束，对侵权假冒、坑蒙拐骗、虚假广告等违法违规行为要公开曝光、坚决整治，让失信者受到惩戒和震慑。三是坚决守住信息安全底线，保护商业秘密和个人隐私。四是加快推进重点民生领域信用体系建设，增进群众福祉。五是引导社会力量参与信用建设，发展第三方征信服务。六是强化政府部门诚信建设，依法依规处理“新官不理旧账”问题。第四类，构建以信用为基础的新型监管机制。2019年7月16日，为了进一步发挥信用在创新监管机制、提高监管能力和水平方面的基础性作用，更好地发挥市场主体活力，推动高质量发展，国务院办公厅发布《关于加快推进社会信用体系建设构建以信用为基础的新型监管机制的指导意见》，这一文件在“构建以信用为基础的新型监管机制”上具有里程碑意义，明确了信用监管的主要目标、落实措施和运行机制，对信用监管的事前、事中和事后做了明确的工作细分部署，将信用监管的各项工作，包括信用承诺、诚信教育、信息自愿注册、信用评价和分级分类监管、信用报告应用落地，市场禁入措施，信用修复落地，联合奖惩落地，信用自净建设和法治保障措施切实落地。[①] 2019 年 9 月 6 日，《国务院关于加强和规范事中事后监管的指导意见》出台，提出夯实监管责任，健全制度化监管规则和标准体系建设，创新和完善监管方式，尤其是要探索深入推进“互联网+监管”并对直接涉及公共安全和人民群众生命健康等特殊重点领域实行重点监管。加强政府、市场主体、行业资质，构建协同监管的新格局。2020 年 5 月 11 日，《中共中央 国务院关于新时代加快完善社会主义市场经济体制的意见》出台，提出要构建适应高质量发展要求的社会信用体系和新型监管机制。2020 年 9 月 10 日，国务院办公厅印发《关于深化商事制度改革进一步为企业松绑减负激发企业活力的通知》，文件明确提出，加强事中事后监管，加强企业信息公示。以统一社会信用代码为标识，整合形成更加完善的企业信用记录；健全失信惩戒机制。

这一阶段，由于部际联席会议制度的完善和工作得力，在制度层面，信用体系相关政策在各行业部门、各地区加速落地和应用；政府与第三方信用机构之间的联系更为紧密，以联合奖惩和行业专项治理为主的条线信用监管和以信用示范城市、区域合作示范区等为主的区域应用创新，共同推进的条块治理模式已经形成，社会信用行业发展的重心正在从数据归集、平台搭建的“硬件”管理，向

① 《国务院办公厅关于加快推进社会信用体系建设构建以信用为基础的新型监管机制的指导意见》，《中华人民共和国国务院公报》，2019 年 21 期。

服务于联合奖惩、行业治理、区域应用与创新的“软件”管理转变。

（五）社会信用体系建设高质量发展阶段（2020年迄今）

2020年12月，国务院办公厅出台《关于进一步完善失信约束制度构建诚信建设长效机制的指导意见》(以下简称《指导意见》)，成为我国社会信用体系建设迈向高质量发展新阶段的重要标志。《指导意见》从明确公共信用信息的纳入范围和程序、规范公共信用信息共享公开范围和程序、规范严重失信主体名单认定标准和程序、加强信息安全和隐私保护、加强信用法治建设等几个方面确定了健全社会信用体系的主要工作任务，对社会信用体系建设新阶段的工作思路和工作重点作出部署。[①]《指导意见》的制定出台是社会信用体系建设向规范化、法治化发展的重要里程碑。

当前是我国“十四五”时期的开局阶段，2021年3月，十三届全国人大四次会议通过《中华人民共和国国民经济和社会发展第十四个五年规划和2035年远景目标纲要》(以下简称《“十四五”规划纲要》)，提出建立健全信用法律法规和标准体系，实现我国“十四五”时期社会信用体系建设高质量发展的目标。[②]《“十四五”规划纲要》为当前和今后一段时期我国社会信用体系建设指明了方向和重点任务。

2021年12月，国家发展改革委、中国人民银行印发《全国公

---

①《国务院办公厅关于进一步完善失信约束制度构建诚信建设长效机制的指导意见》，中国政府网，2020年12月18日。

②《中华人民共和国国民经济和社会发展第十四个五年规划和2035年远景目标纲要》，北京：人民出版社，2021年版，第47页。

共信用信息基础目录（2021年版）》和《全国失信惩戒措施基础清单（2021年版）》（以下分别简称《目录》和《清单》）。《目录》和《清单》规范界定了公共信用信息纳入范围、失信惩戒措施的种类及其适用对象，充分体现了“依法依规、保护权益、审慎适度、清单管理”的总体要求。《目录》和《清单》的出台，进一步提升社会信用体系建设法治化、规范化水平，推动社会信用体系高质量发展，为深化“放管服”改革、优化营商环境、推进国家治理体系和治理能力现代化提供支撑保障。

2022年3月25日，《中共中央国务院关于加快建设全国统一大市场的意见》出台，全文共30条，其中第七条“健全统一的社会信用制度”，第二十一条“全面提升市场监管能力”对完善信用监管提出要求。[①]

2022年3月29日，中共中央办公厅、国务院办公厅下发《关于推进社会信用体系建设高质量发展促进形成新发展格局的意见》（以下简称《意见》），要求各地区各部门结合实际认真贯彻落实。这是在新的时代背景下，特别是继国务院发布《纲要》之后，对社会信用体系建设进行全面系统安排的又一部重要政策性文件，为社会信用体系建设高质量发展，促进形成新发展格局，提供了重要指导思想和行动指南。《意见》明确“完善的社会信用体系是供需有效衔接的重要保障，是资源优化配置的坚实基础，是良好营商环境的重要组成部分，对促进国民经济循环高效畅通、构建新发展格

① 《中共中央国务院关于加快建设全国统一大市场的意见》，《人民日报》，2022年4月11日。

局具有重要意义"[①]。对社会信用体系建设的重要作用进行了高度概括和肯定，并提出了推进信用体系建设高质量发展的总体要求，即"扎实推进信用理念、信用制度、信用手段与国民经济体系各方面各环节深度融合，进一步发挥信用对提高资源配置效率、降低制度性交易成本、防范化解风险的重要作用，为提升国民经济体系整体效能、促进形成新发展格局提供支撑保障"。"立足经济社会发展全局，整体布局、突出重点，有序推进各地区各行业各领域信用建设。积极探索创新，运用信用理念和方式解决制约经济社会运行的难点、堵点、痛点问题。推动社会信用体系建设全面纳入法治轨道，规范完善各领域各环节信用措施，切实保护各类主体合法权益。充分调动各类主体积极性创造性，发挥征信市场积极作用，更好发挥政府组织协调、示范引领、监督管理作用，形成推进社会信用体系建设高质量发展合力"[②]。在总体要求的基础上，《意见》分五大方面展开，对社会信用建设高质量发展进行了周密的安排和部署。一是以健全的信用机制畅通国内大循环；二是以良好的信用环境支撑国内国际双循环相互促进；三是以坚实的信用基础促进金融服务实体经济；四是以有效的信用监管和信用服务提升全社会诚信水平；五是加强组织实施，坚持审慎适度，强化党的领导和制度保障，推进试点示范和安全保护。[③]

---

① 《中共中央办公厅　国务院办公厅印发〈关于推进社会信用体系建设高质量发展促进形成新发展格局的意见〉》，《中华人民共和国国务院公报》，2022年11期。
② 《中共中央办公厅　国务院办公厅印发〈关于推进社会信用体系建设高质量发展促进形成新发展格局的意见〉》，《中华人民共和国国务院公报》，2022年11期。
③ 《中共中央办公厅　国务院办公厅印发〈关于推进社会信用体系建设高质量发展促进形成新发展格局的意见〉》，《中华人民共和国国务院公报》，2022年11期。

2022 年 3 月 30 日，中国人民银行发布《关于做好 2022 年金融支持全面推进乡村振兴重点工作的意见》（以下简称《意见》），《意见》要求，深入推进农村信用体系建设，继续推进储蓄国债下乡，持续提升农村支付服务水平，加强农村金融知识宣传教育和金融消费权益保护，改善农村基础金融服务。[①]

"十四五"时期，经济社会发展以推动高质量发展为主题，在今后更长时期，推动高质量发展的要求还将体现在国家发展的各领域和全过程。当前是我国社会信用体系建设迈向高质量发展的新阶段，信用体系建设在我国经济社会发展中的作用日益凸显，信用的应用场景愈加深入与广泛，随着经济社会高质量发展所提出的新要求，面临新时代下新的机遇与挑战，我国社会信用体系建设将继续提质升级，不断完善顶层设计，推动社会信用体系建设法治化、规范化、制度化水平不断提升，推进各地各部门社会信用体系更加健康有序发展。信用理念、信用制度、信用手段、信用方式等关键词，将与新时期社会信用体系建设相伴随行，并为之注入新的能量、新的活力。

二、市场经济法律体系改革历程

40 多年的改革开放是我国经济领域逐步市场化改革和发展的历程，也是市场机制与现代法治逐渐融合和完善的历程。我国市场经济法律体系建设经历了起步、发展、丰富、完善和提升的过程。

---

① 《中国人民银行关于做好 2022 年金融支持全面推进乡村振兴重点工作的意见》，中国人民银行网站，2022 年 4 月 21 日。

特别是党的十八大以来，市场经济法律体系建设进入了全面提升、日益完善的新时代。回顾历史，我国的市场经济法律体系建设走出了一条与市场化改革同步、渐进式发展的道路。我国重视以政策为先导引领改革，鼓励地方先行先试，充分发挥法治对改革的引领、推动和保障作用，不断探索并正确处理了政府与市场的关系、改革与法治的关系，国家治理理念实现了由“法制”向“法治”的转变，国家治理体系和治理能力日益现代化。

（一）市场经济法律体系的起步阶段（1978—1992年）

20世纪70年代末，中国共产党总结历史经验，在1978年12月18日召开的中共十一届三中全会上，做出把党和国家的工作重心转移到经济建设上来，实行改革开放的伟大决策，并提出“有法可依，有法必依，执法必严，违法必究”的法制建设方针。这个阶段是我国经济体制改革的初始阶段，在发展社会主义民主、健全社会主义法制的基本方针指引下，我国开启了市场经济法律体系建设的起步阶段，主要体现在以下几个方面：

1. 宪法及宪法相关法律制度的建立，为改革开放提供了制度基础

1982年的五届全国人大五次会议审议通过了现行的《中华人民共和国宪法》，随后的1988年的宪法修正案规定，国家允许私营经济在法律规定的范围内存在和发展。同时先后颁布实施了一批国家机构方面的法律，建立和完善了人民代表大会制度和国家机构体系。宪法及宪法相关法律的建立和发展，为发展社会主义民主、健全社会主义法治，推进改革开放提供了制度基础和根本保障。

2．调整农村生产经营政策，开启农村改革的进程

党的十一届三中全会后，一些重要的农业、农村方面的政策文件相继发布实施，有力地推动了农村改革的进程。1980 年 9 月，中共中央印发《关于进一步加强和完善农业生产责任制的几个问题》，全面推行“包产到户”的联产责任制。在农产品流通领域，自 1985 年开始，取消了粮食和棉花等农产品统购，农村集贸市场重新获得了合法地位。

3．初步建立了与改革开放相适应的市场主体法律制度

改革开放初期，一方面为吸收利用外资，引进国外先进技术和管理经验，国家先后颁布《中外合资经营企业法》（1979 年）、《外资企业法》（1986 年）、《中外合作经营企业法》（1988 年）等外商投资企业法律。另一方面，为推动国有企业改革，落实多种所有制经济共同发展，先后颁布了《全民所有制工业企业法》（1988 年）、《城镇集体所有制企业条例》（1991 年）、《全民所有制工业企业转换经营机制条例》（1992 年）等一系列反映改革开放要求的市场主体法律、法规。

4．初步建立了知识产权保护法律制度

为适应经济社会发展和改革开放的需要，国家先后颁布实施了《商标法》（1982 年）、《专利法》（1984 年）、《著作权法》（1990 年）等知识产权法律制度，鼓励科技创新，推动技术进步，初步建立了知识产权保护法律制度。同时初步建立起了司法审判与行政执法协调运作的知识产权执法保护机制。

5．初步建立了对外经贸领域的法律制度

伴随着对外开放，对外经贸关系不断发展，人员与商品交流范围和领域不断扩大，国家颁布实施《海关法》（1987 年）、《海商法》

（1992年）等法律，适应了对外开放环境下对外经贸活动和人员交流的需要。

6．初步建立了资源节约和环境保护方面的法律制度

国家将资源节约和环境保护确立为基本国策，先后颁布实施了《森林法》（1984年）、《草原法》（1985年）、《土地管理法》（1986年）、《大气污染防治法》（1987年）、《环境保护法》（1989年）、《水污染防治法》（2008年）等资源和环境保护方面的法律，初步建立起了资源节约和环境保护方面的法律体系。

这一阶段，从改革与法治的关系上看，重视一手抓改革开放，一手抓法治建设。市场经济法律体系建设的重点是解决“有法可依”的问题，其特点是适应改革开放的需要，促进改革的顺利进行，保证改革的健康发展，巩固改革的胜利成果。由于这个阶段是我国经济体制改革的初始阶段，市场体系发育尚不健全，市场经济法律体系尚处于起步阶段，有关市场竞争和市场管理、宏观调控等方面的法律制度尚不健全。

（二）市场经济法律体系的基本形成阶段（1993—2011年）

1992年，邓小平南方谈话对我国20世纪90年代的经济改革与社会进步起到了关键性的推动作用。1993年11月，党的十四届三中全会做出《关于建立社会主义市场经济体制若干问题的决定》，正式确立了“建立社会主义市场经济体制”作为国家经济体制改革的目标。1993年宪法修正案明确规定了“国家实行社会主义市场经济”，“国家加强经济立法，完善宏观调控”。1999年，第九届全国人大把“依法治国，建立社会主义法治国家”写进宪法，使中国的民主法治建设达到新的高度。随着我国2001年加入世界贸易组织，我国全面参与国际经济循环，经济制度不断与国际接轨，市场逐步全面对外开放。我国的市场经济法律体系建设进入了一个快速发展和不断丰富的阶段。主要体现在以下几个方面：

1．市场主体法律制度向以组织和责任形式为导向的立法转变，加快建立现代企业制度

国家先后颁布实施了《公司法》（1993年）、《合伙企业法》（1997年）、《个人独资企业法》（1999年）等有关市场主体法律，实现了市场主体法律制度向以组织和责任形式为导向的立法转变，适应了市场经济的基本要求。特别是《公司法》的颁布实施，为建立现代企业制度、保障公司投资者和利益相关人的合法权益奠定了制度基础。同时，国有企业改革也进入了一个新的阶段，大量国有企业通过公司制改造，不断建立现代企业制度。

2．以《合同法》为代表的民商事法律制度不断发展，交易关系不断规范

国家加强了民商事立法，适应社会主义市场经济要求的民商事法律制度体系基本形成。国家先后颁布实施了《担保法》（1995年）、《保险法》（1995年）、《证券法》（1998年）、《合同法》（1999年）等重要民商事立法。特别是《合同法》的颁布实施，确立了合同自由原则，成为商品流转关系的基本规范。

3．以《反垄断法》为核心的保护公平竞争，维护市场秩序的法律制度基本形成

反对垄断，保护公平竞争，维护市场秩序和保护消费者合法权益是我国市场经济法律体系建设的重要领域。国家先后颁布实施了《反不正当竞争法》（1993年）、《产品质量法》（1993年）、《消费者权益保护法》（1993年）、《广告法》（1994年）、《价格法》（1997

年）、《反垄断法》（2007年）、《食品安全法》（2009年）等重要立法。特别是《反垄断法》，被称为“经济宪法”和市场经济的“大宪章”，《反垄断法》的颁布实施对于制止垄断行为，保护公平竞争，具有十分重要的意义。另外，在规范市场行为和进行市场管理方面，2005年，国务院出台《直销管理条例》和《禁止传销条例》，为市场管理机关开展打击传销和监管直销工作提供了保证。2007年国务院出台的《商业特许经营管理条例》是我国商业特许经营管理方面第一部行政法规。

4．清理和修订对外经贸领域立法，建立符合世界贸易组织规则的法律制度

2001年加入世界贸易组织后，中国通过修订《对外贸易法》等相关法律、法规，建立起符合中国特色的统一、透明的对外贸易制度。同时，按照入世承诺，中国对利用外资和对外经贸领域内的有关法律、法规、部门规章和其他规范性文件进行了清理，我国的对外开放水平进入了一个全新的阶段，融入了新的全球化的浪潮。

5．知识产权法律制度进一步发展，提高了知识产权保护水平

为了与世界贸易组织的要求相一致，我国修改完善了《商标法》《专利法》《著作权法》的相关规定，提高了知识产权保护的水平。另外，我国先后颁布实施了《计算机软件保护条例》（2001年）、《知识产权海关保护条例》（2003年）、《信息网络传播权保护条例》（2006年）等行政法规。最高人民法院、最高人民检察院制定了大量的司法解释，推动了知识产权刑事案件、行政案件和民事案件的审判工作。

6．加强生态与环境保护制度建设，实施绿色转型发展

进入21世纪后，在我国经济转型发展的背景下，绿色经济、绿色发展的政策制度逐步完善，先后制定并实施了《循环经济促进法》(2008年)、《清洁生产促进法》(2002年)等一系列环境保护、绿色发展方面的法律、法规以及规章，为我国绿色发展和生态文明建设提供了法制保障。

7．加强网络与信息化制度建设，保障网络经济健康发展

跨入信息化、网络化的21世纪之后，网络经济和电子商务快速发展。为网络经济和电子商务的健康、快速发展创造一个良好的法律环境，我国先后颁布实施了《关于维护互联网安全的决定》(2000年)、《电子签名法》(2004年)、《电信条例》(2000年)、《互联网信息服务管理办法》(2000年)等法律、行政法规。特别是《电子签名法》，被称为“中国首部真正意义上的信息化法律”。另外，最高人民法院也发布了相关的司法解释，保障和推动了网络相关争议案件的司法解决。

这一时期，随着社会主义市场经济体制改革目标的确立和全方位的对外开放，从改革与法治的关系上看，改革开放促进着法治化进程，法治建设也同时服务于改革开放大局，两者相互促进，使得国家治理方式开始向法治化转变。市场经济法律体系建设的重点是为改革的深入推进保驾护航，其特点是体现改革精神，用法律引导、推进和保障改革顺利进行。总体而言，我国的社会主义市场经济法律体系不断发展与丰富，适应市场经济体制和对外开放的市场经济法律体系基本形成。

（三）市场经济法律体系的全面推进和提升阶段（2012年迄今）

党的十八大报告中提出“科学立法、严格执法、公正司法、全民守法”新时代社会主义法治建设的方针，表明我国社会主义法治建设进入了新阶段。特别是党的十八届四中全会通过《中共中央关于全面推进依法治国若干重大问题的决定》，确立建设社会主义法治国家的总目标。党的十九届四中全会通过了《中共中央关于坚持和完善中国特色社会主义制度推进国家治理体系和治理能力现代化若干重大问题的决定》，明确推进国家治理体系和治理能力现代化的总体要求。在贯彻新发展理念，构建新发展格局，推动经济高质量发展的背景下，在习近平法治思想指引下，我国市场经济法律体系建设也进入了全面推进和提升的新阶段，更加重视立法质量，更加注重法律执行效果。主要体现在以下几个方面：

1．法治政府建设取得重大进展，市场监管机制和方式改革取得重大进展

我国先后颁布了《法治政府建设实施纲要（2015—2020年）》和《法治政府建设实施纲要（2021—2025年）》，制定实施《优化营商环境条例》等法规，全面实行政府权责清单制度，深入推进“放管服”改革，全面推进行政法制建设，持续优化市场化、法治化、国际化营商环境，推动有效市场和有为政府更好结合，政府经济治理能力、治理效能不断提高。同时，推进行政执法体制改革，推进“互联网+监管”、信用监管、协同监管等新型监管机制和监管方式，政府的市场监管能力不断提升。

2．建立公平竞争审查制度，加大平台经济等领域的反垄断执法力度，防止资本无序扩张

我国政府坚持鼓励竞争、反对垄断，针对实践中出现的新情况、新问题，不断修订完善《反垄断法》《反不正当竞争法》等法律，强化市场竞争法律的基础地位。其中，鼓励创新成为《反垄断法》的重要立法目的，同时加大处罚力度，引入了惩罚性罚款机制，并对滥用数据和算法、技术、资本优势及平台规则加强反垄断规制。2016 年 6 月，国务院发布《关于在市场体系建设中建立公平竞争审查制度的意见》，要求建立公平竞争审查制度，以规范政府有关行为，防止出台排除、限制竞争的政策措施，逐步清理废除妨碍全国统一市场和公平竞争的规定和做法，公平竞争制度不断完善。[①] 针对平台经济领域的垄断等问题，2021 年 2 月，国务院反垄断委员会出台专门的《关于平台经济领域的反垄断指南》，加大反垄断和反不正当竞争执法司法力度，防止资本无序扩张。2021 年 4 月，国家市场监管总局依据《反垄断法》查处了阿里巴巴集团控股有限公司滥用市场支配地位强制实施“二选一”等典型案件。在反垄断执法机构调整和改革的基础上，2021 年 11 月国务院组建了新的国家反垄断局，进一步健全完善了中国反垄断执法的体制机制，提升反垄断执法工作的统一性、权威性，为我国建设高标准市场体系、推动高质量发展奠定了更坚实的基础。

3．推进行政审批制度和“放管服”改革，实施负面清单制度，激发市场主体活力

一方面，通过修订完善《公司法》、制定实施《外商投资法》（2019 年），出台《国企改革三年行动方案（2020—2022 年）》、《市场主体登记管理条例》（2021 年）等政策和法规，完善市场主体登记管理制度，便利市场主体设立、退出，推动国有企业改革，完善中国特色现代企业制度。特别是《公司法》修改中完善了国家出资

① 《关于在市场体系建设中建立公平竞争审查制度的意见》，《中华人民共和国国务院公报》，2016 年 18 期。

公司特别规定，完善了公司资本制度，强化了控股股东和经营管理人员的责任。另一方面，按照党的十八届三中全会通过的《中共中央关于全面深化改革若干重大问题的决定》相关精神，改革市场准入制度，全面推进负面清单制度。2015 年 10 月，国务院出台《关于实行市场准入负面清单制度的意见》，明确实行市场准入负面清单制度的总体要求、主要任务和配套措施。随后，国务院制定并不断更新《市场准入负面清单》和《外商投资准入特别管理措施（负面清单）》，以清单方式明确列出禁止和限制投资经营的行业、领域、业务等，清单以外的，各类市场主体皆可依法平等进入。同时，政府大力推进“放管服”改革力度，减少市场主体的行政审批事项，降低市场主体准入门槛，利用新技术新体制加强监管体制创新，强化市场主体的事中事后监管，激发各类市场主体的活力。

4．以《民法典》为核心的民商事法律更加成熟，产权保护力度不断加强

2020 年 5 月十三届全国人大三次会议表决通过了《民法典》，这是新中国成立以来第一部以“法典”命名的法律，开创了我国法典编纂立法的先河，具有里程碑意义。《民法典》在法律体系中具有基础性地位，进一步完善了社会主义市场经济的基本法律制度，是新时代法治建设的重大成果。另外，涉及物权、债权、股权等产权法律法规不断健全，2016 年 11 月，中共中央、国务院出台《关于完善产权保护制度依法保护产权的意见》，以公平为原则的产权保护制度不断完善。同时，修改《专利法》《商标法》《著作权法》等知识产权法律，全面提高保护标准，引入惩罚性赔偿制度，加大知识产权保护力度。

5．以现代财税金融法律为基础的宏观调控制度不断完善，促进市场健康发展

2014 年 6 月，中共中央政治局审议通过《深化财税体制改革总体方案》，做出了深化财税体制改革的总体部署。2014 年 8 月，《预算法》重新修订，深化预算管理制度改革，强化对预算编制的宏观指导和审查监督。2021 年 3 月，中共中央办公厅、国务院办公厅印发了《关于进一步深化税收征管改革的意见》，就进一步深化税收征管改革，全方位提高税务执法、服务、监管能力提出了具体要求，深化了税收征管制度改革，推动税收征管现代化。另外，完善了企业所得税和个人所得税制度，进一步优化了增值税等税收制度，国家制定了《印花税法》等法律，现行 18 个税种中已有 12 个制定了法律。同时，深化金融制度改革，调整了银行、保险相关政策和法律。2019 年 12 月，新修订的《证券法》明确全面推行注册制，标志着中国资本市场在市场化、法治化道路上又迈出了坚实一步。总之，以现代财税金融法律为基础的宏观调控制度不断完善，政府宏观经济治理能力显著增强，防范了金融风险，保障了宏观经济稳定。

6．强化电子商务和数字经济立法，促进数字化转型

2021 年 12 月，国务院印发《“十四五”数字经济发展规划》，推进数字产业化和产业数字化，推动数字经济和实体经济深度融合，打造具有国际竞争力的数字产业集群。[①] 在网络经济、数字经济立法方面，国家修改完善《电子签名法》，颁布实施了《电子商

① 《“十四五”数字经济发展规划》，《人民日报》，2022 年 1 月 13 日。

务法》（2018年）、《网络安全法》（2016年）、《数据安全法》（2021年）、《个人信息保护法》（2021年）等新的法律，保障电子商务等新经济形态健康发展，促进数字化转型。

这一阶段的市场经济法律制度体现了全面深化改革和全面推进依法治国的总要求，具有鲜明的时代特色，正确处理了政府与市场的关系，推进了国家治理体系和治理能力现代化。从改革与法治的关系上看，既坚持在法治的引领下推进全面深化改革，又坚持在全面深化改革中不断完善法治。市场经济法律体系建设的重点是为全面依法治国夯实良法善治的基础，其特点是更加重视立法的科学性、民主性，坚持重大改革于法有据，把发展改革决策同立法决策更好结合起来。我国已经形成了涵盖市场主体、市场运行、市场秩序、市场调控与管理等方面较为完善的市场经济法律体系，与统一开放、竞争有序的现代市场体系相适应的市场经济法律体系不断完善。

第四章
迈向高标准市场体系的经验与展望

▼

进入新时代，中国经济发展的内外环境已发生深刻变化。加快建设和完善现代市场体系，更好地服务和促进高质量发展，迫切需要进一步深化改革和扩大开放，构建体系健全、功能多样、层次分明、内外联通、高效运行、设施现代的市场体系，实现产权有效激励、商品要素自由流动、价格反应灵活、竞争公平有序、企业优胜劣汰，推动我国从市场大国向市场强国迈进。

第一节　商品市场改革的经验与展望

习近平总书记指出，要把更好发挥市场在资源配置中的基础性作用作为下一步深化改革的重要取向，加快形成统一开放、竞争有序的市场体系，着力清除市场壁垒，提高资源配置效率。[1]为建设高标准产权市场体系指明了方向。2020年3月，中共中央、国务院印发《关于构建更加完善的要素市场化配置体制机制的意见》；

---

① 《加强对改革重大问题调查研究 提高全面深化改革决策科学性》，《人民日报》，2013年7月25日。

同年5月，中共中央、国务院印发《关于新时代加快完善社会主义市场经济体制的意见》，对我国产权市场发展提供了有力的政策依据。2021年1月，中共中央办公厅、国务院办公厅印发了《建设高标准市场体系行动方案》，明确进一步破除阻碍市场要素自由流动的体制机制障碍。2022年3月，中共中央、国务院印发《关于加快建设全国统一大市场的意见》，明确统一产权交易信息发布机制，实现全国产权市场联通，并第一次提出“打造统一的要素资源市场”，对构建要素资源统一大市场提出具体要求，对推动以产权交易市场为代表的非标资本市场进一步实现要素市场一体化发展，全面深化公共资源交易平台整合共享，进一步发挥资本市场枢纽功能指明行动方向。[1]这些举措对推进要素资源市场化配置、建设高标准市场体系，构建高水平社会主义市场经济体制和国内国际双循环相互促进的新发展格局具有重要意义。这也是继2015年中共中央、国务院印发《关于深化国有企业改革的指导意见》以来，中央文件再次明确和肯定产权交易市场的功能定位和作用发挥，为产权市场和要素市场在建设全国统一大市场中提供了新的发展机遇，产权市场必将有新的更大的作为。

---

①《中共中央 国务院关于加快建设全国统一大市场的意见》,《中华人民共和国国务院公报》，2022年12期。

一、我国消费品市场改革的主要经验总结与展望

（一）我国消费品市场改革的主要经验总结

1．在渐进式改革中推动市场发育发展与市场机制的完善

中国消费品市场是在逐步开放、渐进改革的过程中逐渐形成和发展壮大的，而非一蹴而就。在40多年的改革开放进程中，国家首先推进流通体制机制改革和逐步放开国内市场准入的策略，对于重大改革措施采取“先局部试点再全面推广”的做法，通过培育市场主体，逐步完善市场决定价格机制，有序推动建立竞争机制、信用机制和完善市场规范等措施，激发市场活力和推动市场有序发展，为消费品市场健康、持续、有序地发展创造了良好的政策和制度环境。

2．坚持市场在资源配置中的决定性作用

40多年改革发展的经验表明，多元化的市场主体、企业自主经营和自负盈亏以及灵活的价格机制，促进了我国面向需求的市场供给、要素的自由流动和充分的市场竞争，极大地激发了消费品市场创新发展活力，有效地推动了市场主体的发展壮大，不仅很好地满足了人民群众日益增长的消费需求，也有力促进了社会就业和国民经济的发展。市场是促进供需对接的基本机制，是引导资源配置的重要机制，是实现高质量发展的有效机制。发挥市场在资源配置中的决定性作用，是被我国40多年发展实践充分证明的重要经验，需要长期坚持。

3．积极稳妥地推进对内改革与对外开放联动发展

在过去40多年的发展历程中，国家对流通领域首先进行了对内改革，取消对市场主体所有制的限制，激活国内市场，促进消费

品市场逐步发育和加速发展；在取得较好发展的基础之上，主动地、稳妥地、有序地实施对外开放，使消费品市场成为我国改革开放最早、对外开放程度最大、市场化水平最高的市场。一方面，高度开放的消费品市场率先吸引了外资企业的进入，促进了管理、技术和知识的外溢，增强了国内市场竞争，有利于形成对市场主体的良性倒逼机制，推动中国流通企业加快向现代企业的转型创新；另一方面，对外开放促进我国消费品率先实现国际化，不仅推动了中国商品出口，也加快了中国流通企业“走出去”的步伐，更好地促进中国市场与国际市场的对接，进一步提升中国消费品市场的发展水平和全球竞争力。

4．持续转变和优化政府职能

40 多年来，中国政府通过变体制、活机制、立法规、定标准、强服务，给消费品市场营造了良好的发展环境。在我国建立并不断完善社会主义市场经济体制的过程中，中国政府持续深化流通体制改革，多次改革和调整商品流通政府主管部门的职能，大幅度减少和去除政府对消费品市场资源配置、价格决定、消费者选择等方面的干预和管制，逐步减少市场准入和经营资质等方面的审批事项，更加注重事中事后监管，为消费品市场健康快速发展提供了可靠的保障。尤其是党的十八大以来，政府大力推动简政放权和“大众创业、万众创新”，通过“放水养鱼”，进一步激发了市场的创新创业活力，大量的前所未有的新业态、新模式不断涌现，使中国消费品市场成为全国乃至全球新兴技术应用最深入、最直接、最广泛的领先者。40 多年的实践证明，消费品市场的培育和发展离不开政府自身的改革，加快转变政府职能，更好服务、引导和监管市场发展，是促进消费品市场未来高质量发展的重要保障。

（二）我国消费品市场发展的展望

1．人口结构变化将进一步推动消费品市场创新发展

我国正处在人口结构变化的转型期，其中中等收入群体扩大、青年消费者群体的壮大，全面开放“二孩政策”、“三孩政策”带来新人口增长将成为促进消费品市场发展的主要力量。人口结构变化使社会需求结构更加多元、内容更加丰富、层次差异更为显著，消费升级步伐加快，消费异质性和个性化更加突出，消费品市场内部的结构调整也将进一步升级，并带来更大范围创新和更强的发展活力。

2．消费品市场数字化转型进程进一步加速

随着数字经济规模不断扩大，大数据、云计算、物联网、智能机器人、智能互动设备、区块链以及人工智能技术等新技术将进一步应用于零售业的消费场景、运营管理以及物流仓储等环节应用，丰富消费市场供给，成为驱动零售行业创新的核心和关键，推动消费品市场朝着智能化和智慧化方向发展。互联网企业通过资本运作参股实体零售企业，推动实体零售转型升级，同时，零售领域的创新也将吸引更多资本关注，消费品市场互联网“独角兽”企业快速增长。截至 2021 年 12 月，我国互联网“独角兽”企业总数为 219 家，较 2020 年底增加了 12 家，增幅为 5.8%；从行业分布上看，11.9%的企业分布在电子商务行业，6.9%分布在智能物流行业。

3．“一带一路”建设为消费品市场实现更高水平对外开放提供契机

随着“一带一路”建设进程的加快，中国企业在沿线国家和地区的投资不断扩大，其中跨境电商成为“一带一路”建设的发展亮

点和龙头。例如，阿里巴巴的速卖通全球海外买家数量已经超过1亿，覆盖“一带一路”沿线全部国家，其用户占比超过45%。出口方面，俄罗斯、乌克兰、以色列、白俄罗斯、波兰是购买力排名前五的“一带一路”沿线国家。进口方面，泰国、新加坡、马来西亚、以色列、捷克是中国跨境电商零售进口排名前5位的“一带一路”沿线国家。“一带一路”沿线地区广阔的消费品市场也为中国企业走出国门、打开国际消费品市场提供了巨大机会。据统计，“一带一路”沿线65个国家全部人口中，15~45岁的人口占比超过45%，这意味着这些市场具有极大的电子商务发展潜力。① 此外，国内沿线节点城市，特别是中西部地区的大型节点城市，依托地理区位、产业优势，将加快建设和发展国际化的消费品市场，提升参与全球市场的竞争力，推动我国消费品市场实现更高水平对外开放。

4．新型城镇化建设为消费品市场发展开拓更大空间

我国城镇化仍在不断深化，新型城镇化建设将进一步推动居民消费的增长。同时，我国正处在大型城市群加快发展的新阶段。城镇化的持续推进，将进一步推动消费品市场向城市，特别是城市群市场加快集中积聚，形成一批区域性、全国性乃至国际化的消费中心城市，成为引领和创新消费、带动中小城市市场的龙头，不同城市群市场之间、区域市场之间、国内和国际市场之间一体化发展的连接枢纽。北京、上海、天津、重庆、广州作为国家率先培育建设的国际消费中心城市，有望成为全球领先的消费中心和消费创新增

① 《“一带一路”沿线成为最具发展潜力的零售市场》，《21世纪经济报道》，2018年3月19日。

长极，在汇聚和配置全球消费资源要素、对接全球消费品市场和畅通消费循环、引领世界中高端消费创新等方面，将发挥日益重要的作用。

5．后疫情时代数字消费新场景推动线上线下深度融合

以聚集性、流动性、接触式、体验性为特征的线下消费场景受新冠疫情冲击明显，以“无接触”数字消费为代表的新消费发展迅速，将进一步推动零售企业线上线下深度融合。同时，直播电商、短视频等应用进一步提升消费者线上体验，根据CNNIC的数据，我国网络直播用户规模和使用率在近年迎来快速增长，已经成为零售数字消费场景中的“生力军”。

二、中国专业服务体系建立与发展的基本经验

改革开放初期，专业服务业的开放力度和发展水平都滞后于农业、制造业以及其他服务业，但随着中国入世和融入经济全球化进程步伐加快，专业服务业开放的作用日益突出，已成为中国开放性经济新体制和形成全面开放新格局的重要内容，总结专业服务体系改革开放发展 40 多年的经验，对推动专业服务业高质量发展，具有重要意义。

1．坚持市场化改革方向，推动专业服务市场不断完善

市场体系的完善与规范，是专业服务业健康发展的基础和前提，而专业服务业的发展程度本身也是市场化程度的一个重要标志。因此，我国专业服务市场的发展和完善是随着市场化改革的不断推进向前发展的，而专业服务业的发展和完善又促进市场体系的健康发展。从改革之初提出“有计划的商品经济”到党的十四大提

出“让市场在资源配置中发挥基础性作用”，“中国经济体制改革的目标是建立社会主义市场经济体制”，再到党的十八届三中全会提出“让市场在资源配置中发挥决定性作用”，我国经济体制改革的总体方向始终是朝着市场化方向推进，正是在促进市场在资源配置中的作用不断升级中，提高了社会化专业分工程度，特别是促进制造业内部专业服务的外部化和专业服务交易的市场化，从而为专业服务业发展奠定了坚实的市场基础。

2．坚持以渐进式开放促改革，实现内外联动发展

中国40多年的改革开放实践经验表明，发展、改革、开放相辅相成，需要正确处理好三者关系。发展是硬道理，是经济社会进步、民生福祉改善、深化改革开放的基础，是执政兴国的第一要务；改革是经济增长的动力，继续全面深化改革是贯穿社会主义现代化建设始终的重要方向；开放是国家繁荣发展的必由之路。以开放促发展、促改革是现代化建设不断取得新成就的重要法宝。改革开放40多年来，在“扩大对外开放”到“发展更高层次的开放型经济”，“建设全面开放新格局”战略方向和目标的引领下，我国专业服务业实施了逐步放松对服务市场的直接管制、逐步开放服务要素市场、大幅度放宽服务市场准入的渐进式开放策略。我国专业服务业经历了从无到有、由易到难、从局部开放到全面开放新格局的历程，取得了重大成就。这不仅体现在专业服务业自身的迅速发展，而且通过引进境外资本、高端服务业人才、各类服务要素，以及对服务贸易国际规则的遵循和适用，对中国经济增长、结构优化、技术进步、高质量发展、推动相关领域改革、优化营商环境、实施“引进来”和“走出去”战略，实现内外联动发展，发挥着极为重要的作用。

3．坚持发挥政府作用，持续转变和优化政府职能

在专业服务领域，政府部门主要职能是研究和制定相关行业的法律、法规和部门规章，并负责制定和完善会计准则和相关制度，会同有关部门对行业进行监管。从市场经济制度的要求来看，专业服务业发挥着重要作用。政府加强监管，杜绝造假是经济鉴证执业人员及其事务所走出信任危机“困境”的根本保证。40 多年专业服务业发展的实践表明，市场体系的建立和发展离不开政府的服务、引导与监管，深化政府职能转变是促进专业服务业高质量发展的重要保障。

4．坚持加强人才队伍建设，夯实行业发展基础

专业服务业是专业知识人才密集产业，法律、会计审计、公证、工程服务、资产评估、市场信息服务等专业服务业发展必须有赖于高端专业人才作为基本支撑。我国 40 多年来专业服务业发展的经验表明，建立专业服务人才队伍的培养体系、评价体系和激励机制，优化人才成长环境，对构建高素质的专业服务人才队伍，夯实专业服务业发展基础至关重要。一是建立多元化的人才培养和教育渠道。一方面，认真办好正规的鉴证类高等教育，改革高校相关专业基础教育的传统模式，注意跟踪国际服务市场的变化，不断更新教学内容和调整教学结构，注重学生综合能力的教育和培养。另一方面，着力加强职业再教育工作，加强对现职人员的继续教育，不断根据国内外鉴证服务市场服务环境和准则、规则的变化，提高执业人员的专业知识和业务技能。不断完善专业技术资格考试制度。二是推进职业资格证书制度，完善评价和激励机制。按照市场经济的要求，不断完善与国际接轨的专业技术人才评价体系，并使之规范化、制度化，并建立专业服务人才激励机制，建设高水平专业服务人才队伍。

5．坚持加强行业协会建设，充分发挥行业组织职能

我国专业服务业发展的经验表明，行业协会可以在专业服务业的发展中发挥重要的引领带动和行业自律作用，在完善专业服务业的监管机制方面也发挥着重要作用。行业协会的发展可以为促进政府对专业服务业的监管模式由直接监管向通过行业协会进行间接监管模式转变。因此，一是要坚持建立和完善专业服务中介机构行业协会。改变过去由政府有关行政管理部门发起组建行业协会的办法，原则上由中介机构依法自发组建行业协会，与政府行政管理部门彻底脱钩，一些行业特点不明显的行业协会要进行归并、重组，实行规范管理。专业服务中介机构的行业协会应按照国际惯例和推广律师协会、注册会计师协会的做法，逐步实行会员制。进入专业服务行业的执业人员和机构，都应加入行业协会，成为个人或团体会员，接受行业协会的监管。二是要发挥专业服务中介机构行业协会的职能作用，履行管理、服务、自律、代表、协调职能，维护会员的合法权益。各行业协会应制订和完善本协会的章程、行业职业道德准则、执业人员执业规范、行业内机构和人员惩戒制度等规范性管理办法。清理不适应行业协会发展的政府规章和政策措施，进一步转变政府管理经济社会活动的方式和方法，逐步形成政府管理行业协会，行业协会管理中介机构的新型管理体系。三是要加强专业服务中介机构行业协会的内部建设。行业协会要进一步明确工作定位、转变职能，健全民主决策和选举制度，完善内部工作制度。四是要加强政府监管和推动同业互检。专业服务中介机构行业协会要采取多种途径和方式，与政府有关行政管理部门建立密切联系和合作关系，通过业内互查、巡检、年检和各种方式的抽查，进一步制定和完善日常监管的行业准则。建立行业内的“执业信息库”，完善信息管理系统，推动行业的诚信建设。

三、电子商务与房地产市场改革的经验与展望

（一）电子商务市场发展趋势展望

1．电商生态新内容新服务新模式加快创新迭代

适应年轻消费群体，特别是“Z世代”* 圈层文化、个性时尚消费将促进电商市场更加细分，移动电商将加快发展。专业化、社交化、便利化的电商平台将更受欢迎。“元宇宙”** 概念兴起，将推动电商平台企业推出更多更新的体验功能和娱乐功能。共享、绿色、低碳理念深入人心，二手物品交易、共享消费将成为电子商务发展方向。

* “Z世代”一般指1995年至2009年出生的一代人。他们一出生就与互联网无缝对接，受数字信息技术影响比较大。

** “元宇宙”是利用科技手段进行链接与创造，与现实世界映射与交互的虚拟世界，是具备新型社会体系的数字生活空间。元宇宙是对现实世界的虚拟化和数字化过程。

2．线上线下融合进一步加快

传统实体商业和电子商务平台企业，从两个方向加强线上线下融合业务，全渠道的商业模式，将整合各自的流通渠道和供应链。从实体零售企业看，逐步从面对电子商务冲击转向融合发展，结合各自优势推动场景创新和体验升级。互联网企业，也更加注重形成长期可持续的盈利模式，加强对线下实体商业的投资和运营，强化传统商业的数字化改造。

3．大数据、人工智能等现代技术促进C2M发展

电子商务平台具有突出的人才、技术和数据要素资源，通过大数据赋能，实时分析消费者偏好变化，发展工业互联网，加快打通生产流通各环节的堵点，实现柔性化生产、快速交货，提升产品研发创新的效率和精准性，为生产者发展定制业务升级和中国本土品

牌培育提供支撑。这也成为中国制造业、流通业数字化、智能化、绿色化发展的重要驱动力。

4．覆盖全球的电商体系加快构建

以大数据为引擎，以智能化为动力，通过在线化、数字化、全球化的贸易及物流体系，实现电商供应链的扁平化和快速响应。增加对新兴市场的投资，建立全球化包容性的电商体系。未来国际电商体系将更加透明高效，成为有效促进全球经济一体化的重要途径。

5．新一代信息技术与制造业深度融合

工业互联网将促进传统的工业企业从信息割据到无边界流通，使工业系统具备描述、诊断、预测、决策、控制等智能化功能。工业价值从产品驱动到服务驱动，工业设备厂商的盈利点将会从“以产品售卖、维修保养为主”向“以提供基于数据的多维度生产性服务为主”转变。基于工业数据，数字孪生技术成为发展重点。未来产品从研发、生产到使用都会从传统产品生命周期管理转变为数字孪生应用场景，实现产品全生命周期的虚拟世界映象，提升全生命周期管理能力。

6．数据要素市场逐步完善

根据国际数据公司（IDC）数据，2025 年全球每年产生的数据量将从 2018 年的 33ZB增长到 175ZB，相当于每天生产 491EB的数据。新一代信息技术催生全球数据的“井喷式”生产，中国作为全球排名前列的消费大国和制造业大国，具有较好的数据资源基础，数据交易额增速在全球领先。2017 年、2018 年、2019 年的中国数据交易值分别达到 7.47 亿美元、14.61 亿美元、23.93 亿美元，年平均增速达到 95.5%。

中国在数据采集和数据标注环节已初步形成了产业体系，数据管理和数据应用能力不断提升，数字产业化创新不断涌现。中国在数据采集设备、人工数据采集等领域具有一定发展优势。人工采集以语音数据、图像数据、视频数据为主，语音标注、计算机视觉标注市场发展迅速。

数据要素作为中国新型生产要素资源，中国政府将逐步打通政府部门、公共机构、企业不同主体之间及不同主体内部的数据壁垒，进行数据要素资源体系的标准化建设，实现传感、控制、管理、运营等多源数据一体化集成，构建全流程数据链。加快建立数据确权机制，明确数据定价规则，建立数据要素交易市场，营造便于数据要素流通的市场环境。推动数据要素在能源、建筑、钢铁、化工、工程机械、消费电子、零售、餐饮等行业流通应用。同时，建立数据市场风险防控体系，保护知识产权、商业信息和隐私数据。

7．分类分领域的监管标准和规范逐步完善

在经过长期发展之后，电商市场已经拥有较大规模和发展能力，也在发展中逐步暴露出一些监管问题。我国逐步加强市场监管，完善相关法律法规和标准体系，积极在知识产权保护、反垄断、消费者权益保护和市场竞争中进行制度探索，构筑电商市场可持续发展的制度基础，为促进全球电商和新经济发展、保护市场公平竞争、增进社会福利、加快欠发达地区发展、实现数据有序流动和经济绿色低碳发展等方面，提供有益的经验。

（二）我国房地产市场发展趋势展望

随着城镇户均住房达到 1.1 套，中国房地产市场已从总量供不应求阶段进入供求基本平衡、区域分化的阶段，房地产市场也开始呈现新的特征。由于房地产市场发展阶段发生重大变化，中长期发展趋势也将呈现新的特征。

1．从住房新建规模扩张转向居住品质提升

从中长期发展看，城镇人口总量和结构的变化仍将是影响未来房地产需求的最主要因素。中国人口数量将在 2030 年前后达到峰值，峰值数量预计为 14.23 亿人。其中，2035 年和 2050 年的人口数量预计将分别达到 13.68 亿人和 12.70 亿人。结合国际经验和国内城镇化推进情况，预计 2035 年和 2050 年中国城镇化率将相继达到 75%和 80%。届时城镇人口将分别达到 10.26 亿人和 10.16 亿人。在城镇人口增加过程中，家庭小型化趋势明显。城镇家庭户的户均人口数量由 1998 年的 3.2 人减少到 2010 年的 2.85 人。参照发达经济体户均人口规模变动的一般规律，结合中国人口结构变化情况，预计到 2050 年前，家庭户均规模仍将呈平稳下降趋势。预计 2035 年和 2050 年城镇家庭户均人口分别降至 2.5 人和 2.3 人。2020 年后，住房需求增加将转为人口增加、家庭小型化和住房条件改善等因素共同带动，其间城镇人口预计增加 18800 万人、家庭户均规模将减少 0.25 人。2035—2050 年，带动住房需求的主要因素将是家庭小型化和住房条件改善，其间城镇人口减少 1000 万人、家庭户均规模将减少 0.2 人。

虽然新增住房需求仍将持续增加，但由于“十二五”中期城镇户均住房已超过 1.0 套，城镇住房新开工面积峰值已经出现，中国城镇新建住房市场数量扩张的阶段已经结束，这意味着未来中国新建住房规模将稳中有落。

伴随居民收入水平持续提高，2020—2050 年，住房市场的主要矛盾是住房质量、居住环境和公共基础设施配套等方面难以满足居民的居住要求，发展重点将从解决数量不足的问题转向提升整体居住品质等方面，提供功能更加合理、建筑质量更加优良、人居环境更加舒适的住房产品，形成节约型、环保型、生态友好型的住房建设模式。

2．建筑业增加值占比将回落

借鉴国际经验，在一国房地产市场新开工量等实物建设指标达到峰值后，房地产投资增速将出现趋势性回落。在这个回落过程中，以房地产市场为主的建筑业，其增加值占GDP比重会相应降低。同时，与房地产市场相关的交易、咨询、金融等附加值高的服务类项目增加值将持续增加，房地产业增加值占GDP的比重将有所上升。

2010—2020 年，中国房地产业增加值占GDP的比重从 5.7%提高到 7.3%、建筑业增加值占GDP的比重从 6.6%提高到 7.2%。参照OECD经济体一般发展规律，预计 2035 年和 2050 年，房地产业增加值占GDP的比重将分别提高到 9.0%和 9.6%，建筑业增加值占比将分别回落至 6.0%和 5.5%。

3．未来新增住房供应和需求将主要向城市群集中

从发达经济体城市发展历程看，大都市区的经济效率更高，吸纳的人口数量、产生的GDP都持续增长。从城市的经济和人口情况看，2000—2018 年，19 个城市群占中国GDP的比重从 86.5%上升至 88.2%。截至 2018 年，京津冀、长三角、珠三角、成渝和长江中游五大城市群经济总量占全国的比例已超过一半，达到 54%。参照城市化的一般规律，基于中国城市化的现状和发展潜力，预计 2020 年至 2050 年中国以城市群为主体带动大中小城市协调发展的区域发展格局加快形成。

预计到 2035 年，城市群内部的大中小城市功能布局进一步优化、协同发展效应充分显现。在继续提升三大城市群发展水平的同时，在成渝、中原、长江中游、哈长等资源环境承载力较强的地区，培育发展若干城市群，促进人口经济均衡分布。初步测算，到2050年19个城市群将集聚全国80%以上的城镇人口、占用全国65%左右的城镇建设用地。随着城镇人口进一步向城市群集中，未来中国城镇新增住房的供应和需求也将主要集中在这19个城市群。

4．存量住房市场的重要性将显著提高

随着住房新开工面积达到峰值后稳中有落、户均套数达到1.1套，中国城镇住房需求将越来越依赖存量住房市场来解决。这符合发达经济体住房市场发展的一般性规律：人均GDP接近1万美元、户均住房套数超过1.0套，由建设开发主导的住房市场趋于稳定和成熟，以房屋流通和住房资产管理为主要特征的存量住房市场将逐步占据主导地位。

在存量住房占主导地位的新阶段，居民基本住房问题的解决和改善性住房需求的满足主要依靠存量住房市场来实现，提高存量住房效率对实现住有所居、持续改善居住条件将发挥越来越重要的作用。同时，市场规模足够大的存量住房市场无论是对提高住房资源配置效率，还是对建立租购并举的住房制度都具有重要意义。存量住房交易量的增加，还会带动相关房地产经纪、装饰、装修等行业的持续发展，对解决就业问题也将发挥重要作用。

5．城镇人均住房面积继续稳中有升，但住房自有率将平稳回落

展望未来，我国新建房屋的户均面积将大体保持稳定，住房存量将持续增加。但随着户均人口数量的下降，单人家庭和二人家庭的比重逐步上升，人均住房面积将继续提升。预计2035年城镇人均住房建筑面积将达到42.5平方米左右，住房成套率将接近

100%，居住质量将显著提高；到 2050 年，人均住房建筑面积将保持在 46 平方米左右。

第二节　要素市场改革的经验与展望

一、土地市场建设的经验总结与展望

改革开放以后，我国基于基本国情，开始探索土地市场体系建设，形成了一套具有中国特色的土地制度框架，以土地产权保护与土地要素市场化为中心释放增长活力，有效地促进了我国工业化和城镇化的发展。进入新发展阶段以后，我国土地改革与时俱进，在农地市场体系建设、农地转用以及城乡统一的建设用地市场构建方面都进行了配套改革。但仍存在市场机制的作用不充分、现行土地税制阻碍资源配置效率、资源环境压力较大以及经济金融风险快速累积等问题。应从制度基础设施建设、城乡一体的土地市场建设、土地增值收益分配制度构建、国有土地融资制度和资产经营制度以及土地管理体系建设等方面入手进一步深化改革，巩固改革成果。

（一）土地市场体系建设的经验总结

改革开放以来，我国土地制度和土地市场建设不断取得新的成就。同时也要看到，与“中国社会主义建设进入新时代”和“中国经济进入高质量发展阶段”的要求相比，现行的这套土地制度和市场体系还有不适应或者不完全适应的地方，在许多方面还存在深层次问题和矛盾。

1．市场机制对城乡土地配置的作用发挥不充分

在国有建设用地配置方面，尽管基本实现了商业性用地的招拍挂，但是仍有相当大比重土地以行政划拨和协议形式出让，在地方竞争模式下，土地被作为招商引资的重要手段，地方政府在土地价格特别是工业用地价格方面实行倾斜性的优惠政策，不少地方采取工业用地“先出让再返回出让金”的做法，实行工业零地价甚至负地价，一方面破坏了土地市场的统一性和公平竞争，另一方面也降低了工业用地配置效率。

在农村集体建设用地配置方面，突出表现在宅基地的商品化资本化问题。随着城市化进程，农民宅基地的商品化越来越明显，房屋出租成为农民收入的主要来源，宅基地开发成为集体和农民股份分红的主要收入来源。对城里人到农村买宅基地、农房以及投资乡村房地产市场，要辩证认识、科学分析。

2．现行土地税制影响国土资源配置效率

现行土地税制存在明显不足。一是在取得和保有环节，城镇土地使用税、耕地占用税采取从量课征，房产税的从价部分采取历史成本，保有环节的税收弹性不足，再加上课税范围狭窄，减免优惠范围过宽，其在不动产课税中的主体地位日益下降。二是在土地流转环节，设置了契税、营业税、印花税以及城建税和教育费附加等多项税费，整体税率过高，抑制了不动产的正常交易和流转。三是对土地流转收益课征的土地增值税和所得税，近年来虽然呈上升趋势，但占不动产税的比重一直很低，未能有效发挥打击土地投机，改进不动产市场效率的作用。

3．资源环境难以承载大规模高强度国土资源开发

在过去经济高速增长时期，我国的土地主要用于保障经济社会的生产性需求和基础设施性需求，城镇工矿用地和基础设施类用地过度扩张，与其他经济体相比，我国的生产性用地比例明显偏高。相反，在许多大城市尤其是特大城市的生活生态用地，特别是住房用地的供应比重偏低。国有建设用地快速增加，一方面导致大量耕地被圈占，另一方面主要用于工矿和基础设施建设，大幅降低了国土资源的综合承载力，给中央政府耕地保护和国土整治修复带来严峻挑战。许多地方资源环境承载能力已经达到或接近上限，继续实施大规模、高强度的国土资源开发活动，资源难以承载，环境难以容纳。

4．“以地谋发展”模式下经济金融风险快速累积

在过去我国经济年均10%以上的高速增长时期，经济增长主要依靠土地、劳动力、资本等要素规模驱动，消耗了大量的建设用地和耕地资源。土地资源作为保障经济增长的重要要素，一直处于宽供应阶段。随着我国经济从高速增长阶段转向高质量发展阶段，这种粗放式的、以土地增量扩张为特征的发展模式需要尽快转型。在过去的城镇化发展过程中，土地城镇化快于人口城镇化的现象普遍存在。从城市、土地规划体系看，中长期规划体系的约束力较弱，建设用地只注重增量扩张，对盘活存量资源、提高存量土地效率并不重视，许多地方出现了“一边是大规模土地开发建设，另一边是闲置低效土地大量存在”的现象。

土地出让收入持续较快上涨的同时，以土地为抵押的各类贷款增速也很快。2009—2015 年 84 个重点城市土地抵押面积从 325.5 万亩增加到 736.2 万亩，抵押贷款总额从 2.59 万亿元上升至 11.33 万亿元，平均抵押价格从 79 万元/亩提高到 154 万元/亩。

（二）完善土地市场体系的建议与展望

经过多年探索，我国逐步形成以公有制为基础，以保护耕地和节约用地为主线，以产权保护、用途管制和市场配置为主要内容的中国特色土地制度。改革的目标是，改变土地权利二元、市场进入不平等、价格扭曲和增值收益分配不公的格局，以权利平等、放开准入、公平分享为重点，深化土地制度改革，促进土地利用方式和经济发展方式转变。

1．提供平等保护土地产权的制度基础设施

以落实集体成员权时点和量化集体资产为核心，在“承包经营权再延长三十年”的基础上，确保农村土地承包关系长久不变，按照“做实承包权、放活经营权、体现所有权”的改革方向，深入推进“三权分置”改革。加快基础产权登记颁证工作，农村承包地、宅基地、林地、房屋等资源确权、登记、颁证到每个农民，以土地为基础的不动产统一登记制度实施要有明确时间表。在现有土地权属基础上，赋予农民集体土地处置权、抵押权和转让权，特别是探索宅基地所有权、资格权、使用权“三权分置”，在落实宅基地集体所有权、保障宅基地农户资格权、适度放活宅基地使用权方面加快试点，为城乡统一土地市场最终建立提供试点经验。

2．构建平等进入、公平交易、城乡一体土地市场

在规划和用途管制下，允许农村集体土地与国有土地平等进入非农用地市场，形成权利平等、规则统一的公开交易平台，建立统一土地市场下的地价体系。完善土地租赁、转让、抵押二级市场。随着农村集体建设用地直接入市，相应收缩政府征地范围，逐步减少直至取消非公益性用地的划拨供应。在集体土地入市交易的架构

下，对已经形成的“小产权房”，按照不同情况补缴一定数量的出让收入，妥善解决这一历史遗留问题。借鉴重庆市等地的城乡建设用地增减挂钩试点做法，进一步探索在更大范围内推广增减挂钩，优化土地资源的空间配置效率。按照党的十九大提出的“加快建立多主体供应、多渠道保障、租购并举住房制度”的总体要求，研究制定权属不变、符合规划条件下，非房地产企业依法取得使用权的土地作为住宅用地的办法，深化利用农村集体经营性建设用地建设租赁住房试点。

3．建立公平、共享的土地增值收益分配制度

对被政府征收土地，改原用途补偿为公平补偿，农民房屋按市价补偿，被征地农民纳入城镇社保体系。土地征用必须坚持“公共利益需要”原则，并列出不属于公共利益用地的名录，作为国土监察的基本依据。鉴于行政划拨用地的问题，建议对建设用地中公共设施建设划拨用地的比重做出严格限定，清理一些表面上是以公共利益目的划拨土地实际上是以营利为目的的用地。进行某些类公共目的用地的按市场价赔偿试点。

改革土地出让制度和用地模式，合理确定城市土地用于建设与农民留用比例。应当给被征地的村按一定比例预留一部分建设用地，由村集体经济组织建造标准厂房、铺面等出租，租金收益以股份形式在村民中分配。留用地按规定缴纳各种相关税费后，办理国有建设用地使用权证，由村建造标准厂房、写字楼、商业用房出租，或以土地作价投资入股。对于影响城市规划的留用地采取招拍挂办法出让，土地净收益的大头返给村集体。建议中央应出台专门的文件，就留用地的比例、使用办法、收益分配原则等做出具体规定。

4．建立与现代社会发展相适应的土地财产税制度

以土地为核心的财产税是发达市场经济国家普遍开征的税种，它是地方政府重要且稳定的财政收入来源。在我国对土地开征财产税，既符合国际经验，也具备征收条件，同时也为改革土地财政提供了现实基础。建立土地价值评估体系。将土地税收计征重点从流转环节转向保有环节，实施从价计征。率先对集体建设用地、储备土地和囤积土地征收土地增值税。

5．建立国有土地新型融资制度和资产经营制度

深化土地储备制度改革，“开正门、堵后门”规范土地融资机制。要控制储备用地抵押贷款的规模和用向，避免储备贷款直接转化为地方债务。按照财政部、国土资源部《关于印发〈地方政府土地储备专项债券管理办法（试行）〉的通知》，要求地方各级政府不得以土地储备名义为非土地储备机构举借政府债务，不得通过地方政府债券以外的任何方式举借土地储备债务，不得以储备土地为任何单位和个人的债务以任何方式提供担保。在堵住后门的同时，利用发行土地储备专项债券*等方式开正门，规范土地储备融资行为，建立土地储备专项债券与项目资产、收益对应的制度。为提高存量国有土地配置效率，探索国有土地资产经营模式，地方政府职能要逐步从卖地转向国有土地资产经营，建立国有土地资产交易市场和资产经营收益管理分配制度。[①]

* 土地储备专项债券指地方政府为土地储备发行，以项目对应并纳入政府性基金预算管理的国有土地使用权出让收入或国有土地收益基金收入（以下统称土地出让收入）偿还的地方政府专项债券。

6．建立以权属管理和用途管制为核心的土地管理体系

制定国土空间规划体系。强化土地利用总体规划实施刚性，依

① 《〈地方政府土地储备专项债券管理办法（试行）〉的通知》，《中华人民共和国国务院公报》，2017 年 32 期。

法落实用途管制。以2035年为目标年启动新一轮土地利用总体规划编制，探索建立自然生态空间用途管制制度，建立国土空间监测监管制度。加强土地权属管理，建立统一地籍管理体系。逐步取消土地指标审批和年度计划管理，建立中央和地方权责对等的土地管理责任制度。

二、我国劳动力市场改革发展的展望

1．统一的人力资源市场的建立将推动我国劳动力市场中介组织的整合

我国长期以来形成的管理体制很难在短时间内改革到位。加之我国人员素质差异明显，高素质人才和低端劳动力均数量很大，他们在就业能力和就业服务的需求上存在显著不同，为其提供差异化的就业服务在一定时期内仍然必要。因此，在我国建立高度融合的劳动力市场中介组织体系是一个渐进的过程。

2．多元化、市场化和国际化是我国劳动力市场中介组织的发展趋势

我国仍然是公共就业服务机构占据主导地位。无论是机构规模还是服务对象的广泛性，都是私营中介机构无法比拟的。但是，我国劳动力市场中介组织的产权属性正在向多元化发展。私营中介机构的起步虽然较晚，但正在以较快的速度发展，所占的市场份额也越来越多。这种多元化的趋势是我国进行市场经济改革和劳动体制改革的必然结果，全球化所要求的开放环境更加深了这种趋势。所有制的多样化使得私营中介机构有了成长的可能性，无论是民营还是外资都获准参与开放的人力资源市场竞争。我国劳动制度改革过程中出现的市场空白区域，将为具有敏锐的市场感觉和先进的服务理念的私营中介机构提供广阔的发展空间。

三、我国技术市场与数据市场改革发展的建议与展望

（一）我国技术市场创新发展的建议与展望

我国正在加快建设高标准市场体系，强力支撑高水平社会主义市场经济体制。2022 年 4 月，《中共中央 国务院关于加快建设全国统一大市场的意见》发布，再次强调了建设高效规范、公平竞争、充分开放的全国统一大市场。技术市场作为重要的生产要素市场，发展技术市场，持续完善技术要素市场化配置的体制机制，是建设高标准市场体系的重要内容，也是坚持和完善社会主义基本经济制度的战略选择。[①] 在新时代，强化技术市场改革创新，提高技术要素市场化配置效率，对于促进科技成果转化，实现科技自立自强，加快培育我国战略科技力量，推动经济高质量发展具有重要意义。

1. 继续深化市场机制在科技资源配置中决定性作用的认识

技术市场的深入发展阶段要跳出“小市场”的思维定式，转向培育和优化“大市场”的生态环境和机制创新。技术市场不仅是改革开放初期我国为推进科技体制改革而进行的一种制度安排，在确定全力建设社会主义市场经济体制的目标之后，更是社会主义市场

---

① 《中共中央 国务院关于加快建设全国统一大市场的意见》，《中华人民共和国国务院公报》，2022 年 12 期。

经济体系建设中不可或缺的组成部分，是技术创新与成果转化的环境基础，在实施创新驱动发展战略和国家创新体系建设中具有重要的作用和战略地位。新时期技术市场发展应进一步强调其作为新一轮科技体制改革主战场的作用。2018年，科技部发布《关于技术市场发展的若干意见》，明确提出“技术市场是重要的生产要素市场，是我国现代市场体系和国家创新体系的重要组成，是各类技术交易场所、服务机构和技术商品生产、交换、流通关系的总和”。新时代技术市场建设应是“有形”与“无形”并举，既要抓技术市场政策制度体系，营造良好的市场发展生态环境，又要抓技术市场服务体系，提升市场功能和服务成效，逐步引导全社会对技术市场认识的提升。强化“技术是创新驱动中最重要的要素资源”的深刻认识。突出技术市场创新激励、资源配置和价值增值功能，为国家创新能力提升和迈入创新型国家的前列提供有力支撑。以加速技术转移和成果转化为根本任务，强化技术创新的市场导向，发挥市场机制在技术、资本、知识、人才等创新资源配置中的决定性作用，实现技术市场创新激励、资源配置、规范交易、价值增值的全新功能。①

在新时期，国家技术市场政策制定的着重点，应持续以加速技术转移和成果转化为根本任务，强化市场导向，研究和遵从技术商品转化的市场规则，克服计划经济体制的思维影响，力避各种形式主义的干扰和有违市场规律的设计。调动一切积极因素，重点解决技术转移转化过程中所需要的资金融通难、中间试验难、系统配套难、中介服务难等主要环节，总结发扬国家科技成果转化基金新体

---

① 《科技部发布〈关于技术市场发展的若干意见〉》，《中国高新技术产业导报》，2018年6月13日。

制、新机制的优势，调动更广泛的社会资金参与专、精、特、新技术成果的孵化、转移；深化对中小企业创新能力的培养，配套相关的社会化服务；集中力量，发挥市场在技术、资本、知识、人才等创新资源配置中的决定性作用。在前阶段赋权改革试点的基础上，深化和扩大改革面，加强市场机制在成果转化收入分配中的作用；充分利用税收杠杆，进一步激发科研人员的生产积极性，解放生产力；加大政府扶植力度和建立奖励制度，鼓励与支持具有市场活力和创新能力的技术中介服务的商务机构快速成长，支持高效率的技术服务平台的建设；鼓励与支持投资机构等社会力量积极参与中间试验基地和条件平台建设；政府鼓励与支持产、学、研、介的紧密结合，建设促进科研成果转化的协同创新专业技术联盟，促进行业共性技术的推广应用和技术进步；鼓励与支持服务机构协同各地政府组织围绕地方经济建设和企业实际需求，有的放矢地组织开展各类技术市场活动；鼓励和支持要素市场之间以促进高新技术转化为目的的创新合作方式的探索。

2．进一步细化和落实技术市场发展的政策措施

《促进科技成果转化法》修订颁行之后，国务院与科技部等相关多部委又陆续联合出台了发展技术市场、建设国家技术转移体系等相关政策文件，以及鼓励高等院校和科研院所人员创新创业的激励措施。这一系列性政策文件急需得到细化和落实，并应当在下一步的市场实践中得到创造性的发展并取得成效。首先，应将“三权”改革落实到底，推动落实高校、院所职务科技成果所有权和长期使用权改革试点，尽快总结经验，推广实施，从根本上解决职务科技成果的国有资产属性带来的成果转化障碍；其次，要研究制定符合国有技术类无形资产的管理办法，打通《促进科技成果转化法》与事业单位国有资产管理相关规定之间的鸿沟，简化国有技术类无形资产管理流程，使《促进科技成果转化法》赋予高校、院所的科技成果转化自主权落到实处；最后，学习借鉴发达国家中高校成功的技术转移经验，探索健全我国高校的专业化技术转移机构试点，由专职的技术转移部门或机构归口管理高校科技成果转化全流程，赋予其本单位科技成果独家经营管理的职能。

3．大力优化技术市场服务体系成长的环境

新时期技术市场的发展要以大力培育技术转移机构为抓手，培育高素质、职业化技术转移人才，提升技术转移服务效能。在进一步完善技术转移相关的公共服务设施和平台的同时，应结合政府和事业单位深入改革的契机，鼓励政府建立的技术服务性机构转制、转型为社会化的技术转移商务服务组织，建立健全动态绩效考核管理制度，采取市场化运营机制；同时，大力扶植具有较强市场竞争力的民营体制或混合体制的技术服务机构，支持社会化技术转移机构增强组织中试孵化、知识产权、技术评价等专业化服务功能；有条件的通过兼并重组、优化整合、资本运作，做优、做强，通过示范引导，重点建设一批运营机制灵活、专业人才集聚、服务能力突出、具有国际影响力的技术转移机构。通过宣传贯彻《技术转移服务规范》，提升技术转移体系的服务效能；通过改革完善各级各地相关行业协会的功能，建立强大的监督和信誉保障体系，促进技术市场的行业自律。同时，要强化现有国家技术转移人才培养基地作用，加快完善基地、师资、教材、管理“四位一体”的国家技术转移人才培养体系；加强国内外技术转移组织的交流协作，培养具有国际视野和较强的商务运营能力的技术市场管理和技术转移领军人才；协同有关部门继续探索和扩大将技术经理人、技术经纪人从业资质纳入国家职业资质序列和专业技术职称评定系列的工作，引导更多人才进入技术市场服务领域，从体制上解决技术转移人才薄弱问题，促进技术转移行业健康规范发展。

4．强化要素市场之间的深层互动与协同创新

新时期技术市场发展要着力强化技术市场与相关要素市场的合作，尤其强化资本在技术市场中的催化和增值作用，以加速科技与经济的深度融合。2017 年，国务院印发《国家技术转移体系建设方案》，强调完善政策环境和支撑保障，完善多元化投融资服务。国家和地方科技成果转化基金通过设立创业投资子基金、贷款风险补偿等方式，引导社会资本加大对技术转移早期项目和科技型中小微企业的投融资支持。开展知识产权证券化融资试点，鼓励商业银行开展知识产权质押贷款业务。在当前金融体制创新与网络经济快速发展的时期，新技术手段层出不穷，技术市场体系的建设应解放思想，勇于实践，与资本市场合作探索开发与技术转移特点相适应的金融产品和多样性的投融资手段，盘活技术产权，充分调动技术成果持有者进入市场的积极性，加快高新技术成果的转化速度，改善技术市场的供给侧结构。应积极推进股权众筹、天使投资、创业投资等科技企业融资方式；积极探索新的信息工具和设计思想，如大数据、区块链等对促进技术市场发展的作用；积极发展政府与社会多方参与的成果转化融资通道，鼓励有条件的技术转移机构联合社会资本设立技术转移基金；发挥技术（产权）交易市场的作用，为转移转化成果的科技企业提供股权投资；政府对具有转化前景的实验室成果的孵化以及中试熟化给予必要的引导性资金支持；探索建立科技创业企业股权交易平台，促进技术流通和创业企业股权流动等。[①]

改革开放 40 多年来，技术市场砥砺前行，开拓创新，成效显著。进入中国特色社会主义新时代，技术市场的建设要抓住机遇，解放思想，大胆实践，优化市场环境，激发市场主体活力，强化市场在资源配置中的决定性作用，加大技术成果有效供给，增强技术市场对现代化产业体系发展的促进作用，为国家创新能力提升和迈入创新型国家前列提供有力支撑，在新的历史阶段再创我国技术市场新的辉煌。

（二）我国数据市场的政策建议

1. 明确数据市场交易范围

尽快将“来源合法的非个人数据”明确作为可交易的对象，有效增加市场可交易数据源。在规范数据采集、存储、处理、隐私、安全等行为的基础上，逐步扩大可交易数据范围。

2. 支持市场主体在发展中探索和完善交易规则机制

鼓励数据产业上下游开展多种形式的合作，通过理论研究、实践探索等多种形式，梳理具有交换价格的数据内容，探索可行的定价方式，完善数据交易规则。为市场主体的创新行为提供包容审慎的监管环境，推动多元的数据交易场景、交易场所、交易内容的发展。

3. 明确数据交易主管部门和监管体系

尽快明确数据交易的主要监管部门和监管依据。由监管机构对数据交易平台和参与机构的行为进行合规化管理。建立数据交易投

① 《国务院关于印发国家技术转移体系建设方案的通知》,《中华人民共和国国务院公报》，2017 年 28 期。

诉机制，打击违法数据交易。

4. 依托区域、行业、专业领域、开放平台开展试点

在自贸港、自贸区等数据市场应用场景丰富、数据人才优势突出的区域，根据地区产业特色和数据应用实际发展需要，开展数据市场建设试点。围绕数据确权、数据商业模式、数据交换方式等方面，开展试点探索。

5. 加强数据交易的国际合作探讨

在明确安全和隐私机制的前提下，逐步提高国内外数据联通性。积极参与国际数据交易规则制定的探讨，对照相关国际贸易协定，对于相对低风险、商业应用需求高的内容，建立评估快速通道或豁免情形。

四、我国金融市场与产权市场发展趋势展望与政策建议

（一）我国金融市场发展趋势展望

我国金融市场以“市场化、法治化、国际化”为改革方向，通过全面深化改革，形成一个规范、透明、开放、有活力、有韧性的资本市场。

1．形成适应创新驱动发展模式的金融市场体系

随着创新成为驱动我国经济发展的主要动力，一是不断完善货币市场功能，大力发展债券市场和股票市场，提高直接融资比重，优化社会融资结构，在化解高杠杆率问题的同时实现资源的优化配置。二是不断发挥金融市场在推动经济转型升级、供给侧结构性改革中的作用，不断优化金融资源配置效率，为提高企业研发能力和

市场竞争力提供支持。

2．加强金融市场体系建设，不断丰富金融市场层次

一是健全金融要素市场定价机制。提升市场化、竞争性金融要素价格在优化资源配置中的决定性作用。加快培育市场化金融资产价格形成机制，优化市场基准利率和收益率曲线，健全市场化利率形成机制，深化人民币汇率形成机制改革。二是持续推进国内多层次资本市场建设。大力发展货币市场、证券市场、保险市场、基金市场和期货市场，兼顾场内市场和场外市场的协调发展，不断改善投融资结构。

3．支持金融产品和服务创新，稳步推进金融市场双向开放

一是推动金融市场产品和服务创新体制改革，不断丰富债券市场品种体系。稳步发展国债期货、利率互换等利率衍生产品，拓展国债担保品功能，增加国债交易需求。扩大绿色债券、社会效益债券及其他创新品种发行规模。发展可转换债、可交换债等股债结合产品和并购重组债、可续期债券，鼓励中小企业债务融资工具创新发展。丰富外汇市场交易产品，增加外汇期权产品类型。二是继续加大金融市场双向开放力度，积极构建高层次开放性金融市场体系。协同推进扩大金融业开放、完善汇率形成机制、减少资本管制“三位一体”的改革，放宽境外金融机构市场准入限制，落实外资准入前国民待遇加负面清单制度，实现金融市场对外开放与资本项目开放进程和风险防范能力协同推进，支持有条件的中资金融机构“走出去”，主动融入全球化发展。

4．进一步加强金融监管，防范和化解各类市场风险

一是坚持以防范系统性金融风险为底线，提高金融机构和金融市场服务实体经济和防御风险的能力。完善中央和地方金融管理体制，有效运用和发展风险管理工具，守住不发生系统性金融风险的底线。二是加强金融市场监管协调与合作，持续加强金融监管部门依法执政能力建设和金融市场的跨境监管合作，提高监管效率和监管水平。

5．加强金融基础设施建设，完善金融市场相关法律法规

一是不断加强金融市场基础设施体系建设。建立并完善金融市场交易、清算、托管、结算等基础设施体系，推动征信市场和信用评级规范发展，建立信息披露制度、金融业综合统计制度和金融监管信息共享平台，完善市场化约束机制和风险分担机制。二是加快推动金融市场基础设施互联互通。推进金融市场规则和基础设施的互联互通，完善统一规范的账户与支付体系和登记、托管、清算体系，稳妥推进科技等新技术在金融领域的推广和应用，明确统一的各类金融基础设施准入、运营与管理标准体系，积极参与国际金融标准和规则的制定。三是持续推进相关法律法规的制定与完善。加快推动《中国人民银行法》《商业银行法》《证券法》《保险法》《信托法》等相关金融法律法规的制修订工作，尽快构建完备的金融法律制度规范体系、高效的金融法制实施体系、严密的金融法制监督体系和有力的金融法制保障体系。

（二）新时代产权市场的发展形势

1．完善产权制度和要素市场化配置体制机制将为行业发展带来战略机遇

2020 年 3 月，中共中央、国务院出台《关于构建更加完善的要素市场化配置体制机制的意见》(以下简称《意见》)，《意见》提出，破除阻碍要素自由流动的体制机制障碍，扩大要素市场化配置范围，健全要素市场体系，推进要素市场制度建设，并对完善土地、劳动力、资本、技术、数据等要素市场建设，以及要素价格改革和要素市场运行机制做出了明确部署。《意见》强调，深化公共资源交易平台整合共享、完善国有金融资本管理、推进自然资源资产产权制度改革、建立健全城乡融合发展体制机制和政策体系、强化知识产权保护等要素市场化改革等领域出台新政策，将进一步推动公共资源、金融资产、自然资源、农村产权、知识产权等要素交易市场建设和平台经济建设，更加重视发挥产权交易机构金融要素市场基础设施作用。[①] 2020 年，中共中央、国务院《关于新时代加快完善社会主义市场经济体制的意见》强调，以完善产权制度和要素市场化配置为重点，全面深化经济体制改革，加快完善社会主义市场经济体制，建设高标准市场体系。[②] 产权交易资本市场将迎来战略转型升级发展机遇，不仅自身市场制度建设将得到完善，平台功能将得到提升，而且在推动其他要素市场建设和制度完善中，将发挥更加重要的基础支撑和先锋引领作用。

2．深化金融供给侧结构性改革将为行业发展注入新活力

2021 年 12 月，中央经济工作会议强调，要深化金融供给侧结构性改革，增加制造业中长期融资，更好缓解民营和中小微企业融资难融资贵问题。要加快金融体制改革，完善资本市场基础制度。党中央、国务院多次发文强调要营造公平竞争的市场环境、政策环

① 《中共中央 国务院关于构建更加完善的要素市场化配置体制机制的意见》，《中华人民共和国国务院公报》，2020 年 11 期。
② 《中共中央 国务院关于新时代加快完善社会主义市场经济体制的意见》，《中华人民共和国国务院公报》，2020 年 15 期。

境、法治环境，支持民营企业改革发展，要加强融资服务基础设施建设，拓宽直接融资渠道，切实解决民营企业融资难融资贵问题。同时，以国家中心城市和城市群等优势区域为重点的区域发展战略成为经济增长新引擎，将产权交易资本市场列为金融中心的基础设施和标志名片。产权交易资本市场将与其他金融市场协同发展，在促进金融要素流转，促进资金融通、资本流动和资源配置、服务混合所有制经济发展，服务民营企业和中小企业投融资，支持实体经济等方面将发挥更大的作用，实现更大的发展。

3．深化国资国企改革将为行业发展提供持久动力

2019—2020 年，国务院国资委先后下发《关于以管资本为主加快国有资产监管职能转变的实施意见》《中央企业混合所有制改革操作指引》和《关于中央企业加强参股管理有关事项的通知》，以及国企改革“1+N”政策体系深入落实，国企改革“双百行动”和“三年行动方案”持续推进，国企混改、并购重组进一步提速。这些对产权交易资本市场提出了更新更高要求，也为产权交易行业发展提供了持久动力。

4．构建区域协同发展和全面开放格局赋予行业新使命

我国区域协同发展将进入新阶段，京津冀协同发展、粤港澳大湾区建设、长三角一体化发展等重大区域战略持续推进。西部大开发、中部崛起、东北振兴将迎来升级版，未来也将更重视城市群协同发展以及中心城市引领作用。同时，我国正全面、统筹推进“一带一路”建设与区域协调发展战略协同对接，加强跨区域市场协同发展，促进各区域对内对外全面开放，推动形成全面开放新格局，融入全球经济体系，推动全国市场一体化建设。这将进一步推动产权交易机构区域整合和联合发展，促进互联互通和共建共享，有效推进全国产权交易行业统一化进程和国际化进程，特别是对于拓展产权交易资本市场对外开放新格局，融入全球市场体系，对接全球资源要素，帮助企业“走出去”和“引进来”，促进全球资源优化配置，提升国际要素定价能力和话语权，赋予了新机遇、新使命和新任务。

（三）我国产权市场未来面临的问题和挑战

1．市场功能待提升

我国产权市场的功能还未得到充分发挥，距离支撑国家和区域经济社会发展的要求还有一定差距。一是各地产权交易机构的发展程度参差不齐，平台建设水平尚有提升空间；二是交易生态链上的商业银行、信托、保险、基金、资产管理等金融机构，以及投资银行、律师事务所、审计师事务所、会计师事务所、专业信用服务机构等中介服务机构的数量有所不足、质量不高，影响到市场功能的充分发挥和可持续发展；三是产权市场的市场化改革力度还有待加强。

2．交易信息系统待统一

信息系统对于提升交易效率、促进交易规范、维护交易安全起着重要作用。我国产权市场的单个机构都建成了满足自身交易需求的信息系统，从事中央企业产权交易的机构建立了统一的交易信息系统，以内蒙古产权交易中心为首建立的有30多家产权交易机构参与的“产权市场e交易平台”，逐渐发挥出越来越好的作用。但从全国范围看，仍缺乏全国统一的足以支撑信息披露、竞价、结算特别是融资等全流程的信息系统。这一方面造成项目资源、投资者群体资源的分散，不能最大限度形成规模效应，影响到投资人和价格的充分发展；另一方面，信息化建设的分散，使得市场不能在移动互联、人工智能，大数据、区块链技术等信息化建设趋势大背景下形成建设合力，影响整个市场信息系统的迭代开发和应用，最终影响市场的整体发展。

3．发展动力待增强

长期以来，对于大部分产权交易机构来说，服务对象主要是国有企业，交易品种主要是国有产权和国有资产，存在交易品种不多、业务创新不足等问题。产权市场怎样为非公有企业提供更多服务、如何为国际市场资本的形成和流转服务，尚处在探索阶段。

（四）新时代产权市场的发展路径

当前和今后一个时期，是实现中华民族伟大复兴的关键时期，是我国建设现代化经济体系、实现高质量发展的攻关期。面对新形势新任务新挑战，产权市场要以习近平新时代中国特色社会主义思想为指引，立足资本市场定位，在服务国家经济发展战略的大局中实现自身的高质量发展。

1．坚持市场化，提升产权市场的资本市场功能

产权市场正从原有的以国有资产流转为核心的制度性平台逐步向以要素市场化配置为核心的全要素、全资源交易平台转变。“十四五”时期是产权市场发展的重要战略机遇期，产权市场要在多层次资本市场的双循环金融体系中，立足非标市场定位，通过创设服务实体经济的投融资平台、国有和非公资本深度融合平台和跨境资本要素对接平台，打造国内循环的中心节点和国内国际双循环的战略链接。围绕资本交易和要素转化，打造研发、投行、融资、培育等业务多点开花的“1+N”综合配套服务体系，不断强化产权市场制度体系建设，为市场主体开展投融资、并购重组、资源资本化提供专业投行服务。

2．坚持信息化，推动市场高标准联通

按照《关于加快建设全国统一大市场的意见》提出的“完善市场信息交互渠道。统一产权信息发布机制，实现全国产权交易市场联通”要求，产权市场要提供平台信息资源的共享模式，充分利用大数据、区块链、人工智能等先进技术深入挖掘信息数据潜在价值，带动行业研究、指数分析、信用评价等更多市场增值服务，通过依法公开市场主体、投资项目、创新资源、产量产能等信息，不断提升各交易机构的服务品质，提高服务效率。同时，要统一产权交易信息发布机制，优化行业公告公示等重要信息发布渠道，完善行业交易信息分享机制，竭力消除“信息孤岛”，推进信息网络体系的互联与互通。

3．坚持现代化，建设统一产权要素市场

产权市场一定要坚守初心，强化为国资国企改革服务的根基，紧紧围绕党的十九大报告提出的“加快国有经济布局优化、结构调整、战略性重组，促进国有资产保值增值，推动国有资本做强做优做大，有效防止国有资产流失”，“深化国有企业改革，发展混合所有制经济，培育具有全球竞争力的世界一流企业”[①]，坚决为产权制度改革和要素市场化配置服务宗旨，推动更多要素产品进入产权市场，根据不同产品种类特征，围绕市场实际需求，依法依规创新交易方式，使多样化产品与多选择的交易方式相匹配，提

① 习近平：《决胜全面建成小康社会 夺取新时代中国特色社会主义伟大胜利——在中国共产党第十九次全国代表大会上的报告》，北京：人民出版社，2017年版，第33页。

高各种要素组合配置效率。与此同时，要切实加强自身现代化建设，按照《关于加快建设全国统一大市场的意见》要求，统一监管标准，健全准入管理，不断提升产权交易机构组织建设现代化水平。产权市场作为社会资本优化配置的平台，应加快自身的市场化、现代化、国际化，缩小与股票市场在地位、规模、人才、影响等方面的差距，成为更加积极有为、充满活力、富有吸引力和竞争力的市场平台。为此，要逐步以混合所有制企业取代交易机构的事业单位体制，建立市场化选人用人和薪酬分配机制，全面加强产权交易机构的现代企业制度建设，加快推动有条件的产权交易机构改制上市，以股权为纽带推进各地产权市场加快整合，有效打破产权交易机构的区域分割，促进形成全国统一的产权交易机构网络，并在“一带一路”沿线国家和地区探索建立跨国经营的产权交易所，不断做强做优做大产权交易市场网络平台。

（五）全国碳市场发展展望

碳市场作为促进温室气体减排的市场机制，是实现碳达峰碳中和目标的有效抓手。我国碳市场仍处于初级阶段，制度体系有待进一步完善，交易规则需进一步优化，市场活跃度有待提高。碳市场具有较大的发展空间。

1. 制度体系将更加完善

法律法规层面，在 2024 年 5 月 1 日起实施的《碳排放权交易管理暂行条例》，以更高层次立法保障碳市场各项制度的有效实施，规范碳排放权交易、登记、结算等活动，明确违约违法的处罚措施，构建碳交易的法律基础。同时，具体制度也将不断完善：通过及时修正技术规范，碳排放核算、报告与核查制度将更加成熟，提高数据的真实性和可靠性；配额管理制度将进一步优化，随着高排放行业碳达峰方案的出台，碳市场可以由强度控制逐步转向总量控制，总量或将逐步收紧，形成有效预期，引导企业减排；配额分配制度将更加公平合理，将引入有偿分配并逐步扩大有偿分配比例，通过一级市场的交易促进二级市场更加活跃；市场交易制度将进一步细化和改进，形成有效激励约束并控制市场运行风险，为碳市场有效运行提供保障；信息披露制度将更加健全，提高碳交易的透明性，发挥外部监督的作用。

2．行业覆盖范围将逐步拓展

我国已连续多年开展全国石化、化工、建材、钢铁、有色、造纸、航空等高排放行业的数据核算、报送和核查工作，具有一定的数据基础。随着核查技术标准和规范的不断完善和排放数据的积累，我国碳市场将按照“成熟一个批准一个”的原则，将高排放行业逐步纳入。多个行业的纳入，企业间碳减排成本的差异增大，有助于碳市场在促进温室气体减排中发挥市场配置资源的作用。

3．市场主体多元化

欧盟等成熟的碳市场和我国试点碳市场均允许机构和个人投资者参与碳排放权交易，有效提高了市场的流动性。自 2021 年 2 月 1 日起施行的《碳排放权交易管理办法（试行）》中明确“重点排放单位以及符合国家有关交易规则的机构和个人，是全国碳排放权交易市场的交易主体”[①]。未来在全国碳市场平稳运行后，将引入非控排企业和个人等主体参与碳交易，提高市场流动性，发挥碳市场

① 《碳排放权交易管理办法（试行）》，《中华人民共和国国务院公报》，2021 年 07 期。

的价格发现功能。

4．交易产品将更加丰富

欧盟碳市场中交易产品丰富，除碳配额现货外，还有期权、期货等多种衍生品，且期货的交易量远高于现货，有效增加了市场流动性。我国试点区域碳市场也探索了远期、掉期等产品，积累了一定的经验。未来，全国碳市场将适时引入碳期货等衍生品，丰富碳排放权交易产品，提高市场活跃度，提供风险管理功能。

5．自愿减排机制有望重启

生态环境部将以部市联建的方式支持北京市承建全国自愿减排交易中心，为重启自愿减排交易做准备。从 2017 年起，CCER项目备案签发暂停，市场上可用于履约的CCER已经很少，而碳市场的发展使得市场主体对于CCER的需求将增加。随着CCER项目交易管理办法的进一步完善和减排核算方法的不断修订，CCER机制有望重启。自愿减排机制作为碳市场重要的补充机制，重启后将丰富全国碳市场的产品种类，提升市场主体参与交易的积极性，进而提高市场流动性。

第三节　市场支持体系改革的经验与展望

一、新时代价格形成机制改革任重道远

1．进一步深化垄断行业价格改革

垄断行业在资源要素领域占有重要地位，深化垄断行业价格改革对于优化资源要素配置、提高资源要素效益具有重要意义。按

照“管住中间、放开两头”的思路，坚持稳步放开竞争性领域和环节价格、科学管理政府定价相结合的原则，深化垄断行业价格改革。一是推进电力、成品油、非居民用天然气等竞争性领域和环节价格市场化改革，建立主要由市场决定能源价格的机制。持续深化电价改革，进一步完善省级电网、区域电网、跨省跨区专项工程、增量配电网价格形成机制，加快理顺输配电价结构；持续深化燃煤发电、燃气发电、水电、核电等上网电价市场化改革，完善风电、光伏发电、抽水蓄能价格形成机制，建立新型储能价格机制；有序放开上网电价和公益性以外的销售电价，有序推动经营性电力用户进入电力市场，加快推进电力市场交易；结合国内外能源市场变化和国内体制机制改革进程，研究完善成品油定价机制；适时放开天然气源价格和销售价格，逐步形成反映市场供求的合理价格。二是适应“全国一张网”发展方向，完善天然气管道运输价格形成机制，制定出台新的天然气管道运输定价办法，进一步健全价格监管体系，合理制定管道运输价格。三是建立科学、合理的成品油、铁路货运等价格动态调整机制，使价格灵活反映市场供求，更加贴近市场。四是建立健全以“准许成本+合理收益”为核心、约束与激励相结合的网络型自然垄断环节定价制度，准确核定成本，科学确定利润，建立合理的市场化疏导机制，严格进行监管。促进垄断企业技术创新、改进管理、降低成本、提高资源利用效率，维护消费者、经营者合法权益。

2．加快完善公用事业和公共服务价格机制

深化公用事业和公共服务价格改革，既要保证这些行业具有可持续发展的能力，满足人民不断增长的各种生活需要，又要收费合理，保障人民的基本需求。一是认真落实关于清理规范城镇供水供电供气供暖行业收费促进行业高质量发展的意见，严格规范价格收费行为，加快完善价格形成机制；全面实行居民用水用电用气阶梯价格制度，推行供热按用热量计价收费制度，用经济手段促使居民增强节约资源的意思。二是推动县级以上地方政府建立生活垃圾处理收费制度，合理制定调整收费标准。推行非居民餐厨垃圾计量收费。具备条件的地区探索建立农户生活垃圾处理付费制度。完善危险废弃物处置收费机制。三是分类管理教育、文化、养老、殡葬、景区、公共法律服务等服务价格。巩固完善以政府投入为主、多渠道筹集教育经费的体制，完善学前教育收费政策，规范民办教育收费。适应医养结合、社区养老、居家养老等养老领域新模式，建立健全养老服务价格机制，支持普惠性养老服务发展。进一步完善殡葬服务收费政策，规范收费行为。健全景区门票价格形成机制，加强景区内垄断性服务价格监管。完善公证、仲裁等公共法律服务价格形成机制。四是积极稳妥推进医疗服务价格改革，探索以人民健康为中心、以临床价值为导向、遵循医疗事业发展规律的医疗服务价格形成机制。进一步完善药品采购机制，发挥医保控费作用，药品实际交易价格主要由市场竞争形成。五是健全铁路货运与公路挂钩的价格动态调整机制，清理规范海运口岸收费。

3．创新和完善生态环保价格机制

坚持市场化的改革取向，统筹运用税收、收费及相关服务价格政策，建立能够反映生态环境成本的价格形成机制，利用价格杠杆促进生态环境的保护。一是完善生态补偿价格和收费机制，加大经济杠杆调节力度，提高企业主动治污减排的积极性。二是结合污水处理排放标准提高情况，将收费标准提高至补偿污水处理和污泥无害化处置成本且合理盈利的水平，并建立动态调整机制。鼓励通过政府购买服务，以招投标等市场化方式确定污水处理服务费水平，建立与处理水质、污染物削减量等挂钩的污水处理服务费奖惩机制。鼓励已建成污水集中处理设施的农村地区，探索建立农户付费制度。积极推进排污权有偿使用和交易试点工作，完善排污权交易价格体系，运用市场手段引导企业主动治污减排。三是扎实推进农业水价综合改革，积极推行农业水价形成机制与精准补贴和节水奖励机制、工程建设和管护机制、终端用水管理机制的健全和落实。四是完善可再生资源价格机制，实施风电、光伏等新能源标杆上网电价退坡机制；完善大型水电跨省跨区价格形成机制；探索通过市场化招标方式确定新能源发电价格，研究有利于储能发展的价格机制；围绕污水和垃圾处理、再生水回收利用等领域制定完善绿色消费价格政策。五是完善生态补偿价格和收费机制。按照“受益者付费、保护者得到合理补偿”原则，科学设计生态补偿价格和收费机制。推动可再生能源绿色证书、排污权、碳排放权、用能权、水权等市场交易，更好发挥市场价格对生态保护和资源节约的引导作用。

4．稳步推进农产品价格改革

为推进农业供给侧结构性改革，服务实施乡村振兴战略，必须积极稳妥改革完善粮食等重要农产品价格形成机制。一是在确保国家粮食安全的基础上，坚持市场化改革取向和保护农民利益并重的原则，改革“价补合一”的收储政策，农产品价格主要由市场决定，改革完善玉米收储制度，继续实施棉花、大豆目标价格改革试点，利用市场机制，理顺农产品价格关系，调整优化农产品供给结构。二是坚持并完善农产品价格支持政策。坚持执行稻谷、小麦最低收购价政策框架，着力增强政策灵活性和弹性，合理调整最低收购价水平，切实保护农民利益和种粮积极性，确保口粮生产稳定。

三是扩大开展“保险+期货”试点，探索利用市场机制保障农民收入的有效途径。四是加强农产品成本调查和价格监测，加快建立全球农业数据调查分析系统，为政府制定农产品价格、农业补贴等政策提供重要支撑。

5．转变价格管理方式，加强和改进价格调控

在建立市场化价格形成机制的同时，要转变价格管理方式，更好地发挥政府作用，为实体经济服务。一是加强政府定价管理。进一步缩小政府定价的范围，将政府定价范围主要限定在重要公用事业、公益性服务、网络型自然垄断环节，实施定价目录管理。进一步规范定价程序，定价机制由定标准向定规则转变，由事前审批向事中、事后监管转变，主动接受社会监督，有效约束政府定价行为。二是严格行政事业性收费管理，清理规范经营服务性收费，建立收费清单制度和具体监管办法，减轻实体经济收费负担。三是积极营造有利于公平竞争的市场环境，全面实施公平竞争审查制度，推进反价格垄断执法常态化精细化。不断学习和接受新事物，适应新形势发展变化，加强对互联网平台价格的监管，加强和创新市场价格监管方式。四是运用现代信息技术，健全价格监测预测预警系统，完善价格监测分析制度和风险预警框架，防范价格异常波动；建立完善预期管理制度，合理引导市场预期。五是落实完善重要民生商品价格调控机制的要求，坚持“调高”与“调低”并重，注重预调微调，完善突发应急调控机制，提升调控能力，加强重要民生商品价格调控。有效保障粮油肉蛋菜果奶等供应，防止价格大起大落。六是做好大宗商品价格异动应对。加强对铁矿石、铜、原油、天然气、玉米、大豆、食用油等大宗商品市场动态和价格形势的跟踪分析，深入研判输入性影响，及时提出储备、进出口、财税、金融等综合调控措施建议，推动有关方面做好保供稳价工作。

二、未来竞争政策基础性地位更加强化

2020 年实现全面建成小康社会目标后，我国开启全面建设社会主义现代化国家新征程。2021 年制定的《国民经济和社会发展第十四个五年规划和 2035 年远景目标纲要》（以下简称《规划纲要》）指明了竞争政策的方向。《规划纲要》将强化竞争政策基础性地位作为建设高标准市场体系的重要内容，要求强化公平竞争审查制度的刚性约束，完善公平竞争审查细则，持续清理废除妨碍全国统一市场和公平竞争的规定及做法。未来随着公平竞争审查制度的进一步落实、竞争政策法律规则体系的完善和公平竞争审查实施机制的健全，竞争政策的基础性地位将得到明显强化，推动竞争政策迈向更高目标阶段。

1．竞争政策相关法律和规则体系将更加完善

法律和规则体系的完善是竞争政策取得成效的重要基础和前提。我国已形成了包括《反不正当竞争法》《反垄断法》以及公平竞争审查制度有关规制制度等为主体的规则体系。按照 2022 年 3 月发布的《中共中央 国务院关于加快建设全国统一大市场的意见》要求，健全反垄断法律规则体系，加快推动修改《反垄断法》《反不正当竞争法》，完善公平竞争审查制度，研究重点领域和行业性审查规则。2021 年 2 月《关于平台经济领域的反垄断指南》印发，在平台企业垄断认定、数据收集使用管理、消费者权益保护等方面的法律规范将进一步完善。2021 年 11 月国务院反垄断委员会印发《关于原料药领域的反垄断指南》《企业境外反垄断合规指引》。

随着相关工作的推进，与竞争政策相关的法律规则体系将进一步完善，有关制度规范进一步明确和细化，将会给市场主体提供更清晰明确的行为指引，法律和规则的可操作性和可预见性将不断增强。

2．竞争政策实施机制将更加健全

健全的实施执行机制是竞争政策取得成效的关键所在。2021年1月，中共中央办公厅、国务院办公厅印发的《建设高标准市场体系行动方案》要求，增强公平竞争审查制度刚性约束，健全公平竞争审查机制，进一步明确和细化纳入审查范围的政策措施类别；出台公平竞争审查例外规定适用指南，建立例外规定动态调整和重大事项实时调整机制；研究制定行业性审查规则，细化认定标准。随着上述方案的实施和相关要求的落实，公平竞争审查制度推进力度将会进一步加大，竞争政策实施机制将会进一步优化，竞争政策实施成效将会进一步提高。同时，随着未来竞争政策试点范围的扩大，已经积累的竞争政策执法能力和经验的推广，竞争政策实施机制将更加健全。此外，国家市场监督管理总局承担反垄断统一执法职责后，向构建统一、权威、高效反垄断执法体系的目标迈出关键性一步。通过授权省级市场监管部门负责本行政区域反垄断执法，建立起中央和地方两级负责的执法体系，未来将形成相互配合、上下联动、统一规范的执法局面。随着工作规则和制度标准的统一、反垄断执法队伍素质的进一步提高，反垄断执法能力和水平将切实增强，将形成更加统一高效、优化协同的反垄断执法机制。

3．竞争中性原则将得到进一步强化

随着竞争中性原则在市场体系和对外开放工作中的贯彻实施，竞争中性已经成为有效实施国有企业改革、优化营商环境改革和扩大对外开放的前提。未来推动国有企业改革和高水平对外开放，竞争中性原则预计在竞争政策实施过程中将得到进一步强化，国有企业和民营企业间的市场地位将更加平等，不同市场主体将在更加公平、开放、透明的市场中充分竞争和发展。

4．竞争政策的国际协调和合作将更加广泛深入

新的全球和区域贸易协定均涉及竞争政策与产业政策规范，将对中国竞争政策国际协调和合作提出了迫切要求。我国已与30多个国家和地区反垄断执法机构签署合作文件，并建立了常态化合作机制，广泛开展了竞争政策的国际合作和协调。特别是随着我国推动更高水平的对外开放，各种多边或区域组织对全球竞争政策的协调和约束作用越来越强，特别是针对跨国企业限制性商业行为和反竞争行为，尤其是针对高科技IT企业和互联网企业滥用其市场主导地位、跨国公司兼并涉及多个司法管辖区同时审查等问题，双边或多边层面的竞争政策国际协调与合作将会更加广泛深入。同时，随着跨国垄断等问题日益突出，预计未来将会进一步深化反垄断执法的国际合作力度，共同开展联合调查取证、交换案件信息，不断提升查处跨国垄断案件的能力。

5．竞争政策与产业政策的关系将更加协调兼容

竞争政策和产业政策是经济政策的重要组成部分，二者以不同的方式发挥着不同的作用和功能，促进竞争政策和产业政策的协调兼容是有效实施经济政策的内在要求。2022年3月发布的《中共中央 国务院关于加快建设全国统一大市场的意见》要求，健全公平竞争制度框架和政策实施机制，建立公平竞争政策与产业政策协调保障机制，优化完善产业政策实施方式。随着我国加快建设高标准市场体系，增强公平竞争审查制度刚性约束，竞争政策的基础性和优先性将进一步体现，竞争政策的原则将逐渐内化于产业政策当中。一方面，将竞争因素与功能性产业政策相结合，不断优化功能性产业政策。另一方面，将按照竞争政策的要求，不断增强竞争政策对选择性产业政策的约束，以竞争损害最小为原则实施选择性产业政策，不断降低选择性产业政策的负面作用，推动产业政策转型以及产业政策与竞争政策的协调融合。

三、推进社会信用体系建设高质量发展

2022 年 3 月，中共中央、国务院出台《关于加快建设全国统一大市场的意见》，其中“健全统一的社会信用制度”和“全面提升市场监管能力”对完善信用监管提出要求。[①] 同年 3 月 29 日，中共中央办公厅、国务院办公厅发出《关于推进社会信用体系建设高质量发展 促进形成新发展格局的意见》(以下简称《意见》)，要求各地区各部门结合实际认真贯彻落实。这是在新的时代背景下，对社会信用体系建设进行全面系统安排的又一部重要性政策文件，为社会信用体系建设高质量发展，促进形成新发展格局，提供了重要指导思想和行动指南。《意见》明确“完善的社会信用体系是供需有效衔接的重要保障，是资源优化配置的坚实基础，是良好营商环境的重要组成部分，对促进国民经济循环高效畅通、构建新发展格局具有重要意义”[②]。对社会信用体系建设的重要作用进行了高度

① 《中共中央 国务院关于加快建设全国统一大市场的意见》,《中华人民共和国国务院公报》, 2022 年 12 期。

② 《中共中央办公厅 国务院办公厅印发〈关于推进社会信用体系建设高质量发展促进形成新发展格局的意见〉》,《中华人民共和国国务院公报》, 2022 年 11 期。

概括和肯定，并提出了推进信用体系建设高质量发展的总体要求，即“扎实推进信用理念、信用制度、信用手段与国民经济体系各方面各环节深度融合，进一步发挥信用对提高资源配置效率、降低制度性交易成本、防范化解风险的重要作用，为提升国民经济体系整体效能、促进形成新发展格局提供支撑保障”[①]。“立足经济社会发展全局，整体布局、突出重点，有序推进各地区各行业各领域信用建设。积极探索创新，运用信用理念和方式解决制约经济社会运行的难点、堵点、痛点问题。推动社会信用体系建设全面纳入法治轨道，规范完善各领域各环节信用措施，切实保护各类主体合法权益。充分调动各类主体积极性创造性，发挥征信市场积极作用，更好发挥政府组织协调、示范引领、监督管理作用，形成推进社会信用体系建设高质量发展合力。”[②]在总体要求的基础上，《意见》分五大方面展开，对社会信用建设高质量发展进行了周密的安排和部署。一是以健全的信用机制畅通国内大循环；二是以良好的信用环境支撑国内国际双循环相互促进；三是以坚实的信用基础促进金融服务实体经济；四是以有效的信用监管和信用服务提升全社会诚信水平；五是加强组织实施，坚持审慎适度，强化党的领导和制度保障，推进试点示范和安全保护。[③]

2022 年 3 月，中国人民银行发布《关于做好 2022 年金融支持

① 《中共中央办公厅 国务院办公厅印发〈关于推进社会信用体系建设高质量发展促进形成新发展格局的意见〉》，《中华人民共和国国务院公报》，2022 年 11 期。
② 《中共中央办公厅 国务院办公厅印发〈关于推进社会信用体系建设高质量发展促进形成新发展格局的意见〉》，《中华人民共和国国务院公报》，2022 年 11 期。
③ 《中共中央办公厅 国务院办公厅印发〈关于推进社会信用体系建设高质量发展促进形成新发展格局的意见〉》，《中华人民共和国国务院公报》，2022 年 11 期。

全面推进乡村振兴重点工作的意见》(以下简称《意见》),《意见》要求，深入推进农村信用体系建设，继续推进储蓄国债下乡，持续提升农村支付服务水平，加强农村金融知识宣传教育和金融消费权益保护，改善农村基础金融服务。[①]

“十四五”时期经济社会发展是以推动高质量发展为主题，在今后更长时期，推动高质量发展的要求还将体现在国家发展的各领域和全过程。当前是我国社会信用体系建设迈向高质量发展的新阶段，信用体系建设在我国经济社会发展中的作用日益凸显，信用的应用场景愈加深入与广泛，随着经济社会高质量发展所提出的新要求，面临新时代下新的机遇与挑战，我国社会信用体系建设将继续提质升级，不断完善顶层设计，推动社会信用体系建设法治化、规范化、制度化水平不断提升，推进各地各部门社会信用体系更加健康有序发展。信用理念、信用制度、信用手段、信用方式等关键词，将与新时期社会信用体系建设相伴随行，并为之注入新的能量、新的活力。

四、市场经济法律体系的经验总结与发展趋势展望

我国市场经济法律体系建设的一个基本特征，就是根据改革开放的伟大实践，及时将党的路线方针政策和重大决策部署贯彻落实到立法中，坚持立法与改革决策相结合，坚持在法治下推进改革、在改革中完善法治，充分发挥立法对改革的引领推动作用，实现立

① 《中国人民银行关于做好2022年金融支持全面推进乡村振兴重点工作的意见》，中国人民银行网站，2022年4月21日。

法与改革协调推进，做到重大改革于法有据，这是我国市场经济法律体系建设的一条鲜明主线。[①]同时，改革开放40多年来形成的一条重要共识——市场经济就是法治经济，法治是现代市场经济的本质特征，也是建立现代市场体系的重要基石。

（一）我国市场经济法律体系建设的基本经验

回顾改革开放40多年的历史，我国社会主义市场经济法律体系建设的基本经验主要是：

（1）从制度运行的角度看，我国的市场经济法律制度建设与发展是一个渐进式过程。我国市场经济法律制度的建立、发展与市场经济发展的背景同构，是现代市场经济充分发展的结果，并随着市场经济的发展而不断完善、丰富。[②]

（2）党和国家的经济体制改革政策对于市场经济法律制度的产生和形成有巨大的影响，具有鲜明的时代特征。我国的经济体制改革是为完善社会主义制度而进行的自上而下的制度变迁，党和国家的政策主导着改革的方向和路径。

（3）以政策推进改革，地方（区域）先行先试，在市场经济法律体系建设过程中发挥了重要作用。改革开放过程中，对于立法条件尚不成熟、需要先行先试的改革举措，立法机关按照法定程序作出授权决定，确保有关改革有序推进，这是我国法治建设的一项宝贵经验。

---

① 朱宁宁：《锻造治国重器，以良法促善治——党的十八大以来立法工作成就综述》，《法制日报》，2017年8月21日。

② 尚珂：《市场经济下商品流通法制的建立与完善》，《中国流通经济》，2008年11期。

（4）改革开放实践推进了国家治理理念由“法制”向“法治”的转变。从“法制”到“法治”，不仅是提法上的变化，更是一次又一次的思想解放，标志着我们党在法治认识上的飞跃。“法制”是相对静态的，“法治”则是动态的，包容了立法、执法、司法、守法各个环节的运行。从二者的关系来看，“法制”是“法治”的基础，“法治”是“法制”的深化。[①]

（二）我国市场经济法律体系建设面临的新问题

我国社会主义市场经济法律体系建设中仍面临一些新的矛盾、新的问题，主要包括：

（1）面对市场发展的新形势、新需要，仍然存在立法不足和立法质量不高的问题。特别是互联网、大数据、云计算、人工智能等新一代信息技术的应用，共享经济、平台经济、虚拟经济等新产业、新业态、新模式不断涌现，对基于传统经济关系制定的法律制度带来了新的问题和挑战。新型垄断与不正当竞争行为规制、数据权益和知识产权保护等问题亟待解决。

（2）在深化行政体制改革的背景下，行政执法和市场监管模式亟待转变。面对商品流通多样化、交易复杂化和全球化，以及数字经济新业态等新形势，传统的市场监管效果大大降低，以政府为主体的传统监管模式存在过度监管或“政府失灵”的风险，需要及时调整和创新监管理念、监管方式与手段，构建符合市场经济规律和高质量发展要求的新型监管机制。

① 张文显：《习近平法治思想的理论体系》，《法制与社会发展》，2021 年 01 期。

（3）与法治化营商环境和新时代发展相适应的司法制度和多元化纠纷解决机制尚需进一步健全。深化司法改革和多元纠纷解决机制改革，完善调解、仲裁、行政裁决、行政复议与诉讼有机衔接、相互协调的多元化纠纷解决机制，为当事人提供高效、快捷、低成本的纠纷解决途径，仍然是我国市场经济法治建设中的一个重要问题。

（三）我国市场经济法律体系建设的未来展望

展望未来，我国的市场经济法律体系建设应着力解决以下几个主要问题：一是进一步提高立法质量，运用法治思维和法治方式，正确处理经济领域改革决策与制定民商事法律、经济法律和对外开放法律的关系，鼓励地方创制性立法的开展。二是深化法治政府建设，要围绕保护公平竞争、维护市场秩序、促进创新创造、激发市场活力等主要方面更好地发挥政府的作用，增强政府数字化治理能力，创新监管方式、监管方法和监管手段。三是深入推进智慧司法，构建公正、高效、低成本、多元化的经济纠纷解决机制，不断提高司法活动的效率和公信力，构建具有中国特色的多元化纠纷解决制度体系。四是为高标准市场体系建设提供更有力的制度保障。市场经济法律体系建设必须统筹国内与国际、安全与发展等各种关系，为贯彻新发展理念，构建新发展格局和经济高质量发展提供更有力的制度保障，打造市场化、法治化、国际化的营商环境，促进投资便利和消费升级，推动高水平对外开放。

主要参考资料

1. 吴敬琏. 当代中国经济改革教程[M]. 上海：上海远东出版社，2016.
2. 吴敬琏、刘吉瑞. 论竞争性市场体制[M]. 北京：中国财政经济出版社，1992.
3. 李晓西. 中国经济改革 30 年[M]. 重庆：重庆大学出版社，2008.
4. 李颖. 文献中的百年党史[M]. 上海：学林出版社，2020.
5. 任兴洲. 建立市场体系：30 年市场化改革进程[M]. 北京：中国发展出版社，2008.
6. 任兴洲、王微. 服务业发展制度、政策与实践[M]. 北京：中国发展出版社，2011.
7. 王冰. 马克思商品经济理论与中国市场经济建设[M]. 北京：经济科学出版社，2006.
8. 夏杰长、李勇坚、姚战琪. 新中国服务经济研究 70 年[M]. 北京：中国社会学出版社，2019.
9. 夏杰长等. 中国现代服务业发展战略研究[M]. 北京：经济管理出版社，2019.
10. 夏杰长等. 扩大服务业对外开放的路径与战略研究[M]. 北京：经济管理出版社，2020.
11. 石良平、沈桂龙等. 中国服务业扩大开放与服务贸易发展[M]. 上海：上海交通大学出版社，2016.
12. 李勇. 经济鉴证类社会中介服务行业发展理论研究[M]. 北京：中国财政经济出版社，2001.

13. 李靖、易建湘. 电子商务在中国[M]. 北京：中国经济出版社，2001.
14. 李琪. 中国电子商务[M]. 成都：西南财经大学出版社，1997.
15. 廖晓淇. 中国电子商务报告[M]. 北京：经济科学出版社，2004.
16. 吕廷杰、徐华飞. 中国电子商务发展研究报告[M]. 北京：北京邮电大学出版社，2003.
17. 李正波、邱琼. 电子商务与新零售研究[M]. 北京：中国人民大学出版社，2017.
18. 刘洪玉、张红. 房地产业与社会经济[M]. 北京：清华大学出版社，2006.
19. 任兴洲、王微、王青等. 建设全国统一市场：路径与政策[M]. 北京：中国发展出版社，2015.
20. 蒋省三、刘守英、李青. 中国土地政策改革：政策演进与地方实施[M]. 上海：上海三联书店，2010.
21. 容志. 土地调控中的中央与地方博弈——政策变迁的制度经济学分析[M]. 北京：中国社会科学出版社，2010.
22. 邓力群、马洪、武衡. 当代中国的劳动力管理[M]. 北京：中国社会科学出版社，1990.
23. 夏积智、张小建. 中国劳动力市场实务全书[M]. 北京：红旗出版社，1994.
24. 莫荣等. 中国积极就业政策形成、发展和完善[M]. 北京：社会科学文献出版社，2015.
25. 莫荣. 领导干部就业工作读本[M]. 北京：中国劳动社会保

障出版社，2019.

26. 张小建. 中国就业改革发展 40 年[M]. 北京：中国劳动社会保障出版社，2019.

27. 齐涤生、万君康、熊兆铭、刘汉鼎. 技术经纪与技术经纪人[M]. 北京：经济管理出版社，1993.

28. 刘东升. 技术成果转让价格模型及咨询系统M]. 西安：陕西科学技术出版社，1995.

29. 刘庆辉. 技术市场探索与实践[M]. 北京：科学技术文献出版社，1998.

30. 雷庆西、张贤模. 中国技术市场[M]. 武汉：湖北人民出版社，1999.

31. 张江雪. 中国技术市场发展研究[M]. 北京：北京师范大学出版社，2011.

32. 田波. 回眸——中国技术市场 40 年[M]. 上海：上海大学出版社，2019.

33. 郭昕、孟晔. 数据的力量[M]. 北京：机械工业出版社，2013.

34. 崔小屹、韩青. 用数据说话：大数据时代的管理实践[M]. 北京：北京大学出版社，2013.

35. 赵国栋、易欢欢、糜万军、鄂维南. 大数据时代的历史机遇——产业变革与数据科学[M]. 北京：清华大学出版社，2013.

36. 刘鸿儒. 中国金融事业的发展和金融体制改革[M]. 北京：中国金融出版社，1986.

37. 刘鸿儒. 变革——中国金融体制发展六十年[M]. 北京：中国金融出版社，2009.

38. 吴敬琏. 十年纷纭话股市[M]. 上海：上海远东出版社，2001.
39. 吴晓灵. 新一轮改革中的中国金融[M]. 天津：天津人民出版社，1998.
40. 黄达. 财政信贷综合平衡导论[M]. 北京：中国人民大学出版社，2009.
41. 肖钢. 中国资本市场变革[M]. 北京：中信出版社，2020.
42. 中国人民银行研究局. 中国现代中央银行体制——中国人民银行管理体制的重大改革[M]. 北京：中国金融出版社，1999.
43.《径山报告》课题组. 中国金融改革路线图[M]. 北京：中信出版社，2019.
44. 常修泽. 产权交易理论与运作[M]. 北京：经济日报出版社，1995.
45. 常修泽. 广义产权论——中国广领域多权能产权制度研究[M]. 北京：中国经济出版社，2009.
46. 常修泽. 产权人本共进论[M]. 北京：中国友谊出版公司，2010.
47. 熊焰. 资本盛宴：中国产权市场解读[M]. 北京：北京大学出版社，2008.
48. 何亚斌. 产权经济学理论在中国的市场实践[M]. 北京：中国金融出版社，2020.
49. 游乔君. 产权市场：中国创造[M]. 上海：同济大学出版社，2014.
50. 曹和平. 产权市场蓝皮书：中国产权市场发展报告（2014）

[M]. 北京：社会科学文献出版社，2015.

51. 中国产权协会. 中国产权交易资本市场研究报告[M]. 北京：中国经济出版社，2018.

52. 成致平. 价格改革若干大事聚焦[M]. 北京：中国市场出版社，2002.

53. 张卓元. 社会主义价格理论与价格改革[M]. 北京：中国社会科学出版社，1987.

54. 张卓元. 新价格模式的建立与市场发育的关系[M]. 北京：经济管理出版社，1996.

55. 田源、乔刚. 中国价格改革研究（1984—1990）[M]. 北京：电子工业出版社，1991.

56. 李青. 中国反垄断十二年：回顾与展望[M]. 北京：中信出版社，2020.

57. 戚聿东. 中国现代垄断经济研究[M]. 北京：经济科学出版社，1999.

58. 王传辉. 反垄断的经济学分析[M]. 北京：中国人民大学出版社，2004.

59. 曾康霖、王长庚. 信用论[M]. 北京：中国金融出版社，1993.

60. 张维迎. 产权、政府与信誉[M]. 北京：生活·读书·新知三联书店，2001.

61.《习近平法治思想概论》编写组. 习近平法治思想概论[M]. 北京：高等教育出版社，2021.

62. 陈景良. 当代中国法律思想史[M]. 开封：河南大学出版社，1996.

63. 李龙. 依法治国方略实施问题研究[M]. 武汉：武汉大学出版社，2002.
64. 杨绍华. 科学执政、民主执政、依法执政——中国共产党执政方式问题研究[M]. 北京：人民出版社，2008.
65. 曹康泰. 政府法制建设三十年的回顾与展望[M]. 北京：中国法制出版社，2008.
66. 张金才. 新时期法制建设进程[M]. 北京：中共党史出版社，2009.
67. 李婧. 中国特色社会主义法律体系构建研究[M]. 长春：东北师范大学出版社，2010.
68. 中国人民银行征信管理局. 现代征信学[M]. 北京：中国金融出版社，2015.
69. 国务院发展研究中心市场经济研究所. 改革开放40年：市场体系建立、发展与展望[M]. 北京：中国发展出版社，2019.
70. 吴敬琏. 改革大道行思录[M]. 北京：商务印书馆，2017.
71. 刘世锦. 新倍增战略：中国经济增长十年展望（2021—2030）[M]. 北京：中信出版社，2021.
72. 陈锦华、江春泽. 论社会主义与市场经济兼容[M]. 北京：人民出版社，2005.
73. 林毅夫. 发展战略与经济改革[M]. 北京：北京大学出版社，2004.
74. 刘国光. 中国经济体制改革的模式研究[M]. 广州：广东经济出版社，1998.
75. 胡鞍钢. 中国战略构想[M]. 杭州：浙江人民出版社，2002.

76. 胡昌义. 计划经济与市场调节结合的新探索[M]. 武汉：武汉大学出版社，1992.

77. 马健行、顾海良. 中国市场经济体制与经济社会政治结构变化[M]. 北京：中共中央党校出版社，1996.

78. 邹东涛等. 中国经济体制改革的基本经验[M]. 北京：中国人民大学出版社，2008.

79. 李超. 社会主义市场经济的人学底蕴[M]. 北京：人民出版社，2004.

80. 白金和. 社会主义市场经济体制若干重要问题研究[M]. 北京：中国计划出版社，2002.

81. 张宇. 中国的转型模式：反思与创新[M]. 北京：经济科学出版社，2006.

82. 万典武. 商品流通体制改革的回顾和思考[J]. 经济理论与经济管理，1991（03）.

83. 谢百三、徐岚. 我国房地产业在通货紧缩中强势运行——原因、绩效与风险[J]. 国际金融研究，2003（03）.

84. 詹文杰、杨颖. 电子商务模式的特征及其演变[J]. 管理评论，2004（01）.

85. 易英. 价值结构对电子商务模式的影响评价[J]. 商业时代，2005（02）.

86. 李养吉、孟晓宏. 中国房地产市场结构和价格影响因素的实证分析[J]. 产业经济研究，2005（06）.

87. 万典武、李禧华. 30 年我国商业体制改革评述[J]. 商业时代，2008（27）.

88. 杨宜勇. 关于新就业方针[J]. 经济师，1998（07）.

89. 陈斯毅. 贯彻市场就业方针 加快并轨步伐[J]. 中国劳动保障，2005（05）.

90. 蔡昉. 为什么将就业优先政策置于宏观政策层面[J]. 企业观察家，2020（03）.

91. 张纪南. 推动实现更高质量和更充分就业[J]. 求是，2018（12）.

92. 张左己. 劳动服务公司沿革与中国就业改革[J]. 中国人力资源社会保障，2018（12）.

93. 田杰棠、刘露瑶. 交易模式，权利界定与数据要素市场培育[J]. 改革，2020（07）.

94. 王伟玲、吴志刚、徐靖. 加快数据要素市场培育的关键点与路径[J]. 经济纵横，2021（03）.

95. 高峦. 打造中国资本市场“产权版”[J]. 产权导刊，2006（06）.

96. 邓志雄. 中国产权市场的回顾与思考[J]. 产权导刊，2007（07）.

97. 许光建. 价格改革30年的回顾与展望[J]. 中国国情国力，2008（09）.

98. 李青. 中国竞争政策的回顾与展望[J]. 竞争政策研究，2018（02）.

99. 李青.“十四五”时期强化竞争政策基础地位的几点思考[J]. 中国市场监管研究，2021（07）.

100. 黄勇. 确立竞争政策的基础性地位[J]. 中国价格监管与反垄断，2018（11）.

101. 黄勇. 论中国竞争政策基础性地位的法治保障[J]. 经贸法

律评论，2018（01）.
102. 黄勇、吴白丁、张占江. 竞争政策视野下公平竞争审查制度的实施[J]. 价格理论与实践，2016（04）.
103. 彭森. 强化竞争政策基础性地位 全面推进改革事业发展[J]. 中国市场监管研究，2021（07）.
104. 张汉东. 我国竞争政策的实践与展望[J]. 竞争政策研究，2018（06）.
105. 闫衍. 中国信用市场：从风险加速暴露到信用分化[J]. 金融市场研究，2019（12）.
106. 张英杰、刘茜. "六步走"打造信用闭环 建立多层级社会信用治理模式[J]. 中国信用，2018（01）.
107. 尚珂. 市场经济下商品流通法制的建立与完善[J]. 中国流通经济，2008（11）.
108. 蒋传光. 从两个"十六字方针"看我国法治建设的跨越发展——纪念改革开放40周年[J]. 东方法学，2018（06）.
109. 张文显. 习近平法治思想的理论体系[J]. 法制与社会发展，2021（01）.
110. 万典武、李书友、徐振宇、李冰倩. 新中国成立以来我国商业发展回顾与反思[J]. 商业时代，2014（30）.
111. 甘霖. 强化竞争政策基础性地位 促进新一轮高水平对外开放[N]. 中国市场监管报，2019.05.18.
112. 朱宁宁. 锻造治国重器，以良法促善治——党的十八大以来立法工作成就综述[N]. 法制日报，2017.08.21.

CHINA'S REFORM AND OPENING UP

第二部分

史料篇

政策法规

▼

关于恢复国内保险业务和加强保险机构的通知[①]

（中国人民银行）

（1979 年 4 月 25 日）

各省、市、自治区分行：

根据全国分行行长会议决定精神，现将有关恢复国内保险的意见和保险机构设置等问题通知如下：

一、国内保险停办已经多年，现在恢复办理，一切得从头做起。各省、市、自治区分行要加强对这一工作的领导，通过试点，总结经验，为逐步恢复作好准备。凡是在机构、人员和各项条件具备的省、市、自治区，可以选择几个主要城市进行试点。如果一时条件还不具备，今年亦应抓紧筹备，创造条件争取在明年恢复办理。

二、恢复国内保险业务，目前可先办理国营企业和集体企业的

---

① 《关于恢复国内保险业务和加强保险机构的通知》，中国人民银行网站，2000 年 10 月 30 日。

财产保险、货物运输保险、运输工具保险以及个人财产保险和人身保险。各地在试点阶段，可根据现有人力对这四种业务全部办理或选择办理，并将试点计划报送总行。各项业务的承保办法、费率和单证格式，保险总公司正在拟订，争取于今年上半年下达。

三、恢复国内保险以地方经营为主，即由省、市、自治区为单位统一经营，独立核算。为逐步积累保险基金，发展人民保险事业，每年经营结果有利润均留存保险公司，作为准备基金。该项准备基金应提成百分之二十五至三十五上交保险总公司，作为全国性的积累，以便在一省一地发生特大灾害事故，而留存的准备基金不足以应付赔偿时调剂使用。

四、保险公司今年所需的人员编制和劳动指标，请各省、市、自治区分行根据总行已下达的指标和试点工作需要确定；明年所需人员应把保险公司的劳动指标单独列入计划上报总行。办理国内保险的干部来源，主要是吸收大、中专学生培养训练，也可遴选一些曾经从事保险工作的骨干归队。

五、按照全国分行行长会议关于在重要口岸和各省、市、自治区分行所在地逐步设立保险公司的决定，保险公司是人民银行领导下的实行经济核算的企业单位，各分公司受保险总公司和当地人民银行双重领导，业务上以总公司领导为主。

各省、市、自治区省会所在地和重要口岸（上海、天津、广州、青岛、大连等）的保险分公司相当于省、市、自治区分行处一级的企业单位。省行所在地分公司即省的分公司，领导省内各地的分、支公司。省（市）分公司经理可由省（市）分行一位副行长兼任，副经理应配备处长或副处长级干部担任。各分、支公司内部可以根据业务和人员编制情况，分设若干科（股），以利于加强岗位责任和业务干部专业化。

目前各地保险公司系属中国银行的一个科（组）或者与中国银行是一个机构，两块牌子。在中国银行体制改革后，保险公司应逐步从中国银行内分设出来。但为了不影响当前日常业务的进行，在分设条件尚未具备的口岸，暂时仍应维持现状，但应明确人员编制，其工资和各项费用可划分由保险公司开支。

国家体改委、商业部关于改革农村商品流通体制若干问题的试行规定①

（1983 年 2 月 10 日）

党的十一届三中全会以来，我国农村出现了前所未有的大好形势。随着以联产承包责任制为主要形式的各种生产责任制的推行，随着多种经营的广泛开展，农村商品生产迅速发展，农民购买力大幅度提高，工农业商品交换规模日益扩大。现行的农村商品流通体制已经越来越不适应新形势的要求，农民“卖难”、“买难”已成为当前农村经济生活中一个十分突出的问题。为了尽快改变这种状况，进一步发展农业生产，繁荣农村经济，必须加快改革农村商品流通体制的步伐。

改革农村商品流通体制，必须坚持社会主义道路，维护统一的社会主义市场；坚持计划经济为主、市场调节为辅的原则，在保证完成国家统一计划任务的前提下搞活市场；坚持国营商业的主导地位，实行多种经济形式、多种经营方式。

一、实行多种经济形式、多种经营方式、多种流通渠道，改变统得过多、独家经营、渠道单一的做法。

凡属国家统购派购的农副产品和国家统购统销（包括统配）、计划收购的工业品，一切国营商业企业和供销合作社都必须保证按质、按量、按时完成国家计划任务。通过签订经济合同，落实国家

① 《国家体改委、商业部关于改革农村商品流通体制若干问题的试行规定》，《中华人民共和国国务院公报》，1983 年 04 期。

任务，无论哪一方面违反合同，都要承担经济责任。纳入国家计划的品种，应当随着经济形势的发展和商品供求关系的变化而逐步减少，扩大议购议销商品的范围。各种国家计划产品，有的规定收购基数，有的规定购留比例，都应给予生产单位和生产地区一定的处理权。完成国家计划任务后的农副产品（不包括棉花）和工业消费品（不包括烟酒专卖），以及国家计划没有规定任务的一切商品，允许国营、集体、个体商业通过各种流通渠道，采取各种方式经营。

商业行政管理机关应一方面保证国营商业的主导地位，一方面积极支持供销合作商业和其他形式的集体商业，适当发展个体商业，合理调整、统筹安排各种经济形式的商业在社会商业中的经营比重。

国营商业和供销合作商业在农村经营的范围，既应合理分工，又应密切合作。一般工业品的批发，以国营商业为主经营；农业生产资料以供销合作社为主经营。农副产品的批发，由国营商业和供销合作社暂按现行分工分别经营。农村中的饮食业和服务业，除由供销社经营外，应当放手让其他形式的集体和个体经营。商品经营虽有分工，但都不能垄断。国营商业和供销合作社的零售商品可以交叉经营，也允许其他形式的集体商业或个体商业经营。

必须打破城乡封锁、条块分割的局面，疏通各条流通渠道。各条渠道不受行政区划的限制，根据经济合理的原则，国营商业可以下乡设点经营批发，兼营必要的零售业务；供销合作社可以进城设点经营批发，兼营必要的零售业务。当地政府有关部门要在场地、经营条件等方面提供方便。集体和个体等其他商业，也可以出县、出省长途贩运，但限于经营完成国家交售任务后允许上市的农副产品。撤销原来实行的关于粮食议购议销只由粮食部门统一经营、省际调剂议价粮需由省粮食厅（局）批准等不利于农村商品流通的各项有关规定。

个体商户必须向当地工商行政管理机关申请登记，领取营业执照，依法纳税。除工商行政管理机关以外，其他任何机关、街道单位，都无权发放或吊销其营业执照。向个体商户收取的费用，必须通过工商行政管理机关归口管理，统筹安排，合理负担，不得各自为政，以任何名义自行征收费用。

鼓励各种经济形式的商业企业，按照平等互利的原则，开展多种多样的经营方式，如农商联营、工商联营、商商联营、商贸联营、委托经营、租赁经营、承包经营、代购代销、代运代销，等等。要大力发展农村商业网点，特别是在边远山区增设固定或流动摊点。“双代店”可以改为队办商业，也可以改为供销社的分销店，或供销社和大队联营的商店，小村庄还可以改由个体经营。

二、合理设置批发机构，搞好农副产品收购和工业品下乡，解决农民“卖难”、“买难”的问题。

农副产品和工业品的批发，要打破行政区划的限制，根据商品的合理流向设置机构，尽量减少流转环节，发挥县城或集镇在农村商品流通中的集散作用。

农副产品的批发机构，应当设在农副产品集散中心的县或镇。凡是城乡都需要的农副产品，要优先供应城市。根据农副产品收购的季节性和收购对象分散的特点，采取多种形式，利用多条渠道，把千家万户的农副产品，尽快收购集中起来，及时调运出去。要尽量实行产销见面，减少流转环节，直接运往销地。特别是肉禽蛋、水产、水果等鲜活商品，要大力组织直达供应，快收购，快调运，快销售。大中城市要逐步建立农副产品批发交易市场。

工业品批发机构，要大力组织供应农村适销对路的商品。农业生产资料的品种和包装，要适合农业技术水平，耕作方法和多种经营的需要。工业消费品的种类和花色品种，要适应农村市场变化的需要。凡是城乡都需要的工业品，要优先供应农村。国营商业要降低批发起点，积极开展同供销合作社的联营，或者委托供销合作社和其他形式的集体商业代批、代销，充分发挥农村各种商业网点和设施的作用。工业品的批发机构，除了国家计划分配的商品必须从指定的单位进货以外，可以不受批发层次和地区的限制，自行选择进货单位。

无论是农副产品的批发机构或工业品的批发机构，都要对各种经济形式的零售、饮食、服务单位一视同仁，按照国家政策办事，不得歧视，在货源供应和业务经营上要给予支持和指导。

三、加快供销合作社体制改革的步伐。

供销合作社是联结城乡经济的一条重要纽带。要继续发挥它在促进农村商品生产、繁荣城乡市场、方便群众等方面的积极作用。供销合作社一身二任，一方面承担国家计划产品的购销任务，一方面为农民推销产品，供应生产和生活资料，提供生产前和生产后的服务。

恢复基层供销社的合作商业性质。制订供销合作社章程，恢复理事会和监事会，通过社员代表大会选举领导机构和领导人员。恢复和发扬供销合作社组织上的群众性、管理上的民主性和经营上的灵活性的优良传统。

县供销社改成县联社，作为基层社的经济联合实体，是合作商业。原属县供销社领导的专业公司，按现行建制不变，作为县联社内部的专业经营单位。县联社必须保证完成国家下达的商品收购和调拨计划，并根据国家计划和市场信息，指导基层社开展业务经营，办理基层社力所不及的购销、加工、仓储、运输等业务。县联社也要制订章程，恢复理事会和监事会，通过社员代表大会选举领导机构和领导人员。

县联社和基层社要通过多种形式、多层次的联营，把各种集体企业、专业户、重点户和个体户，团结在自己周围，逐步办成供销、加工、仓储、运输、技术等综合服务中心，指导和促进农民发展多种经营，把农村的经济活动，逐步引导到有计划发展的轨道上来。

县联社和基层社现有的自有资金，包括固定资金和流动资金，仍分别归县联社和基层社管理和使用（其中属于国家所有的资金，交由供销社无偿长期使用）。任何其他部门或单位都不得挪用或抽调。基层社要认真清理社员的现有股金，积极扩大农民入股。基层社和县联社应按股金和交售农副产品的数额，实行分红制度，把供销社的经营成果同农民的经济利益紧密结合起来。

县联社和基层社分别实行独立核算，自负盈亏。由于执行国家指定的计划任务而发生的政策性亏损，由国家补贴，经营性亏损，自行负担。县联社可以根据实际情况，从基层社税后盈余中集中一定比例的资金，用于兴办公共经营设施，增辟新的商业网点。

供销合作社原有的国家职工，政治、经济待遇不变。新增职工，应主要从农村招收，并由县联社统一考试，择优录用，不把农村户口转为城镇户口。表现好的，可以长期留用，表现差的，可以辞退，逐步做到职工能进能出。民主选举的领导人员，享受国家同级干部政治待遇，逐步做到干部能上能下。技术人员和专业管理人员可以实行招聘制，有关部门应给予支持。职工工资制度和奖励办法，要逐步改革。

四、建立商业企业经营承包责任制，提高经济效益。

国营商业和供销合作社都要大力推行以承包为中心的经营责任制，实行责权利相结合，贯彻按劳分配原则，多劳多得，打破“大锅饭”，克服平均主义，把企业的经营成果同职工的经济利益挂起钩来。责任制的形式可以多种多样。小型零售店、饮食服务业、修理业可以集体承包，也可以个人承包，有的还可以租给集体和个人经营。要坚持社会主义经营方向，兼顾国家、企业、职工和消费者的利益，提倡上级为下级服务，批发为零售服务，零售为消费者服务，全心全意为八亿农民服务。要恢复和发扬好的经营方式和传统，克服“官商”作风，从经营思想和作风上来一个大的转变。要教育商业职工遵纪守法，改善服务态度，提高服务质量。要整顿企业，调整和加强领导班子，改善经营管理，合理安排购、销、调、存，降低流通费用，加速资金周转，提高经济效益。

五、相应地调整与农村商业体制改革有关的政策。

逐步调整部分商品的价格政策。对国家统购、派购的一、二类农副产品，必须坚持国家牌价；国家超购部分，按照国家规定，分别实行牌价或浮动价格；完成国家统购、派购和超购任务以后的剩余部分，按照国家规定的浮动幅度，由购销双方协商定价；其余农副产品的价格，随行就市，实行市场调节。鲜活商品的价格要适当放活。

凡是国家有牌价的工业品，一律按照国家牌价执行；国家规定放开的小商品价格，由产销双方协商定价。工业品要按质论价，实行优质优价，低质低价。有关商品的价格，按照物价分级管理权限的规定，分别确定。

有些时令性商品，应有季节差价。产地和销地的同种商品，应有地区差价。批零差价要有利于零售单位经营，特别是小商品和滞销商品，要扩大批零差价。

国营商业和供销合作商业，既要放开手脚，积极参与市场调节，又要承担保证市场价格基本稳定的责任，运用手中掌握的货源和资金，协调市场供求关系，平抑物价，打击投机诈骗活动。

调整税收、财政、信贷政策。国营商业企业和县联社要实行“利改税”。在不减少国家财政收入的原则下，具体征税办法和国营商业企业税后利润上交、分配办法，由财政部拟定，报国务院批准后实行。基层社仍按现行税收稽征办法不变。银行对农副产品收购和农业生产资料经营的季节性贷款，应当给予优惠利率。饮食、服务业和各种集体商业、个体商贩的税收稽征办法，按照税法有关规定执行。各级政府要适当增加商业系统的基建投资，兴办仓库、冷库、商店等各种经营基础设施。

要鼓励增加运输工具。运输部门应当根据商品多渠道流通的要求，制定相应的运输管理办法，特别是铁路运输部门，要在首先保证国家计划商品运输任务的前提下，统筹安排，合理组织商品运输；要协助工商行政管理机关和税务机关，制止偷税、漏税、投机活动；要教育运输系统的职工杜绝营私舞弊、行贿受贿等不正之风。

六、改革的方法和步骤。

农村商品流通体制的改革，要结合各地农村的实际情况，进行试点，总结经验，由点到面，逐步推开。形式可以灵活多样，不搞一刀切。今年内，首先把商业企业的经营承包责任制逐步推广开来。基层社和县联社的改革，争取在今年年底以前分步骤完成。商业部拟于近期召开会议，制定供销社体制改革的实施方案。国营商业和县联社的“利改税”，要在今年上半年拿出具体办法。其他各项改革，也都要积极进行，并为今后的进一步改革做好准备。

搞好农村商品流通体制的改革，必须加强领导。一方面要放开手脚，放宽政策，一方面要加强管理，工商行政、税务、银行、物价、运输、公安等部门要制定和完善各项法规和具体管理办法。

改革城乡商品流通体制，是振兴农村经济、繁荣城乡市场、巩固工农联盟的一项重大措施。各级领导必须充分认识这一改革的重要性和迫切性，进一步清除“左”的思想影响，破旧创新，大胆实践，积极改革，开创农村商业工作的新局面。

中共中央、国务院关于发展城乡零售商业、服务业的指示（节选）[①]

（1983 年 3 月 5 日）

党的十一届三中全会以来，各地逐步地进行了生产和生活服务的经济结构的调整，城乡商业、服务业，特别是集体和个体的商业、服务业有了较大的恢复和发展。据初步统计，近三年来新增加集体零售商业、服务业网点三十七万多个，个体商业一百七十五万多户，安置了四百五十多万待业青年，有二十几个中小城市，待业问题已基本上得到了解决。这是一个很大的成绩。但是，长期以来由于人们对零售商业、服务业在国民经济中的作用认识不足，加上“左”的错误影响，思想不解放，集体和个体零售商业、服务业没有得到应有的发展，甚至受到排挤和歧视。因此，城乡零售商业、服务业的落后状况，至今还没有根本改变。一方面是网点少，服务面窄，群众急需的许多事情无人去办；另一方面又有大量待业青年得不到安置，有人无事干。这是城乡经济生活亟待解决的一个普遍性的问题，为了迅速改变这种局面，满足城乡人民实际生活的迫切需要，进一步发挥社会主义商业在城乡交流、繁荣经济、组织人民经济生活中的重要作用，特就发展城乡零售商业、服务业作如下指示：

（中略）

① 《中共中央、国务院关于发展城乡零售商业、服务业的指示》，新华网，2007 年 6 月 7 日。

二、发展集体和个体零售商业、服务业，当前要着重解决的几个问题

发展集体和个体零售商业、服务业，必须继续贯彻执行一九八一年十月中共中央、国务院《关于广开门路、搞活经济，解决城镇就业问题的若干决定》，统筹规划，合理布局，因地制宜，因行业制宜，具体组织落实。根据各地的实践经验，当前要着重解决好以下四个问题：

（一）要搞好网点建设。本着“经济适用、布局合理、行业配套、方便群众”的原则，重点放在网点不足的地方，缺什么补什么。建点和选址，要有统一规划，建设网点的设备投资，除依靠群众自筹、自建、自用外，各地应从市政建设费、待业青年安置费和银行贷款等方面筹集资金，予以资助。新建工矿区、居民区和改造旧城区，要把商业、服务网点建设纳入总体规划之内，一并安排，同时兴建。

（二）要疏通货源渠道。集体和个体零售商业的货源，可以从国营公司购进，可以从工业自销产品中选购，也可以从外地进货，自购自销。服务行业需要的原材料，在城市中，属于必须由国家组织供应的，商业、物资部门应积极予以扶植，妥善安排，纳入计划及时供应；属于工业的边角下料，应优先给予照顾；属于农副产品，国家供应不足或不能供应的，在政策允许的范围内，可以从市场直接采购。在小城镇和农村，饮食业需要的农副产品，主要靠自有原料和就地采购解决；有关国营商业公司，也要积极组织议价供应。对于城乡修理行业需要的零配件，工业部门要有计划地安排生产，给予支持。

（三）在价格管理上，要在国家物价政策的指导下，发挥市场调节作用，做到有活有管，优质服务，货真价实，买卖公道，群众信赖。凡从国营商业进货的工业品，执行国营牌价；自行采购部分和三类工业品、农副产品，按照规定的作价办法自行定价出售。服务行业的价格或收费标准，按照省、市、自治区物价部门或业务主管部门规定的饮食业综合毛利率、服务业重要服务项目收费标准定价。对于议价经营的商品，可以随行就市，高来高去，低进低出。对于费工费时，技术要求高，特殊性服务，以及名菜名点等，可以实行优质优价，分等论价，以利于行业之间、门类之间协调发展和恢复经营特色，增加花色品种，以满足人民多种需要。对于现行收费标准偏低的理发、浴池和某些修理项目，各省、市、自治区可有计划地、分批地适当调整价格；确有困难的，可以向财税部门申请酌情减免税收。有关饮食业、旅店业的价格和收费标准的管理办法，由商业部研究制订下达。其他服务行业的价格和收费标准的管理办法，由各省、市、自治区自行制定。

各级工商行政管理部门要加强对零售商业、服务业的监督和管理，保持物价的稳定，坚持好的经营思想和作风。任何企业和单位，都不准变相涨价和哄抬物价，不准以次充好，不准短斤缺两，不准倒买倒卖，不准偷税漏税，不能影响大众化的服务和供应。

（四）集体和个体零售商业、服务业的经营原则，应当是自主经营，自负盈亏，国家征税，不搞统负盈亏。为有利于保护集体和个体商业同国营商业在平等的原则下进行竞争，并简化手续，避免偷漏税款的情事，对集体和个体商业的零售税，可以在采购和批发环节一次扣缴。集体企业在照章纳税以后，内部的分配，各地可以规定发展基金和劳保福利基金的提取比例。对职工的分配，收入多的可以多分，收入少的可以少分。对于原有的老合作店，也要按照上述原则进行调整，努力搞活经营。

（中略）

五、加强对商业、服务业的领导和管理

发展集体和个体商业、服务业，不仅要破除旧思想、旧观念，而且涉及到经济政策、劳动制度、工资福利、管理体制等方面的调整和改革，政策性很强。各级党委和政府要切实加强领导，指定有关部门组成工作班子，制订规划，统筹安排，及时研究解决一些政策问题和实际问题。

要切实保护竞争，打破封锁。社会主义市场是以国营经济为主体，多种经济成分并存，相互竞赛，相互促进的统一市场，各自要在竞赛中努力改进工作，提高技术水平和服务质量，共同发展。不允许行业之间、地区之间和部门之间划地为牢、层层封锁。各部门要满腔热情地支持、扶植、指导集体和个体零售商业、服务业的发展。车站、码头、园林和风景游览区等，在不影响生产、交通和文物保护的原则下都要欢迎商业、服务业去设点经营和服务，以方便群众，不能寻找借口人为地加以限制。

要尊重集体零售商业、服务业的经营自主权。新办的集体企业主要是吸收待业青年，企业的领导人员要由他们自己推选“明白人”担任，不要委派。可以组织多种行业协会，作为从业人员教育和管理的形式。对于一些老的集体商业、服务业，退休人员费用开支负担过重的问题，可以县、市为单位，统筹解决。

零售商业、服务业的工作对象是人，讲文明、讲礼貌、讲职业道德尤为重要，一定要把建设高度的物质文明与建设高度的社会主义精神文明一起抓。要大力加强在职人员的思想政治教育，树立全心全意为人民服务的思想，克服形形色色的资产阶级经营作风。广泛开展竞赛评比活动，树立典型，表彰先进，使商业、服务业的工作越做越好。

要在国营、集体和个体零售商业、服务业中，发展党、团员，逐步建立和健全基层商业、服务业中的党、团组织，发挥它们的监督作用。

以上各点，请各级党委和政府，根据当地的实际情况，具体组织实施。中共中央、国务院相信：只要全党统一认识，共同努力，我国的商业、服务业必将开创一个新的局面。

中共中央、国务院关于进一步活跃农村经济的十项政策（节选）[1]

（1985年1月1日）

我国农村经过五年多成功的经济改革，迎来了新的形势。农村广大干部群众革新创业精神空前高涨，正在为广开生产门路、发展商品生产而奋发努力。生产全面增长，主要农产品供应紧缺的状况有了很大改善，为农村产业结构的改革提供了物质基础。以联产承包责任制为特征的合作制度，推动了农村劳力、资金、技术的流动和合理结合。十二届三中全会以后，以城市为重点的经济体制改革即将全面展开，城乡之间互相促进、协调发展的新局面将会出现。广大农村正面临着加速发展商品生产的极其有利的时机。

但是应当看到，在农村生产向商品经济转化中还存在着种种不协调现象。农业生产不能适应市场消费需求，产品数量增加而质量不高、品种不全，商品流通遇到阻碍；生产布局和产业结构不合理，地区优势不能发挥，一部分地区贫困面貌改变缓慢。产生这些问题的原因是多方面的，国家对农村经济的管理体制存在缺陷是一个重要原因。其中，农产品统购派购制度，过去曾起了保证供给、支持建设的积极作用，但随着生产的发展，它的弊端就日益表现出来，目前已经影响农村商品生产的发展和经济效益的提高。因此，在打破集体经济中的“大锅饭”之后，还必须进一步改革农村经济管理体制，在国家计划指导下，扩大市场调节，使农业生产适应市

① 《中共中央、国务院关于进一步活跃农村经济的十项政策》，《中华人民共和国国务院公报》，1985年09期。

场的需求，促进农村产业结构的合理化，进一步把农村经济搞活。

为保证上述目标的实现，党中央和国务院经过研究，制定以下十项经济政策。

（一）改革农产品统派购制度

从今年起，除个别品种外，国家不再向农民下达农产品统购派购任务，按照不同情况，分别实行合同定购和市场收购。

粮食、棉花取消统购，改为合同定购。由商业部门在播种季节前与农民协商，签订定购合同。定购的粮食，国家确定按“倒三七”比例计价（即三成按原统购价，七成按原超购价）。定购以外的粮食可以自由上市。如果市场粮价低于原统购价，国家仍按原统购价敞开收购，保护农民的利益。定购的棉花，北方按“倒三七”，南方按“正四六”比例计价。定购以外的棉花也允许农民上市自销。

生猪、水产品和大中城市、工矿区的蔬菜，也要逐步取消派购，自由上市，自由交易，随行就市，按质论价。放开的时间和步骤，由各地自定。放开以后，国营商业要积极经营，参与市场调节。同时，一定要采取切实措施，保障城市消费者的利益。

其他统派购产品，也要分品种、分地区逐步放开。

取消统购派购以后，农产品不再受原来经营分工的限制，实行多渠道直线流通。农产品经营、加工、消费单位都可以直接与农民签订收购合同；农民也可以通过合作组织或建立生产者协会，主动与有关单位协商签订销售合同。

任何单位都不得再向农民下达指令性生产计划。

（中略）

（九）进一步扩大城乡经济交往，加强对小城镇建设的指导

城市应继续办好各类农产品批发市场和贸易中心。在各级政府统一管理下，允许农民进城开店设坊，兴办服务业，提供各种劳务。城市要在用地和服务设施方面提供便利条件。运用经济杠杆，鼓励宜于分散生产或需要密集劳动的产业，从城市向小城镇和农村扩散。

县和县以下小城镇的发展规划，要适应商品经济的需要，并严格控制占地规模。规划区内的建设用地，可设土地开发公司实行商品化经营；也允许农村地区性合作经济组织按规划建成店房及服务设施自主经营或出租。小城镇的建设一定要根据财力和物力的可能，通过试点，逐步开展，注意避免盲目性，防止工业污染。城乡建设部门必须加强对小城镇建设的指导，同时，也要帮助搞好农村住宅建设的规划和设计。

增强县级政府管理和协调经济的能力。按照财政体制的划分原则，各省、自治区、直辖市可选择若干县，试行财政递增包干，在保证国家财政收入稳定增长的前提下，使县的机动财力也有所增加。

（下略）

国务院办公厅关于加强国有企业产权交易管理的通知①

（1994年4月22日）

各省、自治区、直辖市人民政府，国务院各部委、各直属机构：

当前，一些地方在进行国有企业产权交易过程中，出现了一些问题。为进一步加强企业国有资产管理，防止国有资产流失，保证国有企业产权交易活动健康有序地进行，经国务院领导同志同意，现通知如下：

一、省、自治区、直辖市人民政府组织成批国有企业产权交易活动，必须报国务院审批。未履行报批手续的，要立即停止交易活动，补办报批手续。地级市以下人民政府不准组织成批国有企业产权交易活动。

二、国有企业产权属国家所有。地方管理的国有企业产权转让，要经地级市以上人民政府审批，其中有中央投资的，要事先征得国务院有关部门同意，属中央投资部分的产权收入归中央。中央管理的国有企业产权转让，由国务院有关部门报国务院审批。所有特大型、大型国有企业（包括地方管理的）的产权转让，报国务院审批。

三、转让国有企业产权前，必须按照《国有资产评估管理办法》（国务院令第91号）的规定，对包括土地使用权在内的企业资产认真进行评估，并按国家有关规定办理产权变动和注销登记手

① 《国务院办公厅关于加强国有企业产权交易管理的通知》，中国政府网，2019年4月25日。

续。评估工作须委托经国有资产管理部门批准取得资格的机构承担并依法进行，不受行政干预。评估价值要经同级国有资产管理部门确认，并据此作为转让企业产权的底价。

四、转让国有企业产权的收入，首先要偿还银行债务和安置好本企业职工，其余才能由本级人民政府专项用于支持结构调整或补充需要扶持的国有企业资本金，不准用于经常性支出和弥补财政赤字，发放工资奖金。国有资产管理部门要加强对国有企业产权转让收入使用方向的监督。

五、严格禁止将国有企业产权低价折股、低价出售，甚至无偿分给个人，不准以赊销等方式转让国有企业产权或股权。已经这样做的，必须纠正。

六、转让国有企业产权，必须有具体措施妥善解决好职工就业和社会保障问题，同时做好职工（包括离退休职工）的思想工作，保持社会安定。

七、建立企业产权交易市场或交易机构是新问题，现在问题不少，因此，暂停企业产权交易市场和交易机构的活动。何时恢复，由国务院有关部门抓紧组织调查研究，提出意见报国务院审定。

八、国务院有关部门要尽快制订国有企业产权交易的管理办法，使国有企业产权交易及收入纳入规范化、法制化管理。

各省、自治区、直辖市人民政府和国务院有关部门，要认真执行本通知规定，切实加强对企业国有资产的监督和管理。对违反国家规定造成国有资产流失的，要严肃追究当事人及主要行政领导的责任。

国土资源部关于整顿和规范土地市场秩序的通知 ①

（2001 年 6 月 21 日）

各省、自治区、直辖市国土资源厅（国土环境资源厅、国土资源和房屋管理局、房屋土地资源管理局、规划和国土资源局）：

根据国务院《关于整顿和规范市场经济秩序的决定》（国发〔2001〕11 号）（以下简称 11 号文件）和《关于加强国有土地资产管理的通知》（国发〔2001〕15 号）（以下简称 15 号文件）精神，现就以加强国有土地资产管理为重点，整顿和规范土地市场秩序的有关问题通知如下：

一、进一步提高对整顿和规范土地市场秩序重要意义的认识

国务院继下发 11 号文件之后，又专门就加强国有土地资产管理下发了 15 号文件，进一步明确了国土资源管理方面整顿和规范市场经济秩序的重点。加强国有土地资产管理是建立社会主义市场经济体制，整顿规范市场经济秩序的重要方面；是进一步深化土地使用制度改革，发挥市场配置土地资源的基础作用，提高土地利用效率的根本措施；是推进国土资源管理依法行政，从源头上防治土地批租领域腐败的重要保证。各级土地行政主管部门要充分认识以加强土地资产管理为重点，整顿和规范土地市场秩序的重要意义，把加强国有土地资产管理，整顿和规范土地市场秩序作为当前国土资源管理的中心工作，进一步增强紧迫感和责任感，抓住机遇，

① 《国土资源部关于整顿和规范土地市场秩序的通知》，中国政府网，2007 年 2 月 6 日。

突出重点，采取切实措施，全面贯彻落实15号文件提出的各项要求。

二、土地市场整顿清理的重点

在整顿土地市场秩序中，要重点整顿清理以下违法违纪行为：

（一）超出法定范围划拨供地，特别是经营性项目仍划拨用地的；

（二）原划拨土地已转为经营性用地，但未按法律规定向政府上缴土地收益的；

（三）出让国有土地已按国家规定确定了最低价后，擅自减免地价的；

（四）改变用地条件需补交地价而不补交地价款，以及非法批准减免补交地价款的；

（五）未达到法律规定和合同约定的投资开发条件，擅自转让国有土地使用权的；

（六）挤占挪用土地出让金、租金等土地收益的。

三、建立健全土地市场规范运行的基本制度

制度建设是规范土地市场秩序的根本保证。在整顿和规范市场秩序中，当前要着重建立健全以下几项基本制度：

（一）建设用地供应总量控制制度。根据土地利用总体规划和当地各项建设的实际需要，对建设用地总供应量实行严格控制。各级土地行政主管部门要把盘活存量建设用地作为土地供应的重要来源，切实负起控制建设用地总量的职责。有条件的城市可试编盘活存量建设用地的指导性计划，一并纳入当地供地总量管理。

（二）城市建设用地集中供应制度。城市政府要统一控制新增

建设用地供应，同一城市范围内的新增建设用地应由市土地行政主管部门统一征用、统一提供，市辖区及各类“园、区”的新增建设用地也必须纳入市政府统一的供应渠道。对原有存量建设用地，城市政府要积极试行土地收购储备，统一收购和回收土地，掌握调控土地市场的主动权。收回的土地由政府统一储备、统一开发，按市场需求统一供应。

（三）土地使用权公开交易制度。计划出让的土地必须在指定场所或通过有关媒体向社会公布。按规定应招标拍卖的，必须公开招标拍卖。协议出让的，必须公布协议结果。有条件的地方要建立有形土地市场，土地交易要在有形市场中公开挂牌进行。土地交易管理的程序要向社会公开，要减少审批环节，降低交易费用，保障交易安全，促进土地使用权流转。

（四）基准地价定期更新和公布制度。各级土地行政主管部门要依照法律规定，建立和及时更新基准地价。基准地价原则上每三年更新一次，并根据市场变化，适时进行调整。基准地价的基本内容要以适当形式在指定场所或媒体上公布，并接受查询。

（五）土地登记可查询制度。采取切实措施增加土地登记覆盖面，充分发挥土地登记在市场监管和产权保障中的作用。除涉及国家保密要求外，土地登记结果要接受社会公开查询，做到查询资料全面、查证及时、鉴证准确。

（六）集体决策制度。要按照依法行政，规范行政审批行为，强化权力制衡的要求，建立健全集体决策制度。各地对涉及建设用地审批、土地资产处置、地价确定等土地资产管理的重大事项，一律经过内部会审，实行集体决策。

四、限期完成基准地价更新工作

开展基准地价更新是整顿和规范土地市场秩序一项基础性工作，各地要限期完成。凡现有基准地价已三年以上未及时更新或当地地价水平已发生重大变化的，必须立即着手部署基准地价更新工作。尚未确定基准地价的城镇，今年必须完成基准地价评估工作。基准地价评估所用的技术方法或地价内涵与国家规定不一致的，必须严格按照《城镇土地分等定级规程》《城镇土地估价规程》规定的技术标准进行更新。直辖市、省会城市、计划单列市的基准地价更新工作必须在今年年底前完成，其他城镇的有关工作力争在2002年内完成。

要根据国家统一划定的城市土地等级和规定的地价幅度，确定基准地价，不得超过规定标准压低地价。要加强基准地价的审核工作。直辖市、省会城市、计划单列市及非农人口在100万以上城市的基准地价更新成果，经省级土地行政主管部门初审后，报国土资源部审核；其他城市的基准地价报所在省、自治区、直辖市土地行政主管部门审核；建制镇的基准地价由所在县（市）土地行政主管部门审核。

要加大基准地价应用力度。要依据基准地价，评定标定地价，确定协议出让国有土地使用权最低价。确定的宗地最低价，要作为考核协议出让土地时土地资产是否流失的标准。对市场交易中的土地申报价格，要依据标定地价进行审核，凡土地转让申报价格比标定地价低20%以上的，市、县人民政府可行使优先购买权。

五、加强领导和督促检查，务求取得实效

各级土地行政主管部门要加强对整顿和规范土地市场秩序工作

的领导，成立专门的领导小组，主要领导要亲自抓，负总责，全面落实加强国有土地资产管理，整顿土地市场的各项措施，务求实现土地市场秩序明显好转，制度建设取得明显进步。

要加强依法行政教育工作。各级土地行政主管部门要结合 11 号和 15 号文件贯彻落实，以机关工作人员为重点，开展一次法制教育活动，进一步提高土地管理系统广大干部依法行政、遵纪守法的自觉性。

要进一步加大对土地市场监管力度，坚决纠正土地资产管理工作中有法不依、执法不严、违法不究的行为，严肃查处土地交易中的违法违纪行为。

各省、自治区、直辖市土地行政主管部门接到本通知后，要迅速部署各地开展土地市场秩序的整顿和规范工作。各市、县土地行政主管部门要根据本通知确定的整顿清理重点，对土地市场存在的问题开展自查自纠。通过自查自纠，建立健全加强国有土地资产管理的各项制度，并在工作中严格执行。各省级土地行政主管部门要组织力量，采取抽查和组织互查的形式，以城市为重点，对土地市场秩序整顿清理情况、相关制度建立和执行情况开展一次专项检查。检查结果在今年 10 月底前上报我部。

我部将于今年 9 月起，对有关省、自治区、直辖市土地市场整顿清理工作的进展情况及相关制度建立健全和执行情况进行抽查。

全国商品市场体系建设纲要 ①

（商务部）

（2004 年 5 月 25 日）

改革开放以来，我国商品市场建设取得了显著成就。多元化市场竞争格局已经形成，多样化的市场流通形式和新型业态不断出现，流通现代化水平显著提高，市场的法律制度逐步完善，初步形成了有形市场与无形市场、批发市场与零售市场、现货市场与期货市场、城市市场与农村市场共同发展的商品市场体系。

但是，商品市场体系还不适应国民经济发展的要求，市场总量不足和结构不合理的矛盾并存，城乡市场、区域市场发展极不平衡；传统的流通组织与经营形式仍然占据主导地位，流通的现代化水平与发达国家相比还有较大差距；商品市场法律体系不健全，信用体系尚待建立，交易行为不规范，交易成本高；地区封锁、市场分割的问题突出，市场秩序比较混乱。商品市场在社会经济生活中的重要作用尚未充分发挥出来。

新世纪前十年，是我国全面建设小康社会的关键时期，国内生产总值将比 2000 年翻一番，消费规模迅速扩大，消费结构从温饱向小康升级，国内市场全方位对外开放，新型工业化迅速推进，西部大开发、振兴东北老工业基地及促进农民增收等重大战略的实施，都需要加快建立全国统一的现代化商品市场体系。为此，特制定本纲要。

---

① 《商务部关于印发〈全国商品市场体系建设纲要〉的通知》,《江苏省人民政府公报》, 2004 年 12 期。

一、商品市场体系建设的指导思想、目标和任务

商品市场是现代市场体系的重要组成部分，是国民经济中商品与服务交换的基本场所和主要形式。大力发展商品市场有利于引导消费、扩大消费，提高人民群众的生活水平；有利于引导生产，降低交易成本，加快流通速度，提高国民经济运行的质量和效率；有利于增加就业，改善居民生活环境，加快城市化进程，促进城市繁荣。因此，要从战略高度充分认识发展和完善商品市场体系的重要意义，采取切实措施抓紧抓好。

商品市场体系建设的指导思想是：以邓小平理论和“三个代表”重要思想为指导，全面落实党的十六大和十六届三中全会精神，树立和贯彻科学发展观，坚持服务于国民经济全局，发挥流通的先导性作用，促进经济增长方式的转变；坚持以人为本，满足人民群众不断增长的消费需求；坚持市场化取向，充分发挥市场机制的作用；坚持市场的统一性，消除阻碍全国统一市场形成的各种障碍；坚持城乡、区域、国内外市场统筹发展，更好地利用国内外两个市场、两种资源。

商品市场体系建设的目标是：按照建立统一开放竞争有序的现代市场体系的要求，到2010年，初步形成布局合理、结构优化、功能齐备、制度完善、现代化水平较高的商品市场体系，进一步提高商品市场在国民经济中的地位和作用。

商品市场体系建设的任务是：在优化结构的基础上，努力扩大市场规模，完善市场功能，建立现代化的商品流通网络；健全商品市场的法律体系，完善市场规则，整顿市场秩序，建立良好的市场运行机制；打破地区封锁，建立全国统一市场，实现商品在全国范围内的自由流动；培育市场主体，增强流通企业活力，促进市场竞

争；转变政府职能，加强对商品市场的引导和调控，建立适合市场经济要求的管理体制。

二、商品市场体系建设的重点

消费品市场、生产资料市场和农产品市场是商品流通的主渠道，是建设的重点。要以促进最终消费在国民经济中的比重为目标，迅速扩大消费品市场的规模，完善其在引导消费、拉动需求、扩大内需中的功能；适应我国新型工业化和全球产业分工的要求，加快生产资料流通方式创新，促进经济运行的速度和效率不断提高；围绕农民增收，加快农产品市场建设，健全农产品流通网络。

（一）大力发展消费品市场

适应消费需求的发展变化趋势，搞好城乡零售市场的规划布局。以增强和完善城市商业功能为核心，对中心商业区、区域商业中心、社区商业及专业特色街进行合理定位，形成功能明确、分工合理的多层次的城市商业格局，发挥城市在扩大消费中的主导作用。把方便居民日常生活的社区商业作为发展重点，不断增强社区商业服务功能，重视社区商业设施配套，建设集购物、餐饮、生活服务和休闲等多功能的社区商业体系。合理布局城市商业中心，形成具有一定商业特色、功能相对完善、能够带动消费升级和创造都市商业氛围的消费中心。以小城镇建设为依托开拓农村消费品市场，鼓励各类投资主体投资农村商业设施建设，支持国内外大中型流通企业向小城镇延伸经营网络，采取直营连锁和特许经营等方式改造提升农村集贸市场和代销店，形成以县城为重点、乡镇为骨干、村为基础的农村消费品零售网络。

重点发展新型零售业态，改造和调整传统零售业态。加快发展贴近和方便居民生活的便利店、折扣店和中小型综合超市。积极发展专业性较强的家电、食品、建材等专业连锁超市。重视发展仓储式商场、专业店、专卖店等新的业态形式。在合理布局的前提下，适度发展大型综合超市，力争使其成为城市消费品市场的主力业态。控制发展大型购物中心。鼓励大型百货企业的改造与整合，形成若干以优势品牌为龙头的大型百货业连锁集团；引导中小型百货商场进行业态调整，逐步向专业商店方向转变。规范发展小商品市场、日用工业品零售交易市场，引导其向专业化商场、品牌展示中心等新型经营方式转型升级。

加快培育新的消费热点。加强对汽车交易市场的规范，发展以品牌为主导，以特许经营为主要方式，集展示、销售、维修服务为一体的汽车销售服务体系；加快发展规范的汽车金融服务、租赁、配件及维修市场。家用电器、电子信息和通讯产品应逐步形成以品牌专业代理商和专业卖场为主导，以全面技术服务为支撑的专业化市场格局。鼓励国内企业引进国外建材家居超市经营模式，促进建材装饰和家居用品交易市场向主题购物中心和大型专业店、专卖店等新型业态转变，增加设计咨询等服务功能。适应居民生活水平不断提高趋势，大力发展生活服务市场，在推动餐饮、住宿、洗浴等传统服务业升级的同时，加快家政、看护、快递、家庭设备维护、保洁等新型服务业发展，大力开拓运动、健身、教育、文化、娱乐等享受发展型的消费市场，倡导健康的休闲方式，努力为居民提供更多的休闲空间。

适应不同层次消费需求发展的需要，不断完善市场功能。促进消费品批发企业和批发市场转型，努力使批发环节成为消费品设计中心、展示中心、信息发布中心和交易中心，发挥其引导消费、拉动生产的作用。要重视发展会展业，大力发展旧货业，鼓励发展租赁业，稳步发展拍卖业，规范发展典当业。

（二）推进生产资料市场创新

按照现代生产方式要求，发展多样化生产资料经营方式。运用信息和物流技术改造生产资料的流通链，对生产环节集中、标准化程度高的钢材、煤炭、石油等大宗生产资料，鼓励企业采用以直达供货为基础的多样化分销方式。对大型工程项目所需原材料和设备，推行招标采购制度；推动大型企业建立集中统一的采购中心。整合传统生产资料流通渠道，加快组织形式和营销模式创新，发挥其规模、网络、设施和人才等优势。鼓励生产资料批发企业开拓和延伸流通加工、物流配送等服务功能。在进一步推广买断代理的基础上，积极发展佣金代理。

加强对生产资料现货批发市场的规范，引导交易方式和交易手段的升级。东部地区主要是改造和提升摊位制的专业批发市场，实现批发市场的功能创新；中西部地区重点是加强对批发市场的规范和调整，更好地发挥商品集散和衔接产销的功能。鼓励生产资料市场建立信息体系，探索网上交易等新型交易模式，在严格执行国家法律法规的前提下，稳妥探索生产资料批发市场的电子化交易，拓展交易范围。

大力推广农业生产资料的连锁经营，加强农业生产资料流通网络建设。推动国有农资企业更多地吸收社会资本进行改组，转变经营机制。鼓励各类投资主体投资农业生产资料流通，尽快形成多种所有制并存，覆盖面广的农资销售网络。农资经营企业要强化配送、加工、技术服务及农机具租赁等多样化服务功能，为农民提供产前、产中和产后服务和指导。下大力气整顿和规范农资市场秩序，建立健全长效监管机制。

推动期货市场和现货市场协调发展。完善现有上市品种的交易制度，强化风险防范机制，发挥期货市场发现价格、套期保值、规避风险和调节供求功能，促进生产资料的生产和流通。在做好与现货市场衔接的前提下，审慎推出新的期货交易品种。加强期货市场对现货流通的预测性和导向性，促进现货与期货市场的联动。

（三）加快农产品流通体系建设

尽快改变农产品流通环节多、流通成本高、市场秩序混乱的状况，建立畅顺高效、便捷安全的农产品流通体系。大力推动农产品零售市场改造升级，努力提高连锁超市、食品超市、大型综合超市等新型零售业态中农产品的经营规模，力争使其销售份额占全部农产品零售额的三分之一。规范传统的农产品零售渠道，加快农产品集贸市场的退路进场，改善经营设施，强化管理，大中城市逐步取消露天摊档式农贸市场。积极鼓励和引导农产品批发市场和农产品加工企业直接向综合超市、食品超市、社区菜市场、便利店配送产品。鼓励有条件的大型超市、食品超市和便利店的经营企业直接从产地采购，与农产品生产基地建立长期的产销联盟。大力推行食品放心工程，抓紧完善农产品流通领域的标准体系和监测体系，实行采购、储存、加工、运输、销售等全过程质量安全控制。

加大对农产品批发市场建设的支持力度，更好地发挥农产品流通的主渠道作用。大中城市应重点培育和完善发挥骨干作用的全国性或区域性批发市场，县、乡应加快建设服务于当地农产品生产、方便农民销售的专业批发市场。加强批发市场的信息化建设，使其逐步成为农产品的信息中心、咨询中心。有条件的农产品批发市场要积极探索拍卖式、竞价式和对手交易相结合的交易方式，逐步实行电子统一结算。农产品批发市场应向上下游延伸经营链条。一方面建立农产品基地，发展专业化、工厂化生产；另一方面向零售领域延伸，细化加工和配送功能，形成农产品批发市场与零售店之间配送—销售—消费的有机链条。加强对农产品批发市场的监管，尽快出台农产品批发市场管理规定，完善交易规则。

消除各种影响农民进入市场的障碍，制止乱收费、乱罚款、乱检查，逐步降低税费负担。提高农民进入市场的组织化程度。积极推广公司加农户等贸工农一体化组织形式，鼓励在自愿的基础上，建立各类农产品购销合作组织、行业协会，发展运销大户和农村经纪人队伍，为农民提供信息、运销、技术推广等综合性服务。制定并落实对各类农民合作经济组织的扶持政策。

三、完善商品市场体系的主要措施

（一）健全商品市场的法律体系

完善的法律制度是规范交换关系的关键，是商品市场健康运行的核心。要大力加强商品市场的法制建设，进一步清理不符合社会主义市场经济要求和国际贸易通行规则的法律、法规和规章，促进建立以反对垄断和促进市场充分竞争为核心、与国际市场接轨、内外贸统一的商品市场法律体系，重点推进规范市场主体、市场交易行为和市场监管的立法进程。在市场管理、行业准入、网点建设、商品质量安全、消费者权益保护等方面，为商品市场的健康发展提供法律保障。

按照党的十六届三中全会提出的“加快建设全国统一市场”的要求，把打破地区封锁作为重要任务来抓。各地要树立大局意识，强化全国市场的统一性，认真清理和取消各种阻碍商品在全国范围内顺畅流通的规定。贯彻依法行政，不得以任何方式阻碍外地企业和产品进入本地市场，实现区域之间商品的自由流动。

各级商务部门要重视对市场的监督管理，加强与工商、质检、物价等部门的协调合作，做好与司法和行政执法部门的衔接，建立稳定的工作机制。建立重要敏感商品的市场准入制度，切实保护消费者合法权益。加快全社会商务信用建设，大力倡导诚信经营、诚信消费，强化信用意识和契约意识，为商品市场健康发展提供信用基础。

（二）加快市场主体的改革步伐

加快政府职能转变，改革和规范行政审批制度，减少对企业的行政干预，更多地发挥市场机制的作用。政府部门应以产业政策为导向，做好商品市场体系的发展规划，为各类市场主体提供良好的服务，实行有效的市场监控，营造公平竞争的氛围，创造宽松的投资和经营环境。

进一步深化流通企业改革，实现投资主体多元化，加快建立现代企业制度，支持有实力的流通企业在市场竞争中做强做大。进一步放开搞活中小流通企业，鼓励民营、私营流通企业发展，积极推进中小流通企业体制创新，促进其发展“专、精、特、新”经营。推进垄断行业改革，有步骤地放开行业准入限制，促进不同所有者公平竞争。

加快发展商品市场体系相关的各类行业组织，加强协会的组织建设和功能转换，增强服务意识、自律意识和市场意识，提高为行业和企业服务的能力，发挥桥梁和纽带作用。扩大行业协会的覆盖面，加强对会员的协调、服务、监督，强化行业自律，更好地发挥其在商品市场体系建设中的作用。

（三）加强对商品市场体系建设的宏观管理

各级商务主管部门要会同有关部门加强对商品市场发展规律性的研究，根据国民经济和社会发展的变化趋势，提出商品市场发展的方向和建设布局，以及相关政策措施。各地要从本地实际出发，制定商品市场发展规划，明确建设重点，加强对投资方向的引导。地级以上城市要制定和完善商业网点规划，规范商业设施建设、开业程序，大型商业设施建设应进行听证，避免重复建设。

各级商务主管部门要积极协调当地有关部门，采取有效措施加大对市场建设的投入，一方面要将重要商品的储备设施、大型农产品流通设施、社会性物流配送中心、市场信息网络和电子商务平台等列入基础设施范围，在资金上重点予以支持。另一方面，运用财政贴息、税收调节等措施引导社会资金投向市场建设，重点是农村市场网络和社区商业设施等的更新改造。

各省（自治区、直辖市及计划单列市）商务主管部门要结合城市商业网点规划，对流通设施的总量、布局结构和市场需求进行全面调查，并建立商业资源信息系统，为加强商品市场建设的科学管理提供依据。建立国内外市场相统一的监测调控机制，加强对重要商品、重点企业及重点市场的监测分析，适时运用进出口、储备等手段对国内市场进行调控，提高应对突发事件及市场异常波动的能力和水平。

（四）提高商品市场的现代化水平

大力提高商品市场信息化水平，用信息技术推动交易方式创新，加强流通领域信息技术的研究、开发和应用。大中型流通企业要逐步实现采购、营销、物流配送、服务管理全过程的自动化、网络化、数字化；促进中小流通企业应用和普及成熟的商业信息技术。加强公共信息资源的开发和利用，建立全国及地方的商品市场信息平台及商业基础数据库、健全商业信息采集标准，增强政府的公共信息服务功能。

要高度重视商品市场的标准化建设，尽快改变流通领域标准体系不完善、标准水平低的状况，以标准化带动现代化。尽快制订完成各类商品市场的技术标准和技术规范，并通过推行普及标准加速市场的改造升级。物流系统应更多地采用国际通行的技术标准，加速推进仓储、运输、包装、代码等方面的标准化。加强商品的标准化管理，特别是要对食品等关系人民群众健康安全的重要商品，加快实施质量安全、质量等级、计量、包装标识的标准化。

根据我国居民消费的发展趋势，研究采用新型营销方式和营销手段，刺激消费、扩大消费。商业企业要加强与银行的合作，发挥现代金融在商品流通中的重要作用，普及现代支付、结算和交割方式，大力推广消费信贷，发展信用消费。制定融资租赁政策，鼓励租赁消费。稳步推进无店铺销售。以加快流通速度、提高流通效率为目标，整合物流资源，培育物流市场，加强物流体系建设。针对农产品流通的特殊要求，加快建设以冷藏和低温仓储、运输为主的农产品冷链配送系统。

（五）有序推进商品市场扩大开放

进一步扩大商品市场对外开放的广度和深度，全面引进、消化、吸收和嫁接国际先进的商品流通模式、经营理念和营销方式，加强对国际先进流通技术的跟踪研究，并结合我国国情开发创新，实现商品市场的交易规则、交易方式和交易手段与国际市场接轨，使我国商品市场体系建设融入国际市场的发展潮流。建立符合国际规范的商务环境，不断提高我国商品市场的国际化水平。

促进国内商业与国际商业的合资合作，在竞争中提高国内商业的竞争力，加速我国商品市场现代化进程。不断优化商业利用外资的布局和结构，东部地区要加强商业利用外资的规划，保持适度规模，促进内外资企业协调发展，避免盲目引进，重复建设。引导和鼓励外商到中西部地区发展，促进中西部地区和农村的商品市场建设。

要抓住机遇，促进国内流通企业走向国际市场，在参与国际竞争中发展壮大。支持国内大型流通企业在境外建立营销网络，带动国内商品出口，提高企业利用两个市场、两种资源的能力和水平。支持跨国零售集团设立出口采购中心，促进国内生产企业与跨国零售集团建立直接的长期稳定供货关系，通过其全球营销网络扩大出口。

国务院办公厅关于加快电子商务发展的若干意见①

（2005 年 1 月 8 日）

各省、自治区、直辖市人民政府，国务院各部委、各直属机构：

电子商务是国民经济和社会信息化的重要组成部分。发展电子商务是以信息化带动工业化，转变经济增长方式，提高国民经济运行质量和效率，走新型工业化道路的重大举措，对实现全面建设小康社会的宏伟目标具有十分重要的意义。近年来，随着信息技术的发展和普及，我国电子商务快速发展，应用初见成效，促进了国民经济信息化的发展。但是，与发达国家相比，我国电子商务仍处在起步阶段，还存在着应用范围不广、水平不高等问题，促进电子商务发展的政策环境急需完善。为贯彻落实党的十六大提出的信息化发展战略和十六届三中全会关于加快发展电子商务的要求，经国务院同意，现就加快我国电子商务发展有关问题提出以下意见：

一、充分认识电子商务对国民经济和社会发展的重要作用

（一）推进电子商务是贯彻科学发展观的客观要求，有利于促进我国产业结构调整，推动经济增长方式由粗放型向集约型转变，提高国民经济运行质量和效率，形成国民经济发展的新动力，实现经济社会的全面协调可持续发展。

（二）加快电子商务发展是应对经济全球化挑战、把握发展主动权、提高国际竞争力的必然选择，有利于提高我国在全球范围内

① 《国务院办公厅关于加快电子商务发展的若干意见》，《中华人民共和国国务院公报》，2005 年 08 期。

配置资源的能力，提升我国经济的国际地位。

（三）推广电子商务应用是完善我国社会主义市场经济体制的有效措施，将有力地促进商品和各种要素的流动，消除妨碍公平竞争的制约因素，降低交易成本，推动全国统一市场的形成与完善，更好地实现市场对资源的基础性配置作用。

二、加快电子商务发展的指导思想和基本原则

（四）加快电子商务发展的指导思想。按照科学发展观的要求，紧紧围绕转变经济增长方式、提高综合竞争力的中心任务，实行体制创新，着力营造电子商务发展的良好环境，积极推进企业信息化建设，推广电子商务应用，加速国民经济和社会信息化进程，实施跨越式发展战略，走中国特色的电子商务发展道路。

（五）加快电子商务发展的基本原则。

政府推动与企业主导相结合。完善管理体制，优化政策环境，加强基础设施建设，提高服务质量，充分发挥企业在开展电子商务应用中的主体作用，建立政府与企业的良性互动机制，促进电子商务与电子政务协调发展。

营造环境与推广应用相结合。加强政策法规、信用服务、安全认证、标准规范、在线支付、现代物流等支撑体系建设，营造电子商务发展的良好环境，推广电子商务在国民经济各个领域的应用，以环境建设促进应用发展，以应用带动环境建设。

网络经济与实体经济相结合。把电子商务作为网络经济与实体经济相结合的实现形式，以技术创新推动管理创新和体制创新，改造传统业务流程，促进生产经营方式由粗放型向集约型转变。

重点推进与协调发展相结合。围绕电子商务发展的关键问题和

关键环节，积极开展电子商务试点，推进国民经济重点领域的电子商务应用，探索多层次、多模式的中国特色电子商务发展道路，促进各类电子商务应用的协调发展。

加快发展与加强管理相结合。抓住电子商务发展的战略机遇，在大力推进电子商务应用的同时，建立有利于电子商务健康发展的管理体制，加强网络环境下的市场监管，规范在线交易行为，保障信息安全，维护电子商务活动的正常秩序。

三、完善政策法规环境，规范电子商务发展

（六）加强统筹规划和协调配合。加紧编制电子商务发展规划，明确电子商务发展的目标、任务和工作重点。建立健全相互协调、紧密配合的组织保障体系和工作机制。

（七）推动电子商务法律法规建设。认真贯彻实施《中华人民共和国电子签名法》，抓紧研究电子交易、信用管理、安全认证、在线支付、税收、市场准入、隐私权保护、信息资源管理等方面的法律法规问题，尽快提出制订相关法律法规的意见；根据电子商务健康有序发展的要求，抓紧研究并及时修订相关法律法规；加快制订在网上开展相关业务的管理办法；推动网络仲裁、网络公证等法律服务与保障体系建设；打击电子商务领域的非法经营以及危害国家安全、损害人民群众切身利益的违法犯罪活动，保障电子商务的正常秩序。

（八）研究制定鼓励电子商务发展的财税政策。有关部门应本着积极稳妥推进的原则，加快研究制定电子商务税费优惠政策，加强电子商务税费管理；加大对电子商务基础性和关键性领域研究开发的支持力度；采取积极措施，支持企业面向国际市场在线销售和采购，鼓励企业参与国际市场竞争。政府采购要积极应用电子商务。

（九）完善电子商务投融资机制。建立健全适应电子商务发展的多元化、多渠道投融资机制，研究制定促进金融业与电子商务相关企业互相支持、协同发展的相关政策。加强政府投入对企业和社会投入的带动作用，进一步强化企业在电子商务投资中的主体地位。

四、加快信用、认证、标准、支付和现代物流建设，形成有利于电子商务发展的支撑体系

（十）加快信用体系建设。加强政府监管、行业自律及部门间的协调与联合，鼓励企业积极参与，按照完善法规、特许经营、商业运作、专业服务的方向，建立科学、合理、权威、公正的信用服务机构；建立健全相关部门间信用信息资源的共享机制，建设在线信用信息服务平台，实现信用数据的动态采集、处理、交换；严格信用监督和失信惩戒机制，逐步形成既符合我国国情又与国际接轨的信用服务体系。

（十一）建立健全安全认证体系。按照有关法律规定，制订电子商务安全认证管理办法，进一步规范密钥、证书、认证机构的管理，注重责任体系建设，发展和采用具有自主知识产权的加密和认证技术；整合现有资源，完善安全认证基础设施，建立布局合理的安全认证体系，实现行业、地方等安全认证机构的交叉认证，为社会提供可靠的电子商务安全认证服务。

（十二）建立并完善电子商务国家标准体系。提高标准化意识，充分调动各方面积极性，抓紧完善电子商务的国家标准体系；鼓励以企业为主体，联合高校和科研机构研究制订电子商务关键技术标准和规范，参与国际标准的制订和修正，积极推进电子商务标准化进程。

（十三）推进在线支付体系建设。加紧制订在线支付业务规范和技术标准，研究风险防范措施，加强业务监督和风险控制；积极研究第三方支付服务的相关法规，引导商业银行、中国银联等机构建设安全、快捷、方便的在线支付平台，大力推广使用银行卡、网上银行等在线支付工具；进一步完善在线资金清算体系，推动在线支付业务规范化、标准化并与国际接轨。

（十四）发展现代物流体系。充分利用铁道、交通、民航、邮政、仓储、商业网点等现有物流资源，完善物流基础设施建设；广泛采用先进的物流技术与装备，优化业务流程，提升物流业信息化水平，提高现代物流基础设施与装备的使用效率和经济效益；发挥电子商务与现代物流的整合优势，大力发展第三方物流，有效支撑电子商务的广泛应用。

五、发挥企业的主体作用，大力推进电子商务应用

（十五）继续推进企业信息化建设。企业信息化是电子商务的基础，要不断提升企业信息化水平，促进业务流程和组织结构的重组与优化，实现资源的优化配置和高效应用，增强产、供、销协同运作能力，提高企业的市场反应能力、科学决策水平和经济效益。

（十六）重点推进骨干企业电子商务应用。要充分发挥骨干企业在采购、销售等方面的带动作用，以产业链为基础，以供应链管理为重点，整合上下游关联企业相关资源，实现企业间业务流程的融合和信息系统的互联互通，推进企业间的电子商务，提高企业群体的市场反应能力和综合竞争力。

（十七）推动行业电子商务应用。紧密结合行业特点，研究制订行业电子商务规范，切实做好重点行业电子商务试点示范，推广具有行业特点的电子商务经验，探索行业电子商务发展模式；建立

行业信息资源共享和交换机制，促进行业内有序竞争与合作，提高行业的信息化及电子商务应用水平。

（十八）支持中小企业电子商务应用。提高中小企业对电子商务重要性的认识，扶持服务中小企业的第三方电子商务服务平台建设，解决中小企业在投资、人才等方面存在的问题，促进中小企业应用电子商务提高商务效率，降低交易成本，推进中小企业信息化。

（十九）促进面向消费者的电子商务应用。发展面向消费者的新型电子商务模式，创新服务内容，建立并完善企业、消费者在线交易的信用机制，扩大企业与消费者、消费者与消费者之间电子商务的应用规模。高度重视并积极推进移动电子商务的应用与发展。

六、提升电子商务技术和服务水平，推动相关产业发展

（二十）发展电子商务相关技术装备和软件。积极引进、消化、吸收国外先进适用的电子商务应用技术，鼓励技术创新，加快具有自主知识产权的电子商务硬件和软件产业化进程，提高电子商务平台软件、应用软件、终端设备等关键产品的自主开发能力和装备能力。

（二十一）推动电子商务服务体系建设。充分利用现有资源，发挥中介机构的作用，加强网络化、系统化、社会化的服务体系建设，开展电子商务工程技术研究、成果转化、咨询服务、工程监理等服务工作，逐步建立和完善电子商务统计和评价体系，推动电子商务服务业健康发展。

七、加强宣传教育工作，提高企业和公民的电子商务应用意识

（二十二）加大电子商务宣传力度。充分利用各种媒体，采用多种形式，加强电子商务的宣传、知识普及和安全教育工作，强化

守法、诚信、自律观念的引导和宣传教育，提高社会各界对发展电子商务重要性的认识，增强企业和公民对电子商务的应用意识、信息安全意识。

（二十三）加强电子商务的教育培训和理论研究。高等院校要进一步完善电子商务相关学科建设，培养适应电子商务发展需要的各类专业技术人才和复合型人才，加强电子商务理论研究；改造和完善现有教育培训机构，多渠道强化电子商务继续教育和在职培训，提高各行业不同层次人员的电子商务应用能力。

八、加强交流合作，参与国际竞争

（二十四）加强国际交流与合作。积极参加有关电子商务的国际组织，参与国际电子商务重要规则、条约与示范法的研究和制定工作。密切跟踪研究国际电子商务发展的动态和趋势，加强技术合作，推动市场融合，不断提高我国电子商务的整体水平。

（二十五）积极参与国际竞争。企业要强化国际竞争意识，积极应用电子商务开拓国际市场，提高国际竞争能力。有关部门要提高服务意识和服务水平，发挥信息资源优势，为企业走向国际市场提供及时准确的信息和优质的服务。

发展电子商务是党中央、国务院作出的完善社会主义市场经济体制、加速国民经济和社会信息化进程、提高国民经济运行质量和效率的战略决策，各地区、各部门要充分认识发展电子商务的重要性和紧迫性，积极发挥职能作用，密切协同配合，制定并不断完善加快电子商务发展的具体政策措施，推进我国电子商务健康发展。

商务部关于开展“万村千乡”市场工程试点的通知[①]

（2005年2月6日）

各省、自治区、直辖市、计划单列市及新疆生产建设兵团商务主管部门：

根据《国务院办公厅转发商务部等部门关于进一步做好农村商品流通工作意见的通知》（国办发〔2004〕57号）精神，为扩大农村消费，提高农村流通的商品质量，更好地为“三农”服务，决定从2005年起在全国选择部分县市开展“万村千乡”市场工程建设试点。现就有关事项通知如下：

一、“万村千乡”市场工程的指导思想、方针和目标

“万村千乡”市场工程的指导思想是：以党的十六大、十六届三中、四中全会精神和“三个代表”重要思想为指导，按照统筹城乡经济发展要求，运用现代流通方式，建立新型农村市场流通网络，改善农村消费环境，保障农民方便消费、放心消费，促进国民经济持续、快速、健康发展。

“万村千乡”市场工程的方针是：坚持以企业为主体，政府推动与市场机制相结合；坚持以市场为导向，“农家店”建设与当地实际相结合；坚持以效益为中心，企业长效发展与农民受益相结合。

“万村千乡”市场工程的目标是：从2005年开始，力争用三年

① 《商务部关于开展“万村千乡”市场工程试点的通知》，商务部网站，2005年2月17日。

时间，在试点区域内培育出25万家左右“农家店”，形成以城区店为龙头、乡镇店为骨干、村级店为基础的农村消费经营网络，逐步缩小城乡消费差距。

二、“万村千乡”市场工程建设试点的主要内容及方式

主要内容是：引导城市连锁和超市向农村延伸发展“农家店”。乡镇级“农家店”原则上以批零结合的综合性服务为主，鼓励其从事农资、日用小商品的批发与零售经营，以及政策允许的农副产品购销业务等。村级“农家店”以零售服务为主。“农家店”的具体建立和改造，将按商务部印发的标准执行。此外，倡导大型流通企业与生产企业进行“工商联手”，研发并生产适合当地消费特点的自有品牌消费品。

具体建设方式是：（1）引导各类大中型流通企业直接到试点县市的乡村投资建立、改造连锁“农家店”。（2）鼓励各类大中型连锁企业通过吸引小型企业加盟的方式到乡村建立、改造“农家店”。（3）支持各类中小型企业通过自愿连锁，即企业自愿结合，统一采购、统一建立销售网络的方式建设“农家店”。

三、“万村千乡”市场工程建设试点的实施步骤

（一）科学规划

各省、自治区、直辖市、计划单列市及新疆生产建设兵团（以下简称各地）级商务主管部门根据本地经济状况制定“万村千乡”市场工程试点规划。该规划应包括目前当地农村流通网络建设的状况、存在的主要问题和“万村千乡”市场工程试点总体思路、发展目标、工作重点、政策措施及建议等。

（二）分级推荐

各地商务主管部门推荐的试点县市应符合以下基本条件：一是该县市的经济状况居于全省（区、市）中等以上水平；二是该县市人口密集度较大，在全省（区、市）居于中等以上水平；三是该县市政府积极性高，并制定出有力的推动措施；四是该县市已有大中型流通企业进入农村市场并取得成效，或有意到该县市拓展农村流通网络。

申请试点的县市按每县1—3家流通企业（企业不受地域限制）负责落实的原则，向各地商务主管部门推荐实施“万村千乡”市场工程的试点企业。

（三）核准试点

2005年4月底前各地商务主管部门依据相关规划及选报条件，在县市自愿申请的前提下，向商务部（市场体系建设司，下同）报送试点县市推荐名单（附理由及试点规划、试点县市选报条件），中西部地区试点县市不超过县市总数的20%，东部地区不超过30%。

各地商务主管部门根据商务部确定的试点县市，核准其推荐的试点企业，报商务部备案，并积极组织试点县市进行“万村千乡”市场工程建设试点，支持和引导试点企业建立、改造“农家店”。

四、“万村千乡”市场工程建设试点的保证措施

（一）加强组织落实工作

各地商务主管部门对“万村千乡”市场建设工程应予以高度重视，主动同有关部门进行沟通、协调，着力争取有关部门支持；同时，对试点县市和试点企业，各地商务主管部门应建立工作档案，加强跟踪研究，早发现问题，早提出建议，善于总结经验教训，及时向商务部上报试点情况，促进该工程扎扎实实地向前推进。

（二）打破地区封锁

坚持内引外联，引导社会各方资金参与“农家店”建设。各试点县市应优先选择具有实力和连锁经营管理经验的优势企业作为实施主体，确保“农家店”健康发展。

（三）出台专项扶持政策

商务部扶持“万村千乡”市场工程的具体政策，将另行制定管理办法。

关于支持会计师事务所扩大服务出口的若干意见①

（财政部 公安部 国家税务总局 国家外汇管理局

国务院国有资产监督管理委员会 海关总署 商务部 中国人民银行

中国证券监督管理委员会）

（2007 年 12 月 26 日）

各省、自治区、直辖市、计划单列市及新疆生产建设兵团商务主管部门、公安厅（局）、财政厅（局），人民银行上海总部、各分行、各营业管理部、各省会（首府）城市中心支行、副省级城市中心支行，各省（区、市）、计划单列市及新疆生产建设兵团国资委，海关总署广东分署、海关总署天津特派办、上海特派办、各直属海关，各省（区、市）、计划单列市及新疆生产建设兵团国家税务局、地方税务局、证监会、外汇局：

当前，在科技革命和经济全球化的推动下，全球服务贸易进入高速发展期，成为国际经济竞争的制高点。注册会计师行业作为智力密集型的经济鉴证类行业，是现代服务业的重要组成部分，在保障经济信息质量、维护市场经济秩序、改善经济结构、实现市场资源有效配置等方面发挥着重要的作用。会计服务出口是大力发展服务贸易、转变外贸增长方式和提升对外开放水平的重要内容，在当前中国企业“走出去”的新形势下，迫切需要发挥好注册会计师行业的信息引导、国际鉴证、战略咨询等重要作用。为贯彻落实国务院《关于加快服务业发展的若干意见》（国发〔2007〕7 号），鼓励和支持会计师事

① 《关于支持会计师事务所扩大服务出口的若干意见》，商务部网站，2012 年 12 月 26 日。

务所（简称事务所）扩大服务出口，特提出以下意见：

一、高度认识会计服务出口的重要意义。鼓励中国注册会计师行业扩大会计服务出口，凭借其专业优势在国际市场提供服务，有利于支持和保障中国深入实施“走出去”战略，促进中国各类型企业在国外的健康发展。同时，随着经济全球化的进一步发展，中国会计服务市场日益融入到世界会计服务市场，中国事务所为海外企业提供会计服务的条件已发展成熟。

二、支持事务所设立境外业务机构。鼓励事务所通过新设、收购、合并、合作、协议等方式在境外设立业务部、代表处、成员所或联系所等境外业务机构，有关部门在境外投资促进、扶持、保障、服务、核准等方面提供便利，并在资质认可、信息咨询、市场考察和对外联络等方面给予支持。

三、支持事务所承接国际会计服务业务。加强统筹协调，为事务所开拓国际会计服务外包业务提供帮助，把注册会计师行业作为境内外国际服务贸易展览会和经贸洽谈的重要内容，重点予以推介，扩大事务所的国际影响力。事务所要将国际会计外包业务视为进入国际市场的重要途径，通过承接国际会计服务外包业务，培养人才，开拓市场。

四、大力开拓国际业务空间。按照国民待遇原则不断完善会计市场开放体制，并通过多双边和自贸区谈判，推动有关国家和地区的会计市场开放，放宽事务所跨境服务的境外停留期限，简化事务所境外设立业务机构的手续。在大型项目合作中，要把会计专业服务纳入合作协议的内容，带动事务所走出去。

五、积极营造良好的境外业务环境。加快与有关国家和地区的会计、审计准则等效谈判工作，减少事务所进入国际会计服务市场的技术障碍，奠定技术标准平台。推动事务所参与中国企业海外上市的审计鉴证和管理咨询服务工作，促进境外监管机构认可中国注册会计师出具的业务报告。

六、发挥事务所在企业“走出去”中的作用。鼓励国有企业等各种所有制企业在境外投融资安全、资产保值增值以及内部监管体系建设等方面，以及中资银行在海外发展过程中利用事务所的专业力量。鼓励和支持事务所为中国企业“走出去”提供审计鉴证和管理咨询等方面的专业服务。

七、加大财税支持力度。积极研究支持注册会计师行业“走出去”的财政政策，加快研究事务所境外发展、对外合作等资金支持政策措施。财政、税务部门积极研究支持事务所“走出去”的税收政策。事务所承办审计鉴证、管理咨询、技术性业务流程设计（包括企业内部管理、业务运作以及供应管理等方面的数据库管理和信息化服务）等离岸服务外包业务，以及提供其他跨境服务、开展境外投资等，享受国家规定的税收优惠政策。

八、积极提供金融外汇支持。有关金融机构积极研究、探索支持事务所“走出去”的政策措施。外汇管理部门为经有关部门批准在境外设立机构或从事境外业务的事务所开立境外外汇账户提供支持，简化外汇审批手续，放宽用汇使用限制，为其发展境外业务提供保障和便利。出口信用保险公司积极提供支持和服务，研究开发相关险种。

九、简化出入国（境）手续。商务会同公安等主管部门依法简化事务所执业人员的出入国（境）手续。

十、不断改善执业市场环境。在充分发挥广大注册会计师和事务所主体意识和首创精神的前提下，以市场需求为导向，不断实现机制创新和技术创新。进一步加强注册会计师行业国际化人才培养工作，指导和帮助事务所构建适应国际化发展需要的内部治理机制建设，积极为在境外发展的事务所提供技术咨询、境外联络、信息通报等各类支持性服务，大力推动事务所做大做强。要不断改善执业市场环境，减少不必要的资格限制、行业分割和市场壁垒，创造有利于事务所开拓国际市场的政策法律环境。

中国人民银行 住房城乡建设部 中国银行业监督管理委员会关于个人住房贷款政策有关问题的通知[①]

（2015年3月30日）

为进一步完善个人住房信贷政策，支持居民自住和改善性住房需求，促进房地产市场平稳健康发展，经国务院批准，现就有关事项通知如下：

一、继续做好住房金融服务工作，满足居民家庭改善性住房需求。鼓励银行业金融机构继续发放商业性个人住房贷款与住房公积金委托贷款的组合贷款，支持居民家庭购买普通自住房。对拥有1套住房且相应购房贷款未结清的居民家庭，为改善居住条件再次申请商业性个人住房贷款购买普通自住房，最低首付款比例调整为不低于40%，具体首付款比例和利率水平由银行业金融机构根据借款人的信用状况和还款能力等合理确定。

二、进一步发挥住房公积金对合理住房消费的支持作用。缴存职工家庭使用住房公积金委托贷款购买首套普通自住房，最低首付款比例为20%；对拥有1套住房并已结清相应购房贷款的缴存职工家庭，为改善居住条件再次申请住房公积金委托贷款购买普通自住房，最低首付款比例为30%。

三、加强政策指导，做好贯彻落实、监督和政策评估工作。人民银行、银监会各级派出机构要按照“因地施策，分类指导”的原

① 《三部门关于个人住房贷款政策有关问题的通知》，中国政府网，2015年3月30日。

则，做好与地方政府的沟通工作，加强对银行业金融机构执行差别化住房信贷政策情况的监督；在国家统一信贷政策基础上，指导银行业金融机构合理确定辖内商业性个人住房贷款最低首付款比例和利率水平；密切跟踪和评估住房信贷政策的执行情况和实施效果，有效防范风险，促进当地房地产市场平稳健康发展。

请人民银行各分行、营业管理部、省会（首府）城市中心支行、副省级城市中心支行，各省（自治区、直辖市）银监局将本通知转发至辖区内城市商业银行、农村商业银行、农村合作银行、城乡信用社、外资银行、村镇银行。

促进大数据发展行动纲要①

（国务院）

（2015 年 8 月 31 日）

大数据是以容量大、类型多、存取速度快、应用价值高为主要特征的数据集合，正快速发展为对数量巨大、来源分散、格式多样的数据进行采集、存储和关联分析，从中发现新知识、创造新价值、提升新能力的新一代信息技术和服务业态。

信息技术与经济社会的交汇融合引发了数据迅猛增长，数据已成为国家基础性战略资源，大数据正日益对全球生产、流通、分配、消费活动以及经济运行机制、社会生活方式和国家治理能力产生重要影响。目前，我国在大数据发展和应用方面已具备一定基础，拥有市场优势和发展潜力，但也存在政府数据开放共享不足、产业基础薄弱、缺乏顶层设计和统筹规划、法律法规建设滞后、创新应用领域不广等问题，亟待解决。为贯彻落实党中央、国务院决策部署，全面推进我国大数据发展和应用，加快建设数据强国，特制定本行动纲要。

一、发展形势和重要意义

全球范围内，运用大数据推动经济发展、完善社会治理、提升政府服务和监管能力正成为趋势，有关发达国家相继制定实施大数据战略性文件，大力推动大数据发展和应用。目前，我国互联网、

① 《国务院关于印发促进大数据发展行动纲要的通知》，《中华人民共和国国务院公报》，2015 年 26 期。

移动互联网用户规模居全球第一，拥有丰富的数据资源和应用市场优势，大数据部分关键技术研发取得突破，涌现出一批互联网创新企业和创新应用，一些地方政府已启动大数据相关工作。坚持创新驱动发展，加快大数据部署，深化大数据应用，已成为稳增长、促改革、调结构、惠民生和推动政府治理能力现代化的内在需要和必然选择。

（一）大数据成为推动经济转型发展的新动力。以数据流引领技术流、物质流、资金流、人才流，将深刻影响社会分工协作的组织模式，促进生产组织方式的集约和创新。大数据推动社会生产要素的网络化共享、集约化整合、协作化开发和高效化利用，改变了传统的生产方式和经济运行机制，可显著提升经济运行水平和效率。大数据持续激发商业模式创新，不断催生新业态，已成为互联网等新兴领域促进业务创新增值、提升企业核心价值的重要驱动力。大数据产业正在成为新的经济增长点，将对未来信息产业格局产生重要影响。

（二）大数据成为重塑国家竞争优势的新机遇。在全球信息化快速发展的大背景下，大数据已成为国家重要的基础性战略资源，正引领新一轮科技创新。充分利用我国的数据规模优势，实现数据规模、质量和应用水平同步提升，发掘和释放数据资源的潜在价值，有利于更好发挥数据资源的战略作用，增强网络空间数据主权保护能力，维护国家安全，有效提升国家竞争力。

（三）大数据成为提升政府治理能力的新途径。大数据应用能够揭示传统技术方式难以展现的关联关系，推动政府数据开放共享，促进社会事业数据融合和资源整合，将极大提升政府整体数据分析能力，为有效处理复杂社会问题提供新的手段。建立“用数据说话、用数据决策、用数据管理、用数据创新”的管理机制，实现基于数据的科学决策，将推动政府管理理念和社会治理模式进步，加快建设与社会主义市场经济体制和中国特色社会主义事业发展相适应的法治政府、创新政府、廉洁政府和服务型政府，逐步实现政府治理能力现代化。

二、指导思想和总体目标

（一）指导思想。深入贯彻党的十八大和十八届二中、三中、四中全会精神，按照党中央、国务院决策部署，发挥市场在资源配置中的决定性作用，加强顶层设计和统筹协调，大力推动政府信息系统和公共数据互联开放共享，加快政府信息平台整合，消除信息孤岛，推进数据资源向社会开放，增强政府公信力，引导社会发展，服务公众企业；以企业为主体，营造宽松公平环境，加大大数据关键技术研发、产业发展和人才培养力度，着力推进数据汇集和发掘，深化大数据在各行业创新应用，促进大数据产业健康发展；完善法规制度和标准体系，科学规范利用大数据，切实保障数据安全。通过促进大数据发展，加快建设数据强国，释放技术红利、制度红利和创新红利，提升政府治理能力，推动经济转型升级。

（二）总体目标。立足我国国情和现实需要，推动大数据发展和应用在未来 5—10 年逐步实现以下目标：

打造精准治理、多方协作的社会治理新模式。将大数据作为提升政府治理能力的重要手段，通过高效采集、有效整合、深化应用政府数据和社会数据，提升政府决策和风险防范水平，提高社会治理的精准性和有效性，增强乡村社会治理能力；助力简政放权，支持从事前审批向事中事后监管转变，推动商事制度改革；促进政府监管和社会监督有机结合，有效调动社会力量参与社会治理的积极性。2017 年底前形成跨部门数据资源共享共用格局。

建立运行平稳、安全高效的经济运行新机制。充分运用大数据，不断提升信用、财政、金融、税收、农业、统计、进出口、资源环境、产品质量、企业登记监管等领域数据资源的获取和利用能力，丰富经济统计数据来源，实现对经济运行更为准确的监测、分析、预测、预警，提高决策的针对性、科学性和时效性，提升宏观调控以及产业发展、信用体系、市场监管等方面管理效能，保障供需平衡，促进经济平稳运行。

构建以人为本、惠及全民的民生服务新体系。围绕服务型政府建设，在公用事业、市政管理、城乡环境、农村生活、健康医疗、减灾救灾、社会救助、养老服务、劳动就业、社会保障、文化教育、交通旅游、质量安全、消费维权、社区服务等领域全面推广大数据应用，利用大数据洞察民生需求，优化资源配置，丰富服务内容，拓展服务渠道，扩大服务范围，提高服务质量，提升城市辐射能力，推动公共服务向基层延伸，缩小城乡、区域差距，促进形成公平普惠、便捷高效的民生服务体系，不断满足人民群众日益增长的个性化、多样化需求。

开启大众创业、万众创新的创新驱动新格局。形成公共数据资源合理适度开放共享的法规制度和政策体系，2018 年底前建成国家政府数据统一开放平台，率先在信用、交通、医疗、卫生、就业、社保、地理、文化、教育、科技、资源、农业、环境、安监、金融、质量、统计、气象、海洋、企业登记监管等重要领域实现公共数据资源合理适度向社会开放，带动社会公众开展大数据增值性、公益性开发和创新应用，充分释放数据红利，激发大众创业、万众创新活力。

培育高端智能、新兴繁荣的产业发展新生态。推动大数据与云计算、物联网、移动互联网等新一代信息技术融合发展，探索大数据与传统产业协同发展的新业态、新模式，促进传统产业转型升级和新兴产业发展，培育新的经济增长点。形成一批满足大数据重大应用需求的产品、系统和解决方案，建立安全可信的大数据技术体系，大数据产品和服务达到国际先进水平，国内市场占有率显著提高。培育一批面向全球的骨干企业和特色鲜明的创新型中小企业。构建形成政产学研用多方联动、协调发展的大数据产业生态体系。

三、主要任务

（一）加快政府数据开放共享，推动资源整合，提升治理能力。

1. 大力推动政府部门数据共享。加强顶层设计和统筹规划，明确各部门数据共享的范围边界和使用方式，厘清各部门数据管理及共享的义务和权利，依托政府数据统一共享交换平台，大力推进国家人口基础信息库、法人单位信息资源库、自然资源和空间地理基础信息库等国家基础数据资源，以及金税、金关、金财、金审、金盾、金宏、金保、金土、金农、金水、金质等信息系统跨部门、跨区域共享。加快各地区、各部门、各有关企事业单位及社会组织信用信息系统的互联互通和信息共享，丰富面向公众的信用信息服务，提高政府服务和监管水平。结合信息惠民工程实施和智慧城市建设，推动中央部门与地方政府条块结合、联合试点，实现公共服务的多方数据共享、制度对接和协同配合。

2. 稳步推动公共数据资源开放。在依法加强安全保障和隐私保护的前提下，稳步推动公共数据资源开放。推动建立政府部门和事业单位等公共机构数据资源清单，按照“增量先行”的方式，加强对政府部门数据的国家统筹管理，加快建设国家政府数据统一开放平台。制定公共机构数据开放计划，落实数据开放和维护责任，推进公共机构数据资源统一汇聚和集中向社会开放，提升政府数据开放共享标准化程度，优先推动信用、交通、医疗、卫生、就业、社保、地理、文化、教育、科技、资源、农业、环境、安监、金融、质量、统计、气象、海洋、企业登记监管等民生保障服务相关领域的政府数据集向社会开放。建立政府和社会互动的大数据采集形成机制，制定政府数据共享开放目录。通过政务数据公开共享，引导企业、行业协会、科研机构、社会组织等主动采集并开放数据。

3．统筹规划大数据基础设施建设。结合国家政务信息化工程建设规划，统筹政务数据资源和社会数据资源，布局国家大数据平台、数据中心等基础设施。加快完善国家人口基础信息库、法人单位信息资源库、自然资源和空间地理基础信息库等基础信息资源和健康、就业、社保、能源、信用、统计、质量、国土、农业、城乡建设、企业登记监管等重要领域信息资源，加强与社会大数据的汇聚整合和关联分析。推动国民经济动员大数据应用。加强军民信息资源共享。充分利用现有企业、政府等数据资源和平台设施，注重对现有数据中心及服务器资源的改造和利用，建设绿色环保、低成本、高效率、基于云计算的大数据基础设施和区域性、行业性数据汇聚平台，避免盲目建设和重复投资。加强对互联网重要数据资源的备份及保护。

4．支持宏观调控科学化。建立国家宏观调控数据体系，及时发布有关统计指标和数据，强化互联网数据资源利用和信息服务，加强与政务数据资源的关联分析和融合利用，为政府开展金融、税收、审计、统计、农业、规划、消费、投资、进出口、城乡建设、劳动就业、收入分配、电力及产业运行、质量安全、节能减排等领域运行动态监测、产业安全预测预警以及转变发展方式分析决策提供信息支持，提高宏观调控的科学性、预见性和有效性。

5. 推动政府治理精准化。在企业监管、质量安全、节能降耗、环境保护、食品安全、安全生产、信用体系建设、旅游服务等领域，推动有关政府部门和企事业单位将市场监管、检验检测、违法失信、企业生产经营、销售物流、投诉举报、消费维权等数据进行汇聚整合和关联分析，统一公示企业信用信息，预警企业不正当行为，提升政府决策和风险防范能力，支持加强事中事后监管和服务，提高监管和服务的针对性、有效性。推动改进政府管理和公共治理方式，借助大数据实现政府负面清单、权力清单和责任清单的透明化管理，完善大数据监督和技术反腐体系，促进政府简政放权、依法行政。

6. 推进商事服务便捷化。加快建立公民、法人和其他组织统一社会信用代码制度，依托全国统一的信用信息共享交换平台，建设企业信用信息公示系统和“信用中国”网站，共享整合各地区、各领域信用信息，为社会公众提供查询注册登记、行政许可、行政处罚等各类信用信息的一站式服务。在全面实行工商营业执照、组织机构代码证和税务登记证“三证合一”、“一照一码”登记制度改革中，积极运用大数据手段，简化办理程序。建立项目并联审批平台，形成网上审批大数据资源库，实现跨部门、跨层级项目审批、核准、备案的统一受理、同步审查、信息共享、透明公开。鼓励政府部门高效采集、有效整合并充分运用政府数据和社会数据，掌握企业需求，推动行政管理流程优化再造，在注册登记、市场准入等商事服务中提供更加便捷有效、更有针对性的服务。利用大数据等手段，密切跟踪中小微企业特别是新设小微企业运行情况，为完善相关政策提供支持。

7. 促进安全保障高效化。加强有关执法部门间的数据流通，在法律许可和确保安全的前提下，加强对社会治理相关领域数据的归集、发掘及关联分析，强化对妥善应对和处理重大突发公共事件的数据支持，提高公共安全保障能力，推动构建智能防控、综合治理的公共安全体系，维护国家安全和社会安定。

8. 加快民生服务普惠化。结合新型城镇化发展、信息惠民工程实施和智慧城市建设，以优化提升民生服务、激发社会活力、促进大数据应用市场化服务为重点，引导鼓励企业和社会机构开展创新应用研究，深入发掘公共服务数据，在城乡建设、人居环境、健康医疗、社会救助、养老服务、劳动就业、社会保障、质量安全、文化教育、交通旅游、消费维权、城乡服务等领域开展大数据应用示范，推动传统公共服务数据与互联网、移动互联网、可穿戴设备等数据的汇聚整合，开发各类便民应用，优化公共资源配置，提升公共服务水平。

（二）推动产业创新发展，培育新兴业态，助力经济转型。

1. 发展工业大数据。推动大数据在工业研发设计、生产制造、经营管理、市场营销、售后服务等产品全生命周期、产业链全流程各环节的应用，分析感知用户需求，提升产品附加价值，打造智能工厂。建立面向不同行业、不同环节的工业大数据资源聚合和分析应用平台。抓住互联网跨界融合机遇，促进大数据、物联网、云计算和三维（3D）打印技术、个性化定制等在制造业全产业链集成运用，推动制造模式变革和工业转型升级。

2. 发展新兴产业大数据。大力培育互联网金融、数据服务、数据探矿、数据化学、数据材料、数据制药等新业态，提升相关产业大数据资源的采集获取和分析利用能力，充分发掘数据资源支撑创新的潜力，带动技术研发体系创新、管理方式变革、商业模式创新和产业价值链体系重构，推动跨领域、跨行业的数据融合和协同创新，促进战略性新兴产业发展、服务业创新发展和信息消费扩大，探索形成协同发展的新业态、新模式，培育新的经济增长点。

3. 发展农业农村大数据。构建面向农业农村的综合信息服务体系，为农民生产生活提供综合、高效、便捷的信息服务，缩小城乡数字鸿沟，促进城乡发展一体化。加强农业农村经济大数据建设，完善村、县相关数据采集、传输、共享基础设施，建立农业农村数据采集、运算、应用、服务体系，强化农村生态环境治理，增强乡村社会治理能力。统筹国内国际农业数据资源，强化农业资源要素数据的集聚利用，提升预测预警能力。整合构建国家涉农大数据中心，推进各地区、各行业、各领域涉农数据资源的共享开放，加强数据资源发掘运用。加快农业大数据关键技术研发，加大示范力度，提升生产智能化、经营网络化、管理高效化、服务便捷化能力和水平。

4. 发展万众创新大数据。适应国家创新驱动发展战略，实施大数据创新行动计划，鼓励企业和公众发掘利用开放数据资源，激发创新创业活力，促进创新链和产业链深度融合，推动大数据发展与科研创新有机结合，形成大数据驱动型的科研创新模式，打通科技创新和经济社会发展之间的通道，推动万众创新、开放创新和联动创新。

5. 推进基础研究和核心技术攻关。围绕数据科学理论体系、大数据计算系统与分析理论、大数据驱动的颠覆性应用模型探索等重大基础研究进行前瞻布局，开展数据科学研究，引导和鼓励在大数据理论、方法及关键应用技术等方面展开探索。采取政产学研用相结合的协同创新模式和基于开源社区的开放创新模式，加强海量数据存储、数据清洗、数据分析发掘、数据可视化、信息安全与隐私保护等领域关键技术攻关，形成安全可靠的大数据技术体系。支持自然语言理解、机器学习、深度学习等人工智能技术创新，提升数据分析处理能力、知识发现能力和辅助决策能力。

6. 形成大数据产品体系。围绕数据采集、整理、分析、发掘、展现、应用等环节，支持大型通用海量数据存储与管理软件、大数据分析发掘软件、数据可视化软件等软件产品和海量数据存储设备、大数据一体机等硬件产品发展，带动芯片、操作系统等信息技术核心基础产品发展，打造较为健全的大数据产品体系。大力发展与重点行业领域业务流程及数据应用需求深度融合的大数据解决方案。

7. 完善大数据产业链。支持企业开展基于大数据的第三方数据分析发掘服务、技术外包服务和知识流程外包服务。鼓励企业根据数据资源基础和业务特色，积极发展互联网金融和移动金融等新业态。推动大数据与移动互联网、物联网、云计算的深度融合，深化大数据在各行业的创新应用，积极探索创新协作共赢的应用模式和商业模式。加强大数据应用创新能力建设，建立政产学研用联动、大中小企业协调发展的大数据产业体系。建立和完善大数据产业公共服务支撑体系，组建大数据开源社区和产业联盟，促进协同创新，加快计量、标准化、检验检测和认证认可等大数据产业质量技术基础建设，加速大数据应用普及。

（三）强化安全保障，提高管理水平，促进健康发展。

1．健全大数据安全保障体系。加强大数据环境下的网络安全问题研究和基于大数据的网络安全技术研究，落实信息安全等级保护、风险评估等网络安全制度，建立健全大数据安全保障体系。建立大数据安全评估体系。切实加强关键信息基础设施安全防护，做好大数据平台及服务商的可靠性及安全性评测、应用安全评测、监测预警和风险评估。明确数据采集、传输、存储、使用、开放等各环节保障网络安全的范围边界、责任主体和具体要求，切实加强对涉及国家利益、公共安全、商业秘密、个人隐私、军工科研生产等信息的保护。妥善处理发展创新与保障安全的关系，审慎监管，保护创新，探索完善安全保密管理规范措施，切实保障数据安全。

2．强化安全支撑。采用安全可信产品和服务，提升基础设施关键设备安全可靠水平。建设国家网络安全信息汇聚共享和关联分析平台，促进网络安全相关数据融合和资源合理分配，提升重大网络安全事件应急处理能力；深化网络安全防护体系和态势感知能力建设，增强网络空间安全防护和安全事件识别能力。开展安全监测和预警通报工作，加强大数据环境下防攻击、防泄露、防窃取的监测、预警、控制和应急处置能力建设。

四、政策机制

（一）完善组织实施机制。建立国家大数据发展和应用统筹协调机制，推动形成职责明晰、协同推进的工作格局。加强大数据重大问题研究，加快制定出台配套政策，强化国家数据资源统筹管理。加强大数据与物联网、智慧城市、云计算等相关政策、规划的协同。加强中央与地方协调，引导地方各级政府结合自身条件合理定位、科学谋划，将大数据发展纳入本地区经济社会和城镇化发展规划，制定出台促进大数据产业发展的政策措施，突出区域特色和分工，抓好措施落实，实现科学有序发展。设立大数据专家咨询委员会，为大数据发展应用及相关工程实施提供决策咨询。各有关部门要进一步统一思想，认真落实本行动纲要提出的各项任务，共同推动形成公共信息资源共享共用和大数据产业健康安全发展的良好格局。

（二）加快法规制度建设。修订政府信息公开条例。积极研究数据开放、保护等方面制度，实现对数据资源采集、传输、存储、利用、开放的规范管理，促进政府数据在风险可控原则下最大程度开放，明确政府统筹利用市场主体大数据的权限及范围。制定政府信息资源管理办法，建立政府部门数据资源统筹管理和共享复用制度。研究推动网上个人信息保护立法工作，界定个人信息采集应用的范围和方式，明确相关主体的权利、责任和义务，加强对数据滥用、侵犯个人隐私等行为的管理和惩戒。推动出台相关法律法规，加强对基础信息网络和关键行业领域重要信息系统的安全保护，保障网络数据安全。研究推动数据资源权益相关立法工作。

（三）健全市场发展机制。建立市场化的数据应用机制，在保障公平竞争的前提下，支持社会资本参与公共服务建设。鼓励政府与企业、社会机构开展合作，通过政府采购、服务外包、社会众包等多种方式，依托专业企业开展政府大数据应用，降低社会管理成本。引导培育大数据交易市场，开展面向应用的数据交易市场试点，探索开展大数据衍生产品交易，鼓励产业链各环节市场主体进行数据交换和交易，促进数据资源流通，建立健全数据资源交易机制和定价机制，规范交易行为。

（四）建立标准规范体系。推进大数据产业标准体系建设，加快建立政府部门、事业单位等公共机构的数据标准和统计标准体系，推进数据采集、政府数据开放、指标口径、分类目录、交换接口、访问接口、数据质量、数据交易、技术产品、安全保密等关键共性标准的制定和实施。加快建立大数据市场交易标准体系。开展标准验证和应用试点示范，建立标准符合性评估体系，充分发挥标准在培育服务市场、提升服务能力、支撑行业管理等方面的作用。积极参与相关国际标准制定工作。

（五）加大财政金融支持。强化中央财政资金引导，集中力量支持大数据核心关键技术攻关、产业链构建、重大应用示范和公共服务平台建设等。利用现有资金渠道，推动建设一批国际领先的重大示范工程。完善政府采购大数据服务的配套政策，加大对政府部门和企业合作开发大数据的支持力度。鼓励金融机构加强和改进金融服务，加大对大数据企业的支持力度。鼓励大数据企业进入资本市场融资，努力为企业重组并购创造更加宽松的金融政策环境。引导创业投资基金投向大数据产业，鼓励设立一批投资于大数据产业领域的创业投资基金。

（六）加强专业人才培养。创新人才培养模式，建立健全多层次、多类型的大数据人才培养体系。鼓励高校设立数据科学和数据工程相关专业，重点培养专业化数据工程师等大数据专业人才。鼓励采取跨校联合培养等方式开展跨学科大数据综合型人才培养，大力培养具有统计分析、计算机技术、经济管理等多学科知识的跨界复合型人才。鼓励高等院校、职业院校和企业合作，加强职业技能人才实践培养，积极培育大数据技术和应用创新型人才。依托社会化教育资源，开展大数据知识普及和教育培训，提高社会整体认知和应用水平。

（七）促进国际交流合作。坚持平等合作、互利共赢的原则，建立完善国际合作机制，积极推进大数据技术交流与合作，充分利用国际创新资源，促进大数据相关技术发展。结合大数据应用创新需要，积极引进大数据高层次人才和领军人才，完善配套措施，鼓励海外高端人才回国就业创业。引导国内企业与国际优势企业加强大数据关键技术、产品的研发合作，支持国内企业参与全球市场竞争，积极开拓国际市场，形成若干具有国际竞争力的大数据企业和产品。

中共中央 国务院关于
推进价格机制改革的若干意见[①]

（2015 年 10 月 12 日）

价格机制是市场机制的核心，市场决定价格是市场在资源配置中起决定性作用的关键。改革开放以来，作为经济体制改革的重要组成部分，价格改革持续推进、不断深化，放开了绝大多数竞争性商品价格，对建立健全社会主义市场经济体制、促进经济社会持续健康发展发挥了重要作用。特别是近年来，价格改革步伐大大加快，一大批商品和服务价格陆续放开，成品油、天然气、铁路运输等领域价格市场化程度显著提高。同时也要看到，一些重点领域和关键环节价格改革还需深化，政府定价制度需要进一步健全，市场价格行为有待进一步规范。为推动价格改革向纵深发展，加快完善主要由市场决定价格机制，现提出以下意见。

一、总体要求

（一）指导思想。全面贯彻党的十八大和十八届二中、三中、四中全会精神，按照党中央、国务院决策部署，主动适应和引领经济发展新常态，紧紧围绕使市场在资源配置中起决定性作用和更好发挥政府作用，全面深化价格改革，完善重点领域价格形成机制，健全政府定价制度，加强市场价格监管和反垄断执法，为经济社会发展营造良好价格环境。

---

① 《中共中央国务院关于推进价格机制改革的若干意见》，《人民日报》，2015 年 10 月 16 日。

（二）基本原则

——坚持市场决定。正确处理政府和市场关系，凡是能由市场形成价格的都交给市场，政府不进行不当干预。推进水、石油、天然气、电力、交通运输等领域价格改革，放开竞争性环节价格，充分发挥市场决定价格作用。

——坚持放管结合。进一步增强法治、公平、责任意识，强化事中事后监管，优化价格服务。政府定价领域，必须严格规范政府定价行为，坚决管细管好管到位；经营者自主定价领域，要通过健全规则、加强执法，维护市场秩序，保障和促进公平竞争，推进现代市场体系建设。

——坚持改革创新。在价格形成机制、调控体系、监管方式上探索创新，尊重基层和群众的首创精神，推动价格管理由直接定价向规范价格行为、营造良好价格环境、服务宏观调控转变。充分发挥价格杠杆作用，促进经济转型升级和提质增效。

——坚持稳慎推进。价格改革要与财政税收、收入分配、行业管理体制等改革相协调，合理区分基本与非基本需求，统筹兼顾行业上下游、企业发展和民生保障、经济效率和社会公平、经济发展和环境保护等关系，把握好时机、节奏和力度，切实防范各类风险，确保平稳有序。

（三）主要目标。到2017年，竞争性领域和环节价格基本放开，政府定价范围主要限定在重要公用事业、公益性服务、网络型自然垄断环节。到2020年，市场决定价格机制基本完善，科学、规范、透明的价格监管制度和反垄断执法体系基本建立，价格调控机制基本健全。

二、深化重点领域价格改革，充分发挥市场决定价格作用

紧紧围绕使市场在资源配置中起决定性作用，加快价格改革步伐，深入推进简政放权、放管结合、优化服务，尊重企业自主定价权、消费者自由选择权，促进商品和要素自由流动、公平交易。

（四）完善农产品价格形成机制。统筹利用国际国内两个市场，注重发挥市场形成价格作用，农产品价格主要由市场决定。按照“突出重点、有保有放”原则，立足我国国情，对不同品种实行差别化支持政策，调整改进“黄箱”支持政策，逐步扩大“绿箱”支持政策实施规模和范围，保护农民生产积极性，促进农业生产可持续发展，确保谷物基本自给、口粮绝对安全。继续执行并完善稻谷、小麦最低收购价政策，改革完善玉米收储制度，继续实施棉花、大豆目标价格改革试点，完善补贴发放办法。加强农产品成本调查和价格监测，加快建立全球农业数据调查分析系统，为政府制定农产品价格、农业补贴等政策提供重要支撑。

（五）加快推进能源价格市场化。按照“管住中间、放开两头”总体思路，推进电力、天然气等能源价格改革，促进市场主体多元化竞争，稳妥处理和逐步减少交叉补贴，还原能源商品属性。择机放开成品油价格，尽快全面理顺天然气价格，加快放开天然气气源和销售价格，有序放开上网电价和公益性以外的销售电价，建立主要由市场决定能源价格的机制。把输配电价与发售电价在形成机制上分开，单独核定输配电价，分步实现公益性以外的发售电价由市场形成。按照“准许成本加合理收益”原则，合理制定电网、天然气管网输配价格。扩大输配电价改革试点范围，逐步覆盖到各省级电网，科学核定电网企业准许收入和分电压等级输配电价，改变对电网企业的监管模式，逐步形成规则明晰、水平合理、监管有力、科学透明的独立输配电价体系。在放开竞争性环节电价之前，完善煤电价格联动机制和标杆电价体系，使电力价格更好反映市场需求和成本变化。

（六）完善环境服务价格政策。统筹运用环保税收、收费及相关服务价格政策，加大经济杠杆调节力度，逐步使企业排放各类污染物承担的支出高于主动治理成本，提高企业主动治污减排的积极性。按照“污染付费、公平负担、补偿成本、合理盈利”原则，合理提高污水处理收费标准，城镇污水处理收费标准不应低于污水处理和污泥处理处置成本，探索建立政府向污水处理企业拨付的处理服务费用与污水处理效果挂钩调整机制，对污水处理资源化利用实行鼓励性价格政策。积极推进排污权有偿使用和交易试点工作，完善排污权交易价格体系，运用市场手段引导企业主动治污减排。

（七）理顺医疗服务价格。围绕深化医药卫生体制改革目标，按照“总量控制、结构调整、有升有降、逐步到位”原则，积极稳妥推进医疗服务价格改革，合理调整医疗服务价格，同步强化价格、医保等相关政策衔接，确保医疗机构发展可持续、医保基金可承受、群众负担不增加。建立以成本和收入结构变化为基础的价格动态调整机制，到 2020 年基本理顺医疗服务比价关系。落实非公立医疗机构医疗服务市场调节价政策。公立医疗机构医疗服务项目价格实行分类管理，对市场竞争比较充分、个性化需求比较强的医疗服务项目价格实行市场调节价，其中医保基金支付的服务项目由医保经办机构与医疗机构谈判合理确定支付标准。进一步完善药品采购机制，发挥医保控费作用，药品实际交易价格主要由市场竞争形成。

（八）健全交通运输价格机制。逐步放开铁路运输竞争性领域价格，扩大由经营者自主定价的范围；完善铁路货运与公路挂钩的价格动态调整机制，简化运价结构；构建以列车运行速度和等级为基础、体现服务质量差异的旅客运输票价体系。逐步扩大道路客运、民航国内航线客运、港口经营等领域由经营者自主定价的范围，适时放开竞争性领域价格，完善价格收费规则。放开邮政竞争性业务资费，理顺邮政业务资费结构和水平。实行有利于促进停车设施建设、有利于缓解城市交通拥堵、有效促进公共交通优先发展与公共道路资源利用的停车收费政策。进一步完善出租汽车运价形成机制，发挥运价调节出租汽车运输市场供求关系的杠杆作用，建立健全出租汽车运价动态调整机制以及运价与燃料价格联动办法。

（九）创新公用事业和公益性服务价格管理。清晰界定政府、企业和用户的权利义务，区分基本和非基本需求，建立健全公用事业和公益性服务财政投入与价格调整相协调机制，促进政府和社会资本合作，保证行业可持续发展，满足多元化需求。全面实行居民用水用电用气阶梯价格制度，推行供热按用热量计价收费制度，并根据实际情况进一步完善。教育、文化、养老、殡葬等公益性服务要结合政府购买服务改革进程，实行分类管理。对义务教育阶段公办学校学生免收学杂费，公办幼儿园、高中（含中职）、高等学校学费作为行政事业性收费管理；营利性民办学校收费实行自主定价，非营利性民办学校收费政策由省级政府按照市场化方向根据当地实际情况确定。政府投资兴办的养老服务机构依法对“三无”老人免费；对其他特殊困难老人提供养老服务，其床位费、护理费实行政府定价管理，其他养老服务价格由经营者自主定价。分类推进旅游景区门票及相关服务价格改革。推动公用事业和公益性服务经营者加大信息公开力度，接受社会监督，保障社会公众知情权、监督权。

三、建立健全政府定价制度，使权力在阳光下运行

对于极少数保留的政府定价项目，要推进定价项目清单化，规范定价程序，加强成本监审，推进成本公开，坚决管细管好管到位，最大限度减少自由裁量权，推进政府定价公开透明。

（十）推进政府定价项目清单化。中央和地方要在加快推进价格改革的基础上，于2016年以前制定发布新的政府定价目录，将政府定价范围主要限定在重要公用事业、公益性服务、网络型自然垄断环节。凡是政府定价项目，一律纳入政府定价目录管理。目录内的定价项目要逐项明确定价内容和定价部门，确保目录之外无定价权，政府定价纳入权力和责任清单。定期评估价格改革成效和市场竞争程度，适时调整具体定价项目。

（十一）规范政府定价程序。对纳入政府定价目录的项目，要制定具体的管理办法、定价机制、成本监审规则，进一步规范定价程序。鼓励和支持第三方提出定调价方案建议、参与价格听证。完善政府定价过程中的公众参与、合法性审查、专家论证等制度，保证工作程序明晰、规范、公开、透明，主动接受社会监督，有效约束政府定价行为。

（十二）加强成本监审和成本信息公开。坚持成本监审原则，将成本监审作为政府制定和调整价格的重要程序，不断完善成本监审机制。对按规定实行成本监审的，要逐步建立健全成本公开制度。公用事业和公益性服务的经营者应当按照政府定价机构的规定公开成本，政府定价机构在制定和调整价格前应当公开成本监审结论。

四、加强市场价格监管和反垄断执法，逐步确立竞争政策的基础性地位

清理和废除妨碍全国统一市场和公平竞争的各种规定和做法，严禁和惩处各类违法实行优惠政策行为，建立公平、开放、透明的市场价格监管规则，大力推进市场价格监管和反垄断执法，反对垄断和不正当竞争。加快建立竞争政策与产业、投资等政策的协调机制，实施公平竞争审查制度，促进统一开放、竞争有序的市场体系建设。

（十三）健全市场价格行为规则。在经营者自主定价领域，对经济社会影响重大特别是与民生紧密相关的商品和服务，要依法制定价格行为规则和监管办法；对存在市场竞争不充分、交易双方地位不对等、市场信息不对称等问题的领域，要研究制定相应议价规则、价格行为规范和指南，完善明码标价、收费公示等制度规定，合理引导经营者价格行为。

（十四）推进宽带网络提速降费。规范电信资费行为，推进宽带网络提速降费，为“互联网+”发展提供有力支撑。指导、推动电信企业简化资费结构，切实提高宽带上网等业务的性价比，并为城乡低收入群体提供更加优惠的资费方案。督促电信企业合理制定互联网接入服务资费标准和计费办法，促进电信网间互联互通。严禁利用不正当定价行为阻碍电信服务竞争，扰乱市场秩序。加强资费行为监管，清理宽带网络建设环节中存在的进场费、协调费、分摊费等不合理费用，严厉打击价格违法行为。

（十五）加强市场价格监管。建立健全机构权威、法律完备、机制完善、执行有力的市场价格监管工作体系，有效预防、及时制止和依法查处各类价格违法行为。坚持日常监管和专项检查相结

合，加强民生领域价格监管，着力解决群众反映的突出问题，保护消费者权益。加大监督检查力度，对政府已放开的商品和服务价格，要确保经营者依法享有自主定价权。

（十六）强化反垄断执法。密切关注竞争动态，对涉嫌垄断行为及时启动反垄断调查，着力查处达成实施垄断协议、滥用市场支配地位和滥用行政权力排除限制竞争等垄断行为，依法公布处理决定，维护公平竞争的市场环境。建立健全垄断案件线索收集机制，拓宽案件来源。研究制定反垄断相关指南，完善市场竞争规则。促进经营者加强反垄断合规建设。

（十七）完善价格社会监督体系。充分发挥全国四级联网的12358价格举报管理信息系统作用，鼓励消费者和经营者共同参与价格监督。加强举报数据分析，定期发布分析报告，警示经营者，提醒消费者。建立健全街道、社区、乡镇、村居民价格监督员队伍，完善价格社会监督网络。依托社会信用体系，加快推进价格诚信建设，构建经营者价格信用档案，开展价格诚信单位创建活动，设立价格失信者“黑名单”，对构成价格违法的失信行为予以联合惩戒。鼓励和支持新闻媒体积极参与价格社会监督，完善舆论监督和引导机制。

五、充分发挥价格杠杆作用，更好服务宏观调控

在全面深化改革、强化价格监管的同时，加强和改善宏观调控，保持价格总水平基本稳定；充分发挥价格杠杆作用，促进节能环保和结构调整，推动经济转型升级。

（十八）加强价格总水平调控。加强价格与财政、货币、投资、产业、进出口、物资储备等政策手段的协调配合，合理运用法律手段、经济手段和必要的行政手段，形成政策合力，努力保持价格总水平处于合理区间。加强通缩、通胀预警，制定和完善相应防范治理预案。健全价格监测预警机制和应急处置体系，构建大宗商品价格指数体系，健全重要商品储备制度，提升价格总水平调控能力。

（十九）健全生产领域节能环保价格政策。建立有利于节能减排的价格体系，逐步使能源价格充分反映环境治理成本。继续实施并适时调整脱硫、脱硝、除尘等环保电价政策。鼓励各地根据产业发展实际和结构调整需要，结合电力、水等领域体制改革进程，研究完善对“两高一剩”（高耗能、高污染、产能过剩）行业落后工艺、设备和产品生产的差别电价、水价等价格措施，对电解铝、水泥等行业实行基于单位能耗超定额加价的电价政策，加快淘汰落后产能，促进产业结构转型升级。

（二十）完善资源有偿使用制度和生态补偿制度。加快自然资源及其产品价格和财税制度改革，全面反映市场供求、资源稀缺程度、生态环境损害成本和修复效益。完善涉及水土保持、矿山、草原植被、森林植被、海洋倾倒等资源环境收费基金或有偿使用收费政策。推进水资源费改革，研究征收水资源税，推动在地下水超采地区先行先试。采取综合措施逐步理顺水资源价格，深入推进农业水价综合改革，促进水资源保护和节约使用。

（二十一）创新促进区域发展的价格政策。对具有区域特征的政府和社会资本合作项目，已具备竞争条件的，尽快放开价格管理；仍需要实行价格管理的，探索将定价权限下放到地方，提高价格调整灵活性，调动社会投资积极性。加快制定完善适应自由贸易试验区发展的价格政策，能够下放到区内自主实施的尽快下放，促进各类市场主体公平竞争。

六、保障措施

价格工作涉及面广、政策性强、社会关注度高，牵一发而动全身。必须加强组织落实，科学制定方案，完善配套措施，做好舆论引导，为加快完善主要由市场决定价格机制提供有力保障。

（二十二）加强组织落实。各地区各有关部门要充分认识加快完善主要由市场决定价格机制的重要性、紧迫性和艰巨性，统一思想、形成合力，以敢啃“硬骨头”精神打好攻坚战。要深入调研、科学论证，广泛听取各方面意见，突出重点、分类推进，细化工作方案，及时总结评估，稳步有序推进，务求取得实效。影响重大、暂不具备全面推开条件的，可先行开展试点，发挥示范引领作用，积累可复制、可推广的经验。要以抓铁有痕、踏石留印的作风，狠抓落实，明确时间表、路线图、责任状，定期督查、强化问责，全力打通政策出台的“最先一公里”、政策实施的“中梗阻”与政策落地的“最后一公里”，确保各项措施落地生根。

（二十三）健全价格法制。紧密结合价格改革、调控和监管工作实际，加快修订价格法等相关法律法规，完善以价格法、反垄断法为核心的价格法律法规，及时制定或修订政府定价行为规则以及成本监审、价格监测、价格听证、规范市场价格行为等规章制度，全面推进依法治价。

（二十四）强化能力建设。在减少政府定价事项的同时，注重做好价格监测预警、成本调查监审、价格调控、市场价格监管和反垄断执法、价格公共服务等工作，并同步加强队伍建设，充实和加强工作力量，夯实工作基础。大力推进价格信息化建设，为增强价格调控监管服务能力提供有力支撑。鼓励高等学校和科研机构建立价格与反垄断研究机构，加强国际交流合作，培养专门人才。整合反垄断执法主体和力量，相对集中执法权。

（二十五）兜住民生底线。牢固树立底线思维，始终把保障和改善民生作为工作的出发点和落脚点。推行涉及民生的价格政策特别是重大价格改革政策时，要充分考虑社会承受能力，特别是政策对低收入群体生活的可能影响，做好风险评估，完善配套措施。落实和完善社会救助、保障标准与物价上涨挂钩的联动机制，完善社会救助制度特别是对特困人群的救助措施，保障困难群众基本生活不受影响。加强民生领域价格监管，做好价格争议纠纷调解处理，维护群众合法价格权益。

（二十六）做好舆论引导。加大对全面深化价格改革、规范政府定价、强化市场价格监管与反垄断执法等方面的宣传报道力度，加强新闻发布，准确阐述价格政策，讲好“价格改革故事”，及时引导舆论，回应社会关切，传递有利于加快完善主要由市场决定价格机制、推动经济转型升级的好声音和正能量，积极营造良好舆论氛围。

国务院办公厅关于促进农村电子商务加快发展的指导意见①

（2015年10月31日）

各省、自治区、直辖市人民政府，国务院各部委、各直属机构：

农村电子商务是转变农业发展方式的重要手段，是精准扶贫的重要载体。通过大众创业、万众创新，发挥市场机制作用，加快农村电子商务发展，把实体店与电商有机结合，使实体经济与互联网产生叠加效应，有利于促消费、扩内需，推动农业升级、农村发展、农民增收。经国务院批准，现就促进农村电子商务加快发展提出以下意见：

一、指导思想

全面贯彻党的十八大和十八届三中、四中、五中全会精神，落实国务院决策部署，按照全面建成小康社会目标和新型工业化、信息化、城镇化、农业现代化同步发展的要求，深化农村流通体制改革，创新农村商业模式，培育和壮大农村电子商务市场主体，加强基础设施建设，完善政策环境，加快发展线上线下融合、覆盖全程、综合配套、安全高效、便捷实惠的现代农村商品流通和服务网络。

① 《国务院办公厅关于促进农村电子商务加快发展的指导意见》，《中华人民共和国国务院公报》，2015年32期。

二、发展目标

到2020年，初步建成统一开放、竞争有序、诚信守法、安全可靠、绿色环保的农村电子商务市场体系，农村电子商务与农村一二三产业深度融合，在推动农民创业就业、开拓农村消费市场、带动农村扶贫开发等方面取得明显成效。

三、重点任务

（一）积极培育农村电子商务市场主体。充分发挥现有市场资源和第三方平台作用，培育多元化农村电子商务市场主体，鼓励电商、物流、商贸、金融、供销、邮政、快递等各类社会资源加强合作，构建农村购物网络平台，实现优势资源的对接与整合，参与农村电子商务发展。

（二）扩大电子商务在农业农村的应用。在农业生产、加工、流通等环节，加强互联网技术应用和推广。拓宽农产品、民俗产品、乡村旅游等市场，在促进工业品、农业生产资料下乡的同时，为农产品进城拓展更大空间。加强运用电子商务大数据引导农业生产，促进农业发展方式转变。

（三）改善农村电子商务发展环境。硬环境方面，加强农村流通基础设施建设，提高农村宽带普及率，加强农村公路建设，提高农村物流配送能力；软环境方面，加强政策扶持，加强人才培养，营造良好市场环境。

四、政策措施

（一）加强政策扶持。深入开展电子商务进农村综合示范，优先在革命老区和贫困地区实施，有关财政支持资金不得用于网络交易平台的建设。制订出台农村电子商务服务规范和工作指引，指导地方开展工作。加快推进信息进村入户工作。加快推进适应电子商务的农产品分等分级、包装运输标准制定和应用。把电子商务纳入扶贫开发工作体系，以建档立卡贫困村为工作重点，提升贫困户运用电子商务创业增收的能力，鼓励引导电商企业开辟革命老区和贫困地区特色农产品网上销售平台，与合作社、种养大户等建立直采直供关系，增加就业和增收渠道。

（二）鼓励和支持开拓创新。鼓励地方、企业等因地制宜，积极探索农村电子商务新模式。开展农村电子商务创新创业大赛，调动返乡高校毕业生、返乡青年和农民工、大学生村官、农村青年、巾帼致富带头人、退伍军人等参与农村电子商务的积极性。开展农村电子商务强县创建活动，发挥其带动和引领作用。鼓励供销合作社创建农产品电子商务交易平台。引导各类媒体加大农村电子商务宣传力度，发掘典型案例，推广成功经验。

（三）大力培养农村电商人才。实施农村电子商务百万英才计划，对农民、合作社和政府人员等进行技能培训，增强农民使用智能手机的能力，积极利用移动互联网拓宽电子商务渠道，提升为农民提供信息服务的能力。有条件的地区可以建立专业的电子商务人才培训基地和师资队伍，努力培养一批既懂理论又懂业务、会经营网店、能带头致富的复合型人才。引导具有实践经验的电子商务从业者从城镇返乡创业，鼓励电子商务职业经理人到农村发展。

（四）加快完善农村物流体系。加强交通运输、商贸流通、农业、供销、邮政等部门和单位及电商、快递企业对相关农村物流服务网络和设施的共享衔接，加快完善县乡村农村物流体系，鼓励多站合一、服务同网。鼓励传统农村商贸企业建设乡镇商贸中心和配送中心，发挥好邮政普遍服务的优势，发展第三方配送和共同配送，重点支持老少边穷地区物流设施建设，提高流通效率。加强农产品产地集配和冷链等设施建设。

（五）加强农村基础设施建设。完善电信普遍服务补偿机制，加快农村信息基础设施建设和宽带普及。促进宽带网络提速降费，结合农村电子商务发展，持续提高农村宽带普及率。以建制村通硬化路为重点加快农村公路建设，推进城乡客运一体化，推动有条件的地区实施农村客运线路公交化改造。

（六）加大金融支持力度。鼓励村级电子商务服务点、助农取款服务点相互依托建设，实现优势互补、资源整合，提高利用效率。支持银行业金融机构和支付机构研发适合农村特点的网上支付、手机支付、供应链贷款等金融产品，加强风险控制，保障客户信息和资金安全。加大对电子商务创业农民尤其是青年农民的授信和贷款支持。简化农村网商小额短期贷款手续。符合条件的农村网商，可按规定享受创业担保贷款及贴息政策。

（七）营造规范有序的市场环境。加强网络市场监管，强化安全和质量要求，打击制售假冒伪劣商品、虚假宣传、不正当竞争和侵犯知识产权等违法行为，维护消费者合法权益，促进守法诚信经营。督促第三方平台加强内部管理，规范主体准入，遏制“刷信用”等欺诈行为。维护公平竞争的市场秩序，推进农村电子商务诚信建设。

五、组织实施

各地区、各部门要进一步提高认识，加强组织领导和统筹协调，落实工作责任，完善工作机制，切实抓好各项政策措施的落实。

地方各级人民政府特别是县级人民政府要结合本地实际，因地制宜制订实施方案，出台具体措施；充分发挥农村基层组织的带头作用，整合农村各类资源，积极推动农村电子商务发展。同时，加强规划引导，防止盲目发展和低水平竞争。

各部门要明确分工，密切协作，形成合力。商务部要会同有关部门加强统筹协调、跟踪督查，及时总结和推广经验，确保各项任务措施落实到位。

国务院办公厅关于推动实体零售创新转型的意见①

（2016年11月2日）

各省、自治区、直辖市人民政府，国务院各部委、各直属机构：

实体零售是商品流通的重要基础，是引导生产、扩大消费的重要载体，是繁荣市场、保障就业的重要渠道。近年来，我国实体零售规模持续扩大，业态不断创新，对国民经济的贡献不断增强，但也暴露出发展方式粗放、有效供给不足、运行效率不高等突出问题。当前，受经营成本不断上涨、消费需求结构调整、网络零售快速发展等诸多因素影响，实体零售发展面临前所未有的挑战。为适应经济发展新常态，推动实体零售创新转型，释放发展活力，增强发展动力，经国务院同意，现提出以下意见：

一、总体要求

（一）指导思想。全面贯彻党的十八大和十八届三中、四中、五中、六中全会精神和国务院决策部署，牢固树立创新、协调、绿色、开放、共享的发展理念，着力加强供给侧结构性改革，以体制机制改革构筑发展新环境，以信息技术应用激发转型新动能，推动实体零售由销售商品向引导生产和创新生活方式转变，由粗放式发展向注重质量效益转变，由分散独立的竞争主体向融合协同新生态转变，进一步降低流通成本、提高流通效率，更好适应经济社会发展的新要求。

---

①《国务院办公厅关于推动实体零售创新转型的意见》，《中华人民共和国国务院公报》，2016年33期。

（二）基本原则。

坚持市场主导。市场是实体零售转型的决定因素，要破除体制机制束缚，营造公平竞争环境，激发市场主体活力，推动实体零售企业自主选择转型路径，实现战略变革、模式再造和服务提升。

坚持需求引领。需求是实体零售转型的根本出发点，要适应消费需求新变化，引导实体零售企业补齐短板，增强优势，扩大有效供给，减少无效供给，增强商品、服务、业态等供给结构对需求变化的适应性和灵活性。

坚持创新驱动。创新是实体零售转型的直接动力，要抢抓大众创业、万众创新战略机遇，加强互联网、大数据等新一代信息技术应用，大力发展新业态、新模式，进一步提高流通效率和服务水平。

二、调整商业结构

（三）调整区域结构。支持商业设施富余地区的企业利用资本、品牌和技术优势，由东部地区向中西部地区转移，由一二线城市向三四线城市延伸和下沉，形成区域竞争优势，培育新的增长点。支持商务、供销、邮政、新闻出版等领域龙头企业向农村延伸服务网络，鼓励发展一批集商品销售、物流配送、生活服务于一体的乡镇商贸中心，统筹城乡商业基础设施建设，实现以城带乡、城乡协同发展。

（四）调整业态结构。坚持盘活存量与优化增量、淘汰落后与培育新动能并举，引导业态雷同、功能重叠、市场饱和度较高的购物中心、百货店、家居市场等业态有序退出城市核心商圈，支持具备条件的及时调整经营结构，丰富体验业态，由传统销售场所向社交体验、家庭消费、时尚消费、文化消费中心等转变。推动连锁化、品牌化企业进入社区设立便利店和社区超市，加强与电商、物流、金融、电信、市政等对接，发挥终端网点优势，拓展便民增值服务，打造一刻钟便民生活服务圈。

（五）调整商品结构。引导企业改变千店一面、千店同品现象，不断调整和优化商品品类，在兼顾低收入消费群体的同时，适应中高端消费群体需求，着力增加智能、时尚、健康、绿色商品品种。积极培育世界级消费城市和国际化商圈，不断深化品牌消费集聚区建设，进一步推进工贸结合、农贸结合，积极开展地方特色产品、老字号产品"全国行"、"网上行"和"进名店"等供需对接活动，完善品牌消费环境，加快培育商品品牌和区域品牌。合理确定经营者、生产者责任义务，建立健全重要商品追溯体系，引导企业树立质量为先、信誉至上的经营理念，加强商品质量查验把关，用高标准引导生产环节品质提升，着力提升商品品质。

三、创新发展方式

（六）创新经营机制。鼓励企业加快商业模式创新，强化市场需求研究，改变引厂进店、出租柜台等传统经营模式，加强商品设计创意和开发，建立高素质的买手队伍，发展自有品牌、实行深度联营和买断经营，强化企业核心竞争力。推动企业管理体制变革，实现组织结构扁平化、运营管理数据化、激励机制市场化，提高经营效率和管理水平。强化供应链管理，支持实体零售企业构建与供应商信息共享、利益均摊、风险共担的新型零供关系，提高供应链管控能力和资源整合、运营协同能力。

（七）创新组织形式。鼓励连锁经营创新发展，改变以门店数量扩张为主的粗放发展方式，逐步利用大数据等技术科学选址、智能选品、精准营销、协同管理，提高发展质量。鼓励特许经营向多行业、多业态拓展，着力提高特许企业经营管理水平。引导发展自愿连锁，支持龙头企业建立集中采购分销平台，整合采购、配送和服务资源，带动中小企业降本增效。推进商贸物流标准化、信息化，培育多层次物流信息服务平台，整合社会物流资源，支持连锁企业自有物流设施、零售网点向社会开放成为配送节点，提高物流效率，降低物流成本。

（八）创新服务体验。引导企业顺应个性化、多样化、品质化消费趋势，弘扬诚信服务，推广精细服务，提高服务技能，延伸服务链条，规范服务流程。支持企业运用大数据技术分析顾客消费行为，开展精准服务和定制服务，灵活运用网络平台、移动终端、社交媒体与顾客互动，建立及时、高效的消费需求反馈机制，做精做深体验消费。支持企业开展服务设施人性化、智能化改造，鼓励社会资本参与无线网络、移动支付、自助服务、停车场等配套设施建设。

四、促进跨界融合

（九）促进线上线下融合。建立适应融合发展的标准规范、竞争规则，引导实体零售企业逐步提高信息化水平，将线下物流、服务、体验等优势与线上商流、资金流、信息流融合，拓展智能化、网络化的全渠道布局。鼓励线上线下优势企业通过战略合作、交叉持股、并购重组等多种形式整合市场资源，培育线上线下融合发展的新型市场主体。建立社会化、市场化的数据应用机制，鼓励电子商务平台向实体零售企业有条件地开放数据资源，提高资源配置效率和经营决策水平。

（十）促进多领域协同。鼓励发展设施高效智能、功能便利完备、信息互联互通的智慧商圈，促进业态功能互补、客户资源共享、大中小企业协同发展。大力发展平台经济，以流通创新基地为基础，培育一批为中小企业和创业者提供专业化服务的平台载体，提高协同创新能力。深化国有商贸企业改革，鼓励各类投资者参与国有商贸企业改制重组，积极发展混合所有制。鼓励零售企业与创意产业、文化艺术产业、会展业、旅游业融合发展，实现跨行业联动。

（十一）促进内外贸一体化。进一步提高零售领域利用外资的质量和水平，通过引入资本、技术、管理推动实体零售企业创新转型。优化食品、化妆品等商品进口卫生安全等审批程序，简化进口食品检验检疫审批手续，支持引进国外知名品牌。完善信息、交易、支付、物流等服务支撑，优化过境通关、外汇结算等关键环节，提升跨境贸易规模。鼓励内贸市场培育外贸功能，鼓励具有技术、品牌、质量、服务优势的外向型企业建立国内营销渠道。推动有条件的企业“走出去”构建海外营销和物流服务网络，提升国际化经营能力。

五、优化发展环境

（十二）加强网点规划。统筹考虑城乡人口规模和生产生活需求，科学确定商业网点发展建设要求，并纳入城乡规划和土地利用总体规划，推动商业与人口、交通、市政、生态环境协调发展。加强对城市大型商业网点建设的听证论证，鼓励其有序发展。支持各地结合实际，明确新建社区的商业设施配套要求，利用公有闲置物业或以回购廉租方式保障老旧社区基本商业业态用房需求。发挥行业协会、中介机构作用，支持建设公开、透明的商铺租赁信息服务平台，引导供需双方直接对接，鼓励以市场化方式盘活现有商业设施资源，减少公有产权商铺转租行为，有效降低商铺租金。

（十三）推进简政放权。推动住所登记改革，为连锁企业提供便利的登记注册服务，地方政府不得以任何形式对连锁企业设立非企业法人门店和配送中心设置障碍。进一步落实和完善食品经营相关管理规定。连锁企业从事出版物等零售业务，其非企业法人直营门店可直接凭企业总部获取的许可文件复印件到门店所在地主管部门备案。放宽对临街店铺装潢装修限制，取消不必要的店内装修改造审批程序。在保障公共安全的情况下，放宽对户外营销活动的限制。完善城市配送车辆通行制度，为企业发展夜间配送、共同配送创造条件。

（十四）促进公平竞争。健全部门联动和跨区域协同机制，完善市场监管手段，加快构建生产与流通领域协同、线上与线下一体的监管体系。严厉打击制售假冒伪劣商品、侵犯知识产权、不正当竞争、商业欺诈等违法行为。指导和督促电子商务平台企业加强对网络经营者的资格审查。强化连锁经营企业总部管理责任，重点检查企业总部和配送中心，减少对销售普通商品零售门店的重复检查。依法禁止以排挤竞争对手为目的的低于成本价销售行为，依法打击垄断协议、滥用市场支配地位等排除、限制竞争行为。充分利用全国信用信息共享平台，建立覆盖线上线下的企业及相关主体信用信息采集、共享与使用机制，并通过国家企业信用信息公示系统对外公示，健全守信联合激励和失信联合惩戒机制。

（十五）完善公共服务。加快建立健全连锁经营、电子商务、商贸物流、供应链服务等领域标准体系，从标准贯彻实施入手，开展实体零售提质增效专项行动，进一步提高竞争能力和服务水平。

加强零售业统计监测和运行分析工作，整合各类信息资源，构建反映零售业发展环境的评价指标体系，引导各类市场主体合理把握开发节奏、科学配置商业资源。加快建设商务公共服务云平台，对接政府部门服务资源，发挥行业协会、专业服务机构作用，为企业创新转型提供技术、管理、咨询、信息等一体化支撑服务。鼓励开展多种形式的培训和业务交流，加大专业性技术人才培养力度，推动复合型高端人才合理流动，完善多层次零售业人才队伍，提高从业人员综合创新能力。

六、强化政策支持

（十六）减轻企业税费负担。落实好总分支机构汇总缴纳企业所得税、增值税相关规定。营造线上线下企业公平竞争的税收环境。零售企业设立的科技型子公司从事互联网等信息技术研发，符合条件的可按规定申请高新技术企业认定，符合条件的研发费用可按规定加计扣除。降低部分消费品进口关税。落实取消税务发票工本费政策，不得以任何理由强制零售企业使用冠名发票、卷式发票，大力推广电子发票。全面落实工商用电同价政策，在实行峰谷电价的地区，有条件的地方可以开展商业用户选择执行行业平均电价或峰谷分时电价试点。落实银行卡刷卡手续费定价机制改革方案，持续优化银行卡受理环境。

（十七）加强财政金融支持。有条件的地方可结合实际情况，发挥财政资金引导带动作用，对实体零售创新转型予以支持。用好国家新兴产业创业投资引导基金、中小企业发展基金，鼓励有条件的地方按市场化原则设立投资基金，引导社会资本加大对新技术、新业态、新模式的投入。积极稳妥扩大消费信贷，将消费金融公司试点推广至全国。采取多种方式支持零售企业线上线下融合发展的支付业务处理。创新发展供应链融资等融资方式，拓宽企业融资渠道。支持商业银行在风险可控、商业可持续的前提下发放中长期贷款，促进企业固定资产投资和兼并重组。积极研究通过应收账款、存货、仓单等动产质押融资模式改进和完善小微企业金融服务，通过创业担保贷款积极扶持符合条件的小微企业。

（十八）开展试点示范带动。支持有条件的地区完善政府引导推动、企业自主转型的工作机制，在财政、金融、人才、技术、标准化及服务体系建设等方面进行探索，推动实体零售创新转型。内贸流通体制改革发展综合试点城市要发挥先行先试优势，突破制约实体零售创新转型的体制机制障碍，探索形成可复制推广的经验。开展智慧商店、智慧商圈示范创建工作，及时总结推广成功经验，示范引领创新转型。

各地区、各部门要加强组织领导和统筹协调，加快研究制订具体实施方案和配套措施，明确责任主体、时间表和路线图，形成合力。商务部要会同有关部门加强业务指导和督促检查，综合运用第三方评估、社会监督评价等多种方式科学评估实施效果，推动各项任务措施落到实处。

中共中央 国务院关于构建更加完善的要素市场化配置体制机制的意见[①]

（2020年3月30日）

完善要素市场化配置是建设统一开放、竞争有序市场体系的内在要求，是坚持和完善社会主义基本经济制度、加快完善社会主义市场经济体制的重要内容。为深化要素市场化配置改革，促进要素自主有序流动，提高要素配置效率，进一步激发全社会创造力和市场活力，推动经济发展质量变革、效率变革、动力变革，现就构建更加完善的要素市场化配置体制机制提出如下意见。

一、总体要求

（一）指导思想。以习近平新时代中国特色社会主义思想为指导，全面贯彻党的十九大和十九届二中、三中、四中全会精神，坚持稳中求进工作总基调，坚持以供给侧结构性改革为主线，坚持新发展理念，坚持深化市场化改革、扩大高水平开放，破除阻碍要素自由流动的体制机制障碍，扩大要素市场化配置范围，健全要素市场体系，推进要素市场制度建设，实现要素价格市场决定、流动自主有序、配置高效公平，为建设高标准市场体系、推动高质量发展、建设现代化经济体系打下坚实制度基础。

（二）基本原则。一是市场决定，有序流动。充分发挥市场配置资源的决定性作用，畅通要素流动渠道，保障不同市场主体平等

① 《中共中央 国务院关于构建更加完善的要素市场化配置体制机制的意见》，《中华人民共和国国务院公报》，2020年11期。

获取生产要素，推动要素配置依据市场规则、市场价格、市场竞争实现效益最大化和效率最优化。二是健全制度，创新监管。更好发挥政府作用，健全要素市场运行机制，完善政府调节与监管，做到放活与管好有机结合，提升监管和服务能力，引导各类要素协同向先进生产力集聚。三是问题导向，分类施策。针对市场决定要素配置范围有限、要素流动存在体制机制障碍等问题，根据不同要素属性、市场化程度差异和经济社会发展需要，分类完善要素市场化配置体制机制。四是稳中求进，循序渐进。坚持安全可控，从实际出发，尊重客观规律，培育发展新型要素形态，逐步提高要素质量，因地制宜稳步推进要素市场化配置改革。

二、推进土地要素市场化配置

（三）建立健全城乡统一的建设用地市场。加快修改完善土地管理法实施条例，完善相关配套制度，制定出台农村集体经营性建设用地入市指导意见。全面推开农村土地征收制度改革，扩大国有土地有偿使用范围。建立公平合理的集体经营性建设用地入市增值收益分配制度。建立公共利益征地的相关制度规定。

（四）深化产业用地市场化配置改革。健全长期租赁、先租后让、弹性年期供应、作价出资（入股）等工业用地市场供应体系。在符合国土空间规划和用途管制要求前提下，调整完善产业用地政策，创新使用方式，推动不同产业用地类型合理转换，探索增加混合产业用地供给。

（五）鼓励盘活存量建设用地。充分运用市场机制盘活存量土地和低效用地，研究完善促进盘活存量建设用地的税费制度。以多种方式推进国有企业存量用地盘活利用。深化农村宅基地制度改革试点，深入推进建设用地整理，完善城乡建设用地增减挂钩政策，为乡村振兴和城乡融合发展提供土地要素保障。

（六）完善土地管理体制。完善土地利用计划管理，实施年度建设用地总量调控制度，增强土地管理灵活性，推动土地计划指标更加合理化，城乡建设用地指标使用应更多由省级政府负责。在国土空间规划编制、农村房地一体不动产登记基本完成的前提下，建立健全城乡建设用地供应三年滚动计划。探索建立全国性的建设用地、补充耕地指标跨区域交易机制。加强土地供应利用统计监测。实施城乡土地统一调查、统一规划、统一整治、统一登记。推动制定不动产登记法。

三、引导劳动力要素合理畅通有序流动

（七）深化户籍制度改革。推动超大、特大城市调整完善积分落户政策，探索推动在长三角、珠三角等城市群率先实现户籍准入年限同城化累计互认。放开放宽除个别超大城市外的城市落户限制，试行以经常居住地登记户口制度。建立城镇教育、就业创业、医疗卫生等基本公共服务与常住人口挂钩机制，推动公共资源按常住人口规模配置。

（八）畅通劳动力和人才社会性流动渠道。健全统一规范的人力资源市场体系，加快建立协调衔接的劳动力、人才流动政策体系和交流合作机制。营造公平就业环境，依法纠正身份、性别等就业歧视现象，保障城乡劳动者享有平等就业权利。进一步畅通企业、社会组织人员进入党政机关、国有企事业单位渠道。优化国有企事业单位面向社会选人用人机制，深入推行国有企业分级分类公开招聘。加强就业援助，实施优先扶持和重点帮助。完善人事档案管理

服务，加快提升人事档案信息化水平。

（九）完善技术技能评价制度。创新评价标准，以职业能力为核心制定职业标准，进一步打破户籍、地域、身份、档案、人事关系等制约，畅通非公有制经济组织、社会组织、自由职业专业技术人员职称申报渠道。加快建立劳动者终身职业技能培训制度。推进社会化职称评审。完善技术工人评价选拔制度。探索实现职业技能等级证书和学历证书互通衔接。加强公共卫生队伍建设，健全执业人员培养、准入、使用、待遇保障、考核评价和激励机制。

（十）加大人才引进力度。畅通海外科学家来华工作通道。在职业资格认定认可、子女教育、商业医疗保险以及在中国境内停留、居留等方面，为外籍高层次人才来华创新创业提供便利。

四、推进资本要素市场化配置

（十一）完善股票市场基础制度。制定出台完善股票市场基础制度的意见。坚持市场化、法治化改革方向，改革完善股票市场发行、交易、退市等制度。鼓励和引导上市公司现金分红。完善投资者保护制度，推动完善具有中国特色的证券民事诉讼制度。完善主板、科创板、中小企业板、创业板和全国中小企业股份转让系统（新三板）市场建设。

（十二）加快发展债券市场。稳步扩大债券市场规模，丰富债券市场品种，推进债券市场互联互通。统一公司信用类债券信息披露标准，完善债券违约处置机制。探索对公司信用类债券实行发行注册管理制。加强债券市场评级机构统一准入管理，规范信用评级行业发展。

（十三）增加有效金融服务供给。健全多层次资本市场体系。

构建多层次、广覆盖、有差异、大中小合理分工的银行机构体系，优化金融资源配置，放宽金融服务业市场准入，推动信用信息深度开发利用，增加服务小微企业和民营企业的金融服务供给。建立县域银行业金融机构服务“三农”的激励约束机制。推进绿色金融创新。完善金融机构市场化法治化退出机制。

（十四）主动有序扩大金融业对外开放。稳步推进人民币国际化和人民币资本项目可兑换。逐步推进证券、基金行业对内对外双向开放，有序推进期货市场对外开放。逐步放宽外资金融机构准入条件，推进境内金融机构参与国际金融市场交易。

五、加快发展技术要素市场

（十五）健全职务科技成果产权制度。深化科技成果使用权、处置权和收益权改革，开展赋予科研人员职务科技成果所有权或长期使用权试点。强化知识产权保护和运用，支持重大技术装备、重点新材料等领域的自主知识产权市场化运营。

（十六）完善科技创新资源配置方式。改革科研项目立项和组织实施方式，坚持目标引领，强化成果导向，建立健全多元化支持机制。完善专业机构管理项目机制。加强科技成果转化中试基地建设。支持有条件的企业承担国家重大科技项目。建立市场化社会化的科研成果评价制度，修订技术合同认定规则及科技成果登记管理办法。建立健全科技成果常态化路演和科技创新咨询制度。

（十七）培育发展技术转移机构和技术经理人。加强国家技术转移区域中心建设。支持科技企业与高校、科研机构合作建立技术研发中心、产业研究院、中试基地等新型研发机构。积极推进科研院所分类改革，加快推进应用技术类科研院所市场化、企业化发展。支持高校、科研机构和科技企业设立技术转移部门。建立国家技术转移人才培养体系，提高技术转移专业服务能力。

（十八）促进技术要素与资本要素融合发展。积极探索通过天使投资、创业投资、知识产权证券化、科技保险等方式推动科技成果资本化。鼓励商业银行采用知识产权质押、预期收益质押等融资方式，为促进技术转移转化提供更多金融产品服务。

（十九）支持国际科技创新合作。深化基础研究国际合作，组织实施国际科技创新合作重点专项，探索国际科技创新合作新模式，扩大科技领域对外开放。加大抗病毒药物及疫苗研发国际合作力度。开展创新要素跨境便利流动试点，发展离岸创新创业，探索推动外籍科学家领衔承担政府支持科技项目。发展技术贸易，促进技术进口来源多元化，扩大技术出口。

六、加快培育数据要素市场

（二十）推进政府数据开放共享。优化经济治理基础数据库，加快推动各地区各部门间数据共享交换，制定出台新一批数据共享责任清单。研究建立促进企业登记、交通运输、气象等公共数据开放和数据资源有效流动的制度规范。

（二十一）提升社会数据资源价值。培育数字经济新产业、新业态和新模式，支持构建农业、工业、交通、教育、安防、城市管理、公共资源交易等领域规范化数据开发利用的场景。发挥行业协会商会作用，推动人工智能、可穿戴设备、车联网、物联网等领域数据采集标准化。

（二十二）加强数据资源整合和安全保护。探索建立统一规范的数据管理制度，提高数据质量和规范性，丰富数据产品。研究根据数据性质完善产权性质。制定数据隐私保护制度和安全审查制度。推动完善适用于大数据环境下的数据分类分级安全保护制度，加强对政务数据、企业商业秘密和个人数据的保护。

七、加快要素价格市场化改革

（二十三）完善主要由市场决定要素价格机制。完善城乡基准地价、标定地价的制定与发布制度，逐步形成与市场价格挂钩动态调整机制。健全最低工资标准调整、工资集体协商和企业薪酬调查制度。深化国有企业工资决定机制改革，完善事业单位岗位绩效工资制度。建立公务员和企业相当人员工资水平调查比较制度，落实并完善工资正常调整机制。稳妥推进存贷款基准利率与市场利率并轨，提高债券市场定价效率，健全反映市场供求关系的国债收益率曲线，更好发挥国债收益率曲线定价基准作用。增强人民币汇率弹性，保持人民币汇率在合理均衡水平上的基本稳定。

（二十四）加强要素价格管理和监督。引导市场主体依法合理行使要素定价自主权，推动政府定价机制由制定具体价格水平向制定定价规则转变。构建要素价格公示和动态监测预警体系，逐步建立要素价格调查和信息发布制度。完善要素市场价格异常波动调节机制。加强要素领域价格反垄断工作，维护要素市场价格秩序。

（二十五）健全生产要素由市场评价贡献、按贡献决定报酬的机制。着重保护劳动所得，增加劳动者特别是一线劳动者劳动报酬，提高劳动报酬在初次分配中的比重。全面贯彻落实以增加知识价值为导向的收入分配政策，充分尊重科研、技术、管理人才，充分体现技术、知识、管理、数据等要素的价值。

八、健全要素市场运行机制

（二十六）健全要素市场化交易平台。拓展公共资源交易平台功能。健全科技成果交易平台，完善技术成果转化公开交易与监管体系。引导培育大数据交易市场，依法合规开展数据交易。支持各类所有制企业参与要素交易平台建设，规范要素交易平台治理，健全要素交易信息披露制度。

（二十七）完善要素交易规则和服务。研究制定土地、技术市场交易管理制度。建立健全数据产权交易和行业自律机制。推进全流程电子化交易。推进实物资产证券化。鼓励要素交易平台与各类金融机构、中介机构合作，形成涵盖产权界定、价格评估、流转交易、担保、保险等业务的综合服务体系。

（二十八）提升要素交易监管水平。打破地方保护，加强反垄断和反不正当竞争执法，规范交易行为，健全投诉举报查处机制，防止发生损害国家安全及公共利益的行为。加强信用体系建设，完善失信行为认定、失信联合惩戒、信用修复等机制。健全交易风险防范处置机制。

（二十九）增强要素应急配置能力。把要素的应急管理和配置作为国家应急管理体系建设的重要内容，适应应急物资生产调配和应急管理需要，建立对相关生产要素的紧急调拨、采购等制度，提高应急状态下的要素高效协同配置能力。鼓励运用大数据、人工智能、云计算等数字技术，在应急管理、疫情防控、资源调配、社会管理等方面更好发挥作用。

九、组织保障

（三十）加强组织领导。各地区各部门要充分认识完善要素市场化配置的重要性，切实把思想和行动统一到党中央、国务院决策部署上来，明确职责分工，完善工作机制，落实工作责任，研究制定出台配套政策措施，确保本意见确定的各项重点任务落到实处。

（三十一）营造良好改革环境。深化“放管服”改革，强化竞争政策基础地位，打破行政性垄断、防止市场垄断，清理废除妨碍统一市场和公平竞争的各种规定和做法，进一步减少政府对要素的直接配置。深化国有企业和国有金融机构改革，完善法人治理结构，确保各类所有制企业平等获取要素。

（三十二）推动改革稳步实施。在维护全国统一大市场的前提下，开展要素市场化配置改革试点示范。及时总结经验，认真研究改革中出现的新情况新问题，对不符合要素市场化配置改革的相关法律法规，要按程序抓紧推动调整完善。

关于推进社会信用体系建设高质量发展促进形成新发展格局的意见①

（中共中央办公厅、国务院办公厅）

（2022 年 3 月 29 日）

完善的社会信用体系是供需有效衔接的重要保障，是资源优化配置的坚实基础，是良好营商环境的重要组成部分，对促进国民经济循环高效畅通、构建新发展格局具有重要意义。为推进社会信用体系建设高质量发展，促进形成新发展格局，现提出如下意见。

一、总体要求

（一）指导思想。以习近平新时代中国特色社会主义思想为指导，深入贯彻党的十九大和十九届历次全会精神，坚持系统观念，统筹发展和安全，培育和践行社会主义核心价值观，扎实推进信用理念、信用制度、信用手段与国民经济体系各方面各环节深度融合，进一步发挥信用对提高资源配置效率、降低制度性交易成本、防范化解风险的重要作用，为提升国民经济体系整体效能、促进形成新发展格局提供支撑保障。

（二）工作要求。立足经济社会发展全局，整体布局、突出重点，有序推进各地区各行业各领域信用建设。积极探索创新，运用信用理念和方式解决制约经济社会运行的难点、堵点、痛点问题。

① 《中共中央办公厅 国务院办公厅印发〈关于推进社会信用体系建设高质量发展促进形成新发展格局的意见〉》，《中华人民共和国国务院公报》，2022 年 11 期。

推动社会信用体系建设全面纳入法治轨道，规范完善各领域各环节信用措施，切实保护各类主体合法权益。充分调动各类主体积极性创造性，发挥征信市场积极作用，更好发挥政府组织协调、示范引领、监督管理作用，形成推进社会信用体系建设高质量发展合力。

二、以健全的信用机制畅通国内大循环

（三）强化科研诚信建设和知识产权保护。全面推行科研诚信承诺制，加强对科研活动全过程诚信审核，提升科研机构和科研人员诚信意识。依法查处抄袭、剽窃、伪造、篡改等违背科研诚信要求的行为，打击论文买卖“黑色产业链”。健全知识产权保护运用体制，鼓励建立知识产权保护自律机制，探索开展知识产权领域信用评价。健全知识产权侵权惩罚性赔偿制度，加大对商标抢注、非正常专利申请等违法失信行为的惩戒力度，净化知识产权交易市场。

（四）推进质量和品牌信用建设。深入实施质量提升行动，强化计量、标准、认证认可、检验检测等方面诚信要求，扩大国内市场优质产品和服务供给，提升产业链供应链安全可控水平。开展中国品牌创建行动，推动企业将守法诚信要求落实到生产经营各环节，加强中华老字号和地理标志保护，培育一大批诚信经营、守信践诺的标杆企业。

（五）完善流通分配等环节信用制度。准确评判信用状况，提升资源配置使用效率。加快建设覆盖线上线下的重要产品追溯体系。健全市场主体信誉机制，提升企业合同履约水平。实行纳税申报信用承诺制，提升纳税人诚信意识。依法打击骗取最低生活保障金、社会保险待遇、保障性住房等行为。建立社会保险领域严重失信主体名单制度。推进慈善组织信息公开，建立慈善组织活动异常名录，防治诈捐、骗捐，提升慈善组织公信力。依法惩戒拖欠农民工工资等失信行为，维护农民工合法权益。

（六）打造诚信消费投资环境。鼓励探索运用信用手段释放消费潜力，在医疗、养老、家政、旅游、购物等领域实施“信用+”工程。依法打击制假售假、违法广告、虚假宣传等行为，加强预付费消费监管，对侵害消费者权益的违法行为依法进行失信联合惩戒；对屡禁不止、屡罚不改的，依法实施市场禁入。加强法治政府、诚信政府建设，在政府和社会资本合作、招商引资等活动中依法诚信履约，增强投资者信心。建立健全政府失信责任追究制度，完善治理拖欠账款等行为长效机制。推广涉企审批告知承诺制。加强司法公信建设，加大推动被执行人积极履行义务力度，依法惩治虚假诉讼。

（七）完善生态环保信用制度。全面实施环保、水土保持等领域信用评价，强化信用评价结果共享运用。深化环境信息依法披露制度改革，推动相关企事业单位依法披露环境信息。聚焦实现碳达峰碳中和要求，完善全国碳排放权交易市场制度体系，加强登记、交易、结算、核查等环节信用监管。发挥政府监管和行业自律作用，建立健全对排放单位弄虚作假、中介机构出具虚假报告等违法违规行为的有效管理和约束机制。

（八）加强各类主体信用建设。围绕市场经济运行各领域各环节，对参与市场活动的企业、个体工商户、社会组织、机关事业单位以及自然人等各类主体，依法加强信用建设。不断完善信用记录，强化信用约束，建立健全不敢失信、不能失信、不想失信长效机制，使诚实守信成为市场运行的价值导向和各类主体的自觉追求。

三、以良好的信用环境支撑国内国际双循环相互促进

（九）优化进出口信用管理。引导外贸企业深耕国际市场，加强品牌、质量建设。高水平推进“经认证的经营者”（AEO）国际互认合作；高质量推进海关信用制度建设，推动差别化监管措施落实，提升高级认证企业“获得感”；建立进出口海关监管领域信用修复和严重失信主体名单制度，打造诚实守信的进出口营商环境。用足用好出口退税、出口信用保险等外贸政策工具，适度放宽承保和理赔条件。

（十）加强国际双向投资及对外合作信用建设。贯彻实施外商投资法及其实施条例，健全外商投资准入前国民待遇加负面清单管理制度，保护外商投资合法权益，加大知识产权保护国际合作力度，保持和提升对外商投资的吸引力。加强对外投资、对外承包工程、对外援助等领域信用建设，加强信用信息采集、共享、应用，推广应用电子证照，完善守信激励和失信惩戒措施，进一步规范市场秩序。完善境外投资备案核准制度，优化真实性合规性审核，完善对外投资报告制度，完善对外承包工程项目备案报告管理和特定项目立项管理，将违法违规行为列入信用记录，加强事前事中事后全链条监管。

（十一）积极参与信用领域国际治理。积极履行同各国达成的多边和双边经贸协议，按照扩大开放要求和我国需要推进修订法律法规。在信用领域稳步拓展规则、规制、管理、标准等制度型开放，服务高质量共建“一带一路”，为推动构建更加公正合理的国际治理体系贡献中国智慧、提供中国方案。

四、以坚实的信用基础促进金融服务实体经济

（十二）创新信用融资服务和产品。发展普惠金融，扩大信用贷款规模，解决中小微企业和个体工商户融资难题。加强公共信用信息同金融信息共享整合，推广基于信息共享和大数据开发利用的“信易贷”模式，深化“银税互动”、“银商合作”机制建设。鼓励银行创新服务制造业、战略性新兴产业、“三农”、生态环保、外贸等专项领域信贷产品，发展订单、仓单、保单、存货、应收账款融资和知识产权质押融资。规范发展消费信贷。

（十三）加强资本市场诚信建设。进一步夯实资本市场法治和诚信基础，健全资本市场诚信档案，增强信用意识和契约精神。压实相关主体信息披露责任，提升市场透明度。建立资本市场行政许可信用承诺制度，提高办理效率。督促中介服务机构勤勉尽责，提升从业人员职业操守。严格执行强制退市制度，建立上市公司优胜劣汰的良性循环机制。加强投资者权益保护，打造诚实守信的金融生态环境。

（十四）强化市场信用约束。充分发挥信用在金融风险识别、监测、管理、处置等环节的作用，建立健全“早发现、早预警、早处置”的风险防范化解机制。支持金融机构和征信、评级等机构运用大数据等技术加强跟踪监测预警，健全市场化的风险分担、缓释、补偿机制。坚持“严监管、零容忍”，依法从严从快从重查处欺诈发行、虚假陈述、操纵市场、内幕交易等重大违法案件，加大对侵占挪用基金财产行为的刑事打击力度。健全债务违约处置机制，依法严惩逃废债行为。加强网络借贷领域失信惩戒。完善市场退出机制，对资不抵债失去清偿能力的企业可依法破产重整或清算，探索建立企业强制退出制度。

五、以有效的信用监管和信用服务提升全社会诚信水平

（十五）健全信用基础设施。统筹推进公共信用信息系统建设。加快信用信息共享步伐，构建形成覆盖全部信用主体、所有信用信息类别、全国所有区域的信用信息网络，建立标准统一、权威准确的信用档案。充分发挥“信用中国”网站、国家企业信用信息公示系统、事业单位登记管理网站、社会组织信用信息公示平台的信息公开作用。进一步完善金融信用信息基础数据库，提高数据覆盖面和质量。

（十六）创新信用监管。加快健全以信用为基础的新型监管机制。建立健全信用承诺制度。全面建立企业信用状况综合评价体系，以信用风险为导向优化配置监管资源，在食品药品、工程建设、招标投标、安全生产、消防安全、医疗卫生、生态环保、价格、统计、财政性资金使用等重点领域推进信用分级分类监管，提升监管精准性和有效性。深入开展专项治理，着力解决群众反映强烈的重点领域诚信缺失问题。

（十七）培育专业信用服务机构。加快建立公共信用服务机构和市场化信用服务机构相互补充、信用信息基础服务与增值服务相辅相成的信用服务体系。在确保安全前提下，各级有关部门以及公共信用服务机构依法开放数据，支持征信、评级、担保、保理、信用管理咨询等市场化信用服务机构发展。加快征信业市场化改革步伐，培育具有国际竞争力的信用评级机构。加强信用服务市场监管和行业自律，促进有序竞争，提升行业诚信水平。

（十八）加强诚信文化建设。大力弘扬社会主义核心价值观，推动形成崇尚诚信、践行诚信的良好风尚。引导行业协会商会加强诚信自律，支持新闻媒体开展诚信宣传和舆论监督，鼓励社会公众

积极参与诚信建设活动。深化互联网诚信建设。依法推进个人诚信建设，着力开展青少年、企业家以及专业服务机构与中介服务机构从业人员、婚姻登记当事人等群体诚信教育，加强定向医学生、师范生等就业履约管理。强化信用学科建设和人才培养。

六、加强组织实施

（十九）加强党的领导。坚持和加强党对社会信用体系建设工作的领导。按照中央统筹、省负总责、市县抓落实的总体要求，建立健全统筹协调机制，将社会信用体系建设纳入高质量发展综合绩效评价，确保各项任务落实到位。国家发展改革委、中国人民银行要加强统筹协调，各有关部门和单位要切实履行责任，形成工作合力。

（二十）强化制度保障。加快推动出台社会信用方面的综合性、基础性法律，修订《企业信息公示暂行条例》等行政法规。鼓励各地结合实际在立法权限内制定社会信用相关地方性法规。建立健全信用承诺、信用评价、信用分级分类监管、信用激励惩戒、信用修复等制度。完善信用标准体系。

（二十一）坚持稳慎适度。编制全国统一的公共信用信息基础目录和失信惩戒措施基础清单，准确界定信用信息记录、归集、共享、公开范围和失信惩戒措施适用范围。根据失信行为性质和严重程度，采取轻重适度的惩戒措施，确保过惩相当。

（二十二）推进试点示范。统筹抓好社会信用体系建设示范区创建工作，重点在构建以信用为基础的新型监管机制、信用促进金融服务实体经济、完善信用法治等方面开展实践探索。鼓励各地区各有关部门先行先试，及时总结推广典型做法和成功经验。

（二十三）加强安全保护。严格落实信息安全保护责任，规范信用信息查询使用权限和程序，加强信用领域信息基础设施安全管理。依法保护国家秘密、商业秘密。贯彻实施个人信息保护法等法律法规，维护个人信息合法权益。依法监管信用信息跨境流动，防止信息外流损害国家安全。

国务院办公厅关于印发要素市场化配置综合改革试点总体方案的通知[①]

各省、自治区、直辖市人民政府，国务院各部委、各直属机构：

《要素市场化配置综合改革试点总体方案》已经国务院同意，现印发给你们，请认真组织实施。

国务院办公厅

2021 年 12 月 21 日

要素市场化配置综合改革试点总体方案

为深入贯彻落实《中共中央国务院关于构建更加完善的要素市场化配置体制机制的意见》，现就积极稳妥开展要素市场化配置综合改革试点工作制定本方案。

一、总体要求

（一）指导思想。以习近平新时代中国特色社会主义思想为指导，全面贯彻落实党的十九大和十九届历次全会精神，弘扬伟大建党精神，坚持稳中求进工作总基调，完整、准确、全面贯彻新发展理念，加快构建新发展格局，充分发挥市场在资源配置中的决定性

① 《国务院办公厅关于印发要素市场化配置综合改革试点总体方案的通知》，《中华人民共和国国务院公报》，2022 年 02 期。

作用，更好发挥政府作用，着力破除阻碍要素自主有序流动的体制机制障碍，全面提高要素协同配置效率，以综合改革试点为牵引，更好统筹发展和安全，为完善要素市场制度、建设高标准市场体系积极探索新路径，为推动经济社会高质量发展提供强劲动力。

（二）基本原则。

顶层设计、基层探索。按照党中央、国务院统一部署，在维护全国统一大市场前提下，支持具备条件的地区结合实际大胆改革探索，尊重基层首创精神，注重总结经验，及时规范提升，为全国提供可复制可推广的路径模式。

系统集成、协同高效。突出改革的系统性、整体性、协同性，推动各领域要素市场化配置改革举措相互配合、相互促进，提高不同要素资源的组合配置效率。

问题导向、因地制宜。牢牢把握正确的改革方向，聚焦要素市场建设的重点领域、关键环节和市场主体反映最强烈的问题，鼓励地方结合自身特点开展差别化试点探索。

稳中求进、守住底线。从实际出发，坚持以安全可控为前提，尊重客观规律，科学把握工作时序、节奏和步骤，做到放活与管好有机结合，切实防范风险，稳步有序推进试点。

（三）试点布局。围绕推动国家重大战略实施，根据不同改革任务优先考虑选择改革需求迫切、工作基础较好、发展潜力较大的城市群、都市圈或中心城市等，开展要素市场化配置综合改革试点，严控试点数量和试点范围。党中央、国务院授权实施以及有关方面组织实施的涉及要素市场化配置的改革探索任务，原则上优先在试点地区开展。试点期限为 2021—2025 年。

（四）工作目标。2021 年，启动要素市场化配置综合改革试点工作。2022年上半年，完成试点地区布局、实施方案编制报批工作。到2023年，试点工作取得阶段性成效，力争在土地、劳动力、资本、技术等要素市场化配置关键环节上实现重要突破，在数据要素市场化配置基础制度建设探索上取得积极进展。到2025年，基本完成试点任务，要素市场化配置改革取得标志性成果，为完善全国要素市场制度作出重要示范。

二、进一步提高土地要素配置效率

（五）支持探索土地管理制度改革。合理划分土地管理事权，在严格保护耕地、节约集约用地的前提下，探索赋予试点地区更大土地配置自主权。允许符合条件的地区探索城乡建设用地增减挂钩节余指标跨省域调剂使用机制。探索建立补充耕地质量评价转换机制，在严格实行耕地占补平衡、确保占一补一的前提下，严格管控补充耕地国家统筹规模，严把补充耕地质量验收关，实现占优补优。支持开展全域土地综合整治，优化生产、生活、生态空间布局，加强耕地数量、质量、生态“三位一体”保护和建设。

（六）鼓励优化产业用地供应方式。鼓励采用长期租赁、先租后让、弹性年期供应等方式供应产业用地。优化工业用地出让年期，完善弹性出让年期制度。支持产业用地实行“标准地”出让，提高配置效率。支持不同产业用地类型合理转换，完善土地用途变更、整合、置换等政策。探索增加混合产业用地供给。支持建立工业企业产出效益评价机制，加强土地精细化管理和节约集约利用。

（七）推动以市场化方式盘活存量用地。鼓励试点地区探索通过建设用地节约集约利用状况详细评价等方式，细化完善城镇低效用地认定标准，鼓励通过依法协商收回、协议置换、费用奖惩等措施，推动城镇低效用地腾退出清。推进国有企事业单位存量用地盘活利用，鼓励市场主体通过建设用地整理等方式促进城镇低效用地再开发。规范和完善土地二级市场，完善建设用地使用权转让、出租、抵押制度，支持通过土地预告登记实现建设用地使用权转让。探索地上地下空间综合利用的创新举措。

（八）建立健全城乡统一的建设用地市场。在坚决守住土地公有制性质不改变、耕地红线不突破、农民利益不受损三条底线的前提下，支持试点地区结合新一轮农村宅基地制度改革试点，探索宅基地所有权、资格权、使用权分置实现形式。在依法自愿有偿的前提下，允许将存量集体建设用地依据规划改变用途入市交易。在企业上市合规性审核标准中，对集体经营性建设用地与国有建设用地给予同权对待。支持建立健全农村产权流转市场体系。

（九）推进合理有序用海。探索建立沿海、海域、流域协同一体的海洋生态环境综合治理体系。统筹陆海资源管理，支持完善海域和无居民海岛有偿使用制度，加强海岸线动态监测。在严格落实国土空间用途管制和海洋生态环境保护要求、严管严控围填海活动的前提下，探索推进海域一级市场开发和二级市场流转，探索海域使用权立体分层设权。

三、推动劳动力要素合理畅通有序流动

（十）进一步深化户籍制度改革。支持具备条件的试点地区在城市群或都市圈内开展户籍准入年限同城化累计互认、居住证互通互认，试行以经常居住地登记户口制度，实现基本公共服务常住地提供。支持建立以身份证为标识的人口管理服务制度，扩大身份证信息容量，丰富应用场景。建设人口发展监测分析系统，为重大政策制定、公共资源配置、城市运行管理等提供支撑。建立健全与地区常住人口规模相适应的财政转移支付、住房供应、教师医生编制等保障机制。

（十一）加快畅通劳动力和人才社会性流动渠道。指导用人单位坚持需求导向，采取符合实际的引才措施，在不以人才称号和学术头衔等人才“帽子”引才、不抢挖中西部和东北地区合同期内高层次人才的前提下，促进党政机关、国有企事业单位、社会团体管理人才合理有序流动。完善事业单位编制管理制度，统筹使用编制资源。支持事业单位通过特设岗位引进急需高层次专业化人才。支持探索灵活就业人员权益保障政策。探索建立职业资格证书、职业技能等级证书与学历证书有效衔接机制。加快发展人力资源服务业，把服务就业的规模和质量等作为衡量行业发展成效的首要标准。

（十二）激发人才创新创业活力。支持事业单位科研人员按照国家有关规定离岗创新创业。推进职称评审权下放，赋予具备条件的企事业单位和社会组织中高级职称评审权限。加强创新型、技能型人才培养，壮大高水平工程师和高技能人才队伍。加强技术转移专业人才队伍建设，探索建立健全对科技成果转化人才、知识产权管理运营人员等的评价与激励办法，完善技术转移转化类职称评价标准。

四、推动资本要素服务实体经济发展

（十三）增加有效金融服务供给。依托全国信用信息共享平台，加大公共信用信息共享整合力度。充分发挥征信平台和征信机构作用，建立公共信用信息同金融信息共享整合机制。推广“信易贷”模式，用好供应链票据平台、动产融资统一登记公示系统、应收账款融资服务平台，鼓励金融机构开发与中小微企业需求相匹配的信用产品。探索建立中小企业坏账快速核销制度。探索银行机构与外部股权投资机构深化合作，开发多样化的科技金融产品。支持在零售交易、生活缴费、政务服务等场景试点使用数字人民币。支持完善中小银行和农村信用社治理结构，增强金融普惠性。

（十四）发展多层次股权市场。创新新三板市场股债结合型产品，丰富中小企业投融资工具。选择运行安全规范、风险管理能力较强的区域性股权市场，开展制度和业务创新试点。探索加强区域性股权市场和全国性证券市场板块间合作衔接的机制。

（十五）完善地方金融监管和风险管理体制。支持具备条件的试点地区创新金融监管方式和工具，对各类地方金融组织实施标准化的准入设立审批、事中事后监管。按照属地原则压实省级人民政府的监管职责和风险处置责任。

五、大力促进技术要素向现实生产力转化

（十六）健全职务科技成果产权制度。支持开展赋予科研人员职务科技成果所有权或长期使用权试点，探索将试点经验推广到更多高校、科研院所和科技型企业。支持相关高校和科研院所探索创新职务科技成果转化管理方式。支持将职务科技成果通过许可方式授权中小微企业使用。完善技术要素交易与监管体系，推进科技成果进场交易。完善职务科技成果转移转化容错纠错机制。

（十七）完善科技创新资源配置方式。探索对重大战略项目、重点产业链和创新链实施创新资源协同配置，构建项目、平台、人才、资金等全要素一体化配置的创新服务体系。强化企业创新主体

地位，改革科技项目征集、立项、管理和评价机制，支持行业领军企业牵头组建创新联合体，探索实施首席专家负责制。支持行业领军企业通过产品定制化研发等方式，为关键核心技术提供早期应用场景和适用环境。

（十八）推进技术和资本要素融合发展。支持金融机构设立专业化科技金融分支机构，加大对科研成果转化和创新创业人才的金融支持力度。完善创业投资监管体制和发展政策。支持优质科技型企业上市或挂牌融资。完善知识产权融资机制，扩大知识产权质押融资规模。鼓励保险公司积极开展科技保险业务，依法合规开发知识产权保险、产品研发责任保险等产品。

六、探索建立数据要素流通规则

（十九）完善公共数据开放共享机制。建立健全高效的公共数据共享协调机制，支持打造公共数据基础支撑平台，推进公共数据归集整合、有序流通和共享。探索完善公共数据共享、开放、运营服务、安全保障的管理体制。优先推进企业登记监管、卫生健康、交通运输、气象等高价值数据集向社会开放。探索开展政府数据授权运营。

（二十）建立健全数据流通交易规则。探索“原始数据不出域、数据可用不可见”的交易范式，在保护个人隐私和确保数据安全的前提下，分级分类、分步有序推动部分领域数据流通应用。探索建立数据用途和用量控制制度，实现数据使用“可控可计量”。规范培育数据交易市场主体，发展数据资产评估、登记结算、交易撮合、争议仲裁等市场运营体系，稳妥探索开展数据资产化服务。

（二十一）拓展规范化数据开发利用场景。发挥领军企业和行业组织作用，推动人工智能、区块链、车联网、物联网等领域数据采集标准化。深入推进人工智能社会实验，开展区块链创新应用试点。在金融、卫生健康、电力、物流等重点领域，探索以数据为核心的产品和服务创新，支持打造统一的技术标准和开放的创新生态，促进商业数据流通、跨区域数据互联、政企数据融合应用。

（二十二）加强数据安全保护。强化网络安全等级保护要求，推动完善数据分级分类安全保护制度，运用技术手段构建数据安全风险防控体系。探索完善个人信息授权使用制度。探索建立数据安全使用承诺制度，探索制定大数据分析和交易禁止清单，强化事中事后监管。探索数据跨境流动管控方式，完善重要数据出境安全管理制度。

七、加强资源环境市场制度建设

（二十三）支持完善资源市场化交易机制。支持试点地区完善电力市场化交易机制，提高电力中长期交易签约履约质量，开展电力现货交易试点，完善电力辅助服务市场。按照股权多元化原则，加快电力交易机构股份制改造，推动电力交易机构独立规范运行，实现电力交易组织与调度规范化。深化天然气市场化改革，逐步构建储气辅助服务市场机制。完善矿业权竞争出让制度，建立健全严格的勘查区块退出机制，探索储量交易。

（二十四）支持构建绿色要素交易机制。在明确生态保护红线、环境质量底线、资源利用上线等基础上，支持试点地区进一步健全碳排放权、排污权、用能权、用水权等交易机制，探索促进绿色要素交易与能源环境目标指标更好衔接。探索建立碳排放配额、用能权指标有偿取得机制，丰富交易品种和交易方式。探索开展资源环境权益融资。探索建立绿色核算体系、生态产品价值实现机制以及政府、企业和个人绿色责任账户。

八、健全要素市场治理

（二十五）完善要素市场化交易平台。持续推进公共资源交易平台整合共享，拓展公共资源交易平台功能，逐步覆盖适合以市场化方式配置的自然资源、资产股权等公共资源。规范发展大数据交易平台。支持企业参与要素交易平台建设，规范要素交易平台运行。支持要素交易平台与金融机构、中介机构合作，形成涵盖产权界定、价格评估、流转交易、担保、保险等业务的综合服务体系。

（二十六）加强要素交易市场监管。创新要素交易规则和服务，探索加强要素价格管理和监督的有效方式。健全要素交易信息披露制度。深化“放管服”改革，加强要素市场信用体系建设，打造市场化法治化国际化营商环境。强化反垄断和反不正当竞争执法，规范交易行为，将交易主体违法违规行为纳入信用记录管理，对严重失信行为实行追责和惩戒。开展要素市场交易大数据分析，建立健全要素交易风险分析、预警防范和分类处置机制。推进破产制度改革，建立健全自然人破产制度。

九、进一步发挥要素协同配置效应

（二十七）提高全球先进要素集聚能力。支持探索制定外国高端人才认定标准，为境外人才执业出入境、停居留等提供便利。支持符合条件的境内外投资者在试点地区依法依规设立证券、期货、基金、保险等金融机构。探索国际科技创新合作新模式，支持具备条件的试点地区围绕全球性议题在世界范围内吸引具有顶尖创新能力的科学家团队“揭榜挂帅”。支持行业领军企业牵头组建国际性产业与标准组织，积极参与国际规则制定。

（二十八）完善按要素分配机制。提高劳动报酬在初次分配中的比重，强化工资收入分配的技能价值激励导向。构建充分体现知识、技术、管理等创新要素价值的收益分配机制。创新宅基地收益取得和使用方式，探索让农民长期分享土地增值收益的有效途径。合理分配集体经营性建设用地入市增值收益，兼顾国家、农村集体经济组织和农村居民权益。探索增加居民财产性收入，鼓励和引导上市公司现金分红，完善投资者权益保护制度。

十、强化组织实施

（二十九）加强党的全面领导。坚持和加强党对要素市场化配置综合改革试点的领导，增强“四个意识”、坚定“四个自信”、做到“两个维护”，充分发挥党总揽全局、协调各方的领导核心作用，把党的领导始终贯穿试点工作推进全过程。

（三十）落实地方主体责任。各试点地区要把要素市场化配置综合改革试点摆在全局重要位置，增强使命感和责任感，强化组织领导，完善推进落实机制，在风险总体可控前提下，科学把握时序、节奏和步骤，积极稳妥推进改革试点任务实施。试点过程中要加强动态跟踪分析，开展试点效果评估，重要政策和重大改革举措按程序报批。

（三十一）建立组织协调机制。建立由国家发展改革委牵头、有关部门作为成员单位的推进要素市场化配置综合改革试点部际协调机制，负责统筹推进试点工作，确定试点地区，协调解决重大问题，加强督促检查。国家发展改革委要会同有关方面指导试点地区编制实施方案及授权事项清单，按程序报批后组织实施；在地方自评估基础上，定期开展第三方评估。对取得明显成效的试点地区，要予以表扬激励，及时总结推广经验；对动力不足、执行不力、成效不明显的试点地区，要限期整改，整改不到位的按程序调整退出试点。重要情况及时向党中央、国务院报告。

（三十二）强化试点法治保障。建立健全与要素市场化配置综合改革试点相配套的法律法规与政策调整机制，统筹涉及的法律法规事项，做好与相关法律法规立改废释的衔接。试点地区拟实行的各项改革举措和授权事项，凡涉及调整现行法律或行政法规的，经全国人大及其常委会或国务院依法授权后实施；其他涉及调整部门规章和规范性文件规定的，有关方面要按照本方案要求和经批准的授权事项清单，依法依规一次性对相关试点地区给予改革授权。

国务院关于开展和保护社会主义竞争的暂行规定[①]

（1980 年 10 月 17 日国务院常务会议通过）

党的十一届三中全会以来，随着调整、改革、整顿、提高方针的贯彻，特别是企业自主权的扩大和市场调节作用的发挥，竞争逐步开展起来，在我国经济生活中显示出它的活力，推动着经济的发展和技术的进步。社会主义的竞争和资本主义的竞争有着本质的区别，它是在生产资料公有制的基础上，在国家计划指导下开展的，是为社会主义经济服务的。它对于调动生产经营单位和劳动者的主动性、积极性，扬长避短，发挥优势，推动联合，进一步把经济搞活，不断满足人民群众的需要，加快四化建设的步伐有重大的作用。我们应当逐步改革现行的经济管理体制，积极地开展竞争，保护竞争的顺利进行。为此，特作以下暂行规定：

一、在开展竞争中，所有的生产和经营单位，都应当保证完成国家的产销计划，在改善经营管理，加强经济核算，增加花色品种，提高产品质量，减少能源和原材料消耗，降低成本和费用，提高劳动效率，改进服务工作等方面下功夫，比优劣，不断提高生产水平、技术水平和经营管理水平，以取得良好的经济效果。

二、开展竞争必须扩大企业的自主权，尊重企业相对独立的商品生产者的地位。企业根据国家政策法令所拥有的产、供、销、人、财、物等方面的权力，任何地区和部门不得任意干预、企业之间签订的合同和协议，应当互相信守，并受到国家法律的保护，毁

① 《国务院关于开展和保护社会主义竞争的暂行规定》，《中华人民共和国国务院公报》，1980 年 16 期。

约一方要负经济责任和法律责任。企业在保证完成国家规定的供货任务的条件下，可以根据市场需要，安排生产计划，或承担协作任务。除国家计划分配的物资以外，企业可以根据择优的原则，在国家政策法令许可的范围内，到外地外单位购买所需要的物资，有关地区和主管部门不得进行阻挠。属于国家计划分配的物资，也要逐步做到使企业有选择供货单位的余地。对一切侵犯企业自主权的作法，企业有权抵制和上诉。

三、在社会主义公有制经济占优势的情况下，允许和提倡各种经济成分之间、各个企业之间，发挥所长，开展竞争。在经济活动中，除国家指定由有关部门和单位专门经营的产品以外，其余的不得进行垄断、搞独家经营。对一些适宜于承包的生产建设项目和经营项目，可以试行招标、投标的办法。对于有利于国计民生的集体经济和个体经济，注册开业后，应当予以支持，在货源、贷款、税收、劳动力、产品销售等方面，统筹安排，给以方便。他们的正当权益，应受到国家法律的保护，任何单位、任何人都不得平调他们的资财，强加给不合理的负担，侵犯他们的利益。

四、广开商品流通渠道，为竞争开辟场所。企业超计划的和自己组织原材料生产的产品，以及试制的新产品，原则上可以自销。其中属于国家短缺的统购统销或统配产品，首先由国家收购；有些也允许企业自销一部分。自销价格要按照有关规定办理。要增加流通渠道，减少中间环节，允许企业采取多种经营形式，产需结合，加速商品流转。地区之间、城乡之间，可以互设销售机构，举办展销会，委托代销，推销产品。

五、开展竞争必须对不合理的价格逐步进行必要的调整。国家指定的一部分商品，其价格允许在规定的幅度内上下浮动。生产资料的价格，企业根据国家政策和市场的供求变化，有权在不影响财政上缴任务的条件下，自行调低；调高价格必须按照物价管理分工权限的规定，报经批准。同人民生活关系密切的重要商品价格，必须保持基本稳定。

六、开展竞争必须打破地区封锁和部门分割。任何地区和部门都不准封锁市场，不得禁止外地商品在本地区、本部门销售。对本地区出产的原材料必须保证按国家计划调出，不准进行封锁。工业、交通、财贸等有关部门对现行规章制度中妨碍竞争的部分，必须进行修改，以利于开展竞争。采取行政手段保护落后，抑制先进，妨碍商品正常流通的作法，是不合法的，应当予以废止。

七、为了鼓励革新技术和创造发明，保障有关单位和人员应有的经济利益，对创造发明的重要技术成果要实行有偿转让。国务院有关部门要制订有关政策和规定。在文件没有正式制订以前，企业之间可以互相协商解决。在竞争中，要提倡发扬社会主义协作精神，开展技术交流。

八、竞争要严格遵守国家的政策法令，采取合法的手段进行。要树立企业的信誉、企业的道德。不准弄虚作假，行贿受贿，投机倒把，牟取暴利，损害国家和人民的利益。违法乱纪的，应当根据情节轻重依法予以处理。

九、各级政府和主管部门要提高认识，跟上形势，因势利导，加强对竞争的领导，扎扎实实做好服务、协调、统筹、监督工作，及时了解新情况，解决出现的新矛盾、新问题。要学会掌握经济规律，利用价格、税收、信贷、利率等经济杠杆，制订必要的经济法规，指导竞争的健康发展。能源、原材料，要优先供应那些质量好、成本低、消耗少、竞争力强的企业。对后进企业，有些要进行整顿，帮助它们改善经营管理，努力赶上；有些要结合国民经济的调整，进行改组、转产或并厂，鼓励走联合的道路。经济上发达的地区要注意帮助经济上不发达的地区。各级经济管理部门必须加强计划指导和市场管理，做好调查研究、预测预报工作，对产品的发展趋势、市场情况等进行综合分析，指导企业搞好生产和经营，避免由于竞争可能引起的生产建设的盲目性。

十、以上暂行规定，希结合实际情况认真试行。各地区、各部门可根据本规定的精神，制订实施办法，保护竞争的开展。

技术市场管理暂行办法①

（1986年12月18日全国技术市场协调指导小组颁发）

第一章　总则

第一条　为贯彻“经济建设必须依靠科学技术，科学技术工作必须面向经济建设”的战略方针，加强技术市场的管理，促进技术成果转化为生产能力，特按照国家有关法规、政策制定本办法。

第二条　技术市场是我国社会主义商品市场的重要组成部分。技术市场的基本任务是：促进技术商品流通，推动技术成果的推广和应用。

第三条　各部门、各地区应当对技术市场实行“放开、搞活、扶植、引导”的方针。科学技术管理部门，经济管理部门，工商管理部门，财政、金融、税收部门以及各级业务主管部门应当对技术市场实行扶植政策并采取必要措施。

第二章　业务范围

第四条　技术市场的业务范围包括技术转让、技术服务、技术咨询、技术培训、技术承包、技术入股和技术出口等。

第五条　各部门、各地区可以根据技术市场买、卖、中介各方的需要，设置常设技术市场、流动技术市场，举办技术成果交易会、技术招标会，以及组织不同形式的科研、教学、生产联合体。

各单位组织全国性或者跨地区、跨部门的技术成果交易会、技

① 《技术市场管理暂行办法》，《科技信息》，1987年07期。

术招标会，应当提前三个月向当地技术市场协调指导机构或技术市场主管部门备案。

第三章　协调指导机构

第六条　全国技术市场协调指导小组是全国技术市场协调指导机构，负责依据国家法律、行政法规和有关政策，对全国技术市场进行宏观指导，协调各业务部门的关系，推动全国技术市场的发展。

全国技术市场协调指导小组下设办公室，负责日常工作。

第七条　各省、自治区、直辖市和计划单列城市，可以根据实际情况建立相应的技术市场协调指导小组，负责本地区技术市场的协调指导工作。

国务院各有关部门可以指定有关业务局（司、厅），负责本部门技术市场的协调指导工作。

第八条　各级业务主管部门应当加强对技术市场的管理，接受技术市场协调指导机构的指导，协同开展技术市场工作。

第四章　技术市场管理

第九条　技术市场的活动必须遵守国家法令和有关规定，接受技术市场协调指导机构的监督和指导。

第十条　技术市场的交易活动，必须遵照国家有关法规订立书面技术合同。技术合同的条款可以包括：

一、项目名称；

二、合同标的、范围和要求；

三、履行的计划、进度、期限、地点和方式；

四、价格或报酬及其支付方式（包括中介方的收益）；

五、验收标准和方式；

六、技术成果分享（包括专利权和专利实施权；非专利技术的使用权和转让权；是否要求告知该项技术后续改进的详细内容；是否可将该技术转让第三方；是否要求告知已转让的次数和地点；是否预付入门费等）；

七、风险责任的负担；

八、违约责任；

九、争议的解决办法；

十、名词和技术术语的解释。

第十一条　工商管理部门和各级业务主管部门应当加强对技术合同履行的监督和检查。

第十二条　技术合同签订后，当事人应当到指定的技术合同登记机关进行登记。当事人双方不在同一地区的，根据商定情况可到卖、买任何一方所在地登记。

技术合同登记机关应当对合同进行审查，对于以技术交易为内容的合同，应按《关于技术市场统计工作的若干规定》分类登记；对于包含部分技术交易项目的合同，应仅就其中技术交易部分进行登记；对于与技术交易无关的其他合同，一律不予登记。

技术合同登记后，经税务机关审核按有关规定给予减免税收的优惠，银行凭登记机关出具的技术合同登记证明，承办科技信贷和合同结算业务。

第十三条　技术合同受国家法律的保护和制约。技术合同发生争议时，当事人应当协商解决，协商不成时，技术中介方负有调解的义务。当事人拒绝接受中介方的调解时，可以向合同仲裁机构申请调解和仲裁，也可直接向人民法院起诉。

第十四条　技术交易项目，可以在技术市场上公开招标。招标和投标应当遵守公正平等、诚实信用和择优成交的原则。招标方按照规定程序提交的要约和投标方在要约有效期间作出的承诺，具有法律约束力。擅自变更或者撤回要约或者承诺的，应当赔偿给对方造成的损失。

第十五条　进入技术市场的技术应当真实、可靠并力求成熟。转让涉及国家安全或者重大利益需要保密的技术，应当按照国家有关规定办理。危害国家和社会利益的技术，侵犯他人技术权益的技术，以及国家法律和政策不允许转让的技术不得进入技术市场。

第十六条　各级技术市场统计部门应当依据《关于技术市场统计工作的若干规定》和《全国技术市场统计调查方案》做好技术市场统计工作。

第五章　技术商品服务机构

第十七条　技术商品服务机构的主要任务是：沟通科学技术与经济建设的信息，促进科学技术与经济建设的结合，加速科学技术成果商品化，繁荣社会主义技术市场。

第十八条　技术商品服务机构，应当有明确的经营内容和服务方向，有与经营内容相适应的科学技术和经营管理人员，有健全的组织机构和规章制度。

常设技术商品服务机构，要有必要的资金和设施。

第十九条　成立事业性质的技术商品服务机构，应当按照国家有关规定，经主管部门批准。成立企业性质的技术商品服务机构，经主管部门批准后，须向工商行政管理部门申请核准登记，领取营业执照。

技术商品服务机构成立后，应当向当地技术市场协调指导机构备案，并在国家规定的或者核准登记的范围内开展业务活动，接受业务主管部门和技术市场协调指导机构的监督。

第六章　价款、支付和税收

第二十条　技术交易的价款，实行市场调节，由交易双方协商议定。其支付方式可以一次总付或者分期支付，可以按照技术实施后新增销售额或利润的一定比例提成，也可以按照双方商定的其他办法支付。

第二十一条　全民所有制企业、集体所有制企业支付技术交易费用，一次总算的，在企业管理费中列支。数额较大时，可以作为待摊费用，分散摊入成本，但一般不要超过两年。按照新增销售额或利润提成支付的，在实施技术后的新增利润中税前列支。接受科技开发贷款的，在新增利润税前还款。

第二十二条　全民所有制事业单位支付技术交易费，在事业费包干结余或预算外收入中列支；没有事业费包干结余或预算外收入的，在事业费中列支。

第二十三条　促成技术交易的中介方（包括单位、个人），应取得合理报酬，其数额由技术交易有关各方协商议定。

第二十四条　单位留用的技术交易净收入，应当按五比三比二的比例用于科技发展基金、集体福利基金和奖励基金，上级领导机关和有关部门不得擅自抽调和干预。

第二十五条　技术交易收益的税收与分配，按财政、税务部门的有关规定办理。

第七章　技术权益

第二十六条　执行国家和上级部门的计划研究、开发的技术成果，除保证按照计划规定推广外，研究开发单位根据国家有关政策，有权自行转让。

第二十七条　根据本单位计划研究、开发的技术成果，单位可自行转让，收入归单位。

接受其他单位委托研究、开发的技术成果，当事人应在合同中明确规定该项技术的使用权和转让权，合同没有规定的，各方均有使用和转让的权利。

第二十八条　科技人员在完成本职工作和不侵犯本单位技术权益与经济利益的前提下，自行研究、开发的技术成果，其转让收入依国家有关规定分配。使用本单位器材、设备和未公开的技术资料，应当事先征得本单位同意，按协议支付使用费。

第二十九条　获得专利权转让和专利实施许可应当符合《中华人民共和国专利法》的有关规定。

第八章　附则

第三十条　技术商品经营和服务机构应当实行专业技术职务聘任制。从事技术市场工作的技术人员其专业技术职务，可按照工程技术序列或其他相应专业职务序列配置，并在工资和生活上与其他技术岗位的技术人员享有同等待遇。

第三十一条　各部门、各省、自治区、直辖市和计划单列城市，可以根据各自的实际情况参照本办法制定相应的实施细则。

第三十二条　本办法自公布之日起执行。

批发市场管理办法[①]

（1994年12月6日国内贸易部第33次部长办公会议通过）

第一章　总则

第一条　为完善商品批发市场体系，规范批发市场交易行为，使批发市场的建设和管理纳入法制化、规范化轨道，保护交易当事人的正当经营和合法权益，制定本办法。

第二条　本办法所称“批发市场”，是指为买卖双方提供经常性的、公开的、规范的进行商品批发交易，并具有信息、结算、运输等配套服务功能的场所。

第三条　本办法中“中心批发市场”是指经国内贸易部批准或确认，在商品主要产地、销地或集散地中心城市设立的，具有辐射周围地区乃至全国的批发交易场所。

第四条　本办法中的“地方批发市场”是指经所在地省、自治区、直辖市和计划单列市商品流通主管部门或省级人民政府指定的部门批准，在国内贸易部备案设立的批发交易场所。

第五条　经批准或确认设立的批发市场必须使用“批发市场”名称。中心批发市场名称需冠以：所在地（省、市）名称，标明交易商品类别和“中心批发市场”字样；地方批发市场名称需冠以：所在城市名称，标明交易商品类别和“批发市场”字样。未经批准或确认的市场不得使用“批发市场”字样。

第六条　批发市场是社会公益性的非营利事业法人或公司法人。

① 《批发市场管理办法》，《中华人民共和国国务院公报》，1994年32期。

批发市场实行管理委员会监督管理下的理事会（董事会）负责制。

第七条　批发市场以服务为宗旨，遵循公开交易、平等竞争、自由议价的交易原则。

第八条　批发市场必须遵守和执行国家法律和宏观调控政策。

第二章　设立

第九条　中心批发市场必须经国内贸易部批准方可设立；地方批发市场须经省级（含计划单列市）商品流通主管部门或省级人民政府指定的部门批准方可设立。

第十条　国内贸易部根据国家的经济发展状况制定批发市场建设规划。批发市场建设规划包括：

（一）市场建设的总体思路和方针原则；

（二）市场的布局、规模和种类；

（三）市场建设的目标；

（四）市场管理与指导；

（五）其他有关市场建设的必须事项。

省、自治区、直辖市和计划单列市商品流通主管部门应根据国内贸易部批发市场建设规划制定本地区市场建设规划，报国内贸易部备案。

第十一条　建立批发市场必须具备以下条件：

（一）交易商品的主要产地、销地中心城市或商品集散中心，交通方便，通讯发达；

（二）有进行批发交易的场所和基本配套设施；

（三）符合国家和地方市场建设规划。

第十二条　批发市场可由政府部门筹资组建，也可按《中华人民共和国公司法》（以下简称《公司法》）的有关规定由企业出资或合作组建。

第十三条　建立中心批发市场由发起单位提出申请，报国内贸易部批准。

地方批发市场由发起单位提出申请，报所在地省、自治区、直辖市、计划单列市商品流通主管部门或省级人民政府指定的部门批准，并报国内贸易部备案。国内贸易部在接到备案报告一个月内，以书面形式明确答复同意或不同意。同意的，方可依法办理开业等事宜。

第十四条　申请设立中心批发市场需经省级（包括计划单列市）人民政府认可。

第十五条　本办法第十三条所称“发起单位”是指：

（一）政府部门筹资建立的批发市场为参与筹资的有关政府部门和企事业单位根据共同意向设立的筹备办公室（组）。

（二）按《公司法》规定以公司形式组建的批发市场为国内贸易部或省、自治区、直辖市和计划单列市商品流通主管部门或省级人民政府指定的部门同意的一个以上的企事业单位。

第十六条　申报开办批发市场须提交下列材料：

（一）发起单位的申请报告；

（二）建立批发市场的可行性报告；

（三）建设计划和实施措施；

（四）章程、交易规则、内部管理规章草案。

第十七条　批发市场可行性报告包含以下内容：

（一）拟进行批发交易的商品种类和名称；

（二）市场所在地区该种类商品的生产能力、消费量和流通量，及同类市场的数量及规模；

（三）市场交易量、交易金额和对周围地区及全国辐射能力预测；

（四）所在地交通、通讯和流通设施情况；

（五）市场的面积、设施、主要服务功能；

（六）专职管理人员情况；

（七）批发市场的筹建方案和近、远期建设目标；

（八）建设资金数额和筹集方案，投资筹建单位所签订的筹建合同；

（九）投资的直接、间接效益预测；

（十）项目的优势、不足及相应的对策措施；

（十一）其他需要说明的事项。

第十八条　章程、交易规则中应对下列内容做出规定：

（一）市场的地点及规模；

（二）交易品种；

（三）招商方式、组织结构和领导机构、管理机构组成方案；

（四）交易方式和结算方法；

（五）从事批发业务人员的有关事项；

（六）从事市场管理人员的有关事项；

（七）设施使用费用；

（八）交易时间；

（九）代理规则和手续费标准；

（十）日常经费来源及使用原则；

（十一）章程、交易规则所包含的其他要求的内容。

第十九条　国内贸易部在接到建立中心批发市场申请和上述文件的三个月内进行审定核实，并明确答复；地方批发市场由省、自治区、直辖市和计划单列市商品流通主管部门或省级人民政府指定部门参照中心批发市场的方式进行审批。

第二十条　对批准建立的中心批发市场和经国内贸易部同意备案的地方批发市场，由国内贸易部统一及时予以公告。

第三章　监督管理机构

第二十一条　批发市场设立管理委员会。中心批发市场管理委员会由国内贸易部、发起单位上级主管部门、所在地政府有关部门的代表和专家组成。管理委员会设主任一人、副主任若干人，分别由国内贸易部、所在地省级（包括计划单列市）人民政府、生产主管部门派员出任。

第二十二条　管理委员会是批发市场的监督管理机构，主要职责是：

（一）批准市场管理规定、章程、交易商管理规则、交易规则、工作人员守则等有关规章制度；

（二）批准交易品种、交易方式（不含中远期合同竞价交易）；

（三）协调处理批发市场筹建和运行中涉及的有关政策问题和部门、地区之间的关系；

（四）审批理事会（董事会）的报告；

（五）对批发市场交易活动进行监督、指导；

（六）审议批准批发市场的其他重大事项。

第二十三条　管理委员会每年至少召开一次会议，会议须有三分之二以上成员出席，其决议须经由半数以上成员通过方为有效。

第二十四条　地方批发市场管理委员会参照中心批发市场管理委员会的模式设立。

第四章　权力机构

第二十五条　政府部门筹资建立的中心批发市场设理事会。理事会是批发市场的权力机构。

理事会由不少于五人的奇数组成，其中参与筹资的政府部门推选的理事不多于理事成员的三分之二，其余由交易商选举的代表出任；理事会选举产生理事长一名、副理事长若干名，任期二年，可以连选连任。理事长是批发市场的法人代表。

（一）理事会对筹资政府部门和交易商负责，行使以下职权：

1. 制定、修订批发市场有关规章制度；

2. 决定经营方针和投资方案；

3. 决定批发市场的招商和交易方式（不含中远期合同竞价交易）；

4. 批准交易商进场交易；

5. 批准交易商开展代理批发业务；

6. 决定批发市场的合并、分立、解散和清算等；

7. 决定批发市场内部机构设置；

8. 聘任或解聘高级管理人员；

9. 制定批发市场年度预、决算方案。

（二）批发市场设总经理（或总裁），总经理（总裁）由理事会聘任。总经理（总裁）对理事会负责，行使以下职权：

1. 组织实施批发市场经营方针和投资方案；

2. 拟定批发市场内部管理机构设置方案；

3. 拟订批发市场具体管理制度；

4. 负责批发市场日常工作；

5. 批发市场章程和理事会授予的其他职权。

总经理（总裁）列席理事会会议。

第二十六条　中心批发市场根据需要设立交易、信息、结算、交割、开发、监察等职能部门。

第二十七条　按《公司法》设立的中心批发市场设董事会。董事会是批发市场的权力机构，董事会等组织机构产生、职权按《公司法》的有关规定执行。

第二十八条　地方批发市场工作机构由当地政府根据当地实际情况设立，也可参照中心批发市场模式设立。

第五章　交易商

第二十九条　本办法所称“交易商”，是指具有商品批发交易能力，可进入批发市场进行交易的批发企业、经纪商和经批准的生产企业和用户。

第三十条　交易商必须具备下列条件：

（一）具有独立的法人资格；

（二）拥有开展规定商品批发业务所必需的最低注册资金和相应的经营设施；

（三）经纪商要有经营批发业务的许可；

（四）有良好的商业信誉，无违法记录；

（五）批发市场章程规定的其他必备条件。

第三十一条　凡具备上述条件的批发企业、经纪商和大的生产企业和用户均可向市场提出申请，经理事会（董事会）批准，方可进场交易。

第三十二条　交易商平等地享有批发市场章程赋予的权利，履行章程规定的义务。

第三十三条　交易商必须委派具有资格证书的交易员进场交易。批发市场交易专业人员资格认定由国内贸易部负责。其培训、考核事项可委托全国性行业组织或其他有关部门具体承办。培训合格者将发给从业资格证书，未取得资格证书的人员不得参加交易。

第三十四条　交易员根据授权全权负责所代表交易商在市场内的交易，所签订的合同具有法律效力。交易员只能接受本单位的指令，不得接受其他交易商或客户的指令。

第三十五条　经理事会（董事会）批准，企业法人交易商有权接受客户的委托，进行代理批发业务。

第三十六条　企业法人交易商变更法人代表时，在变更后一个月内向批发市场备案。变更或增加交易员须提前十五天向批发市场备案，原交易员在了结各项手续后方可退出。

第六章　交易

第三十七条　交易商按照诚实、守信、公平、公正的原则在批发市场内进行交易。

第三十八条　交易方式根据不同商品的特性采取协商买卖、竞价买卖和拍卖。

第三十九条　批发市场内的交易经市场确认后具有法律效力，买卖双方必须严格履约。批发市场有保证交易双方履约的权力和义务。

第四十条　即期现货成交按双方商定的时间、地点、品种、数量、质量等条件和交货方式由买卖双方负责，批发市场负责监督。

第四十一条　严格控制批发市场进行中远期合同竞价交易。批发市场进行中远期合同竞价交易或由即期货交易转为中远期合同竞价交易，必须经国内贸易部批准。

第四十二条　改变或增加中远期合同竞价交易品种必须报国内贸易部批准。

第四十三条　中远期合同竞价交易具体管理办法由国内贸易部另行制定。

第四十四条　有条件的批发市场要主动争取铁路、交通部门的支持。

第四十五条　批发市场交易品种必须符合国家认可的质量标准。

第四十六条　批发市场可根据国内贸易部、生产主管部门或地方政府的要求，承办全国或省、市范围的商品交易会。

第四十七条　批发市场内的交易禁止下列行为：

（一）蓄意串通，制造虚假供求和价格；

（二）故意捏造或散布虚假的、容易使人误解的信息；

（三）以操纵市场为目的，连续抬价或压价买入或卖出同一种商品；

（四）以其他直接或间接方式，操纵或扰乱交易；

（五）未经批准进行中远期合同竞价交易；

（六）未经批准开展代理批发业务；

（七）从事代理批发业务收受章程规定的手续费以外的报酬。

第七章　代理批发

第四十八条　交易商进行代理批发业务必须遵守代理规则和有关细则。

第四十九条　批发市场对交易商负责，代理者对被代理者负责。

第五十条　代理者可向被代理者收取手续费。

第五十一条　批发市场有权对代理业务进行检查监督，保护被代理者的利益。

第五十二条　被代理者可以自由选择代理者，代理条件由代理双方本着公正、合理的原则协商确定并签订代理协议。

第八章　价格

第五十三条　除国家另有规定外，批发市场交易价格允许随行就市，法定报价货币为人民币。

第五十四条　批发市场应根据国家有关法律制定价格管理规则。

第五十五条　批发市场成交的价格、数量等信息由批发市场专门机构统一汇总。

第五十六条　建立批发市场行情报告制度。中心批发市场在每天交易结束后，要将成交品种、产地、数量、价格等行情报国内贸易部，统一向全国发布。地方批发市场在每天交易结束后，要将成交品种、产地、数量、价格等行情报省级（包括计划单列市）商品流通主管部门或省级人民政府指定的部门，统一组织发布；各地商品流通主管部门要定期将上述行情报国内贸易部。

第九章　结算

第五十七条　有条件的批发市场对场内成交的商品实行统一结算。

第五十八条　以竞价方式交易的批发市场可实行保证金制度。条件成熟后要建立全国统一的结算机构。

第五十九条　批发市场有权追偿并处罚违约方造成的经济损失。

第十章　监督管理

第六十条　批发市场必须积极、严谨、高效地为交易商服务，凡因市场工作人员失职、渎职造成损失的，由市场予以赔偿。

第六十一条　批发市场的工作人员必须主持公道、清正廉洁，不得参与场内的交易活动。对于徇私舞弊、违法乱纪者，按工作人员守则的有关条款予以处罚。情节严重者，按照干部、职工管理权限和有关法律、法规由有关部门处理。

第六十二条　批发市场有权监督交易商的交易行为；有权按有关规定、章程和细则对违章、违纪行为进行处罚。

第六十三条　交易者不严格履行商品批发合同所规定的各项条款产生的纠纷，首先由买卖双方协商解决，双方不能达成一致意见时，由批发市场依法予以调解。

第六十四条　批发市场通过下列工作行使监督、处罚的职责：

（一）听取交易商申诉；

（二）受理对交易商不正当行为的指控；

（三）调查交易商交易、财务状况，检查帐册、文件和原始记录；

（四）以书面形式通知交易商停止或纠正不正当行为。

第六十五条　对交易商和交易员的违规行为，按市场有关规定予以警告、取消交易商及交易员资格处罚。情节严重、触犯刑律的行为依法由司法机关审理。

第六十六条　批发市场对交易商和交易员资格实行年审制度，并向国内贸易部备案。

第六十七条　当批发市场交易中出现不正当行为或不正常价格时，国内贸易部或各地商品流通主管部门可对批发市场交易进行监督指导。并有权要求批发市场或交易商提供业务报告或资料，进行检查。

第十一章　附则

第六十八条　各省、自治区、直辖市和计划单列市商品流通主管部门可根据本办法制定地方批发市场管理办法。

第六十九条　本办法由国内贸易部负责解释。

第七十条　本办法自发布之日起施行。

中华人民共和国国库券条例 ①

（1992 年 3 月 18 日中华人民共和国国务院令第 95 号发布 根据 2011 年 1 月 8 日《国务院关于废止和修改部分行政法规的决定》修订）

第一条　为了筹集社会资金，进行社会主义现代化建设，制定本条例。

第二条　国库券的发行对象是：居民个人、个体工商户、企业、事业单位、机关、社会团体和其他组织。

第三条　国库券以人民币元为计算单位。

第四条　每年国库券的发行数额、利率、偿还期等，经国务院确定后，由财政部予以公告。

第五条　国库券发行采取承购包销、认购等方式。

国家下达的国库券发行计划，应当按期完成。

第六条　国库券按期偿还本金。国库券利息在偿还本金时一次付给，不计复利。

第七条　国库券的发行和还本付息事宜，在各级人民政府统一领导下，由财政部门和中国人民银行组织有关部门多渠道办理。

第八条　国库券可以用于抵押，但是不得作为货币流通。

第九条　国库券可以转让，但是应当在国家批准的交易场所办理。

第十条　发行国库券筹集的资金，由国务院统一安排使用。

第十一条　对伪造国库券的，依法追究刑事责任。

① 《中华人民共和国国库券条例》，《中国政府网》，2011 年 9 月 20 日。

对倒卖国库券的，按照投机倒把论处。（2011 年 1 月 8 日删除）

第十二条　国库券的利息收入享受免税待遇。

第十三条　本条例由财政部负责解释。实施细则由财政部商中国人民银行制定。

第十四条　本条例自发布之日起施行。

全国银行间债券市场债券预发行业务管理办法①

（中国人民银行 2014 年 12 月 13 日公布）

第一条　为规范债券预发行业务，维护市场参与者合法权益，完善市场价格发现机制，促进债券市场发展，根据《中华人民共和国中国人民银行法》、《全国银行间债券市场债券交易管理办法》（中国人民银行令〔2000〕第 2 号发布）等有关规定，制定本办法。

第二条　本办法所称债券预发行业务（以下简称预发行），是指全国银行间债券市场投资者以即将发行的债券为标的进行的债券买卖行为。预发行交易投资者范围、报价成交基本规范按照现券买卖相关管理规定执行。

第三条　预发行的券种范围为在全国银行间债券市场发行的债券品种。

第四条　国债预发行的具体券种由财政部会同中国人民银行确定。全国银行间同业拆借中心（以下简称交易中心）和债券登记托管结算机构最迟在预发行交易开始前 1 个工作日向投资者公布该期国债预发行的交易事项。

第五条　拟进行预发行交易除国债外的其他券种（以下简称其他券种）应当符合以下条件：

（一）通过中国人民银行债券发行系统招标发行（数量招标除外）；

（二）发行人在发行公告中应当至少列明标的债券计划发行数量、期限、计息方式、还本付息方式、招标方式、中标方式、起息

① 《全国银行间债券市场债券预发行业务管理办法》，中国人民银行网站，2014 年 12 月 30 日。

日、缴款日、招标日等足以影响标的债券价格判断的基本要素；

（三）中国人民银行规定的其他条件。

发行人应当在向中国人民银行提交的招标备案材料中提出预发行意向，并向交易中心和债券登记托管结算机构提交拟预发行债券的基本要素，交易中心和债券登记托管结算机构最迟应当在债券预发行交易开始前 1 个工作日向投资者公布该期债券预发行的交易事项。

第六条　国债预发行从招标日前 4 个工作日开始，至招标日前 1 个工作日终止。其他券种预发行从发行公告发布的下 1 个工作日开始，至招标日前 1 个工作日终止。

第七条　投资者开展预发行交易应当通过交易中心交易系统进行，交易中心交易系统出具的成交单是双方之间的预发行交易合同。

第八条　投资者开展预发行交易应当签署双边协议或通过成交单约定交易术语定义、违约情形及违约责任等权利义务。

第九条　发行人不得以自身拟发行的债券为标的进行预发行交易。

第十条　债券预发行交易应当于债券上市日（不含）前完成结算，可以采用实券或现金方式交割。国债预发行原则上应当实际交割标的国债。

第十一条　国债预发行交易开始后，如当次国债发行取消，已发生的国债预发行交易做无效处理，交易双方另有约定的除外。

第十二条　其他券种预发行交易开始后，发行人不得取消发行、延迟发行或变更债券基本要素。

第十三条　国债预发行交易时，单家记账式国债承销团甲类成员净卖出余额不得超过当期国债当次计划发行量的 6%；单家记账式国债承销团乙类成员净卖出余额不得超过当期国债当次计划发行量的 1.5%。非记账式国债承销团成员不得在国债预发行中净卖出。

第十四条　其他券种预发行交易时，当期债券当次计划发行量不低于 35 亿元的，单个投资者净卖出余额不得超过该只债券当期计划发行量的 3%。当期债券计划发行量低于 35 亿元的，单个投资者净卖出余额不得超过 1 亿元。

第十五条　进行预发行交易，交易双方应当按照对手的信用状况建立履约保障机制。

第十六条　投资者不得以任何手段操纵价格或进行利益输送。

第十七条　交易中心和债券登记托管结算机构应当及时披露债券预发行及上市前的交易、结算有关信息，加强日常监测与分析，切实防范可能存在的风险，遇到异常情况应当及时处理，并向中国人民银行及相关部门报告。

第十八条　投资者因对预发行交易违约事实或违约责任存在争议，协议申请仲裁或者向人民法院提起诉讼的，应当在接到仲裁或诉讼最终结果的下 1 个工作日 12：00 之前将该结果送交易中心和债券登记托管结算机构公告。

第十九条　交易中心和债券登记托管结算机构应当按照本办法制定交易、结算规则，报中国人民银行及相关部门同意后组织实施。

第二十条　本办法由中国人民银行负责解释。

本办法自公布之日起施行。

人力资源市场暂行条例（节选）①

（2018 年 5 月 2 日国务院第 7 次常务会议通过 2018 年 6 月 29 日中华人民共和国国务院令第 700 号公布）

（上略）

第二章　人力资源市场培育

第七条　国家建立统一开放、竞争有序的人力资源市场体系，发挥市场在人力资源配置中的决定性作用，健全人力资源开发机制，激发人力资源创新创造创业活力，促进人力资源市场繁荣发展。

第八条　国家建立政府宏观调控、市场公平竞争、单位自主用人、个人自主择业、人力资源服务机构诚信服务的人力资源流动配置机制，促进人力资源自由有序流动。

第九条　县级以上人民政府应当将人力资源市场建设纳入国民经济和社会发展规划，运用区域、产业、土地等政策，推进人力资源市场建设，发展专业性、行业性人力资源市场，鼓励并规范高端人力资源服务等业态发展，提高人力资源服务业发展水平。

国家鼓励社会力量参与人力资源市场建设。

第十条　县级以上人民政府建立覆盖城乡和各行业的人力资源市场供求信息系统，完善市场信息发布制度，为求职、招聘提供服务。

第十一条　国家引导和促进人力资源在机关、企业、事业单位、社会组织之间以及不同地区之间合理流动。任何地方和单位不

① 《人力资源市场暂行条例》，《中华人民共和国国务院公报》，2018 年 21 期。

得违反国家规定在户籍、地域、身份等方面设置限制人力资源流动的条件。

第十二条　人力资源社会保障行政部门应当加强人力资源市场监管，维护市场秩序，保障公平竞争。

第十三条　国家鼓励开展平等、互利的人力资源国际合作与交流，充分开发利用国际国内人力资源。

（下略）

公平竞争审查制度实施细则（节选）[①]

（2021年6月29日市场监管总局、发展改革委、财政部、司法部发布）

第一章　总则

第一条　为全面落实公平竞争审查制度，健全公平竞争审查机制，规范有效开展审查工作，根据《中华人民共和国反垄断法》、《国务院关于在市场体系建设中建立公平竞争审查制度的意见》（国发〔2016〕34号，以下简称《意见》），制定本细则。

第二条　行政机关以及法律、法规授权的具有管理公共事务职能的组织（以下统称政策制定机关），在制定市场准入和退出、产业发展、招商引资、招标投标、政府采购、经营行为规范、资质标准等涉及市场主体经济活动的规章、规范性文件、其他政策性文件以及“一事一议”形式的具体政策措施（以下统称政策措施）时，应当进行公平竞争审查，评估对市场竞争的影响，防止排除、限制市场竞争。

经公平竞争审查认为不具有排除、限制竞争效果或者符合例外规定的，可以实施；具有排除、限制竞争效果且不符合例外规定的，应当不予出台或者调整至符合相关要求后出台；未经公平竞争审查的，不得出台。

第三条　涉及市场主体经济活动的行政法规、国务院制定的政策措施，以及政府部门负责起草的地方性法规、自治条例和单行条例，由起草部门在起草过程中按照本细则规定进行公平竞争审查。

① 《市场监管总局发展改革委财政部商务部司法部关于印发〈公平竞争审查制度实施细则〉的通知》，《中华人民共和国国务院公报》，2021年25期。

未经公平竞争审查的，不得提交审议。

以县级以上地方各级人民政府名义出台的政策措施，由起草部门或者本级人民政府指定的相关部门进行公平竞争审查。起草部门在审查过程中，可以会同本级市场监管部门进行公平竞争审查。未经审查的，不得提交审议。

以多个部门名义联合制定出台的政策措施，由牵头部门负责公平竞争审查，其他部门在各自职责范围内参与公平竞争审查。政策措施涉及其他部门职权的，政策制定机关在公平竞争审查中应当充分征求其意见。

第四条　市场监管总局、发展改革委、财政部、商务部会同有关部门，建立健全公平竞争审查工作部际联席会议制度，统筹协调和监督指导全国公平竞争审查工作。

县级以上地方各级人民政府负责建立健全本地区公平竞争审查工作联席会议制度（以下简称联席会议），统筹协调和监督指导本地区公平竞争审查工作，原则上由本级人民政府分管负责同志担任联席会议召集人。联席会议办公室设在市场监管部门，承担联席会议日常工作。

地方各级联席会议应当每年向本级人民政府和上一级联席会议报告本地区公平竞争审查制度实施情况，接受其指导和监督。

第二章　审查机制和程序

第五条　政策制定机关应当建立健全公平竞争内部审查机制，明确审查机构和程序，可以由政策制定机关的具体业务机构负责，也可以采取内部特定机构统一审查或者由具体业务机构初审后提交特定机构复核等方式。

第六条　政策制定机关开展公平竞争审查应当遵循审查基本流程（可参考附件 1），识别相关政策措施是否属于审查对象、判断是否违反审查标准、分析是否适用例外规定。属于审查对象的，经审查后应当形成明确的书面审查结论。审查结论应当包括政策措施名称、涉及行业领域、性质类别、起草机构、审查机构、征求意见情况、审查结论、适用例外规定情况、审查机构主要负责人意见等内容（可参考附件 2）。政策措施出台后，审查结论由政策制定机关存档备查。

未形成书面审查结论出台政策措施的，视为未进行公平竞争审查。

第七条　政策制定机关开展公平竞争审查，应当以适当方式征求利害关系人意见，或者通过政府部门网站、政务新媒体等便于社会公众知晓的方式公开征求意见，并在书面审查结论中说明征求意见情况。

在起草政策措施的其他环节已征求过利害关系人意见或者向社会公开征求意见的，可以不再专门就公平竞争审查问题征求意见。对出台前需要保密或者有正当理由需要限定知悉范围的政策措施，由政策制定机关按照相关法律法规处理。

利害关系人指参与相关市场竞争的经营者、上下游经营者、行业协会商会、消费者以及政策措施可能影响其公平参与市场竞争的其他市场主体。

第八条　政策制定机关进行公平竞争审查，可以咨询专家学者、法律顾问、专业机构的意见。征求上述方面意见的，应当在书面审查结论中说明有关情况。

各级联席会议办公室可以根据实际工作需要，建立公平竞争审查工作专家库，便于政策制定机关进行咨询。

第九条　政策制定机关可以就公平竞争审查中遇到的具体问题，向本级联席会议办公室提出咨询。提出咨询请求的政策制定机关，应当提供书面咨询函、政策措施文稿、起草说明、相关法律法规依据及其他相关材料。联席会议办公室应当在收到书面咨询函后及时研究回复。

对涉及重大公共利益，且在制定过程中被多个单位或者个人反映或者举报涉嫌排除、限制竞争的政策措施，本级联席会议办公室可以主动向政策制定机关提出公平竞争审查意见。

第十条　对多个部门联合制定或者涉及多个部门职责的政策措施，在公平竞争审查中出现较大争议或者部门意见难以协调一致时，政策制定机关可以提请本级联席会议协调。联席会议办公室认为确有必要的，可以根据相关工作规则召开会议进行协调。仍无法协调一致的，由政策制定机关提交上级机关决定。

第十一条　政策制定机关应当对本年度公平竞争审查工作进行总结，于次年 1 月 15 日前将书面总结报告报送本级联席会议办公室。

地方各级联席会议办公室汇总形成本级公平竞争审查工作总体情况，于次年 1 月 20 日前报送本级人民政府和上一级联席会议办公室，并以适当方式向社会公开。

第十二条　对经公平竞争审查后出台的政策措施，政策制定机关应当对其影响统一市场和公平竞争的情况进行定期评估。评估报告应当向社会公开征求意见，评估结果应当向社会公开。经评估认为妨碍统一市场和公平竞争的，应当及时废止或者修改完善。定期评估可以每三年进行一次，或者在定期清理规章、规范性文件时一并评估。

第三章　审查标准

第十三条　市场准入和退出标准。

（一）不得设置不合理或者歧视性的准入和退出条件，包括但不限于：

1．设置明显不必要或者超出实际需要的准入和退出条件，排斥或者限制经营者参与市场竞争；

2．没有法律、行政法规或者国务院规定依据，对不同所有制、地区、组织形式的经营者实施不合理的差别化待遇，设置不平等的市场准入和退出条件；

3．没有法律、行政法规或者国务院规定依据，以备案、登记、注册、目录、年检、年报、监制、认定、认证、认可、检验、监测、审定、指定、配号、复检、复审、换证、要求设立分支机构以及其他任何形式，设定或者变相设定市场准入障碍；

4．没有法律、行政法规或者国务院规定依据，对企业注销、破产、挂牌转让、搬迁转移等设定或者变相设定市场退出障碍；

5．以行政许可、行政检查、行政处罚、行政强制等方式，强制或者变相强制企业转让技术，设定或者变相设定市场准入和退出障碍。

（二）未经公平竞争不得授予经营者特许经营权，包括但不限于：

1．在一般竞争性领域实施特许经营或者以特许经营为名增设行政许可；

2．未明确特许经营权期限或者未经法定程序延长特许经营权期限；

3．未依法采取招标、竞争性谈判等竞争方式，直接将特许经营权授予特定经营者；

4．设置歧视性条件，使经营者无法公平参与特许经营权竞争。

（三）不得限定经营、购买、使用特定经营者提供的商品和服务，包括但不限于：

1．以明确要求、暗示、拒绝或者拖延行政审批、重复检查、不予接入平台或者网络、违法违规给予奖励补贴等方式，限定或者变相限定经营、购买、使用特定经营者提供的商品和服务；

2．在招标投标、政府采购中限定投标人所在地、所有制形式、组织形式，或者设定其他不合理的条件排斥或者限制经营者参与招标投标、政府采购活动；

3．没有法律、行政法规或者国务院规定依据，通过设置不合理的项目库、名录库、备选库、资格库等条件，排斥或限制潜在经营者提供商品和服务。

（四）不得设置没有法律、行政法规或者国务院规定依据的审批或者具有行政审批性质的事前备案程序，包括但不限于：

1．没有法律、行政法规或者国务院规定依据，增设行政审批事项，增加行政审批环节、条件和程序；

2．没有法律、行政法规或者国务院规定依据，设置具有行政审批性质的前置性备案程序。

（五）不得对市场准入负面清单以外的行业、领域、业务等设置审批程序，主要指没有法律、行政法规或者国务院规定依据，采取禁止进入、限制市场主体资质、限制股权比例、限制经营范围和商业模式等方式，限制或者变相限制市场准入。

第十四条　商品和要素自由流动标准。

（一）不得对外地和进口商品、服务实行歧视性价格和歧视性补贴政策，包括但不限于：

1. 制定政府定价或者政府指导价时，对外地和进口同类商品、服务制定歧视性价格；

2. 对相关商品、服务进行补贴时，对外地同类商品、服务，国际经贸协定允许外的进口同类商品以及我国作出国际承诺的进口同类服务不予补贴或者给予较低补贴。

（二）不得限制外地和进口商品、服务进入本地市场或者阻碍本地商品运出、服务输出，包括但不限于：

1. 对外地商品、服务规定与本地同类商品、服务不同的技术要求、检验标准，或者采取重复检验、重复认证等歧视性技术措施；

2. 对进口商品规定与本地同类商品不同的技术要求、检验标准，或者采取重复检验、重复认证等歧视性技术措施；

3. 没有法律、行政法规或者国务院规定依据，对进口服务规定与本地同类服务不同的技术要求、检验标准，或者采取重复检验、重复认证等歧视性技术措施；

4. 设置专门针对外地和进口商品、服务的专营、专卖、审批、许可、备案，或者规定不同的条件、程序和期限等；

5. 在道路、车站、港口、航空港或者本行政区域边界设置关卡，阻碍外地和进口商品、服务进入本地市场或者本地商品运出和服务输出；

6. 通过软件或者互联网设置屏蔽以及采取其他手段，阻碍外地和进口商品、服务进入本地市场或者本地商品运出和服务输出。

（三）不得排斥或者限制外地经营者参加本地招标投标活动，包括但不限于：

1. 不依法及时、有效、完整地发布招标信息；

2．直接规定外地经营者不能参与本地特定的招标投标活动；

3．对外地经营者设定歧视性的资质资格要求或者评标评审标准；

4．将经营者在本地区的业绩、所获得的奖项荣誉作为投标条件、加分条件、中标条件或者用于评价企业信用等级，限制或者变相限制外地经营者参加本地招标投标活动；

5．没有法律、行政法规或者国务院规定依据，要求经营者在本地注册设立分支机构，在本地拥有一定办公面积，在本地缴纳社会保险等，限制或者变相限制外地经营者参加本地招标投标活动；

6．通过设定与招标项目的具体特点和实际需要不相适应或者与合同履行无关的资格、技术和商务条件，限制或者变相限制外地经营者参加本地招标投标活动。

（四）不得排斥、限制或者强制外地经营者在本地投资或者设立分支机构，包括但不限于：

1．直接拒绝外地经营者在本地投资或者设立分支机构；

2．没有法律、行政法规或者国务院规定依据，对外地经营者在本地投资的规模、方式以及设立分支机构的地址、模式等进行限制；

3．没有法律、行政法规或者国务院规定依据，直接强制外地经营者在本地投资或者设立分支机构；

4．没有法律、行政法规或者国务院规定依据，将在本地投资或者设立分支机构作为参与本地招标投标、享受补贴和优惠政策等的必要条件，变相强制外地经营者在本地投资或者设立分支机构。

（五）不得对外地经营者在本地的投资或者设立的分支机构实行歧视性待遇，侵害其合法权益，包括但不限于：

1．对外地经营者在本地的投资不给予与本地经营者同等的政策待遇；

2. 对外地经营者在本地设立的分支机构在经营规模、经营方式、税费缴纳等方面规定与本地经营者不同的要求；

3. 在节能环保、安全生产、健康卫生、工程质量、市场监管等方面，对外地经营者在本地设立的分支机构规定歧视性监管标准和要求。

第十五条　影响生产经营成本标准。

（一）不得违法给予特定经营者优惠政策，包括但不限于：

1. 没有法律、行政法规或者国务院规定依据，给予特定经营者财政奖励和补贴；

2. 没有专门的税收法律、法规和国务院规定依据，给予特定经营者税收优惠政策；

3. 没有法律、行政法规或者国务院规定依据，在土地、劳动力、资本、技术、数据等要素获取方面，给予特定经营者优惠政策；

4. 没有法律、行政法规或者国务院规定依据，在环保标准、排污权限等方面给予特定经营者特殊待遇；

5. 没有法律、行政法规或者国务院规定依据，对特定经营者减免、缓征或停征行政事业性收费、政府性基金、住房公积金等。

给予特定经营者的优惠政策应当依法公开。

（二）安排财政支出一般不得与特定经营者缴纳的税收或非税收入挂钩，主要指根据特定经营者缴纳的税收或者非税收入情况，采取列收列支或者违法违规采取先征后返、即征即退等形式，对特定经营者进行返还，或者给予特定经营者财政奖励或补贴、减免土地等自然资源有偿使用收入等优惠政策。

（三）不得违法违规减免或者缓征特定经营者应当缴纳的社会保险费用，主要指没有法律、行政法规或者国务院规定依据，根据经营者规模、所有制形式、组织形式、地区等因素，减免或者缓征特定经营者需要缴纳的基本养老保险费、基本医疗保险费、失业保险费、工伤保险费、生育保险费等。

（四）不得在法律规定之外要求经营者提供或扣留经营者各类保证金，包括但不限于：

1. 没有法律、行政法规依据或者经国务院批准，要求经营者交纳各类保证金；

2. 限定只能以现金形式交纳投标保证金或履约保证金；

3. 在经营者履行相关程序或者完成相关事项后，不依法退还经营者交纳的保证金及银行同期存款利息。

第十六条　影响生产经营行为标准。

（一）不得强制经营者从事《中华人民共和国反垄断法》禁止的垄断行为，主要指以行政命令、行政授权、行政指导等方式或者通过行业协会商会，强制、组织或者引导经营者达成垄断协议、滥用市场支配地位，以及实施具有或者可能具有排除、限制竞争效果的经营者集中等行为。

（二）不得违法披露或者违法要求经营者披露生产经营敏感信息，为经营者实施垄断行为提供便利条件。生产经营敏感信息是指除依据法律、行政法规或者国务院规定需要公开之外，生产经营者未主动公开，通过公开渠道无法采集的生产经营数据。主要包括：拟定价格、成本、营业收入、利润、生产数量、销售数量、生产销售计划、进出口数量、经销商信息、终端客户信息等。

（三）不得超越定价权限进行政府定价，包括但不限于：

1. 对实行政府指导价的商品、服务进行政府定价；

2. 对不属于本级政府定价目录范围内的商品、服务制定政府定价或者政府指导价；

3. 违反《中华人民共和国价格法》等法律法规采取价格干预措施。

（四）不得违法干预实行市场调节价的商品和服务的价格水平，包括但不限于：

1. 制定公布商品和服务的统一执行价、参考价；

2. 规定商品和服务的最高或者最低限价；

3. 干预影响商品和服务价格水平的手续费、折扣或者其他费用。

第四章　例外规定

第十七条　属于下列情形之一的政策措施，虽然在一定程度上具有限制竞争的效果，但在符合规定的情况下可以出台实施：

（一）维护国家经济安全、文化安全、科技安全或者涉及国防建设的；

（二）为实现扶贫开发、救灾救助等社会保障目的；

（三）为实现节约能源资源、保护生态环境、维护公共卫生健康安全等社会公共利益的；

（四）法律、行政法规规定的其他情形。

属于前款第一项至第三项情形的，政策制定机关应当说明相关政策措施对实现政策目的的不可或缺，且不会严重限制市场竞争，并明确实施期限。

第十八条　政策制定机关应当在书面审查结论中说明政策措施是否适用例外规定。认为适用例外规定的，应当对符合适用例外规定的情形和条件进行详细说明。

第十九条　政策制定机关应当逐年评估适用例外规定的政策措

施的实施效果，形成书面评估报告。实施期限到期或者未达到预期效果的政策措施，应当及时停止执行或者进行调整。

第五章　第三方评估

第二十条　政策制定机关可以根据工作实际，委托具备相应评估能力的高等院校、科研院所、专业咨询公司等第三方机构，对有关政策措施进行公平竞争评估，或者对公平竞争审查有关工作进行评估。

各级联席会议办公室可以委托第三方机构，对本地公平竞争审查制度总体实施情况开展评估。

第二十一条　政策制定机关在开展公平竞争审查工作的以下阶段和环节，均可以采取第三方评估方式进行：

（一）对拟出台的政策措施进行公平竞争审查；

（二）对经公平竞争审查出台的政策措施进行定期评估；

（三）对适用例外规定出台的政策措施进行逐年评估；

（四）对公平竞争审查制度实施情况进行综合评价；

（五）与公平竞争审查工作相关的其他阶段和环节。

第二十二条　对拟出台的政策措施进行公平竞争审查时，存在以下情形之一的，应当引入第三方评估：

（一）政策制定机关拟适用例外规定的；

（二）被多个单位或者个人反映或者举报涉嫌违反公平竞争审查标准的。

第二十三条　第三方评估结果作为政策制定机关开展公平竞争审查、评价制度实施成效、制定工作推进方案的重要参考。对拟出台的政策措施进行第三方评估的，政策制定机关应当在书面审查结论中说明评估情况。最终做出的审查结论与第三方评估结果不一致的，应当在书面审查结论中说明理由。

第二十四条　第三方评估经费纳入预算管理。政策制定机关依法依规做好第三方评估经费保障。

第六章　监督与责任追究

第二十五条　政策制定机关涉嫌未进行公平竞争审查或者违反审查标准出台政策措施的，任何单位和个人可以向政策制定机关反映，也可以向政策制定机关的上级机关或者本级及以上市场监管部门举报。反映或者举报采用书面形式并提供相关事实依据的，有关部门要及时予以处理。涉嫌违反《中华人民共和国反垄断法》的，由反垄断执法机构依法调查。

第二十六条　政策制定机关未进行公平竞争审查出台政策措施的，应当及时补做审查。发现存在违反公平竞争审查标准问题的，应当按照相关程序停止执行或者调整相关政策措施。停止执行或者调整相关政策措施的，应当依照《中华人民共和国政府信息公开条例》要求向社会公开。

第二十七条　政策制定机关的上级机关经核实认定政策制定机关未进行公平竞争审查或者违反审查标准出台政策措施的，应当责令其改正；拒不改正或者不及时改正的，对直接负责的主管人员和其他直接责任人员依据《中华人民共和国公务员法》、《中华人民共和国公职人员政务处分法》、《行政机关公务员处分条例》等法律法规给予处分。本级及以上市场监管部门可以向政策制定机关或者其上级机关提出整改建议；整改情况要及时向有关方面反馈。违反《中华人民共和国反垄断法》的，反垄断执法机构可以向有关上级机关提出依法处理的建议。相关处理决定和建议依法向社会公开。

第二十八条　市场监管总局负责牵头组织政策措施抽查，检查有关政策措施是否履行审查程序、审查流程是否规范、审查结论是否准确等。对市场主体反映比较强烈、问题比较集中、滥用行政权力排除限制竞争行为多发的行业和地区，进行重点抽查。抽查结果及时反馈被抽查单位，并以适当方式向社会公开。对抽查发现的排除、限制竞争问题，被抽查单位应当及时整改。

各地应当结合实际，建立本地区政策措施抽查机制。

第二十九条　县级以上地方各级人民政府建立健全公平竞争审查考核制度，对落实公平竞争审查制度成效显著的单位予以表扬激励，对工作推进不力的进行督促整改，对工作中出现问题并造成不良后果的依法依规严肃处理。

（下略）

报刊摘要

▼

价格改革要在控制物价总水平上升幅度的条件下进行

（张卓元，《价格理论与实践》，1986 年 03 期）

一、从总结过去经验看这小问题的重要性

1979 年以来，我国价格改革逐步展开，取得了显著成绩。可以说，价格改革跟上了整个经济体制改革的步伐。目前在工农业商品产值中，市场价格的比币已达到 30—40%，浮动价格的比重为 10—20%，国家统一定价的比重则逐步减少到一半左右，说明价格管理体制的改革已迈出相当大的步子。生产资料价格双轨制的出现，已引起国外经济学家的重视，认为是中国经济体制改革的一个新的创造，它有助于从传统价格体制向新价格体制的过渡。不少产品价格经过几次的调或放，使原来的价格体系不合理问题有了一定程度的缓解。这些，对于生产的发展和商品流通的扩大，对于搞活城乡经济，都起了积极的作用。

与此同时，也要看到，这几年改革价格体系，由于是伴随着几次社会总需求膨胀、现钞发行过多的情况进行的，已引起市场物价总水平的较大幅度的上升。如果把 1985 年上升的 8.8%计算在内，

全国零售物价总指数的上升幅度已接近30%。在这当中，既有由于对原来不合理价格体系进行结构性调整引起物价上涨的因素，如提高农产品收购价格、提高部分原材料价格等；同时，又包含有由于通货膨胀带来物价上涨的因素。后者也影响了我们对不合理的价格结构进行调整，或者使这种调整的成效减弱。例如，1979年我们开始进行价格改革时，粮食价格处于整个比价关系中的“锅底”，所以价格改革从提高粮食收购价格开始，这对粮食生产的发展起了很好的推动作用。但是，经过这几年价格的调和放，现在粮食价格又差不多回到整个比价关系中的“锅底”状态，成为当前影响粮食生产进一步发展的一个原因。物价总水平上涨包含通货膨胀的因素，还使某些产品的价格更加扭曲（如一些服务收费像地铁和公共汽车票价显得更加偏低），使某些必要生产资料的国家牌价和市场价的差距不是缩小而是扩大，物价轮番上涨压力很大等。还有，我们曾经设想，把原来不合理的比价关系理顺，将使物价总水平上升30—50%，经过这几年的价格改革，物价总水平已上升了近30%，但是，由于这几年物价总水平的上升，包含通货膨胀的因素，现在看来，为了使现在不合理的比价关系理顺，价格总水平上升幅度还将达到30—50%，甚至更多一点（如果考虑到房租理顺的因素的话）。

看来，当前价格改革面临的突出矛盾，将是既要将现有不合理的比价关系理顺，即对价格体系进行结构性调整；又要对物价总水平进行必要的控制，力争保持市场物价的基本稳定。认为价格改革不必考虑控制物价总水平，到头来可能因各方责难而使价格改革无法继续下去，或者使结构性调整变成真正的轮番涨价，比价关系仍不合理。这就是说，今后价格改革需要在适当控制物价总水平上升幅度下进行。为此，要力求争取做到以下几点：

第一，采取切实措施，尽力防止通货膨胀，使对价格进行结构性调整不受或少受通货膨胀的影响。这就要求协调宏观经济比例，防止再次出现盲目追求高速度的经济过热现象，保持社会总需求和总供给的一致或基本一致，严格控制货币供量，使货币增发量约束在经济发展的许可范围内。为此，需要加强对宏观经济的控制和管理，防止或遏制由于社会需求过分膨胀必然带来的需求拉动型物价上涨。1985 年，我们采取紧缩的财政政策和货币政策，就是为了压缩社会总需求过分膨胀的现象，以便有效地控制物价总水平的大幅度上升，同时，又要防止工资和物价的轮番上涨，采取正确的个人收入分配政策，力求避免“六五”期间平均工资的增长速度超过劳动生产率的增长速度的不正常现象继续下去，以避免工资成本推动型的物价上涨。为了实现宏观经济比例大体协调，归根结底，要求进一步抛弃旧的经济发展模式，真正实现经济发展战略的转变，即真正以提高经济效益为中心。这一点是物价部门本身无能为力的，但却是顺利进行价格改革必备的外部环境。“六五”期间由于外部环境不够理想，影响了价格改革的效果。今后应当很好总结这个经验，真正按照中共中央“七五”计划建议所提出的，为经济体制改革创造良好的经济环境。

第二，在价格改革中坚持走小步的原则。要把由于理顺价格将使物价总水平上涨 30%—50%，分解到若干年内实现，而不要企求毕其功于一役。如果分解在 8—10 年内实现，那么，就可以使年平均上涨率控制在 3%—4%左右，可以说保持了物价的基本稳定；如果分解在 5—8 年内实现，那么，也可以使物价的年平均上涨率控制在 5%左右，不算太高，也许可以为各方面所接受。

现在有两个有争议的问题，一个是究竟是走中步好还是走小步好，一个是还要不要坚持物价基本稳定的方针。我认为在价格改革中还是应该坚持走小步的原则，以便把工作做得稳妥一点。物价问题牵连千家万户，同人民切身利益息息相关。对于这样一个非常敏感的问题，我们不但要从经济合理的角度来看，还要从维护社会安定的角度来看，不要因价格改革步子走得太快太急而影响经济的稳定发展和社会安定。同时在我看来，所谓走小步是指整个价格改革走小步。这并不排斥在某些领域如生产资料价格改革在某一时期步子迈大一些。我赞成生产资料价格改革可以搞得快一些，因为生产资料价格信号摆准了，可以得到明显的经济效益。同时，由于生产资料价格改革引起的物价上涨并不会完全反映在市场物价上面，而可以通过企业消化一部分，使上涨幅度得到某种缓解。例如，生产资料价格由于改革年上涨10%，反映在市场物价上面，可能只有5%左右。而5%的市场物价上涨率还是可以被接受的。从整个价格改革看，并没有违背走小步的原则。

另一个问题是要不要坚持物价基本稳定的方针。我认为还是要坚持基本稳定的方针。坚持还是不坚持，效果可能不大一样。如果我们放弃这个方针，不利于大家认真控制物价总水平，物价的上升就有可能失去控制，带来不良的后果。我们过去的概念，只有做到物价年平均上涨率控制在2%—3%以内，才算基本稳定，今后我们是否有可能做到呢？我认为并不是完全不可能。“六五”期间我们多数年份都做到了，为什么“七五”期间就一定不可能做到，或者在大部分时间做到呢？当然，我们也不能被2%—3%的上涨率框住手脚，在改革期间，有时超过2%—3%的上涨幅度，比如到5%—6%甚至7%的上涨幅度，也是可能为大家所理解和容忍的。

物价年上涨率在一般情况下最高不能超过5—7%。因为一旦超过了5—7%就使物价的年上涨率超过了年利息率（以现在定期一年存款利率计算），会对社会经济生活带来不良后果。我们不能认为只要平均工资增长速度超过物价上涨速度，就是可行的，或者算是保持了物价的相对稳定。比如，物价年上涨率为20%，只要平均工资增长速度超过20%，似乎就不可怕，能够为老百姓接受。这是只考虑了物价同工资的关系，而没有考虑物价与其他经济杠杆的关系，特别是没有考虑物价上涨率与利息率的关系。我们知道如果物价上涨率超过了利息率，那么，实际利息率就会成为负数。在这种情况下，利息率这个宏观经济管理的重要手段，就难以发挥作用。这时，由于名义利息率低于物价上涨率，人们就会要求贷款越多越好，而不太关心资金使用效果；另一方面，又会影响大家储蓄的积极性，助长排队抢购，增加对市场的压力。世界各国经验证明，保持实际利息率是正数，保持名义利息率高于物价上涨率，而且使实际利息率能促使储蓄存款的供应同投资的资金需求达到均衡，这个均衡点（物价上涨率与利息率之差）有的国家为2%，有的国家为4%不等，对于经济的稳定、正常发展，是大有好处的，并且能使国家有效地运用利息率作为调节宏观经济的手段。当然，这要以经济体制改革使企业对利率的变动有灵敏的反映为前提。例如，在美国，利率变动0.5%，都会使资本市场供求状况、企业投资决策等产生重大影响。所以，社会主义国家必须努力控制物价总水平的上升幅度，把利息率作为物价总水平上升幅度的最高经济界限，不仅是社会经济协调发展的需要，也是国家搞好宏观经济管理的重要条件。还要说明，我国目前平均资金利润率并不高，一般只有百分之十几，因此利息率也不能再有大幅度的提高，从而制约着物价可容忍的上涨率不可能有多大幅度的提高。

二、价格改革目标模式的选择也要考虑控制物价总水平问题

价格改革是整个经济体制改革的一个有机组成部分。价格改革不能孤立地进行，而要同其他改革包括计划、物资、财政、税收、工资、金融等体制的改革配套进行。“六五”期间经济体制改革的一条重要经验和教训是：许多单项改革从它本身看似乎都是合理的、必要的，但是却常常互相矛盾，其作用被互相抵消。例如，工资和奖金的改革，在某种程度上造成平均工资的增长速度超过了劳动生产率的增长速度，影响了价格改革的进行。而1985年某些价格改革的出台（如放开猪肉、蔬菜和其他副食品价格），使零售物价上涨过猛，又影响了工资改革的效果。因此，价格改革同整个经济体制改革一样，需要明确改革的目标模式，制订比较科学的总体规划，使价格改革同其他改革互相配套、互相促进。

价格改革的目标模式包括两个方面：一个是价格体系合理化；一个是价格管理体制合理化。根据过去的经验，价格体系的合理化要以价格管理体制的合理化作为重要条件，使价格的运动具有保证价格体系经常合理化的内在机制。所以我想在这里着重谈价格管理体制改革的目标模式问题。

改革价格管理体制主要是价格形式及其关系的合理选择问题。目前我国价格形式主要有国家统一定价、浮动价和市场价三种。今后应以哪种价格形式为主和如何处理这几种价格形式的关系呢？

根据社会主义经济是有计划的商品经济的要求，从价格改革的远景目标模式看来应以市场价格为主。因为既然社会主义经济从总体上看还是商品经济，在经济的运行方面自然更多地要实行市场协

调而不是行政协调，而更多地实行市场协调，就意味着在价格方面要更多地采取市场价格或以市场价格为主。当然，为了保证社会主义商品经济发展的计划性，避免资本主义市场经济固有的无政府状态和周期性经济危机，市场协调和市场价格都要以对宏观经济的有效管理和控制为前提，即要以计划为依据，实现宏观经济比例协调，主要是实现社会的总需求和总供给相一致，对货币供应的增加进行严格的控制，以及包括对一部分关系国民经济全局的重要产品仍实行国家统一定价，还有一部分是要商品实行浮动价格，国营物资和商业部门参与市场调节等。这些都能使市场价格不因短期供求关系的变动而波动太大，同时防止短期供求关系的变化对生产的引导带来的破坏和经济危机。但是，在今后一个相当长时期内，由于我们的经济发展模式的转变还难以完全实现，经济体制模式的转轨也不容易完成，因此，以市场价格为主作为目标模式的客观条件还不充分或不具备。也就是说，在今后一个时期，社会总需求的膨胀还难于完全抑制，宏观经济的协调发展还不容易经常保持，国家对宏观经济的调节和控制的能力还不够强，等等。因此，从中短期（如“七五”甚至到“八五”期间）看，以市场价格为主的目标模式可能是不现实的。

从中期看，既要推进价格改革，又要有效地控制物价总水平的上升幅度，比较可取的目标模式可能是更多地实行浮动价格，同时逐步缩小国家统一定价的范围，扩大市场价格的范围。这样，原来不合理的价格体系可以在物价总水平得到控制的条件下逐步理顺。因为浮动价格实行的产品品种、中准价和浮动幅度，是由国家有计划地规定的。一般说，在较长时期内供求基本平衡的产品以实行浮动价格为宜，不至于使浮动价格成为变相涨价或降价的形式。同时，在上述前提下，又让企业可以根据劳动生产率和供求关系的变化有灵活的定价权和调价权，这样就使计划调节和市场调节有机地结合起来了，在一定程度上有助于逐步扩大市场调节的范围，把经济搞活。与此同时，由于缩小国家统一定价范围和扩大市场价格的范围，也符合经济体制改革过程中扩大市场机制的要求。

采取这种目标模式，可以在社会总需求膨胀难以完全有效控制的条件下，使国家能适当控制物价总水平，而不致使物价总水平失去控制。这不但不会影响价格改革，反而可能有助于价格改革的顺利进行。

选择这种价格改革目标模式，意味着国家对价格的行政干预还要保留，甚至还要保留较多一些，同时逐渐从直接管理向间接管理过渡，即直接从国家对价格由行政干预（统一定价等）逐渐改为国家通过投资政策、财政政策、货币政策和收入分配政策等影响物价总水平，通过产业政策、信贷政策、税收政策等影响不同产品的相对价格水平。而为了使国家对价格的干预和管理比较符合客观经济规律，并使国家对价格的管理心中有数，就有必要测算理论价格。理论价格不是实际价格，但却是对实际价格进行评价和改革的一面镜子，并且能从整个价格体系的角度观察和分析问题，为如何通盘改革价格体系提供必要依据，同时也就为国家合理地确定某些产品的牌价和另外一些产品的中准价与浮动幅度提供必要的根据。所以，我认为，在今后一个相当长的时期内，测算理论价格对价格改革仍有重要意义，需要坚持不懈地做下去。当然需要逐步完善测算的方法，特别是要把基础资料搞准确，并且努力使理论价格的测算更加符合马克思主义的价格形成理论。

发展企业产权市场是深化改革的重要途径
——企业产权转让政策研讨会综述

（林伯勤、任兴洲，《经济工作通讯》，1988 年 3 月 23 日）

近两年来，我国经济生活中出现了一个新事物，即有偿转让企业产权。其典型形式是有发展前途的企业购买另一企业的产权，实现了生产要素集合体——企业的买卖。还出现了企业承包企业、企业租赁企业的形式，实际上也是在一定时期内实现了企业财产经营权和收益权的转让。目前，全国各地都不乏企业产权转让的实例。如何认识改革中出现的这一新事物，它对改革与发展具有什么意义和作用？采取哪些政策措施促进其进一步发展？

一、企业产权转让是深化企业改革的需要。

企业产权转让既是九年改革的昭然结果，也是进一步深化改革的需要，这是与会代表的共同认识。许多代表回顾了 9 年的改革历程后认为，城市经济体制改革，围绕增强企业活力、从利益机制入手，曾先后采取了利润留成制度、扩大企业自主权、两步利改税和实行承包制等改革措施。这些措施对于增强企业活力起到了重要作用。但这些改革都是在国家和企业的纵向关系上作文章，没有解决企业通过横向扩张增强活力的问题。另一些代表从当前推行承包制的实践出发，认为虽然承包制部分地解决了企业活力问题，但在国营企业中仍然存在着很多仅靠承包无法解决的困难和矛盾。例如，目前国营亏损企业大量存在，它们占用大量国有资产，还要长期依靠国家财政补贴维持生存。而那些经营效益好、有发展前途的企业却由于资金、场地、基础设施等限制而无法扩张生产能力。如何在改革中同时搞活这两类企业，是单靠承包制不能解决的。而企业产权转让则为解决这一问题提供了有效途径。还有的代表认为，已有的诸项改革对社会资源存量的横向流动和重组重视不够。这些要素被按条块分割开来，形成了既定的资源配置格局。虽然几年来生产要素市场有所发展，但由于作为要素存量整体的企业不能买卖、不能成为交易对象，使真正的要素市场难以形成。实践已迫切地要求用新的微观机制重新配置资源，已经出现的企业产权转让在这种情况下便应运而生。为深化改革提供了新的选择。

二、发展产权市场对改革与发展的意义和作用。

与会代表一致认为企业产权转让对于改革和发展具有重要意义。一些代表对这一改革形式给予了高度评价，认为这是“继承认生产资料是商品之后的重大理论突破，承认企业作为要素集合体可以进入交易市场，比允许生产资料可以买卖的意义更大。”一些代表还认为，从某种意义上说企业产权转让是继以“简政放权”为中心和以“两权分离”为主要依据的改革之后，企业改革出现的第三次浪潮。

代表们从不同角度阐述了企业产权转让对改革与发展的作用。一些代表认为，这一改革形式具有一举两得的功效，在同一改革过程中，能够同时搞活经济效益好的企业和长期亏损或濒临破产的企业。既能使前者通过购买企业得到发展，展开“腾飞的翅膀”，又可以使后者摆脱长期亏损局面，获得新生的机会。另一部分代表提出，这一改革还改变了公有资产的运行机制，它推开了资产存量和流量之间的界限，使资产存量不再处于凝固状态，从而可以改变资产存量对资产增量合理投向的制约。投资可以直接购买企业，增加了国有资产的选择性，是投资方式改革的新尝试，它有利于有限资源的合理配置，能够促进宏观经济效益的不断提高，这一改革还能促进企业组织结构合理化，有利于生产集约化经营和规模效益的形成。还有人认为，这一改革能冲破条块分割的管理体制，有利于实现政企职责的真正分开；它将带动包括地产市场、资金市场、劳务市场在内的整个市场体系的尽快形成等。

还有的代表从更广泛的意义上阐述了产权转让的作用。他们认为，产权转让有利于产业组织和产业结构调整，能够促使各地发挥本地优势，把资产逐步配置在最善于经营的行业。如桂林、西安等地可将部分工业企业转让出去，将所得资金集中投向盈利高的旅游行业。特别是产权转让将加快全国的对外开放步伐。如广东、福建等沿海地区，作为开放省份享有优惠政策，又具备吸引外资和扩大出口的有利地理条件。这些地区转让一部分亏损和微利企业给其他地区，实际上是将对外开放的机会和优惠政策变成了财富，吸引内地经营效益好的企业到开放地区购买企业，这样，在大量引进外资的同时，大量引进内资，加快外引内联的步伐，促使这些地区真正成为全国利用的窗口，能够加快整个国家的开放步伐，使更多地区得到“间接开放”的收益，并直接参与国际市场的竞争。

三、发展产权市场的对策和急需解决的问题。

在讨论中，对企业产权转让的内涵有不同观点。一种意见认为，产权转让主要是指企业所有权的有偿让渡，而不包括企业经营权的短期转让。另一种意见则认为，企业产权转让的内涵应更广一些，应该既包括所有权的转让，也包括经营权、收益权在一定时期内的让渡，既包括生产要素集合体——企业整体的金额买卖，也应包括企业部分闲置要素，如厂房、机器设备、部分原材料的买卖以及部分股份的转移。不仅有形资产可以买卖，甚至商誉、“名声”等无形资产也可以有偿转让，这样才真正有利于存量资源的流动和重组。

明确企业产权关系是发展产权市场的前提，也是这次讨论的热点。与会代表一致认为，明确国有资产的产权关系迫切要求建立国有资产的经营机构，由这些机构负责国有资产的经营和增强。但对近期如何明确产权，推动产权市场发育这一问题，认识有分歧。一种观念主张，立足于我国企业分级管理的现实，应从追溯现有资产的投资者入手，本着“谁投资、谁拥有产权”的原则，明确产权的多元所有权关系即中央所有、地方所有、部门所有、企业所有和个人所有，由这些多元所有者主体来进行企业的产权转让，转让后的货币资产及购买来的企业，应归属于这些所有者。另一种观点则主张，首先应明确产权归企业所有，起码要将由企业自有资金形成的资产或购买来的企业归属企业所有。以克服国有资产产权关系模糊不清的弊病。还有的人认为，国家对资产拥有价值形态的所有权，企业拥有实物形态的所有权，这样企业可自主决定是否买卖。有的代表则主张尽快实行股份制，认为这是明确企业产权的最佳模式。

关于发展企业产权市场的步骤，一些代表建议，从积极、稳妥的原则出发，应分为两步走：第一步，首先在公有制经济内部、在中小企业层次上、在一个地区内发展产权转让，以减少阻力，同时避免因缺乏经验而使国有资产低价流入私人手中。应在一些改革试点城市，如武汉、沈阳，和某些重复建设严重、亏损企业较多的工业部门先行试点。对少数长期经营困难和亏损严重的大中型企业，试行招标转让。第二步，在试点取得经验的基础上，发展全国范围内多种产权主体参加的跨地区、跨行业的企业产权市场。

在提出以上对策建议的同时，代表们还讨论了一些产权转让实践中亟待解决的问题。

如何解决被转让企业的职工安置问题，是产权转让中的一个重要制约因素。一些代表认为，从长远看，劳动用工制度需要进行较大改革，但近期应提倡和鼓励买方企业“全建制”接收卖方企业的职工，使转让顺利进行，同时不给社会造成较大震荡。持不同意见的同志认为，让买方企业全盘接收卖方企业的职工，把包袱背下去，会使买方企业难以迈开前进的步伐，不利于产权市场的发展。解决的办法：一是加快劳务市场的形成，使劳动力能自由流动；二是未被接收的职工生活应由社会保障部门解决。

关于转让后职工的身份问题。一种观点认为，不同所有制企业之间产权转让后，职工应仍保持原有身份不变，因为目前各种所有制形式的企业内部，职工身份构成不再是单一的，国营工、集体工、合同工混岗现象很普遍，并不影响企业的管理。不同的观点认为，国营企业买集体企业后，对原企业工人可实行合同制录用；集体买国营的，则可采取有偿改变职工身份的办法。如可付给卖方企业工人一定量的现金或股份，职工的身份也随之改变。职工若不同意，可暂时待业，领取生活费，或由原主管部门负责重新安排工作。

如何评估卖方企业的资产、确定交易价格，是产权转让的难点。代表们认为，可采取多种方式来确定转让价格。对那些长期亏损和濒临破产的企业，可公开招标转让，通过竞争确定价格；对同一行业或工艺、技术相近的企业，可采取由双方协商议价的方式决定成交价或付款方式；某些濒临破产和资不抵债的企业，也可由其最大的债权企业优先接收产权；等等。在确定价格中，还应考虑卖方企业资产现值、所负债务、职工工资和退休金支付等因素。

四、发展产权市场需要相应的配套措施。

1. 制订宏观调控政策。国家要调控企业产权市场，使其有组织、有计划、有引导地发育形成。最重要的是根据国家的发展战略和产业政策的要求，调节产权转让中的所有制结构、行业结构和地区结构，使其有利于产业结构和产业组织结构的调整，有利于宏观效益的提高，避免出现一些企业一哄而起、盲目转让的情况。

2. 创造必要的市场环境。主要包括：在地区和部门内建立企业产权转让事务所，负责信息搜集，对交易双方进行审计和办理必要的手续，设立企业产权交易所，尽量使企业在场内集中交易，以便于统一管理和协调，并能促进较大范围内的竞争；金融部门也可以充当中介人，设立企业产权转让服务部。

3. 制定相应的信贷金融政策。主要是：银行应尽快实行对濒临破产企业的债务清偿制度，举办产权转让的专项贷款；协助发展前景良好的企业发行企业债券或股票，筹集购买产权的资金；等等。

4. 将产权转让与承包制改革结合进行。应使承包制与产权转让有机结合，宜包则包，宜转让则转让，并将资产经营规模作为一项承包指标，鼓励经营好的企业通过购买企业产权，扩大资产规模和生产能力。

5. 发展企业产权市场必须有法律保障，在产权转让法规一时难以形成的条件下，应针对产权转让的具体问题，制定暂行条例。在《企业法》中也应对企业产权转让作出原则性规定。审计、税务、公证等有关部门也应制定产权交易的必要程序并提供有关的服务。

6. 推进计划、物资、价格及财税体制的改革，促进产权市场的发展。进一步缩减指令性计划和物资分配的范围，扩大市场调节的比重，进一步推进价格改革，加快生产要素市场的发育和形成，增大企业的选择空间，在财政税收方面，如何适应产权交易的发展，也应研究。

20 年商品流通体制改革目标模式的探索

（万典武，《商业经济与管理》，1999 年 02 期）

一、八十年代初期的探索

1979 年商业体制改革的理论讨论开始起步，有关的探讨主要集中在剖析现行商业体制的弊端和思考改革的初步设想上。当时理论界与实际部门的同志认为，现行的商业体制与经济的发展有很多不相适应的地方，特别是那种用行政手段管理商品流通的做法亟待改变。对于改革商品流通体制，提出了活跃市场，疏通流通渠道；改变商品管理办法；物价管理权限应适当下放；企业的权、责、利关系要相互结合；根据商品流通的客观需要，调整商业内部的组织机构等建议。

1980 年 3 月，由中国社会科学院财贸物资经济研究所和商业部教育局主办，在河北省秦皇岛市召开了商品流通经济理论讨论会。会议对商业体制改革从何入手问题，大体有两个意见：一是“调整机构”论。认为体制的改革，首先要做的是根据商品流通的实际需要，调整商业机构，确定不同核算形式，部署商业网点，改革购销形式。它是扩大企业自主权的前提。二是“扩权”论。认为首先应着重解决商业企业内在经济动力问题，解决国家与企业的关系，把国家利益、集体利益、个人利益结合好，调动企业和职工的积极性。

1983 年 6 月，由商业部商业经济研究所主持，在北京召开了“城乡商品流通理论讨论会”。会上第一次提出在全国范围内建立城乡通开的商品流通体制，并就其一系列理论问题和实际做法进行了讨论，为全面推行城乡通开的商品流通体制做了理论上的探索。

1984年4月5日，中央书记处开会讨论商业问题时，中央和国务院领导同志提出了商业体制改革的一条重要原则："商业体制中最根本的东西要做最根本的改变。"理论界围绕根本改革问题进行了讨论。有的同志提出了根本性改革要符合经济规律，在所有制结构上要符合生产关系性质适应生产力水平的规律，在价格和经营上要符合价值规律，在商品供需平衡上要遵守有计划按比例规律，在分配上要遵从按劳分配规律打破"大锅饭"，要建立具有中国特色的社会主义商业。

1984年10月，中国社科院财贸所在南京召开了孙冶方社会主义流通理论讨论会，会议认为马克思主义经济学家孙冶方是我国研究社会主义流通理论和实践问题的先驱，在同自然经济论和"无流通论"的长期艰苦斗争中，逐步形成了自己一套有特色的社会主义流通理论，对中国社会主义经济建设作出了贡献。

1984年12月初，中国商业经济学会第二届年会在广西桂林举行。提出商业体制改革的战略目标是建立一个充满生机和活力的、具有中国特色的社会主义商业体制，它是以国营商业为主导、多种经济形式、多条流通渠道、多种经营形式、少环节、开放式的商业体制。

80年代初期，当时实际商业工作中起指导作用的作为阶段性改革目标的提法是"多种经济成分、多条流通渠道、多种经营方式，减少流转环节"（简称为"三多一少"）。这个提法为各方所接受，在实际工作中也得到较好的贯彻，到1984、1985年基本上实现了这个目标。这几年商业部等主管商品流通的部门每年对体制改革都有一些提法和工作部署。国务院和国家领导人也提出过一些指导原则。比较有代表性的提法，是1984年5月第六届全国人民代表大会第二次会议《政府工作报告》中的一段提法："适应大力发展社会主义商品生产和商品交换的要求，本着促进生产、服务人民的精神，把原有的按行政区划、行政层次统一收购和供应商品的流通体制，改变为开放式、多渠道、少环节的流通体制，地区交流、纵横交错、四通八达的流通网络，发展社会主义的统一市场。"这是集中了五年多改革实践的丰富经验和广泛的理论探讨而作的高度概括。

二、八十年代中期成为重要探讨题目

经过80年代初期对商品流通体制改革的多种试验和实践，全国商品流通的各级行政部门和广大企业强烈要求有一个商品流通体制改革的总体设想，不能老停留于临时的摸索。因此，80年代中期有了条件，也有必要来探讨商品流通体制改革的总体设想。

1986年，有一部分研究人员对商业体制改革提出了一些"总体设想"，比较引人注目的是两种观点：第一种观点，整体再造论认为，商业体制改革的指导思想是改造原来非商品经济的分配式商业，重建一个商品经济的商业。因此，必须对原有商业体制进行根本性的整体性的再造。

第二种观点，宏观调控下的自由流通论认为，我国的商品流通体制改革，应以建立社会主义国家间接宏观调控下自由交换、等价交换的商品市场，作为生活资料流通体制改革的目标模式。其要点是：（1）商品生产经营者自主经营、自愿让渡商品；（2）按价值规律理顺各种差价和比价；（3）商业的所有制结构，零售业以集体、合作、合股、个体为主，饮食和服务业以个体为主，批发业以国营和新型商业为主，农产品批发和小工业品批发可有个体生产经营者参加；（4）国家对市场的间接宏观调控主要通过计划、财政、银行等综合部门在积累和消费比例，财政、信贷、物资、外汇平衡等方面，使市场的商品总供给和总需求达到平衡，使商业体制改革和商业体制运行得以顺利进行。

1986年初，商业部党组委托商业部商业经济研究所提出商品流通体制改革的总体设想由万典武、张采庆牵头，有陶王非、贺昌杏、张旭辉、丁声俊、吴硕、余厚康、赵尔烈、林则普等二十多位同志参加，组成“商品流通体制改革总体设想研究组”开展工作。1986年5月，国务院成立经济体制改革办公室，下设流通组，商业部刘毅部长为组长，万典武为流通组办公室负责人。6月9日，国务院总理主持会议听取流通组的汇报，刘毅部长汇报工作后，万典武专门就商品流通体制改革的初步设想“间接宏观调控下的商品自由流通”作了汇报。经过一年的大量调查研究，于年底提出了十万字的《商品流通体制改革的初步设想》的内部研究报告（分期发表在1987年的《调研资料》)。这一报告集中反映了近几年的有关研究成果，提出了以“社会主义国家间接宏观调控下自愿让渡等价交换的商品市场”(简称为“间接宏观调控下的商品自由流通”)作为商品流通体制改革的目标模式，受到领导部门和各方面的重视。1987年初，在先后召开的全国粮食局长会议，全国供销社主任会议和全国商业厅局长会议上均以会议参阅文件印发。

1987年，理论界人士对商业体制改革的基本内容的探讨逐步深化。8月，由国务院经济技术社会发展研究中心等单位在山西召开了流通体制改革研究会。与会同志一致认为，商业改革的内容要实现三个转变：从对商业放开搞活，转入同时组织、领导、培育市场；从对国营商业放权让利，转入建立以两权分离为基本特征的企业经营机制；从局部改革、被动适应，转入在整体上构造社会主义商品经济的商业体制框架。

1987 年 7 月，商业部部长胡平邀请在京的部分经济理论界人士举行了商品流通理论座谈会，与会专家共同探讨深化商业改革的目标模式。一种表述认为，商业体制改革的目标模式，既不能回到过去以“统”为特征的行政化经营的体制，也不能选择不要任何控制的完全自由流通的体制，而应当选择和建立国家间接宏观调控下的市场化经营的新体制。第二种表述认为，商业改革的最好模式是“国家调控市场，市场引导企业”。

三、九十年代的进一步探索

1992 年 10 月中共第十四次代表大会报告指出了我国经济体制改革的目标是建立社会主义市场经济体制，商品流通体制改革的目标有了基本准绳。90 年代对商品流通体制改革的目标模式的理论探讨，多半是在“社会主义市场经济”这一大前提下结合商品流通的特点作进一步的阐述。

1998 年 7 月，由广东省商业经济学会等单位在深圳市举办了商品流通体制改革暨深圳商业发展战略研讨会。与会者围绕商品流通体制改革的目标模式等问题进行了探索。会上，对商品流通体制目标模式有两种不同的表述：一种是“国家可调控商品自由贸易体制”，另一种是“一主多制，高效畅通的流通体制”。前者突出体现了流通领域计划与市场的关系，后者突出了流通领域的所有制结构。

四、我对这一问题的进一步看法

我对“间接宏观调控下的商品自由流通”这一模式的基本想法可以形象地概括为“四梁八柱”，就是以商品、商人（经营者）、市场、宏观调控等四个方面作为商品流通体制改革等总体设想的四大栋梁，以价值规律、供求规律、竞争规律、自愿让渡规律、企业经济利益主体、市场的培育完善、有形市场建设、政企分开等作为八大支柱进行阐述。

1. 商品应当自由流通。在市场经济的条件下，一切产品（包括物质产品和非物质产品）作为商品都是为了交换才进行生产的。商品流通的本质就是价值的实现。商品的天性是自由流通。只有商品自由流通才能使市场机制特别是价值规律、自愿让渡规律、供求规律、竞争规律发挥作用。如果没有商品自由流通，整个社会商品流通就不能实现，作为社会主义市场经济的商品流通也无法顺利进行。

2. 商业企业应当是自主经营的商品流通主体。商业企业（包括个体商人）应当是独立执行商品流通职能的主要当事人，具有独立自主的经营权和自身的经济利益。在社会主义市场经济的条件下，作为商业企业，不论公有制商业企业或非公有制商业企业也都具有独立自主的经营权和各自的经济利益，它们又都是执行商品流通职能的主体。在我国的商品流通主体的结构上，要特别注意实行“多种所有制的共同发展”。私营、个体、中外合资等各种非公有制商业是我国商品流通的重要组成部分，它们的机制、活力、灵活性等比较适合于商品流通和饮食服务行业，应当充分发挥它们的作用。商品交换是由卖者和买者共同完成的，因此，顾客和客户也是商品流通主体的一个方面。顾客和客户的利益是至上的，商品购买力和消费结构是决定商品流通规模和结构的基础。一切生产者、经营者，都要从这一基础出发，做好商品生产和销售的各项工作，竭尽全力为消费者服务。

3．商品市场体系的培育和完善。商品市场体系总的说来包括消费品市场和生产要素市场。应当进一步加强全面配套改革，以培育市场，完善市场法规，强化市场管理，使参与市场活动的企业和个人，有一个良好的市场环境和平等竞争的机会，以发挥市场机制对企业和个人的引导和促进作用。要根据实际情况实行大中小结合、综合与专业结合、批零结合、城乡结合、销售与服务结合，建设一个多层次、多领域、多功能的有形商品市场体系。要发展和完善商品市场的中介组织，如专业协会、行业协会、同业公会以及会计事务所、律师事务所、咨询事务所等。

4．商品流通必须有间接宏观调控。从社会主义市场经济的客观要求来看，进行间接宏观调控是实现社会主义市场经济下的商品流通的实际需要。国家制订计划，必须正确安排好国民经济重大比例关系，求得社会总供给和总需求的基本平衡或大体适应，为企业经营活动创造一个比较宽松的环境；在商品交换过程中，国家通过经济的、法律的、行政的手段，特别是利用税收、利率、价格、汇率等重要参数和国家重要商品储备等实际举措来引导和调节市场，保证市场向着有利于宏观经济的方向发展。

总的说，积50年的经验教训，特别是20年改革的伟大实践的丰富经验，中国的改革将为中国构建一个“在国家间接宏观调控下商品自由流通、商业企业自主经营、商品市场畅通有序高效的商品流通体制”。这是我对我国商品流通体制改革目标模式的最简要的看法。

我国商品批发交易市场发展现状与趋势

（任兴洲，《经济纵横》，2000 年 08 期）

一、我国商品批发交易市场发展的进程

伴随经济体制改革与发展的进程，我国商品批发市场发展大体经历了四个阶段：

1979—1984 年，是中国商品批发市场的恢复和重新起步阶段。其特征是随着农副产品商品率的迅速提高，城乡集市贸易快速恢复和发展起来。同时，逐步放开小商品价格，对部分工业产品实行了浮动价格，一部分生产资料价格实行了“双轨制”等改革措施，促进了一些小型批发市场的发展，有些生产资料市场建设也开始起步。但当时这些市场既无规模，也没有较大的辐射能力，处于小规模、分散化的粗放式发展阶段。

1985—1991 年，是商品批发市场建设全面展开阶段。城市经济体制改革的全面展开特别是乡镇企业异军突起，为批发市场的迅速发展奠定了基础。在这一阶段，批发市场的发育和发展步伐明显加快。农副产品批发市场、工业品专业批发市场纷纷建立。各地政府也开始重视培育商品批发交易市场。其特征是市场规模不断提高，市场辐射范围有所扩大，逐步发展成为区域市场和全国中心批发市场，市场功能和作用明显显现出来。在这一时期，商品批发市场对于连接产销、调节供求、沟通信息、促进生产专业化发展和销售方式的多样性、满足城乡居民的消费需求都起到了不可低估的作用。

1992—1997 年，是商品市场快速发展阶段。在邓小平南方谈话和十四大确立了建立社会主义市场经济体制的改革目标以后，中

国迎来了新一轮改革发展的热潮。经济快速增长，商品市场迅速扩大，商品流通规模快速扩张，商品批发市场也加快了发展势头，出现了大量产地型、销地型和集散地型的农产品批发市场、工业消费品批发市场和生产资料批发市场，辐射范围不断扩大。多种成分的市场经营主体出现。在许多地方，确实是建一个市场，兴一个产业，富一方百姓。到 1996 年，已形成一定规模的农副产品批发市场 3000 余个，日用工业品批发市场 600 多个，生产资料批发市场 800 多个。至此，我国商品交易市场已基本形成了以大中城市为核心、遍布城乡、多层次、多门类的市场体系。从市场类别看，形成了以综合市场为主、综合市场和专业市场共同发展的市场结构。在这一阶段，批发市场的功能得到逐步发挥并逐步完善。如商品交易和集散功能、价格形成和发现功能、结算功能、风险分散功能，信息收集、加工和发布功能，以及综合服务功能等多种市场功能得到一定程度的发挥，在合理配置社会商品资源过程中发挥着重要作用。

1998 年以后，是商品批发市场的规范化发展阶段。这一阶段批发市场发展出现了一些明显的变化。一方面，一些原有的批发市场交易出现萎缩，功能明显弱化，一些大型批发市场也面临“二次创业”的挑战；另一方面，一批重点骨干市场成长发育起来，到 1999 年，年批发交易额超过 50 亿元的特大型市场 26 个，成交额占同期全国市场的 10.7%。这些特大型市场交易规模大、辐射功能强，对我国批发交易市场体系发展和商品流通产生了重要影响。同时，一些批发市场在企业制度和管理上谋求创新，规模在扩大，辐射力增强。同时，在这一时期，一些采取新型组织形式和交易方式的现货批发市场出现。在面临加入WTO的背景下，我国经济发展客观上要求商品批发交易市场进一步实现规范化、制度化和法制化。政府主管部门和行业组织都将批发市场的规范化问题提上了工作的议事日程。

二、我国商品批发交易市场出现的新变化

进入“九五”以后，我国商品批发市场发展出现了明显的分化趋势。一方面，在原来批发市场发育较快、市场功能作用比较显著的地方，出现了一些专业批发市场功能和地位弱化的倾向。其主要表现是市场的年批发交易额明显下降，市场的辐射功能和交易功能弱化。某些原来年交易额在几十亿甚至上百亿元的批发市场，近年来的年交易额降为十几亿甚至只有几亿元。另一方面，一部分专业批发市场逐步引入了现代企业制度和管理体制，在市场组织形式上谋求创新，向现代流通组织形式迈进。认真分析商品批发市场出现的这些新变化，有助于重新认识我国批发市场的发展趋势和走向，从而研究适当的促进及引导政策。

（一）部分批发市场功能弱化的成因

近年来一些批发市场交易量下降和市场功能弱化的原因，在一定程度上与我国近年来总体经济增长速度减缓、市场供求关系变化、买方市场的初步形成有较大关系。自 1997 年以来，我国市场形势发生了令人瞩目的变化。经过二十年改革和增长的积累，我国经济基本上走出了短缺的制约，社会商品的供给能力大大增强，从而导致市场供求关系发生重大变化，市场上绝大多数商品已经供求平衡或供大于求。与此同时，我国的市场需求总量经过十几年的高速增长后，出现了明显的不足，需求结构也发生了较大变化。出口需求在亚洲金融危机的影响下，曾出现大幅度下降，进而导致对内需的更大压力，投资需求也出现较大幅度的下降。这些变化直接影响了我国经济增长速度，导致经济增长速度逐年减缓。经济总体上的变化不可能不影响到批发市场的发展。实际上，一些批发市场功能和地位的弱化，还有更为直接的原因。

1．乡镇企业增长速度的较大幅度回落。我国批发市场的发展，在很大程度上与乡镇企业的发展进程紧密相关。在八十年代中期，随着农村体制改革的深入，乡镇企业异军突起，在较低层次的产品档次和技术结构上，迅速弥补了当时市场商品供给的不足，较大的市场需求空间使乡镇企业实现了快速增长，并带动了一批专业批发市场迅速发展起来，成为乡镇企业产品的主要集散场所和销售渠道。九十年代初期，邓小平南方谈话和党的十四大确立了建立社会主义市场经济体制的改革目标后，引发了新一轮的经济增长，也极大地促进了乡镇企业的发展，产品产量大幅度增长，大量的产品更需要通过批发市场实现交易。因此，这一时期成为批发市场发展最快的时期。然而，进入“九五”以后，随着市场供求关系的变化和乡镇企业本身发展的局限性，如规模不经济、技术开发和创新能力较弱、融资渠道不畅、管理水平较低以及人才短缺、政策扶持力度弱化等多种因素作用的结果，使乡镇企业的增长速度逐年下滑。乡镇企业生产增长幅度下降，直接影响了批发市场交易量和市场功能的实现。

2．批发市场经营的产品档次低、技术含量低。目前，多数专业批发市场经营的产品仍为低档次的日用消费品和生产资料，其特点是产品档次低、技术含量低、商品价格低、质量较为粗糙。这样的产品结构在商品短缺条件下，迎合了刚刚解决温饱的农村居民和城市中低收入居民的消费需求，从而获得了较大的发展空间，但是进入“九五”之后，在我国消费需求结构面临升级的条件下，已在一定程度上缩小了这些产品的市场实现空间。低水平的产品结构势必要接受市场需求变化的严峻挑战。

3. 城乡居民收入的变化。批发市场内交易的商品结构的特点，是与城乡部分收入水平相对较低居民的消费需求相契合的，这些居民成为批发市场的稳定消费群体。但是，近年来，正是这部分人的收入水平增幅下降较多，面对减少了的收入，他们最直接的反应是减少消费。客观分析，我国批发市场仍存在较大的潜在购买力空间，但由于支付能力需求的变化，必然带来批发市场中的日用消费品销售量出现下降趋势。

4. 企业营销方式的变化。近年来，随着一些乡镇企业和中小集体企业的发展壮大，部分有一定规模的生产企业开始建立自己的营销体系和流通网络，从而取代批发市场，成为产品销售的主要渠道。以温州为例，当地乡镇企业销售总额在当地专业批发市场销售的比重已由原来的70%，下降到40%左右，通过自身的营销网络和无形市场销售的产品比重大大增加。

5. 中小企业组织方式的变化。我国批发市场的初期发展过程，实际上是与众多分散、小型、组织化程度较低的中小企业组织形式相联系的。这些企业由于自身的组织形式的局限和企业产品结构的特点，使其无能力也无必要建立自身的分销体系。由于多种原因，这些企业的产品也未能纳入与现代企业组织形式和流通方式相联系的大企业生产与流通一体化的体系之中。但随着我国产业组织形式的变革和大企业集团的发展，许多中小企业在本身规模扩张的同时，也按照专业化分工和协作的内在要求，开始被纳入大企业的分工协作体系之中，从而建立了稳定的产销关系和销售渠道，自然会逐渐降低了与批发市场的交易联系。特别是在一些沿海发达地区，企业组织形式的变革势必要影响到批发市场的发展。

6. 批发市场自身的管理水平较低、市场功能不完善、缺乏吸引力。一些批发市场在发育中始终存在管理水平低、功能不完善、制度不健全等问题。这些问题在市场发育初期表现得不明显，但随着市场交易规模的扩大和市场参与主体的逐步成熟，对批发市场的管理水平、制度建设和功能作用提出了更高的要求。但一些摊位制批发市场仍局限在出租摊位、收取费用方面，市场管理制度和管理规则没有完善。市场信息指导、综合服务等功能没有得到有效发挥，使市场缺乏吸引力。

批发市场出现的上述变化，并不说明我国批发市场目前已走到尽头。事实上，由于我国二元经济结构和农村工业化发展的滞缓，大量小型企业的存在，以及城乡市场上仍有相当一部分需求与之适应，商品批发市场在一定时期内仍将有较大的市场空间。因此，无视批发市场作用，力图在短期内全面取消批发市场的观点是不现实的。但是，当初促进批发市场发育和发展的一些条件正在发生变化，批发市场也必须认识到这种变化趋势，及时调整和创新，使批发市场在其生命周期内，更好地发挥其功能和作用。现实中，有一批批发市场已经开始了这样的调整和创新。

（二）商品批发交易市场发展的新趋势

进入“九五”以来，商品批发市场发展出现了一些值得关注的新特征：

一是一批专业批发市场进一步向大规模、跨区域、远辐射方向发展。如山东寿光蔬菜批发市场的辐射范围已达 20 多个省市、自治区，成为全国最大的蔬菜批发集散中心、价格形成中心和信息汇集、传递中心。为数不少的批发市场年交易额已达10亿元以上，流通规模不断扩大。

二是交易手段和结算方式逐步规范化。目前，许多批发市场引入了票据结算等现代交易方式，提高了交易的规范性，促进了市场的广辐射作用。一些农产品批发市场还逐步引入了拍卖交易方式，进一步完善了商品的交易方式和流通功能。

三是批发市场带动产业发展，产销一体化特征日趋明显。我国有相当一部分产地型批发市场，是通过产业的发展推动了市场的发育，市场的繁荣又对产业发展起到了更大的促进作用。这种产业与市场的互动作用带动了产销一体化的发展，也带动了地方经济结构的调整。

四是批发市场组织形式不断创新。进入90年代以后，批发市场投资主体日趋多元化。批发市场的组织形式出现股份化的趋势。一些原有大型专业批发市场经过股份制改造，成为股份制企业实体，并成为上市公司。如浙江绍兴的“中国轻纺城”等已经上市，成为效益较好的股份制企业。深圳农产品股份有限公司更是在“企业办市场、企业管市场、市场企业化”方面进行了有益的探索。它通过企业办市场实现组织创新，通过企业管市场实现管理创新，通过市场企业化实现制度创新。它在批发市场的建设上，实现市场载体建设、交易主体培育和市场管理规章制度建设并行，促进了深圳布吉农产品中心批发市场和福田农产品批发市场的迅速发育。指导并促进了当地的农业生产和结构的升级。

五是一些批发市场功能进一步延伸。如深圳农产品股份有限公司在强化农产品批发市场功能的同时，进一步确定了以批发交易市场为核心，向生产和零售两个领域延伸的发展战略。即一方面通过购并等形式控股具有发展前途的农牧业生产企业和食品加工公司，建立生产基地，实现向生产领域的延伸；另一方面，通过开办连锁肉菜超市，实现向零售领域延伸。从而发展成为一个集农产品的生产、加工、包装、储藏、运输以及现货批发、拍卖、直销、配送、进出口贸易等多功能纵向一体化的营运体系，有效地将农业生产活动本身与生产要素的生产和供应、农产品的加工与销售活动，纳入一个统一的经营体系之中，使生产和流通相互作用，良性互动，促进了农产品的生产和市场流通的发展。

六是一批实行会员制、保证金制、采用电脑撮合式交易、票据结算方式等应用现代化交易手段的现货批发市场产生出来。如上海华通有色金属现货批发市场、郑州粮食批发市场等。这类批发市场不仅发挥着重要的交易功能，而且其价格发现、规避风险、信息开发和传递功能也不断发挥出来，促进了商品资源的优化配置。

三、商品批发交易市场发展中存在的突出问题缺乏合理规划和布局

我国批发市场的发展是伴随着改革开放过程出现的，带有明显的“中国特色”，形式多样。在发展初期还谈不上规范化。但是在经过了近二十年的发展后，商品批发交易市场发展的规范化问题应提上议事日程。但我国缺乏在宏观上调控和规范批发市场的法规和规范，对全国批发市场建设缺乏统一规划。在 20 世纪 90 年代初期，当时有关主管部门出台了《批发市场管理办法》，但随着市场的发展和环境的变化，实践对批发市场的规范提出更高、更迫切的要求。而这些管理办法未能及时修改和完善。新的规范化办法也未出台。

1. 在批发市场建设上，重市场载体建设，轻市场主体培育。九十年代初期，伴随着兴办开发区热、房地产开发热等，也出现了“建市场热”。一些地方不顾客观实际的需要，盲目发展批发市场，结果出现了不少“有场无市”的“空壳”市场，造成了社会资源的浪费；在“九五”以后，一些地方仍存在热衷于办有形市场的现象，仍重视市场载体建设，但忽视流通服务、市场主体的培育及市场规则等软件建设。

2. 市场结构不合理，功能不健全。一些批发市场热衷于招商和出租摊位，把办市场简单地等同于物业经营，忽视市场功能的发挥和拓展；一些批发市场规模狭小、交易原始、市场功能和作用难以发挥。这些相互分割的初级化市场在发现价格、分散风险、为市场参与者提供稳定的市场预期等方面，存在很大局限性。

3. 缺乏规范化管理。导致无序竞争、市场混乱、假冒伪劣商品盛行、市场信号失真等，从而制约了市场机制的正常作用。这表明很多批发市场的经营主体行为欠规范，经营户的组织形式亟待创新。目前，许多批发市场内的一些经营者其经营规模已相当大，但仍是以个体或家族式经营为主，没有在建立规范的企业组织形式和企业制度上努力创新。经营户的经营机制和经营观念与日趋扩大的交易规模不相适应，不能因势形成规范化的经营组织，使一些批发市场始终摆脱不了低水平、低档次经营的现状。

四、促进商品批发市场规范化发展的政策建议

在新世纪初，我国商品批发市场的发展将面临如下经济背景：一是我国经济已初步走出了短缺，形成了买方市场格局，今后市场发展将要长期面对多数商品供大于求这样的买方市场的现实。二是

商品消费需求相对不足将是长期趋势。我国正处在消费结构的转换时期，城市消费已从日用消费品的大规模集中消费阶段，向以“住”和“行”为主要内容的消费结构转变，居民的消费支出将更多地转向住房、教育、服务、保险等方面，对实物商品的消费支出相对会有所减少。三是面临经济全球化的趋势，我国经济也将受到这一趋势的影响，开放的步伐也将进一步加快，外国商业资本进入我国，必将影响我国的既定市场格局。新型流通方式和多样化经营形式以及快速发展的电子商务方式，必将对商品批发市场的交易关系、流通方式和结算方式提出严峻挑战。在这样的经济背景下，我国商品批发市场在发展过程中，必须有相应的应对战略，主动进行战略性调整和制度创新，以迎接新的发展机遇与挑战。为促进商品批发市场的健康发展，提出如下建议。

第一，商品批发市场迫切需要进行结构调整和全面整合，从追求量的扩张向质的提高转变。在合理的规划和布局条件下，一方面，控制无规模的市场盲目发展，市场建设应以改建、扩建为主，避免无效益的重复建设；另一方面，通过市场竞争的力量，对已有市场进行整合，鼓励一些规模大、辐射面广、实力雄厚的大型批发市场以控股、参股或建分市场的形式，跨地区兼并市场，或以联合的方式增强辐射功能，扩大交易规模。例如，深圳农产品股份有限公司近年来就跨出了地域的限制，先后投资控股了南昌市农产品中心批发市场和参股了位于湛江市的广东农副产品批发市场，并拟在华中、华北、华东、西南等各大地区建设一个大型农产品批发市场，实现产地批发市场和销地批发市场的强强联合。同时，对市场结构进行调整，重点发展农产品批发市场，规范消费资料和生产资料市场。对一些交易萎缩的消费品或生产资料批发市场应因势利导，促其向其他的分销方式和经营形式发展。

第二，进行交易手段和营销方式的创新。从摊位式的小规模批发向大型批发交易方式转变，鼓励经营大户与生产企业建立稳定的工商关系，与消费用户建立稳定的销售渠道；提倡并鼓励由一般的商品经销向总代理、总经销等现代营销方式转变，发展现代商业代理制；鼓励批发市场与现代商业流通形式相结合，如一些农产品批发市场和消费品专业批发市场，可与连锁超市、仓储式商场和便利店等联合，为其配送商品，从而扩大商品流通规模，减少流通环节，降低流通成本。对于产地型市场，应重点发展产供销一体化的经营方式，将生产、流通、消费有机地联结起来。

第三，促进批发市场的机制创新。对于有规模的市场，要规范经营者行为，促使一些经营大户由个体经营和家族式经营向合伙制、股份合作制、有限责任公司制等经营机制转化，培育适应现代市场流通方式的经营主体。

第四，促进批发市场组织形式的创新和规范。政府主办的批发市场是不以营利为目的的交易场所，而目前多数市场是本着“谁投资、谁受益”的原则建立起来的，有些市场组织形式并不规范，市场组织形式创新任务较重。应引导其以现代企业制度改组其组织形式，实行规范的企业化经营与管理将是商品批发市场的重要组织形式。

第五，进一步强化批发市场功能。商品批发市场的最重要功能应是批发交易、价格发现和信息服务。特别是对于农产品批发市场而言，价格发现和信息功能对引导农产品生产和消费，处理好小生产和大市场的矛盾起到关键作用。由于农民一家一户的生产方式，生产规模小，信息渠道相对狭窄。而农产品价格的变动信息和产品供求信息，对于指导农业生产和引导农村种植业结构调整至关重要。因此，商品批发市场应下大功夫强化价格发现和信息的收集、处理、加工和发布功能。

第六，各级政府应加大对批发市场建设的调节力度，改善调节方式和手段。国家有关部门应制定商品批发市场的管理办法，并监督执行；加强对市场的管理，整顿市场秩序，严厉打击经营假冒伪劣商品的行为；对批发市场的税收管理也应逐步规范，对定额税制应逐步加以完善，并应根据市场交易额的变化进行适当调整。特别是对于在城市中商品零售已占市场交易总量的绝大部分份额的专业市场而言，对税收制度的调整就更为必要，目的是为商品市场的竞争创造公平环境。

发展私募股权基金需要研究的几个问题

（吴晓灵，《中国金融》，2007 年 11 期）

如果不放开中国金融的束缚，中国的企业永远不会在国际上有竞争力。如果不能利用金融工具在中国的大地上把我们的生产要素有效地组合起来，中国的经济不会有强大的竞争力。

中国颁布了《合伙企业法》，我觉得是非常有意义的。《合伙企业法》为私募基金的发展奠定了非常好的法律基础，但是我们看到这部法律的最后条款有这样的阐述：法律的具体实施，还需要国务院制订具体的管理办法。我认为，在国务院具体的法规还没有制订出来的过程当中，我们对私募基金一些基本的问题进行研讨，可能有利于在制订《合伙企业法》具体管理办法的时候更好地体现全国人大的立法意图。

私募基金在中国资本市场发展的作用

首先，私募基金是资本市场上重要的机构投资人，就是集富人之财进行投资，因为把富人的资金集中在一起，他们的资金量大，风险承受能力也比较大。私募基金通过投资分析能力比较强的专家理财，有利于发现企业的价值。

其次，我们应该区别对待私募证券投资基金和私募股权投资基金。发展私募股权投资基金和私募证券投资基金在资本市场上的作用是不一样的，我们要加以区分。私募证券投资基金，主要投资于已上市的证券，这一类基金里包括对冲基金，它因投资于上市的证券而对活跃证券二级市场发挥着比较大的作用。但是，由于中国在前一段时间包括到现在可能都有很多的私募证券投资基金在坐庄，因而名声不好；在国际上对冲基金名声也不太好，对冲基金对国际上的二级市场也有很大冲击，在亚洲金融危机的时候起的也不是什么太好的作用，所以现在国际上要求加强对对冲基金监管的呼声也是比较高的。这些私募证券投资基金不太好的名声也拖累了私募股权投资基金的发展。

私募股权投资基金实际上是主要投资于未上市企业的股权，它将伴随企业成长阶段和发展过程培育公开上市的企业资源。因为它是对未上市的股权进行投资，因而它对企业早期、成长期和扩展期都发挥着比较大的作用，我们今天要大力提倡的，是对中国实体经济有推动作用的私募股权投资基金。

发展私募股权投资基金的紧迫性

第一，创新型国家需要风险投资推动。大家现在都在讲要建立一个创新型国家，我认为创新型国家需要风险投资基金（创业投资基金）的推动。我国出台了很多的政策鼓励技术创新，政府也拿出了一些资金扶持创新企业，这都是必要的。国家应该投入比较多的资金加强基础科研的投入，但是在应用技术方面，我个人认为除必要的政策扶持外，必须充分发挥市场的作用，因为市场选择的效率往往会高于行政扶持的效率。我们倡导政府支持，但是政府的支持只是起引导作用，更多的应该是市场对企业的选择，优胜劣汰才可以使我们的企业更好地成长、使我们的技术得以更好地推广。

第二，争取产业重组的主导权需要产业投资基金的推动。人们现在对于外资并购中资企业提出很多疑问，国家也在制订外资收购中资企业的法律，这是必要的，任何一个国家都要对自己的市场做必要的保护。但是，要争取产业重组的主导权，需要产业投资基金的推动。产业投资基金主要投资于技术成熟的成长型企业未上市的股权，它可以实现企业价值的增值；还有一类是收购兼并基金，它主要是投资于成熟企业的上市或未上市股权，整合企业资源提升企业价值。我认为这两类基金的主导方向不完全一样，产业投资基金可能更多的是扶持一个企业从扩张型到成熟型成长的这样一个过程，而收购兼并的基金是对已经运行成熟的企业进行重新整合，来提高它的价值。

第三，中国应该给产业组合和市场要素整合提供金融工具。中国不乏应用技术的创新，很多高新企业能够到海外上市，说明了我们还是有很多的应用型的独创的技术；中国不乏有战略眼光的企业家，我们有很多企业家能够在世界上受到尊重；中国不乏有冒险精神的投资人，中国的民间投资是非常活跃的，尽管有些投资方式目前处于非常艰难的境地之中，但是这些在中国大地上从来没有停止过，我们需要把这些冒险精神引导到一个合规正常的渠道上去，堵邪门开正道；中国不乏未有效利用的各项资源，中国的资源是丰富的，但是中国缺乏组合各种要素的金融工具，私募股权投资基金就是有效整合现有市场各种要素的工具之一。在计划经济条件下，计划是组合市场要素的龙头，没有计划，有钱什么也买不到；但是在市场经济下资金是组合市场要素的龙头，有了钱可以买技术、可以买原材料、可以雇人。所以，有的市场人士说他做的事情就是99+1。中国具备市场99度的温度，但是缺乏一个把要素有效组合的1度，有这1度就可以让水沸腾。我想金融工具就是99+1中的1。

第四，金融滞后会制约中国企业在国际金融的发展。中国由于资本市场还不够发达，限制比较多，因此企业上市比较困难。由于缺乏多层次的资本市场，有很多企业没有一个正常的退出渠道，股权没有一个正常的流动渠道，因而绕路去境外上市。我想如果不放开中国金融的束缚，中国的企业永远不会在国际上有竞争力。中国的经济被世界所看好，但中国如果不能利用金融工具在中国的大地上把我们的生产要素有效地组合起来，中国的经济是不会有强大的竞争力的。

发展私募股权基金的政策环境

我想强调的第一点是政府为什么要进行监管。政府监管的目标就是减少外部性，保护公众利益，降低交易成本，提高市场效率，这是政府监管的唯一目标。安德烈·施莱弗等经济学家用一张坐标图表示了专制与无序下的社会总成本。坐标轴的竖轴表示无序状态下的社会损失，横轴表示政府专制导致的社会损失。

一个社会可以采取四种不同的控制策。且对社会公众利益有外部性的行为可以实行国家监管。所谓监管就是把大量的、充分的交易合同标准化，定出统一的规则，由一个监管机构进行管理。最后一种策略就是国家专制，在一些特殊领域为了保护社会公众的利益，为了提高市场效率，国家必须通过法律来进行管制。政府监管的理念应该是以极大地减少各种经济行为的外部性，保护公众利益，极大降低交易成本，提高市场效率为目的。

根据新修订的《证券法》和《公司法》，200 人以下就可以设立私募基金。根据《合伙企业法》，可以设定 50 人以下的私募基金，应该说私募基金的成立已经具有了法律依据，那么我们怎么来管理？我认为，私募证券投资基金巨额持仓的失败有可能波及证券二级市场，风险比较大，且有一定的外部性，我们应该有一定的管理。我个人觉得管理可以分成这么三个方面。一是可在法规中限定投资人的资格，因为他进行的是一个高风险的投资，所以最好是有一定风险承受能力的人。像美国的法律对于参加私募基金的人的财产是有一定限制的。二是在注册的时候，应该向证券监管部门报备，为了不要让这个企业两头跑，在企业注册之后，应该由注册机关抄报监管部门，让监管部门知道有这样一个机构的存在。因为他是在拿自己的钱投资，所以从民法上讲它没有什么不可以，从其他的相关法律来说，它的设立也没有什么不可以。但是它的活动会给证券市场带来影响，因而市场监管当局应该知道存在这样一个机构。三是应该采取适当的方式对其大额交易进行监管，具体采取什么方式，我想这应该是监管部门研究的问题，国际上也在就对冲基金应该如何监管进行研讨。而对于私募股权投资基金，由于它是把资金筹集在一起，投资于未上市的企业股权，无外部性；而且民法完全可以约束资金供求双方的关系，因此，我个人认为，对私募股权投资基金，按一般企业登记、按章程运行即可，不需要有什么特别的限制。

我想强调的第二点是私募基金的税收问题。私募的组织形式有三种：契约型、合伙公司型和公司型。契约型的如集合信托计划，银监会规定的信托公司可以做集合信托计划，证监会规定了证券公司可以做集合资产管理，这些都为契约型的私募基金的设立奠定了法律的基础。《合伙企业法》为合伙公司型的私募基金提供了法律依据。而《证券法》和《公司法》对于发起人为200人以下的公司不作为公众公司，也就为公司型的私募基金提供了法律和政策依据。

在税收政策上我们应该坚持的原则，就是避免双重征税。大家认为合伙公司更有利于私募基金的发展，就是因为合伙人是作为个人征所得税的，而避免了被征企业所得税后，再征一遍个人所得税的情况。在税收的鼓励和优惠上，我建议把税收鼓励和企业的设立分开，减少企业注册的时候为享受这方面的税收优惠而增大成本的情况。如果把享受税收优惠和企业的设立捆在一起，可能会加长审批的时间。有些地方政府对投资基金设立的时候是作为一个普通企业注册的，没有什么税收优惠，但是如果你是个搞风险投资的企业，有70%的资金投资在政府认可的高新技术方面，就可以给你一个优惠，这是以这个私募股权基金最终投资的方向来决定是否给优惠。我认为把企业设立和税收优惠分开比较好，这可能更有利于一些企业的出生。有些企业如果投资回报利润非常高，它不追求税收优惠也可以。我想，加大交易成本来追求减少税收，还是追求效率而不求减免税收，这个衡量是不是可以由企业来做。

我想强调的第三点是私募基金的市场退出问题。私募基金目前在中国发展得不是特别好，主要是因为在中国境内市场退出有很大的局限。有很多的私募基金投资的企业都绕道去海外上市，为的就是解决这个问题。我想一是应该建立多层次的场内市场，鼓励企业境内上市，我们国内的场内市场上市标准过于统一，也过于严格，应该分成不同层次的场内市场。二是应该建立合格投资人的场外市场，我们可以建立电子报价系统的场外市场，现在证监会也在改造深交所的股份代转让系统，但是并没有明确地把它界定为是一个合格的投资人的场外市场，这可以进一步研究。过去我们担心资本市场出风险，对企业上市交易做了很多界定，但如果我们对投资人的资格有所限定的话，那么对于企业上市是不是可以不过多地严格限制？我们在北京、上海、天津还有产权交易市场，过去为了怕它成了变相的证券交易机构，因此不允许它们把所上市的企业、交易的企业进行股权分割，必须整体转让。这样就影响了竞价的人数，如果没有足够的竞价的人，企业是卖不出好价钱的。现在既然200份以下不算公众公司，是不是在产权交易市场上交易的企业也可以做适当的细分，不超过200份，这样把股权分小了，投资的人多了，企业是不是可以卖更好的价格了？三是可以研究一下外商投资企业股权协议转让的外汇政策。既然我们允许中资企业到海外投资，那么外商投资的企业要把股权转让给中资企业，中资企业需要外汇的时候，是否也能向中资企业提供相应的便利？

我想强调的第四点是要做好企业的股权登记托管，规范股份制企业运行。一个比较规范的系统有利于保护产权、减少虚假注资和抽逃资本；有利于场外的股权交易，因为场外股权交易也需要股权有一个明确的托管地方；有利于提高上市效率，如果一个企业要上市，其股权应该是界定清楚的，注资应该是实的，而且它应该是一个没有各种各样的瑕疵和纠葛的，如果在它没有寻求上市之前就有一个完整的登记托管系统，对于这些股权今后上市是有好处的。国外的资本市场都有许多中介机构从事股权的登记和托管业务，我们国家现在只有两个交易所的股权托管机构。实际上各地政府也搞了一些非上市股份有限公司的股权托管中心，那些托管中心原来主要针对不能够上市流通的法人股，是对于上市公司没有流通的那一部分服务的。但是当有很多的股份制企业，当券商想代理其转让股权时，会发现股权登记非常不健全，股份也不是非常明确，还有很多的瑕疵，这样就耽误了券商把一个企业推进上市的进程。如果我们在股份制企业刚一出生的时候，就逐渐规范它的登记托管系统，那么就有利于其上市运作。

最后，我想讲一个观点，就是要彻底扭转政府在金融活动中承担过多风险的状况，让市场主体自己承担风险，才能使金融市场健康发展。中国之所以在资本市场上对内还不够开放，主要是因为政府在以往化解金融风险的时候，承担了过多的责任，政府埋单是很多的，因而政府对于风险的防范格外地谨慎。实际上，资本市场就是一个愿打一个愿挨的市场，政府的职责就是要让所有的市场主体按照国家的规定来披露信息。真实地披露信息，打击欺诈犯罪，政府的职责不过如此，除此之外的应该交给市场去做。

市场经济下商品流通法制的建立与完善

（尚珂，《中国流通经济》，2008 年 11 期）

一、商品流通法制建设的背景

20 世纪 70 年代以前，我国实行的是计划经济体制，商业体制主要表现为国有商业与集体商业。农村与城市为两个不同的领域。城镇以国有商业为主，商品购销形式主要为百货店、杂货店；农村以集体商业为主，商品购销形式主要为供销合作社。这段时期，我国主要通过行政手段管理商品流通，利用计划手段形成各种经济关系，以国家强制力量维护计划纪律、合同纪律和财经纪律。在计划经济条件下，经济主体的经济行为和活动几乎完全处于国家计划的绝对调整与控制之下，政府对社会经济生活具有绝对的管理控制权，不存在经济领域的自由，完全排斥私人的意思自治。

1978 年十一届三中全会后，在“对外开放，对内搞活”方针的指引下，我国对商业体制进行改革，实行以国营和合作商业为主导的多种经济成分并存的商业体制。逐步形成了国营、集体、个体商业共同发展的新格局，商品经销方式也逐渐多样化，流通业开始走上了法制化管理的轨道。

1978 年后，我国开始逐步推进市场经济的发展。在计划经济向市场经济转轨的过程中，商业经营活动也逐步发生变化。商品流通业由票证计划供应走向市场自由交易，商业零售业态由单一的国有商业的百货店和集体商业的供销社，逐步向多样化方向发展，出现了多种零售业态。以往依靠行政管理商业活动的模式已无法实现对商业秩序的有效管制，运用适应市场运行规律的法制手段管制市场秩序成为必然选择。回顾改革开放的 30 年，市场经济从初级阶段走向了成熟发展阶段，商品流通法制建设也随之从以个体利益为本位逐渐向以社会利益为本位发展。

二、20 世纪 80 年代，自由商品交易促进市场交易规则初步建立

20 世纪 80 年代初，随着市场经济的发展，国内市场从短缺经济逐步走向富裕，商品种类逐渐丰富，人们的购买力不断增强，百货店的经营逐渐繁荣起来。20 世纪 80 年代中后期，商品流通业开始进入快速发展时期，百货店数量急剧增加，民营商业主体增多，零售业增量发展，国营百货店也向大型化、高档化发展，出现了大商场热，竞争加剧。

随着市场经营主体向多样化方向发展，确定它们的市场地位以及进入市场从事经营活动的合法性和行为规范，成为亟待解决的问题。为此，针对不同市场主体，我国颁布了多个企业法律制度，确立了这些企业平等的市场地位与合法的交易权利，同时也明确了企业在市场中的生产经营权、商品定价权、自由交易权、拒绝摊派权等 14 项权利。在这一时期，我国的市场经营主体还带有浓厚的所有制形式色彩，企业法律制度也大多根据企业所有制形式的不同而设立，如《全民所有制企业法》、《集体所有制企业法》及私营企业法律制度等。

20 世纪 80 年代，市场的发展方向是摆脱计划经济的束缚走向自由交易的市场经济。自由的市场经济要以双方的自愿交易为基础，合同作为连接市场主体的纽带与市场关系的法律表现，进入了社会生活的各个方面。

合同关系是市场经济中最基本的关系。合同法律制度是商品流通领域安排消费者与经营者交易双方“相对位置”的重要规则。

合同规则的本质与核心是以个体利益为本位，基于平等、自愿的原则，保护意思自治。改革开放以来，我国曾先后制定了三部调整不同领域合同关系的合同法，即 1981 年颁布的适用于国内经济合同关系的《经济合同法》，1985 年颁布的适用于国内企业组织与外国企业及个人之间经济合同关系的《涉外经济合同法》，1987 年颁布的适用于国内技术开发、转让、咨询、服务合同关系的《技术合同法》。这三部法律对保障合同当事人合法权益，维护社会经济秩序，促进国内经济、技术与对外经济贸易发展发挥了重要作用。1999 年，这三部合同法统一为《中华人民共和国合同法》。

这一时期，我国对商品流通市场的法制化管理强调对市场主体的平等保护，不考虑市场主体的强弱关系，对各种不同的经营主体均给以相同的权利、义务。通过保护自由交易、自由竞争，来提高效率，促使市场交易者利益的实现。

三、20 世纪 90 年代以后，商品流通市场规则的发展与完善

1. 以约束经营者行为，保护消费者利益为基础的竞争规则逐步建立

20 世纪 90 年代初，随着大型商场数量的增加，市场竞争加剧。到了 20 世纪 90 年代中期，百货店等零售商经济效益明显下降，昔日场面火爆的大商厦在竞争中不断亏损倒闭。在经济领域，如果自由交易完全通过单纯的市场机制来调节，缺乏市场监管制度，各种不正当竞争行为就会相继出现，就会使市场中充斥着虚假广告、假冒伪劣、商业侵权等问题，使企业缺乏社会责任感，严重侵害其他经营者和消费者的权利与利益。

面对这个时期出现的新的市场秩序问题，我国开始重视企业的

社会责任和市场行为规范，并颁布了一系列法律法规，以约束企业的市场行为。其中主要有：1993 年 9 月 1 日起施行的《中华人民共和国产品质量法》，1993 年 12 月 1 日起施行的《中华人民共和国反不正当竞争法》，1994 年 1 月 1 日起施行的《中华人民共和国消费者权益保护法》，1995 年 2 月 1 日起施行的《中华人民共和国广告法》，1998 年 5 月施行的《中华人民共和国价格法》等。另外，各级政府还陆续出台了一系列具体法规及实施办法，强调经营者责任，维护消费者利益，为维护市场正当竞争、反对无序竞争提供了法律依据。

这些法律法规贯穿了以保护市场经营者、消费者利益，实现社会公平正义为本位的法律理念。国家在微观层面上从规范经营者的经营行为、保障消费者权利、维护价格竞争秩序等多方面进行市场干预，加强作为强势群体的合同一方当事人——经营者的法定义务，完善作为弱势群体的消费者一方的权利内容，在法律上塑造出消费者的“相对优势”，以法律中的“相对优势”平衡现实中的“先天劣势”，对传统法律调整的平等关系或建立这种关系的条件进行修正，从而在尊重契约自由的同时，又保障了社会公平正义的实现。

2. 以维护市场竞争机制为目标的竞争法体系逐渐形成

20 世纪 90 年代，我国商业对外开放。在鼓励引进外资政策的引导下，自 1992 年新加坡财团投资的燕莎友谊商厦开业以来，美国沃尔玛、日本八佰伴、台湾丰群集团的来来百货、香港永安等知名商业企业相继入局。进入 21 世纪以来，由于加入世界贸易组织以及商业市场的对外开放，放宽了外国资本进入我国商业市场的限制，外资商业企业大量涌入，市场竞争进一步加剧，成长起来的大型国内商业企业与外来商业资本进行着市场的争夺。可以看到，外国商业企业正在迅速占领我国零售市场，从大城市到中小城市，几乎每个城市都有外国零售企业进驻。

另外，经过30年的改革开放，一些民营商业企业经过市场的摔打成长起来了，并在市场中取得了重要地位。这些在竞争激烈的环境中成长起来的大企业与外国零售企业进行着较量。为控制市场，企业之间的合谋联盟、股权控制、兼并收购等具有垄断性质的行为时有发生。商业领域的竞争性市场逐渐走向垄断竞争。

竞争导致的市场规模化、集中化，对市场发展既产生了有利的影响，也产生了不利的影响。在零售商业表现尤为明显的是，大型商业企业凭借市场优势，挤垮了大量中小商业企业，在一定范围内取得了行业主导控制地位，导致我国市场商品流通渠道主导权和模式发生了根本性变化，由工业生产厂家主导型流通体制向消费领域的商业零售企业主导型流通体制转变。特别是一些外国大型零售企业取得了零售市场的控制地位，对上游中小生产企业产生了供应链上的连锁反应，它们通过入场费、摊位费、培训费、促销费等各种名目繁多的费用，盘剥上游生产企业，占用、拖欠供应商资金，进行自身规模的扩张。零售商与生产者之间的不平等交易屡见不鲜。

这样的市场问题，存在于各种行业，严重损害国家、经营企业和消费者的利益。为有效制止行业、地区垄断及有碍公平竞争的行为，我国十届全国人大常委会第29次会议于2007年8月30日通过了规制竞争秩序的核心法——《反垄断法》。《反垄断法》是市场经济法律体系的一个重要组成部分，它的颁布有利于预防和制止垄断行为，维护市场的公平竞争机制，提高经济运营效率，增强全社会的竞争力。它也是市场经济条件下指导商品流通领域各种竞争行为的重要法律依据，它的颁布标志着商品流通法律体系的进一步完善。从社会本位的角度来看，《反垄断法》是市场主体之间的利益平衡器，对个体利益（包括经营者利益和消费者利益）、国家利益、社会整体利益等不同的“利益体”予以协调和保护。

四、21 世纪，商品流通中的新问题及法制对策

近年来，随着商品流通业的发展，各种新型商业业态不断兴起，商品流通方式也发生了变化。以连锁形式经营的超级市场、便利店、专业店、专卖店等快速发展，同时网上销售、电话销售、直销等新型零售业态也不断涌现，特别是电子商务条件下的无店铺销售（网络销售），省时省力，不受时间限制，降低了消费成本，提供了更为方便快捷的消费方式。在现代化的大中城市，随着信息技术和网络技术的发展，这种新型的无店铺销售将逐渐成为商品流通业中的重要业态。但不难发现，电子商务条件下的无店铺商品流通与现实商品流通法律所规定的商品流通秩序有一定差距，网络的虚拟性和交易的空间性，给商品交易秩序的安全性与稳定性带来了新的挑战。

1．电子商务条件下的商品流通新问题

一是交易主体的虚拟性带来的交易风险。交易主体的虚拟性，是指交易各方在网上交易中仅以网址存在，其真实名称、地址等信息在网上并不明显，交易主体特别是电子商务条件下的销售方是否有固定的经营场所，是否有足够的资金和经营人员，是否为合格的经营实体，都无从考证。这与传统的经营者有固定经营场所、地址和名称明显不同。在这种情形下，当事人双方素不谋面，相互之间缺乏最基本的了解和信任。人们在试图沿用传统方式对当事人身份进行辨别时，却发现面对虚拟、匿名的网络空间，传统的鉴别方式

往往显得力不从心。

二是交易形式的电子化带来的不确定性。电子商务条件下的商品流通主要通过计算机网络的电子信息交换，在网上订货并支付款项。电子商务交易的全过程均通过电子手段进行，在电子商务中，交易的安全性至关重要。交易主体从双向转为互联网上的多向，且大多数交易通常不存在前契约关系，相互之间也不一定会进行再次交易，在这种情况下，如何确认某一特定交易当事人的身份、所传递交易信息的内容，防止拒绝承认提交、否认信息内容等情形的发生，就显得非常重要了。

三是网络信息的披露和交易安全问题。电子商务条件下的商品流通是远程交易，交易者不是面对面进行交易，在交易中消费者完全根据经营者发布的信息决定是否购买，经营者要利用网络向消费者提供充分的自身信息、商品信息和交易信息，以确保消费者的知情权，这是合同缔约前经营者应承担的先合同义务。如何确保消费者获得真实、充足的信息呢？完全由经营者基于诚信披露信息是危险的，应通过法律对经营者的信息披露进行明确规范。

可以看到，考虑到电子商务新型商品流通的特点，以及网络交易中商品流通与传统环境下商品流通的不同之处，需要建立与之相适应的规范，进一步完善商品流通法律体系。

2．电子商务条件下商品流通新规制的建立

交易方式的变革推动交易规则的演进，这是法律发展史上永恒的规律。电子商务的发展带来了商品流通方式的转变，也推动了电子商务条件下商品流通法制的建设与发展。由于电子商务区别于传统商业的特殊性，应尽快在以下几个方面完善我国的商品流通法制。

第一，加强电子商务经营者的市场准入管理，并建立相应的交易安全保障体系。交易具有追求安全的天性，如果没有法律与技术手段作为保障，可以预见，充满安全漏洞的新兴交易领域——电子商务，将因当事人丧失信心并退出交易而逐渐萎缩。网络环境虽然具有虚拟性，但仍与现实社会存在无法斩断的联系，应把好进入虚拟环境的关口，通过各种手段保证网上交易安全。应健全以信息安全、网络安全为目标，以加密技术、认证技术为核心，以安全电子交易制度为基础的安全保障体系。同时为电子交易的可靠性和安全性建立一系列法律规制。

第二，强化经营者信息披露，完善消费者知情权，将网络知情权的保护纳入法制轨道。对于这项内容，国际经济合作发展组织（OECD）《关于电子商务中消费者保护指南的建议》规定，面对消费者的电子商务企业，应提供足够的关于企业自身的信息，所提供的信息至少应包括：企业身份，电子邮箱地址及其他电子联系方式或电话号码，有效的注册地址及任何相关的政府注册号或许可证号，能与企业进行迅速、简便和有效交流的方式，能恰当、有效解决争议的方式，经营场所和执行法律、规章的相关人员。另外，《欧盟消费者远程合同指令》规定了远程销售中经营者或供应商缔约前的义务：应向消费者提供清晰的、可理解的、确定性的信息，其中包括供应商的姓名、地址，而且这些信息必须以书面或其他可为消费者获得和阅读的媒体形式提供给消费者。

第三，建立电子商务中经营者的信誉评价机制，加强社会信用体系的法制化进程。在网络环境下，交易当事人的信用水平是交易成功不可或缺的因素。从世界范围来看，德国、日本等国电子商务条件下的商品流通具有相当规模，相应的信用机制建设也比较完善。如德国主要通过市场和法律手段相结合的方式，保证信用体系的运作。德国拥有欧盟范围内最为成熟和庞大的商业信用机构（Schufa），该机构保存有约 6300 万人的信用资料，占德国总人口的 2/3 以上。无店铺销售业者可从该机构获取与客户有关的信用记录，有效保护自己的利益。同时，鉴于消费者在无店铺销售过程中处于相对弱势地位，德国出台了《远程销售法》，该法主要由《远程销售法新规定》《解约法》和《退货法》等相关章节组成，还包含了 2002 年 1 月 1 日起正式生效的《网络及其余电子交易特别规定》，相关法律法规均体现了保护消费者权利的立法核心，也规范了销售商的行为，促使其积极建立自身的经营信用。除此之外，一些私人和社会公益机构也通过多种平台积极保护消费者利益。例如，网上购物消费者保护协会目前已经成为德国规模最大的网络购物消费者保护组织，该组织通过积极有效的信息交流、专家咨询和定期发布信息等手段，从客观上增强了消费者自我保护的能力。

第四，建立适用于电子商务条件下商品交易纠纷的解决机制。鉴于网上欺诈现象非常普遍，而消费者遭遇欺诈时救济手段无力的现状，以及电子商务纠纷发生后难以调查取证，相关证据容易被破坏等特点，应规定调查处理的及时性，明确规定纠纷处理程序、调查取证手段、调解程序以及罚则，完善在线消费者纠纷、司法救济和纠纷解决机制。

总之，电子商务条件下商品流通法律规制的完善体现了电子商务本身的特征与要求。

综上所述，我们可以看到我国商品流通相关法律制度建立与发展的轨迹：从 20 世纪 80 年代以市场经济条件下契约自由为基础的合同法律制度的建立，到 20 世纪 90 年代《反不正当竞争法》《产品质量法》《消费者权益保护法》的应运而生，再到 21 世纪《反垄断法》的出台。这些法律法规的出台是市场发展及商品流通领域包括零售业发展的迫切需要，是在计划经济向市场经济转轨的过程中发展起来的，是在政府干预程度不断减小的过程中发展起来的。任何一种法律现象或法律问题均产生于所处的外部条件之下，且与其所处的背景同构，商品流通法律规制的建立、发展与商品流通产业发展的背景同构，是市场经济充分发展的结果，是脱胎于现代市场经济的法制现象，并将随着流通产业的发展而逐步完善、丰富。

银行改革：当前中国金融改革的重中之重

（吴敬琏，《世界经济文汇》，2002 年 04 期）

一、银行体系的稳定与效率对于中国至关重要

1. 信贷融资是现时和将来企业融资的主要形式

英美等发达国家的金融体系，尤其是它们所拥有的流动性极高的资本市场被许多的发展中国家看作本国金融体系发展的样板和目标，被倾注了很多的注意和热情。不过中国的现实情况是：信贷融资至今仍然是企业融资的主要形式。虽然这种融资格局使风险集中于银行，以致中央银行一再提出要“扩大直接融资的比重，促进有较多的储蓄资金转化为投资”[①]，但很难预期，这种以信贷融资作为企业融资，特别是大中型企业融资的主要渠道的格局在近期能够得到改变。

2. 保持银行业体系的稳定具有至关重要的意义

银行系统的稳定是金融稳定的核心，这本是从 20 世纪金融业研究得出的一项基本结论。从 1929 年开始的世界大危机到 1997 年东亚金融危机的历程我们都可以看到，正是银行业的危机破坏程度决定了金融危机的广度和深度。在 30 年代美国的大萧条、90 年代日本的金融危机和从 1997 年开始的东亚金融危机中，大量银行因为传染性的挤提导致了支付体系的崩坏，大量投资项目的清算也受到致命的打击。而在美国 1987 年和 2001 年的股市崩盘中，却因为银行系统较少受到波及而使危机转为浅表并且得到了较快的恢复。

① 见中国人民银行货币政策委员会 2002 年第二季度例会新闻稿，2002 年 4 月 27 日。

既然中国银行业在金融体系中担负着较之发达国家更重要的角色，维护银行体系的稳定对于中国就更加具有重要意义，成为政府当务之急。

3. 保持银行业稳定的主要措施

自从 1997 年东亚金融危机以及后来我国广信等金融机构破产事件以后，中国政府就把防止金融危机发生放到了议事日程上，陆续采取了一些防止金融风险、稳定银行业的措施。

（1）降低企业的负债率

目前我国企业特别是国有企业负债率仍然过高，要降低贷款拖欠率和减少潜在金融危机的破坏性。5000 户工业企业资产负债率为 60%左右。根据中国人民银行研究局的报告，全部国有企业账面资产负债率为 65%左右。如果剔除无效资产，则高达 75%以上。

（2）减少银行不良债权和提高资本充足率

东亚金融危机发生以后，中国采取了一系列措施来降低国有银行的不良债权占GDP的比例和提高它们的资本充足率。例如，1998 年发行 2700 亿元特别国债，用以充实国有银行的资本金；1999 年陆续成立了信达等资产管理公司（AMCs），并在 2000 年剥离了 14000 亿元的银行不良债务。但是，四大国有商业银行中除中国银行外，都没有达到巴塞尔协议所要求的资本充足率。

中国人民银行戴相龙行长在 2002 年 3 月的“中国发展高层论坛”上宣布，2001 年末中国国有商业银行不良债权为贷款余额的 25.37%，照此推算，它们的不良债权总额约为 2.29 万亿元。

由此可见，降低不良债权和提高资本充足率的工作还应当加紧进行，其方法包括：①国家注入新的资本金；②再次剥离不良债权；③银行通过改善经营自行消化；④降低商业银行的营业税负担，给银行消化不良资产以更大的余地。

（3）建立审慎财务制度，增加银行的呆账准备金拨备和提高流动性比率

在全面推行贷款五级分类制的同时，采取按类别拨备呆账准备金，例如，评为“可疑”级贷款的准备金为75%，评为“损失”级贷款的准备金率则为100%。

（4）减少银行对股市的风险暴露

最近几年中国的银行是支持股票市场上价格高涨的重要因素，但是银行业也因此越来越暴露在股市风险之下。尽管中央银行近来加强了对违规入市信贷资金的管理，但银行和企业的国有属性以及中国在执法力度上的不够可能使银行和股市的关系趋于复杂化。而且，银行对股市的风险暴露已经把银行、证券公司、国有企业以及炒股人的利益捆在了一起，所有这些人都想从高的股价中获利。这样的利益联盟便形成一股强大的社会力量。它不仅会增加金融体系脆弱性，也会因此妨碍政府实施有效的金融稳定政策。作为一项重要的方针，需要减少银行对股市及其他高风险金融工具的风险暴露。

二、我国以国有商业银行为主体的现有银行体系难以满足社会主义市场经济的需要

无论是从规模结构的角度，还是从所有制的角度来看，银行和非银行金融机构的所有制结构和规模结构都应当与工商企业的结构相对称。也就是说，民营小型企业需要有民营的小型金融机构为之服务。在这方面，台湾采用非正规金融支撑最具活力的中小企业的经验可以作为佐证。目前，我国的现有银行体系仍然是以国有银行

为主体；这种银行结构与已经初步建立多种所有制经济共同发展格局的企业结构之间存在着严重的不对称；而国有银行又因体制原因存在着种种缺陷；因而它难以满足社会主义市场经济的需要和作为发展中国家发展经济的需要。

1. 银行结构与工商企业结构存在着严重的不对称现象

在计划制度下，我国实行单一银行制度，银行业由中国人民银行一统天下。改革开放后，特别是近十多年来，情况有了一些变化，例如，四大商业银行以外的股份制商业银行有所发展，从事存贷业务的信用社等非银行金融机构也艰难地保持自己的业务，但到目前为止，四家国有商业银行在整个银行体系中仍然占据着垄断地位，其市场份额仍然占绝大部分，资产和贷款份额均占到75%以上，存款份额亦占到70%左右。

1998 年，中国城乡居民储蓄存款有 36017.72 亿元集中在四家国有商业银行，占同期全部金融机构城乡储蓄存款的 67.44%。此外，四家国有商业银行在结算业务、外汇业务等方面也占有垄断优势。然而，尽管拥有这一切垄断优势，但国有商业银行创造出的利润份额却只占 40%左右。

2. 国有银行存在着严重缺陷

首先，国有银行存在着严重的制度性缺陷：（1）“一股独占”，100%由政府拥有；（2）仍然保持准行政机构的性质，没有建立有效的治理结构；（3）业务工作往往被要求符合行政目标；（4）在相当大的程度上采取所谓“官本位的激励方式”。在这种情况下，国有银行必然存在效率低、盈利水平差，资产质量低下的突出缺点。

从国际排名看，根据英国《银行家》杂志对 1998 年世界前1000 家大银行的评定。中国四大国有商业银行虽然一级资本和总资产的排名都在 100 名以内，经济效益指标的排名却甚为靠后，尤其是资产利润率指标的排名除建行为第 612 名，稍微靠前一点以外，其余三家均在第 850 名前后。

从与国内其他商业银行的比较看，国有商业银行虽然处于垄断地位，但其资产利润率、资本利润率、人均利润率等经营业绩指标都明显低于其他商业银行，而且呈现出逐年下降趋势。

从税前利润来看，1996 年国有商业银行高于其他商业银行，但自 1997 年以来，国有商业银行低于其他商业银行；尽管近几年受经济不景气的影响，银行整体利润水平趋于下降，但国有商业银行下降得更快。从人均利润率看，虽然整体呈下降趋势，但国有商业银行明显快于其他商业银行，下降幅度远远大于其他商业银行，以上分析表明，国有商业银行的盈利能力低于其他商业银行，国有商业银行并不具有竞争优势。

除上述缺陷之外，国有商业银行还存在着以下问题：①人员素质差，冗员过多；②产品过于单一，服务质量低下；③风险控制能力差，信贷评估能力不足；④内控制度不完善，激励约束机制不健全；⑤会计制度不合理，信息披露制度不健全；⑥银行机关化，干部官僚化等。

3. 贷款结构过分向国有企业倾斜

在银行体系中，在储蓄存款资金仍然主要集中在国有银行的同时，在贷款资金的投向上也主要投到国有企业，根据人民银行的调查统计大约占到 70%，而非国有企业所能够得到的贷款十分有限。1999 年，银行借给个体户和私营企业的贷款仅仅为 580 亿元，不到借出的全部短期贷款 63890 亿元的 1%。这与私营经济的 GDP产值占的 13%完全不成比例，银行资产结构和贷款结构中国有部门占75%，在贷款投向上国有部门占70%，这种金融结构现状，与目前我国各种经济成分在国民经济中所占比重正好相反。1999年，国有部门在工业总产值中所占比重仅为28.5%，在社会商品零售总额所占比重仅为24.3%。这种结构上的扭曲，必然导致金融资源的误配置和资金使用的低效率。

三、银行改革的主要任务

根据我国银行体系存在的问题，银行改革的主要任务可以概括为以下三个方面：

1. 改革国有银行制度

我国四大国有银行目前存在的首要问题是产权关系不清，治理结构低效。名义上，四大银行均为国有银行，但是所有者缺位问题十分突出。由于长期以来政府一直把国有银行当作行政机关对待，致使其不仅缺乏严格的董事会制度，甚至连银行行长的任免亦缺少规范的委托代理程序。因此，如无行政上的压力，没有人会真正关心国有银行的资金风险和经济效益。

关于国有商业银行改革，目前中国政府已提出一项计划，拟用5年或者更长的时间，把四大国有银行改造成为“治理结构完善，运行机制健全，经营目标明确，财务状况良好，具有较强国际竞争力的大型现代商业银行”。改革的具体步骤分为三步，即：商业化经营、公司化和上市。根据中央银行戴相龙行长的最近讲话，当前任务是要集中精力走出第一步，即按照国有独资公司的要求，建立起商业银行的基本经营管理制度，化解历史财务包袱。在此之后，再将有条件的银行改革成为国家控股的股份制商业银行。最后将符合上市条件的银行上市。

根据过去20年国有工商企业改革的经验，这一银行改革方案存在以下的问题：

第一，国有商业银行的商业化经营，自1993年11月以来已经提出多年，但是收效似乎并不显著。揆诸国有工商企业改革的经验，企业能否在保持国有独资和不进行股权多元化的情况下实现真正的商业化经营是值得怀疑的。依我看，应当把政府方案中第一和第二个步骤合并进行。

第二，分拆国有企业的优良资产，通过公募或私募组成股份有限公司和上市交易，也是过去国有工商企业公司化改组的惯用方法。采用这种方法进行改组以后所形成的银行经营格局是：原来的全资国有银行（简称为总行）成为股份制上市银行的国有股股东（"国家授权投资机构"），同时直接管理未被剥离的存续银行的业务，然后逐步清理存续银行的不良资产，将有用的核心资产"装入"上市银行。这种做法的主要缺点是：

（1）由以存续银行为经营实体的总行及其工作人员作为上市银行的控股股东和董事会的主要成员，容易形成对上市银行进一步改革和规范运作的制约力量。（2）上市银行在开展业务时必须利用国有商业银行原有的庞大业务网点和网络资源，不可避免地要发生复杂的关联交易和同业竞争问题。（3）有可能使国有商业银行的存续部分面临着更多经营压力。（4）使国有商业银行的整体改造成为一个极为漫长的过程。

针对这种情况，我认为我们应当选择整体改制的方式，而摒弃分拆上市的办法。

第三，目前存在着轻改制、重上市融资的风气，以为原来的国有银行或国有法人控股银行只要能够多少吸收一些中小股东成功上市，改善银行的经营和提高银行资产质量就会是顺理成章的事。然而根据国有工商企业改革的经验，如果仅仅着眼于融入补充资本金，这种期望很可能会落空。许多国有控股企业在包装上市以后，虽然“圈”了大量的钱，但是原有企业并没有经过脱胎换骨的改造，新的企业制度并未建立，机制并无改变，因而行为模式也依然故我，日后纷纷落马也就成为定局。汲取这种教训，我们应当把企业改制放到优先于上市融资的地位，为了造成企业制度的实质性转变，应当在组建股份有限公司时吸收有足够分量的中外民间企业、机构投资者和个人参股，在股权多元化的基础上完善公司治理结构。

2. 大力发展民营金融机构是金融改革的重要一环

20 多年来，我国经济改革的经验表明，为了奠定市场经济的微观基础，除要对原有的国有企业进行改革，还要大力发展民营企业；不但后一方面较之前一方面更加事半功倍，而且如果没有后一方面的进展，前一方面改革所必须的外部竞争压力也无法形成。根据这种经验，我们必须对民营经济开放金融业，大力发展民营金融机构。在这方面的主要工作包括：

（1）股份制银行的进一步改革

自从 1987 年设立第一家股份制银行，或称非国有商业银行以来，这种银行已发展到 11 家。它们的经营状况较国有商业银行为佳，但是这些股份制银行早先都是由政府或国有企业筹建和控股，因此带有许多旧体制的特点。如今，它们都在进行重组上市的尝试。需要注意的是，这种重组应当以实现产权结构合理化和建立有效的公司治理为重点，而不能重蹈某些国企上市圈钱的覆辙。

（2）城市商业银行的进一步改革

在 20 世纪 90 年代末期的城市信用社改革中，大多数城市将信用社合并为城市商业银行。目前我国共有100家城市商业银行，其中较大的23家还被允许进入同业间短期拆借市场。但是，这些城市商业银行大多数存在产权不明晰、治理结构不健全和同当地政府关系过分密切等问题。针对这些问题，需要对它们进行商业化、公司化乃至民营化的改革，使之成为真正的金融企业。

开放民营银行。金融业是否应当对民间资本开放，是我国经济界长期争论而没有达到共识的一个重要问题。事实上，在中国已经加入WTO的情况下，对本土民间资本的开放不应当再成为问题。按照我国加入世贸组织的协议，加入五年后，外资银行将享有同中资银行同样的待遇。而根据2001年12月11日国家计委《关于促进和引导民间投资的若干意见》和同年12月3日国务院办公厅转发国家计委《“十五”期间加快发展服务业若干政策措施的意见》，“凡是鼓励和允许外商投资进入的领域，均应鼓励和允许民间投资进入”，国有经济比重比较高的金融、保险等行业也要逐步放宽对非国有经济的准入限制和扩大对外开放，使它们得到与国有经济同等的待遇，在更广泛的领域参与金融业的发展。

3. 发展民营金融组织，重建县域金融体系

在金融业主和借款人都面临很高的名誉风险的较小区域内，资本充足率高的私人金融机构往往有可能提供高质量的服务。而且由于这些民营小金融机构对当地的情况比较熟悉，能够以较低的信息成本保证资金运行的安全，因此民营金融机构的发展是对于整个国民经验至关重要的民营中小企业的重要前提。然而由于民营金融机构的发展受到种种限制，融资难成为制约中小企业和地方经济发展的主要瓶颈。在有些关闭不规范的投资基金又没有采取替代办法的地区，县域金融体系甚至完全瘫痪，在这种情况下，中小企业融资

难就成为克服困难和发展地方经济的一个十分突出的问题，必须采取有效措施加以解决。除前面已经讲到的开放民营银行外，还应当采取以下措施：

（1）重建信用合作体系。1999 年以来有些地方进行了另一种建设县域金融的试验，这就是通过产权明晰、完善治理结构、加强内部管理等方面的规范化工作，将原有的信用社改造为整体素质高和防范金融风险能力强的金融实体。这里需要强调的是要成为真正民营的信用社。

（2）发展非正式金融业。在沿海民营经济发达的地区，通常存在较为发达的非正式金融活动，包括私人间借贷、“抬会”等。浙江民营企业之所以能够在本地和外地迅速发展，在一定程度上与浙江当地具有较为发达的非正式金融有直接的关系。对大多数地区而言，需要做三件事：合法化；规范化；加强信用体系建设。

碳排放交易体系的构建、挑战与市场拓展

（潘家华，《中国人口·资源与环境》，2016 年 08 期）

碳排放权通过市场交易实现效率配置，有理论与实践支撑。“碳排放”作为一种“恶品”，需要不断压缩或定额管控，与“善品”有着本质不同。因而，“碳排放”市场交易有着固有的困境。在国内碳市场构建中，困境还会得到强化。因为，1. 中国与国际社会、中央与地方、地方之间、政府与企业存在多重博弈，受经济、政治、环境、社会多重因素的制约，排放总量的确定和分配具有潜在的不确定性。2.“碳”的核算从属于能源，并不完全独立，是一种具有被动属性的交易品，企业的选择与能效和节能关联，则“用能权”和“碳排放权”重叠。由于碳作为交易品的从属和被动属性，企业的经营决策的碳约束可能被弱化或边缘化，对消费者的价格信号部分失真。3. 开放的、竞争的市场才是有效率的。但是从欧盟的碳排放贸易体系和国内的试点看，这一系统则是相对封闭的。4. 如果说高碳产品低品质可以通过市场的自我调节而对企业有所约束，而城市基础设施锁定的碳，其成本只能由全社会担承，在碳排放交易体系中得不到实际体现。5. 用能权和碳排放权有可能一体兼容，但是，碳交易的市场激励传递受到一些体制性因素的约束而失效。因此，中国的碳交易体系构建，需要在顶层设计中考虑碳排放的属性特点，拓展碳排放交易的市场空间。首先，在认知上将“碳交易”从约束变为一种机遇。其次，国家需要将碳纳入预算管理，实现效率配置和有效管控。再次，建立发展导向的碳交易市场，拓展碳市场规模。如纳入森林碳汇，碳市场与生态补偿相关联。最后，鼓励净零碳城市建设。

交易模式、权利界定与数据要素市场培育

（田杰棠、刘露瑶，《改革》，2020 年 07 期）

近年来，数字经济蓬勃发展，并与多个产业深度融合，对多个国家和地区的经济增长和生产生活方式产生了重要影响，成为重构国际经济格局的重要因素，引起各国普遍重视。目前，已有 30 多个国家出台促进数字经济发展的战略或规划，从制度环境、基础设施和政府服务等方面为数字经济的发展提供了相对全面的支持政策。我国数字经济发展迅速，在经济增长和社会生活中的作用越来越明显，受到了中央的高度重视。2017 年 12 月，习近平总书记在主持中共中央政治局第二次集体学习时强调，“发挥数据的基础资源作用和创新引擎作用，加快形成以创新为主要引领和支撑的数字经济”。习近平总书记在党的十九大报告中指出，“供给侧结构性改革深入推进，经济结构不断优化，数字经济等新兴产业蓬勃发展”。在这样的大背景下，数据在经济社会中的关键作用越来越成为社会各界的共识。2019 年 10 月，党的十九届四中全会通过的《中共中央关于坚持和完善中国特色社会主义制度推进国家治理体系和治理能力现代化若干重大问题的决定》进一步提出：“健全劳动、资本、土地、知识、技术、管理、数据等生产要素由市场评价贡献、按贡献决定报酬的机制。”这是中央文件第一次将数据确立为一种生产要素。2020 年 3 月 30 日，中共中央、国务院印发的《关于构建更加完善的要素市场化配置体制机制的意见》将数据正式纳入主要生产要素范畴，与传统的土地、技术、劳动力、资本等并列，并明确提出了数据要素市场制度建设的方向和重点改革任务。2020 年 5 月 18 日，中共中央、国务院发布了《关于新时代加

快完善社会主义市场经济体制的意见》，再次提出“加快培育发展数据要素市场，建立数据资源清单管理机制，完善数据权属界定、开放共享、交易流通等标准和措施，发挥社会数据资源价值”。这意味着明确交易规则、建设数据市场已经成为社会主义市场经济体制下要素市场化改革的重要组成部分。

一、数字经济的蓬勃发展使数据成为关键生产要素

数字经济的前身是信息技术软硬件的萌芽和发展，最早起源于“二战”之后，当时最早的“计算机”只能用来加快计算速度，而几乎不能存储和检索信息。到 20 世纪 50 年代初磁芯存储器的出现，才真正实现了数字信息的有效存储。20 世纪 60 年代以后，出于与苏联争霸的考虑，美国国防部通过先进技术研究计划（DARPA）资助了大量的信息技术研究项目，互联网发展最关键的传输控制协议/互联网协议（TCP/IP）就源于这些项目的研究成果。到了 20 世纪 80 年代，美国国家科学基金会（NSF）基于TCP/IP协议在研究人员中开始建设并管理局域网。

20 世纪 90 年代，商业化的互联网应用在美国逐渐发展起来。2000 年前后出现了第一次互联网创业大潮，著名的互联网公司雅虎、谷歌都是成立于 90 年代中后期。我国的新浪、搜狐、百度、阿里巴巴等企业也都出现在同一时期。数字经济的概念最早就是出现在这一时期。1996 年，加拿大商业分析师唐·塔普斯科特（Don Tapscott）在其专著《数字经济：网络智能时代的希望和危险》中首次提出数字经济（Digital Economy）的概念。1998 年，美国商务部发布了研究报告《兴起的数字经济》，从数字革命对经济社会影响的角度，就数字经济发展前景及其面临的挑战进行了展望，并指

出随着数字革命的推进，IT行业以及宏观经济其他产业部门都将出现加速增长。

就信息技术对经济增长是否贡献巨大，在这一时期还有许多争论。1987年，著名经济学家索洛（Solow）提出："我们处处可见计算机时代已经到来，除了关于生产率的统计数据外"，这就是所谓的"索洛悖论"。麦肯锡公司于2001年发表了一份题为《美国经济的未来》的报告，认为"信息产业只是美国劳动生产率增长的诸多驱动因素之一"，"信息技术投资在某些行业发挥了巨大作用，但在另外一些行业则成效甚微"。

数字经济真正的爆发式增长发生在2008年全球金融危机之后。美国的IBM公司早在2006年就提出了"智慧地球"的概念，并激发了物联网技术和产业的发展。2007年，苹果第一代智能手机iPhone上市，移动互联网跨入了新时代，来自智能手机用户的海量数据急剧增长，云计算技术和应用也应运而生。新一代信息技术与经济活动的融合不断加深，数字经济中的"产业数字化"部分逐渐超过了"数字产业化"部分，才真正迎来了数字经济的大发展。

传统的经济学将资本和劳动作为最基本的生产要素，其中资本的背后是土地、自然资源、能源等"物"的要素，劳动则是人的要素，人类利用不断开发、不断进步的技术将"地球的馈赠"转化为供人类使用的商品和服务，这就是经济增长的本质。在"索洛悖论"描述的数字技术发展早期，数字的总量是有限的，包含的信息也是有限的，因此不具备成为生产要素的基本条件。

二、数据要素的特性与培育数据要素市场的迫切需求

（一）数据生产要素的独特性

与资本、劳动、技术等传统生产要素相比，数据作为一种新的

生产要素，呈现许多与传统生产要素不同的独特特征。已有很多学者对此进行了阐释。张麒认为，数据资源要素具有衍生性、共享性、非消耗性三大价值，打破了自然资源有限供给对增长的制约，为持续增长和永续发展提供了基础和可能。郭威、杨弘业提出，数据要素凭借其较高的流动性、无限的供应量和正外部性，辐射各生产部门，与其他要素市场有机结合，产生乘数作用，有助于提升全要素生产率。这些学者从不同侧面描述了数据生产要素的特征，都有一定的道理。从本质来看，数据生产要素的最独特特征有三个：非稀缺性、非均质性和非排他性。

一是非稀缺性。经济学的基本任务就是研究有限资源与人的无限欲望之间的矛盾，以最小投入获得最大产出，其原因就是资源的天然稀缺性。自然资源和劳动人口都不是无限可得的，而且在生产过程中会消耗并产生废物和排放污染，而数据则有所不同。当然，数据的非稀缺性并不是指数据到处都是、随手可得，或者数据资源“极大丰富”，而是指两个方面的含义：一方面，数据量目前看来是接近无限开发的，尽管事实上存储数据的物理设施最终要受资源总量约束；另一方面，数据参与生产过程之后仍然存在，并不会被消耗掉，而是可以多次循环使用，且使用中可能促进数据量的进一步增加，也没有污染、排放等问题。

二是非均质性。资本、劳动等传统生产要素具有一定的均质性。资本的每一元钱之间没有本质区别；劳动力之间尽管有明显差别，但是这种差别只是在一定范围内存在，均质性仍然比较明显；不同技术之间存在的差异性更大，但是专利审查制度的出现和执行会将这种差异度减小，因此我们经常使用专利数据来衡量创新能力，尽管其准确性有待商榷。数据与上述要素完全不同，一个比特数据跟另一个比特数据包含的生产价值通常是完全不同的，我们几乎无法用某一企业的数据量来衡量这个企业的价值或者进行横向比较。两个同样数据量的视频，一个可能是极有用的信息，另一个则可能是垃圾信息，这种情况在大数据中普遍存在。

三是非排他性。经济学意义上的排他性是指在技术上排斥他人使用的可能性，也就是说当某人在使用一件产品时别人就不能使用。比如一片土地或一座矿山，一个企业购买了使用权或独家开发权，其他企业就不能同时使用。资本和劳动这两个生产要素都具有明显的排他性，但是技术则具有较强的非排他性特征，因此需要建立知识产权制度以鼓励更多的技术产出。数据具有非排他性特征，可以无限复制给多个主体同时使用。这也带来了一个重要问题，即是否需要建立排他性的权利制度安排，以激励对数据的供给和有效使用。

（二）培育数据要素市场是促进数据价值有效利用的必然选择

我国拥有的数据量居世界第一①，但是目前主要的数据都掌握在大型数字经济企业以及政府部门手中。例如，阿里巴巴、京东拥有最多的电商消费数据，百度拥有最多的搜索数据，腾讯则掌握着最多的社交数据。政府部门的总数据量虽然可能比不上大型互联网企业，但是数据质量、结构化程度、有效信息量等方面要比互联网大数据有明显优势，很多关键数据都散布在政府的不同部门。

政府数据作为一种公共资源有多种管理方式，我国相关政策文件默认政府数据为公共资源并要求推动其开放。如《中华人民共和

① 参见国际数据公司（IDC）2019 年发布的《数字化世界：从边缘到核心》白皮书、《IDC：2025 年中国将拥有全球最大的数据圈》白皮书。

国网络安全法》第十八条规定：国家鼓励开发网络数据安全保护和利用技术，促进公共数据资源开放，推动技术创新和经济社会发展。国务院 2015 年 9 月印发的《促进大数据发展行动纲要》提出，稳步推动公共数据资源开放。国务院发布的《政务信息资源共享管理暂行办法》对政务信息资源的共享和无偿使用作出了规定。但是，由于对政府数据权利、责任、义务尚未有明确的法规规定，导致公共数据开放滞后。目前我国政府数据开放还停留在信息公开阶段，亟须完善相关法规，促进政府数据的开放和利用。

除了政府数据外，各类数字经济企业累积的大量互联网、物联网数据目前大多数仍处于互相割裂、难以流动、无法打通的“数据孤岛”状态。尽管在经济社会全面数字化转型过程中，需要大量的数据资源参与生产过程，但是由于没有相关的法律法规和交易规则，因而难以实现大数据的充分扩散、大范围共享和市场化流通。目前，互联网企业的数据除了在特定情况下向相关政府部门、高等院校、科研院所有限开放之外，以自己开发利用为主。在这种情况下，最需要数据的企业可能未必能得到数据资源，数据的价值难以被最大化地开发出来。因此，必须培育发展数据要素市场，明确交易规则和市场规范，使掌握大数据的企业有动力、无风险地将数据资源有偿开放共享，使那些有强烈数据需求的企业能够在数据市场上以相对公允的价格获取数据资源，从而实现数据资源的优化配置，发挥大数据提升生产效率、促进产业升级的关键作用。

三、我国数据交易的实践探索与成效

（一）各地积极开展数据交易探索

数据交易是市场经济条件下促进数据要素市场流通的基本方

式。近年来，随着大数据技术及应用的迅速发展，我国各地以多种形式开展了关于数据交易的探索和实践。2015 年 4 月，贵州省人民政府批准成立了全国第一家大数据交易所——贵阳大数据交易所。在之后的几年中，武汉、哈尔滨、江苏、西安、广州、青岛、上海、浙江、沈阳、安徽、成都等地纷纷建立大数据交易所或交易中心，提供数据交易服务。据网上公开资料统计，2015 年以来各省市先后建立的数据交易机构超过 20 个，均由各地政府或国家信息中心牵头协调，亚信数据、九次方大数据、数海科技、中润普达等一批数据运营服务企业提供技术和运营支持。

这些数据交易机构作为大数据交易的先行者，不仅在实践中对规则尚不明确的数据交易进行了有益的探索，而且尝试着制定数据交易的相关规则并付诸实践，积累了经验和教训，也取得了初步成效。以最早成立的贵阳大数据交易所为例，在推动数据交易发展的过程中，先后制定了《数据确权暂行管理办法》《数据交易结算制度》《数据源管理办法》《数据交易资格审核办法》《数据交易规范》《数据应用管理办法》等一系列交易规则，尽管在具体实践中仍存在较多争议，但这种勇于探索的精神还是值得充分肯定的。茶洪旺、袁航认为，在我国大数据交易实践发展过程中，数据交易服务体系在不断完善，相应的标准和规范也在引领数据交易市场的蓬勃发展。

（二）实践中形成的两种主要交易模式及其成效比较

从各地数据交易机构的实践来看，目前形成了两种最主要的交易模式，也是发展数据交易机构的两种主流思路。一是数据撮合交易模式。这种模式有点像传统的商品集市，因而又被称为“数据集市”。在这种交易模式下，数据交易机构以交易粗加工的原始数据为主，不对数据进行任何预处理或深度的信息挖掘分析，仅经过收集和整合数据资源后便直接出售。很多交易所或交易中心在发展初期都是以这种交易模式为基本发展思路。二是数据增值服务模式。数据交易机构不是简单地将买方和卖方进行撮合，而是根据不同用户需求，围绕大数据基础资源进行清洗、分析、建模、可视化等操作，形成定制化的数据产品，然后再提供给需求方。从各地实践效果来看，大部分数据交易机构经过多次探索之后，选择了提供数据增值服务的交易模式，而不是基础数据资源的直接交易。

数据撮合交易模式存在两个主要问题：其一，这类撮合式交易需要大量数据资源的获取，往往难以实现有效的个人信息保护。张铭茁通过分析大数据背景下的个人隐私数据泄露现状指出，数据交易市场存在大量灰黑交易，严重影响了数据交易向纵深方向发展。由于隐私数据在黑市的高价格诱惑，以及现行法律法规对于个人隐私数据保护的不完善，针对用户信息的非法收集、窃取、利用和贩卖等行为比较猖獗。一些企业参与个人信息数据非法交易，导致很多数据集市逐渐沦为数据黑市。其二，大数据本身具有非均质、价值密度低等特性，使得大部分数据需求方与供给方难以形成价格共识。对于客户来说，海量的“粗加工”数据对于商业决策或研究意义甚微。无论是政府还是企业需求，精准有效的数据可能仅占总数据量的百万分之一甚至亿万分之一，而后期的提取及分析则意味着大量时间和加工成本的投入。

相对而言，数据增值服务模式则有两个优势：第一，数据增值服务机构代替客户从大数据中提取密度低且价值高的数据，为其节省了大量的时间和分析成本。对于大部分中小企业来说，能够满足数据需求的专业人才相对稀缺，深度挖掘和分析原始数据则需要额外的人才或技术投资。因此，直接购买经定向处理后的数据产品可省去大笔开支，性价比比较高。第二，提供数据增值的服务商需确保数据的合法性，降低了数据需求方的法律风险。在当前一些法律法规尚不完备的情况下，数据需求方通过与数据增值服务提供方签订合同或协议，由后者负责保障数据获取和处理的合法性，有效规避了困扰数据交易的数据隐私保护等问题，使数据交易市场得以有效运行。

四、数据权利界定的难点与相关争议

数据不同于普通的有形物质，进入大数据时代，数据的生产特点发生了一些变化，这使得数据的权属界定成为难点。

（一）数据的分类

数据是信息的载体，通常提到的数据其实是指数据中包含的信息，特别是在指个人数据时。数据是计算机能够识别的一种形式，0 或者 1，以无标识信息的形式存在。信息是关于人、事、物等与表现形式无关的一些知识，是包含上下文语境、有标识的数据。数据如果和个人联系起来就是个人信息。目前，世界各国立法主要使用三种概念：个人数据、个人隐私与个人信息。用“个人数据”称谓的主要是欧盟成员国及受其影响较大的国家，如法国的《资料保护法》、挪威的《资料登录法》和欧盟的《一般数据保护条例》，均使用“个人数据”的称谓。用“个人隐私”称谓的主要是普通法国家。美国的《隐私权法》、加拿大的《隐私权法》和澳大利亚的《隐私权法》均使用的是“个人隐私”的称谓。使用“个人信息”概念的有奥地利的《信息保护法》、韩国的《公共机构之个人信息保护法》、俄罗斯的《俄罗斯联邦信息、信息化和信息保护法》等。

也有将个人信息与个人数据共同使用的国家，如日本 2005 年 4 月实施的《个人信息保护法》，就同时使用了“隐私”和“个人数据”两种概念。

数据可以根据不同的标准进行分类。按数据是否包含个人信息，可以将数据分为个人数据和非个人数据，个人数据指与个人相关，能够识别个人身份的数据。按照数据是否加工，可以将数据区分为原生数据和衍生数据。原生数据是指不依赖于现有数据而产生的数据；衍生数据是指原生数据被记录、存储后，经过算法加工、计算、聚合而成的系统的、可读取、有使用价值的数据。按照产生的主体，数据可以分为：个人数据、商业数据和政府数据。政府数据指政务部门履职过程中获取或制作的数据，可包括个人数据和商业数据。商业数据主要指商业机构运行中获取或生产的数据。这种分类中涉及个人数据的部分有交叉，对于商业数据和公共数据中涉及个人的数据，仍是个人数据，一般采取个人数据匿名化的处理方式。

（二）数据权利界定的难点

戴建军、田杰棠认为，数据权利与其他有形或无形物的产权存在较大差异，使数据权利问题的复杂性增加。同时，数据的来源也不同于普通产品的生产，这使得数据的权利界定不像普通产品那样简单明确。

第一，数据权利具有多样性，不同类型数据在权利内容上存在较大差异。数据权的主体包括自然人、政府和企业。个人数据可能会包含个人的隐私，自然人对自己的数据享有隐私权。因此，自然人对个人数据的权利旨在保护其对个人数据的自主决定利益，从而防止因个人数据被非法收集和利用而侵害个人人格权和财产权。对于政府数据，通常被认为属于公共资源，公众享有知情权、访问权和使用权。商业数据则包含企业的知识产权、商业秘密和市场竞争合法权益等。从当前与数据相关的法律来看，个人数据是一个明确的法律概念，国内外都有明确的法律概念和规范体系。在政府数据开放的讨论语境下，政府数据也是一种重要的权利客体。相对于个人数据和政府数据的概念，商业数据比较模糊，尚未成为严格的法律概念。

第二，数据生产链条包括多个参与者，权利责任需要在各参与者之间进行划分而引致界定困难。与其他财产不同，数据的全生命周期由多个参与者（数据提供者、数据收集者、数据处理者等）对数据进行支配，每一个参与者在各自环节赋予数据不同价值。在大多数情况下，数据发挥作用、产生价值需要数据控制处理者（如网络平台）对数据进行采集、加工、处理和分析，因此，数据提供者对于数据的各项权利需要数据控制处理者的支持和配合才可有效行使。赋予某一参与者专属的、排他性的所有权不可行，需要在数据提供者、数据控制处理者等参与者之间进行协商和划分，确定各权利之间的边界和相互关系。数据权利内容还会随着应用场景的变化而变化，甚至衍生出新的权利内容，使得事先约定权利归属变得困难。在海量数据时代，数据控制处理者对于每一个数据包含的复杂权利内容进行协商会带来巨大的交易成本，需要有一套简易可行的规则才能使得数据利用成为可能。另外，就个人数据而言，由于其中包含个人隐私，对于数据控制处理者在使用数据过程中如何保护好个人隐私权需要给予充分考虑。

第三，数据与传统普通物的所有性质有所不同。目前已经有不少人提出对数据建立所有权，如英国学者Christopher Rees认为数据可以被归类为财产（基于财产的简单定义，即能使用并排除他人使用某物的权利）。德国学者T. Hoeren提出，“一般来说，数据权利归属于数据的开发者、创建者或生产者。如果是职务数据，则权利属于雇主”。实践中，一些企业也会通过技术手段保护相关数据不受第三方侵犯，使得事实上数据为其所有。但数据的特点（如无限性和兼容性）使数据产权外延内的“所有权”和一般民法对所有权（对财产享有使用、收益和处分的排他性权利）的界定不同。对于通常意义上的所有权，所有权人几乎完全拥有占有和使用该物的权益，且一般是在没有妥善保管物导致侵权事实发生的情况下才会存在责任问题。数据权在数据的全生命周期中有不同的支配主体，权利人需承担更多的义务和责任，不仅要对数据泄露和数据侵权等事件承担责任，而且需要在日常数据收集和处理等工作中履行相应的义务。

（三）关于数据产权的争议

按照经济学原则，任何需要拿到市场上进行交易的产品和服务首先应该界定其产权。当然，这种产权是一个权利束，包含所有权、使用权、控制权、收益权等，这些权利在特定情形下是可以分离的。目前，无论是在欧、美、日等发达国家还是在我国这样的发展中国家，由于其本身的复杂性以及权利主体的多元性，数据的产权界定在学术界、产业界都尚未形成定论，各国对数据产权也都没有明确的法律规定。

造成数据权属模糊的主要原因是数据主体与数据控制者之间的利益冲突。一种观点认为，数据产权在严格保护个人隐私的前提下，应该属于处理、加工并使之商品化的企业。如齐爱民等认为，个人数据权是自然人依法对其个人数据进行自由控制和支配并拒绝他人干涉的权利，并不具备财产权的属性。个人数据权仅仅是与财产利益相关，由数据处理者的二次加工才得以商品化，所以本身不是财产权。丁道勤认为，对于经过二次处理的增值数据，数据处理者应享有所有权，这样才能激励数据处理者挖掘更多数据的潜在价值，为数据市场研发新产品。有的学者甚至认为，是否严格保护个人隐私都是可以讨论的问题。如美国学者Paul Ohm认为，在信息无所遁形的大数据时代里，个人隐私保护日益式微。他建议用成本效益分析方法评估是否对个人信息进行保护，若隐私保护成本过高而数据流通收益甚微则应放弃。

另一种典型观点则认为，即使是处理以后的匿名化、不包含个人隐私的数据，也应承认个人对数据的初始产权。如Schwartz认为，数据的财产权正是突破个人信息人格权保护难题的出口，与其不断调整个人数据人格权保护相关规范，不如直接通过财产化法律路径回应个人数据上的利益分配问题，在市场规范的引领下促进数据产业发展。肖冬梅等认为，个人在其有意或无意“贡献”的个体数据集合而成的大数据所创造增量利益的总和之中，应该占有一个相对合理比例的收益。因此，当个人数据被其他主体使用时，有权要求使用主体支付“对价”，不能被无偿使用。石丹也强调，个人用户应对个人数据享有初始产权，但可以通过授权将占有权、使用权让渡给企业或政府，促进数据新产品的研发以及经济社会的发展。

对于上述争议，从经济学的角度来看，按照科斯定理的基本原则，如果对产权的法律界定导致交易成本过高，从而事实上阻止了数据交易和流通，那么这种权利界定就是无效率的。对于经过匿名化处理、总体价值密度较低的大数据而言，其中包含的每一条个人信息的贡献价值其实都非常之小。如果认可个人的财产权利主张，那么个人授权或获取分成收益的成本很可能超过其信息贡献价值，导致数据交易成本太高，从而无法实现数据在市场上的流通，甚至使数据市场失去存在的意义。但是，从法学角度来看，认可个人的财产权利主张可能有其维护社会公平的道理。这就是数据权属争议的核心问题所在。

五、加快培育数据要素市场的建议

我国应在总结各地实践探索经验与教训的基础上，充分考虑数据交易的独特性，坚持“在实践中规范、在规范中发展”的原则，以促进数据流通、加快发挥数据在各个行业中助力提质增效作用为出发点和目的，建立全国范围的数据交易法律法规和监管框架，积极培育数据服务新业态，推动我国数据市场快速健康发展。

（一）明确可交易数据的范围，扩大合法、可交易数据的源头供给

数据交易的核心在于可交易数据和不可交易数据的清晰界定。现阶段，很多数字经济企业拥有对数据的控制权，并在不触犯相关法律法规的前提下，事实上享有数据挖掘或分析创造的财产性权益，数据已经作为一种“事实财产”在市场中流通和利用。当然，企业需要遵守两条规则：其一，数据的采集必须以合法方式获取，不能违反法律法规，不能侵犯他人隐私。其二，对数据的使用必须合法。即使在合法获取数据后，企业作为数据控制者依旧有责任保护数据流通的去向，避免数据流入可能侵害个人隐私的第三方。尽管法律没有明确数据控制者的权利，但也未禁止其拥有和享用其利益。世界各国实际上都没有采取传统的“先明晰产权，再发展交易”的模式，而是在规范数据采集、处理、隐私和安全保护等行为

的基础上，明确数据交易对象，提供可交易的数据源，优先实现数据的合法交易。我国可借鉴欧美经验，将“来源合法的非个人数据”作为可交易对象，为市场提供充足、合法、可交易的数据源。“非个人数据”包括组织、物和事件的数据，以及经过处理后无法识别特定个人且不能复原的数据等。我国近几年的司法实践也事实上明确了企业对基于合法获得数据形成的数据衍生产品享有财产性权益。不可交易数据则是未经过处理的可识别个人的数据，为保护个人隐私和安全，任何可追溯到个人身份信息的数据在当前阶段都应被禁止进行交易。

（二）明确数据交易规则，让市场主体“依规交易”

目前，我国尚未制定专门的数据流通利用法律法规，数据流通利用的条件和规范等规则不明确。相对而言，欧盟制定了《非个人数据自由流动条例》和《欧盟非个人数据自由流动条例的实施指南》，为欧盟境内的商业数据处理活动提供了明确规则和操作指南。美国的数据流通和使用须遵守《消费者信息隐私权法案》和《健康保险携带和责任法案》等法律。尽管我国《网络安全法》对个人信息使用作了“经过处理无法识别特定个人且不能复原的除外”等规定，但“经过处理”、“无法识别”、“不能复原”等语义概念存在模糊性和不确定性，界定标准缺位，实践中难以执行。应制定数据流通利用管理办法，明确数据保存、转移、去识别处理、再识别、再转移限制等规则，以及数据处理“无法识别特定个人且不能复原”的法律标准，为数据合规安全交易提供支撑。明确数据交易各参与方的权利、责任和义务，保障数据流通安全和使用可控，做到“责任可追溯、过程可控制、风险可防范”。建立全国统一的数据标准体系，包括数据主体标识、数据维度、数据使用约束等。

（三）明确数据交易监管机构，保障数据市场“有序交易”

数据交易需要政府适度监管，以确保交易合规。美国由联邦贸易委员会对数据经纪人进行监管；欧盟的欧洲数据监管局和成员国数据监管机构负责数据交易监管，监管部门采取自愿认证方式，设立了一批从事数据处理监管的第三方专业机构，授权专业机构对数据处理者进行监控，以规范数据服务市场。我国数据交易涉及市场监管、公安机关、工业和信息化部门，以及网信等多个部门，但由于监管责任不清，系统性和专业性不足，数据交易监管事实上处于缺位状态。市场准入、交易纠纷、侵犯隐私、数据滥用等“无人管理”，非法收集、买卖、使用个人信息等“灰”、“黑”数据产业长期存在，数据交易市场秩序不佳。为此，应明确数据交易主要监管部门及其监管的法律依据和职责范围；对数据交易服务机构或平台进行监管，对数据交易行为和应用进行规范化管理；建立数据流通利用安全风险防控和数据交易维权投诉机制，打击非法数据交易。

（四）积极培育数据服务新业态，推动数据市场良性发展

经过近年来的试点探索，我国数据市场得到了初步发展，产生了一些从事“交易中介+加工分析”服务的新业态，有效促进了数据交易流通。我国拥有的数据量居世界第一，数据交易市场发展潜力巨大，一些新兴机构和企业通过数据聚合、融通、去识别处理、分析挖掘等新型服务方式，针对需求对数据资源进行开发利用，在交易效率提高的同时降低了安全风险。应支持和鼓励现有区域性交易平台发展数据服务，成为兼具技术、信息安全和法律保障等功能的数据交易服务专业机构。在加快政府数据开放的过程中，鼓励以专业化的数据服务机构作为开放出口或平台，以实现数据价值的社会化利用和数据安全的机制化保障。将数据服务业纳入现有高新技

术企业、科技型中小企业优惠政策的支持范围，引导政府参股的创投基金适度增加对数据服务的投资。支持各类高职院校开设数据服务相关专业或培训课程，培养数据服务人才，为数据交易提供人才支撑。

强化竞争政策基础性地位 全面推进改革事业发展

（彭森，《中国市场监管研究》，2021 年 07 期）

竞争政策虽然是政府的“有形之手”，但它的目的是保护市场机制发挥作用。只有鼓励公平竞争才能充分发挥市场对资源配置的决定性作用。建设高标准市场体系，必须坚定不移夯实竞争政策的基础性地位。

一、全面深化改革是决定中国未来命运的战略决策，是现阶段各项工作任务的重中之重

改革是发展的第一动力。回顾改革开放 40 多年的历程，改革主要是按照倒逼机制、问题导向、直面挑战、化解危机的路径走下来的。我国社会经济发展中的许多问题都是在不断改革中解决的。当前，世界正经历百年未有之大变局。2020 年新冠肺炎疫情全球大流行使这个大变局加速演进。经济全球化遭遇逆流，世界经济深度衰退，国际贸易和投资大幅萎缩，国际经济、科技、文化、安全、政治格局都在发生深刻调整，外部的不稳定不确定性明显增加。在这样的大背景下，要清醒意识到，只要加入国际竞争，就会不可避免地面对国家之间的较量和竞争。而国家之间的竞争，归根到底是制度的竞争、体制的竞争。只有坚持全面深化改革，真正解决好影响我国经济社会健康发展的难点问题、机制体制问题，才能使我国自身发展好，才能为我国发展拓展更大的空间，在国际竞争中赢得地位，在国际治理体系中掌握更大的话语权，实现中华民族的伟大复兴。要化危为机，在危机中育先机，于变局中开新局，就必须解放思想，锐意改革，推动经济向更高质量、更有效率、更加

公平、更有秩序的发展迈进。

二、解决核心问题、难点问题，需要改革的勇气，更需要相应的方式和路径

40 多年来，我国的改革事业取得了辉煌成就。社会主义市场经济体制初步建立，市场经济体系逐步发育，各类市场主体不断发展壮大，市场经济活动日益活跃，市场规则不断完善，经济实现高速增长，人民生活水平大幅提高。但也应看到，一些制约改革发展的深层次的机制体制问题，还没有得到很好解决，有的甚至难以破题。特别突出的是相关领域市场化改革相对滞后，公平竞争制度还没有完全建立起来。地方保护、行政垄断、市场分割等妨碍了要素的市场化配置，土地、人才、服务等要素实现自由流动还存在若干堵点，市场准入制度尚需完善，不同市场主体之间的差别待遇仍然存在，影响了公平竞争。坚持社会主义市场经济改革方向，其核心是处理好政府和市场的关系。竞争政策以打破行政性垄断和防止经济垄断为重点，既促进有效市场，又规范有为政府。其通过规范政府行为和经营者行为，禁止损害竞争，恢复和促进市场公平竞争，构建全国统一市场。“十四五”规划把强化竞争政策基础性地位作为建设高标准市场体系的三大内容之一，就是要通过竞争政策发挥更大的作用，逐步解决涉及全国统一市场和公平竞争的机制体制问题，真正构建公平竞争的市场环境。

三、落实中央关于强化竞争政策基础性地位重大决策部署的路径建议

竞争政策应市场经济对保护竞争的需求而生，其核心是保护和

促进竞争。2015年以来，中央多次提出要确立竞争政策的基础地位。“十三五”规划提出要健全竞争政策。党的十九大报告明确提出“清理废除妨碍统一市场和公平竞争的各种规定和做法”，“打破行政性垄断，防止市场垄断”。党的十九届四中全会提出要厘清政府和市场关系，完善公平竞争制度，强化竞争政策基础地位。2020年3月，《中共中央 国务院关于构建更加完善的要素市场化配置体制机制的意见》提出，强化竞争政策基础地位，打破行政性垄断、防止市场垄断，清理废除妨碍统一市场和公平竞争的各种规定和做法，进一步减少政府对要素的直接配置。2020年5月，《中共中央 国务院关于新时代加快完善社会主义市场经济体制的意见》要求，完善竞争政策框架，建立健全竞争政策实施机制，强化竞争政策基础地位。党中央、国务院关于强化竞争政策基础性地位的一系列重大决策和部署，明确了竞争政策保护市场竞争、规制政府行为的核心功能，把竞争政策定位于处理政府与市场关系、完善社会主义市场经济制度和市场体系建设的有效政策供给。党中央、国务院的决策部署不仅强调了竞争政策的重要地位，更指明了竞争政策实施的方向和主要任务。因此，健全竞争政策实施机制，强化竞争政策基础地位，是我国近期应该尽快完成的重要制度建设任务。

一是全面清理法律体系中与全国统一市场、公平竞争不相适应的内容。全面、定期清理现行法律、行政法规、地方性法规、部门规章、地方规章中有悖于全国统一市场和公平竞争的内容，废除排除限制竞争的规定，为强化竞争政策的基础地位扫清法律制度障碍。清理应坚持以全国统一市场和公平竞争为原则，以反垄断法、公平竞争审查制度相关规定为标准。

二是建立与竞争政策基础地位相匹配的竞争执法机构并实现执

法常态化。强化竞争执法机构的力量和权威，赋予竞争执法机构在立法、政策制定中更大的话语权，体现竞争政策的基础地位。实现竞争执法常态化，特别是要大力查处滥用行政权力排除限制竞争案件，着力破除地方保护、行政性市场壁垒。

三是建立对行政垄断行为的特别诉讼制度。凡是涉嫌排除限制竞争的抽象行政行为，允许特定主体直接提起行政诉讼。如检察机关可就涉及竞争的行政行为提起行政公益诉讼，消费者权益保护组织、其他公益性组织及受政策影响的行业协会应该有权对涉嫌滥用行政权力排除限制竞争的行政机关直接提起行政诉讼。这个制度可以有力制约排除限制竞争的抽象行政行为，进而推动行政机关尊重公平竞争，实现政策与竞争的协调融合。

四是逐步提升产业政策与竞争政策的兼容性，以竞争政策为基础，把竞争政策的原则内化其中。要优化功能性产业政策，把产业政策的功能性与竞争因素相结合，优化政策功能，促进市场竞争。如从扶持企业向扶持科技人才转变；从补贴企业向补贴消费者转变；从补贴企业研发向补贴基础研究转变；从扶持大的领军企业向保障中小企业创新发展转变；区分竞争和非竞争的领域和环节，以此降低对不同所有制企业的差别待遇。要改进选择性产业政策，以竞争损害最小为原则来实施选择性产业政策。如避免对不同所有制企业的歧视，不得以所有制为标准确定产业政策，基本保证所有经营者平等获得生产要素；区分竞争和非竞争的领域和环节，最大幅度引入竞争；减少政府人为设定产业集中度，由市场实现优胜劣汰；以合理的产业标准代替行政命令，由市场做出较优选择；缩小产业扶持的范围和水平，尽可能减少竞争损失；以税收优惠代替财政补贴等。

总之，竞争政策提供了体现市场经济体制和市场体系内在要求的一整套理念、标准和工具，确保各项制度安排最大限度保护竞争机制发挥作用，促进经济的发展。从这个意义上讲，它发挥作用的过程就是将公平竞争的原则内化于各类经济政策的过程，就是竞争政策与各类经济政策友好融合的过程。竞争政策能够基于公平竞争的原则限定政府干预市场的边界，促进政府干预方式的优化。因此，强化竞争政策基础地位，能够助推我国的改革事业，特别是有助于构建全国统一市场和公平竞争的市场体系。要把竞争政策放在推进机制体制改革和市场体系建设的位置上，把竞争政策融入国家重大政策体系，政府的各类政策都不应忽视和损害竞争政策的基础性地位。

著作介绍

▼

《社会主义市场经济法律体系》

（卞耀武、俞敏声主编，青岛出版社 1995 年出版）

本书论述社会主义市场经济的基本特征、基本概念、基本框架和基本原则，阐述了市场经济经营主体、物权、市场秩序、宏观调控、产业管理、社会保障的法律规范，对我国社会主义市场经济立法的指导思想和基本原则进行了分析与总结，明确提出了我国社会主义市场经济的立法体制。此外，本书附录中还阐述了美国、法国、德国和日本的市场经济法律体系，相互比较。

《跨世纪的中国流通发展战略——流通体制改革与流通现代化》

（丁俊发、张绪昌主编，中国人民大学出版社 1998 年出版）

本书对我国商品流通体制改革的总体目标进行了系统的探讨和阐述，并提出我国商品流通体制改革的总体目标是建立起能够充分发挥市场机制，在国家宏观调控下对资源配置起基础作用的商品流通体制。在这种体制下，各种生产资料、生活资料完全实现商品化，全部进入市场，能够按照价值规律和市场需求合理流通，形成城乡市场协调发展，国内外市场有效衔接的统一开放、竞争有序、高速畅通的流通总格局。

《加入 WTO 与中国服务贸易》

（李善同、侯永志主编，商务印书馆 2003 年出版）

本书对中国服务贸易的现状进行了总结，深入研究了中国服务贸易的主要领域在入世后面临的挑战和机遇，提出了促进中国服务贸易健康发展的系统性政策建议。内容包括对中国服务业开放的整体现状，我国加入WTO所作的承诺、面临的挑战，以及经济鉴证类、分销、物流、旅游、教育、医疗卫生、电信、银行、保险等中国服务贸易的主要领域在入世之后面临的挑战和机遇，并主要对服务贸易规制的国际经验进行了介绍。

《社会信用体系建设》

（全国整顿和规范市场经济秩序领导小组办公室编，

中国方正出版社 2004 年出版）

本书详细介绍了有关社会信用体系建设方面的知识。书中指出信用管理可以确保授信者对信用交易进行科学化的管理，能够有效控制社会信用风险的发生概率。在社会经济建设过程中，通过综合处理、判断收集到的各种有用信息和数据，可以有效权衡风险与收益之间的差距，进行恰当的政府信用决策，对促进我国信用管理质量提升发挥积极作用；通过强化社会信用体系建设，加强金融信用信息基础设施建设，增强全社会体系建设中的诚信意识，明显改善当前经济社会的发展环境，使经济社会的信用秩序得到好转；可以建立健全当前社会发展中的信用制度，严格执行市场产权交易、政府采购等制度。强化、完善当前我国的社会信用体系，不仅可以保护社会企业公众形象，而且可以确保企业在社会经济发展中所享有的合法权益，对改善我国信用管理工作具有重要的现实意义。

《住房、住房制度改革和房地产市场专题研究》

（建设部课题组著，中国建筑工业出版社 2007 年出版）

本书根据 2006 年由建设部牵头的，全国房地产市场宏观调控部际联席会议成员单位参加的住房、住房制度改革和房地产市场专题调研而形成。全书立足我国工业化、信息化、城镇化、市场化、国际化的新形势新任务，在总结我国住房制度改革建立的各项制度和房地产市场发展的基础上，借鉴发达国家和地区的经验，分别对住房保障制度、资源环境约束条件下的住房建设和消费模式、住房价格、市场机制建设以及土地、规划、金融制度等重大问题进行了深入研究探讨。着眼于 2020 年全面建设小康社会的目标，对“十一五”时期完善住房制度，促进房地产市场健康发展提出了基本思路和主要对策。

《建立市场体系——30 年市场化改革进程》

（任兴洲主编，中国发展出版社 2008 年出版）

本书对 1978 年到 2008 年我国市场体系 30 年的发展历程、发展现状、取得的成就、存在的问题进行了认真的梳理与总结，根据面临的突出问题，提出了促进现代市场体系的发展和完善的建议，主要内容包括商品价格改革、消费品市场体系建设、农产品市场体系建设、商品批发交易市场的形成与发展、新兴商品及服务市场的形成与发展、物流服务市场体系建设、进出口市场改革、土地市场制度及制度建设、劳动力市场改革发展等。

《突破：中国资本市场发展之路（上、下）》

（刘鸿儒著，中国金融出版社 2008 年出版）

本书通过对大量的历史背景和文献资料的评述，集中反映了在特定的社会经济条件下对如何完善和发展资本市场的深刻思考。全书反映了在中国社会主义制度下要不要建立和发展资本市场的认识深化的历程，并探讨了如何发展和完善资本市场的几个重大问题，包括两个方面的内容：强化资本市场的两个支柱；丰富和完善市场体系，包括在发展股票市场的同时如何发展债券市场、期货市场、B股市场，运用好海外市场，建立和完善多层次资本市场体系等。

《变革——中国金融体制发展六十年》

（刘鸿儒 等著，中国金融出版社 2009 年出版）

本书是研究中国经济与金融体制改革的专著，阐述了新中国成立以来我国金融领域指导思想的演变，以及由此而发生的金融体制和体系的变革，回顾了银行、外汇、证券、期货、保险等各个市场的发展历程，提出了“借鉴国际经验，探索中国道路，建立和发展服务于市场经济的社会主义金融体制”的观点。此外，书中对我国金融体系中业已存在且亟待解决的问题，如农村金融服务体系问题、债券市场中公司债薄弱问题、金融期货市场问题、保险业粗放经营和诚信状况不佳问题等毫不避讳地加以批评与建议。

《服务业发展制度、政策与实践》

（任兴洲、王微主编，中国发展出版社 2011 年出版）

本书是以深化服务业发展的制度变革、促进服务业发展机制创新为主题的政策研究系列成果。该项研究通过对服务业发展国际经验的梳理，系统总结了服务业发展的阶段性及其主要特征、服务业发展与市场经济制度完善之间的关系，形成了对服务业发展规律的重要理论发现和新认识。在此基础上，探索了服务业发展与制度环境关系的实证分析方法，形成了涵盖市场经济制度环境、服务业管理体制、运行机制与政策实施三个层面的服务业发展影响因素的分析框架，剖析了我国服务业发展面临的主要制度问题及症结，对主要服务领域和行业面临的制度约束进行了专题研究，并对

“十二五”乃至更长时期着力促进服务业发展提出了较为全面的改革措施和有价值的政策建议。本书还收录了对我国部分中心城市服务业发展的战略研究报告。

《碳交易制度研究》

（戴彦德、康艳兵、熊小平 等著，中国发展出版社 2014 年出版）

本书从全球视野并结合我国实际，分析了我国开展碳交易的重要意义；从理论层面研究了碳交易的本质和制度特征，首次提出了包括“3 项核心制度，2 个支撑机制，1 套外围体系”的碳交易制度理论框架，并建立了用来研究不同交易模式下交易规则处理方式的碳交易主体关系分析模型；分析了我国建立碳交易制度的有利条件、制约因素和需要考虑的国情，提出了建立我国碳交易制度的总体思路、基本原则和“三步走”战略步骤，研究了我国碳交易制度发展的路线图；围绕建立符合国情的全国碳交易市场，提出了“1 套标准，2 种标的，3 个层级，4 类主体”的碳交易市场体系，基于顶层设计思想对全国碳交易市场进行了制度设计；针对当前我国正在推动的碳交易试点在制度设计方面存在的主要问题提出了相关建议。

《中国积极就业政策形成、发展和完善》

（莫荣 等著，社会科学文献出版社 2015 年出版）

本书以我国 20 世纪 90 年代中期以来的十几年为背景，详细阐述了中国共产党和政府在就业是民生之本理念指导下，发展完善符合市场经济要求的就业政策的历程，为解决就业这个世界性难题所进行的艰苦卓绝的探索。积极就业政策主要包括 5 个方面内容。一是以提高经济增长对就业的拉动能力为取向的宏观经济政策。二是以重点促进下岗失业人员再就业为取向的扶持政策。三是以实现劳动力与就业需求合理匹配为取向的劳动力市场政策。四是以减少失业为取向的宏观调控政策。五是以既能有效地保障下岗失业人员基本生活，又能积极促进再就业为取向的社会保障政策。

《电子商务与新零售研究》

（李正波、邱琼主编，中国人民出版社 2017 年出版）

本书首先梳理了我国电子商务与零售业发展概况，包括我国家电、服装、生鲜、跨境、零售多个行业的不同发展历程，接着分析了电子商务与零售业之间的关系演变，阐述了电子商务与零售业对经济的贡献，全面解析了电子商务与零售业经济增长要素，最后结合电子商务与零售业计量经济模型进行了实证研究。全书通过理论综述提出了构建商业产业生态圈、提升核心竞争力的建议，强调要重建产业链格局，降低流通成本；整合优质资源，实现规模经济效应；创新盈利模式，增强客户黏性；务实零售支撑体系，提高盈利能力等。

《征信业的探索与发展》

（万存知著，中国金融出版社 2018 年出版）

本书介绍了征信的基本概念，以及建立国家金融信用信息基础数据库的历程及该数据库日益丰富的功能和发挥的重要作用，并阐释了推动构建多元化征信服务体系从而达到征信全覆盖目标及建立健全征信管理体制所做的工作，最后介绍了维护信息主体合法权益，加强征信宣传教育的具体实践以及我国社会信用体系建设的探索与实践。

《征信：若干基本问题及其顶层设计》

（汪路著，中国金融出版社 2018 年出版）

本书阐述了征信的概念、本质及其主要特征，征信的范畴，征信的业务范围、分类，征信活动与个人信用信息权利保护等征信的基本问题，研究了基础征信，信用评估，大数据、新技术与征信，征信业的规范与管理等征信的业务实践与管理问题，探讨了我国征信业的顶层设计。在征信的数据来源方面，本书主张，征信机构可以采集信息主体收入、住房公积金和资产数据。

《当代中国期货市场口述史》

（李正强主编，中国金融出版社 2018 年出版）

本书全面回顾了我国期货市场的发展历程，分别从期货市场建立、清理整顿、稳步发展、创新发展四个阶段，选取亲历者代表和主题事件，以口述的形式对我国期货市场发展历程进行回顾和梳理，揭示“没有改革开放就没有当代中国期货市场发展”的客观事实。

《房地产市场平稳健康发展的基础性制度与长效机制研究》

（王微、邓郁松、邵挺著，中国发展出版社 2018 年出版）

本书对房地产基础性制度的内容进行了深入系统的研究，完整地勾勒出了中国房地产市场基础性制度和长效机制全貌，系统性地回答了房地产市场基础性制度和长效机制的内涵。本书强调新阶段进一步完善基础性制度和深化住房制度改革的重点是：完善土地供应制度，构建平等进入、公平交易的城乡土地市场；推进住房规划与城市规划、土地利用规划等有序衔接，实行城乡规划一体化和三规合一；要完善兼顾合理支持住房消费与防范房地产金融风险的制度体系；形成个人、机构、政府等多主体供应的格局，提升存量住房资源的配置效率；根据住房保障发展阶段和各地实际，持续推进住房保障建设与管理体系构建；按照鼓励流动、促进资源合理配置的原则，重新梳理房地产税收体系；完善市场监管制度。建立房地产长效机制则应重点建立应对利率变化的对冲机制，防范利率调整对房地产市场的冲击；合理确定土地供应规模、结构和节奏，完善用地供应调节机制；进一步完善房地产市场分类调控机制；建立区域协调发展机制，着力解决中心城市的住房矛盾；建立房地产市场健康持续发展的评价体系，引导房地产市场调控。

《中国碳市场发展报告：从试点走向全国》

（段茂盛、吴力波主编，人民出版社 2018 年出版）

本书汇集了国内低碳领域专家的研究成果，通过总结提炼国内部分省市碳交易试点制度设计与市场运行特征，以获取对全国碳市场建设的启示，在分析全国碳市场建设规划的推进现状的基础上，研究未来全国碳市场发展方向，以推动区域性碳排放权交易体系向全国碳排放权交易市场顺利过渡。全书系统梳理和总结了近期中国碳排放总量控制与交易机制的发展动态；全面比较了国内各试点市场在总量设定、部门覆盖、配额分配、交易规则、履约机制等方面的共性和特性；深入解读全国碳市场建设的思路、路径和主要措施。

《中国现代服务业发展战略研究》

（夏杰长 等著，经济管理出版社 2019 年出版）

本书以高质量发展作为现代服务业发展战略的基本定位，以提高全要素生产率作为现代服务业高质量发展的主要落脚点；以创新发展、开放发展、融合发展、绿色发展和空间优化作为现代服务业高质量发展的战略体系，全面探讨了现代服务业（包括生产性服务业、消费性服务业）高质量发展的现状、目标与政策思路，充分发挥市场机制的决定性作用，改进市场环境，健全产业政策、财税政策、金融政策、诚信体系政策、知识产权保护政策和人力资源政策等政策体系，建设现代服务业强国。该书在吸收前人研究成果的基础上做了不少有新意的研究，概括如下：第一，作者使用外推法、投入产出法等对不同情形下服务业发展进行了预测。第二，构建了服务业高质量发展体系并进行了国际比较。第三，使用新方法再次测算了中国服务业全要素生产率。第四，从全球价值链嵌入视角研究了服务业高质量发展对制造业技术进步的影响。

《中国碳市场相关问题研究》

（郑爽 等著，中国经济出版社 2019 年出版）

本书以中国碳市场建设的相关问题为研究对象，对碳交易试点工作的跟踪调查、碳价机制及碳金融发展、碳交易体系核查制度建设、碳交易体系监管机制设计，以及碳排放权性质五个方面进行了较为深入的实践和理论研究。

《改革开放 40 年：市场体系建立、发展与展望》

（国务院发展研究中心市场经济研究所著，

中国发展出版社 2019 年出版）

本书是国务院发展研究中心市场经济研究所为纪念改革开放 40 周年编写的著作，真实、客观地回顾了改革开放以来中国市场体系建设和发展的历程，深刻总结伟大成就和宝贵经验，深入探讨新时代建设现代市场体系的新机遇和主要任务。本书描绘了市场体系改革开放 40 年的宏伟画卷，并为下一步深化改革和扩大开放、创新发展提供了思路和方向。全书包括一个总报告和 15 个专题报告，涉及商品领域的批发市场、消费品市场、期货市场、电子商务市场，要素领域的劳动力市场、金融市场、产权市场、技术市场、土地市场和房地产市场，以及价格机制、竞争机制、信用体系、专业服务和法律体系。

《我国竞争政策实施的思路与路径研究》

（刘志成　等著，中国计划出版社 2020 年出版）

本书是国家发展改革委宏观经济研究院 2017 年研究课题成果。竞争政策素有“经济宪法”之称，其基础性地位主要表现为竞争法律的上位性，政策执行机构的独立性和权威性，政策工具的优先性。从国情出发，我国竞争政策涵盖内容与实施工具应该包括常规企业反垄断、防止和破除行政垄断、国有企业反垄断以及竞争倡导等。鉴于我国正处于转型加转轨的发展阶段，本书强调为完善我国竞争政策框架以及推动政策全面落实和有效实施，应围绕使市场在资源配置中起决定性作用和更好发挥政府作用以及确立竞争政策基础性地位，明确竞争优先目标，完善竞争法律制度，健全竞争政策体系，预防和制止垄断行为，提高经济运行效率，保护市场公平竞争。建议通过构建“一个体系、三大建设、三项任务和五大保障”的竞争政策实施框架，分步分层切实推动各项举措落地，促商品和要素自由流动、公平交易、平等使用，加快建设统一开放、竞争有序的市场体系，最终实现市场在资源配置中的决定性作用。

《全国碳排放权交易市场建设探索和实践研究》

（上海联合产权交易所、上海环境能源交易所编著，

上海财经大学出版社 2021 年出版）

本书内容包括“碳市场发展演进及制度体系构建”、“全国碳市场建设的实践路径”、“碳金融市场发展研究”、“海外碳市场建设的比较借鉴”、“我国碳市场发展的理论思考和建议”，全面回顾了全国碳市场发展的宏观背景以及中国在全球气候治理中发挥的积极作用，对全球碳市场发展的制度演进、中国碳排放权交易市场制度体系进行了全面梳理，对国内试点和区域碳市场存在的优势和不足进行了系统总结，并重点选取了欧盟、美国、澳大利亚、日本等国际碳市场作为对标对象，从市场体系、运行模式、治理模式、发展阶段、市场要素，以及存在的问题和经验等角度进行全方位阐释；同时，进一步提出加快推进全国碳市场建设的政策建议，包括搭建以国务院《全国碳排放权交易管理条例》为根本的“1+N+X”

政策制度体系，合理构建碳定价机制、审慎对待碳抵消机制及设置碳市场调节机制，以及建立碳市场风险识别和防范机制，持续深化国际国内交流与合作等相关应用对策。

重要文献索引

▼

政策文件

《中共中央、国务院批转〈全国物价工资会议纪要〉》,《劳动工作》,1979 年 01 期。

《国务院关于开展和保护社会主义竞争的暂行规定》,《中华人民共和国国务院公报》,1980 年 16 期。

《国务院关于严格控制物价、整顿议价的通知》,《中华人民共和国国务院公报》,1980 年 19 期。

《国务院关于在工业品购销中禁止封锁的通知》,《中华人民共和国国务院公报》,1982 年 08 期。

《国务院批转国家物价局等部门关于逐步放开小商品价格实行市场调节的报告的通知》,《中华人民共和国国务院公报》,1982 年 16 期。

《国家经济体制改革委员会、商业部关于改革农村商品流通体制若干问题的试行规定》,《中华人民共和国国务院公报》,1983 年 04 期。

《国务院关于合作商业组织和个人贩运农副产品若干问题的规定》,《中华人民共和国国务院公报》,1984 年 04 期。

《国务院批转商业部关于当前城市商业体制改革若干问题的报告的通知》,《中华人民共和国国务院公报》,1984 年 17 期。

《国务院批转全国供销合作总社关于当前农副产品收购几个问题的报告的通知》,《中华人民共和国国务院公报》，1984 年 17 期。

《商业部关于当前城市商业体制改革若干问题的报告》,《中华人民共和国国务院公报》，1984 年 17 期。

《中共中央关于科学技术体制改革的决定》,《中华人民共和国国务院公报》，1985 年 09 期。

《国务院办公厅转发全国城市经济体制改革试点工作座谈会纪要的通知》,《中华人民共和国国务院公报》，1985 年 10 期。

《国务院批转国家体改委、商业部等单位关于一九八六年商业体制改革几个问题报告的通知》,《中华人民共和国国务院公报》，1986 年 18 期。

《国务院关于发布〈中华人民共和国注册会计师条例〉的通知》,《中华人民共和国国务院公报》，1986 年 19 期。

《国务院关于整顿市场秩序加强物价管理的通知》,《中华人民共和国国务院公报》，1987 年 22 期。

《国务院关于印发在全国城镇分期分批推行住房制度改革实施方案的通知》,《中华人民共和国国务院公报》，1988 年 06 期。

《国家体改委、国家经委印发〈关于组建和发展企业集团的几点意见〉的通知》,《中华人民共和国国务院公报》，1988 年 08 期。

《国务院关于做好当前物价工作和稳定市场的紧急通知》,《中华人民共和国国务院公报》，1988 年 18 期。

《关于加强企业“四技”收入财务管理的通知》,《中国财政》，1990 年 02 期。

《国务院关于在全国范围内开展清理“三角债”工作的通知》,《中华人民共和国国务院公报》，1990 年 07 期。

《国务院批转商业部等八部门关于试办郑州粮食批发市场报告的通知》,《中华人民共和国国务院公报》，1990 年 17 期。

《国务院关于打破地区间市场封锁进一步搞活商品流通的通知》,《中华人民共和国国务院公报》，1990 年 26 期。

《中共中央 国务院关于加快发展第三产业的决定》,《中华人民共和国国务院公报》，1992 年 18 期。

《国务院关于进一步加强证券市场宏观管理的通知》,《中华人民共和国国务院公报》，1992 年 30 期。

《国务院关于金融体制改革的决定》,《中华人民共和国国务院公报》，1993 年 31 期。

《关于企业兼并的暂行办法》，载魏礼群主编,《重要经济贸易法规资料选编（1986—1992）》，中国统计出版社，1993 年版，第 206–207 页。

《国务院关于深化城镇住房制度改革的决定》,《中国房地产》，1994 年 10 期。

《国务院办公厅转发国务院证券委员会关于坚决制止期货市场盲目发展若干意见请示的通知》,《中华人民共和国国务院公报》，1994 年 13 期。

《关于深化流通体制改革、促进流通产业发展的若干意见》,《商业经济研究》，1995 年 04 期。

《国务院关于进一步深化城镇住房制度改革加快住房建设的通知》,《中华人民共和国国务院公报》，1998 年 17 期。

《关于印发〈关于开展个人消费信贷的指导意见〉的通知》,《中华人民共和国国务院公报》，1999 年 08 期。

《国务院办公厅关于加强土地转让管理严禁炒卖土地的通知》,《中华人民共和国国务院公报》，1999 年 17 期。

《中共中央 国务院关于加强技术创新，发展高科技，实现产业化的决定》，《中华人民共和国国务院公报》，1999 年 31 期。

《关于企业兼并的暂行办法》，国家发改委网站，2000 年 5 月 2 日。

《国务院办公厅转发国务院清理整顿经济鉴证类社会中介机构领导小组关于经济鉴证类社会中介机构与政府部门实行脱钩改制意见的通知》，《中华人民共和国国务院公报》，2000 年 26 期。

《国务院办公厅转发国家经贸委关于鼓励和促进中小企业发展若干政策意见的通知》，《中华人民共和国国务院公报》，2000 年 31 期。

《中共中央国务院关于深化金融改革，整顿金融秩序，防范金融风险的通知》，载中共中央文献研究室编，《十五大以来重要文献选编（上）》，人民出版社，2000 年版，第 105–126 页。

《国务院关于整顿和规范市场经济秩序的决定》，中国政府网，2001 年 4 月 27 日。

《国土资源部关于整顿和规范土地市场秩序的通知》，顾云昌主编，《中国房地产市场年鉴（2001—2002）》，中国计划出版社，2001 年版，第 329–331 页。

《关于加强中小企业信用管理工作的若干意见》，《中华人民共和国国务院公报》，2002 年 08 期。

《划拨用地目录》，《中华人民共和国国务院公报》，2002 年 20 期。

《国务院办公厅转发国务院信息化工作办公室关于振兴软件产业行动纲要的通知》，《中华人民共和国国务院公报》，2002 年 30 期。

《中共中央关于完善社会主义市场经济体制若干问题的决定》，人民出版社，2003 年版。

《招标拍卖挂牌出让国有土地使用权规定》，《中华人民共和国国务院公报》，2003 年 05 期。

《深化农村信用社改革试点方案》，《中华人民共和国国务院公报》，

2003年22期。

《国务院关于深化改革严格土地管理的决定》，人民出版社，2004年版。

《国务院办公厅转发国务院国有资产监督管理委员会关于规范国有企业改制工作意见的通知》，《中华人民共和国国务院公报》，2004年02期。

《国务院办公厅转发财政部关于加强和规范评估行业管理意见的通知》，《中华人民共和国国务院公报》，2004年05期。

《关于做好产权交易机构选择确定工作的指导意见》，《国务院国有资产监督管理委员会公告》，2004年08期。

《关于做好企业国有产权交易信息统计试点工作的通知》，《国务院国有资产监督管理委员会公告》，2004年09期。

《商务部关于印发〈全国商品市场体系建设纲要〉的通知》，《江苏省人民政府公报》，2004年12期。

《国务院办公厅转发商务部等部门关于进一步做好农村商品流通工作意见的通知》，《中华人民共和国国务院公报》，2004年25期。

《商务部关于印发〈流通业改革发展纲要〉的通知》，《中国对外经济贸易文告》，2004年51期。

《商务部、国家认监委关于进一步推动绿色市场建设有关问题的通知》，商务部网站，2005年4月4日。

《国务院办公厅关于加快电子商务发展的若干意见》，《中华人民共和国国务院公报》，2005年08期。

《关于做好企业国有产权转让监督检查工作的通知》，《国务院国有资产监督管理委员会公告》，2005年12期。

《商务部农业部国家税务总局国家标准委关于开展农产品批发市场

标准化工作的通知》，《中国对外经济贸易文告》，2005 年 31 期。

《全国整顿和规范市场经济秩序领导小组办公室、国务院国有资产监督管理委员会行业协会联系办公室关于印发〈行业信用评价试点工作实施办法〉的通知》，商务部网站，2006 年 4 月 24 日。

《国务院办公厅关于切实稳定住房价格的通知》，中国政府网，2006 年 6 月 30 日。

《商务部关于实施“双百市场工程”的通知》，《中国对外经济贸易文告》，2006 年 14 期。

《中共中央办公厅 国务院办公厅关于印发〈2006—2020 年国家信息化发展战略〉的通知》，《中华人民共和国国务院公报》，2006 年 18 期。

《商务部办公厅关于确定重点联系市场（第一批）名单的通知》，《中国对外经济贸易文告》，2006 年 20 期。

《国务院办公厅关于深化改革推进出租汽车行业健康发展的指导意见》，《中华人民共和国国务院公报》，2006 年 22 期。

《国务院关于加强土地调控有关问题的通知》，《中华人民共和国国务院公报》，2006 年 30 期。

《商务部关于促进电子商务规范发展的意见》，商务部网站，2007 年 12 月 26 日。

《国务院办公厅关于社会信用体系建设的若干意见》，《中华人民共和国国务院公报》，2007 年 14 期。

《国务院关于加快发展服务业的若干意见》，《中华人民共和国国务院公报》，2007 年 14 期。

《国务院办公厅关于建立国务院社会信用体系建设部际联席会议制度的通知》，《中华人民共和国国务院公报》，2007 年 16 期。

《商务部关于网上交易的指导意见（暂行）》，《中国对外经济贸易文告》，2007 年 22 期。

《中国人民银行 中国银行业监督管理委员会关于金融促进节约集约用地的通知》，《中国人民银行文告》，2008 年 08 期。

《中国人民银行关于推进农村信用体系建设工作的指导意见》，中国政府网，2009 年 4 月 21 日。

《国务院反垄断委员会关于相关市场界定的指南》，中国政府网，2009 年 7 月 7 日。

《国务院关于加强法治政府建设的意见》，人民出版社，2010 年版。

《中共中央关于深化文化体制改革推动社会主义文化大发展大繁荣若干重大问题的决定》，人民出版社，2011 年版。

《国务院关于鼓励和引导民间投资健康发展的若干意见》，《人民日报》，2010 年 5 月 15 日。

《国务院办公厅关于进一步做好房地产市场调控工作有关问题的通知》，《人民日报》，2011 年 1 月 28 日。

《国务院关于清理整顿各类交易场所切实防范金融风险的决定》，《中华人民共和国国务院公报》，2011 年 34 期。

《国家发展改革委办公厅关于开展碳排放权交易试点工作的通知》，国家发改委网站，2012 年 1 月 13 日。

《国家发改委等八部委联合发布关于促进电子商务健康快速发展有关工作的通知》，商务部网站，2012 年 2 月 21 日。

《国务院关于印发“十二五”控制温室气体排放工作方案的通知》，《中华人民共和国国务院公报》，2012 年 03 期。

《关于国有企业改制重组中积极引入民间投资的指导意见》，中国政府网，2012 年 5 月 25 日。

《关于支持会计师事务所扩大服务出口的若干意见》，商务部网站，

2012 年 12 月 26 日。

《外商投资产业指导目录（2011 年修订）》,《中华人民共和国国务院公报》，2012 年 15 期。

《国务院办公厅关于清理整顿各类交易场所的实施意见》,《中华人民共和国国务院公报》，2012 年 21 期。

《国务院办公厅关于印发国内贸易发展“十二五”规划的通知》,《中华人民共和国国务院公报》，2012 年 26 期。

《科技部关于印发技术市场“十二五”发展规划的通知》，中国政府网，2013 年 2 月 26 日。

《国务院办公厅关于继续做好房地产市场调控工作的通知》，中国政府网，2013 年 3 月 1 日。

《国家发展改革委关于进一步完善成品油价格形成机制的通知》，中国政府网，2013 年 3 月 27 日。

《商务部关于加强集散地农产品批发市场建设的通知》，商务部网站，2013 年 4 月 28 日。

《关于启动第二批国家电子商务示范城市创建工作有关事项的通知》，中国政府网，2013 年 9 月 23 日。

《商务部关于促进电子商务应用的实施意见》,《中国对外经济贸易文告》，2013 年 75 期。

《社会信用体系建设规划纲要（2014—2020 年）》，人民出版社，2014 年版。

《国家发展改革委关于放开部分专业服务收费标准有关问题的通知》，国家发改委网站，2014 年 6 月 24 日。

《国务院关于印发注册资本登记制度改革方案的通知》，中国政府网，2014 年 2 月 18 日。

《关于北京市在严格控制碳排放总量前提下开展碳排放权交易试点工作的决定》，北京市公共资源交易服务平台网站，2014 年 8 月 26 日。

《国务院发布〈关于进一步促进资本市场健康发展的若干意见〉》，《中国外汇》，2014 年 10 期。

《科技部 北京市人民政府关于建设国家技术转移集聚区的意见》，载中关村科技园区管理委员会编，《中关村国家自主创新示范区年鉴（2014）》，北京出版社，2014 年版，第 7–8 页。

《国务院关于国有企业发展混合所有制经济的意见》，人民出版社，2015 年版。

《中共中央国务院关于推进价格机制改革的若干意见》，人民出版社，2015 年版。

《中共中央国务院关于深化国有企业改革的指导意见》，人民出版社，2015 年版。

《国家发展改革委 人民银行关于印发〈社会信用体系建设规划纲要（2014—2020 年）任务分工〉和〈社会信用体系建设三年重点工作任务（2014—2016）〉的通知》，国家发改委网站，2015 年 1 月 5 日。

《中国人民银行 住房城乡建设部 中国银行业监督管理委员会关于个人住房贷款政策有关问题的通知》，中国人民银行网站，2015 年 3 月 30 日。

《"互联网+流通"行动计划》，中国政府网，2015 年 5 月 16 日。

《中国人民银行关于境外央行、国际金融组织、主权财富基金运用人民币投资银行间市场有关事宜的通知》，中国人民银行网站，2015 年 7 月 14 日。

《商务部办公厅关于建立百家百亿市场联系制度的通知》，商务部网站，2015 年 7 月 22 日。

《国务院关于实行市场准入负面清单制度的意见》，中国政府网，2015年10月19日。

《农业部 国家发展和改革委员会 商务部关于印发〈推进农业电子商务发展行动计划〉的通知》，《中华人民共和国农业部公报》，2015年10期。

《发展改革委、财政部、人力资源社会保障部、国资委关于印发〈关于鼓励和规范国有企业投资项目引入非国有资本的指导意见〉的通知》，国家发改委网站，2015年10月27日。

《国务院办公厅关于运用大数据加强对市场主体服务和监管的若干意见》，《中华人民共和国国务院公报》，2015年20期。

《国务院关于积极推进"互联网+"行动的指导意见》，《中华人民共和国国务院公报》，2015年26期。

《国务院关于印发促进大数据发展行动纲要的通知》，《中华人民共和国国务院公报》，2015年26期。

《国务院办公厅关于推进线上线下互动加快商贸流通创新发展转型升级的意见》，《中华人民共和国国务院公报》，2015年29期。

《国务院办公厅关于促进农村电子商务加快发展的指导意见》，《中华人民共和国国务院公报》，2015年32期。

《人民银行 工业和信息化部 公安部 财政部 工商总局 法制办 银监会 证监会 保监会 国家互联网信息办公室关于促进互联网金融健康发展的指导意见》，《中华人民共和国国务院公报》，2015年34期。

《国务院关于建立完善守信联合激励和失信联合惩戒制度加快推进社会诚信建设的指导意见》，人民出版社，2016年版。

《国务院关于坚决制止期货市场盲目发展的通知》，中国政府网，2016年1月27日。

《关于印发〈公共资源交易平台系统数据规范（V1.0）〉的通知》，国家发改委网站，2016 年 9 月 18 日。

《商务部 国土资源部 住房城乡建设部 交通运输部 银监会关于推进商品交易市场转型升级的指导意见》，商务部网站，2016 年 9 月 18 日。

《财政部 国家税务总局关于完善股权激励和技术入股有关所得税政策的通知》，《中华人民共和国财政部文告》，2016 年 11 期。

《国务院关于深化制造业与互联网融合发展的指导意见》，《中华人民共和国国务院公报》，2016 年 16 期。

《国务院办公厅关于促进和规范健康医疗大数据应用发展的指导意见》，《中华人民共和国国务院公报》，2016 年 19 期。

《中共中央 国务院关于深化投融资体制改革的意见》，《中华人民共和国国务院公报》，2016 年 22 期。

《国务院办公厅关于印发互联网金融风险专项整治工作实施方案的通知》，《中华人民共和国国务院公报》，2016 年 30 期。

《国务院办公厅关于推动实体零售创新转型的意见》，《中华人民共和国国务院公报》，2016 年 33 期。

《中共中央 国务院关于完善产权保护制度依法保护产权的意见》，《中华人民共和国国务院公报》，2016 年 34 期。

《财政部 关于进一步加强国有金融企业股权管理工作有关问题的通知》，《中华人民共和国财政部文告》，2017 年 02 期。

《国务院办公厅关于加强个人诚信体系建设的指导意见》，《中华人民共和国财政部文告》，2017 年 02 期。

《大数据产业发展规划（2016—2020 年）》，国家发改委网站，2017 年 6 月 22 日。

《科技部关于印发“十三五”技术市场发展专项规划的通知》，中华人民共和国科学技术部网站，2017 年 6 月 22 日。

《国家发展改革委 人民银行关于加强和规范守信联合激励和失信联合惩戒对象名单管理工作的指导意见》，国家发改委网站，2017 年 11 月 3 日。

《国家发展改革委关于全面深化价格机制改革的意见》，《中国价格监管与反垄断》，2017 年 12 期。

《国家发展改革委关于印发〈全国碳排放权交易市场建设方案（发电行业）〉的通知》，国家发改委网站，2017 年 12 月 20 日。

《国务院关于印发国家技术转移体系建设方案的通知》，《中华人民共和国国务院公报》，2017 年 28 期。

《关于完善国有金融资本管理的指导意见》，人民出版社，2018 年版。

《国家发展改革委办公厅关于充分发挥信用服务机构作用加快推进社会信用体系建设的通知》，国家发改委网站，2018 年 2 月 2 日。

《科技部关于印发〈关于技术市场发展的若干意见〉的通知》，中国政府网，2018 年 5 月 28 日。

《关于对失信主体加强信用监管的通知》，国家发改委网站，2018 年 7 月 24 日。

《住房城乡建设部关于进一步做好房地产市场调控工作有关问题的通知》，中国政府网，2018 年 12 月 31 日。

《国务院办公厅关于推进电子商务与快递物流协同发展的意见》，《中国对外经济贸易文告》，2018 年 13 期。

《国务院办公厅关于促进“互联网+医疗健康”发展的意见》，《中华人民共和国国务院公报》，2018 年 14 期。

《国务院关于在全国推开“证照分离”改革的通知》，《中华人民共和国国务院公报》，2018 年 30 期。

《外商投资准入特别管理措施（负面清单）（2018年版）》，《中国对外经济贸易文告》，2018年42期。

《国务院关于加强政务诚信建设的指导意见》，人民出版社，2019年版。

《国家发展改革委办公厅关于进一步完善“信用中国”网站及地方信用门户网站行政处罚信息信用修复机制的通知》，国家发改委网站，2019年5月14日。

《国家邮政局 商务部关于规范快递与电子商务数据互联共享的指导意见》，中国政府网，2019年9月4日。

《国资委关于印发〈中央企业混合所有制改革操作指引〉的通知》，中国政府网，2019年11月10日。

《财政部关于进一步明确国有金融企业增资扩股股权管理有关问题的通知》，《中华人民共和国财政部文告》，2019年12期。

《国务院办公厅关于加快推进社会信用体系建设构建以信用为基础的新型监管机制的指导意见》，《中华人民共和国国务院公报》，2019年21期。

《国务院办公厅关于促进平台经济规范健康发展的指导意见》，《中华人民共和国国务院公报》，2019年21期。

《国务院办公厅关于加快发展流通促进商业消费的意见》，《中华人民共和国国务院公报》，2019年25期。

《国务院办公厅关于加快发展流通促进商业消费的意见》，《中华人民共和国国务院公报》，2019年25期。

《国务院关于加强和规范事中事后监管的指导意见》，《中华人民共和国国务院公报》，2019年27期。

《法治社会建设实施纲要（2020—2025年）》，中国法制出版社，

2020年版。

《中共中央国务院关于新时代加快完善社会主义市场经济体制的意见》，人民出版社，2020年版。

《法治社会建设实施纲要（2020—2025年）》，人民出版社，2020年版。

《中共中央国务院关于构建更加完善的要素市场化配置体制机制的意见》，人民出版社，2020年版。

《科技部等9部门印发〈赋予科研人员职务科技成果所有权或长期使用权试点实施方案〉的通知》，中国政府网，2020年5月9日。

《关于加快构建全国一体化大数据中心协同创新体系的指导意见》，中国政府网，2020年12月23日。

《关于印发〈2019—2020年全国碳排放权交易配额总量设定与分配实施方案（发电行业）〉〈纳入2019—2020年全国碳排放权交易配额管理的重点排放单位名单〉并做好发电行业配额与分配工作的通知》，生态环境部网站，2020年12月30日。

《中共中央 国务院关于新时代加快完善社会主义市场经济体制的意见》，《中华人民共和国国务院公报》，2020年15期。

《科技部 教育部印发〈关于进一步推进高等学校专业化技术转移机构建设发展的实施意见〉的通知》，《中华人民共和国国务院公报》，2020年21期。

《国务院办公厅关于深化商事制度改革进一步为企业松绑减负激发企业活力的通知》，《中华人民共和国国务院公报》，2020年27期。

《国务院办公厅关于全面推行证明事项和涉企经营许可事项告知承诺制的指导意见》，《中华人民共和国国务院公报》，2020年32期。

《法治中国建设规划（2020—2025年）节录》，中国法制出版社，

2021 年版。

《法治政府建设实施纲要（2021—2025 年）》，中国法制出版社，2021 年版。

《中国人民银行 中国银行保险监督管理委员会关于建立银行业金融机构房地产贷款集中度管理制度的通知》，中国政府网，2021 年 1 月 1 日。

《关于进一步加强中央企业境外国有产权管理有关事项的通知》，中国政府网，2021 年 1 月 21 日。

《国务院反垄断委员会关于平台经济领域的反垄断指南》，中国政府网，2021 年 2 月 7 日。

《交通运输部关于印发〈交通运输政务数据共享管理办法〉的通知》，中国政府网，2021 年 4 月 16 日。

《中国人民银行关于做好 2022 年金融支持全面推进乡村振兴重点工作的意见》，国家林业和草原局政府网，2021 年 4 月 21 日。

《中共中央办公厅 国务院办公厅印发〈建设高标准市场体系行动方案〉》，《中华人民共和国国务院公报》，2021 年 05 期。

《国家发展改革委关于"十四五"时期深化价格机制改革行动方案的通知》，中国政府网，2021 年 5 月 26 日。

《市场监管总局关于印发〈企业境外反垄断合规指引〉的通知》，中国政府网，2021 年 11 月 15 日。

《工业和信息化部关于印发"十四五"大数据产业发展规划的通知》，中华人民共和国工业和信息化部网站，2021 年 11 月 30 日。

《国务院反垄断委员会关于原料药领域的反垄断指南》，《中国价格监管与反垄断》，2021 年 12 期。

《关于规范国有金融机构资产转让有关事项的通知》，中国政府网，

2021 年 12 月 8 日。

《国务院办公厅关于进一步完善失信约束制度构建诚信建设长效机制的指导意见》，中国政府网，2021 年 12 月 18 日。

《关于印发〈全国公共信用信息基础目录（2021 年版）〉和〈全国失信惩戒措施基础清单（2021 年版）〉的通知》，国家发改委网站，2021 年 12 月 31 日。

《国务院关于深化“证照分离”改革进一步激发市场主体发展活力的通知》，《中华人民共和国国务院公报》，2021 年 17 期。

《中共北京市委办公厅 北京市人民政府办公厅印发〈北京市关于加快建设全球数字经济标杆城市的实施方案〉的通知》，《北京市人民政府公报》，2021 年 31 期。

《国务院关于开展营商环境创新试点工作的意见》，《中华人民共和国国务院公报》，2021 年 34 期。

《中共中央国务院关于加快建设全国统一大市场的意见》，人民出版社，2022 年版。

《国家发展改革委等部门关于推动平台经济规范健康持续发展的若干意见》，中国政府网，2022 年 1 月 20 日。

《国务院办公厅关于印发要素市场化配置综合改革试点总体方案的通知》，《中华人民共和国国务院公报》，2022 年 02 期。

《国务院关于“十四五”现代流通体系建设规划的批复》，《中华人民共和国国务院公报》，2022 年 03 期。

《国务院关于印发“十四五”数字经济发展规划的通知》，《中华人民共和国国务院公报》，2022 年 03 期。

《关于做好 2022 年企业温室气体排放报告管理相关重点工作的通知》，环境生态部网站，2022 年 3 月 15 日。

《国务院办公厅关于促进内外贸一体化发展的意见》,《中华人民共和国国务院公报》,2022 年 04 期。

《国务院关于支持贵州在新时代西部大开发上闯新路的意见》,《中华人民共和国国务院公报》,2022 年 05 期。

《商务部等 14 部门关于开展内外贸一体化试点的通知》,中国政府网,2022 年 5 月 10 日。

《广东省人民政府办公厅关于印发广东省数字政府改革建设 2022 年工作要点的通知》,《广东省人民政府公报》,2022 年 08 期。

《中共中央办公厅 国务院办公厅印发〈关于推进社会信用体系建设高质量发展促进形成新发展格局的意见〉》,《中华人民共和国国务院公报》,2022 年 11 期。

法律规章

《中华人民共和国律师暂行条例》,法律出版社,1980 年版。

《中华人民共和国中外合资经营企业所得税法施行细则》,《中华人民共和国国务院公报》,1980 年 20 期。

《中华人民共和国国库券条例》,《中华人民共和国国务院公报》,1981 年 02 期。

《中华人民共和国公证暂行条例》,法律出版社,1982 年版。

《国务院关于发布〈村镇建房用地管理条例〉的通知》,《中华人民共和国国务院公报》,1982 年 05 期。

《国务院关于公布〈国家建设征用土地条例〉的通知》,《山西省人民政府公报》,1982 年 06 期。

《国务院关于中国人民银行专门行使中央银行职能的决定》,《中华人民共和国国务院公报》,1983 年 21 期。

《国务院关于技术转让的暂行规定》,《中华人民共和国国务院公报》，1985 年 03 期。

《中华人民共和国银行管理暂行条例》,《中华人民共和国国务院公报》，1986 年 01 期。

《企业债券管理暂行条例》,《中华人民共和国国务院公报》，1987 年 09 期。

《中华人民共和国技术合同法》,《中华人民共和国国务院公报》，1987 年 15 期。

《中华人民共和国价格管理条例》,《中华人民共和国国务院公报》，1987 年 23 期。

《技术市场管理暂行办法》，载魏礼群主编,《中国高新技术产业年鉴（2001 年）》，中国言实出版社，2001 年版，第 161–162 页。

《中华人民共和国全民所有制工业企业法》，法律出版社，1988 年版。

《国务院关于试行主要副食品零售价格变动给职工适当补贴的通知》,《四川省人民政府公报》，1988 年 05 期。

《中华人民共和国企业法人登记管理条例》,《中华人民共和国国务院公报》，1988 年 13 期。

《中国国际经济贸易仲裁委员会仲裁规则》,《中华人民共和国国务院公报》，1988 年 22 期。

《中华人民共和国审计条例》,《中华人民共和国国务院公报》，1988 年 26 期。

《中华人民共和国城镇国有土地使用权出让和转让暂行条例》,《中华人民共和国国务院公报》，1990 年 10 期。

《中华人民共和国乡村集体所有制企业条例》,《中华人民共和国国务院公报》，1990 年 11 期。

《中华人民共和国城镇集体所有制企业条例》，《中华人民共和国国务院公报》，1991 年 33 期。

《中华人民共和国合伙企业登记管理办法》，《中华人民共和国国务院公报》，1991 年 33 期。

《国有资产评估管理办法》，《中华人民共和国国务院公报》，1991 年 40 期。

《全民所有制商业企业转换经营机制实施办法》，《四川省人民政府公报》，1992 年 12 期。

《中华人民共和国反不正当竞争法》，中国商业出版社，1993 年版。

《企业债券管理条例》，《中华人民共和国国务院公报》，1993 年 16 期。

《技术合同认定登记管理办法》，载魏礼群主编，《重要经济贸易法规资料选编（1986—1992）》，中国统计出版社，1993 年版，第 1435-1437 页。

《城市商品房预售管理办法》，住房和城乡建设部网站，1994 年 11 月 14 日。

《中华人民共和国公司登记管理条例》，《中华人民共和国国务院公报》，1994 年 15 期。

《批发市场管理办法》，《中华人民共和国国务院公报》，1994 年 32 期。

《中华人民共和国公司法》，法律出版社，1995 年版。

《中华人民共和国乡镇企业法》，法律出版社，1996 年版。

《中华人民共和国合伙企业法》，中国法制出版社，1997 年版。

《中华人民共和国个人独资企业法》，中国法制出版社，1999 年版。

《期货交易管理暂行条例》，《中国证券监督管理委员会公告》，1999 年 07 期。

《外商投资商业企业试点办法》，《中华人民共和国国务院公报》，1999 年 26 期。

《中华人民共和国中外合作经营企业法》，法律出版社，2000 年版。

《中华人民共和国中外合资经营企业法》，中国法制出版社，2001 年版。

《关于发布〈国有企业境外期货套期保值业务管理办法〉的通知》，《中国证券监督管理委员会公告》，2001 年 05 期。

《网上银行业务管理暂行办法》，《中国人民银行文告》，2001 年 14 期。

《中华人民共和国注册会计师法》，法律出版社，2002 年版。

《中华人民共和国价格法》，法律出版社，2002 年版。

《关于印发〈期货经纪公司高级管理人员任职资格管理办法〉等规章的通知》，《中国证券监督管理委员会公告》，2002 年 01 期。

《政府价格决策听证暂行办法》，《中华人民共和国国务院公报》，2002 年 04 期。

《期货交易所管理办法》，《中国证券监督管理委员会公告》，2002 年 05 期。

《期货经纪公司管理办法》，《中国证券监督管理委员会公告》，2002 年 05 期。

《国务院办公厅转发国务院体改办国家经贸委关于促进连锁经营发展若干意见的通知》，《中华人民共和国国务院公报》，2002 年 31 期。

《最高人民法院关于审理期货纠纷案件若干问题的规定》，《中华人民共和国最高人民法院公报》，2003 年 04 期。

《招标拍卖挂牌出让国有土地使用权规定》，《中华人民共和国国务院公报》，2003 年 05 期。

《企业国有资产监督管理暂行条例》，《中华人民共和国国务院公报》，2003 年 19 期。

《合格境外机构投资者境内证券投资管理暂行办法》，《中华人民共和国国务院公报》，2003 年 21 期。

《企业国有产权转让管理暂行办法》，《中华人民共和国国务院公报》，2004 年 27 期。

《协议出让国有土地使用权规定》，载刘志峰主编，《中国住宅产业年鉴（2003—2004）》，中国言实出版社，2004 年版，第 249–251 页。

《广东省集体建设用地使用权流转管理办法》，《广东省人民政府公报》，2005 年 19 期。

《网络预约出租汽车经营服务管理暂行办法》，《中华人民共和国国务院公报》，2006 年 31 期。

《中华人民共和国反垄断法》，中国法制出版社，2007 年版。

《中华人民共和国城镇土地使用税暂行条例》，法律出版社，2007 年版。

《期货从业人员管理办法》，中国证券监督管理委员会网站，2007 年 7 月 4 日。

《商业特许经营管理条例》，《中华人民共和国国务院公报》，2007 年 10 期。

《期货交易管理条例》，《中华人民共和国国务院公报》，2007 年 12 期。

《政府制定价格行为规则》，《中华人民共和国国务院公报》，2007 年 12 期。

《行政单位国有资产管理暂行办法》，《中华人民共和国国务院公报》，2007 年 18 期。

《事业单位国有资产管理暂行办法》，《中华人民共和国国务院公报》，2007 年 18 期。

《中华人民共和国企业国有资产法》，中国法制出版社，2008 年版。

《北京市信息化促进条例》，载北京市科学技术委员会组编，《北京科技年鉴（2008）》，北京科技出版社，2008 年版，第 295–300 页。

《关于印发〈企业国有产权交易操作规则〉的通知》，《国务院国有资产监督管理委员会公告》，2009 年 07 期。

《关于外国投资者并购境内企业的规定》，《中华人民共和国国务院公报》，2009 年 25 期。

《金融企业国有资产转让管理办法》，《中华人民共和国国务院公报》，2009 年 28 期。

《价格违法行为行政处罚规定（2010 版）》，中国法制出版社，2010 年版。

《反价格垄断规定》，中国政府网，2011 年 1 月 4 日。

《反价格垄断行政执法程序规定》，中国政府网，2011 年 1 月 4 日。

《工商行政管理机关禁止垄断协议行为的规定》，中国政府网，2011 年 1 月 7 日。

《个体工商户条例（国务院令第 596 号）》，中国政府网，2011 年 4 月 28 日。

《价格违法行为行政处罚实施办法》，载国家发展改革委价格监督检查与反垄断局编，《价格行政执法法律文件汇编》，中国市场出版社，2011 年版，第 245–248 页。

《工商行政管理机关禁止滥用市场支配地位行为的规定》，载《中国工商行政管理年鉴》编辑部编，《中国工商行政管理年鉴（2011）》，中国工商出版社，2011 年版，第 648–649 页。

《工商行政管理机关制止滥用行政权力排除、限制竞争行为的规定》，载《中国工商行政管理年鉴》编辑部编，《中国工商行政管理年鉴（2011）》，中国工商出版社，2011 年版，第 649–650 页。

《关于期货公司变更注册资本或股权有关问题的规定》，中国证监会网站，2012 年 5 月 10 日。

《深圳经济特区碳排放管理若干规定》，深圳政府网，2012 年 10 月 30 日。

《征信业管理条例》，中国法制出版社，2013 年版。

《征信机构管理办法》，《中华人民共和国国务院公报》，2014 年 03 期。

《商品现货市场交易特别规定（试行）》，《国际商报》，2013 年 11 月 29 日。

《全国银行间债券市场债券预发行业务管理办法》，中国人民银行网站，2014 年 12 月 13 日。

《中华人民共和国商业银行法（修正版）》，法律出版社，2015 年版。

《中华人民共和国促进科技成果转化法》，法律出版社，2015 年版。

《碳排放权交易管理暂行办法》，《中华人民共和国国务院公报》，2015 年 05 期。

《中华人民共和国网络安全法》，法律出版社，2016 年版。

《中华人民共和国资产评估法》，法律出版社，2016 年版。

《中华人民共和国外资企业法》，法律出版社，2016 年版。

《律师事务所管理办法》，《中华人民共和国国务院公报》，2016 年 26 期。

《律师执业管理办法》，《中华人民共和国国务院公报》，2016 年 27 期。

《企业国有资产交易监督管理办法》，《中华人民共和国国务院公报》，2016 年 28 期。

《中华人民共和国律师法》，法律出版社，2017 年版。

《票据交易管理办法》，《中华人民共和国国务院公报》，2017 年 21 期。

《国家发展改革委 财政部 商务部 国家工商行政管理总局关于印发推进落实公平竞争审查制度2017年工作重点的通知》,《中国对外经济贸易文告》, 2017年54期。

《中华人民共和国电子商务法》, 法律出版社, 2018年版。

《政府制定价格成本监审办法》,《中华人民共和国国务院公报》, 2018年04期。

《期货公司资产管理业务试点办法》,《中华人民共和国国务院公报》, 2018年05期。

《合格境外机构投资者境内证券投资外汇管理规定》,《中华人民共和国国务院公报》, 2018年32期。

《中华人民共和国城市房地产管理法》, 法律出版社, 2019年版。

《中华人民共和国证券法》, 法律出版社, 2019年版。

《优化营商环境条例》, 中国法制出版社, 2019年版。

《中华人民共和国外商投资法》, 法律出版社, 2019年版。

《中华人民共和国土地管理法》, 法律出版社, 2019年版。

《禁止垄断协议暂行规定》, 中国政府网, 2019年6月26日。

《禁止滥用市场支配地位行为暂行规定》,《中华人民共和国国务院公报》, 2019年26期。

《信用评级业管理暂行办法》,《中华人民共和国国务院公报》, 2020年5期。

《财政部关于印发〈规范产权交易机构开展金融企业国有产权交易管理暂行规定〉的通知》,《中华人民共和国财政部文告》, 2020年10期。

《中华人民共和国市场主体登记管理条例》, 中国法制出版社, 2021年版。

《中华人民共和国数据安全法》，中国法制出版社，2021 年版。

《中华人民共和国个人信息保护法》，法律出版社，2021 年版。

《中华人民共和国期货和衍生品法》，人民出版社，2021 年版。

《国务院反垄断委员会关于平台经济领域的反垄断指南》，《中国价格监管与反垄断》，2021 年 02 期。

《关于发布〈碳排放权登记管理规则（试行）〉〈碳排放权交易管理规则（试行）〉和〈碳排放权结算管理规则（试行）〉的公告》，《中华人民共和国国务院公报》，2021 年 5 月 17 日。

《全国碳排放权交易管理办法（试行）》，《中华人民共和国国务院公报》，2021 年 07 期。

《市场监管总局 发展改革委 财政部 商务部 司法部关于印发〈公平竞争审查制度实施细则〉的通知》，《中华人民共和国国务院公报》，2021 年 25 期。

《征信业务管理办法》，《中华人民共和国国务院公报》，2021 年 33 期。

报刊文章

苏星，《怎样使住宅问题解决得快些》，《红旗》，1980 年 02 期。

《汉正街小商品市场的经验值得重视》，《人民日报》，1982 年 8 月 28 日。

胡锦文，《首届全国技术成果交易会》，《科技通报》，1985 年 04 期。

信长星，《亿万农业剩余劳动力往何处去——关于农业劳动力转移方向问题的讨论综述》，《中国劳动科学》，1987 年 03 期。

张小建、赵志强，《根据县镇就业的不同特点探索转化就业难的各种途径》，《中国劳动科学》，1987 年 10 期。

田源、乔刚、任兴洲，《发展企业产权市场的构想与对策》，《中国改革》，1988 年 04 期。

常修泽，《建立企业产权市场和经营权市场的构想》，《经济参考报》，1988 年 4 月 22 日。

秦池江，《强化信用观念，提高信用透明度——建立中国信用评级制度问题研讨会综述》，《中国金融》，1988 年 05 期。

林伯勤、任兴洲，《发展企业产权市场是深化改革的重要途径——企业产权转让政策研讨会综述》，《经济工作通讯》，1988 年 06 期。

常修泽、戈晓宇，《产权市场论——企业体制改革研究之一》，《光明日报》，1988 年 6 月 18 日。

莫荣，《我国的就业问题和对策》，《经济理论与经济管理》，1990 年 04 期。

高尚全，《进一步研究计划经济与市场调节有机结合的问题》，《中国物价》，1991 年 01 期。

张卓元，《在保持宏观经济稳定的前提下推进价格改革》，《价格理论与实践》，1991 年 02 期。

万典武，《商品流通体制改革的回顾和思考》，《经济理论与经济管理》，1991 年 03 期。

樊纲，《论生产资料价格改革》，《价格理论与实践》，1991 年 05 期。

党晓捷、张小建，《培育和发展我国劳务市场机制》，《经济理论与经济管理》，1991 年 06 期。

宋晓梧，《中国的劳动力市场》，《经济研究参考》，1992 年 03 期。

吴晓灵、郭树清、谢平、江其务、马建堂、李青原、谢杭生、周慕冰、王广谦、曹文炼、景学成、夏斌，《专家学者座谈金融体制改革》，《金融研究》，1992 年 06 期。

常修泽、邹东涛、宋立，《迈向市场的革命——从改革、开放、发展总体角度看九十年代的价格改革》,《价格理论与实践》,1992 年 10 期。

马凯,《进一步深化农产品价格改革》,《中国物价》,1992 年 11 期。

马凯,《关于建立社会主义市场价格体制的几个问题》,《财贸经济》,1993 年 01 期。

王兆星,《金融体制改革的重大突破》,《中国金融》,1994 年 03 期。

谢鹏程,《论市场经济法律体系的基本结构》,《法学研究》,1994 年 04 期。

漆多俊,《论现代市场经济法律保障体系》,《中国法学》,1994 年 05 期。

李晓西,《转轨过程中的结构性通货膨胀》,《经济研究》,1994 年 10 期。

王叔文,《论建立有中国特色的社会主义市场经济法律体系》,《政法论坛》,1995 年 04 期。

王锡锌,《市场经济与行政程序法制度——对我国市场经济法律体系之构建的另一种思考》,《法商研究》,1995 年 05 期。

黄达,《议财政、金融和国有企业资金的宏观配置格局》,《经济研究》,1995 年 12 期。

李伯勇,《深化劳动体制改革 发展劳动力市场》,《求是》,1996 年 10 期。

《正确认识当前股票市场》,《人民日报》,1996 年 12 月 16 日。

吴晓灵,《我国外汇体制改革的进展——人民币实现从经常项目可兑换到资本项目可兑换》,《金融研究》,1997 年 01 期。

《解放思想转变观念建立社会主义市场经济法律体系》,《法学研究》,1997 年 02 期。

吴敬琏,《我国金融市场形成的两个问题:金融抑制与经济气泡》,

《经济社会体制比较》，1997年02期。

黄达，《改革开放走向市场机制的中国金融业》，《中国金融》，1997年10期。

冯梯云，《把银行真正办成银行》，《人民日报》，1998年3月10日。

杨宜勇，《关于新就业方针》，《经济师》，1998年07期。

吴邦国，《切实做好国有企业下岗职工基本生活保障和再就业工作》，《求是》，1998年13期。

万典武，《20年商品流通体制改革目标模式的探索》，《商业经济与管理》，1999年02期。

漆多俊，《论市场经济发展三阶段及其法律保护体系》，《法律科学》，1999年02期。

汪洋，《引入竞争机制进一步深化药品和医疗服务价格改革》，《价格理论与实践》，2000年10期。

雷庆西，《握手在宝岛——海峡两岸技术中介与成果转化机制研讨会随记》，《经纪人》，2001年02期。

王焕岳，《对清理整顿经济鉴证类社会中介机构的思考》，《财经理论与实践》，2002年01期。

吴敬琏，《银行改革：当前中国金融改革的重中之重》，《世界经济文汇》，2002年04期。

李荣融，《在国有经济结构调整与产权市场发展高级研讨会上的讲话》，《产权导刊》，2003年12期。

郭建新，《关于企业国有产权管理的几点思考》，《国有资产管理》，2004年02期。

陈斯毅，《贯彻市场就业方针 加快并轨步伐》，《中国劳动保障》，2005年05期。

高峦,《打造中国资本市场“产权版”》,《产权导刊》,2006年06期。

吴晓求,《关于当前我国金融改革和资本市场发展若干重要问题的看法》,《金融研究》,2006年06期。

黄宪奇,《信用评级迎来行业春天》,《中国证券报》,2007年4月27日。

邓志雄,《中国产权市场的回顾与思考》,《产权导刊》,2007年07期。

吴晓灵,《发展私募股权基金需要研究的几个问题》,《中国金融》,2007年11期。

刘曙光、王珊珊,《专业服务业国际化驱动力机制分析》,《中国集体经济》,2008年07期。

许光建,《价格改革30年的回顾与展望》,《中国国情国力》,2008年09期。

尚珂,《市场经济下商品流通法制的建立与完善》,《中国流通经济》,2008年11期。

万典武、李禧华,《30年我国商业体制改革评述》,《商业时代》,2008年27期。

莫荣,《农民工劳动力市场的状况和政策建议》,《经济研究参考》,2008年31期。

樊纲,《要素价格体制改革与市场竞争的发展》,《全国商情》,2009年01期。

郑荣、姜毓锋,《技术市场发展现状及其影响因素分析》,《图书情报工作》,2009年22期。

傅正华、王英红、林耕、程金香、赵绮秋,《北京技术市场三十年——成就、问题及发展趋势》,《中国科技论坛》,2010年02期。

许光建、魏义方、戴李元、赵宇,《中国城市住房价格变动影响因素分析》,《经济理论与经济管理》，2010 年 08 期。

张江雪,《我国技术市场发展程度的测度》,《科研管理》，2010 年 31 期。

万典武,《八十年代中期理论界关于我国商品流通体制改革的设想》,《商业时代》，2011 年 13 期。

毕诗浩、林耕,《“十二五”期间我国技术市场发展战略与重点科学管理研究》，2011 年 29 期。

任兴洲,《影响我国经济鉴证类服务业发展的制度因素分析》,《经济研究参考》，2011 年 40 期。

李继峰、张亚雄,《我国“十二五”时期建立碳交易市场的政策思考》,《气候变化研究进展》，2012 年 02 期。

莫荣,《实施更加积极的就业政策 努力实现社会就业更加充分——学习总书记在中央政治局集体学习时讲话的体会》,《中国劳动》，2012 年 04 期。

信长星,《努力推动实现更高质量的就业》,《中国人口科学》，2012 年 06 期。

崔连标、范英、朱磊、毕清华、张毅,《碳排放交易对实现我国“十二五”减排目标的成本节约效应研究》,《中国管理科学》，2013 年 01 期。

李继峰、张沁、张亚雄、王鑫,《碳市场对中国行业竞争力的影响及政策建议》,《中国人口·资源与环境》，2013 年 03 期。

莫建雷、朱磊、范英,《碳市场价格稳定机制探索及对中国碳市场建设的建议》,《气候变化研究进展》，2013 年 05 期。

汪沛沛、曾琦,《发展我国专业服务业的对策研究》,《中国注册会计师》，2013 年 07 期。

许昆林，《逐步确立竞争政策的基础性地位》，《价格理论与实践》，2013年10期。

常修泽，《反垄断与我国经济和行政体制改革——“结构性破垄”与“反垄断”双线推进》，《中国物价》，2013年11期。

雷光继、林耕，《我国技术市场发展面临的机遇、问题和对策研究》，《科学管理研究》，2013年31期。

《李克强：以政务信息公开促进政务诚信建设》，中国政府网，2014年1月16日。

毛振华，《打造有公信力的中国评级业 推动信用体系建设迈入新纪元》，《福建金融》，2014年02期。

高小平，《专业服务业发展与产业结构优化升级》，《中国注册会计师》，2014年07期。

胡静林，《充分发挥专业服务业在全面深化改革中的重要作用》，《中国注册会计师》，2014年07期。

李元，《以专业服务业推动中国服务贸易转型升级》，《中国注册会计师》，2014年07期。

万典武、李书友、徐振宇、李冰倩，《新中国成立以来我国商业发展回顾与反思》，《商业时代》，2014年30期。

吴汝川，《混合所有制经济的实现路径以及产权市场的作用》，载曹和平主编，《产权市场蓝皮书：中国产权市场发展报告（2014）》，社会科学文献出版社，2015年版。

周小川，《深化金融体制改革》，《中国金融》，2015年22期。

邓志雄，《谈如何推进产权交易市场“四统一”建设》，载曹和平主编，《产权市场蓝皮书：中国产权市场发展报告（2014）》，社会科学文献出版社，2015年版，第24–31页。

董亮、张玢、李明亮、陈彦、庞鹏沙,《我国技术市场理论的嬗变——从科技成果转化到技术转移》,《科学管理研究》,2015 年 33 期。

张欣炜、林娟,《中国技术市场发展的空间格局及影响因素分析》,《科学学研究》,2015 年 33 期。

黄勇、吴白丁、张占江,《竞争政策视野下公平竞争审查制度的实施》,《价格理论与实践》,2016 年 04 期。

黄勇,《竞争政策的功能与实施路径》,《中国价格监管与反垄断》,2016 年 06 期。

吴敬琏,《确立竞争政策基础性地位的关键一步》,《人民日报》,2016 年 6 月 22 日。

潘家华,《碳排放交易体系的构建、挑战与市场拓展》,《中国人口·资源与环境》,2016 年 08 期。

蒋芬,《我国技术市场发展演变趋势、存在问题及对策建议》,《科技通报》,2016 年 10 期。

《国务院关于在市场体系建设中建立公平竞争审查制度的意见》,《中华人民共和国国务院公报》,2016 年 18 期。

许光建、丁悦玮,《深入推进价格改革 着力提升“放管服”水平——十八大以来价格改革的回顾与展望》,《价格理论与实践》,2017 年 05 期。

朱宁宁,《锻造治国重器,以良法促善治——党的十八大以来立法工作成就综述》,《法制日报》,2017 年 8 月 21 日。

《十八大以来价格改革稳步向纵深推进》,《经济日报》,2017 年 10 月 17 日。

杨立民,《法律服务市场:开放的风险与机遇》,《WTO经济导刊》,2017 年 12 期。

黄勇,《论中国竞争政策基础性地位的法治保障》,《经贸法律评论》，2018 年 01 期。

张英杰、刘茜，《“六步走”打造信用闭环 建立多层级社会信用治理模式》，《中国信用》，2018 年 01 期。

《科技成果三权下放 创新改革试验成果丰硕》，《合肥晚报》，2018 年 1 月 15 日。

李青，《中国竞争政策的回顾与展望》，《竞争政策研究》，2018 年 02 期。

邓志雄、胡彩娟，《把产权市场打造成为推进资本混合的主要平台》，《产权导刊》，2018 年 03 期。

傅志华、程瑜、许文、施文泼、樊轶侠，《在积极推进碳交易的同时择机开征碳税》，《财政研究》，2018 年 04 期。

夏杰长、姚战琪，《中国服务业开放 40 年——渐进历程、开放度评估和经验总结》，《财经问题研究》，2018 年 04 期。

张汉东，《我国竞争政策的实践与展望》，《竞争政策研究》，2018 年 06 期。

蒋传光，《从两个“十六字方针”看我国法治建设的跨越发展——纪念改革开放 40 周年》，《东方法学》，2018 年 06 期。

周业军、高友富，《以产权交易资本市场为主体整合建立统一公共资源交易平台的重庆实践》，《产权导刊》，2018 年 09 期。

黄勇，《确立竞争政策的基础性地位》，《中国价格监管与反垄断》，2018 年 11 期。

张纪南，《推动实现更高质量和更充分就业》，《求是》，2018 年 12 期。

张左己，《劳动服务公司沿革与中国就业改革》，《中国就业》，2018 年 12 期。

彭森，《纪念价格改革 40 周年》，《价格理论与实践》，2018 年 12 期。

张卓元，《中国价格改革目标的较早确立及其影响》，《价格理论与实践》，2018 年 12 期。

苗伟，《产权交易资本市场服务国企新旧动能转换实践》，《产权导刊》，2019 年 02 期。

赖德胜、蔡宏波，《周期性外部冲击对我国就业的影响及其应对》，《求是学刊》，2019 年 03 期。

吴振国，《加强反垄断执法 保护市场公平竞争》，《竞争政策研究》，2019 年 05 期。

李涛，《当代中国的改革与法治——以改革开放以来法律制定的主要特点为中心》，《广东社会科学》，2019 年 05 期。

甘霖，《强化竞争政策基础性地位 促进新一轮高水平对外开放》，《中国市场监管报》，2019 年 5 月 18 日。

刘闻，《构建粤港澳大湾区金融基础设施的探索与实践》，《广东经济》，2019 年 07 期。

闫衍，《中国信用市场：从风险加速暴露到信用分化》，《金融市场研究》，2019 年 12 期。

姜洋，《中国期货市场发展回顾》，《中国金融》，2019 年 19 期。

蔡昉，《为什么将就业优先政策置于宏观政策层面》，《企业观察家》，2020 年 03 期。

于施洋、王建冬、郭巧敏，《我国构建数据新型要素市场体系面临的挑战与对策》，《电子政务》，2020 年 03 期。

常修泽、何亚斌，《要素市场化配置与产权市场命运——产权“生产要素生命论”探讨》，《产权导刊》，2020 年 06 期。

田杰棠、刘露瑶，《交易模式，权利界定与数据要素市场培育》，《改革》，2020 年 07 期。

《李克强：市场经济首先是信用经济，信用经济必须是法治经济》，中国政府网，2020年11月27日。

何亚斌，《论我国产权进场交易制度的建立、定型、落实和延伸》，载何亚斌，《产权经济学理论在中国的市场实践》，中国金融出版社，2020年版，第86–100页。

何亚斌，《产权市场是资本市场的一部分》，载何亚斌著，《产权经济学理论在中国的市场实践》，中国金融出版社，2020年版，第139–143页。

张文显，《习近平法治思想的基本精神和核心要义》，《东方法学》，2021年01期。

张文显，《习近平法治思想的理论体系》，《法制与社会发展》，2021年01期。

熊鸿儒、田杰棠，《突出重围：数据跨境流动规则的“中国方案”》，《人民论坛·学术前沿》，2021年01期。

张纪南，《强化就业优先政策》，《人民日报》，2021年1月19日。

莫纪宏，《习近平法治思想的理论渊源及发展脉络》，《中国井冈山干部学院学报》，2021年03期。

王伟玲、吴志刚、徐靖，《加快数据要素市场培育的关键点与路径》，《经济纵横》，2021年03期。

周小全，《建设高标准市场体系 产权市场要下好“先手棋”构建新模式》，《产权导刊》，2021年04期。

莫荣、鲍春雷，《促进零工经济劳动力市场规范发展研究》，《中国劳动》，2021年04期。

何小龙，《中国数据要素市场发展报告（2020—2021）》，《软件和集成电路》，2021年05期。

江飞涛，《中国竞争政策“十三五”回顾与“十四五”展望——兼论产业政策与竞争政策的协同》，《财经问题研究》，2021 年 05 期。

李青，《“十四五”时期强化竞争政策基础地位的几点思考》，《中国市场监管研究》，2021 年 07 期。

彭森，《强化竞争政策基础性地位 全面推进改革事业发展》，《中国市场监管研究》，2021 年 07 期。

蔡昉，《数字经济时代应高度重视就业政策 如何让新技术和数字经济的发展创造更多、更高质量的就业岗位》，《财经界》，2021 年 25 期。

张卓元，《社会主义初级阶段理论》，《经济研究》，2022 年 01 期。

《让成果转化更为主动——深圳科技成果赋权转化持续加速》，《深圳特区报》，2022 年 2 月 16 日。

周小全，《加快推进上海国际金融中心建设 非标市场和标准化市场双轮驱动》，《上海证券报》，2022 年 3 月 10 日。

图书著作

刘鸿儒著，《社会主义货币与银行问题》，中国财政经济出版社，1980 年版。

李炳坤编著，《工农业产品价格剪刀差问题》，农业出版社，1981 年版。

薛暮桥著，《我国物价和货币问题研究》，红旗出版社，1986 年版。

刘鸿儒等著，《中国金融事业的发展和金融体制改革》，中国金融出版社，1986 年版。

张卓元著，《社会主义价格理论与价格改革》，中国社会科学出版社，1987 年版。

田源主编，《期货市场》，改革出版社，1989 年版。

邓力群、马洪、武衡主编,《当代中国的劳动力管理》,中国社会科学出版社,1990年版。

齐涤生、万君康、熊兆铭、刘汉鼎,《技术经纪与技术经纪人》,经济管理出版社,1993年版。

宋晓梧主编,《社会主义市场经济十万个为什么——劳动力市场》,光明日报出版社,1993年版。

马凯,《从计划价格走向市场价格——价格体制转换的理论与实践探索》,中国物价出版社,1993年版。

夏积智、张小建主编,《中国劳动力市场实务全书》,红旗出版社,1994年版。

孙尚香主编,《中国市场发展报告》,中国发展出版社,1994年版。

常修泽著,《产权交易理论与运作》,经济日报出版社,1995年版。

卞耀武、俞敏声主编,《社会主义市场经济法律体系》,青岛出版社,1995年版。

吴晓灵等著,《新一轮改革中的中国金融》,天津人民出版社,1998年版。

刘庆辉著,《技术市场探索与实践》,科学技术文献出版社,1998年版。

中国人民银行研究局编,《中国现代中央银行体制》,中国金融出版社,1999年版。

张小建主编,《中国农村劳动力就业与流动研究报告》,中国劳动出版社,1999年版。

雷庆西、张贤模主编,《中国技术市场》,湖北人民出版社,1999年版。

马洪主编,《中国市场发展报告》,中国发展出版社,2000年版。

吴敬琏著,《十年纷纭话股市》，上海远东出版社，2001 年版。

李勇主编,《经济鉴证类社会中介服务行业发展理论研究》，中国财政经济出版社，2001 年版。

汪洋主编,《价格改革二十年回顾与前瞻》，中国计划出版社，2002 年版。

李善同、侯永志主编,《加入WTO与中国服务贸易》，商务印书馆，2003 年版。

许光健著,《论价格总水平调控》，中国物价出版社，2003 年版。

全国整顿和规范市场经济秩序领导小组办公室编,《社会信用体系建设》，中国方正出版社，2004 年版。

杜金富著,《征信理论与实践》，中国金融出版社，2004 年版。

成致平著,《价格改革三十年（1977—2006）》，中国市场出版社，2006 年版。

建设部课题组著,《住房、住房制度改革和房地产市场专题研究》，中国建筑工业出版社，2007 年版。

任兴洲主编,《建立市场体系：30 年市场化改革进程》，中国发展出版社，2008 年版。

刘鸿儒编著,《突破：中国资本市场发展之路（上、下卷）》，中国金融出版社，2008 年版。

李晓西主编,《中国经济改革 30 年》，重庆大学出版社，2008 年版。

熊焰著,《资本盛宴：中国产权市场解读》，北京大学出版社，2008 年版。

中国人民银行征信管理局编,《征信专题研究》，中国金融出版社，2009 年版。

刘鸿儒等著,《变革——中国金融体制发展六十年》，中国金融出版社，2009 年版。

蒋传光著，《邓小平法制思想概论》，人民出版社，2009 年版。

常修泽著，《广义产权论——中国广领域多权能产权制度研究》，中国经济出版社，2009 年版。

黄达著，《财政信贷综合平衡导论》，中国人民大学出版社，2009 年版。

曹和平主编，《产权市场蓝皮书：中国产权市场发展报告（2008—2009）》，社会科学文献出版社，2009 年版。

常修泽著，《产权人本共进论——常修泽谈国有企业改革》，中国友谊出版公司，2010 年版。

彭森主编，《中国价格改革三十年（1978—2008）》，中国市场出版社，2010 年版。

任兴洲、王微主编，《服务业发展制度、政策与实践》，中国发展出版社，2011 年版。

张小建主编，《民生之本——为实现劳动者充分就业而奋斗》，中国劳动社会保障出版社，2011 年版。

张江雪，《中国技术市场发展研究》，北京师范大学出版社，2011 年版。

潘功胜主编，《征信朝阳：中国征信体系和社会信用体系建设回顾与展望》，中国金融出版社，2012 年版。

曹和平主编，《产权市场蓝皮书：中国产权市场发展报告（2010—2011）》，社会科学文献出版社，2012 年版。

尹蔚民主编，《民生为本 人才优先——人力资源社会保障事业十年发展（2002—2012）》，中国劳动社会保障出版社，2012 年版。

曹和平主编，《产权市场蓝皮书：中国产权市场发展报告（2011—2012）》，社会科学文献出版社，2012 年版。

曹和平主编,《产权市场蓝皮书：中国产权市场发展报告（2012—2013）》，社会科学文献出版社，2013年版。

戴彦德、康艳兵、熊小平等著,《碳交易制度研究》，中国发展出版社，2014年版。

曹和平主编,《产权市场蓝皮书：中国产权市场发展报告（2014）》，社会科学文献出版社，2015年版。

中国人民银行征信管理局编,《现代征信学》，中国金融出版社，2015年版。

任兴洲、王微、王青等著,《建设全国统一市场：路径与政策》，中国发展出版社，2015年版。

莫荣等著,《中国积极就业政策形成、发展和完善》，社会科学文献出版社，2015年版。

范英、莫建雷,《中国碳市场顶层设计重大问题及建议》,《中国科学院院刊》，2015年04期。

范英、莫建雷、朱磊等著,《中国碳市场：政策设计与社会经济影响》，科学出版社，2016年版。

上海财经大学信用研究中心、上海国际金融中心研究院、上海财经大学金融学院编,《2015中国金融发展报告——社会信用体系建设的理论、探索与实践》，上海财经大学出版社，2016年版。

石良平等著,《中国服务业扩大开放与服务贸易发展》，上海交通大学出版社，2016年版。

吴敬琏著,《改革大道行思录：吴敬琏近文选（2013—2017）》，商务印书馆，2017年版。

李正波、邱琼主编,《电子商务与新零售研究》，中国人民大学出版社，2017年版。

李正强主编，《当代中国期货市场口述史》，中国金融出版社，2018年版。

中国产权协会著，《中国产权交易资本市场研究报告》，中国经济出版社，2018年版。

万存知，《征信业的探索与发展》，中国金融出版社，2018年版。

段茂盛、吴力波主编，《中国碳市场发展报告：从试点走向全国》，人民出版社，2018年版。

汪路，《征信：若干基本问题及其顶层设计》，中国金融出版社，2018年版。

王微、邓郁松、邵挺著，《房地产市场平稳健康发展的基础性制度与长效机制研究》，中国发展出版社，2018年版。

郑爽等著，《中国碳市场相关问题研究》，中国经济出版社，2019年版。

《径山报告》课题组著，《中国金融改革路线图》，中信出版社，2019年版。

国务院发展研究中心市场经济研究所著，《改革开放40年：市场体系建立、发展与展望》，中国发展出版社，2019年版。

莫荣，《领导干部就业工作读本》，中国劳动社会保障出版社，2019年版。

夏杰长等著，《中国现代服务业发展战略研究》，经济管理出版社，2019年版。

中国就业促进会组织编，《就业优先政策研究与探索》，中国劳动社会保障出版社，2019年版。

张小建主编，《中国就业改革发展40年》，中国劳动社会保障出版社，2019年版。

曾湘泉,《大数据与劳动力市场研究》，中国人民大学出版社，2019年版。

夏杰长、李勇坚、姚战琪主编:《新中国服务经济研究70年》，中国社会科学出版社，2019年版。

田波著,《回眸——中国技术市场40年》，上海大学出版社，2019年版。

肖钢著,《中国资本市场变革》，中信出版社，2020年版。

蔡昉、高文书编,《中国就业和社会保障体制改革40年》，经济管理出版社，2020年版。

李青主编,《中国反垄断十二年：回顾与展望》，中信出版社，2020年版。

刘志成等著,《我国竞争政策实施的思路与路径研究》，中国计划出版社，2020年版。

夏杰长等著,《扩大服务业对外开放的路径与战略研究》，经济管理出版社，2020年版。

国家市场监督管理总局反垄断局编,《中国反垄断执法年度报告（2019）》，法律出版社，2020年版。

国家市场监督管理总局反垄断局编,《中国反垄断执法年度报告（2020）》，法律出版社，2021年版。

曾铮、王磊,《数据市场治理：构建基础性制度的理论与政策》，社会科学文献出版社，2021年版。

上海联合产权交易所、上海环境能源交易所编著,《全国碳排放权交易市场建设探索和实践研究》，上海财经大学出版社，2021年版。

中国商品与要素市场改革大事记

▼

1977 年

11 月 28 日，国务院颁布《关于整顿和加强银行工作的几项规定》，决定中国人民银行作为部级单位，与财政部分设，由国务院直接管辖的独立机构，标志着中国金融体系进入恢复时期。

1978 年

4 月 13 日，中共中央批准农林部《关于调整国务院知识青年上山下乡领导小组和办公室管理体制的报告》，将国务院知青办由农林部代管改为国家劳动总局党组领导，并调整了领导小组成员。

9 月 7—13 日，国家基本建设委员会召开城市住宅建设会议。这是新中国成立以来第一次召开的住宅建设会议。

9 月 9 日，李先念在国务院务虚会上提出，要成立劳动服务公司，负责介绍、组织待业人员就业。

12 月 18 日，党的十一届三中全会决定把全党工作的着重点和全国人民的注意力转移到社会主义现代化建设上来，讨论并提出健全社会主义民主和加强社会主义法制的任务；提出“有法可依，有法必依，执法必严，违法必究”的法治建设方针。

1979 年

2 月 23 日，国务院出台《关于恢复中国农业银行的通知》，将农业存贷款等相关业务从中国人民银行划出，专设中国农业银行。

3 月 13 日，国务院批转中国人民银行《关于改革中国银行体制的请示报告》，决定扩大中国银行的权限，设立国家外汇管理总局授权管理国家外汇；将中国银行从中国人民银行分设出来，直属国务院领导，由中国人民银行代管。

3 月 30 日，邓小平在党的理论工作务虚会上提出，从中国的特点出发，统筹兼顾发展现代化的生产与解决就业不充分的问题。

4 月 9 日，国务院批转《中国人民银行全国分行行长会议纪要》，提出要把银行工作的着重点迅速转移到社会主义现代化建设上来。

4 月 25 日，中国人民银行发出《关于恢复保险业务和加强保险机构的通知》。

7 月 1 日，五届全国人大二次会议通过《中外合资经营企业法》，标志着土地所有权和使用权的分离。

同日，第五届全国人民代表大会第二次会议还通过《中外合资企业经营法》，提出了“土地使用费”概念。

8 月 28 日，中国人民建设银行从财政部独立出来，成为固定资产投资贷款专业银行。

10 月 4 日，邓小平在中共中央召开的各省、市、自治区第一书记座谈会上指出，要从政治、社会，特别是经济角度处理就业和上山下乡青年回城市的问题。

同日，中国国际信托投资公司正式成立，揭开了中国信托业的发展序幕，成为中国对外开放的一个窗口。

12月19日，司法部发出《有关律师工作的通知》，宣布恢复律师制度。

1980年

1月8日，中国第一家房地产公司——深圳经济特区房地产公司成立。

1月14日，国务院批准国家科委《关于我国建立专利制度的请示报告》，成立中华人民共和国专利局。

2月15日，司法部发布《关于逐步恢复国内公证业务的通知》。

3月5日，司法部发出《关于公证处的设置和管理体制问题的通知》。

7月26日，国务院颁布《关于中外合营企业建设用地的暂行规定》，对外资企业用地征收土地使用费。

8月2—7日，中共中央召开全国劳动就业会议，提出在国家统筹规划和指导下，实行劳动部门介绍就业、自愿组织起来就业和自谋职业相结合的方针。会后，中共中央转发会议议定的文件《进一步做好城镇劳动就业工作》。

8月26日，五届全国人大常委会第十次会议通过《中华人民共和国律师暂行条例》，这是新中国成立以来有关律师制度的第一部法律，标志着我国律师制度的恢复和重建。

10月17日，国务院颁布《关于开展和保护社会主义竞争的暂行规定》，首次肯定了技术的商品属性。

12月23日，财政部发布《关于成立会计顾问处的暂行规定》，标志着注册会计师制度开始起步。

12月25日，邓小平在中共中央工作会议闭幕式上作了题为《贯彻调整方针，保证安定团结》的报告。其中指出，要继续广开门路，主要通过集体经济和个体劳动的多种形式，尽可能多地安排待业人员。

1981 年

1 月 1 日，上海成立注册会计师制度恢复重建后全国第一家会计师事务所——上海会计师事务所。

1 月 16 日，国务院常务会议通过《中华人民共和国国库券条例》，标志着我国国债市场的起步。

4 月 16 日，中共中央、国务院转发《国家科委党组〈关于我国科学技术发展方针的汇报提纲〉的通知》，提出要“加速科学技术成果的应用推广，实行有偿转让”的意见。

6 月 19 日，中国首家宣传技术市场的报纸——《技术市场报》，由国家新闻出版局批准在天津创刊（1989 年更名为《中国技术市场报》）。

7 月 7 日，国务院发布《关于城镇非农业个体经济若干政策性规定》，明确指出个体经济是国营经济和集体经济的必要补充。

同日，国务院常务会议决定由薛暮桥牵头，集中各有关部门的研究力量，成立国务院价格研究中心，组织理论价格测算，为价格改革决策提供重要依据。

9 月 11 日，国务院批转《全国供销合作总社关于当前农副产品收购几个问题的报告的通知》，对三类农副产品实行议价，通过市场调节，促进了城乡农副产品市场发展。

10 月 17 日，党中央、国务院下发《关于广开门路，搞活经济，解决城镇就业问题的若干决定》，指出在社会主义公有制经济占优势的根本前提下，实行多种经济形式和多种经营方式长期并存，是我党的一项战略决策，不是一种权宜之计。

12 月 13 日，五届人大四次会议通过《中华人民共和国经济合同法》。

1982 年

1 月 1 日，中共中央批转《全国农村工作会议纪要》，提出允许试办和发展社队集体商业，如贸易货栈、联合供销经理部和农工商联合企业等。

1 月 2 日，中共中央、国务院下发《关于国营工业企业进行全面整顿的决定》，提出举办劳动服务公司安排暂时的富余职工和待业青年就业。

2 月 6 日，国务院颁布《广告管理暂行条例》。

2 月 13 日，国务院发布《村镇建房用地管理条例》，将农村建设用地使用纳入政府管理体系。

4 月 10 日，国务院发布《关于在工业品购销中禁止封锁的通知》，禁止设置地方壁垒。

4 月 13 日，国务院颁布新中国第一部公证行政法规——《中华人民共和国公证暂行条例》，对公证的性质、业务范围、公证的组织机构、公证员的条件、公证管辖、公证程序等都作了明确规定，初步奠定了我国公证制度的法律基础，对恢复和发展我国公证制度发挥了重要作用。

8 月 23 日，国务院下发《关于建立审计机关的通知》，决定在全国建立审计事务所。

同日，五届人大常委会第二十四次会议通过《中华人民共和国商标法》。

8 月 25 日，义乌县稠城镇整顿市场领导小组下发“一号通告”，决定从 1982 年 9 月 5 日起，在稠城镇湖清门和廿三里镇正式开放“小商品市场”。这是全国首份专业批发市场合法化的政府文件。

同日，国家物价总局发出通知指出，根据《全国人民代表大会常务委员会关于批准国务院直属机构改革实施方案的决议》，国家物价总局改名为国家物价局。

8月28日，《人民日报》刊发《汉正街小商品市场的经验值得重视》的社论，肯定了武汉汉正街小商品批发市场对生产、销售、消费起到的积极作用。

9月16日，国务院批转国家物价局等部门《关于逐步放开小商品价格实行市场调节的报告》，放开第一批小商品价格，实行市场调节。

10月16日，国家工商局在汉正街召开全国小商品市场现场会，提出“允许批量销售、长途贩运及价格随行就市”的政策。

10月23—24日，国务院召开全国科技奖励大会，提出“经济建设必须依靠科学技术，科学技术工作必须面向经济建设”的方针，提出“四个转移”。

11月25日，义乌县委、县政府发布“四个允许”通告，即允许农民经商；允许从事长途贩运；允许开放城乡市场；允许多渠道竞争，为义乌小商品市场大发展奠定了政策基础。

12月4日，五届全国人大五次会议上正式通过并颁布《中华人民共和国宪法》，即现行宪法。

1983年

1月2日，《当前农村经济政策的若干问题》提出，对农民完成统派任务后的产品和非统购产品，应当允许多渠道经营，有利于解决产品积压、销地缺货的矛盾，促进了各地农产品批发市场发展加快步伐。

1月26日—2月2日，第一次全国农村科技工作会议在北京召开，提出“要把已有的科技成果和不断出现的新技术、新成果尽快推广应用到农业生产中去”。

2月11日，国务院批转国家体改委、商业部《关于改革农村商品流通体制若干问题的实行规定》，进一步明确和重申要恢复供销社集体商业的性质。

3月5日，中共中央、国务院发出《关于发展城乡零售商业、服务业的指示》，进一步明确发展集体和个体商业的方针和具体政策。

3月19日，国务院物价小组正式成立，张劲夫任组长，宋劭文任副组长，主要任务是研究物价改革的长期规划；提出生产和流通部门价格、调整的建议；组织协商价格调整方案的执行。

4月13日，国务院颁布《关于城镇劳动者合作经营的若干规定》《关于城镇非农业个体经济若干政策性规定的补充规定》。

4月14日，国务院颁布《关于城镇集体所有制经济若干政策问题的暂行规定》。

7月13日，国务院颁发《关于科技人员合理流动的若干规定》。

9月15日，根据五届全国人大五次会议通过的《中华人民共和国宪法》第91条的规定，审计署正式成立。

9月17日，国务院发布《关于中国人民银行专门行使中央银行职能的决定》，规定中国人民银行专门行使中央银行职能，正式确立中央银行制度，同时也提出成立中国工商银行，承办原来由人民银行办理的工商信贷和储蓄业务。

1984年

1月1日，中国工商银行成立，成为工商企业信贷和城市储蓄业务的专业银行。

1月2日，全国第一家不占国家编制、自收自支、自负盈亏的律师事务所——深圳特区经济贸易律师事务所成立，突破开办律师事务所需要国家编制的限制。

3 月 1 日，中共中央、国务院转发农牧渔业部和部党组《关于开创社队企业新局面的报告》，文中首次使用“乡镇企业”这一名称。

同日，山东寿光蔬菜批发市场正式运营，成为全国规模最大、辐射范围最广的农产品批发市场，是标志性农产品批发市场。

4 月 10 日，国家科委、国家体改委发布《关于开发研究单位由事业费开支改为有偿合同制的改革试点意见》。

4 月 20 日，全国技术市场协调指导小组成立，办公室设在国家科委，其任务是对全国技术市场进行宏观指导，协调各业务部门的关系，推动技术市场的发展。

5 月 10 日，国务院印发《关于进一步扩大国营工业企业自主权的暂行规定》，企业有权根据生产需要，在劳动部门指导下公开招工，择优录用人员；试行生产资料价格“双轨制”，计划外生产的产品允许企业自行按市场价格批发销售，进一步推动了批发体制改革。

7 月 14 日，国务院批转商业部《关于当前城市商业体制改革若干问题的报告》，将设在上海、天津、广州的日用工业品一级站下放到所在市；省属二级站也同时下放为市属企业，还在大中城市建立了一批日用工业品贸易中心作为一种探索。

10 月 20 日，党的十二届三中全会通过《中共中央关于经济体制改革的决定》，要求建立自觉运用价值规律的计划体制，发展社会主义商品经济。第一次明确提出价值规律与商品经济的关系。

11 月 14 日，上海飞乐音响向社会公开发行股票融资，飞乐音响股票成为我国改革开放新时期第一只股票。

11 月 16 日，国务院常务会议做出“加速技术成果商品化，开放技术市场”的决定。

12月1日，国家计委、国家经委、国家统计局、国家标准局等批准发布《国民经济行业分类标准和代码》，首次正式将房地产列为独立的行业。

1985年

1月1日，中共中央、国务院发布《关于进一步活跃农村经济的十项政策》，明确提出对乡镇企业实行信贷、税收优惠，鼓励农民发展采矿和其他开发性事业；对乡镇企业的技术改造费，在贷款数额和利率上给予优惠；对新办乡镇企业定期免征所得税；严禁平调乡镇企业的财产；乡镇企业发展促进了批发市场发展。

1月6日，全国住房租金改革领导小组成立。

1月10日，国务院颁布《关于技术转让的暂行规定》。

1月24日，国家物价局、国家物资局发布《关于放开工业生产资料超产自销产品价格的通知》，规定工业生产资料属于企业自销和完成国家计划后的超产部分的出厂价格，取消原定的不高于国家定价20%的规定，可按稍低于当地的市场价格出售，参与市场调节，起平抑价格作用。企业不得在价格之外加收费用。

3月13日，中共中央颁布《关于科学技术体制改革的决定》，提出技术市场是我国社会主义商品市场的重要组成部分。

3月15日，国家科委、国家经委和国防科工委联合在杭州举办首届全国军工技术转民用交易会和工作座谈会。

3月21日，六届全国人大常委会第十次会议通过《中华人民共和国涉外经济合同法》。

4月1日，《中华人民共和国专利法》正式施行。

4月21日，国务院批复国家科委、国家经委和国防科工委《关于开放技术市场几点意见的报告》。

5 月 4 日，段武刘律师事务所在深圳国贸大厦挂牌成立，成为中国第一家民间性质的律师机构、第一家合伙制律师机构。

5 月 14 日，国家科委、国家经委、国防科工委和北京市人民政府联合举办首届全国技术成果交易会在北京展览馆开幕。

5 月 25 日，河北省保定市成立全国第一家试点改革合作制律师事务所——全友律师事务所。

10 月 9 日，首届全国发明展览会在北京开幕。

1986 年

1 月 7 日，国务院发布《中华人民共和国银行管理暂行条例》，明确中央银行、专业银行及其他金融机构职能职责，并规定专业银行间资金可相互拆借。

2 月 21 日，国务院第 100 次常务会议决定成立国家土地管理局。

3 月 14—18 日，全国技术市场工作会议在北京召开。

4 月 12 日，司法部发布了《关于全国律师资格统一考试的通知》，开始实行由国家统一组织的律师资格考试。

同日，六届全国人大四次会议通过《中华人民共和国民法通则》《中华人民共和国外资企业法》。

4 月 19 日，国务院发布《关于扩大科学技术研究机构自主权的暂行规定》。

6 月 25 日，六届全国人大常委会第十六次会议通过《中华人民共和国土地管理法》，是新中国成立以后第一部关于土地管理的法律。

7 月 3 日，国务院发布《中华人民共和国注册会计师条例》，第一次确立了注册会计师的法律地位，标志着我国注册会计师制度恢复重建。

7月7日，中华全国律师协会成立，标志着律师管理由司法行政机关管理延伸到司法行政和律师协会行业两结合管理。

7月12日，国务院发出《关于改革劳动制度四个规定的通知》，即《国营企业实行劳动合同制暂行规定》《国营企业招用工人暂行规定》《国营企业辞退违纪职工暂行规定》《国营企业职工待业保险暂行规定》。

9月26日，第一个股票柜台交易点在中国工商银行上海信托投资公司静安分公司成立。

12月2日，六届全国人大常委会第十八次会议通过《中华人民共和国企业破产法（试行）》。

12月18日，国务院全国技术市场领导小组发布《技术市场管理暂行办法》，提出培育技术市场“放开、搞活、扶植、引导”的八字方针。

1987年

1月20日，国务院发布《关于进一步推进科技体制改革的若干规定》和《关于推进科研设计单位进入大中型工业企业的规定》。

3月27日，国务院颁布《企业债券管理暂行条例》，明确企业债券的概念、格式、性质，并就企业债券的管理、违反条例时所应承担的法律责任等作了规定。

4月1日，重新组建后的交通银行正式对外营业，交通银行成为我国第一家全国性的国有股份制商业银行。

6月8日，首家科技企业孵化器——武汉东湖新技术创业者中心在武汉成立。

6月23日，六届全国人大常委会第二十一次会议通过了《中华人民共和国技术合同法》。

8月1日，《中华人民共和国土地管理法》正式实施。

同日，以提高房租发放抵租券、空转起步为特征的城镇住房制度改革在山东烟台试行。

8月2日，国家计委、建设部、国家统计局联合发布《关于加强商品房屋建设计划管理的暂行规定》，决定自1987年起，将各地区的商品房屋建设纳入国家计划。

8月21日，国务院批转劳动人事部报送的《关于我国劳务市场发展情况的报告》，提出应积极进行实践，不断总结经验，推动劳务市场健康发展。

9月11日，国务院发布《中华人民共和国价格管理条例》，明确规定，国家现行的3种价格形式，即国家定价、国家指导价和市场调节价，并规定企业在价格管理方面享有的权利，主要是赋予企业对一部分价格的定价权。

9月20日，钱天白教授发出我国第一封电子邮件“越过长城，通向世界”，揭开了中国人使用互联网的序幕。

10月25日，党的十三大指出，改革中所采取的一些措施，例如发展生产资料市场、金融市场、技术市场和劳务市场，发行债券、股票，都是伴随社会化大生产和商品经济的发展必然出现的，并不是资本主义所特有的。并进而明确提出，一些中小型全民所有制企业的产权，可以有偿转让给集体和个人。这就第一次为产权市场交易提出了权威政策依据。

10月26日，国务院发布《广告管理条例》，规定在广告经营活动中禁止垄断和不正当竞争行为。

11月1日，《中华人民共和国技术合同法》正式实施。

12月1日，深圳经济特区房地产公司总经理骆锦星，在深圳举行的中国第一场土地拍卖中，代表公司以 525 万元的价格竞得 8588 平方米商品住宅土地 50 年的使用权，实现“中国第一拍”。

12 月 16 日，国家体改委、国家经委印发《关于组建和发展企业集团的几点意见》，指出组建企业集团必须遵循鼓励竞争，防止垄断的原则。

1988 年

1 月 11 日，国务院发布《重要生产资料和交通运输价格管理暂行规定》，要求禁止企业、行业垄断市场价格。

1 月 15 日，第一次全国住房制度改革工作会议在北京召开，将住房制度改革正式列入中央和地方的改革计划。

2 月 15 日，我国第一家独立于银行系统的社会专业信用评级机构——远东资信评估公司率先成立，由上海社会科学院投资组建。

3 月 9 日，九届人大一次会议审议批准了国务院机构改革方案，正式批准在邮电部和电子部的基础上组建信息产业部。

3 月 21 日，平安保险公司成立，是我国第一家股份制、地方性保险企业。

同日，国家科委发布《技术合同管理暂行规定》。

4 月 5 日，国务院下发《关于试行主要副食品零售价格变动给职工适当补贴的通知》，首次提出了要在全国城市中建立副食品价格调节基金，用于稳定物价。

4 月 12 日，七届全国人大一次会议通过《中华人民共和国宪法修正案》，规定土地使用权可以依照法律的规定转让，承认了土地使用权的商品属性。

4 月 13 日，七届全国人大一次会议通过《中华人民共和国中外合作经营企业法》《中华人民共和国全民所有制工业企业法》。

5 月 3 日，国务院发布《关于深化科技体制改革若干问题的决定》。

5 月 11 日，武汉市体改委做出《关于同意成立武汉市企业兼并市场事务所的批复》，武汉市企业兼并市场事务所成立，中国第一家完全意义上的产权交易机构就此诞生。

5 月 16 日，北京新发地农产品中心批发市场成立，是北京规模最大的农产品专业批发市场，发挥北京“菜篮子”的作用，在全国同类市场中具有较大影响力。

6 月 3 日，司法部下发《合作制律师事务所试点方案》。

8 月 8 日，日本华侨孙仲利以 2805 万美元的价格，获得上海市虹桥开发区 26 号地块 1.29 公顷土地 50 年的使用权。

10 月 21 日，国务院第二十二次常务会议通过《中华人民共和国审计条例》，规定社会审计组织的法律地位和业务范围。

10 月 22 日—26 日，全国星火计划成果展览交易会在西安举办。

1989 年

2 月 19 日，国家体改委、国家计委、财政部和国有资产管理局联合发布《关于企业兼并的暂行办法》，提出企业兼并既要促进规模经济效益，又要防止形成垄断，以有利于企业之间形成竞争。

3 月 15 日，国家科委发布《中华人民共和国技术合同法实施条例》。

6 月 8 日，我国第一家个人律师事务所——李全禄律师事务所在深圳成立。

9 月 21 日，国家国有资产管理局发布《关于国有资产产权变化时必须进行资产评估的若干暂行规定》。

1990 年

3 月 26 日，国务院发布《关于在全国范围内开展清理“三角债”工作的通知》，这是在国务院文件中第一次出现“社会信用”一词。

4 月 27 日，国务院发出《关于做好劳动就业工作的通知》，对做好劳动就业工作提出了八点要求。

6 月 26 日，对外经贸部、国家科委发布《技术出口管理暂行办法》。

7 月 6 日，国家科委颁布《技术合同认定登记管理办法》。

同日，国家国有资产管理局批准组建了资产评估中心，负责全国的国有资产评估工作。

10 月 12 日，中国郑州粮食批发市场成立，是第一家全国性、规范化、规模最大的粮食批发市场。由国家商业部和河南省人民政府共同管理。以现货交易为基础，正式引入期货交易机制，从而作为我国第一家商品期货市场，迈出中国期货市场发展的第一步。

11 月 10 日，国务院发布的《关于打破地区间市场封锁进一步搞活商品流通的通知》，禁止设置行业壁垒和地方壁垒。

11 月 28 日，钱天白教授代表中国正式在国际互联网络信息中心（InterNIC）的前身DDN-NIC注册登记了我国的顶级域名CN，改变了中国的CN顶级域名服务器放在国外的历史。

12 月 7 日，国家科委发布《技术交易会管理暂行办法》。

12 月 19 日，上海证券交易所开始正式营业，是新中国成立以来内地的第一家证券交易所。

1991 年

2 月 8 日，上海市九届人大常委会第二十四次会议原则批准《上海市住房制度改革实施方案》。

2月19日，上海市编委批复同意建立上海市公积金管理中心。

6月10日，深圳有色金属交易所宣告成立，并于1992年1月18日正式开业。

7月3日，深圳证券交易所正式开始营业。

7月25日，国务院发布《全民所有制企业招用农民合同制工人的规定》。

8月28日，中国证券业第一个行业自律管理组织——中国证券行业协会成立。

10月7日—11日，第二次全国住房制度改革工作会议在北京举行。

10月17日，国务院发布《关于大力发展职业技术教育的决定》。

11月23日，国务院办公厅批转国务院住房制度改革领导小组提出的《关于全面推进城镇住房制度改革的意见》，提出逐步实现住房商品化。

12月7—8日，根据国务院发布《中华人民共和国注册会计师条例》的有关规定，财政部举办第一届注册会计师全国统一考试，共有2.3万余人参加，472人取得全科合格成绩。

1992年

3月4日，国家科委同意中国技术市场促进会与中国技术市场研究会合并，以“中国技术市场协会”向民政部登记。

4月9日，国家工商行政管理局发布《关于加快培育发展农副产品批发市场、工业品专业市场和生产资料市场的意见》，提出在有条件的地方，工商行政管理机关也可以自行组织开办一批生产资料的集中交易场所。同时，逐步强化对农副产品批发市场、工业品专业市场和生产资料市场的监督管理，即“管办结合”。

5 月 21 日，沪市放开涨停板限制，当天猛涨 105%，首度跨越千点。

5 月 28 日，我国首家国家级金属期货市场——上海金属交易所开业。

6 月 16 日，中共中央、国务院作出《关于加快发展第三产业的决定》，提出逐步建立起社会主义统一市场体系、城乡社会化综合服务体系和社会保障体系。

7 月 14 日，国务院发布《关于商业零售领域利用外资问题的批复》，同意先在北京、上海、天津、广州、大连、青岛和五个经济特区各试办一个至两个中外合资或合作经营的商业零售企业。

8 月 17 日，重庆市人民政府印发《重庆市商业零售企业“四放开”改革试行办法》，对全市国营、集体商业企业实行经营、价格、分配和用工放开。

8 月 22 日，国家科委发布《关于加速发展科技咨询、科技信息和技术服务业的意见》。

9 月 4 日，九届全国人大常委会第二十一次会议通过了《中华人民共和国税收征收管理法》。

10 月 12 日，党的十四大在北京召开，明确提出我国经济体制改革的目标是建立社会主义市场经济体制，就是要使市场在社会主义国家宏观调控下对资源配置起基础性作用。

10 月 13 日，我国第一家期货经纪公司——广东万通期货经纪公司成立。

10 月 21 日，国家物价局颁布《国家物价局及国家有关部门分工管理价格的轻工商品目录（1992 年修订本）》。

10 月 26 日，国务院证券委员会和中国证券监督管理委员会成立，标志着中国证券市场统一监管体制开始形成。

11 月 6 日，商业部、国务院经贸办、国家体改委发布《全民所有制商业企业转换经营机制实施办法》。

12月17日，国务院发布《关于进一步加强证券市场宏观管理的通知》。

12月28日，中国国际期货有限公司在人民大会堂正式成立。

1993年

2月22日，七届全国人大常委会第三十次会议通过了《中华人民共和国产品质量法》。

2月28日，大连商品交易所成立，是东北地区唯一的期货交易所。

3月1日，经国务院批准，在郑州粮食批发市场的基础上，郑州商品交易所成立，5月28日，正式开展期货交易。

4月19日，国务院决定，国家物价局并入国家计划委员会，作为国家计委的内设职能局，不再保留原机构名称。

5月28日，郑州商品交易所推出标准化期货合约，该举措实现了由现货到期货的过渡。

6月22—23日，由上海远东资信评估公司和亚洲开发银行合作召开的“中国有价证券资信评估”国际研讨会在上海举行。

7月2日，八届全国人大常委会第二次会议通过《中华人民共和国农业技术推广法》和《中华人民共和国科学技术进步法》。

9月2日，八届全国人大常委会第三次会议通过《中华人民共和国反不正当竞争法》。

9月28日，中国资产评估协会正式成立。

10月25日，上海证券交易所向社会开放国债期货，股市资金分流进入期货市场。

10月31日，八届全国人大常委会第四次会议通过《中华人民共和国注册会计师法》《中华人民共和国消费者权益保护法》。

11 月 4 日，国务院发出《关于制止期货市场盲目发展的通知》，中国期货市场规范整顿开始。

11 月 14 日，党的十四届三中全会审议通过《关于建立社会主义市场经济体制若干问题的决定》。其中，正式使用“劳动力市场”概念，提出改革现有商品流通体系，进一步发展商品市场。在重要商品的产地、销地或集散地，建立大宗农产品、工业消费品和生产资料的批发市场。

11 月 30 日，第三次全国城镇住房制度改革工作会议在北京召开。

12 月 17 日，中国证监会公布《上市公司送配股的有关规定》限制送股和配股比例，强调配股的净资产收益率标准。

12 月 25 日，国务院出台《关于金融体制改革的决定》。

12 月 29 日，八届全国人大常委会第五次会议通过《中华人民共和国公司法》。

12 月 30 日，首家国家级常设技术市场——上海技术交易所正式开业运行。

1994 年

1 月 1 日，《中华人民共和国注册会计师法》开始实施，注册会计师行业在法制化轨道上进一步走向成熟。

2 月 15 日，中国外汇交易中心成立，人民币市场化改革迈出积极步伐。

3 月 1 日，根据八届全国人大一次会议批准的《国务院机构改革方案》，撤销商业部、物资部，组建国内贸易部，打破了生活资料和生产资料流通长期分割的局面。

3 月 10 日，经中国人民银行和国家经贸委批准，大公国际资信评估有限公司成立，作为中国信用评级行业和市场最具影响力的创建者，具有中国政府特许经营的全部资质，是中国认可为所有发行债券的企业进行信用等级评估的权威机构。

3月20日，国家国有资产管理局、中国证监会联合发布《关于从事证券业务的资产评估机构资格确认的规定》，规定了从事证券业务资产评估机构的资质条件。

3月22日，八届全国人大二次会议通过《中华人民共和国预算法》。

4月6日，国务院办公厅转发国务院证券委员会《关于停止钢材、食糖、煤炭期货交易请示》，关停一些大期货品种——钢材、食糖、煤炭的期货交易。

4月9日，国家国有资产管理局、中国证监会联合发布《确认中发国际资产评估公司等21家资产评估机构从事证券业资产评估资格的通知》，批准首批证券业评估资格。

4月21日，国家科委、国家体改委发布《关于进一步培育和发展技术市场的若干意见》。

4月22日，国务院办公厅发布《关于加强国有企业产权交易管理的通知》。

5月16日，国务院办公厅批转国务院证券委《关于坚决制止期货市场盲目发展若干意见的请示》，对期货交易所全面审核、严格控制国有企事业单位参与期货交易、严格查处各种非法期货经纪活动。

7月5日，八届全国人大常委会第八次会议通过《中华人民共和国劳动法》。

同日，国务院发布《关于进一步加强知识产权保护工作的决定》。

7月18日，国务院作出《关于深化城镇住房制度改革的决定》，形成了新住房制度的雏形。

9月29日，国务院办公厅转发国务院证券委员会《关于暂停粳米、菜籽油期货交易和进一步加强期货市场管理请示》，暂停粳米、菜籽油期货交易。

10月20日，中国证券会发布《关于批准试点期货交易所的通知》，批准北京商品交易所、上海金属交易所、上海粮油商品交易所等十一家期货交易所为我国试点期货交易所。

12月6日，国内贸易部第33次部长办公会议通过《批发市场管理办法》，并于12月15日发布实施。使批发市场的建设和管理纳入法治化、规范化轨道。

1995年

1月1日，房地产领域第一部法律——《中华人民共和国城市房地产管理法》正式实施。同时，全国开始实施《城市商品房预售管理办法》。

1月11日，国内贸易部印发《关于深化流通体制改革、促进流通产业发展的若干意见》。提出现货批发市场是商品市场体系的基础，除了抓紧建立完善日用工业品和生产资料批发市场，还要把建设农副产品批发市场作为重点，建立统一完善的市场规则和法规体系。

3月1日，国家科委和天津市政府联合建设的北方技术交易市场在天津开业。

3月22日，国内贸易部决定在海南建立国家级农副产品中心批发市场，与全国各地400多个批发市场相衔接，起到调剂商品、指导价格的作用。

4月16日，国务院办公厅转发劳动部《关于实施再就业工程的报告》。

5月6日，中共中央、国务院发布《关于加速科学技术进步的决定》，提出“科教兴国”战略。

5月10日，八届全国人大常委会第十三次会议通过《中华人民共和国商业银行法》，正式确立四大国有独资商业银行的法律地位。

同日，八届全国人大常委会第十三次会议通过《中华人民共和国票据法》。

5月12日，国家国有资产管理局发布《关于加强企业国有产权转让监督管理工作的通知》，纠正企业国有产权转让中存在的一些不规范现象，保证产权转让活动健康有序进行，防止国有资产流失，促进国有资产优化配置。

6月19日，中国注册会计师协会与中国注册审计师协会实现联合，组成为新的中国注册会计师协会。

6月30日，八届全国人大常委会第十四次会议通过《中华人民共和国保险法》，实现产险与寿险的分业经营。

7月1日，上海市撤销第一商业局，建立上海一百、华联、友谊国有独资集团公司。它们是国有商业资产投资主体机构，依法授权管理的国有资产。

7月31日，中国人民银行正式颁布《商业银行自营住房贷款管理暂行规定》。

12月25日，财政部印发《中国注册会计师独立审计准则》(第一批)。

1996年

1月10日，国家工商局发布《关于批发市场管理有关问题的答复》，提出对社会开办的各种商品交易市场，按照国家工商局发布的《商品交易市场登记管理暂行办法》的规定，进行登记注册，并统一实施监督管理。

4月1日，中国人民银行制定的《贷款证管理办法》正式开始实施，决定在全国200个大中城市率先实行全国统一的贷款证制度。

4月7日，财政部、国家税务总局发布《关于促进企业技术进步有关财务税收问题的通知》，对企业研究开发新产品、新技术、新工艺所发生的费用和企业进行技术转让过程中发生的与技术转让有关的“四技”收入免征有关税收。

5月15日，八届全国人大常委会第十九次会议通过《中华人民共和国促进科技成果转化法》《中华人民共和国律师法》。《中华人民共和国律师法》总结了律师工作改革、发展的成功经验，借鉴了国外律师制度有益做法，对律师的性质、律师的执业条件、律师事务所、律师的业务、执业律师的权利和义务、法律援助、律师协会、律师的法律责任等内容作了系统规定。

9月15日，国务院发布《关于“九五”期间深化科学技术体制改革的决定》。

10月4日，中国注册会计师协会正式加入亚太会计师联合会。

10月21日，国家科委发布《“九五”全国技术市场发展纲要》，制定技术市场阶段性发展战略和目标。

11月21—22日，中诚信国际信用评级有限公司与上海证券交易所、国泰证券有限公司联合主办“企业债券发行与上市研讨会”。

1997年

1月9日，国务院在北京召开全国国有企业职工再就业会议，朱镕基发表讲话，明确指出要大力推行再就业工程，对国有企业富余职工实行减员增效、下岗分流。

2月23日，八届全国人大常委会第二十四次会议通过《中华人民共和国合伙企业法》。

3 月 2 日，国务院发出《关于在若干城市试行国有企业兼并破产和职工再就业有关问题的补充通知》。

4 月 20 日，中国专利局、国家国有资产管理局发布《专利资产评估管理暂行办法》。

4 月 25 日，由中国注册会计师协会、香港会计师公会联合举办的“迈向 21 世纪——中国经济改革与会计市场开放”国际研讨会在北京开幕。

5 月 8 日，中国注册会计师协会正式加入了国际会计师联合会，同时成为国际会计准则委员会成员。

6 月 5 日，中国人民银行印发《关于银行间债券回购业务有关问题的通知》，决定在全国统一同业拆借市场开办银行间债券回购业务，并颁布《银行间债券回购业务暂行规定》。

6 月 13 日，中国人民银行印发《关于开办银行间国债现券交易的通知》，明确自 1997 年 6 月 16 日起，全国银行间同业拆借中心开办国债现券业务。

9 月 11 日，国家科委发布《技术经纪资格认定暂行办法》和《全国技术经纪人培训大纲》。

9 月 12—18 日，党的十五大在北京召开，提出依法治国、建设社会主义法治国家的基本方略，提出“到 2010 年形成有中国特色社会主义法律体系”的目标和任务。正式使用了“建设社会主义法治国家”的表述。自此，“法治国家”便代替了“法制国家”的表述。

10 月 24—31 日，经国务院批准，张佑才任团长，崔建民任副团长，丁平准任秘书长的中国注册会计师协会代表团首次赴巴黎参加第十五届世界会计师大会。

11 月 25 日，国务院办公厅转发劳动部等部门《关于进一步做好组织民工有序流动工作的意见》。

12月16日，中国人民银行发布《关于中国诚信证券评估有限公司等机构从事企业债券信用评级业务资格的通知》，认可9家可从事全国范围内企业债券评级业务的评级公司，包括中国诚信证券评估有限公司、大公国际资信评估有限责任公司、深圳市资信评估公司、云南资信评估事务所、长城资信评估有限公司、上海远东资信评估有限公司、上海新世纪投资服务有限公司、辽宁省资信评估公司、福建省资信评级委员会。

12月29日，八届全国人大常委会第二十九次会议通过《中华人民共和国价格法》。

1998年

3月6日，根据九届全国人大一次会议批准的《国务院机构改革方案》，将国内贸易部改组为国家国内贸易局，成为国家经贸委员会管理的主管国内商品流通行业的行政机构。

3月25日，国务院办公厅转发中国证监会《关于清理整顿场外非法股票交易》，提出严禁各地产权交易机构变相进行股票上市交易。这是第二次对产权交易市场进行整顿。

5月14—16日，中共中央、国务院在北京召开国有企业下岗职工基本生活保障和再就业工作会议。

6月9日，中共中央、国务院发出《关于切实做好国有企业下岗职工基本生活保障和再就业工作的通知》，提出实行在国家政策指导下，劳动者自主择业、市场调节就业和政府促进就业的方针。

7月3日，国务院颁布《关于进一步深化城镇住房制度改革加快住房建设的通知》，提出从1998年下半年开始，停止住房实物分配，逐步实现住房分配货币化。

8 月 1 日，国务院发布《关于进一步整顿和规范期货市场的通知》，将原 14 家期货交易所合并为大连、郑州、上海三家。

10 月 26—27 日，亚太会计师联合会（CAPA）第 51 次理事会会议在上海举行。

12 月 29 日，九届全国人大常委会第六次会议通过《中华人民共和国证券法》。

1999 年

1 月 22 日，国务院发布《失业保险条例》和《社会保险费征缴暂行条例》。

2 月 23 日，中国人民银行下发《关于开展个人消费信贷的指导意见》，贷款买房、按揭等新概念开始在中国内地出现。

3 月 15 日，九届全国人大二次会议通过《中华人民共和国合同法》，《中华人民共和国经济合同法》《中华人民共和国涉外经济合同法》《中华人民共和国技术合同法》同时废止。

3 月 25 日，财政部发布《资产评估机构管理暂行办法》，这是财政部发布的第一个对资产评估机构进行管理的规范性文件。

3 月 30 日，国务院办公厅转发科技部等部门《关于促进科技成果转化若干规定的通知》。

5 月 15 日，财政部印发《关于资产评估机构脱钩改制的通知》，要求评估机构在 1999 年 12 月 31 日以前在人员、财务、职能、名称四个方面与挂靠单位实行彻底脱钩。

5 月 18 日，“中国电子商务第一人”王峻涛创办“8848”涉水电子商务，并在当年融资 260 万美元，标志着国内第一家B2C电子商务网站诞生。

6月2日，国务院颁布《期货交易管理暂行条例》。

6月25日，国家经贸委与外经贸部联合发布《外商投资商业企业试点办法》。

7月1日，《中华人民共和国证券法》正式实施。

8月6日，上海技术产权交易所成立。

8月20日，中共中央、国务院作出《关于加强技术创新，发展高科技，实现产业化的决定》，提出深化科技体制改革，促进高新技术成果商品化、产业化。

8月31日，中国证券会发布《期货交易所管理办法》《期货经纪公司管理办法》《期货经纪公司高级管理人员任职资格管理办法》《期货业从业人员资格管理办法》。

9月6日，中国国际电子商务应用博览会在北京举行，是中国第一次全面推出的电子商务技术与应用成果大型汇报会。

9月7日，招商银行率先在国内全面启动“一网通”网上银行服务，建立了由网上企业银行、网上个人银行、网上支付、网上证券及网上商城为核心的网络银行服务体系，并经央行批准成为国内首家开展网上个人银行业务的商业银行。

10月1日，《中华人民共和国合同法》正式实施，《中华人民共和国技术合同法》《中华人民共和国经济合同法》《中华人民共和国涉外经济合同法》同时废止。

10月5日，首届中国国际高新技术成果交易会在深圳开幕。

11月24日，国土资源部批准安徽省芜湖市为全国农民集体所有建设用地使用权流转试点。

12月27日，中国建设银行在北京宣布推出网上支付业务，成为国内首家开通网银的国有银行。

2000年

1月9日，首次中国期货从业人员资格考试举行。

2月26日，科技部、财政部和国家税务局印发《技术合同认定登记管理办法》，1990年7月6日发布的《技术合同认定登记管理办法》同时废止。

3月23日，财政部发布《关于同意中国注册会计师协会与中国资产评估协会合并的通知》。

4月18—19日，世界企业孵化与技术创新大会在上海召开。

4月27日，国务院发布《关于整顿和规范市场经济秩序的决定》。其中要求将“规范中介机构的行为，实行中介机构市场准入制度”列为重点工作。

6月21日，中国电子商务协会正式成立。

6月29日，中国人民银行颁布《网上银行业务管理暂行办法》。

7月17日，大连商品交易所豆粕期货正式挂牌上市交易，成为当时大连商品交易所交易的第二个期货品种，也是我国期货市场清理整顿后推出的首个品种。

8月10日，司法部印发《关于印发〈国务院办公厅关于深化公证工作改革有关问题的复函〉和〈关于深化公证工作改革的方案〉的通知》，提出了公证工作改革的指导思想和目标，强调要建立与市场经济体制相适应的公证机构，建立高素质的公证专业队伍，规范和完善公证处内部运行机制，建立有中国特色的公证管理体制，改革和优化公证工作方式方法。

8月24日，国务院办公厅转发国家经贸委《关于鼓励和促进中小企业发展若干政策意见的通知》，以此为标志，社会信用体系建设进入初步发展阶段。

12月28日，科技部发布《科技评估管理暂行办法》。

2001年

4月20日，国家经贸委等十部委联合发出《关于加强中小企业信用管理工作的若干意见》，首次对信用和信用制度的地位做出很高表述。

5月8日，财政部、农业部联合印发《关于乡镇企业资产评估机构和乡镇企业注册资产评估师换发财政部统一证书有关事项的通知》，254家乡镇企业资产评估机构、2091名乡镇企业注册资产评估师换发了新证。

5月24日，中国证券会、国家经贸委、对外贸易经济合作部、国家工商行政管理局、国家外汇管理局联合发布《国有企业境外期货套期保值业务管理办法》。

7月4日，《国家计委和国务院有关部门定价目录》公布。

7月15日，科技部发布《中国科技企业孵化器“十五”期间发展纲要》等有关大力发展科技孵化器的指导文件。

8月1日，《政府价格决策听证暂行办法》正式颁布实施，成为我国推进政府阳光行政的一个重要里程碑。

11月3日，国务院办公厅转发工商总局《关于工商行政管理机关限期与所办市场彻底脱钩有关问题意见的通知》。要求按照党中央、国务院要求，工商行政管理机关必须与所办市场彻底脱钩，并于2001年12月中旬以前完成市场办管彻底脱钩任务。

11月10日，世贸组织第四届部长级会议通过中国加入世贸组织的决定。我国加入世界贸易组织的法律文件为《中华人民共和国加入议定书》。

11月20日，国家“十五”科技攻关重点项目——中国电子政务应用示范工程在北京通过专家论证，标志着中国向“电子政府”迈出重要一步。

2002年

1月30日，司法部发出《关于进一步推动律师工作改革的若干意见》。

2月24日，司法部发布《中国委托公证人（香港）管理办法》，对委托公证人的委托条件及程序、注册条件及程序、法律责任和委托公证人协会作了规定。

3月30—31日，我国举行了首次国家统一的司法考试，结束了初任法官资格考试、初任检察官资格考试和律师资格考试三足鼎立、各自为政的局面。

4月25日，由天津产权交易中心、北京产权交易中心等七家产权交易机构共同发起组建的中国北方产权交易共同市场在天津正式成立。

5月9日，国土资源部颁布《招标拍卖挂牌出让国有土地使用权规定》，于2002年7月1日起开始实行土地招投标制度。

7月3日，国家信息化领导小组第二次会议召开，审议通过《国民经济和社会发展第十个五年计划信息化重点专项规划》《关于我国电子政务建设的指导意见》和《振兴软件产业行动纲要》。

8月12日，国务院体改办、国家经贸委发布《关于促进连锁经营发展若干意见》。

9月12—13日，中共中央、国务院在北京召开全国再就业工作会，提出就业是民生之本。

9月30日，中共中央、国务院发出《关于进一步做好下岗失业人员再就业工作的通知》，明确促进下岗失业人员再就业工作的各项政策措施。

10月16日，国家经贸委发布《“十五”商品流通行业结构调整规划纲要》，强调加强对小商品市场、工业品批发市场及出租摊位经营的商城管理，实现由传统交易方式向现代交易方式转变。

同日，中国浙江网上技术市场在杭州五洲大酒店举行正式运行和对接项目签约仪式。

12月2日，科技部在北京召开的第一次全国科技中介机构工作会议上提出，5年内健全我国科技中介服务体系，并将2003年确立为“科技中介机构建设年”。

12月20日，科技部印发《关于大力发展科技中介机构的意见》。

2003年

1月14日，中国证券会发出《关于期货经纪公司接受出资有关问题的通知》，取消了对非银行金融机构、外资企业参股期货公司的限制。

3月16日，根据十届全国人大一次会议批准的《国务院机构改革方案》和《国务院关于机构设置的通知》，组建商务部，主管国内外贸易和国际经济合作。

3月24日，根据十届全国人大一次会议批准的《国务院机构改革方案》和《国务院关于机构设置的通知》，设立国务院国有资产监督管理委员会，为国务院直属正部级特设机构。

4月25日，国务院办公厅印发《国务院国有资产监督管理委员会主要职责内设机构和人员编制规定》。

5月12日，国务院办公厅发出《关于加快推进再就业工作的通知》。

5月16日，最高人民法院通过《关于审理期货纠纷案件若干问题的规定》。

5 月 27 日，《企业国有资产监督管理暂行条例》公布施行。

5 月 29 日，国务院办公厅发出《关于做好 2003 年普通高等学校毕业生就业工作的通知》。

5 月 30 日，中国保监会发布《保险公司投资企业债券管理暂行办法》。

6 月 5 日，中国人民银行下发《关于进一步加强房地产信贷业务管理的通知》，规定对购买二套及以上商品房提高首付比例。

6 月 27 日，国务院印发《深化农村信用社改革试点方案》。

7 月 9 日，合格的境外机构投资者（QFII）正式登上中国证券市场的舞台。

8 月 12 日，国务院发布《关于促进房地产市场持续健康发展的通知》，第一次明确将房地产业定位为国民经济的支柱产业。

9 月 25 日，武汉市十一届人民代表大会常委会第六次会议通过《武汉市商品交易市场管理条例》，这是中国首部商品交易市场地方性法规，于 2004 年 1 月 10 日正式实施。

10 月 14 日，党的十六届三中全会审议通过《中共中央关于完善社会主义市场经济体制若干问题的决定》，要求加快建设全国统一市场，大力推进市场对内对外开放，大力发展资本和其他要素市场，促进商品和各种要素在全国范围自由流动和充分竞争；对“社会信用体系”概念进行了权威解读。

10 月 20 日，中外企业信用联盟在人民大会堂举行成立大会。

11 月 30 日，国务院办公厅转发国务院国资委《关于规范国有企业改制工作意见》，规定非上市国有产权转让要进入产权交易市场，不受地区、行业、出资和隶属关系限制。

12 月 19 日，国务院转发财政部《关于加强和规范评估行业管理意见的通知》，提出规范评估行业管理的基本原则和具体措施。

12 月 31 日，国务院国资委、财政部联合发布《企业国有产权转让管理暂行办法》，规范企业国有产权转让行为，加强企业国有产权交易的监督管理，促进企业国有资产的合理流动、国有经济布局和结构的战略性调整，防止企业国有资产流失。

2004 年

1 月 31 日，国务院出台《关于推进资本市场改革开放和稳定发展的若干意见》(即“国九条”)。

2 月 2 日，国务院发布《关于推进资本市场改革开放和稳定发展的若干意见》。

3 月 18 日，国土资源部、监察部联合发出《关于继续开展经营性土地使用权招标拍卖挂牌出让情况执法监察工作的通知》，要求从 2004 年 8 月 31 日起，所有六类土地全部实行公开的土地出让制度，采取公开招标、公开拍卖、公开挂牌的方式出让土地。

3 月 24 日，中国证监会颁布《期货经纪公司治理准则（试行）》。

5 月 20 日，买断式回购在银行间债券市场正式推出。

5 月 25 日，商务部发布《全国商品市场体系建设纲要》，提出按照建立统一开放、竞争有序的现代市场体系的要求，到 2010 年，初步形成布局合理、结构优化、功能齐备、制度完善、现代化水平较高的商品市场体系，进一步提高商品市场在国民经济中的地位和作用。

6 月 1 日，经中国证监会批准，棉花期货合约在郑州商品交易所正式上市交易。

6 月 12—13 日，“第一届网商大会”在杭州举办。

6 月 25 日，深圳证券交易所开通中小板，首批 8 家公司挂牌。

6月30日，国家发改委、科技部、外交部联合签署的《清洁发展机制项目运行管理暂行办法》开始实施。

7月14日，国办转发商务部等八部门《关于进一步做好农村商品流通工作意见的通知》，要求推进农产品批发市场标准化建设，三年内培育2000个实行标准化、规范化管理的农产品批发市场，制定农产品市场管理有关法规。

同日，国务院国资委下发《关于做好产权交易机构选择确定工作的指导意见》，规定省级国资委在国务院国资委指导下，负责选择确定本地区从事企业国有产权交易活动的产权交易机构。提出国资监管机构在选择产权交易机构时，应按照“打破区域限制、立足规范运作、促进资源共享、利于长远发展”的原则，按统一的标准和条件在全国范围内公开进行。

8月25日，中国燃料油期货合约开始在上海期货交易所上市交易。

8月26日，国务院国资委办公厅下发《关于做好企业国有产权交易信息统计试点工作的通知》，决定选择上海联合产权交易所、天津产权交易中心、北京产权交易所进行企业国有产权交易信息统计试点工作。统计试点范围包括：各试点机构的企业国有产权交易汇总情况和中央企业及其所属企业持有的国有产权交易情况。

8月28日，十届全国人大常委会第十一次会议表决通过《中华人民共和国电子签名法》。

9月22日，玉米期货品种在大连商品交易所上市。

12月16日，中国技术市场协会在人民大会堂召开纪念中国技术市场二十周年大会，会上为宋健、郭树言、谢绍明、段瑞春、怀国模颁发“中国技术市场建设功勋奖”，为176位技术市场管理、开发、服务领域人士颁发“中国技术市场建设成就奖”。

2005年

1月8日，国务院办公厅发布《关于加快电子商务发展的若干意见》，明确提出发展电子商务是党中央、国务院作出的完善社会主义市场经济体制、加速国民经济和社会信息化进程、提高国民经济运行质量和效率的战略决策，要求各地区、各部门充分认识发展电子商务的重要性和紧迫性，积极发挥职能作用，密切协同配合，制定并不断完善加快电子商务发展的具体政策措施，推进我国电子商务健康发展。

1月27日，在科技部的支持下，黑龙江、吉林、辽宁三省科技厅和大连、沈阳、长春、哈尔滨四市科技局共同发起创立的东北技术转移联盟在哈尔滨正式成立。

2月6日，商务部发布《关于开展“万村千乡”市场工程试点的通知》。

3月16日，中国人民银行宣布取消住房贷款优惠利率，对房地产价格上涨过快的城市或地区，个人住房贷款最低首付比例可由20%提高到30%，对房地产的调控力度进一步加大。

3月26日，国务院办公厅发出《关于切实稳定住房价格的通知》（即“旧国八条”）。

4月1日，《中华人民共和国电子签名法》正式施行，奠定了电子商务市场良好发展态势的基础，也是中国信息化领域的第一部法律。

4月18日，中国电子商务协会政策法律委员会组织有关企业起草的《网上交易平台服务自律规范》正式对外发布。

4月27日，国务院常务会议召开，提出加强房地产市场引导和调控要采取八项措施（简称“新国八条”）。

4月29日，中国证监会发布《关于上市公司股权分置改革试点有关问题的通知》，启动股权分置改革工作，解决了可流通股和非流通股的制度性矛盾，中国股票市场进入全流通时代。

同日，在科技部的支持下，环渤海经济区北京、天津、河北、山西、内蒙古、辽宁和山东两市五省（区）的技术市场管理部门及技术经纪机构共同发起创建的环渤海技术转移联盟在北京宣告成立。

4月30日，商务部、农业部等多部门发布《关于开展农产品批发市场标准化工作的通知》，强调用三年左右的时间培育2000个标准化、规范化管理的农产品批发市场。

5月9日，国务院转发建设部等七部委的《关于做好稳定住房价格工作的意见》。

6月6日，中共中央办公厅、国务院办公厅印发《关于引导和鼓励高校毕业生面向基层就业的意见》。

8月28日，中国银监会发布《加强信托投资公司部分业务风险提示的通知》，对房地产信托发行门槛进行了严格限制。

同日，第十届全国人民代表大会常务委员会第十七次会议通过《中华人民共和国公证法》。

9月9日，“规范国有企业改制与产权交易高峰论坛”和“产权市场发展与风险防范研讨会”在福建厦门召开。这是产权界第一次专题研讨市场风险防范问题。

10月11日，国家税务总局发布《关于实施房地产税收一体化管理若干具体问题的通知》，正式明确个人买卖二手房，必须缴纳个人所得税。

10月26日，中国人民银行出台《电子支付指引（第一号）》，针对电子支付中的规范、安全、技术措施、责任承担等进行了规定。

10月28日，国务院发布《关于大力发展职业教育的决定》。

11月4日，国务院发出《关于进一步加强就业再就业工作的通知》。在此后的两个月内，国务院各相关部门相继出台了多个配套文件。

11月17日，国务院国资委、财政部、发改委、监察部、工商总局、证监会联合下发《关于做好企业国有产权转让监督检查工作的通知》。

11月22—23日，由科技部主持召开的全国技术市场工作会议在北京举行。

11月30日，中国（华南）国际技术产权交易中心在深圳成立。

12月1日，经中国证监会批准，荷兰银行取得银河期货经纪有限公司股东资格，银河期货成为中国内地第一家合资期货公司，标志着外资正式进入中国期货市场。

2006年

1月9日，豆油期货在大连商品交易所正式上市。

1月26日，中共中央、国务院发布《关于实施科技规划纲要增强自主创新能力的决定》，提出充分发挥市场在科技资源配置中的基础性作用，建立以企业为主体、市场为导向、产学研相结合的技术市场创新体系。

1月31日，国务院发布《关于解决农民工问题的若干意见》。

2月7日，国务院发布《关于印发实施〈国家中长期科学和技术发展规划纲要（2006—2020）〉若干配套政策的通知》，首次明确提出支持建立自主创新的多层次资本市场。

2月13日，商务部发布《关于实施“双百市场工程”的通知》，提出改造100家大型农产品批发市场，培育100家大型农产品流通企业；从2006年起，力争用三年时间，完成全国一半左右（约2000家）农产品批发市场升级改造。

2月23日，司法部发布《公证机构执业管理办法》对公证机构设立审批、公证机构名称和执业证书管理、公证机构执业监督检查、法律责任等做了明确规定。

3月6日，商务部办公厅发布《关于确定重点联系市场（第一批）名单的通知》，确定48家商品交易市场为商务部重点联系市场（第一批）。

3月14日，司法部发布《公证员执业管理办法》，对公证员任职条件、任职程序、执业证书管理、执业监督检查、法律责任等做了规定。

3月15日，科技部发布《关于加快技术市场发展的意见》，提出技术市场工作实行“培育、引导、规范、提高”新方针。

3月19日，中共中央办公厅、国务院办公厅发布《2006—2020年国家信息化发展战略》。

3月23日，第一届中小企业电子商务应用发展大会在北京举行。

4月24日，整规办会同国务院国资委联合发布《开展行业信用评价试点工作实施办法》，提出行业信用评价工作试点的相关要求，为下一步全面开展行业信用评价工作做准备。

5月17日，国务院常务会议召开，提出促进房地产业健康发展的六项措施（又称“国六条”），涉及住房供应结构、税收、信贷、土地、廉租房和经济适用房建设等房地产领域的各方面问题。

5月18日，中国期货保证金监控中心成立。作为期货保证金安全存管机构，有效地降低了保证金被挪用的风险，保证了期货交易资金的安全，维护了投资者的利益。

同日，司法部发布《公证程序规则》，对公证当事人、公证执业区域、申请与受理、审查、出具公证书、不予办理公证和终止公证、公证登记和立卷归档、公证争议处理和其他特别规定事项作了规定。

5月24日，商务部公布《中华人民共和国商务部关于网上交易的指导意见》（征求意见稿）。

同日，国务院办公厅出台《关于调整住房供应结构稳定住房价格的意见》，提出“90/70”政策（套型在90平方米以下的住宅比例必须达到开发面积的70%）。

5月30日，财政部颁布了《行政单位国有资产管理暂行办法》和《事业单位国有资产管理暂行办法》，规范和加强行政事业单位国有资产管理和产权交易行为。

7月6日，由北京产权交易所等48家产权交易机构共同发起组建的“中国产权市场创新联盟”（CIAEE）在北京成立。

同日，国务院办公厅转发建设部、国家发改委、国家工商行政管理总局《关于进一步整顿规范房地产交易秩序的通知》，要求房地产开发企业取得预售许可证后，应当在10日内开始销售商品房，未取得商品房预售许可证的房地产项目，不得发布商品房预售广告。

7月11日，建设部联合五部委发布《关于规范房地产市场外资准入和管理的意见》，加强对外商投资企业房地产开发经营和境外机构和个人购房的管理。

7月18日，国家税务总局发布《关于个人住房转让所得征收个人所得税有关问题的通知》，宣布从2006年8月1日起，在全国范围内统一强制性征收二手房转让个人所得税。

7月27—28日，国务院国资委产权局在井冈山召开中国产权交易协会发起人会议，为中国产权交易行业协会的设立奠定了基础。

8月8日，商务部、国务院国有资产监督管理委员会、国家税务总局、国家工商行政管理总局、中国证券监督管理委员会、国家外汇管理局发布《关于外国投资者并购境内企业的规定》。

8月19日，中国人民银行决定进一步推进商业性个人住房贷款利率市场化，商业性个人住房贷款利率的下限由贷款基准利率的0.9倍扩大为0.85倍。

8月27日，十届全国人大常委会第二十三次会议通过了《中华人民共和国企业破产法》。

8月30日，建设部出台《城镇廉租房工作规范化管理实施办法》。

9月8日，经国务院同意，中国证监会批准，由上海期货交易所、郑州商品交易所、大连商品交易所、上海证券交易所和深圳证券交易所共同发起设立的中国金融期货交易所于上海成立。

9月15日，司法部印发《关于做好公证机构设置调整工作应当注意的有关问题的通知》。

12月15日，电子商务领军企业网盛科技登陆深圳中小企业板，标志着A股“中国互联网第一股”诞生，由此改变了十年来我国互联网产业与资本市场的无一境内上市公司的尴尬历史。

12月18日，经国务院同意，中国证监会批准，精对苯二甲酸（PTA）期货合约在郑州商品交易所上市交易。

12月28日，国家税务总局发布《关于房地产开发企业土地增值税清算管理有关问题的通知》，从2007年2月1日起，全国各地区将对房地产企业土地增值税实行清算式缴纳。

2007年

1月4日，上海银行间同业拆放利率正式运行，进一步推动利率市场化改革。

1月23日，建设部、中国人民银行联合发布《关于加强房地产经纪管理规范交易结算资金账户管理有关问题的通知》，对二手房交易提供了实质性的操作规范。

2月6日，国务院颁布《商业特许经营管理条例》。

2月14日，国务院第169次常务会议通过了《残疾人就业条例》。

2月25日，商务部印发《流通标准“十一五”发展规划》，提出围绕建立统一开放、竞争有序的现代市场体系的要求，加快提升市场功能，培育市场品牌，规范市场秩序，信用升级及良好行为规范等相关标准的制修订速度。

2月28日，国务院就业工作部际联席会议召开第八次全体会议，听取对就业政策落实情况联合检查的汇报。

3月6日，商务部发布《关于网上交易的指导意见（暂行）》。

3月16日，十届全国人民代表大会五次会议通过《中华人民共和国企业所得税法》，规定对从事技术转让的企业给予免征、减征企业所得税。

3月17日，国务院公布修订后的《期货交易管理条例》。

3月19日，国务院下发《关于加快发展服务业的若干意见》，提出中国服务业进一步扩大开放的战略任务和要求。

3月23日，国务院办公厅出台《关于社会信用体系建设的若干意见》，这是我国政府第一个关于社会信用体系建设的专门文件。

3月26日，锌期货合约在上海期货交易所开始交易。

4月18日，国务院办公厅发布《关于建立国务院社会信用体系建设部际联席会议制度的通知》，明确建立国务院社会信用体系建设部际联席会议制度。

4月22日，国务院办公厅印发《关于切实做好2007年普通高等学校毕业生就业工作的通知》。

6月1日，国家发改委、国务院信息化工作办公室联合发布我国首部电子商务发展规划——《电子商务发展“十一五”规划》，首次在国家政策层面确立了发展电子商务的战略和任务，这是我国第一个国家级的电子商务发展规划。

6月8日，国内首个菜系期货品种——菜油期货在郑州商品交易所上市交易。

6月18日，中国证券会发布《合格境内机构投资者境外证券投资管理试行办法》。

6月27日，中国金融期货交易所正式发布《中国金融期货交易所交易规则》及其配套实施细则。此举标志着中金所规则体系和风险管理制度已经建立，金融期货的法规体系基本完备。

6月28日，“中国行业网站投资与发展高峰论坛”在杭州举行，这是我国行业网站与资本的首次大规模对接。

6月29日，十届全国人大常委会第二十八次会议通过《中华人民共和国劳动合同法》。

7月27日，金算盘软件有限公司推出国内第一个面向中小企业用户的全程电子商务平台。

7月31日，线性低密度聚乙烯（LLDPE）期货在大连商品交易所上市，这是国内推出的首个塑料期货品种。

8月7日，国务院发布《关于解决城市低收入家庭住房困难的若干意见》。

8月30日，十届全国人大常委会第二十九次会议通过《中华人民共和国就业促进法》《中华人民共和国反垄断法》。《中华人民共和国反垄断法》第一次在法律中明确提出竞争政策的概念。

9月27日，科技部、教育部、中国科学院在北京召开“国家技术转移促进行动启动会”，发布了《国家技术转移示范机构管理办法》《国家技术转移促进行动实施方案》。

10月1日，《中华人民共和国物权法》正式施行，规定住宅建设用地使用权期间届满的，自动续期。

11 月 23 日，商务部、财政部发布《关于印发〈家电下乡试点工作实施方案〉的通知》，自 2007 年 12 月起，在山东、河南、四川、青岛三省一市进行了家电下乡试点，对彩电、冰箱（含冰柜）、手机三大类产品给予产品销售价格 13%的财政资金直补。

12 月 6 日，国家发展改革委、科技部、财政部等六部门联合发布《建立和完善知识产权交易市场的指导意见》。

12 月 17 日，商务部公布《关于促进电子商务规范发展的意见》。

2008 年

1 月 9 日，中国期货历史上首个具有金融属性的品种黄金期货，在上海期货交易所挂牌上市，标志着普通投资者也可以参与黄金期货交易。

2 月 3 日，国务院下发《关于做好促进就业工作的通知》。

3 月 5 日，中共中央组织部党组、中共司法部党组发布《关于进一步加强和改进律师行业党的建设工作的通知》。

4 月 24 日，商务部起草《电子商务模式规范》和《网络购物服务规范》。

5 月 29 日，中国电子商务协会正式批复了杭州市政府有关申请，决定授予杭州市“中国电子商务之都”称号。

5 月 30 日，监察部、人力资源与社会保障部、国土资源部联合下发《违反土地管理规定行为处分办法》，规定商品住宅开发不得超过 3 年。

6 月 10 日，财政部国家税务总局发布《关于企业为个人购买房屋或其他财产征收个人所得税问题的批复》。

7 月 2 日，北京市工商局公布《关于贯彻落实〈北京市信息化促进条例〉加强电子商务监督管理的意见》，规定自 2008 年 8 月 1 日起，北京地区的网店经营者从事买卖前必须先注册营业执照，否则将被工商部门查处。这是全国首部针对网店的地方性法规。

7月8日，国土资源部出台《关于进一步加快宅基地使用权登记发证工作的通知》，开展集体建设用地流转试点和集体建设用地整理，必须首先完成宅基地使用权登记发证，因被小产权房占用而未得到合法使用的宅基地不具备登记发证的资格。

8月1日，国务院第二十次常务会议通过《国务院关于经营者集中申报标准的规定》。

8月7日，科技部根据《国家技术转移促进行动实施方案》和《国家技术转移示范机构管理办法》，确定清华大学国家技术转移中心等76家机构为首批国家技术转移示范机构。

8月25日，中国人民银行、中国银监会联合下发《关于金融促进节约集约用地的通知》，要求严格建设项目贷款管理。

9月26日，国务院办公厅转发人社部等11个部门《关于促进以创业带动就业工作的指导意见》。

10月28日，十一届全国人大常委会五次会议通过《中华人民共和国企业国有资产法》，自2009年5月1日起施行。首次以法律条文的形式明确规定除按照国家规定可以直接协议转让的以外，国有资产转让应当在依法设立的产权交易场所公开进行，首次确定了产权交易场所的合法地位，首次以法律形式规定了“进场交易”。

11月28日，财政部、商务部、工业和信息化部印发《关于全国推广家电下乡工作的通知》，将家电销售及售后服务网络相对完善、地方积极性较高的内蒙古、辽宁、大连、黑龙江、安徽、湖北、湖南、广西、重庆、陕西纳入推广地区范围，共计14个省、自治区、直辖市及计划单列市。

12月3日，商务部国际电子商务中心成立移动商务应用实验室。

2009年

1月19日，国务院办公厅发出《关于加强普通高等学校毕业生就业工作的通知》。

2月2日，国务院办公厅发出《关于切实做好当前农民工工作的通知》。

2月3日，国务院发出《关于做好当前经济形势下就业工作的通知》。随后，国务院就业工作部际联席会议有关部门联合制定了多个配套文件。

3月17日，财政部出台《金融企业国有资产转让管理办法》，规定金融企业国有资产转让以通过产权交易机构、证券交易系统交易为主要方式。

3月27日，螺纹钢期货在上海期货交易所正式挂牌交易。

4月20日，早籼稻期货在郑州商品交易所正式挂牌上市。

4月21日，中国人民银行出台《关于推进农村信用体系建设工作的指导意见》，阐述了农村信用体系建设的重要性，提出了农村信用体系建设的原则、目标、工作任务与要求，标志着农村信用体系建设在全国范围全面推开。

5月1日起，由中国国际经济贸易仲裁委员会颁布的《中国国际经济贸易仲裁委员会网上仲裁规则》正式施行，该规则特别适用于解决电子商务争议。

5月3日，当当网宣布率先实现盈利，平均毛利率达20%，成为目前国内首家实现全面盈利的网上购物企业。

5月24日，国务院反垄断委员会公布了《关于相关市场界定的指南》。

5月25日，聚氯乙烯（PVC）期货合约在大连商品交易所正式挂牌交易。

5月26日，国家工商行政管理总局局务会议审议通过《工商行政管理机关制止滥用行政权力排除、限制竞争行为程序规定》《工商行政管理机关查处垄断协议、滥用市场支配地位案件程序规定》。

6月7日，宁波市在提出打造“行业网站总部基地”之后，又宣布打造“电子服务之都”的目标。

6月25日，国务院国资委、财政部联合下发《企业国有产权交易操作规则》，第一次明确规定了产权交易批准权限和交易流程以及交易价格的确定原则。

8月13日，中国技术交易所揭牌仪式在北京举行，这是国内首家全国性技术交易机构。

9月5日，卓越亚马逊再次推出全场免运费与当当网相持，这是两大行业竞争者十年来首次同时免运费，标志着“免运费”将开始成为B2C行业标准规则。

9月12—13日，“首届电子商务与快递物流大会”在杭州休博园召开，其宏观背景是，物流快递行业作为电子商务的支撑产业之一，近几年在第三方电子商务平台的带动下得到了快速发展。

10月30日，深圳证券交易所开通了创业板市场。

12月9日，国务院常务会议召开，决定个人住房转让营业税征免时限由2年恢复到5年。

12月17日，财政部、国土部等五部委出台《进一步加强土地出让收支管理的通知》，明确开发商分期缴纳全部土地出让价款期限原则上不得超过一年，特殊项目可以约定在两年内全部缴清，首次缴款比例不得低于全部土地出让款的50%。如果开发商拖欠价款，不得参与新的土地出让交易。

12月26日，第十一届全国人民代表大会常务委员会第十二次会议通过《中华人民共和国侵权责任法》。

2010年

1月15日，司法部印发《公证员考核任职工作实施办法》，对考核任职条件、考核任职程序、监督管理做了规定。

4月16日，中国金融期货交易所推出了沪深300股票指数期货。这对于期货市场的发展具有重要意义，同时也标志着中国期货市场进入了商品期货与金融期货共同发展的阶段。

4月30日，北京市人民政府发布《北京市人民政府贯彻落实国务院关于坚决遏制部分城市房价过快上涨文件的通知》，规定从2010年5月1日起，北京家庭只能新购一套商品房。

5月19日，人社部下发《关于进一步加强基层平台就业工作若干问题的意见》。

5月27日，国务院发布《关于支持玉树地震灾后恢复重建政策措施的意见》。

6月6日，中共中央、国务院印发《国家中长期人才发展规划纲要（2010—2020年）》。

10月10日，国务院出台《关于加强法治政府建设的意见》。

10月20日，国务院印发《关于加强职业培训促进就业的意见》。

10月29日，国家发改委发布《反价格垄断规定》《反价格垄断行政执法程序规定》。

12月23日，民政部发布《关于中国企业国有产权交易机构协会成立登记的批复》，同意成立中国企业国有产权交易机构协会。

12月28日，超短期融资券（SCP）首次在银行间市场挂牌交易。

12 月 31 日，国家工商行政管理总局公布《工商行政管理机关禁止垄断协议行为的规定》《工商行政管理机关禁止滥用市场支配地位行为的规定》《工商行政管理机关制止滥用行政权力排除、限制竞争行为的规定》。

2011 年

2 月 15 日，中国企业国有产权交易机构协会成立大会在北京京西宾馆召开。

3 月 9 日，“十一五”重大科技成果发布和推介会在北京国家会议中心召开。

3 月 24 日，铅期货在上海期货交易所挂牌交易。

4 月 15 日，焦炭期货在大连商品交易所挂牌交易。

4 月 16 日，国务院发布《个体工商条例》，自 2011 年 11 月 1 日起施行。

6 月 10 日，国内首家国际知识产权交易平台——天津滨海国际知识产权交易所在天津成立。

7 月 4 日，财政部、科技部发布《国家科技成果转化引导基金管理暂行办法》，加大成果转化的政府投入和规范基金管理。

8 月 17 日，李克强在国家“十二五”规划与两地经贸金融合作发展论坛上表示，允许以人民币境外合格机构投资者方式（RQFII）投资境内证券市场。

10 月 18 日，党的十七届六中全会审议通过《中共中央关于深化文化体制改革推动社会主义文化大发展大繁荣若干重大问题的决定》，首次提出政务诚信、商务诚信、社会诚信和司法公信四大领域诚信建设任务。

10 月 28 日，甲醇期货在郑州商品交易所挂牌交易。

10 月 29 日，国家发展改革委印发《关于开展碳排放权交易试点工作的通知》，同意北京、上海、天津、重庆、湖北、广东和深圳等七省市开展碳交易试点。

11 月 11 日，国务院下发《国务院关于清理整顿各类交易场所切实防范金融风险的决定》，对一些交易场所未经批准违法开展证券期货交易活动、管理不规范、个别交易场所股东直接参与买卖等问题进行清理整顿。

2012 年

1 月 19 日，科技部发布《现代服务业科技发展“十二五”发展规划》。

1 月 24 日，国务院印发《关于批转促进就业规划（2011—2015 年）的通知》。

2 月 6 日，国家发展改革委、财政部、商务部、人民银行、海关总署、税务总局、工商总局、质检总局联合发布《关于促进电子商务健康快速发展有关工作的通知》，从电子支付、信用体系、网络发票、交易监管、跨境电商等方面作出规划。

5 月 10 日，白银期货在上海期货交易所上市交易。

5 月 14 日，中国证监会发布《关于期货公司变更注册资本或股权有关问题的规定》，明确境外投资者可实现对期货公司的间接参股。

7 月 12 日，国务院办公厅发出《国务院办公厅关于清理整顿各类交易场所的实施意见》，进一步明确政策界限、措施和工作要求，扎实推进清理整顿各类交易场所工作，防范金融风险，维护社会稳定；第一次划清了产权交易业务与证券业务的边界。

8 月 1—2 日，科技部火炬中心在兰州组织召开 2012 年全国技术市场工作座谈会。

8月3日，在广泛征求意见后，中国证监会正式发布《期货公司资产管理业务试点办法》，期货公司资管业务实现突破。

12月3日，玻璃期货在上海期货交易所上市交易。

12月25日，广东省政府办公厅发布《关于加快发展电子商务的意见》，作为广东省首份电子商务发展文件，在财政、税收、融资、用地、人才、市场准入等方面对电子商务发展加大政策支持力度，以加快培育一批电子商务平台。

12月28日，菜籽、菜籽粕期货合约在郑州商品交易所上市交易。

2013年

1月16日，全国中小企业股份转让系统在北京金融街揭牌，这意味着新三板交易模式正式诞生。

1月21日，我国大陆第一部信用建设法规《征信业管理条例》正式公布，解决了征信业发展中无法可依的问题。

2月5日，科技部发布《技术市场“十二五”发展规划》。

2月26日，国务院办公厅发布《关于继续做好房地产市场调控工作的通知》，对出售自有住房按规定征收20%的个人所得税。

3月26日，李克强在国务院第一次廉政工作会议上发表题为《着力建设一个廉洁的政府》的讲话，提出深入推进国有产权交易市场化改革，实行统一信息披露、统一交易规则、统一交易系统、统一过程监测。

同日，国家发改委下发《关于进一步完善成品油价格形成机制的通知》。

4月22日，商务部等八部委发布《关于同意在浙江省义乌市试行市场采购贸易方式的函》，同意自2013年4月18日起，在义乌试行市场采购贸易方式。这种方式主要为专业市场“多品种、多批次、小批量”外贸交易所创设，具有通关快、便利化、免征增值税等特点。

4月23日，十二届全国人大常委会第二次会议初次审议了《中华人民共和国消费者权益保护法修正案（草案）》。这是该法出台20年之后的首次修改，网购商品七日内退货、大件商品瑕疵举证责任倒置制度等内容位列其中。

4月28日，商务部发布《关于加强集散地农产品批发市场建设的通知》，要求对集散地型农产品批发市场“统筹规划，促进市场合理布局；加快升级改造，完善市场功能；建立公益性保障制度，强化组织保障”。

5月16日，国务院下发《关于做好2013年全国普通高等学校毕业生就业工作的通知》。

6月18日，深圳碳排放权交易市场率先启动，成为全国首个碳排放权交易市场。

7月5日，黄金、白银期货首次推出夜盘交易，时间从21时至次日2时30分。国内贵金属期货的交易时段和欧美等重要金属市场交易时段接轨。

7月19日，中国人民银行宣布，自2013年7月20日起，全面放开金融机构贷款利率管制。

8月8日，国务院发布《关于促进信息消费扩大内需的若干意见》，明确要求拓宽电子商务发展空间，大力发展移动支付等跨行业业务，支持网络零售平台做大做强。

9月6日，经国务院批准，中国证监会批复，5年期国债期货在中国金融期货交易所挂牌上市，国债期货在时隔18年后重新启动。这是继股指期货上市之后，我国第二个金融期货产品。

9月23日，国家发改委、商务部等八部委联合下发《关于启动第二批国家电子商务示范城市创建工作有关事项的通知》，决定启动第二批国家电子商务示范城市创建工作，遴选不超过 30 家第二批国家电子商务示范城市，并明确创建电商示范城市的申报流程和资质要求。

10 月 25 日，中共中央、国务院出台《关于地方政府职能转变和机构改革的指导意见》，提出依托现有的政务服务平台，整合工程建设项目招投标、土地使用权和矿业权出让、国有产权交易、政府采购等平台，建立统一规范的公共资源交易平台。

10 月 29 日，中央政治局就加快推进住房保障体系和供应体系建设举行第十次集体学习，习近平总书记强调，只有坚持市场化改革方向，才能充分激发市场活力，满足多层次住房需求；同时，总有一部分群众由于劳动技能不适应、就业不充分、收入水平低等原因而面临住房困难，政府必须“补好位”，为困难群众提供基本住房保障。

11 月 8 日，商务部等多部门发布《商品现货市场交易特别规定（试行）》，对商品现货市场的交易对象和交易方式、市场经营规范、监督管理、法律责任等做出了明确规定，旨在促进商品现货市场规范发展。

11 月 12 日，党的十八届三中全会通过《中共中央关于全面深化改革若干重大问题的决定》，第一次提出建立现代产权制度，指出经济体制改革是全面深化改革的重点。其核心问题是如何处理好政府和市场的关系，使市场在资源配置中起决定性作用和更好地发挥政府作用，是对市场经济理论认识的又一次飞跃和升华。全会要求加快完善现代市场体系，建设统一开放、竞争有序的市场体系，是使市场在资源配置中起决定性作用的基础。

11 月 15 日，中国人民银行发布《征信机构管理办法》，对征信机构的市场准入、备案条件进行了细化和明确。

11 月 20 日，国务院常务会议决定，整合不动产登记职责、建立不动产统一登记制度。

11月21日，商务部发布《促进电子商务应用的实施意见》，广东、上海、北京、福建、湖南、成都等地纷纷出台新政策，加快区域电子商务发展。

11月26日，上海市碳排放交易启动仪式在上海环境能源交易所举行。

11月28日，北京市碳排放权交易启动仪式在北京环境交易所举行。

12月7日，中国东盟技术转移中心与马来西亚BMGS咨询公司共同签署《中国东盟技术转移协作网络成员协议》，这是中国–东盟技术转移协作网络首个东盟配套服务机构成员。

12月18日，国务院国资委下发《关于中央企业资产转让进场交易有关事项的通知》，加强中央企业实物资产转让管理，提高企业资产转让公开透明度，建设“阳光央企”，促进国有资产保值增值。

2014年

1月15日，李克强在国务院常务会议上强调，信用是市场经济的基石。加快建设社会信用体系，是完善社会主义市场经济体制的基础性工程。

5月9日，国务院出台《关于进一步促进资本市场健康发展的若干意见》(即“新国九条”)。

5月12日，中国人民银行召开住房金融服务专题座谈会，提出五点要求，强调满足首套自住房贷款者需求。

5月16日，美妆电商聚美优品正式登陆纽交所，上市融资2.5亿美元。

5月22日，京东正式登陆纳斯达克，融资17.8亿美元。

6月4日，住建部召开新闻发布会，重申了双向调控、分类指导的调控基调。

6月14日，国务院发布《社会信用体系建设规划纲要（2014—2020年）》，这是我国第一部国家级的信用建设专项规划，标志着我国社会信用体系建设工作进入全面推进阶段。

7月24日，财政部办公厅、商务部办公厅印发《关于电子商务进农村综合示范的通知》，正式启动“电子商务进农村综合示范”项目。

9月12日，国务院印发《关于进一步做好为农民工服务工作的意见》。

9月19日，阿里巴巴在纽交所正式挂牌交易，募资217.7亿美元，成为当时美国证券史上最大规模的首次公开招股。

9月30日，中国人民银行和中国银监会发布《关于进一步做好住房金融服务工作的通知》，对拥有一套住房并已结清相应购房贷款的家庭，执行首套房贷款政策。

11月6日，中共中央办公厅、国务院办公厅印发《关于引导农村土地经营权有序流转发展农业适度规模经营的意见》。

11月17日，连接沪港两地股市的沪港通正式启动，两地资本市场在真正意义上实现了互联互通，中国的资本市场也迎来了“沪港通时代”。

11月25日，国家技术转移南方中心在深圳启动，标志着科技部提出的“2+N”全国技术转移体系完成了初步布局。这是继北京、郑州之后，我国布局建设的第三个国家级技术转移中心。

12月2日，习近平总书记主持召开中央全面深化改革领导小组第七次会议，审议《关于农村土地征收、集体经营性建设用地入市、宅基地制度改革试点工作的意见》。

12月8日，集展示、交易、交流、合作、共享于一体的浙江科技大市场正式开业。

12月10日，国家发改委发布《碳排放权交易管理暂行办法》，规范碳排放权交易市场的建设和运行。

12月16日，国家发改委、中国人民银行发布《社会信用体系建设规划纲要（2014—2020年）任务分工》和《社会信用体系建设三年重点工作任务（2014—2016年）》，将社会信用体系建设工作任务分领域、分行业全部进行了分配和安排。

2015年

1月4日，国务院常务会议审议通过《“十三五”市场监管规划》，首次阐述了竞争政策的重要地位，提出了把竞争政策贯穿经济发展的全过程，用竞争政策推动我国经济转型和体制完善，强调把竞争政策作为制定经济政策的重要基础。

1月14日，住建部发布《关于加快培育和发展住房租赁市场的指导意见》，明确多管齐下发展住房租赁市场。

1月28日，住建部、财政部和中国人民银行联合发布《关于放宽提取住房公积金支付房租条件的通知》，进一步加大对租赁市场的支持力度。

2月6日，中国人民银行印发《关于在全国开展分支机构常备借贷便利操作的通知》和《关于印发〈中国人民银行再贷款与常备借贷便利抵押品指引（试行）〉的通知》，在前期10省（市）分支机构试行常备借贷便利操作的基础上，在全国推广分支机构常备借贷便利，完善中央银行对中小金融机构提供流动性支持的渠道。

2月9日，上证50ETF期权在上海证券交易所上市交易，开启我国期权市场发展的序幕。

同日，国家发改委依法对美国高通公司滥用市场支配地位实施排除、限制竞争的垄断行为作出处理，责令高通停止相关违法行为，按其2013年度我国市场销售额8%的额度予以罚款，计60.88亿元，这是我国积极推进《中华人民共和国反垄断法》以来开出的最高一笔罚单。

2 月 27 日，十二届全国人大常委会第十三次会议审议通过《关于授权国务院在北京市大兴区等三十三个试点县（市、区）行政区域暂时调整实施有关法律规定的决定》，决定授权国务院在北京市大兴区等三十三个试点县（市、区）行政区域，暂时调整实施土地管理法、城市房地产管理法关于农村土地征收、集体经营性建设用地入市、宅基地管理制度的有关规定。

3 月 5 日，李克强在十二届全国人大三次会议上提出制定“互联网+”行动计划，推动移动互联网、云计算、大数据、物联网等与现代制造业相结合，促进互联网与各产业融合创新，在政策、标准、技术等全方面实现互联网与传统行业的充分对接。

3 月 12 日，国务院发布《关于同意设立中国（杭州）跨境电子商务综合试验区的批复》，明确综合试验区的定位和作用，提出要以深化改革、扩大开放为动力，着力在跨境电子商务各环节的技术标准、业务流程、监管模式和信息化建设等方面先行先试。

3 月 20 日，10 年期国债期货在中国金融期货交易所上市。

3 月 27 日，镍、锡期货在上海期货交易所正式挂牌交易。

3 月 30 日，财政部、国家税务总局发布《关于调整个人住房转让营业税政策的通知》，将个人住房转让营业税免征期由 5 年调整为 2 年。

同日，中国人民银行、住房城乡建设部、中国银行业监督管理委员会三部门共同发布的《关于个人住房贷款政策有关问题的通知》，将二套房最低首付比例调整为不低于 40%；个人住房转让免征营业税的期限由购房超过 5 年（含 5 年）下调为超过 2 年（含 2 年）等。

4 月 3 日，商务部印发《2015 年电子商务工作要点》，从三个方面确定了电子商务工作的 16 项重点任务，包括促进农村电商和跨境电商发展，以及加快推进电子商务立法等内容。

4 月 7 日，国家工商行政管理总局公布《关于禁止滥用知识产权排除限制竞争行为的规定》。

4 月 9 日，创元期货在新三板上市。

4 月 14 日，全国首个大数据交易所——贵阳大数据交易所正式挂牌运营并完成首批大数据交易。首批数据交易卖方为深圳市腾讯计算机系统有限公司、广东省数字广东研究院，买方为京东云平台、中金数据系统有限公司。

4 月 16 日，经证监会批准，上证 50、中证 500 股指期货在中国金融期货交易所挂牌上市。

4 月 27 日，国务院印发《关于进一步做好新形势下就业创业工作的意见》。

4 月 29 日，商务部办公厅发出《关于建立百家百亿市场联系制度的通知》。

4 月 30 日，中央政治局会议提出完善市场环境，盘活存量资产，建立房地产健康发展的长效机制。

5 月 15 日，商务部推出《“互联网+流通”行动计划》，明确提出以互联网为载体、推进现代流通体系建设，打造安全高效、统一开放、竞争有序的流通产业升级版，实现流通方式的不断创新、流通效率的大幅提升以及流通环境的进一步完善。

6 月 11 日，国务院印发《关于大力推进大众创业万众创新若干政策措施的意见》。

6 月 21 日，国务院办公厅发布《关于促进和规范健康医疗大数据应用发展的指导意见》，提出推动健康医疗大数据资源共享开放、全面深化健康医疗大数据应用等任务。

6月24日，国务院办公厅发布《关于运用大数据加强对市场主体服务和监管的若干意见》，提出推进政府和社会信息资源开放共享、积极培育和发展社会化征信服务等任务。

6月29日，国家税务总局发布《关于简化个人无偿赠与与不动产土地使用权免征营业税手续的公告》，规定三种赠予情况免征营业税。

7月1日，国务院发布《关于积极推进“互联网+”行动的指导意见》，促进“互联网+”新业态、新经济发展。

7月7日，鲁证期货正式在香港联交所主板挂牌上市。

7月14日，中国人民银行印发《关于境外央行、国际金融组织、主权财富基金运用人民币投资银行间市场有关事宜的通知》，对境外央行类机构简化了入市流程，取消了额度限制，允许其自主选择中国人民银行或银行间市场结算代理人为其代理交易结算，并拓宽其可投资品种。

7月18日，为鼓励金融创新，促进金融健康发展，明确监管责任，规范市场秩序，经党中央、国务院同意，中国人民银行等十部委联合印发《关于促进互联网金融健康发展的指导意见》。

7月22日，习近平总书记视察武汉农村综合产权交易所，要求对如何在坚持农村土地集体所有制性质的前提下完善联产承包责任制，既保障基本农田和粮食安全，又通过合乎规范的流转增加农民收入等一系列问题，在下一步改革中进行研究。

7月29日，国务院办公厅印发《关于同意在上海等9个城市开展国内贸易流通体制改革发展综合试点的复函》，国务院同意在上海市、南京市、郑州市、广州市、成都市、厦门市、青岛市、黄石市和义乌市9个城市开展国内贸易流通体制改革发展综合试点。

8月6日，国投瑞银白银期货（LOF）成立，是境内首只商品期货基金。

8月14日，人保财险与新湖期货合作，开启了“保险+期货”服务“三农”的模式。人保财险为相关农业机构提供基于鸡蛋期货合约与玉米期货合约的价格保险。

8月19日，住建部等部门公布《关于调整房地产市场外资准入和管理有关政策的通知》，取消对境外个人在国内购买住房的限制条件。

8月24日，中共中央、国务院印发了《关于深化国有企业改革的指导意见》，提出支持企业依法合规通过证券交易、产权交易等资本市场，以市场公允价格处置企业资产，实现国有资本形态转换，变现的国有资本用于更需要的领域和行业，第一次将“证券交易”与“产权交易”同列为资本市场。

8月31日，住建部、财政部、中国人民银行发布通知，自2015年9月1日起，对拥有1套住房并已结清相应购房贷款的居民家庭，为改善居住条件再次申请住房公积金委托贷款购买住房的，最低首付款比例由30%降低至20%。

同日，国务院发布《促进大数据发展行动纲要》。

9月6日，农业部、国家发改委、商务部联合印发《推进农业电子商务发展行动计划》，推进以农产品和农业生产资料为主要内容的农业电子商务快速健康发展。

9月15日，国家发改委印发《关于认真做好行政许可和行政处罚等信用信息公示工作的通知》，对“双公示”工作的内容和标准等方面做出了明确要求。

9月23日，国务院印发《关于国有企业发展混合所有制经济的意见》，明确国有企业增资扩股要进入产权市场交易。

9月25日，习近平总书记在《中美元首气候变化联合声明》中正式宣布，中国计划于2017年启动全国碳排放交易体系，将覆盖钢铁、电力、化工、建材、造纸和有色金属等重点工业行业。

9 月 29 日，国务院办公厅发布《关于推进线上线下互动加快商贸流通创新发展转型升级的意见》，部署推进线上线下互动，促进实体店转型发展。

9 月 30 日，中国人民银行、中国银监会发布《关于进一步完善差别化住房信贷政策有关问题的通知》，规定在不实施“限购”措施的城市，对居民家庭首次购买普通住房的商业性个人住房贷款，最低首付款比例调整为不低于 25%。

10 月 1 日，修订后的《中华人民共和国促进科技成果转化法》正式施行。

10 月 12 日，中共中央、国务院出台《关于推进价格机制改革的若干意见》，对未来 5 年价格机制改革提出了目标和任务。

10 月 23 日，中蒙技术转移暨创新合作大会在呼和浩特市召开。

10 月 30 日，贵阳大数据交易所开始在全国布局三十个区域交易中心。

10 月 31 日，国务院办公厅发布《关于促进农村电子商务加快发展的指导意见》，实施百万英才计划，推进农村电子商务精准扶贫。

11 月 7 日，国务院办公厅发布《关于加强互联网领域侵权假冒行为治理的意见》，加强互联网领域侵权假冒行为治理，营造开放、规范、诚信、安全的网络交易环境。

11 月 9 日，国务院办公厅发布《关于促进农村电子商务加快发展的指导意见》。

11 月 10 日，中央财经领导小组第十一次会议强调，要化解房地产库存，促进房地产业持续发展。

12 月 18 日至 21 日，中央经济工作会议在北京召开，强调化解房地产库存。

12月28日，住建部召开全国住房城乡建设工作会议，强调把去库存作为房地产工作的重点。

12月31日，中共中央、国务院发布《关于落实发展新理念 加快农业现代化实现全面小康目标的若干意见》，提出稳步扩大“保险+期货”试点，“保险+期货”首次被纳入中央一号文件。

2016年

2月26日，国务院印发《实施〈中华人民共和国促进科技成果转化法〉若干规定》。

3月10日，国家技术转移海峡中心于福建省科技厅正式揭牌成立。

3月17日，商务部、国家发改委、交通运输部、海关总署、国家邮政局、国家标准委六部门共同发布《全国电子商务物流发展专项规划（2016—2020年）》，提出到2020年基本形成“布局完善、结构优化、功能强大、运作高效、服务优质”的电商物流体系。

4月12日，国新办召开的吹风会上，时任财政部副部长史耀斌表示，从2016年5月1日起，我国营业税改征增值税将全面推开试点。

4月18日，深改组召开第二十三次会议，习近平总书记提出建立跨地区、跨部门、跨领域联合激励与惩戒机制，审议通过《关于建立公平竞争审查制度的意见》。

4月21日，国务院办公厅印发《促进科技成果转移转化行动方案》，提出建设100个示范性国家技术转移机构、10个科技成果转移转化示范区的建设目标。

4月29日，中央政治局会议提出，按照加快提高户籍人口城镇化率和深化住房制度改革的要求，有序消化房地产库存，注重解决区域性、结构性问题，实行差别化的调控政策。

5月9日，国务院召开全国推进放管服改革电视电话会议，李克强提出要推进简政放权、放管结合、优化服务，不断提高政府效能。

5月11日，重庆市人民政府整合成立重庆市公共资源交易中心，在原重庆联合产权交易所集团加挂重庆市公共资源交易中心的牌子，成为国内首家加挂公共资源交易中心牌子的产权交易机构。

5月17日，国务院办公厅发布《关于加快培育和发展住房租赁市场的若干意见》，提出稳步推进房地产投资信托基金（REITs）试点。

5月20日，国务院发布《关于深化制造业与互联网融合发展的指导意见》，以激发制造企业创新活力、发展潜力和转型动力为主线，以建设制造业与互联网融合“双创”平台为抓手，围绕制造业与互联网融合关键环节，积极培育新模式新业态。

5月30日，国务院印发联合奖惩方面第一个专项顶层设计文件——《国务院关于建立完善守信联合激励和失信联合惩戒制度加快推进社会诚信建设的指导意见》，提出构建政府、社会共同参与的跨地区、跨部门、跨领域的守信联合激励和失信联合惩戒机制。

6月12日，全国第一个国家级、创新型保险要素市场——上海保险交易所股份有限公司在浦东陆家嘴揭牌成立。

6月14日，国务院正式发布《关于在市场体系建设中建立公平竞争审查制度的意见》。

6月24日，国务院国资委、财政部联合发布《企业国有资产交易监督管理办法》，对企业产（股）权转让、企业实物资产转让、企业增资行为都作出了全面规范，规定都进入产权市场交易办理。

6月27日，深改召开第二十五次会议，习近平总书记在会上强调，加快推进对失信被执行人信用监督、警示和惩戒建设，建立健全跨部门协同监管和联合惩戒机制。

7月26日，中央政治局会议提出，去库存和补短板的指向要同有序引导城镇化进程和农民工市民化有机结合起来。

7月28日，交通运输部和公安部、国家质量监督检验检疫总局等部门发布《关于深化改革推进出租汽车行业健康发展的指导意见》《网络预约出租汽车经营服务管理暂行办法》。

8月3日，教育部、科技部联合发布《关于加强高等学校科技成果转移转化工作的若干意见》。

8月22日，中科院、科技部联合发布《中国科学院关于新时期加快促进科技成果转移转化指导意见》，提出进一步提升中国科学院科技成果转移转化能力。

9月13日，商务部等多部门发布《关于推进商品交易市场转型升级的指导意见》，提出到2020年，形成一批转型升级绩效较好的百亿级专业市场和千亿级综合市场，建设一批平台化示范市场。加快推进商品交易市场转型升级，扩大消费，助力供给侧结构性改革。

9月14日，国家发改委等四部门联合发布《公共资源交易平台系统数据规范（V1.0）》。

9月22—23日，中国·德州首届京津冀鲁技术交易大会召开，大会以“协同发展、创新共赢”为主题。会上，“山东省技术转移转化中心”、“京津冀技术转移协同创新联盟理事单位”正式揭牌。

10月1日，人民币正式加入国际货币基金组织特别提款权（SDR）货币篮子。

10月13日，国务院办公厅发布《关于印发互联网金融风险专项整治工作实施方案的通知》，规范各类互联网金融业态，优化市场竞争环境，扭转互联网金融某些业态偏离正确创新方向的局面，遏制互联网金融风险案件高发频发势头，提高投资者风险防范意识，建立和完善适应互联网金融发展特点的监管长效机制。

10月22日，中共中央办公厅、国务院办公厅印发《关于完善农村土地所有权承包权经营权分置办法的意见》，坚决落实集体所有权、稳定农户土地承包权、放活土地经营权。"三权分置"是继家庭联产承包责任制后农村改革的又一重大制度创新。

10月25日，教育部科技发展中心联合北京大学、清华大学、上海交通大学等85所高校及相关国家技术转移示范机构在山东德州召开中国高校技术转移联盟成立大会暨高校产学研合作经验交流会。

10月28日，中央政治局会议召开，提出坚持稳健的货币政策，在保持流动性合理充裕的同时，要注重抑制资产泡沫和防范经济金融风险。

11月1日，习近平总书记主持召开中央全面深化改革领导小组第二十九次会议并在会上强调，加强政务诚信、个人诚信体系和电子商务领域诚信建设，是社会信用体系建设的重要内容。

11月2日，国务院办公厅印发《关于推动实体零售创新转型的意见》。

11月4日，中共中央、国务院下发《关于完善产权保护制度依法保护产权的意见》，提出加快完善产权保护制度，依法有效保护各种所有制经济组织和公民财产权。

11月15日，经国务院批准，自2016年5月11日起，我国对跨境电商零售进口有关监管要求给予一年的过渡期，从过去鼓励所有类型的跨境电商，转变为鼓励跨境出口电商和对实体经济促进作用较大的B2B模式跨境电商，同时限制跨境进口B2C模式，即保税+行邮方式的个人消费品跨境进口电商。

12月2日，人社部、财政部、国务院扶贫办出台《关于切实做好就业扶贫工作的指导意见》。

12月5日，中国证监会与香港证监会发布联合公告，深港通正式启动，标志着中国资本市场在法治化、市场化和国际化方向上又迈出坚实的一步。

同日，中国人民银行印发《票据交易管理办法》，对票据交易管理制度和票据市场参与者交易行为进行了规范和完善。

12 月 7 日，财政部印发《关于进一步加强国有金融企业股权管理工作有关问题的通知》，要求加大国有金融企业产权进场公开交易力度。

12 月 8 日，中国人民银行正式成立上海票据交易所。

12 月 14—16 日，中央经济工作会议强调，要促进房地产市场平稳健康发展，要坚持“房子是用来住的、不是用来炒的”定位。

12 月 18 日，工信部发布《大数据产业发展规划（2016—2020 年）》，提出实施大数据服务能力提升工程，探索数据采集、数据清洗、数据交换等新商业模式；开展第三方数据交易平台建设试点示范；开展跨行业大数据试点示范。

12 月 22 日，福建启动碳排放权交易试点，成为全国第八个区域碳市场。

12 月 30 日，司法部、中央编办、财政部印发《关于推进公证机构改革发展有关问题的通知》。

同日，国务院出台《关于加强政务诚信建设的指导意见》，这是我国政务诚信领域第一部专项规范性文件。国务院出台《办公厅关于加强个人诚信体系建设的指导意见》，这是我国第一部面向自然人的诚信体系建设规范性文件，对个人诚信体系建设提出了全面的建设意见。

2017 年

1 月 24 日，国务院办公厅发布《国务院办公厅关于同意建立公平竞争审查工作部际联席会议制度的函》，建立了有 28 个相关部委参与的公平竞争审查工作部际联席会议制度，并于2017年5月10日召开了第一次全体会议。

1月26日，国务院印发《“十三五”促进就业规划》。

2月28日，中央财经领导小组第十五次会议强调，深入研究短期和长期相结合的长效机制和基础性制度安排。

3月15日，十二届全国人大五次会议通过《中华人民共和国民法总则》。

3月31日，豆粕期权合约在大连商品交易所挂牌交易。

4月13日，国务院印发《关于做好当前和今后一段时期就业创业工作的意见》。

4月19日，白糖期权合约在郑州商品交易所挂牌交易。

4月25日，中央政治局会议召开，提出要坚定不移推进“三去一降一补”，加快形成促进房地产市场稳定发展的长效机制。

5月19日，住建部公布《住房租赁和销售管理条例（征求意见稿）》面向社会公开征求意见，鼓励出租人与承租人签订3年以上的租赁合同，房租按月支付；同时拟严禁开发商捂盘惜售，要求买房中介服务费实行明码标价。

5月27日，科技部印发《“十三五”技术市场发展专项规划》。

6月21日，全球领先的指数和投资决策工具提供商——明晟公司宣布，将A股正式纳入MSCI新兴市场指数和MSCIACWI全球指数，这是A股市场全面进入全世界股票市场的一个开端。

7月1日，中国期货业协会正式实施《期货经营机构投资者适当性管理实施指引（试行）》，进一步完善期货行业自律规则体系，着重加强投资者保护。

7月6日，国家发改委办公厅发布《关于进一步规范“信用中国”

网站和地方信用门户网站行政处罚信息公示工作的通知》，为行政处罚公示和信用修复提供了政策依据和标准流程。

7 月 7 日，中原技术转移产业创新联盟在郑州成立。

7 月 13 日，司法部、中央编办、财政部、人力资源和社会保障部印发《关于推进公证体制改革机制创新工作的意见》。

7 月 14—15 日，在北京召开的全国金融工作会议上宣布设立国务院金融稳定发展委员会，旨在加强金融监管协调、补齐监管短板。

8 月 18 日，棉纱期货在郑州商品交易所上市。

9 月 5 日，司法部印发《关于推进合作制公证机构试点工作的意见》，对全国范围内推进扩大合作制公证机构试点工作作出部署。

9 月 15 日，国务院印发《国家技术转移体系建设方案》。

10 月 18 日，党的十九大在北京召开，提出经济体制改革必须以完善产权制度和要素市场化配置为重点。

10 月 23 日，国家发改委、财政部、商务部、国家工商行政管理总局、国务院法制办联合制定发布《公平竞争审查制度实施细则（暂行）》，为确立竞争政策的基础性地位提供了最为重要的制度保障与政策工具。

10 月 25 日，住建部与国家发改委联合发布《关于开展商品房价格销售行为联合检查的通知》，在全国范围内针对商品房销售行为进行联合检查。

10 月 30 日，国家发改委、中国人民银行联合印发《关于加强和规范守信联合激励和失信联合惩戒对象名单管理工作的指导意见》，对联合奖惩对象名单的制定标准、认定程序、信息共享标准和发布渠道、奖惩案例反馈、退出机制、信息安全等内容提出了规范和要求。

11 月 8 日，国家发改委发布《关于全面深化价格机制改革的意见》。

11月27日，国务院发布《关于深化“互联网+先进制造业”发展工业互联网的指导意见》，构建网络、平台、安全三大功能体系，增强工业互联网产业供给能力。

12月18日，国家发改委公布《全国碳排放权交易市场建设方案（发电行业）》。

12月18—20日，中央经济工作会议在北京举行，提出2018年房地产重点是加快建立多主体供给、多渠道保障、租购并举的住房制度。

12日19日，国家发改委召开全国碳排放交易体系启动工作电视电话会议，标志着我国碳排放交易体系的总体设计完成，正式在全国启动。

12月22日，全球首个鲜果期货品种——苹果期货在郑州商品交易所挂牌交易，对稳定果农收入具有重要意义。

12月28日，国务院办公厅发布《关于推进公共资源配置领域政府信息公开的意见》。规定国有产权交易领域，除涉及商业秘密外，主要公开产权交易决策及批准信息、交易项目信息、转让价格、交易价格、相关中介机构审计结果等信息。

2018年

1月1日，国家质检总局、国家标准委制定的国家标准《技术转移服务规范》正式实施。

1月2日，国务院办公厅发布《关于推进电子商务与快递物流协同发展的意见》，提出要深入实施“互联网+流通”行动计划，提高电子商务与快递物流协同发展水平。

1月16日，国土部与住建部联合发出《关于沈阳等11个城市利用集体建设用地建设租赁住房试点实施方案意见的函》，同意沈阳、南京、杭州等11个城市利用集体建设用地建设租赁住房试点实施方案。

1月17日，国务院常务会议召开，确定进一步支持返乡下乡创业的措施，激活农村资源要素促进乡村振兴。

2月2日，国家发改委印发《关于充分发挥信用服务机构作用加快推进社会信用体系建设的通知》，提出要重视信用服务机构在社会信用体系建设中的重要性，鼓励信用服务机构积极参与社会信用体系建设的试点探索。

3月1日，财政部和住建部联合发布《试点发行地方政府棚户区改造专项债券管理办法》，坚决遏制地方政府隐性债务增量，有序推进试点发行地方政府棚户区改造专项债券工作。

3月13日，十三届全国人大一次会议审议通过《国务院机构改革方案》，将中国银行业监督管理委员会和中国保险监督管理委员会的职责整合，组建中国银行保险监督管理委员会，作为国务院直属事业单位。不再保留中国银行业监督管理委员会、中国保险监督管理委员会。这一整合将打破存在15年之久的“一行三会”格局，确立了中国人民银行、中国证监会和中国银保监会“一行两会”的金融监管体制框架。

3月16日，人社部、国务院扶贫办联合印发《关于做好2018年就业扶贫工作的通知》。

3月17日，十三届全国人大一次会议审议批准《国务院机构改革方案》，决定将国家工商行政管理总局的职责，国家质量监督检验检疫总局的职责，国家食品药品监督管理总局的职责，发改委的价格监督检查与反垄断执法职责，商务部的经营者集中反垄断执法以及国务院反垄断委员会办公室等职责整合，组建国家市场监督管理总局，承担反垄断统一执法。保留国务院反垄断委员会，具体工作由国家市场监督管理总局承担。

3月26日，我国首个国际化期货品种——原油期货正式在上海国际能源交易中心挂牌交易，开启我国期货品种对外开放新纪元。

4月25日，中国证监会、住建部联合印发《关于推进住房租赁资产证券化相关工作的通知》，明确开展住房租赁资产证券化的基本条件、政策优先支持领域、资产证券化开展程序以及资产价值评估方法等，在审核领域设立“绿色通道”。

4月28日，国务院办公厅发布《关于促进“互联网+医疗健康”发展的意见》，健全“互联网+医疗健康”服务体系，优化资源配置，创新服务模式，提高服务效率，降低服务成本，满足人民群众日益增长的医疗卫生健康需求。

5月19日，住建部印发《关于进一步做好房地产市场调控有关工作问题的通知》，要求一二线城市切实提高中低价位、中小套型普通商品住房在新建商品住房供应中的比例，同时要求热点城市住房用地比例不应低于建设用地的25%，力争用3年到5年时间，租赁住房和共有产权住房用地供应在新增住房用地重点比例达50%以上。

5月26日，中国注册会计师协会正式发布《关于推动会计师事务所做大做强的意见》和《会计师事务所内部治理指南》。

5月28日，商务部、财政部发布《关于开展2018年流通领域现代供应链体系建设的通知》，要求重点围绕供应链“四化”（标准化、智能化、协同化、绿色化），以“五统一”（统一标准体系、统一物流服务、统一采购管理、统一信息采集、统一系统平台）为主要手段，加快发展大市场、大物流、大流通，实现供应链提质增效降本。

同日，科技部印发《关于技术市场发展的若干意见》。

5月29日，财政部、国家税务总局、科技部联合印发《关于科技人员取得职务科技成果转化现金奖励有关个人所得税政策的通知》，规定从职务科技成果转化收入中给予科技人员的股权奖励，可减按50%

计入科技人员当月工资、薪金所得。

6月1日，中国银保监会发布《关于保险资金参与长租市场有关事项的通知》，要求保险公司在参与长租市场时要发挥自身优势，同时防范投资风险。

6月27日，国家发改委、财政部印发《关于完善市场约束机制 严格防范外债风险和地方债务风险的通知》，强调规范房地产、地方融资平台企业境外发债风险控制，指出房地产企业境外发债主要用于偿还到期债务，避免产生债务违约，限制房地产企业外债资金投资境内外房地产项目、补充运营资金等。

6月28日，住建部等七部委印发《关于在部分城市先行开展打击侵害群众利益违法违规行为 治理房地产市场乱象专项行动的通知》，决定于2018年7月初至12月底，在30个城市开展治理房地产市场乱象专项行动。

6月29日，国务院公布《人力资源市场暂行条例》。

6月30日，中共中央、国务院印发《关于完善国有金融资本管理的指导意见》，对完善国有金融资本管理作出顶层设计和重大部署。

7月6日，国务院发布《关于开展2018年国务院大督查的通知》，明确2018年至2020年，三年开工1500万套新三年棚改攻坚计划。

8月17日，2年期国债期货在中国金融期货交易所挂牌上市。这标志着我国已基本形成覆盖短中长期的国债期货产品体系。

8月31日，十三届全国人大常委会第五次会议通过《中华人民共和国电子商务法》，对电商经营和监管给出了明文规定。

9月20日，中共中央、国务院印发《关于完善促进消费体制机制进一步激发居民消费潜力的若干意见》，提出大力发展住房租赁市场特别是长期租赁，加快推进住房租赁立法，保护租赁利益相关方合法权益。

9月25日，国家发改委等四部门联合发布《公共资源交易平台系统数据规范（V2.0）》。

10月8日，李克强在国务院常务会议上强调，要因地制宜调整完善棚改货币化安置政策，商品住房库存不足、房价上涨压力大的市县要尽快取消货币化安置优惠政策。

10月10日，国务院办公厅发布《关于在全国推开“证照分离”改革的通知》，提出要加快建立以信息归集共享为基础、以信息公示为手段、以信用监管为核心的新型监管制度。

10月11日，国务院办公厅印发《完善促进消费体制机制实施方案（2018—2020年）》，提出大力发展住房租赁市场，加快研究建立住房租赁市场建设评估指标体系，支持专业化、机构化住房租赁企业发展。

10月20日，财政部、国家税务总局公布《个人所得税专项附加扣除暂行办法（征求意见稿）》，明确了住房贷款利息和住房租金等六大专项附加扣除的原则和标准。

10月31日，2018浦江创新论坛·科技服务业论坛——全球技术转移大会在上海闵行区举办，对“2018胡润上海技术转移机构领军Top5”、“2018胡润上海技术转移机构新锐Top10”和“2018胡润上海科技服务技术经理人Top10”进行颁奖。

11月14—16日，中国（北京）跨国技术转移大会在国家会议中心（北京）召开，围绕“技术转移要素整合（要素）、重点国家地区合作（国别）、高精尖产业发展（领域）”三条主线，举办“跨国技术转移与区域创新合作圆桌论坛”、“国际创新资本论坛”，以及国别及领域论坛等11场平行专场活动。

11月16日，国务院印发《关于做好当前和今后一个时期促进就业工作的若干意见》。

同日，国务院新闻办公室举办《中华人民共和国反垄断法》实施十周年新闻发布会。

12月5日，人社部、国家发改委、财政部联合印发《关于推进全方位公共就业服务的指导意见》。

同日，国家发改委印发《关于支持优质企业直接融资 进一步增强企业债券服务实体经济能力的通知》，支持符合条件的优质房企发行企业债。

12月19—21日，中央经济工作会议在北京召开，强调构建房地产市场健康发展长效机制，坚持“房子是用来住的，不是用来炒的”定位，因城施策、分类指导，夯实城市政府主体责任，完善住房市场体系和住房保障体系。

12月29日，第十三届全国人民代表大会常务委员会第七次会议表决通过了新修改的《中华人民共和国农村土地承包法》，将“三权分置”政策上升为法律规范，进一步强调要坚持农村土地集体所有权和保护农户土地承包权。

2019年

1月1日，《中华人民共和国电子商务法》开始生效，所有网上商家需要注册营业执照并缴纳营业税。

2月12日，国家市场监管总局发布《公平竞争审查第三方评估实施指南》。

3月1日，中国证监会发布了《科创板首次公开发行股票注册管理办法（试行）》和《科创板上市公司持续监管办法（试行）》。

3月5日，在十三届全国人大五次会议上，李克强在《政府工作报告》中首次将就业优先政策置于宏观政策层面，明确就业是民生之本、财富之源。

3 月 15 日，十三届全国人大二次会议通过《中华人民共和国外商投资法》,《中华人民共和国中外合资经营企业法》《中华人民共和国外资企业法》《中华人民共和国中外合作经营企业法》同时废止。

3 月 20 日，甘霖主持召开新一届国务院反垄断委员会专家咨询组全体会议。

3 月 26 日，李克强主持召开国务院常务会议，听取国家市场监管总局关于公平竞争审查制度实施情况的工作汇报，对深入实施公平竞争审查制度作出具体部署。

5 月 19 日，国务院办公厅转发国家发展改革委《关于深化公共资源交易平台整合共享的指导意见》，要求做到“平台之外无交易”。

6 月 12 日，国家邮政局和商务部发布《关于规范快递与电子商务数据互联共享的指导意见》，明确电子商务与快递数据互联共享管理的机制。

6 月 13 日，科创板正式开板，中国资本市场迎来了一个全新板块。

6 月 26 日，国家市场监管总局颁布《禁止垄断协议暂行规定》《禁止滥用市场地位行为暂行规定》《禁止滥用行政权力排除、限制竞争行为暂行规定》。

7 月 12 日，国家发改委发布《关于对房地产企业发行外债申请备案登记有关要求的通知》，规定房地产企业发行外债只能用于置换未来一年内到期的中长期境外债务。

7 月 16 日，国务院办公厅印发《关于加快推进社会信用体系建设构建以信用为基础的新型监管机制的指导意见》，提出要建立健全贯穿市场主体全生命周期，衔接事前、事中、事后全监管环节的新型监管机制。

7 月 29 日，央行召开银行业金融机构信贷结构调整优化座谈会，强调合理控制房地产贷款投放，加强对存在高杠杆经营的大型房企的融资行为的监管和风险提示。

7月30日，科技部、教育部、国家发改委、财政部等六部门联合印发《关于扩大高校和科研院所科研相关自主权的若干意见》，开展赋予科研人员职务科技成果所有权或长期使用权试点。

8月1日，国务院办公厅发布《关于促进平台经济规范健康发展的指导意见》，要求重点围绕优化完善市场准入条件，降低企业合规成本，创新监管理念和方式，实行包容审慎监管，鼓励发展平台经济新业态，加快培育新的增长点，优化平台经济发展环境。

8月2日，中国人民银行召开2019年下半年工作电视会议，强调要坚持房住不炒，持续加强房地产市场资金管控。

8月16日，中国人民银行发布公告称，为深化利率市场化改革，提高利率传导效率，推动降低实体经济融资成本，中国人民银行决定改革完善贷款市场报价利率（LPR）形成机制。

同日，国务院常务会议指出，要改革完善贷款市场报价利率形成机制，带动贷款实际利率水平进一步降低。

8月27日，国务院办公厅发布《关于加快发展流通促进商业消费的意见》。

同日，我国首批商品期货ETF获批，分别是：华夏饲料豆粕期货ETF，跟踪的是大连商品期货交易所的豆粕期货价格指数；大成有色金属期货ETF，跟踪的是上海期货交易所的有色金属期货价格指数；建信能源化工期货ETF，跟踪的是郑州商品交易所的能源化工期货价格指数。

9月6日，国务院发布《国务院关于加强和规范事中事后监管的指导意见》，将简政放权、放管服改革与事中事后监管相结合，提出创新和完善监管方式，构建协同监管的新格局。

9 月 20 日，第七届中国–东盟技术转移与创新合作大会在广西南宁召开。

10 月 22 日，国务院正式公布《优化营商环境条例》，这是我国为进一步优化营商环境颁行的第一部专门行政法规，从制度层面为优化营商环境提供更为有力的保障和支撑。

10 月 26 日，中国・河南开放创新暨跨国技术转移大会在郑州国际会展中心开幕。

10 月 28—31 日，党的十九届四中全会在北京召开，第一次提出建设高标准市场体系，强调要加快完善社会主义市场经济体制，充分发挥市场在资源配置中的决定性作用。

11 月 11 日，大连商品交易所获得新加坡金融监管局（MAS）批准成为认可市场运营商（RMO），可面向新加坡交易者推广铁矿石期货交易。

11 月 25 日，财政部发布《关于进一步明确国有金融企业增资扩股股权管理有关问题的通知》，明确进场交易相关流程，防止国有金融资产流失。

11 月 26 日，中国人民银行、国家发改委、财政部、中国证监会发布《信用评级业管理暂行办法》，这是我国关于信用评级业管理的第一个规章。

11 月 27 日，北京市十五届人大常委会第十六次会议通过《北京市促进科技成果转化条例》。

12 月 4 日，中共中央、国务院出台《关于营造更好发展环境支持民营企业改革发展的意见》，要求强化公平竞争审查制度的刚性约束。

12 月 13 日，国务院印发《关于进一步做好稳就业工作的意见》。

12 月 23 日，全国住房和城乡建设工作会在北京召开，强调 2020

年要着力稳地价、稳房价、稳预期，继续稳妥推进实施房地产市场平稳健康发展长效机制方案，着力建立和完善房地产调控的体制机制。

12 月 26 日，国家市场监管总局等四部门出台《关于开展妨碍统一市场和公平竞争的政策措施清理工作的通知》。

2020 年

1 月 30 日，国家广播电视总局发布广播电视和网络视听行业标准《互联网互动视频数据格式规范》（GY/T 332—2020）。

3 月 18 日，国务院办公厅印发《关于应对新冠肺炎疫情影响强化稳就业举措的实施意见》。

3 月 30 日，中共中央、国务院发布《关于构建更加完善的要素市场化配置体制机制的意见》，提出土地、劳动力、资本、技术、数据等五大生产要素市场体系。

4 月 27 日，中央全面深化改革委员会第十三次会议审议通过《创业板改革并试点注册制总体实施方案》。

5 月 9 日，科技部等九部门印发《赋予科研人员职务科技成果所有权或长期使用权试点实施方案》，40 家高等院校和科研机构被纳入试点。

5 月 11 日，中共中央、国务院印发《关于新时代加快完善社会主义市场经济体制的意见》，要求全面完善产权制度，建立健全统一开放的要素市场，健全劳动、资本、土地、知识、技术、管理、数据等生产要素由市场评价贡献、按贡献决定报酬的机制。由此提出七大生产要素概念。

5 月 12 日，国家市场监管总局等四部门发布《关于进一步推进公平竞争审查工作的通知》。

5月13日，科技部、教育部发布《关于进一步推进高等学校专业化技术转移机构建设发展的实施意见》。

5月14日，中央政治局常委会议提出充分发挥我国超大规模市场优势和内需潜力，构建国内国际双循环相互促进的新发展格局。

5月18日，中共中央、国务院公布《关于新时代加快完善社会主义市场经济体制的意见》，要求建设高标准市场体系，全面完善产权、市场准入、公平竞争等制度，筑牢社会主义市场经济有效运行的体制基础。

5月28日，十三届全国人大三次会议表决通过《中华人民共和国民法典》，《中华人民共和国婚姻法》《中华人民共和国继承法》《中华人民共和国民法通则》《中华人民共和国收养法》《中华人民共和国担保法》《中华人民共和国合同法》《中华人民共和国物权法》《中华人民共和国侵权责任法》《中华人民共和国民法总则》同时废止。

6月3日，中国证监会发布《关于全国中小企业股份转让系统挂牌公司转板上市的指导意见》，明确符合条件的新三板挂牌公司可以申请转板到上海证券交易所科创板或深圳证券交易所创业板上市。

6月16日，《求是》杂志发表中共中央总书记、国家主席、中央军委主席习近平的重要文章《充分认识颁布实施民法典重大意义 依法更好保障人民合法权益》。

7月28日，国务院办公厅印发《关于支持多渠道灵活就业的意见》。

9月9日，中央财经委员会第八次会议研究畅通国民经济循环和现代流通体系建设问题。

10月17日，十三届全国人大常委会第二十二次会议通过《全国人民代表大会常务委员会关于修改〈中华人民共和国专利法〉的决定》。

10月27日，国务院办公厅出台《关于全面推行证明事项和涉企经营许可事项告知承诺制的指导意见》，为各地各部门推广告知承诺制、完善事前环节信用监管奠定政策基础。

10月28日，2020全球技术转移大会在上海展览中心开幕。

11月2日，中国人民银行、中国银保监会、中国证监会、国家外汇管理局对蚂蚁集团实际控制人、董事长、总裁进行了监管约谈，蚂蚁金服上市暂缓。

11月20日，国务院国资委发布《关于进一步加强中央企业境外国有产权管理有关事项的通知》，提出严格境外产权登记管理，强化境外国有资产交易的决策及论证管理。

11月25日，李克强主持召开国务院常务会议，指出要通过推进社会信用体系建设，加强诚信建设、营造公平诚信的市场环境和社会环境。

12月7日，中共中央印发《法治社会建设实施纲要（2020—2025年）》，提出推进社会诚信建设，完善诚信建设长效机制，健全覆盖全社会的征信体系，建立完善失信惩戒制度，进一步强化和规范信用信息归集共享。

12月18日，国务院办公厅发布《关于进一步完善失信约束制度构建诚信建设长效机制的指导意见》。

12月23日，国家发改委等四部门联合发布《关于加快构建全国一体化大数据中心协同创新体系的指导意见》，明确在大数据中心建设中，健全数据流通体制机制，促进政企数据对接融合，深化政务数据共享共用。

同日，中国证监会发布金融行业推荐性标准《证券交易数据交换协议》（JR/T 0022—2020）、《资本市场场外产品信息数据接口》（JR/T 0190—2020）。

12月24日，国家市场监督管理总局官网发布《国家市场监管总局依法对阿里巴巴集团涉嫌垄断行为立案调查》。

12 月 25 日，北京市科委组织北京技术市场管理办公室、北京技术市场协会等 8 家单位共同起草的《技术转移服务人员能力规范》正式发布，这是全国首个技术转移服务人员能力建设的地方标准。

12 月 28 日，中国人民银行、中国银保监会发布《关于建立银行业金融机构房地产贷款集中度管理制度的通知》，自 2021 年 1 月 1 日起实施。

2021 年

1 月 5 日，生态环境部公布《碳排放权交易管理办法（试行）》。

1 月 8 日，国家发改委办公厅印发《公共信用信息报告标准（2021 年版）》。这是我国首次建立统一的信用报告标准，为实现信用报告的全国统一和异地互认奠定坚实的基础。

1 月 21 日，上海市八部门联合印发《关于促进本市房地产市场平稳健康发展的意见》（即“沪十条”）。

1 月 22 日，在中国证监会举行的例行新闻发布会上，新闻发言人高莉表示，经国务院同意，中国证监会正式批准设立广州期货交易所。

1 月 23 日，北京市十五届人大四次会议上，陈吉宁作《政府工作报告》，宣布北京市已基本完成区域性批发市场大规模调整疏解任务。

2 月 7 日，国务院反垄断委员会印发《关于平台经济领域的反垄断指南》。

2 月 8 日，人社部、财政部、科技部联合印发了《关于事业单位科研人员职务科技成果转化现金奖励纳入绩效工资管理有关问题的通知》。

同日，深圳住建局发布《关于建立二手住房成交参考价格发布机制的通知》称，建立深圳二手住房成交参考价格发布机制，定期发布二手住房成交参考价格。

2 月 19 日，中央全面深化改革委员会第十八次会议审议通过《关于完善重要民生商品价格调控机制的意见》，对重要民生商品价格调控工作作出全面部署。

3月15日，国家市场监管总局制定出台《网络交易监督管理办法》。

3月26日，银保监会、住建部、中国人民银行三部门联合发布《关于防止经营用途贷款违规流入房地产领域的通知》，要求各银保监局、地方住建部门、人民银行分支机构联合开展一次经营用途贷款违规流入房地产问题专项排查，并在2021年5月31日前完成排查工作。

3月31日，北京国际大数据交易所正式成立。这是国内首家基于“数据可用不可见，用途可控可计量”新型交易范式的数据交易所，标志着北京在数字经济开放发展上迈出了新的一步，对于打造全球数字经济标杆城市具有重大意义。

4月15日，国家市场监管总局依法对阿里巴巴集团控股有限公司在中国境内网络零售平台服务市场实施“二选一”垄断行为处以182.28亿元的行政处罚。

4月16日，交通运输部发布《交通运输政务数据共享管理办法》。

4月26日，住建部等六部门联合印发《关于加强轻资产住房租赁企业监管的意见》，从从业管理、租赁经营、资金监管、消费贷款等七方面入手，加强住房租赁市场监管。

同日，中共中央办公厅、国务院办公厅印发《关于建立健全生态产品价值实现机制的意见》，围绕建立生态产品的调查监测机制、价值评价机制、价值实现推进机制，健全生态产品的经营开发机制、保护补偿机制、价值实现保障机制等方面提出具体意见。

5月11日，财政部、全国人大常委会预算工委、住建部、国家税务总局负责同志在北京主持召开房地产税改革试点工作座谈会，听取部分城市人民政府负责同志及部分专家学者对房地产税改革试点工作的意见。

5月12日、14日，住建部分别在沈阳、广州召开发展保障性租赁住房工作座谈会，北京、上海、广州、深圳等40个城市人民政府负责同志分两批参加。40个城市将大力发展保障性租赁住房，促进解决新市民、青年人住房困难问题列入重要议事日程。

5月18日，国家发改委发出《关于“十四五”时期深化价格机制改革行动方案的通知》，指导新时期价格机制深化改革。

5月20日，商务部等七单位印发《商品市场优化升级专项行动计划（2021—2025）》，提出选择有基础、有潜力、有意愿的地区开展试点，通过试点探索，培育一批商品经营特色突出、产业链供应链服务功能强大、线上线下融合发展的商品市场示范基地。

6月1日，中国银保监会召开“近期监管重点工作新闻通报”发布会，对新增房地产贷款占比较高的银行实施名单制管理，督促这些银行落实房地产金融调控要求，合理控制房地产贷款增速。

6月3日，国务院发布《关于深化“证照分离”改革进一步激发市场主体发展活力的通知》。

6月10日，国家市场监管总局在北京举办反不正当竞争论坛，聚焦全面加强反不正当竞争主题，就数字经济下不正当竞争行为、品牌保护等热点问题进行研讨。

同日，十三届全国人大常委会第二十九次会议通过《中华人民共和国数据安全法》。

6月11日，《碳排放权交易管理暂行条例》列入国务院2021年度立法工作计划。

6月18日，国务院常务会议召开，确定加快发展保障性租赁住房的政策，缓解新市民、青年人等群体住房困难。

6月22日，上海环境能源交易所正式发布《关于全国碳排放权交易相关事项的公告》。全国碳排放权交易机构负责组织开展全国碳排放权集中统一交易。

7月2日，国务院公布新修订的《土地管理法实施条例》，这是《土地管理法实施条例》自1998年全面修订后的第二次全面修订。

同日，国家发改委印发《关于进一步做好基础设施领域不动产投资信托基金（REITs）试点工作的通知》，明确将保障性租赁住房（包括各直辖市及人口净流入大城市的保障性租赁住房项目）纳入基础设施REITs试点项目。

7月8日，国家市场监管总局等五部门发布《公平竞争审查制度实施细则》。

7月16日，国务院办公厅印发《关于完善科技成果评价机制的指导意见》。其后，科技部等十部门联合启动科技成果评价改革试点工作。

同日，全国碳排放权交易市场上线交易正式启动。

7月19日，商务部部长王文涛宣布，经国务院批准，在上海市、北京市、广州市、天津市、重庆市，率先开展国际消费中心城市培育建设。

7月20日，商务部办公厅等十一部门印发《城市一刻钟便民生活圈建设指南》。

7月30日，北京市委办公厅、北京市人民政府办公厅发布《北京市关于加快建设全球数字经济标杆城市的实施方案》，提出建设全球领先的超大规模数据平台，对外数字贸易、跨境数据流动、数字领域基础共性标准制定取得突破性进展等目标。

8月10日，住建部发布《关于在实施城市更新行动中防止大拆大建问题的通知（征求意见稿）》，指出要坚持“留改拆”并举、以保留利用提升为主，严管大拆大建，加强修缮改造，注重提升功能，增强城市活力。

8月20日，十三届全国人大常委会第三十次会议通过了《中华人民共和国个人信息保护法》。

8月30日，中央全面深化改革委员会第二十一次会议审议通过《关于强化反垄断深入推进公平竞争政策实施的意见》。

9月2日，国家发改委会同教育部、国家市场监管总局联合出台《关于加强义务教育阶段学科类校外培训收费监管的通知》，对义务教育阶段学科类校外培训收费实行政府指导价管理，强化收费监管工作。

9月7日，国家发改委、住建部发布《关于加强城镇老旧小区改造配套设施建设的通知》，提出城镇老旧小区改造时强化资金保障，中央预算内投资全部用于城镇老旧小区改造配套设施建设项目。

9月24—28日，2021中关村论坛以“智慧·健康·碳中和”为主题在北京举办。

9月29日，商务部等七单位确定全国商品市场优化升级专项行动20个试点地区名单。

9月30日，中国人民银行发布《征信业务管理办法》，对从事征信业务的第三方机构提出了具体的要求。

11月8日，人社部、国家发改委、财政部、商务部、国家市场监管总局发布《关于推进新时代人力资源服务业高质量发展的意见》，提出抓紧建设高标准人力资源市场体系任务。

11月15日，国务院反垄断委员会印发《关于原料药领域的反垄断指南》《企业境外反垄断合规指引》。

同日，工信部发布《“十四五”大数据产业发展规划》。

11月18日，在国家市场监督管理总局办公大楼，国家反垄断局正式挂牌。

11月24日，财政部、科技部发布修订后的《国家科技成果转化引导基金管理暂行办法》，规定转化基金与符合条件的投资机构共同设立子基金，为转化科技成果的企业提供股权投资。

11月25日，国务院发布《关于开展营商环境创新试点工作的意见》。

同日，上海数据交易所正式揭牌成立。

11月29日，财政部印发《关于规范国有金融机构资产转让有关事项的通知》。

12月1日，深圳数据交易有限公司正式成立，开始筹建深圳数据交易所。

12月12日，国务院下发《关于印发"十四五"数字经济发展规划的通知》，明确部署了推动数据要素市场化交易健康发展等八个方面的重点任务。

12月16日，国家发改委、中国人民银行印发《全国公共信用信息基础目录（2021年版）》和《全国失信惩戒措施基础清单（2021年版）》，为各地各单位依法依规归集公共信用信息和开展失信联合惩戒提供了法律依据。

12月20日，国家市场监管总局印发《法治市场监管建设实施纲要（2021—2025年）》。

12月21日，国务院办公厅发布《关于印发要素市场化配置综合改革试点总体方案的通知》，提出综合改革试点工作的基本原则是：顶层设计、基层探索；系统集成、协同高效；问题导向、因地制宜；稳中求进、守住底线。

12月31日，全国碳排放权交易市场第一个履约周期结束。

2022年

1月4日，中共中央、国务院印发《关于做好2022年全面推进乡村振兴重点工作的意见》，提出强化乡村振兴金融服务。

2月16日，中国银保监会、住房和城乡建设部联合发布《关于银行保险机构支持保障性租赁住房发展的指导意见》，提出以人民为中心、以市场化为导向、以风险可控为前提、以多方协同为保障，构建多层次、广覆盖、风险可控、业务可持续的保障性租赁住房金融服务体系。

3月4日，中国银保监会、中国人民银行发布《关于加强新市民金融服务工作的通知》，针对新市民在创业、就业、住房、教育、医疗、养老等重点领域的金融需求，鼓励引导银行保险机构积极做好与现有支持政策的衔接，结合地方实际，因地制宜强化产品和服务创新，高质量扩大金融供给，提升金融服务的均等性和便利度。

3月30日，中国人民银行印发《关于做好2022年金融支持全面推进乡村振兴重点工作的意见》，指导金融系统优化资源配置，切实加大“三农”领域金融支持力度，进一步提升金融支持全面推进乡村振兴的能力和水平，为稳定宏观经济大盘提供有力支撑。

4月2日，中国银保监会办公厅发出《关于2022年银行业保险业服务全面推进乡村振兴重点工作的通知》，引导金融机构聚焦农业农村重点领域，稳步加大信贷资金投入，提升保险保障水平，强化农村金融环境建设，不断提高金融服务质效。

4月10日，中共中央、国务院印发《关于加快建设全国统一大市场的意见》，从全局和战略高度为今后一个时期建设全国统一大市场提供了行动纲领。

5月15日，中国人民银行、中国银保监会印发《关于调整差别化住房信贷政策有关问题的通知》，将首套住房商业性个人住房贷款利率下限调整为不低于相应期限LPR减20个基点。

10月1日，国务院颁布《促进个体工商户发展条例》，鼓励、支持和引导个体经济健康发展，维护个体工商户合法权益，稳定和扩大城乡就业，充分发挥个体工商户在国民经济和社会发展中的重要作用。

11 月 4 日，人社部、财政部、国家税务总局、中国银保监会、中国证监会联合发布《个人养老金实施办法》，对个人养老金参加流程、资金账户管理、机构与产品管理、信息披露、监督管理等方面作出具体规定。

同日，中国证监会公布《个人养老金投资公开募集证券投资基金业务管理暂行规定》，对参与个人养老金投资公募基金业务的各类市场机构及其展业行为予以明确规范。

11 月 23 日，中国人民银行、中国银保监会发布《关于做好当前金融支持房地产市场平稳健康发展工作的通知》，要求保持房地产融资平稳有序、积极做好“保交楼”金融服务、积极配合做好受困房地产企业风险处置、依法保障住房金融消费者合法权益、阶段性调整部分金融管理政策，并加大住房租赁金融支持力度。

12 月 14 日，中共中央、国务院印发《扩大内需战略规划纲要（2022—2035 年）》，进一步明确了坚定实施扩大内需战略、培育完整内需体系的发展方向，全力做好扩大内需这篇大文章，推动中国经济沿着高质量发展道路行稳致远。

图书在版编目（CIP）数据

商品与要素市场改革 / 王微，王青主编. — 北京：
中国工人出版社，2024.1
ISBN 978-7-5008-8023-3
Ⅰ. ①商… Ⅱ. ①王… ②王… Ⅲ. ①商品市场—市
场改革—研究—中国②生产要素市场—市场改革—研究—
中国 Ⅳ. ①F723.8②F723.0
中国国家版本馆CIP数据核字（2024）第005851号

商品与要素市场改革

出 版 人 董 宽
责任编辑 左 鹏 王晨轩
责任校对 张 彦
责任印制 栾征宇
出版发行 中国工人出版社
地　　址 北京市东城区鼓楼外大街 45 号 邮编：100120
网　　址 http://www.wp-china.com
电　　话 （010）62005043（总编室）
（010）62005039（印制管理中心）
（010）62382916（工会与劳动关系分社）
发行热线 （010）82029051 62383056
经　　销 各地书店
印　　刷 北京印刷集团有限责任公司
开　　本 710 毫米 × 1000 毫米 1/16
印　　张 45.75
字　　数 538 千字
版　　次 2024 年 6 月第 1 版 2024 年 6 月第 1 次印刷
定　　价 132.00 元
